赵宇超／著

股汇学徒

无财作力/少有斗智/既饶争时

杠则直，洼则盈，敝则新，

少则得，多则惑，是以圣人抱一为天下式。

不自见，故明；不自是，故彰；不自矜，故长；不自伐，故功。

吉林文史出版社
JILINWENSHICHUBANSHE

图书在版编目（CIP）数据

股汇学徒 / 赵宇超著. -- 长春 : 吉林文史出版社，2017.5（2022.1重印）

ISBN 978-7-5472-4043-4

Ⅰ. ①股… Ⅱ. ①赵… Ⅲ. ①金融投资—研究 Ⅳ. ①F830.59

中国版本图书馆CIP数据核字（2017）第110205号

股汇学徒

著　　者	赵宇超
责任编辑	李延勇
封面设计	佟　玉
出版发行	吉林文史出版社
地　　址	长春市人民大街4646号
网　　址	wwww.jlws.com.cn
开　　本	787mm×1092mm 1/16
印　　张	34.5
字　　数	750千字
印　　刷	黑龙江艺德印刷有限责任公司
版　　次	2017年5月第1版　2022年1月第2次印刷
书　　号	ISBN 978-7-5472-4043-4
定　　价	69.00元

序

这部书的写作源于2009年一天夜里的思考。听说又有一个做外汇的朋友退出了市场，当时深有感触，所以结合那些年的一些所见所闻，写了这个小说。初衷很简单，就是想写一个索引，以寓教于乐的方式，将很多枯燥的东西用有趣的语言描述出来。

当时真的是精力充沛，记得全书底稿70多万字，我仅仅用了三个月就创作完成。过年的时候都在写作，一天几乎能完成一万字左右。2010年的时候，这个书的底稿就有了，我还特意定名为《股汇学徒——激励版》。但遗憾的是由于文笔欠佳，这个东西写完之后就一直无法出版。而放到网上之后，经常发现过不了几个月书就没有了。所以，今天《股汇学徒》能以出版的形式跟大家见面，我很欣慰。

虽然在编辑的过程中不可避免地删去了一些敏感内容，但是瑕不掩瑜，对于交易和金融市场的基础知识，算是写的比较全面了。唯一的遗憾是这两年我的精力都用在了投行项目的策划和交易上，而这部书又是几年前写的，所以很多最新的资讯以及一级市场上很多有趣的故事，其中并没有涵盖。但既然这部书最后已经上升到交易的本质问题上了，因此内容上也不算什么缺失。

这些年来，我从一个金融旁观者逐渐成长为一名专业的金融从业人员，感触很

深。一方面是佩服中国金融体系的不断强大与巨大进步，一方面也为这个过程当中的很多事情而感到无奈。但当我感到迷失的时候，我时常也会看看这部书，觉得很多时候都能有新的认识，我自己是觉得这部书十分不错，尤其是后半部分谈到了交易的本质，因此感觉发人深省，这才想将她推荐给各位。

书的名字叫作《股汇学徒》，自然这里主要就是外汇和股市的故事了。但其实这两个东西，玩得越深也就越会发现，很难截然分开来看，都不过是整个世界棋局上面的一部分罢了。同时，谐音为"骨灰学徒"，自然是从金融的层次上说，也无非是个"学徒"，只不过是"骨灰级"的罢了。

现在步入书店看到的都是各种喧嚣，一个个都叫嚷着，教各位找庄家、教各位超短线、或者活抓 T+0，这部书应该能算是一股清流了，其中不乏有趣的典故，也不乏有趣的思考。希望夕源这次算是抛砖引玉，能够引起各位更为广阔的思考。

当然，毕竟这部书是在很年轻的时候写的，因此书中也难免存在谬误之处，欢迎各位"大家"批评指正。同时夕源在这里，也对喜欢《股汇学徒》的读者表示感谢。谢谢你们的鼓励和支持，让我能够坚持《股汇学徒》的出版。

祝各位平安喜乐!

赵夕源

2017 年 7月，于布拉格

目 录

汇学徒

股学徒

汇学徒

第一章 引 子

1.1 诞 生

话说二十多年前，一个初春的傍晚，那一日万里无云，月朗星稀。只见刹那间大地普传六种震动，远处似乎也同时飘来了渺渺的法螺之音，一间房中红光遍地，直如火光一般。接着一声啼哭响彻云霄，我便降世临凡了。（以上文字皆属个人幻想）。

据说我刚刚出生不久，祖母就按当地习俗取来一本古书枕在我的头下，说是可以广开智慧。也许因为如此，我从生下来开始，就逢赌必输。我赌博生涯的顶峰是在 13 岁的新年，那时刚刚得到巨额压岁钱的我，叫嚣着找到了赵氏家族中的几个兄弟姊妹聚赌。一毛钱的麻将，当天不到半夜，我就输了一百多块钱。这对一个 13 岁少年柔弱的心灵造成了巨大的震撼，于是从此老夫便挥泪隐退赌坛了。

人家都说赌场失意，情场得意。可退出赌坛的我并没有得到另一种补偿。不是不想，而是苦于没有机会。从小就开始精英化教育，我高中的整个班级用手指加脚趾就能把同学们数个遍。赵氏家族也十分重视素质化教育，芭蕾、书法、绘画、音乐不管能不能接受，先学学看。提前把现在小朋友们的苦难体验了一遍。

记得上学前班的时候，一天校长来听讲。听完了之后，她开始给我们讲话，领导在演讲的最后朗诵了一首诗，当场询问谁能背下来。我当场就背了下来。于是，校长惊叹："这个孩子真是大学苗子啊。"而我的初中、高中似乎也印证了她的预言。当我上高中的时候，老师们发现这个孩子真是太聪明了，以至于有资格跟我一起上课的总共不到二十个同学。就是这样，我完成了最重要的高中的小班教学。终于迎来了千万学子最重要的考试——高考。

中国是一片神奇的土地，在这片沃土上，一切都充满着可能，两个完全没有逻辑概念的东西完全可以放在一起进行解释。于是，因为不想让最好的大学都被好学生考上，所以黑龙江的高考采用的是估分报校的政策。这可能是我人生历程中第一次实践"空中楼阁理论"了。该理论就是说市场永远是猜出来的，你不能选你认为最好的品种，而要选择别人最可能喜欢的品种。

于是我自己看自己的卷子，我当然认为这是世间"绝对真理"的最好体现，但显然老师如果不同意，我就得不了高分。于是我只能给了自己一个他们可以接受的分数。但这个分数还是很高。于是挑选学校成了一个最难的问题。赵氏家族“议会”给出的意见是：要慎重。

至今我还忘不了父亲对于选校的分析。父亲认为，清华北大那些热门股不一定能打开涨停板，所以还是找些优势品种。而通过对中国法律大学历年的分数考察，其正处在历史的底部，下降趋势短期内没有结束，而最终拐点的出现，相信不会在最近几年出现。同时我的分数还处于保守估计，只要分数稍稍地爆发性增长一下，完全有机会完成今年的预定计划。所以，应将中国法律作为重点投机品种。最后赵氏家族“议会”给出的意见是：可。

等待考分下来的日子是漫长的，千百万学生与家长们都在一起猜着。这个游戏有个有趣的地方，就是谁也不知道最后的答案。于是各种提前得到答案的分析方法层出不穷。算命，那已经没有任何新意了。真正的内幕交易一直在市场里不绝于耳。“这个是某某高中来的消息，绝对准确，你信我。”

就是在这样的市场里我们进行着博弈，高分考生怕踏空，同时又怕去不了好的学校。低分的则希望高分的多犯错误把最好的机会空出来。就是在这种博弈等待猜测中，我终于迎来了这所谓的一生中最重要的平等机会。我的分数下来了。法律大学由于投机人士的炒作，“价格”出现了历史性的高点。而我的分数则少于预期。6 分之差，我跟这个学校失之交臂。父亲沉默了……

本来我是心理很平静的，安心准备复读等待下次“猜谜”的机会，但是有人不高兴了。黑龙江省教育厅发现很多高分的高手都在“猜谜”的比赛中踏空，这无疑是玩弄广大青少年儿童的感情。于是他给了我们这些高分考生重新建仓的机会。条件是黑龙江的高校随便选，专业随便挑，只要你去。于是我挑选了一所黑龙江的高校就读。选择他的原因很简单，这是唯一一所我听过的黑龙江比较好的文科高校。

这所大学很美，当第一次父母把我送到这所学校的时候，漫步其中就被校园的“美”给忽悠了。母亲不无感叹地说：“儿子，这四年你一定要好好找个对象，你看你们学校，把所有条件都给你准备好了。”

我利用学校可以选课的条件，每天大量上课，广泛地接触各类同学。结果这期间从星期一到星期日。从早上 8 点到晚上 8 点，基本我都有课。不觉间，我竟只用了两年的时间，就学完了大学给我指定的四年课程。就算在这样的日子里，我还有时间约会，逛街。原因是我找到了问题的关键，那就是老师的最大目标就是让我通过考试，我的最大目标就是过得轻松。就这样，我完成了学业，顺便还拿了将近十五个专业证书。我很感谢我的大学，他给了我很好的“教育”，他使我认识了什么才是真正的大学。

这所大学在黑龙江的名声并不是很好，原因是传闻它里面太黑暗，各种内幕交易，权钱交易层出不穷。所以为了避嫌，我就干脆叫他“黑暗大学”吧，简称“黑大”。“黑大”很黑，但还是有好的专业。我就选择了据说是其中最好的专业：俄语。

说“黑大”很黑是有根据的，这个学校黑到刚刚建成图书馆就被书给压塌了。一个

新盖的游泳馆从我进到学校里就开始闭馆，到我毕业也没开过。反正其中的内幕让人匪夷所思。而这样的大学据传说，竟然是有建筑系的（怪不得，大家都认为他是文科学校，原来是这样啊）。它的负债足足有十个亿，而每年的招生却不足一万人，不用脑子计算都知道这个学校已经资不抵债了。而就是这种不良资产，竟然还公开叫嚣自己是黑龙江的优秀院校。真不知其他不优秀的会是什么样子，他们的图书馆是否也会被书压塌呢。

反正学校的领导，各个是两袖清风，积极地解决财务问题。于是开源成了其主要公关方向。学校的客户只有一个——学生。为了招生，“黑大”将分数线的门槛定的极低。为了扩招，一个语言专业的班级，学生竟然有二十几个，这就使得老师刚刚给每个人做了一个练习，一堂课就上完了。

不论怎么说，我就是在这样的环境中开始了自己的本科教育。看到我前面的表述一定认为我大学过得是很不如意。可事实却恰恰相反。正是由于我在“黑大”，所以一切事情都变得比其他学校好运作得多。赵氏家族联系了“黑大”的关系，将我调到了一人寝室，于是我本科时代就开始享受博士生的待遇了（现在回想起来，我研究生的生活比本科真是差的太多）。

本来我是希望自己的本科时光可以伴着课程的结束而归于平静，怎知生活的道路从来就不能被规划，其中更有不少警醒。

1.2 拜　师

我是天才，这是我自己十分认同的，当我错误的时候参见上一条。正当我认为自己的大学生活会在平淡无奇中度过的时候，赵氏家族给了我一个改变的机会。

由于我从大三开始就基本没有事情了。于是我希望找个老师学习下术数。一方面是从小就广泛的阅读佛经道藏的，十分好奇。而另一方面也希望能够用智慧的双眼去看破未来的迷雾。毕竟又有几个人不希望“天才”的背景上，再加上个“先知”的光环呢。于是我将意见向赵氏家族做了汇报。没想到，赵氏家族“议会”中竟然有不少议员表示同意。于是就在我自己还没想明白的时候，我已经被父亲领着去见师父了。

说起我的老恩师，那可是了不起的高人。记得我第一次见他的时候，愣没看出他和一般的卖水果的哥哥有啥不同，大约三十多岁的样子，相貌十分清秀。在哈尔滨和朋友开了一家起名字的公司，开“术数”产业集团化运作之先河。现在再想想，就怪不得学校市场化那么彻底，想不到现在连“世外高人”都如此好找，人家直接持证上岗。父亲显然和他不是初识，说明来意，师父看看我，说要卜一卦。于是对我进行了一个简单的分析测评，最后表示可以收这个弟子。于是父亲千恩万谢地交给师父一个信封。那个信封我太熟悉了，昨天还在我桌子里放着呢。但显然今天它胖的太多。父亲交代完，就跑了，而我则留下来跟师傅开始学习术数。不知是真的投缘，还是父亲的“亲和力”发挥了效用。反正师父对我还是照顾有佳的。于是培训便真的开始了。

现在回想起那个日子,真是不堪回首。任务只有一个:背。背不下来,根本就没有第二课。

先学习的是“八字”，就是看到一个人的生日就直接看到其未来。其中的原理至今不得而知，反正老师也不解释，就是一个字：背。

背得久了，别说，还真有觉悟。就是开始明白以前不懂的东西了。原来中国的古代术数书籍全是用密码写的，不靠师父点破，打死也很难知道到底讲的是啥。可以毫不夸张的说，一个学过的和没学过的，在看同一本书的时候，看的完全是两本书。背得无聊，有一次和师父侃起了大山。

“师父，咱们门派在江湖上是否很有面子，”我满怀希望地问。

师父感慨道：“唉……名利不过是过眼的浮云，何必如此看重。”

我一听，心里一沉，估计我师祖混的也不怎么样。

只听师父说道：“虽然只是浮云但还是有一些的，我的师父是……”

我一听,不会吧。一听到师祖的大名,立刻心里信心无限。没想到江湖上名震一方的?竟然就是师祖。接下来的日子，我就是在背诵与遗忘中度过的。背了忘，忘了背，反正就是一遍一遍的。

时间一点点地过去，到了5月份，大三的我不得不思考到底要不要考研的问题了。虽然家里是没有意见的，但是现在就工作，我还是觉得很多东西没有玩够，起码书还想好好看看。但要是读研，也不一定能考上，毕竟我已经好久没学过那些东西了。于是我跑去问师父我考上的希望大不大。

师父卜了一卦，最后的结果是一定能考上。这个结果大大增强了我的考研决心。于是为了更好地为考研做准备。我以寝室管理太严为原因,开始向赵氏家族“议会”游说经费,准备出去住。最后在多方努力之下，家长们同意我出去住，但条件是我不能一个人住。于是我找到了小白和小黑。

小白是一个浙江的女孩，家在金华，她的专业是心理。而小黑是一个浙江的男孩，家在温州，他的专业是金融。也许他学这个就是为了会去更好地进行温州地下融资吧。大家的目标完全一致，一切都是为了考研。于是我们就加入到了浩浩荡荡的考研大军。我们在学校附近选了一个60多平米的三室一厅。早上他们去上自习，我则要么去游泳，要么到师父那里背口诀。我由于很好地学习了术数，自然小有所成，于是将考研的专业毅然决然地选择了宗教学。地点暂定在广州市白云区的仲仙大学。

我开始对日程表进行了些修正。暑假马上开始了，小白和小黑不会回家，我也留在哈尔滨看书，而食堂的饭也越来越没有新意，于是我们决定自己做。可我马上就发现，这个方案并不是最优的。南方的小黑从小没做过饭，而小白则坚持了现代女性的优良传统——根本不学做饭。于是我承担了为他们做饭的任务。

也幸亏我家对孩子的要求就是：上得厅堂，下得厨房。不知是由于我良好的家教，还是我的手艺，反正我和小白、小黑的感情直线向上。可不知为啥，一切都一帆风顺的我，

看书就是看不进去。算了，反正不急于一时，我还是把主要的经历放在做饭和背口诀上吧。就在那个假期我的手艺也进步神速。老师对我的学习也越来越满意。我暗暗定下了自己未来的发展方向，不做大款，就做大师，最次也要保住大厨的饭碗。

现在想来，立志真的对人能有巨大的作用啊……

1.3 归 家

每年的十一都是很好的日子，当然伟大祖国诞生固然是个好事情。但是对我们来说，最好的还是学校里放假。而各种串休加在一起,我差不多有一个月的时间空闲。但说真的，我却很不想回家，主要是因为我投资的失败，使得自己心中有点儿小羞愧。

这件事情的开始还要从去年的 2 月份开始。

话说，2006 年随着中国经济的腾飞，中国股市一路高歌走入了一轮大牛市。每个人都梦想着要在其中分一杯羹，看着其他人都富起来了，又有哪个人能按捺的住自己内心的躁动呢。老夫也是凡人，而哪个凡人不做梦呢。可是老夫不是一个一般的凡人。一直自视极高的我，用大智慧神通观照，认为中国股市不会一直上涨，调整一定会来到。于是抱着相信股市一定会跌的预期,老夫一直忍耐着心中的欲望。将自己的零花钱捂得紧紧的。

当家里听说了我想要斗战股海的信念之后，就把父亲原来玩的账户给了我，连同父亲曾经深套的股票，当时的账户市值大约已经到了 17 万。我先是看书，好好地学了一通，然后看视频，学习筹码分布理论。通过一系列复杂的分析，我最终论定，最后股市一定有调整。于是在 2007 年 3 月开始我就空仓。结果错过了一段最好的行情，看着天天上涨的大盘，我的脸都绿了。自己在心里把自己批斗了数百次。

内心深深的自责每天都浮现，实在难熬，于是我在 2007 年 5 月份满仓杀进去了。管他呢，既然大家都疯了，再多我一个又如何！于是就在那个月，世界认识了中国——530。530 过后的市值损失超 30%。我的心都绿了。于是我又回去好好看书，同时每天浏览国内各大网站，看专家论坛。这一次，好好学习过的我，经过了严密的推理计算，认为中国股市没有问题，基本面还是很健康的，现在的股价完全是有支撑的。而且我比别人留了个心眼儿，那就是股市里是有庄家的，而庄家一定不会操盘太大的股票。于是我心满意足地安心握住了一只小盘股。实在不行，老夫握你十年，等老夫将来把你收购了。

结果大盘股一直在疯了地往上跑，我的股票却安静异常，他大概是为了将来我收购的时候不要有太大的资金压力吧。可是老夫根本不领这个情。你不涨，有人涨。知错就改，一直是我自认为最好的优点。于是幡然悔悟的我，换股大盘龙头股：南方航空。最后，在那一年，世界再次认识了中国：6124。这一至今看来仍然是中国股市的最高点，当年就在我的乐观期望中，出现在了人们的视野。现在回想起来，那时的我太单纯，所谓单纯就是容易相信别人。而我相信的对象，是传说中的股神巴菲特。于是我自诩为是价值投资。就这样我眼见着南方航空从 20 元到 5 元。2008 年的十一期间，它已经 4 元多了。

通过这几次“成功”的操作，我面对家里只能用四个字形容：无地自容。回还是不回，这是个问题。思考了许久之后，我觉得还是挺着这张老脸回家吧。总体来说，家族对于这件事是看得很严重的。但为了不给我太大压力，最后还是低调处理了。父亲还是把账户给我做，反正就几万了，家里也不会太在乎了。至少这可以成为人生重要的经历。而另一方面，家里认为毕竟再想赔到哪里，也不太容易了，所以很宽容的处理了这个问题。

虽然家里看得是相对宽松，但我自己还是感到很不开心。原来自己这么多年学习的不是赚钱的技巧，反倒是赔钱赔得越来越游刃有余了。如果以这样的速度下去，我读完研究生，家里就只能剩下几套房产了。痛定思痛的我决定再也不能这样活了。当然，这一切都要放假休息完再说……

不论如何，我最后还是提前放假 2 天，踏上了回家的火车。四个小时的车程，看到窗外的无尽的风景，内心还是真的感到心旷神怡。松嫩平原的土地宽阔而平坦，看到清晨在风中飞舞的鸟儿，我不禁有些羡慕。他们一定不会像我这样，被自己的枷锁牢牢地绑住了吧。远处农夫的小蓬若隐若现，看得出，对于他们来说今天不过是安静的一天的开始。而这样平静的日子对于他们来说，实在是太多了，多到了不会有什么特别的记忆。

心情暗淡地回到家里，发现我竟仿佛置身书店当中。由于小时候父母很小气，从来不给什么零用钱，唯一可以从他们兜里掏钱出来的方法就是买书。只要是买书，每周都能报销。于是这些年我囤积了海量的书籍。书读的如何我不敢说，但我对于书籍装帧却有了长足的了解。通过闻墨，就能知道这本书的“价值”。而我收集的内容，那更是相当的广泛，记得有一年钱钟书很火。大家开始流传他的书，其中有一本是《宋诗选注》，已经找不到了。结果我在母亲的书架里发现了，时隔数十年，那本书还和新的一样。想来一代才女，应该是没有批判过那本书吧。当然，今天这本书我已经继承到了自己的书架里了。不过我也不打算细读这种东西，这还是留给后人吧。看着一排满满的书架，我被掏空的心里似乎也开始慢慢变得充实起来了。

父母还是每天按自己的安排，有空才看看我。倒是有个世交的妹妹刚从义乌回来，家里安排了几次饭局。年纪轻轻的她，通过加入当地的东北帮派，两年的时间里，就已经开始向家里带钱了。要不是家里没人喜欢开车，她就把一辆二手的宝马带回来了。想想这几年其他兄弟姐妹的成就，我貌似马上又要背上辱没门风的标签了。

再也不能这样无所事事了！于是在一个晚上，我向父亲婉转地表达了自己的想法，想要出去看看有什么事情可以实习一下。父亲很赞同我想搞社会实践的想法。更进一步问我想不想先从对俄贸易开始，正好他有个朋友可以帮忙。我立马说我还是想考研，工作只是一个小小的体验。我可不敢告诉他，通过几年的学习，俄语我已经修为到光是听到，就想吐了。最后父亲同意了我考研为主，工作为辅的大方向，并反复强调一定要两手都要抓，两手都要硬。

最后就是带着这个“指导精神”，我安心休养了半个来月之后，向家里申请了些经费（毕

竟找工作是要成本的)，带上给小白和小黑的礼物，匆匆地回到了哈尔滨。

1.4 出 山

哈尔滨，一座自称现代化的城市。当然这个称呼相信地球人都不会太过较真儿。记得当年为了不花钱去游历名山大川，我考了全国导游员资格证(导游证可以全国免门票)。在备考期间我仔细地学习过它的历史。号称“东方莫斯科”的哈尔滨，可以说建筑风格极其欧化。不仅建筑有欧式风格，当地的饮食，风俗也与俄国有些相似。这就不难理解当地剽悍的民风了(当然和辽宁的同胞还是有一定差距的)。

每到冬季，大家换上冬装，真正的哈尔滨人一眼就能看得出来。因为哈尔滨人敢穿、能穿，再厚的冬装穿起来亦不会看得臃肿。于是就可以看到冬季里，亮丽的俄罗斯少女般的人物，穿着短裙在大街上跑了。这极大地刺激了人的感官。反倒是我们这种外地人，每每只知道把自己包裹在厚厚臃肿的棉衣里。虽然在这里已经住了几年，但我对于其穿着的风格还是停留在看的程度。毕竟要我行动还是有一定差距的。算了，还是走自己的路，想说谁说谁去吧。我自我安慰道。

十一回来之后，天气就变得一发不可收拾。好像东北一年只有两个季节，一个夏季，一个冬季，周而复始，没有懈息。回到租住的小屋，小黑小白就像一对安静的兔子一样，每天除了看书还是看书。有时半夜会找我给他们做宵夜。看到我给他们带的吃的，他们感动差点儿哭了。看得出，离开我的这几天他们肯定没少吃苦，最难的难题是他俩要下厨。炒个西红柿，还要考虑是要用铲子还是用筷子弄。结果弄出的东西，不催眠自己半天是吃不下去的。于是他们干脆直接叫外卖了。在吃了几天肯德基大叔家的食品之后，他们竟然还宣传自己厨艺提高了。当然说是说，人家再怎么样也是不会做给我吃的。

考研的报名也已经结束了。再过几个月后，他们一直的努力就会换回自己的期望了。倒是我似乎一直在原地踏步，在定下来报考的学校之后，还是没看过什么书。我还是坚持自己原来的方向，仲仙大学宗教学专业。当然，至于那个专业有什么人或方向，我是完全不在乎的。只要给个图书馆(不会被书压塌的)我能读书就好了。这就是我“纯真”的梦想。

谈到宗教，想想我好像有几天没见到师父了。于是给师父打电话，师父竟说这两天也正想我。这句话当时就把我弄的感动的一塌糊涂。趁着我激动的时候，师父说要传我画符的方法，要我有空去下。听到这里，我激动的差点儿哭了。不是太感动了，而是终于可以解脱了。记得师父说过画符与解煞，这都是最后的教学内容。看来我的术数学习也进入了最后的阶段。

定个时间，我来到老师的公司。没想到一进去竟然发现看起来有些冷清。东西还是那些东西，摆设也没有什么变化，但是突然就有了清冷之感。现在回想起来，好像他的生意一直很一般。由于我是小班授课，说白了就是单传。所以我也不知自己有几个师兄弟。

“这画符的方法是不传的秘法，你要好好记住。”进到屋里，坐好后，师父貌似语重心长地说道，“以后估计你用的也不会太多，但有事情也要学会自己解决。”

“老师，如果我遇到劫数的话，要如何度过呢？”我不禁有些惴惴。

“避开就好了。”师父很轻松地说道。

“这么简单？”我吃惊道。

“放心。要记住一切都有表征。只要你记住你所学的，心有不宁的时候就起一卦，一切就都在眼前了。”师父安慰我道，“为师马上要去北京了，估计不会很快回来，你要记住，术数既可救人也可害人，一切都有因果，很多事你看不明白还是少动多看的好。这个世界有很多陷阱。你只算是刚刚入门，很多东西还要慢慢磨练。只是你没有学过玄门法术，想来将来在江湖上，应该不会有人太难为你。术数这碗饭不好吃，幸好你一生财运不错，也不用以此为生。”

“不知老师您这回进京所为何事啊？”我不禁问道。

老师看看了我，又将视线远远抛向远方，语气沉重地说道：“还一个人情！算了，不去讲它，还是教你画符吧。”接着师父开始传画符的方法……

迷迷糊糊的总算学完了，但说实话，这些东西我一点儿都不信。我不能不说这些东西的可行性，我是真的很怀疑。

只听师父说道：“夕源，一般的方法你已经学完了，以后就看你自己的修为了。术数不同于其他，要小心使用，唉……算了，讲再多你也听不懂”。（听到这句话我是很不服气的。）师父又说道：“你的将来不用担心，你一生财运不错。至于考研的事情，也不用担心。一定会有所归属的。至于考博嘛，可能有些反复，但只要你真的想上，问题也不大。只是当时你可能也不想上了。唉……你就是太善良，感情容易被骗……算了，你还是好自为之吧！将来如有难处，再来寻我。”

当我迷茫地从师父的公司回到家里，我也还是昏昏糊糊的。直到晚上，将一天的经过梳理了一遍，才发现一个事实。老师说让我以后找他，可我连他的 QQ 号都没有。再来我是小班教学，就是说我连个同窗都没有。于是老师走后我就真的是孤孤单单一个人了。

现在，考研既然还有时间，所以应该不是很着急。反正宗教学的东西不是很难，我假期大约翻过。而英语，从小我可是家里就花大价钱喂出来的，估计问题也不大。而政治对于高中就是文科出身的我，自然也不会太看重。既然内政已稳，那我就可以走出去了。这也成了我近期的作战方针。

就这样，我开始向同学们打探一些招聘会的信息。于是，在苦读了二十年书之后，在我得到师父同意后，我终于要出山了。

呵呵，哈尔滨的各位老总们，你们再等等，就等着本大师横空出世吧！

第二章　培　训

2.1 招　聘

看着眼前这人山人海的招聘会场景，真的使人感到有些如在梦中。又有谁会想起，在这里好像卖菜的阿姨们一样推销自己的，就是被誉为未来希望的大学生。但转念一想也就想明白，人才市场嘛，是市场自然就要敢于要价了。而且21世纪什么最宝贵，当然是人才了。所以学校就乐于给人才商品开博览会的机会。但看到广大学生的就业热情，相信任谁都会看到明天的希望。我似乎都听到了同学们发自内心的呼唤：我要工作!

记得当年学习社会主义到底是什么的课堂上，老师就解释过，社会主义中的人们会有很强的工作欲望，他们一定要工作来……至于来什么我倒是忘了。今天看着这个火爆场景，还是十分有视觉冲击的。当然我今天是抱着游玩的态度来的，因为我真的不相信这里有什么真正好的机会。起码我就深知，我们系里的机会都是单位直接和辅导员单独联系的。那可都是一年十万的年薪。而导员更是对于这些信息讳莫如深，只不过深知内情的人还是能知道这里的水有多深。这个系可是可以提前就知道考试题，然后去考试的。而且答案也是明码标价,完全遵循市场中的自愿原则。这也是我一直很喜欢"黑大"的原因，在那里，一切都可以等价交换。只是不知这样的工作，会卖多少钱呢。

招聘会是在我们学校篮球场里进行的，而整个篮球场也可以说是巧夺天工。地面部分除了场地，里面还有回廊迂回曲折，完全有曲径通幽之感。地下是贯通的空间，那里被租给一个超市了。想来学校其实还是有能人的，连这都能想到，可见世界缺少的不是机会，而是发现"钱途"的双眼。

正当我无聊散步的时候，韩语系小周突然出现在我的面前。我微感惊讶，记得小周不是去了韩国了吗，怎么还在这里晃荡。他应该没有我这么伟大的考研志向，那他现在起码也应该在公司啊。

"好久不见，你怎么也来了? 不是去韩企吗?"我故作热情地问道。

"哪里，就是不好才回来的。也没啥想法，先找个事做做吧。"小周熟练地答道，估计他这个答案今天回答很多次了。真是有趣，我们同学一天想的就是出国，可真正出过国的，却每天在想要回国工作。这个世界还真是充满着奇迹。

"你呢。"小周热情地说道，"没去俄罗斯?"由于大约两年没见了，相信他应该不太了解我的近况。

“暂时没那考虑，只是最近有些想继续读读书。”我简单说道，“最近正在准备考研呢。”

“有志气。”小周故作称赞地说道，“对了，考研好像很难的，要不你考虑像你导员那样好了。”

“呵呵，糊涂了不是。那也要门子的。”我当然知道他说的是什么，我和小周关系原来还算不错，估计他这么说应该没有什么恶意。我们导员是一个英语系的小男孩，学习不好，毕业也没有办法了，于是托个人跟“黑大”签订了一个协议。只要为“黑大”服务两年之后，就可以保研了。当然这里面还是有价格，应该现在还是10万吧。这样他就可以既工作，又读研了。当然这样做经济压力也不小，好像他一个月也就2000元不到的工资吧。每次看到他用自行车驮女友下班，我们都觉得他的“钱途”特别“浪”“漫”。

我进而说道：“考研，我应该问题不大的。如果不行回‘黑大’读好了。至于出国，如果去俄罗斯，还真的没什么兴趣。再说，未来的二十年中国经济还是不错的。”

我心中笑道，哼，老夫心中的宏伟蓝图岂是尔等可以窥测的。现在中国经济形势放缓，就业需求大量不足。在这个时候，考研说好听一些是继续深造，可明眼人一眼就看出来了。说白了不过是找不到工作而延迟就业罢了。

而国家也早就看出了就业形势，所以也乐于学生们去考研。毕竟考研客观上降低了就业压力，而这群学校里的“未来生力军”可以找到新的地方继续消费。他们虽然不创造什么价值，也不从事什么劳动。但每日总要上网泡女孩吧，再者要不要吃饭？进而想想要不要买衣服？这不都可以拉动中国经济增长吗？所以中国现在实行扩张的学校政策。而另一方面，学校现在更像是一个盈利机构，这些东西是要赚钱的。好了，一方面是国家想要你读研，另一方面是学校想要多招生。在这个时代，想要考不上研究生，谈何容易！当然这些就不能跟小周一一说明了。

“呵呵，还是你有眼界，这么有信心。”小周叹道，“我算是对于国外没什么期望了。好了，有空给你电话吧。我先看看别的公司了。”

“好的，回头见。”我笑道。告别了小周，我继续在招聘会里游荡。看来今天想要投出简历都难了。我中午打出来的简历，竟然一上午只递出了两份。没办法，看来老夫只能使出来杀手锏了，回去就要进行网络营销，倒要看看工作是不是真的这样难找。工作难找倒不要紧，可是别耽误了本大师造福苍生的历史使命啊。走着走着，忽然一个公司的招聘广告进入我的视野。没办法不注意，人家上面写着呢，“招聘操盘手”！

操盘手，那是什么，那是据说金融行业最为让人着迷的行业之一。谁也不知道他们怎么诞生的。他们出现的时候，整个市场为之震颤。就在香港遭到索罗斯狙击之后，整个香港再听到索罗斯的名字之后，就会出现股市的震荡，这已经被称为“索罗斯震荡”了。而真正的操盘手，他们衣着得体，举止大方，做事稳重，思路清晰。他们受雇于专业的机构，动辄几百上千亿的运作资金。他们才是真正在市场里呼风唤雨的人物。我脑中慢慢浮现出

我对于操盘手的认识，可是这显然不应该是现在还找工作的大学生能做的事情啊？

看着眼前这家公司赫然写着“招聘操盘手”这几个大字，我不禁愣住了。到底有谁会认为这种万里挑一的“人才”，会留在人才招聘会这样的场合等着你来挑呢？到底有哪家公司敢让毛毛躁躁的大学生去做这样的事情，而自己担着风险呢？看着眼前的这家公司，可以说他完完全全是出现在了错误的时间，错误的地点，做着和目的相违背的事情。“事出非常必有妖”，这句被重复了上千遍的真理慢慢浮上了我的心头。

当然怀疑归怀疑，看还是要看的，反正是散步，就不差这一步了。走近才看到“哈尔滨迪顺投资管理咨询有限公司”的牌子。只见公司招聘资料上面写道：“哈尔滨迪顺投资管理咨询有限公司是一家外资公司。近年来随着经济的进步，公司大力开始海外业务，金融投资等，领域涉及股票、期货、黄金和外汇，现公开招聘操盘手。”

读完资料，我不禁真的震了。不是说私募都是地下组织吗？他们神秘的完全没法琢磨，隐藏在每一只个股背后，看见中小散户就啃一口。怎么这家却这样大胆。跑出来不要紧，而且竟然跑到高校的招聘会场上。不过想来，人家能涉足多个领域，而且都把业务做到海外去了，一定是大机构。能运作上百亿资金的机构自然也一定不会在地下，人家是做大事的人，当然要大气上档次了。自然不是我辈所能推测的了。

想到这里，我开始注意到这张桌子旁，坐着的是两个年轻人。他们都是大约二十来岁的样子，一男一女。男的脸部有些微胖，扁塌的鼻梁，红红的脸上有些粉刺，眼光有些犹疑，看起来也就是个中等身材。而女子则面相白皙，偏瘦，鼻子很是坚挺。面部看起来很一般，别无特色。看着这普通的面相，估计这就是两个招聘人员了。就在我看到他们的时候，他们也注意到了我。

“怎么样有兴趣吗？过来看看吧。”女子不失礼貌地说道。但在我听来，怎么这么像我每天去的市场里卖东西的大婶呢。

“招聘都需要什么条件吗？”我惴惴地问道。在我的印象里这种高技术工种，貌似不是谁都可以蒙骗的。

“需要的条件并不是太多，心态很重要的。”男子答道，只听他继续说道，“你以前有投资经验吗？”

“有，做过股票。”我给自己长脸道。要知道，我说的可是“做”过股票，潜台词就是也是操盘手的一员。当然虽然开始对这个事情有兴趣了，但我可不准备把自己投资经验告诉他。如果他要细问，我就准备说是用零花钱炒股来着。

“那这样，我们现在不是很方便，还是把简历留给我们吧，回去后我们联系你。”男子很是热情地说道，可能是看见我犹疑的样子，他又说道，“放心我记住你了。”

“好，这是我的简历。”看到对方如此热心，我更是昏了。想来大师我虽然眉目清秀，五官端正。但是相信任谁也不会将我作为偶像派选手啊。至于说就这两句话，他就对我产生了兴趣，那他也兴趣太广泛了。莫不是老夫已经到了“腹有诗书气自华”的天人境界，连不自觉散发出的气势，都能将人镇住了？

“今天是星期四，我们大约周日面试。”他说道，“这样，我姓徐，给你一张我们的传单。你星期天来就好了”。

“好，那我星期天去。”没想到这样轻松就有面试了。礼貌的告别完，我就迅速地离开了那个区域。不走不行啊，脑子还有些乱呢。想来应该是很复杂的东西怎么这样简单。莫不是他们只管拉人？但随随便便就能把本大师拉到，看来真是他们的造化。好了，既然最有兴趣的事情已经安排好了。那哈尔滨的其他公司就真对不起了，你们上手晚了。你可能委屈，你可能不服，但是这一刻本大师没时间了。

从这个屋子被人挤了出去。一整天，我就看见唯一的这么一家大气上档次的公司。回到家里，我还特意上网调查了下，没想到真的查到了这家公司，网站上这家公司的网页还是很正规的。介绍上写着：

公司简介：

哈尔滨迪顺投资管理咨询有限公司是综合性投资管理有限公司，目前公司已与中国北方金银业等公司合作，业务涉及资产管理、现货黄金（Spot Gold）、外汇（Forex）等金融衍生品。迪顺公司致力为客户提供诚信优质、精准专业的金融投资顾问服务，提供先进可靠的资讯交易平台，协助客户实现投资利益最大化。公司设立专门的分析研究部，由经验丰富的金融界精英和从事黄金外汇投资多年的资深分析师组成，为客户提供全面、完善、优质的服务，为投资者创造更多的财产性收入。

根据公司发展需要，现招聘以下职位：

市场部经理 培训讲师 投资顾问 交易员 经纪人

中老年理财顾问

以上职位双休＋绩效＋奖金>月薪2000——万元以上，有客户资源及具备相关金融行业经验者优先。公司提供岗前免费培训。

另：欢迎各高校应届毕业生来我公司实习锻炼，优秀者公司可提供工作机会。

看看什么叫大气上档次，人家公司一开价就是2000+，我以前还以为只有我们俄语专业的毕业生才有资格在哈尔滨拿这个价以上。没想到人家国际投资公司，这还只是起步价，未来的钱还能计算的了吗！就它了，老夫指定的接收单位了。看来，也只有这样的单位才能有资格接受老夫的实习。能不能录取那不要紧，只要有学习的机会就够了，人家可是有国际经验的投资机构。想想自己股票投资的痛，也许这正是我偷师的好机会。只要老夫好好学习，将来咱也做个大机构，把南航这些垃圾股全部从股市上收购光，不许他们再去危害苍生。

没有了精神负担的我，于是开始了安心等待周日的复试。

2.2 面 试

接下来的几天里，只要有时间，我就会上迪顺投资的网站。反复翻查它的每个网页。从公司简介看到公司的发展规划，心中满是激动。

什么叫大气，这才叫大气，明目张胆地告诉大家我在运作什么。人家一般的市场都看不上，直接瞄准的就是国际市场。而且一上手就是外汇！什么叫外汇，那可是索罗斯才能玩的东西。当年索罗斯爷爷就是靠狙击英镑而一战成名的。再来就是东南亚金融危机，哪个少得了外汇市场的翻云覆雨。

回想过去，老夫只知道盯着股票的一个盘子，想想那才真叫丢人。如果早注意到国际市场，那就不会到死，还抱着南航的股票不放了。

怪不得现在连“临时工”找男友，都要求必须是清华北大的研究生以上学历，而最重要的是要有“国际化视野”了。原来，我连“她”的标准都不够啊。想到这里，我更是百爪挠心。恨不得现在就站到工作的岗位上，开始为人民服务。当然在这之前，我现在所能做的，就是不断地盯着公司的网站来发泄情感。这个公司的员工真是垃圾。怎么网站上就没有公司的布局什么的，连老总和国家金融大鳄的合影都忘了挂出来了，这还能称得上是走国际路线的大公司吗？等将来我占领了这家公司之后，第一件事就是把那些不称职的员工给裁掉。这种不大气上档次的员工，根本配不上“迪顺投资”这几个字。

星期天是在我激动的眼泪中迎来的，从这一天开始，标志着本大师正式转型，走国际化路线了。早上 5 点钟我就起了床，没办法，我竟然罕见的失眠了。躺在床上的我，似乎已经看到无数的东南亚国家在我面前摇尾乞怜的情形了。挣扎着，我站到了镜子面前，想了半天到底要穿哪套西服去面试。但会不会又显得太正式了，毕竟我还只是作为大学生去面试。也许人家招聘大学生，要的就是那种“青涩”的感觉。那还是不要玩“制服系”了。

挑了一个多小时，就在小黑跑到我房里要早饭的时候，我终于选了一件休闲西服作为今天的主打。看着小黑，我心中不无羡慕的想到，你太幸运了，未来的国际金融大鳄每天都给你做早饭。将来他完全可以跟身边的孩子们吹嘘，“当年就连国际炒家赵夕源也是每天早上给我做早饭的”。

总算到了法定工作时间了，我再次确认下公司的地址，便四威八仪、抬头挺胸地走出了寓所。

中环国际金融大厦，坐落在哈尔滨和兴路的中央。其下面是一些门市房，上面是住宅。坐落于市中心的位置，很轻易地就可以鸟瞰半个哈尔滨市区，这座至今仍在沉睡的城市。每日看到人流不息，车流川涌，不仅使人想到那句古话：天下熙熙皆为利来，天下攘攘皆为利往。

在这里，川流不息的人们都在努力地找寻自己的归属。也许是一个小屋，也许是一个爱自己的人。只有两样都没有的“无产阶级”，在这座城市里才算是真正的“无家可归”。

在去公司的路上，我再次观察着这座城市的人流。看着大家都在努力找寻自己的位置，我心中倒是有了一份淡然。要找寻到自己所属的位置，这不是仅仅关乎到家世、智力，而更是人生的运气与时机的把握。在跟随师父一年之后，我对很多事情都有了更多的了悟，“运气”与“时机”才是人要注意的，而“命运”带给人的，往往要更多。

抱着这样悲天悯人的情怀，我来到了公司。当我打开公司那扇虚掩的门的时候，首先便看到那天的那位小姐也在。她姓宋，这是我后来知道的。

与我想象中形成巨大反差的是，公司就在楼上十几层的一个百来平米左右的住宅里，三室一厅的格局和我租住的地方极为相似。三个主要的屋子被分别标以技术部、运营部和总经理室。二十多米的大厅，一个椭圆形会议桌占据了主要的空间，十台电脑将桌子占得既不拥挤也不显宽松。而就在靠近门口处还有一排沙发和茶几。看到这样简单的环境，我心中不免有些失望。但转念一想，对啊，人家是私募机构。那一定是狡兔三窟了，这也许只是一个临时的、明处的点儿。

“您好，我来参加面试。”我尽量用平稳踏实的声音说道。真庆幸自己曾经在校广播台培训过，声音竟然没有一丝颤抖。

“这样，你先填一份表格，回头进屋里面试。”说着她淡淡的指了指运营部。

这也太冷淡了，我心中不满道。但是我一回头才发现，别人也都在填写表格。于是我就一屁股坐在沙发上，耐心地对着表格填了起来。随着时间的慢慢推移，表格已经填的没法再写了。我甚至开始和身边的填表人攀谈了起来，最后我们聊到了教育背景。使我吃惊的是，他们大都是专科的金融财会类专业。而当他们听到我是“黑大”俄语的，也都不禁肃然起敬地叫嚣道：“我有个同学，没毕业就当翻译，听说赚翻了，都出国了。”听得出其潜台词就是：“你到这里干嘛，混不下去了”。当然我还是本着平等互利、相互尊重的精神，和他们就未来的中国经济形势，交换着意见。

看着别人一个个的进入了运营室面试，不一会儿，我也随宋小姐进到运营室里。我不禁打量起这个房间，还别说，怎么看这个屋子都有些私募的味道。整个房间布局极为简单。除了两个相对的办公桌和桌上的两台电脑，整个屋子显得格外空旷。空旷的墙上，只是挂着两幅写意山水的水墨画作为装饰。看来这真的是为“随时迁移”做好准备啊。我当真有些庆幸自己一开始就能进入这样神秘的机构了。

那天那个自称姓徐的年轻人坐在一张写字台后面，和他对面而坐的是一个面目洁白的年轻人。看起来年纪应该不能小过 25 岁了，但也绝不可能过 30 岁。只是他的面孔有些过于洁白，看起来不是很健康。眼睛很小而有神，鼻梁有些弯曲，两侧的鼻翼最多只能算得上和谐，但绝不能说是有力。两片不是很厚的嘴唇配上白皙的面庞显得都有些过于红润了。

“请坐。”面容洁白的年轻人看着我说道，“我姓李，是咱们公司的运营总监。你先把表格给我。”

顺着他指的位置，我坐了下来。于是李总则开始专心致志地看起了我的简历表格。而对面，徐经理也微笑的看着我，像是观察，又像是鼓励。正在李经理看我简历的时候，我开始把自己的证书全拿过来了。什么计算机 3 级，英语四六级，俄语专业 4 级，英文国际贸易辅修证书……突然我手头一颤，没想到我竟把风水资格证也拿来了。昨天应该好好检查。这本来是师父临走时给的，以备我将来忽悠人的时候用的。他们有个香港的注册机构，就给我弄了一个。没想到自己还真的拿着它来找工作了，昏。

李总看到我这一堆证件，先是有些吃惊，但当看到我的风水证书时，竟然开始有些兴奋了。

“你还会算命？”李总有些激动地问道。

“不太懂，只是跟师父学过一些”，我谦虚的答道，总不能叫嚣自己是大师吧。那是有无穷烦恼的。当然，如今的我已经知道了，面对这样的问题，正确答案应该是“不懂。”

“能不能给我们看看。”李总不无兴趣地答道。

“还真把老夫当动物园猩猩了，随便就想玩啊。”我心中愤恨道，但嘴上却说，“今天算了，不是很方便。我学的不是很好，瞎说一通可不好。倒是我股票啥的做过几年，有些兴趣。”我忙不迭地岔开了话题。

李总也貌似回想起了他跟我见面的目的，于是回到主题说道：“那这样，你的经验能不能为公司所用，这还要检验。毕竟嘛，现在股票也不是那么好做，所以公司最近的业务重心都在外汇上，不过没关系，你还是能来的。先来接受接受培训吧。至于能不能录用，还要等一段时间。”

看到公司肯主动给我提供培训的机会，我心中不免有些激动。看来我离国际金融大鳄的目标又进了一步。接着李总把我的证件还给我说道：“那今天就先这样，你星期一过来培训就好了。”

走出运营部的门口，我心情已经是十分舒畅了，我竟然还以“国际化的视角”扫视了一下整个公司的大厅。看着门口仍在等待面试的人，我头也不回地走出了公司。别人的事，别人自会处理。现在国际上有太多值得老夫操心注意的事情了，至于国内，还是先放一放吧。

在电梯里，我不禁又有些惆怅了起来。看来“大师”的头衔真的很雷人，起码能很快的引起别人的注意。可就在我沾沾自喜的时候，忽然脑中涌起了师父的那句话：“能查隐秘者不祥。”说白了就是，本事越高，遇到的麻烦往往也就越大。而紧接着的就是师父的另一句话：“好自为之！”

2.3 培 训

小白和小黑每天还是按时起床，吃完早饭之后，按时跑到图书馆去自习。说实在的，有他们在对我来说，真的很好。因为通过四年的大学生活，我已经成功对一切的闹钟都免疫了。不论叫的多响亮，我都能按了之后，倒头重睡。后来别人送了个卡西欧的闹钟。名牌就是名牌，这种闹钟，你按一次是不好使的。人家可以在按了之后，过几分钟再叫起来。可就是这样，我也可以和它做着不懈的斗争。我每天都能在和它的搏斗中，取得最后的胜利，然后继续倒头睡过去。

而现在好了，有了小白和小黑之后，他们可以坚持不懈地和我做斗争。而他们不想斗争也不行啊，因为我不起床，他们是没早饭的。于是12月1号星期一的培训，我竟然没有迟到。

起来以后，我就开始琢磨起来到底要不要穿正装的问题了。但是转念再一想，既然是培训，还是穿的休闲些比较好。于是简单挑了件休闲西装之后，我就坐上开往公司的公车。

可就在我快要下车的时候，突然注意到了一个年轻人。说是年轻，其实也不能算太年轻，毕竟他是有些“少白头”的。看起来有些老气。但看他的面相绝对不可能超过30岁。前额窄扁，鼻直且鼻翼有力，短短的寸头，在冬天里还是看起来很是精神。一米八几的个头，显得很是打眼。可是使我注意到他的，不是因为这些，而是我注意到此子身上有些将要发达的迹象。就在好奇心的驱动下，我准备再细致观察观察。于是我就跟着他，准备细细地再看看。可没想到，他竟然和我在同一站下了车。而下车之后，我竟然一路跟着他到了迪顺公司。不是到公司外面，而是直接进到了公司里面。来到公司之后，我才注意到，早晨的公司里远远不止我和他两个人。

一大早公司就待满了人，宋小姐在收发邮件，几个穿白衬衫的人正在拖地。“少白头”则走进一间小屋，一会儿就换了一身正装出来。而我旁边还有几个像我一样的“愣头青”，正傻傻地坐在沙发上，估计这就是我的培训同学了。忽然有人反应过来自己是来面试的。这就是说，只要在公司里，随时都是表现机会。于是大家蜂拥地开始工作起来，上去抢夺人家的拖把。

看了眼这群年轻人的勤劳表现，我自然是继续安心地坐着了。毕竟我自己承认自己很懒惰。嘿嘿，可又有多少人知道，真正成功的人都是懒人呢。懒人要取得和勤劳的人一样的成就，就一定要依靠手段和方法。也正因为如此，“懒人”就只能勤于思考了。每天想的就是，如何可以“更懒”、“更快”地达到目标。可勤劳的人却往往以“劳作”为是，认为自己“动了”就不叫懒惰，却将思考这种最重要的事情交给别人。并以此为“实”，认为自己是最勤劳勇敢的人。这种想法就有些可笑至极了，记得亨利·福特说过：“我的工作就是思考，思考是如此之难，以至于思考的人是如此之少。”中国人对于这种现象，早就系统的总结为："劳心者治人，劳力者治于人"。反正公司的骨干现在还不在，估计他们是看不到这些勤劳场景的。而就算看到了，难道这家公司是希望请一堆清洁工吗？

想明白了这些，我则开始有意识地和宋小姐搭起话来。毕竟，这是现在我在公司里唯一有印象的人了。

现在想想，家人对于我的教育还是十分有益的。他们似乎培养了我作为高级秘书所应该具备的一切。我给大学里的行政工作老师做过一年的助理，熟悉各种电脑技巧和软件。本身知识面还很是广博（家里的藏书不是一般的多），这已经是助理加顾问了吧。再来，还会风水五行之术，也就是说有了对未来把握的能力。再附加上做饭、推拿和医学知识。我要是只做个女孩来说，也算得上是十项全能了。而且我还是男人，这也就是说没有任何场景，是可以对我关上大门的（也就是完全没有性别歧视的负担）。至于学历，老夫毕竟是一本，而且是所谓的重点大学的。这样想想自己也应该是高级人才了。想着想着，我当真有些自信心膨胀得一发不可收拾了。

正当我和宋小姐对于最近的期货市场，开始交流意见的时候，“少白头”忽然喊我们过去，这时我才注意到，在靠近运营室的那面墙上挂着一块白写字板。接着宋小姐开始给我们取来方便凳子。于是我们就排排坐好在白板前，开始听“少白头”训话了。

“各位同学好。我姓周，这是我的联系方式。”说着他把自己的联系方式写在白板上。于是大家立刻开始忙着找起本子和笔，开始“各种”记。他接着说道："我是咱们公司的人力经理，也是讲师。从今天开始，我们将进行为期三天的课程。这之后大家开始上机操作。熟悉各种外汇交易知识和软件。我们会先给各位提供一些模拟账户操作。”随着周经理的话语，我们进入了课程学习。这个时候，我才开始环视了一下自己的身边。

就在我们身后的椭圆形会议桌圆前，9 台电脑前已经坐满了人。有三个年纪大约四十岁左右的人，其余的则大约和我们年级相仿。看来我们并不是这个公司的第一批学员了。

宋小姐坐在紧靠门边的位置上，旁边不时响起的电话，和她温柔的回答，看来她就是这个公司主要的接待文秘了。总经理室和技术部的门都是紧闭着的，我没机会看到里面的情况。而昨天进去过的运营部的大门，此时也同样紧闭着。只有徐经理不时地出来进去，身影异常的明显。而李经理则很少见他走动，不是上卫生间，就是在运营部里安坐了。

环视此时我身边的同学，大约有七个人左右。男女彼此分开来坐，我坐在一侧最边沿上。我的身边则是一个皮肤十分白皙男孩。颅骨很是突出，面部极为凹凸，看起来倒是有棱有角。他自己介绍自己姓杨，于是我就叫他小羊（后来才知道，人家大了我很多，于是顺势改称为“大羊”）。大羊时不时地看看身后一个在看电脑的男孩，显然两个人是熟悉的。另一个男孩身材不高，但是看起来很是强壮。M 字额头，显得整个头异常的大，后来我们则称呼他为“大头”。至于身边再远些的人，我就看的不太真切了。于是我收拢思绪，摊开久违的笔记本，开始安安静静地记录起周老师的课程……

2.3.1 第一天上午

只听周经理接着说道：

“要了解外汇市场，那就先从咱们熟悉的股票市场开始。咱们先来看下股市与汇市的主要区别。这里主要是两点，第一个是“做空”机制，另一个是“保证金”制度。

“什么叫作“做空”，“做空”也叫“卖空”。就是说你可以在没有股票的时候，先向别人借入股票，然后在市场上卖出去。等股票跌了，再买回来还给别人。例如我借的时候，股票价值10块钱，这个时候，我把股票卖掉，得到10块钱。等到股价下跌到2块钱的时候，我再花2块钱，将买股票回来。然后把股票还给借给我的人。这个过程里，我就赚了8块钱。当然如果股票涨了，我也要按约定，将股票还给借给我的人。这样，我就要高价去买股票了，于是，我就可能赔钱了。

“而保证金就是，指只用很小的一部分钱就开始一个很大的交易。例如咱们房屋的交易，一百万的房子，只需要先交纳30万就可以使交易成立。有很多人是这样的，先交30万的首付，而过了两个月房价就涨到130万了。这个时候，他将房子再转手卖出。这样，他就多卖了30万。而他在整个过程中，其实只用了一开始的30万。这就相当于用30万，赚了30万。这就是100%的利润了。这就是保证金的道理了。

“所以说，资本是通过交易成为财富的。

“下面我们来看外汇市场和股票市场的差别。首先，股票市场的交易量是很小的。你们看现在一天800亿沪市的交易量，人们就疯狂了。而你们知道外汇市场如何吗？外汇的日交易量3万亿美元。所以这个市场才是国际上主要关注的市场。

“接下来是股票有很明显的年周期性。在股市，只有上涨的时候，才有机会获利。而在外汇市场，即使是单边下跌，也可以通过“做空”来赚钱。所以在外汇市场机会是很多的，甚至每日都有机会，而我们要做的就是要面对这个市场保持理智。

“下面我们来看市场的参与者，机构和散户的区别。

“首先是二者在资金上的差异，在股票市场上有资金就可以运作股票，可是在外汇市场上，3万亿美元的日交易量，谁都很难坐庄操纵。

“其次是技术，散户和机构的最大不同就是是否有专业的团队，这些团队都是有专业技术的。或是擅长基本分析，或是擅长技术分析。而散户往往没有经历系统的交易培训，也很难掌握真正的技术。

“最后一点在保证金上，外汇市场是有保证金的，也就是说可以用很少的钱去撬动很大的交易。这一点上就使得散户和机构在这些方面没有什么太多的差异了。通过资金杠杆的作用，1美元可以撬动400美元的交易。

“所以咱们从上面就可以很好的看到，外汇市场相对于股市具有明显的优势。

“好了，中国的外汇储备量，在 2008 年已经达到了近 1.9 万亿。而外汇市场无庄，干净的特点，相信在未来一定会成为主要的交易市场。

“而作为合格的交易员，技术其实远不如心态和心得。所以咱们公司这一次大举招聘学员，就是希望能够发现和培养这样的人才，然后可以负责公司的相关交易事务。那么接下来，咱们就来系统地认识一下，什么是外汇交易市场，以及如何交易的问题。

“好了，什么是外汇?

外汇，说白了就是一种外币或外币凭证。这个在国际间是作为一种支付手段的。当今的外汇主要币种有 7 个，一般使用符号表示。有美元 USD（接着周经理开始边写边说道）、欧元 EUR、英镑 GBD、日元 JPY、加拿大元 CAD、澳元 UAD 和瑞士法郎 CHF。

这些货币，相互间都有一定的兑换比例，叫作外汇汇率。而我们就是根据这些汇率的波动，来进行每日的交易的。一般咱们只要求背下一个主要货币对儿，就是欧元兑美元 EUR/USD。如果盘面看不清楚趋势的话，还要参考美元指数 USDS，这就是美元相对于其他货币的强弱程度。因为什么，因为美元是国际间的主要结算货币，所以只要知道美元的强弱，其他货币相对于他的强弱也就知道了。

“好了，咱们接下来看，影响外汇汇率的几个因素。

“首先，是利率因素。如果一个国家的利率上升，那么就会有巨额的国际资金流入这个国家，去寻求高利率的资本回报，因为这些钱数额太大，很难找到其他更好的获利机会，所以他们就稳定的赚取利息。这就必然导致货币兑换的问题，要知道，货币兑换就是，在市场上抛出一种货币，然后去买入该国货币。这必然使得该国的货币汇率变高，也就是说该国货币越来越“值钱”了。

“再来是 GDP，就是国民生产总值。一个国家经济好，也是这种货币走强的因素。

“其实外汇很多也是看预期的。你就像 CPI 指数，就是物价指数，如果高了，就表示可能有通货膨胀的趋势，那么这个国家就可能会调高利率。这样汇率也就跟着涨了。

“所以，数据对于汇率是有很大影响的。其中比较厉害的，就是美国的非农数据。这是指“美国的非农业就业人口指数”，这个可以很好的预期美国的经济发展。这个一般是晚上 20:30 公布。那个时候，汇率会有极大波动。要记住，保证金交易虽然可以扩大收益，但相应的风险也是很大的，所以这个时候，一定要平仓。要知道，数据只是工具，而交易的目的是赚钱。所以做外汇一定要客观，要根据条件来交易。不能自己去猜测什么数据的好坏。

“好了，咱们再来看下主要货币对儿的特点。

先来看欧元。EUR/USD 这个货币对儿每日成交量最高，也最符合技术面。任何一个支撑或阻力往往都有效，尤其是在整数关口。EUR 是由德、意、法等国的主要货币组成的，现在一天一般 120 点。对了，咱们现在来说说什么叫点，你像现在 EUR/USD 的兑换汇率是1.2793，就是1欧元兑换1.2793个美元。而外汇保留4位小数，那么这个最后一位的3，涨1个数，就对应着1个点的变化。这个咱们下面再说。

“再来看英镑，英镑一天的波动很剧烈，一天170点，而且很多阻力或支撑对其没有效力。所以很难做。

“至于日元也不适合初学者，因为日本是进出口非常大的国家。一个点的变化对于一家外贸公司可能就是几万块的变化。所以政府经常要干预汇率。

“至于加元和澳元，他们很相似。都是对应着大宗商品的。加元主要是石油，澳元则是黄金。而近来黄金现货也越来越不好做了。波动很没有规律了。这就使得澳元也开始走得很不稳定了。

“至于瑞郎，一般很稳定。

“这就是几个主要货币对儿的特点了。所以咱们学员，还是先做欧元的交易。这样来熟悉整个外汇市场的特性。

“好了，现在来看外汇的交易时段。要知道，外汇和股市不同的就是外汇是一个全球化的市场，这个市场没有休息。下面来看主要交易时间。

各主要外汇市场交易时间（北京时间）：

悉尼：06：00——15：00

东京：08：00——15：30

香港：09：00——16：00

法兰克福：15：00——23：00

伦敦：15：30——23：30（冬令时间16：30——00：30）

纽约：20：20——03：00（冬令时间21：20——04：00）

“这里的“夏令时”和“冬令时”是指，每年四月的第一个周一，是为夏令时间的开始。每年十月的最后一个周一，是为冬令时时间的开始！这是西方国家所采用的计时方式。

“好了，咱们来讲主要的交易时间段。从北京时间早上5点开始，惠灵顿外汇市场开盘。之后6点悉尼、8点东京、10点北京、香港。这一段儿行情是调整时段，行情一般不是很大。此时段主要是亚洲和澳洲市场活动的时间，所以也叫远东盘。这段时间通常没有方向，或是小幅震荡居多。多为对前一交易日最后一波行情的回调，所以与当天大势方向一般相悖。虽然风险低，但是往往收益也低，所以不适合交易。

“而从下午开始，进入行情酝酿时段。在欧洲开市前夕，交易及资金量都会逐渐增加，并且此时段也会伴随着一些对欧洲货币有影响力的数据公布。所以此时段可也说是黎明前的黑夜。市场和图形都开始酝酿，这一时段基本上就是每天最好的，也是第一次的进场时段。

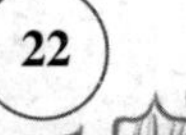

“至于到了15:30法兰克福开市之后，进入一天的交易活跃期。16点伦敦也跟上了，这就更加放大了交易量。资金量和关注程度也都增加了。所以这一时段才是每天外汇市场行情的真正开始。如果在上时段已经开始交易了，此时段则可尽获收益了。没有及时交易的，则最好在其已经开始部分行情后不要追势，最好等到回调时再进入。当纽约开市之后，往往伴着数据有大幅波动。按照资金和关注性来说，这是一天中最大的时候，行情波动自然也是最大的。一般是大势震荡的真正时刻。

“等到晚上00:30之后，就进入了行情调整阶段。从时间上看，这是美国的下午盘。所以一般就开始进行回调了，一般也比较平稳了。但是偶尔也会有些很重要的美国数据会在这个时段公布，所以偶尔会出现瞬间大幅波动的情形。但实在不值得参与。

“好了,这就是主要的交易时间段。现在我们来讲,我们到底怎样根据这个市场来获利。咱们做的是外汇现货合约交易。怎么说呢，咱们通过一个金融机构来参加外汇的现金交易。咱们先跟这个机构签订一份协约，于是对方提供融资，这样，当我们要在外汇市场，比如说“做多”欧元，那咱们就通过这个机构买入欧元，同时卖出美元。这样咱们就持有欧元了，好了，如果“美元的价格”相对于欧元下跌了，那咱们再卖出欧元，买入美元。这个时候，咱们换回了的美元就比原来要多了。

“像1.2675的欧元对美元汇率，也就是1欧元可以兑换1.2675美元。那么如果变成了1.2680汇率，那就可以兑换1.2680美元。这一进一出，就赚到了0.0005美元。

“那你说，这太少了，还不到一美元，做了一天什么都赚不到啊。这个市场是有交易的基本单位的。也就是说，你要交易一次，要是一个基本单位的整数倍。这个“单位”在交易里被称为“手”。股市里一手是对应100股的股票数量，而外汇对应的是100000（十万）美金。这样如果交易一次就要卖出十万美金的量，这样就可很简单地计算了。这样换算下来，一手交易，每个点的升幅，相对应的大约是10美元的变化。于是机构根据这个单位，跟咱们签协议。这样咱们的交易是以“手”为单位的。只不过咱们可以做0.1手的交易。1手十万美金的交易,叫作1标准手。而0.1手就叫作1迷你手,而0.01手，就叫作1超迷你手。这样也就可以相对的换算成美元了。

“那你说，就算是1超迷你手，也要1000美金啊，这可不是小数目。相对于这一点就要引入保证金交易了。机构对你进行融资，提供一定的扛杆比率。如果是1比100倍的杠杆比例，那么如果你想交易0.01手，就只用交付10美金给机构。而机构就会替你交易1000美金的量。如果行情顺利，你就会获利，但是如果行情不顺利，你也会失去钱。

“机构会以你账户里的钱作为计算依据。如果你账户里的钱，没有你亏的多。机构就会瞬时将交易结束，这就是强制平仓，也叫爆仓。这个时候，亏损的部分就要由你来承担。机构还是要保持住原来的那1000美金。当然这个过程中机构不会白服务，你要支付一定的钱，这叫作“佣金”。还有一部分是银行要收取的。因为外汇行情变化很快，所以银行为了保证自己安全，就是设定一部分点作为点差。像在咱们这个平台上，你会看到欧元同时买入和卖出的价钱之间相差 3 个点。这就保证，当你买入和别人卖出时，银行可以保证有 3 个点的获利，用以控制自身风险。当然每个货币对儿的波动不同，所以点差也不同。

“好了，这就是咱们外汇交易的根本原理了。

“所以大家要有信心，在这个市场里，很小的钱就可以进行很大的博弈。但能否成功就要看自己了。交易要依靠总结，好的交易并不是要研究市场，而是要研究人性，因此每个人都是市场的学生。

“大家一定要知道，行情每天都有。像远东盘的 40 个点是很好赚的，一般是单向的。而欧美则十分复杂，要把握每个时段的特点。远东盘走多了，欧美盘就会对远东盘进行修复，而美洲盘则会对欧洲盘进行相应的调整。0.1 手就对应 1 美元。0.01 手也可以做，每个点对应的是 0.1 美元。手数就是开仓量。这样一天赚 20 个点就可以了，一个月 22 个交易日。一个月就是 400 美金。换算成人民币就是 2800 元。这还是没有什么难度的。

“如果是做基金的话，一般多注意基本面，而我们则多注意技术分析。一定要符合趋势。你们看今年到 9 月 16 号，欧元就是一个下降趋势。4000 点左右的跌幅。只要我们有方向，买卖就可以获利。现在就可以看出，近一段时间是盘整区域，也就是箱体。而箱体则往往有些不好做了。

“至于基本面咱们也可以知道，你像中国的 GDP 一般很多依赖于出口，所以如果人民币升值，就会使得中国的外贸企业受阻，从而减少 GDP 的增加。至于其他国家的数据，有专业的外汇交易网站，这些都是可以随时很方便的查询到的。

“……”

一个上午就在周经理紧张的教授中结束了。由于“人家”太过于投入，以至于中途，周经理只让大家休息过一次。于是大家如风般的涌进了唯一的一个卫生间。

而到了中午结束课程的时候，老夫已经没兴趣了解别人了。老夫反正是已经饿得彻底晕掉了。幸好这座大厦的一楼楼下就是一个很大的，号称为美食广场的餐厅。于是大家在下课之后，就立刻开始上演“饿狼传说”了。

但我还是成功的做到了，在饥饿之余呼朋引伴，兼济苍生。“老夫”可不会玩什么神秘感。神秘感这种东西是需要强大的实力的。虽然玩“深沉”和玩“神秘”可以给人更大的回旋空间，可是大家往往忽略了一个前提，那就是人们普遍不喜欢自己不熟悉的东西。因为越是难以控制，就越是代表风险。而风险往往是人们所厌恶的。

而如果过于熟悉，人们就会产生轻视。所以，这里面的“度”就只有自己能把握去了。当然身为“大师”，我还是要广泛的团结一切可以团结的群众。

开玩笑！要知道，这个时代，人脉就是资源。只有拥有更多的信息，才不会落于人后。这可是被伟大的共和国国史证明过的真理。搬出了国史作为事实依据，我“呼唤”的就更卖力了。身边也慢慢地聚集了一群饿狼，向着美食广场进发。

当到了美食广场却发现，那群在大厅里貌似弱不禁风的女孩子竟然先到了。整个大厦就两部电梯啊，我占领了一部，另一部应该不会快到这个程度吧。可这群女孩竟然做到了。这个发现虽然使我吃惊不已，但还是挡不住胃里的空虚和寂寞。饮食男女，饮食男女，自然“饮食”完了才是“男女”。所以饮食永远是第一位的。中国古代先贤的教诲在这一刻绽放了光芒。

选了一个石锅拌饭稳定下来之后，我才开始慢慢地注意到身边的情况。我靠近的是大羊，而大羊靠近的是大头，可是大头却是跟一群老学员坐在一起的。这就使我的交际范围直接扩大到了资深的公司人员。至于其他人，像宋姐和周经理这样的，我倒没有看到。废话，人家是做大事的人，看的都是美元这种国际结算货币，自然不会再来这种小地方了。

面对我身边的这个群体，我还有些陌生，于是我整个午饭的方针，就选择了少说多听。可就是在我这么安静的注意之下，他们竟然都没说什么东西。除了点点头，就是笑一笑。大家话很少，话题更少。

吃完午饭，大家也没有地方去，于是就回到楼上了。我虽然很想散步去，但最后还是选择了融在群体里和大家搭讪。这时我认识了小何。

小何学名是叫何冠辉。据他自己说他是从大庆过来的。我不禁暗暗惊讶，这是什么样的路程啊。光火车就是两个小时的车程，而他在本地既无亲友也无同学。现在也只落脚在一家小旅馆里。

小何同我一样本科还没正式毕业，所以只是从网上看到这里招聘就过来了。他说自己是来考察考察的。他本科是学经济学的，于是我开始和他聊了聊股票和其他的一些东西。说实在的，内容现在早已记不清了，只记得话题的中心，好像就是围绕着就业的难处和中国未来几十年经济发展的设想。我忽然发现，似乎我们除了身边的一切，只要远离我们的，我们一般都十分关注。像中国下半年的经济可能对明年产生什么影响啊，以及未来美国的政治等等。“达则兼济天下，穷则独善其身”，看来有悲天悯人情怀的中国有为青年，真的不在少数。只是这些青年往往连眼前的东西都看得不大清楚。

临近下午一点的时候，人们（主要是负责人员）开始陆续慢慢地回来了。于是，我们迎来了下午的培训。

2.3.2 第一天下午

厅中的氛围奇异的迅速变化着，每一个人都可以感觉得到一种异样的气氛似乎充满了激情地向自己迎面扑来。虽然每个人都在极力掩饰这种内心的激烈活动，但是大师却用看破迷茫的双眼，清楚的看到了这一切的变化。因为大家一定都意识到了一个事实：该上课了。

下午一点半之后，大家似乎都认为应该上课了。有的同学也已经开始坐在自己上午的位置上了。可是奇怪的却是周经理坐回了圆桌旁，开始看电脑。丝毫没有上课的意思。这个时候，坐在椭圆形会议桌一端的，靠近窗口的一个交易员喊我们过了去。随口说道："大家来搬把椅子坐好，咱们下午的课由我来上。"看着这个人大约四十来岁的光景，大家依言围绕着他坐好。我再次挑了一个比较好的位置，坐在他旁边，可以清楚看到他的每一个动作和他面前的电脑。在大家坐定之后，他开始自我介绍道："我姓侯，也是咱们公司的讲师，以后大家可以叫我侯老师。这样，咱们今天下午就由我来给大家介绍技术分析的一些东西。"

伴随着他的话语我仔细打量着眼前的这个中年人，不由得微一诧异。看起来他好像也就是30多岁，但是再细心察觉，此人则应该已经四十好几了。只是神采依旧清晰，双目流彩，不时仍有像是泪光一般的光彩划过。双眉清秀，眉尾处微微有些散开，眉毛紧紧地贴着眉骨。鼻梁挺直，皮肤白皙，手指修长，指甲圆顿。身着淡蓝色的衬衫，外面十分规矩地穿着一件坎肩。他说起话来，声音清纯，气息朗朗，浑身上下显露着一派清秀之气。看到这儿，我不禁正了正心神专心地听他训话。

只听他说道：

"咱们今天来讲技术分析，技术分析就是用来分析市场的。而市场不论如何变化，最根本的只有一点：多空搏杀。市场中的变化最终都可以解释为多方和空方的行为。也正是因为这一点，咱们才能对市场进行技术分析。而分析的就是多空双方的力量变化。

"咱们之所以不使用基本面分析，原因在于，这个市场的基本面纷繁复杂。连信息收集都很难做到，而要根据信息做出正确的分析，更是难上加难。但不论信息如何发生，最终都要落实到盘面，从而成为市场的多空势力变化。正因如此，我们直接使用技术分析，顺势下单，才能迅速地得到想要的结果。

"而交易市场是财富转移的平台，外汇市场更是社会财富转移的平台。如果在这上面想要获得财富，就一定要比市场里的人更能了解市场的变化。这也是技术分析的关键所在。（就是今天我在写这些东西的时候，回想当初刚刚听到这些教诲的时候，仍然觉得受益良多。）

"那这样，咱们现在先来讲解K线。

"K线是从日本传过来的方法，最早是用来分析大米每日涨跌变化的。通过对于它的研究我们可以得到对于市场的最基本认识。"

接着侯老师就开始讲解K线所标示的每日价格和画法。

"现在我们明白了整个K线代表什么就知道了，K线不过就是对于市场里价格行为的忠实记录。所以K线只要走出来了，就会有部分力量。K线是很简单，但是往往越是简单基础，其中就越包含深刻的道理。

"其中K线的实体部分标示双方在争夺了一天之后所取得的成绩，可能是多方的力量

强盛，也可能是空方的力量强盛，但是最后的结果是双方在这个时间段内，这个位置上基本取得了平衡。至于上下影线则体现了整场争夺的激励程度。这是一根 K 线背后所包含的根本的故事。而我们的工作就要读懂这个故事。

单根 K 线可以有 18 种最基本的形态。

1. 大阳线：多方占据绝对优势，价格上升。

2. 大阴线：空方占据绝对优势，价格下降。

3. 中阳线：争夺激烈，但多方主导，最后结果对多方有利，价格上升。

4. 中阴线：争夺激烈，但空方主导，最后结果对空方有利，价格下降。

5. 小阳线：争夺不激烈，多方有利。

6. 小阴线：争夺不激烈，空方有利。

7. 光头阳线：虽然开始有反复，但是多方最后取得了绝对胜利。

8. 光头阴线：全天空方主动，虽然开始有反复，但是空方最后取得了胜利。

9. 光脚阳线：遭到空方打击，但还是多方最后收尾。

10. 光脚阴线：遭到多方反抗，但还是空方最后收尾。

11. 上吊阳线：下面获得强烈支撑，一天波动很大，多方最后取得一定成绩。

12. 上吊阴线：一天都遭到空方打压。最后，多方把价格拉了回去，但还是达不到开盘水平。

13. 长上影阳线：上面有强烈的压力，一天波动很大，多方占领很小的成绩。

14. 长上影阴线：遭到强烈的反弹，一天波动很大，空方最后收尾。

15. 星线：多空在战斗后取得了暂时的平衡。

16. 一字线：多空全天一方取得了压倒性的优势。

17.T 形线：遭到空方打压，但最后多方将价格推了回去。

18. 倒 T 形线：遭到多方反抗，但最后空方将价格推了回去。

“所以当实体长的时候，往往很好判断，但是实体短了就表示双方力量越来越复杂，这里就要分析了。而其中以星线的意义最为重要，他可能成为重要的反转形态，但这是要小心确认的。也要小心可能为中继。其实所有的 K 线形态的组合都可以最后合并为基本的形态，再分析所处的位置，就可以知道其未来发展的方向了。

“像孕线这种 K 线组合，如果将整个图形合并，那就是一条极短的线，类似于星线。这样就可以根据其所处的位置，看出到底是不是反弹信号了。

“而最为激烈的就要是跳空缺口了。这表示市场在某一时刻达到了一种强烈的共识。而这儿也往往会成为强劲的缺口。而因为外汇是 24 小时连续的市场，所以很难出现所谓的缺口。

“技术分析因人而异，因此要熟练技术分析，就必须要多多练习，才能体会这背后的战斗。当然也有一些小的技巧。像 60 日均线往往就可以看作很重要的趋势线等等。

“记住，在这个市场进行操作，做错没有别的理由。做错就是无知。而市场是财富重新分配的平台，无知是要付出代价的。

“……”

最后侯老师以语不惊人誓不休的句子结束了下午的课程。侯老师讲解的时候时不时地呷一口面前杯中的茶水。时间过得很快，貌似他讲的东西不多，可说实在的，却又似乎什么都有了。简单的事情包含了深刻的道理。听到这儿我深有感触地点点头，回过头来，再去看那时的 K 线，人家明着告诉你，可就是看不懂。唉……

侯老师在讲完后说道 :“我这里还有一些 k 线组合图形，你们谁有兴趣可以看一看。”说着他让出了位置，站到了后面。可大家显然没有侵犯神圣的意思，我虽然很想看看，但还是没好意思。我注意到他的图片上都有搜狐的标志，估计是从搜狐上下来的，晚上回家再上网看吧。

既然大家都没有兴致，那接下来大家就开始自由活动了。说是自由活动，其实也就是看着别人的电脑，去熟悉那传说中的外汇。几乎每台电脑后面都有几个人。我继续坐在侯老师旁边，盯着外汇的盘面观察。望着那满盘的 K 线图，波澜起伏的行情在眼前展开。虽然还没有上手，但是还是感到心情澎湃。

东北的冬天白天是很短的，将近四点的时候天就快黑了。虽然我们名义上是培训，可说实在的并没有指定的时间，根据国际常识我们判断下班的时间应该是五点。于是大家接着忍耐，没人过早离开。大约四点半的时候，我实在忍不住了。这一天也太折磨人了。于是我问宋小姐可以走了吗? 在得到肯定答复后，大家都开始收拾东西了。周经理今天说过，如果我们喜欢，可以晚上在这里看盘，因为晚上他们也要做单的。看来大机构是不会放过任何一个赚钱的机会的。想想也是，一天中就这个时段，是交易最激烈的时候。还真的有一个男孩表现出了惊人的魄力准备留下来。在我的记忆中他好像是个湖北人，瘦瘦的身材，卡尺的头发，看起来很是干练。但虽然有了这个“前车之鉴”，我也没有留下来的意思，道一声“明天见”后，老夫消失在了电梯里。

回家的公车还是那样摇摇晃晃。幸好这里交通还算便利，我能直接从这里坐到家。五点的哈尔滨就已经是一片暮色了。果不其然，小白和小黑还在自习室里，估计不到大妈赶他们出来他们不会回来的。我自己买了些青菜做了点儿米饭，对付了晚膳。一天总算下来了。这一天的信息量实在有些大。收拾完桌子躺倒床上，开始静静地注视着天花板。脑袋木木的有些发沉。迷迷糊糊竟然就睡过去了。

2.3.3 第二天上午

都说了人不能吃饱了就睡，原来是有事实根据的。睡醒只会使人更饿。而且更令我气愤的是，大半夜的我接到电话，竟然有初中的几个哥们儿要携女友，从北京跑到哈尔滨来看国际冰雪节，同时顺便拜访下仍然单独的我。我和他讨价还价了半天，他们才答应，只蹭我顿午饭。当然这是要算在我的接待费里的。

记得至圣先师孔老先生曾经说过："有朋自远方来，不亦乐乎。"其中道理是讲，有哥们儿从远处来，顺道看看你，你小子要高高兴兴的。但是后来又有一位先生解释道，这句话其实大家都读错了。正确读法是，"有朋自远，方来，不亦乐乎"。这样意思就变成了：有一群哥们儿，从远处一起来看你，你小子要感恩戴德的开心。"方"成了"一起"的意思。但是不论是一起来还是一个一个来，一个不可改变的事实是，我的钱包要减肥了。

所以当我第二天来到公司的时候，很难说有什么生龙活虎的力气。早上应该多喝些牛奶，想不到刚来公司就开始饿了。大家还在陆续过来，那个昨天留宿的湖北哥们，正在和周经理就昨晚的外汇形式深切交流意见。我们都坐着傻傻听着。看大家来的差不多了，我们搬好凳子，安心坐在白板前倾听周经理训话。

"今天我们继续讲技术分析，下午再由侯老师给大家介绍基本的图形分析。"随着这样的开场白，周经理开始讲道：

"咱们先来讲技术分析的基本前提，那就是三大假设，说着他开始在白板上写道：

技术分析的三大假设

1. 价格包含一切市场信息（价格反映一切）

2. 价格按一定规律发展

3. 历史会重演

"先来说价格包含一切。就是说，任何一条消息有好有坏，但往往是利好利空并存的。这就要看市场如何解读了。于是就会产生两点：1. 噪音。2. 分歧。这两点都会体现在盘面的运行变化上。最后达到双方能够接受的平衡，所以现在的价格就已经涵盖了一切的信息。

"其次就是价格按一定规律发展。世间的任何事情大都具有一定规律，外汇也是如此，也正是有一定规律我们才能进行分析。不然，就无从下手了。短时间内一段趋势的走势，往往可以预期，而在没有趋势的时候，最后就不要交易，不要撞箱体。

"至于最后的历史会重演。我们不妨看下 2007 年股市的最高点，就是典型的双头顶形态。而这个形态是一再发生的形态。

"虽然知道这些，但在面对市场的时候，我们更要记住成功的因素一定是三点：

1. 心态 2. 纪律（不死的保证）3. 技术

“心态是人一切成功的基础，贪婪与恐惧会时刻占领人的内心，所以能否保持良好的心态就显得尤为重要了。其次纪律是在市场里不死的保证。要知道，是人就一定有错误，可是在市场里如何能够勉强犯错而没有巨大的损失就要依靠坚实的纪律保证。至于技术分析是市场里大家都会的东西，可是能否用好却在于自己的体悟。这些也是咱们以后要学习的方向。

“人多是主观的，所以如何能够做到真正的客观，就要靠对自己的不断磨练。这样才能明白什么适合自己。像外汇市场全天都有机会，但是周期一定要选择适合自己的。因为只有这样才能做到最大的获利。

“其实技术分析还有一个前提，那就是基于基本面的分析大多失败。而技术分析手段就是用来研判趋势是否会持续以及转向。

“就像我们吧，每天都要写交易计划，计划中要写每天的阻力和支撑，日内的可能价格值，这些都是尽力避免人的主观。而这要成为大家必备的能力。

“好了，咱们现在来看指标，一切指标是根据 K 线得出来的，而技术指标就是概率。

“你像咱们今天要讲的 MACD 指标，说着他在白板上又接着写道：

MACD（以收盘价为依据）

DIFF=EMA(SHORT) − EMA(LONG)

“这个指标被叫作平滑异同移动平均线，简称 MACD。其实这个指标是在均线的基础之上发展起来的，而均线是根据每天的收盘价就计算的。所以 MACD 就是以收盘价为计算依据的。

“MACD 是依据计算两条不同速度，长期与中期的指数平滑移动平均线（EMA）的差值，来作为研判行情的基础的。 也就是说这条短期的减去长期的，差值越大，表示短期的运动越快。在现实中应用这个指标一定要注意，越是短的周期上，这个指标越容易出现高位的钝化。所谓钝化，就是价格虽然快速上涨，但是指标已经位于高位，而不再进一步上涨了。

“与之相对要注意的是另一种现象，背离、背离就是：

背离：价格上涨 指标下跌 沽空

　　　价格下跌 指标上涨 买进

“这个指标的背离，在十五分钟以上的周期才有参考价值。当然一小时最好，而四

小时以上出现这样不太容易。所以大家发现六十分钟以上有背离现象就要果断出手。在15–30分钟的时间周期之内，就要看指标是否有形态配合。

“其实MACD作为中期趋势指标还是很不错的。尤其是1–4小时的时间周期上。只要到达了0轴以下就是空方占优势，而0轴以上就是多方占优势。”

接着周经理又介绍了什么RSI等等。

“其实，技术分析不外乎三个内容：

1. 发现趋势

2. 寻找支撑和阻力

3 确定线条和通道（趋势线）

“所谓趋势就是行情的发展方向，这个咱们明天还有进一步介绍。而阻力和支撑往往是相对的。他们有很多，例如前期成交密集区、或是移动平均线，其中尤其是作为市场多空分水岭的均线，说着他写道：

多空分水岭

15分钟最好使：EUR 55 GBP 65

小时图上看看： EUR 26 GBP 104

“比较重要的指标就是移动平均线。这是一条根据收盘价进行平均计算的线。其往往代表着一段时间市场的平均成本。而这个多空线往往就是大家为了保住成本而争夺的阵地。

“再或者是斐波那契数列。所谓的斐波那契数列也叫黄金分割，就是将一段行情进行数字切割，其回调的地方往往是0.318、0.618、0.5这些地方。大家不信可以找个行情，自己画画看。还有像江恩时间周期，这个也是市场往往要变盘的信号。

“至于第三点，确定线条和通道，也就是画出趋势线，这就将一段时间内价格的相连的直线。像是上涨行情，一定能画出支撑线。就是一段时间内最低点和历次低点的连线，其中不穿越任何价格。而如果是下跌行情就画压力线，就是一段时间内最高点和次高点的连线，其中不穿越任何价格。大家记住，画通道线一定是，先有线再有道。而一旦价格在趋势中震荡越来越小，则趋势可能确立。

“……”

说实在的一上午我都听得迷迷糊糊的，以至于笔记记得一塌糊涂。记得这些以前都曾经看过。但是历来历位“股神”没有不鄙视指标的。所以我虽然没怎么研究过这种东西，但还是主动地站在了“股神”的立场上，藐视这些不科学的东西。正当我听得晕晕乎乎的时候，突然听说到了中午休息的时间，心中分外高兴。看看时间差不多了，于是我跟

周经理请完假，就直奔饭局而去，毕竟从早上开始我就已经腹内空空了。再说连至圣先师都教育我要好好作陪，我自然要履行自己应尽的礼仪了。

一路上我暗暗佩服自己的心机。把饭局定在中午有无限的好处，首先这是一天的中午，估计大家不是很饿，所以只要装装场面就好。而且下午大家都有活动，这就意味着谁也不会灌酒玩。自然劝酒是免不了的，但也要有限度。而最后是，中午陪完，就可以借口下午的活动遁走，这样就避免了晚上的一切活动作陪，而自然银子也能保住不少。想到这里，我不由得佩服起了大师无限的智慧了。

幸好这几个初中的哥们儿对哈尔滨还算熟悉，所以他们反倒先到了地点。看着人家如花美眷、你侬我侬的，整个中午我都只是傻傻地聊着同学们最新的动态。同时庆幸自己没有在同学中广泛宣传，现在老夫已经晋级为大师了。要不这群白痴一定会为了婚姻与家庭和我进行激烈讨论。赔笑了一个中午，笑得嘴都笑木了。所以当下午饭局散后，我就身心俱疲了。

反正已经请过假了，还是回家好好休养身心吧。估计迪顺投资这样大手笔的机构，是不会因为我下午的缺席而陷入管理的混乱。想通了这一点，我直接回到了寓所。

到家一看表才发现，已经3点多了。别的我没想，第一反应倒是该要去买菜做饭了。想来这些天的同居生活，我倒是十分居家了。这个房子还是很大的，三室一厅，光我自己的房间就二十多平。下午躺在床上很无聊，看书也看不进去。想上网，又觉得了然无味。于是不禁又开始思考起这两天的一切了。

这两天我终于弄清楚了，原来那里就是迪顺投资的总舵所在。而至于其他分舵，甚至有没有其他分舵，还不得而知。虽然我本人认为这只不过是个实习机会，但我也并不想过早离开。可是看着小何那样从大庆都义无反顾的样子，还有那个湖北的“卡尺头”，我不禁踌躇起来。跟他们竞争，老夫优势何在呢。虽然说是金子都会发光，可是毕竟老夫现在还没怎么体现呢。我可不希望将来本大师成为了国际金融大鳄的时候，李总才仰望苍穹，无限悔恨地叹息道：曾经有一个雇佣大师的机会，可是我没有珍惜，如果上天能再给我一次机会，我只想说，大师，我想你。

想着想着，我的目光落到了我的卦筒上。这是我的专业从业设备。对啊，老夫再怎么说也是大师。大师，大师，大师的责任不就是要指导苍生吗。而大师也是苍生之一。现在就是指导我自己的时候了。想到这里，我走进自己算卦的专角落，席地而坐（地上是木地板加凉席）。拿起卦筒，凝气丹田，瞬时之间，觉察自己融于冥冥宇宙。伴着卦筒有规则地晃动，仿佛远古飘来的铃声。慢慢地上天开始垂出象来。

求完卦后，我将设备收起来，开始进行系统分析。根据我的解读，上面的“老大”说道：

“首先，你的工作一定有，而且离你不远（应该不是指距离方面）。但是这个工作可不是正经的路途。而且工作中有小人有是非，可能不会很顺利。但是不要担心，上级对你

会不错、有帮助。”

虽说将来一定有我一席之地，但总的来说，工作最终都是有相当于无。

虽然有了这个结果，可是“老大”的回答使我更加疑窦丛生了。怎么我的就业之路就这样波澜起伏呢。还要有小人是非伴随。不仅如此，还要最终化空。怎么“老大”就不能给“大师”一条光明坦途呢。算了，天机不可泄露，将来自见分晓。想到这里，也就释怀了。安心等吧，只要这个地方能够让我考研前散散心就好了。不要妄为，安心等待……

2.3.4 第三天上午

时间飞逝，马上就到了我课程培训的最后一天。当然说实话，这个过程在一般人看来可能还是太快了，但我却已经熟悉套路了。早上例行聊了聊他们昨天做的事情，果然不出所料，公司一切正常。而这些学员们也只是看了一下午盘。

排排坐、吃果果。大家有如儿歌中唱的一般，乖巧的在 9 点钟准时落座等待周经理的训话：

“咱们今天来讲市场交易的核心：趋势。说着他开始在白板上边说边写道：

趋势

是价格运行的脉络和轨迹

是价格挖掘的必然产物

是价格沿最小阻力的方向运动

是一种能持续发挥作用的惯性

是围绕中轴波动的价格

是一种有目的的组织活动

是市场信息的简单化浓缩

“所谓趋势，其实有很多种解释，而这里的每一种解释都突出了趋势的一种特征。像它是把握整个市场的脉络和规矩。有了它，咱们才能把握市场，进行投资获利。其次，趋势是价值挖掘的必然产物。所谓价值就是大家对于东西的判断，而趋势就是市场中“较大力量”所赞同的结果。所以就是理解价值的必然产物。正是因为大家对于市场有了价值判断，所以趋势就是价格最小阻力的方向发展下去的结果。而这个过程不是一蹴而就的，正是因为这是一个过程，所以趋势可以持续的发挥作用。当然，市场里的东西就会有价值，所以就有所谓的价值核心。而价格正是围绕着价值波动的。因此我们知道趋势，就知道价值变化的规律。而这一切都是有目的的组织活动。要知道，市场里不是一个人，而是无数的集团，而这些集团组合在一起，也是一种组织。他们对现实进行判断分析，分析一切信息的影响，从而体现在各自的操作里，这又会带动市场价格的变化。所以价格体现了一切信息，而趋势就是对信息的浓缩。

“明白了这些，我们再来看趋势的特性，趋势有五个特性，那就是:单调性 、发散性、收敛性、有界性和震荡性。

“先来说单调性，趋势已定有一个方向，如果没有方向就很难叫作趋势。当然，随着趋势的发展，大家的分歧也越来越大，这样就会造成价格的剧烈波动，从而使趋势变得发散。而随着趋势继续发展，这些分歧也会慢慢统一，这样就开始收敛波动了。而我们所说的任何趋势也好，价格也好，都一定是在一定范围内进行分析。趋势更是如此，所以才有短期趋势、长期趋势之分。这就是为趋势界定出范围。而所有的趋势都要有震荡，像人类历史就是在反复的震荡中不断上升的。

“我们分析趋势依靠的就是趋势线：

“上升趋势，最低点到最高点前低点的连线，中间不能穿越任何价格。

“下降趋势，最高点到最低点前高点的连线，中间不能穿越任何价格。

“在画趋势线的时候一定要注意，影线很重要，甚至重于收盘。这表示多空的决心。

“而在没有趋势的整理期，像图形分析常讲的颈线等等，就是大家的最后底线。像盘整三角形，其轻易是不突破的，因此我们也是不突破不交易。像矩形的上下边沿，就是大家的底线。

“现实的交易中，我们要知道，上升的时候，就是在最低点不断加仓。直到趋势走坏。而也要记住，越频繁的交易错的也就越多。这就要保证，每次都要有入场的理由。其实入场有很多理由，像 K 线形态、指标的指示。

“但是大家千万要注意的是，做回调的风险很大。回调往往是逆着趋势的。而回调的位置，第一、最多的是 80% 和 50%。第二、30% 或 70% 的位置少了一些。如果没有认识趋势，那么越到下轨，越卖越赔。既然要等，那就等到底。不断地找出历史的压力位和支撑位，这样才可以入场。

“像一个简单的技巧，设置止损的时候，逢 2、5、0 都不安全。3、7、9 比较好用。这就是市场里慢慢总结出来的经验。你再比如，配合上 EUR 的周期 55 均线。往往就能避免止损单被频繁扫掉。再比如，下降趋势中，每次价格打到上轨的时候必然下来。而如果到了趋势线上之后，就要观察 K 线的最低点踩了几脚。如果是奇数的话往往可能已经踩完了,如果是偶数则可能还要再测试一次,甚至会破掉趋势线。从而改变趋势。例如,如果踩了3脚则是最深的了,如果是4脚则确认一般没有定成,如果是5脚则破的概率很大。

“在市场里最好要根据趋势来做，趋势不变操作方向不变。千万不要做逆市单。不要抢反弹。而在华尔街那样的地方可能会出现抢帽子的游戏，那个就是只看一分钟图。数 13 根线，然后平仓。速度非常的快。但是他们的前提也是做顺势单，他们的点差很低，速度快。

“你看咱们就做不了，因为咱们的线路是这样的，哈尔滨公司——平台——英国——交易所。而人家的线路是华尔街——交易所。这就使得人家可以很好地把握机会。所以咱们 15 分钟的图以下的时间周期，尽量少看。我们的目标是稳健的获利 ，每天 20——30 个点。

“真正操作起来，就要注意心态调节法。要注意，几点原则 :

1. 长期趋势比短期形态重要 ;

2. 位置比形态更重要 ;

3. 市场方向比位置更重要 (可理解为趋势)。

“越是大的趋势就越准确。所以 4 小时图是日内交易很不错的选择。而做这行，不要太聪明地猜头猜底。一定要从大方向着眼，才能运用那些分析手段。形态很重要，但是，如果是相对低点或是历史低点，那意义就完全不同。而市场方向改变了，位置就不重要了。要知道，市场里永远没有最低，低还可以更低。

“下面我们就来看看对于趋势的认识。

1. 趋势是用来研判的 ;

2. 趋势是周而复始的 ;

3. 一个推动趋势，一个调整趋势，构成一个基本价格变化 ;

4. 趋势的上行是动能的累积，而下行则是势能的释放 ;

5. 趋势是能分清主次的 ;

6. 趋势是有层次的 ;

7. 趋势是有规律的。

“先看第一点，趋势是用来研判的。其实趋势就是用来研究价格运动方向的。而这个过程中我们可以看到价格运动的幅度和速度。

“第二点，趋势是周而复始的，是永远循环的运动。始于价格的突变，继于价格的渐变，终于价格的反向突破。这样一个趋势走完，一个趋势开始。

“第三点，一个推动趋势，一个调整趋势，构成一个基本价格变化。这其实和上面是一样的道理。只是将趋势具体到一个过程。这就是推动和调整。

“第四点，趋势的上行是动能的累积，下行则是势能的释放。因此也就看出趋势是循环往复的一个运动过程。

“第五点，趋势是能分清主次的，趋势以能分清主次为主。长时间的、长周期的才是主要趋势。而短周期的是次级趋势。对于这种次级趋势，可轻仓参与。但其实次级趋势往往可能就是主要趋势的变化的开始。像每次的变盘，都可以在分时图上见到。例如 4 小时图上的趋势改变，可在 15 分钟的图上见到。如果要提前把握这些，就要注意一些具体的特征。像形态、背离现象等。其实这个时候，长周期的 RSI 甚至可视为趋势指标。而 KDJ 的参数最好在箱体里设为 8，5，3。

“第六点，趋势是有层次的。这个时候我们可以使用排除法。从后往前推，依次看月线、周线、日线，然后是四小时线。如月与周同向，而日图和 4 小时图不同，则以短时的时间判断为主、而长周期作为参考。当然还是要从月线往后推，然后逐次分析，相邻时间段的趋势线越相同，证明分析越正确。

“第七点，趋势是有规律的。趋势是价格的分解，在深层次有着相邻与相似的特性，在同级别的趋势中，推动与调整、调整与调整、推动与推动。这些东西存在着自相认、自同构、自复制的属性因此我们可以得出相同的结论：历史会重复。

“……”

真没想到，这样他竟然能把话题扯得回来。看来我真的小看这个“少白头”了。小看不小看先不说，我现在可是准备要进午膳了。由于昨天没有和同学们一起用膳，所以我今天决定，一定要坚持和大家共同进退。反正大羊一直坐在我的身边，也方便我搞好团结工作。

2.3.5 第三天下午

虽然已经和大家有些熟识了，但是还是很陌生。彼此也都保持的庄重的态度。至少老夫很好地掩藏了本性。而大羊看起来就是话不是很多的那种，但总是和大头神秘失踪。后来随着失踪的人口不断扩大，我才发现，他们已经组成了一个小吸烟同盟。

吸烟，在我看来是男人应该必备的几个基本技能。因为男人在一起的交情培养手段实在是有限。一起同过窗、一起扛过枪、一起受过伤、一起吸过烟。而这年头同窗的机会虽然很多，但是短期的显然不能算。扛枪的机会也不是每个人都能轮上。至于受伤的男人那也不是随时都有的。吸烟就是最后一项了。唯一令人遗憾的就是，大师在这个问题上的修为不是很高。虽然家里烟枪倒是有几个，可就是培养不起来兴趣。也许这正应了“正是因为熟悉，所以不再吸引”的道理吧。我不是很擅长吸烟的原因还在于，经过多方资讯，大家看过我吸烟的举止后，普遍认为大师吸得不是烟，大师吸得是寂寞。

所以我没有加入他们的吸烟小集团，而是中午午饭后在公司内继续游荡。很快，下午的课程开始了，忽然我注意到，下午侯老师竟然没来。于是由周经理继续上课道：

“好，咱们现在来学习具体的交易。首先也是最重要的，就是要明白什么是止损。

“所谓的止损，就是认赔出局。一般我们会这样设置止损，EUR:30 点、GBD:40 点。这都是根据不同货币对儿的波动性质来考虑的。还有其他的考虑方法。像做空单，止损于压力线以上，多少参考点。多单，止损于支撑线以下，多少参考点。

“说到止损，首先要明白，止损一定要适合于自己的承受能力，其次就是要明白止损和获利预期的比例至少要到1/2。这样才有交易的价值。

“还有就是使用移动止损，所谓移动止损也叫追踪止损。就是随着价格的变动同时可修改移动止损订单。咱们现在使用的阿帕利平台就有这个功能。

“如果是下降中的反弹，一般不超过整波行情的0.618，但如果过了，则可能不会再创新低了。就是行情可能已经改变了。当然要知道，出现见顶或见底不要急于下单。（听周经理说到这里，我忽然想起侯老师说的，什么是正确的下单，所谓正确的下单就是进去就立刻赚钱的单。）

“好了，明白了止损，我们就要养成良好的交易习惯。这就是从交易计划开始。交易计划包括：

1. 时间

2. 币种

3. 方向

4. 支撑

5. 压力

6. 理由

7. 止损

“只有先写明白了这些，有了一定根据，才可以下单。不然就要忍耐，不要交易。要知道，外汇的保证金交易是高风险的交易。所以这个时候，资金管理就十分重要了。（说着周经理在白板上写道：）

资金管理。

1. 单币种单笔开仓不超过20%；

2. 多币种总持仓不超过30%；

3. 单笔资金交易亏损不超过5%；

4. 在盈利的条件下，加仓不超过总仓量的40%。

“资金是这个市场里生存的基础，如果失去了资金，想要再获得成功，难度就越来越大。所以要控制风险。这些条件都是在交易中总结出来的。但是在现实的交易中我们发现，人很难做到这些。

“人在交易时倾向的行为：

1. 当处于获利的情况下，大多数人喜欢规避风险；

2. 处于亏损的情况下，大多数人喜欢承担风险；

3. 大多数人面对损失比面对获利更敏感。

“这就是大家在交易时容易表现出来的状况，但显然很多是非理性的。当获利的时候，人们很怕将已经赚到的再亏损回去。而在亏损的时候，则不敢将亏损兑现。总希望会涨回去。这就使得只要获利一点儿就每天都在担心是否要平仓。而往往亏了，套牢了，反倒没有什么想法了。

“所以，对于这些现象，大家一定要注意。一天中交易错了三次就必须要调整心态。像我，就不再操作了。而欧元止损大多25—30个点。这些都是开仓之前考虑的事情。而开仓之后就不要想钱了，就想着目标位，因为这些都已经变成数字了。

“现在我们来设想什么才是正确的交易行为：

1. 目的与行动一致；

2. 建立一个理性的预期；

3. 坚持风险控制；

4. 约束情绪；

5. 对市场和人要做出深刻的理解（贪婪和恐惧）；

6. 效益最大化。

“这些都是各种对于交易行为的考虑。当然如果我们获利了，在面对不确定的因素的时候，可先平一半，再使用止损，千万不可过分贪婪。而面对止损的时候，就要敢于保证纪律，从而保护自己。

“好了，这样咱们大约三天的课程就结束了。如果再有问题，咱们再说。下面的时间，大家就上机去熟悉下软件吧。”

随着周经理的这一句总结，我三天的课程就结束了。也就是机构起码已经认为，大师现在已经具备了交易的基本知识，剩下的就是实践了。想到这里，我不由得开始兴奋起来。小子们上啊，和老夫磨刀霍霍向外汇去也……

第三章　交　易

3.1 模　拟

真作假时假亦真，假作真时真亦假。真真假假，假假真真。整个世界就是这样的繁复与神奇。人总是将虚幻误认为现实，而看到了现实，却也要披上幻想的面纱。当然在生活中，能做到将真的当成是假的，大家说这是旷达。而如果将假的当成是真的，那就是弱智。外汇市场偏偏不同，如果能把真的做成是假的，那就是天才。而能把假的做成是真的，那就是高人。我总是希望模拟账户能带给人经验，真实账户能带给人财富。但现实却往往是，真实账户让人赔得不认识自己，而模拟账户却让人赚得失去了自己。

就在下午，周经理刚刚进行完培训的时候，我一看表，才下午 3 点多。他讲的也太不负责了。我还没有什么感悟呢，就被推到电脑的旁边，观察起外汇的波动来。我搬把凳子坐到了大头的旁边，和大头看一台电脑。这想来应该是我第一次真正的用心来注意这些外汇波动。盘面上，外汇价格有如潮水般风起云涌。当时正是 3 点多，正是盘面要开始有行情的时候。而且大头有意将注意力转向 5 分钟的外汇图形。这就使得很小的几个点的波动，在电脑的屏幕上也被适当放大为一根笔直的大阳线了。就在我看得入神的时候，宋小姐忽然叫我们开始开立模拟交易的账户。由于大头没有做真实的账户，所以很自然的开始教起我如何开模拟的账户了。想不到 Alpari（阿帕利）平台开立模拟账户竟是这样的简单。几分钟我就连续开了几个，反正也没记住，就当练练手了。结果宋小姐叫我们开始将开立模拟账户的户名和密码报上去。说是将来公司在期末时要参考的。这可是我能不能迈进国际交易圈的第一步啊，抱着神圣的态度，我将一个貌似有些规律的账户报了上去。并且还十分郑重地修改了密码。免得将来自己真的忘了自己的密码，那可就真是国际性乌龙事件了。

交易，还是不交易，面对波澜起伏的外汇行情，这是一个问题。我们开的模拟账户统一是 500 美金的资金量。虽然是模拟的，那老夫也不想轻易地尝试。人家可是说明白的，这是要最后参考的资料。所以，我还是先拿别的账户先练练手吧。既然我身边坐着大头，看着他热情似火地交易，我很自然的开始跟他学起来了。他也是使用模拟账户，但是现在已经变成了 600 多美金了。马上就 4 点钟了，行情就要启动了。

这个时候，我注意到周经理也开始下单了。我立刻打开自己准备考核的模拟账户，跟着周经理做了一单。这一次竟然赚了12个点。由于开的是0.1标准手，所以整个过程，就赚了12美金。而整个账户也变成了512美金。望着12美金的战绩，心中后悔无限。小赵啊，你就是没有魄力，人家都是老手了，跟着下单能有什么风险呢。你要是下了1标准手，现在就是120美金了。哎，都怪咱从小就在中国成长，苦惯了。一时间还不适应国际的操作手法。正在我自怨自艾时，看着周经理显然有收手的意味。我也只能遗憾地悄悄关掉了账户，看大头玩。

不一会儿，我才注意到，大头才是真的开始走国际化路线了。出手特别大气。只见他将下单的窗口随时开着。看到了方向，就一单下去，然后就立刻准备平仓。一进一出竟然还真的有些获利了。看的人不由得技痒难忍。总算熬到了下班时间，今天周经理还是询问大家谁有兴趣可以留下来看盘。结果大家都兴趣索然，没有谁表现得要留下来。至于湖北的那位仁兄，也打起了退堂鼓。就这样，在将近4点多的时候，大家一哄而散。

饿，除了饿还是饿。整整一天都在公司，笼罩在知识的海洋中，相信谁都会有同感。学习可是很费能量的，我的脑子已经开始间歇性短路了。以至于对于自己怎么到的家，竟然没有一点儿记忆。本来想叫外卖的，结果回到家才发现，自己在没有记忆的时候，竟然也没忘把菜买回来。只是看着手里的茄子，我愣了半天。自己买这个到底要怎么做呢？原来的设想一点儿也没在脑子里。想起冰箱里貌似还有些土豆，我便直接端出砂锅，开始实践东北名菜：茄子炖土豆。

这几年一个理念开始变得深入人心，说什么"思路决定出路"。这句话我本人就认为是值得商榷的。起码我就用实践证明了，如果没有粮食，两条路就都没了。吃饱喝足歇息了片刻，慢慢地脑子也开始清醒了不少。跑到卫生间，冲了个澡之后，看看时间，竟然也才7点多一些。吃饱喝足、身轻体健，那下一步该做什么了呢？我不免有些期待地打开电脑，迅速的跑到公司的网站上，下载了看盘交易软件。

亲爱的，你来了。我亲切地和EUR打着招呼。试了试软件的画线工具什么的之后，我将EUR调整到了5分钟的周期图。尝试着登陆了下午刚刚开完的准备考核用的模拟账户，竟然真的可以登陆。我强忍着马上就开始交易的冲动，又注册一个模拟账户。金额当然也是500美金的。但转念一想，既然初始资金可以自己设置，那我设置个500万美金的又有何不可。看来还真是自己从小穷惯了，让自己想，自己都不敢去摘月亮。只这一点就注定我离国际大佬还差得太远了。算了，500元就先500美元吧，就当先熟悉熟悉套路吧。

正所谓没有经历过失败的男人算不上真正的男人，而没有爆过仓的交易者就算不上一个成熟的交易者。这句话我忘记是谁说的了，反正我是当真了。于是，我的第一次操作不是为了看看能赚多少钱，反倒是想要看一看什么是传说中的爆仓。毕竟做股票久了，最多也就体味过套牢的感觉，而什么是爆仓还真的没有经历过。看着今天的行情应该是有反弹，于是我就手做了一张空单，下的是1:100的杠杆比例条件下，500美金最多能开的1.5标准手的单。结果进去才发现，刚下完单就产生了点差为3个点的亏损，乘上每个点15

美金的比例，我一进去就亏了45美金。可是不知怎么了，当一个人想要爆仓的时候，竟然也不是很容易的。没想到，EUR十分给面子，不到一会儿，我的盈利就到了100美金。还给不给人爆仓的机会了，我心中愤愤道。就在我痛批命运的无耻的时候，忽然市场一个转向，不一会儿我就爆仓了。啊，原来爆仓是这个样子的啊。

有了第一次的经验，我再次开了一个模拟账户。开完才发现，还是500美金的。本来就是模拟的账户，开个5亿的也没啥问题，我怎么就开这么小的呢。看来小农意识根深蒂固啊，改，将来一定要改，不然怎么走国际化路线啊，我暗暗发誓道。但我忽然发现这样做起来，要是有什么不懂的，好像也不是很方便知道。周经理现在不知道在哪搅动外汇市场呢，这个时候打扰他方便吗。算了，我打开百度首页，输入外汇QQ交流群，随便就找到了一群。我申请加入了两个。在进去之后，我迅速将自己的个人资料改了。改成性别：女，年龄：22岁。同时把头像也换成梳辫子女孩的了。然后打开群里是几个人的窗口，输入到：（飞吻符）你好，在吗？请问有热闹一些的外汇群吗，请介绍个呗，麻烦了。

说这个世界没有性别歧视，那是自欺欺人。开玩笑，只要有“性”，就一定有“性别”，只要有“别”，就一定有“歧”。作为女孩最大的好处，就是女人会把你当同胞，男人会把你当成有待开发的处女地。而作为男人，一种人会把你当成是有待打开的钱包，而另一种人会把你当成有待除掉的对手。做这种选择题，自然不是很难。果不其然，作为“女孩”，我遇到的回复率惊人的高。在加入了5个外汇QQ群之后，我又迅速将性别什么的改了回来。要是让人知道未来的国际大佬也装小姑娘骗QQ群里的无知弱童，不得让人笑死啊。

于是有了人可以询问，有了行情可以参与，我的首次和外汇的亲密接触就开始了。经过我系统的测试、分析、比对和抽样之后，我发现，就算下很重的手数，只要没有行情，想要爆仓是十分困难的。而且多手数对应的盈利速度，明显要快很多，因此在面对比较有把握的行情时，应加大投入。这是得到利益的最快方式。还有就是在行情快速的发展之中，多加追单量，同时设定快的追踪止损单，甚至还可以保持一定的获利，这是一种有效模式。

发现了这些道理之后，我变得有些兴奋起来，于是跃跃欲试地打开了准备考核的账户，进行操作起来。当然我还是很小心的。伟人说过，战略上要藐视，但是战术上要重视敌人。做人要知道自己有多大的碗。于是我十分谨慎开了0.1手进行操作，在行情走了22个点的时候，立刻平仓。看着整个账户544美金的数额，我的心都飘了。老夫在股市半个月，也就10%的获利。那还是极少的几次机会，可是做了外汇一个晚上就这样的成绩。于是我又打开了久违的计算器，设想每天赚10%，这样一个月……我极其昧着良心的竟然算到了从500美金做到500万美金只需要97天的时间。而这还是保守估计……

怪不得索罗斯成为了国际大鳄，就这样的财富积累速度岂是常人能够企及的。看来过去在股票上学习这些人的经验，是自己太不成熟了。原来人家玩的是这个游戏啊。什么是金钱游戏，这才是财富游戏呢。看着时间也不早了，于是把账户关掉，安心的睡了。我自己安慰道，大师，做人要留有余地，长城不是一天码成的。一天的计划这么多就够了。

3.2 真　户

正所谓吃得香，睡得熟。第二天早上起来的时候，我的精神特别好。我看着闹钟把时间换算成了美国时间，从现在开始老夫就要走国际路线了，自然要调整好时差。现在应该是美国纽约晚上 6 点钟，想来应该正是美国同仁浪漫的夜生活开始的时候。而我却要正经的去上班，想到这儿还真有些愤愤。不过不要着急，再过 97 天，那时的老夫就是 500 万美金身价了。

清楚认识到这一点之后，我第二天到公司的时候，表现得特别亲和。毕竟做大款就要有做大款的风度，不然还不如继续做小农好了。今天还是看盘，可是我注意到，今天的氛围明显有些不同。大头他们今天似乎都很谨慎。这貌似不是他们的风格啊。我一看他们的账户也似乎与原来的不同了。一问才知道，原来他们上周已经在公司开立了真实的外汇交易账户。每个人都存了 500 美金，按当时的汇率计算也就是 3000 块钱左右。这已经是我将近两个月的生活费了，看来这些哥哥还真是大气。人家既然开立的是真实账户，做起来自然就要格外小心谨慎。

算了，还是离他远些吧，快要 500 万美金身价的我犯不上影响他们的心境。我安静地坐在周经理的身后，看着他怎么操作，毕竟人家昨天可是带着我赚了外汇的第一桶金。现在他在我心中的形象高涨了几个档次，看来我面相水平真的有进步了，没想到第一次看到就注意到了他。周经理的盘面很简单。我随笔记录道：

技术指标：
MACD 默认状态
RSI（参数 13）
移动平均线（重点看欧元 55）

早上他还写了交易笔记，我接了过来看到上面写着：

12 月 04 日的早盘计划：
方向，根据 4 小时图，前期 11 月 24 号到 28 号之间出现了一个短期的头部，现在回到下降通道之中。
高度 1.3075 至 1.2800，应为 275 点。现在趋势仍不明朗，应为触底反弹，

压力：今日压力，1.2760-1.2750

支撑：1.2452

短期支撑 1.2606

关注：自从 12 月 3 日出现的上升通道

就在我和周经理审视外汇盘面的时候，徐经理忽然从运营室里走出来。叫我们这些新的学员进到交易室里谈一谈最近学习的感受。只听着李经理先说道："这样，大家来公司已经将近一个星期了，大家有什么感觉不妨谈一谈。"

就在大家还很沉默的时候，还是湖北的"卡尺头"打破了僵局，率先说道："很感谢公司给的这次培训机会，周经理和侯老师对培训都很费心。我这两天收益良多。通过这两日的观察，我发现外汇市场的很多东西，但是怎么说呢，现在还说不明白。希望再过几天能有更多的觉悟。"有了模板，大家也就放开了话语，大多是表示对公司的感恩戴德，感谢其使我们大开眼界。作为名义上的大师，老夫自然不落人后。但是想想也不应该太过于表现自已，毕竟"木秀于林风必摧之"，算准了要犯小人的我，最后还是收敛了很多。

李经理听了大家说的话，似乎也很高兴，给予了大家很多鼓励。最后总结性地说道："咱们公司的交易员，都是经验非常丰富的，只要大家努力，就一定可以有所收获。大家也都看到了，外汇市场就是这样波动起伏。当然，这也给我们提供了无限的发展空间。所以大家一定要抓紧时间，快速熟悉市场和交易品种。这样将来也能尽快上手做实盘交易。这样，我虽然主管公司的运营，但将来大家也是同事。所以有什么问题不要拘谨，尽管问我就好了。"

随着大家一起出了运营室的大门。我开始回到大头的身边，毕竟这不久也是我要操作的东西。还是先看看前辈有什么心得体会吧。毕竟现在距离国际大佬还有 97 天的时间呢。令人奇怪的是，就算是大头这样明显要激进的选手，在开设了实盘交易之后却表现出了哲人般的冷静淡漠。过不了多久，就跑出去和大羊吸烟去了。

一上午就这样平淡地过去了，马上就要到用午膳的时候，我看着盘面开始分析起来。用 500 美金的 20%，那就是 100 美金了，而由于这个平台竟然最大可以是 400 倍的杠杆，于是 100 美金的 400 倍就是 40000 美金，这相当于 0.4 手的下单量。看着上午 11 点 13 分，5 分钟图出现 M 头的迹象，于是下了 0.1 手的空单。止损设在了压力位，既 M 头的顶点位置 1.2730 处。这样获利的目标至少 30 个点。

做完这一切，我就安心地和大头大羊下楼了。用完午膳，我急匆匆地回到了交易大厅。一看盘面果然下来了。可是打开盘面才发现，我竟然平仓了。因为我设置了移动止损，也就是说人家创出新低后，在我的止损自动降低后人家一个反弹就把我平仓了。结果里外里算上点差，我竟然只赚了 1 个点。经过这件事我下定决心，以后吃饭就不下单，下单了就看着盘吃饭。

下午的交易时段，大头好不容易卯足了劲儿，下了一单，微利平仓。看的我十分不满意。要是老夫，这一单又要向目标500万挺进一步了。而实盘交易选手似乎都是如此，几经周折之后，大家还是只下了几单。忽然行情在下午开始有了些波动，于是我们发现，有的人在下了多单之后，不久也同时下了一个空单。这显然不符合我们了解的事情啊，这样还怎么获利呢。而如果不想持有这一单，平了就好了。这个时候，周经理也注意到这个问题了，毕竟有人开始问了。于是周经理重新走到写字板前开始边说边写道：

“在交易中，我们会有的时候，既开多单，又开空单。这个时候就叫作“锁单”。

“锁单一般用在一段行情上升之后有了一定的获利，但预期行情会有回调，于是会“同量反向”的开一个仓位。这样就保证了既得利益。其实这个手法一般是大机构使用的，因为大机构会为了躲避数据，而暂时进行锁仓的操作。

“其实咱们应用锁仓还有另一个好处，那就是如果在亏损的情况下平仓，那么这一单的亏损就成了现实。而使用锁仓，就可以在行情变化不明显的时候，将整个风险控制住。这样亏损就不会兑现。而等到一段时间之后，等行情明朗了。或是走出了一个比较规矩的走势的时候，这个时候在把锁仓单，按照一定顺序解掉，这样就可以减少亏损。例如等行情发展成为了比较明显的箱体的时候，在箱体上沿解除多单，再在箱体下沿解除空单。这样整个箱体就可以弥补之前的损失了。这样有两个好处，就是第一可以减少亏损，其次就是可以减少开仓的成本。因为我们每次交易都有交易的佣金和点差的。而一次开仓往往可能会错，这样就会平仓。而另一次开仓也可能会平掉，这样就可能开第三次第四次，结果整体资金开始缩水了。”

大家得到教诲，结果一经实验发现还是可以取得那种效果的。于是大赞周经理的英明指导。而除了大头，其他的老学员也都开始进行了交易，像我知道大体姓名的就有王新、王欢、李孟等等。只是虽然大家都坐上了实盘，可还是多看少动为主。于是整个下午也慢慢过去了。倒是大头在接下来的一次交易中有些失利，最后止损触发。一天微微有些亏损了。反正也没什么事情，于是，大约四点半之后，我们便开始慢慢撤退了。

3.3 爆　仓

只要不做，就不会错。这是我们从小时起就接受的教育。这个道理可是大有渊源的，远有古代先贤的名言警句，近有各级人民公仆的身体力行。从中我们不难得知这句话的精要，那就是只要我不做，你就找不到我的错。其道理就像女孩子身上的服饰，少之又少，已近于无，故几于道。不知这是不是一种解读。反正大家往往会说衣服这种东西是越少

越好，越少就越能体现人体的“美”“丽”。以至于现在的“人体艺术行为大师们”，都在考虑到底是“有码”还是“无码”，哪种更能得到人民群众拥护的问题。我对于这个问题的回答是，人不做事情，就不会有错，但是人不能不做事情。同样的道理，码是一定要有的，只是不要太多才好，还是微码吧。

看了大头做了一天的单，我发现他似乎正符合这个少之又少的道理。真不知如果按这个速度进行下去，何年才有机会能站在国际的舞台之上。回到家之后我就立刻吃饭，今天既然没有心情做饭，就简单叫了外卖。吃完后我打开电脑，调好外汇盘，盯着 EUR 的 5 分钟周期图开始分析起来。今天做空这不用说，早上看着周经理就是这样分析的。所以在我这里，空不空早就不是什么问题了。真正的问题是空多少，和怎么空的问题。下面一定会有反弹，但是只是螳臂当车之举。于是看到欧元到了 1.2614 的地方有机会，我就做空，下看到整数关口就好了。果不其然，不用一会儿，欧元就像断了线一般直直飘落下去。可就当我准备平仓的时候，却看到欧元头也没回地直接破了我设置的前期阻力位，掉头向下。看来大师分析的没有错，反而是太正确了。螳臂不仅没能挡得住车轮，反而连支撑一下的作用都没有，就直直地扎了下去。还是再看看吧，先不急着平仓。可就是在我一看的时候，三分钟不到，它又收了回来。K 线成为一根吊头阳线，这不是典型的“定海神针”形态吗。平仓，立刻平仓。看着自己做了一回单，本来应该是 30 多点的获利，竟然缩成了 10 个点。

就这样，加上上午的获利，我现在已经有 555 美金了。这可是十分吉利的数字。“大衍之数，五十有五”。更何况我现在还多了一个 5，那就好好演算吧。于是我准备，率新胜之师，空死欧元。下一步的交易计划，我随手分析道，必有反弹，但是根本方向不会改变，就是空它，最大的阻力位就是 1.2574。看着现在欧元竟然到了 1.2617 这个地方，随便想想也知道应该有近 50 点的空间，不空还得了！于是设了 26 个点的止损，我立刻就放空了欧元。刚开始，欧元的确很听话。看着欧元疲软的样子我都有些同情，但是大师不会同情，赚钱才是主要的。已经 15 个点了，继续下去吧。可是只用了十分钟，人家迅速上冲。小欧元竟然向发起最后的怒吼一般，直接打到了 1.2670。不用说也知道，我的止损被扫倒了。直接经济损失 26 美元。当真给脸不要脸。老夫这可是准备考核的账户，第一笔亏损竟然现在就产生了。惯着你还得了。

看它到了我分析的全天最高位，我信心十足的下了 0.2 手的空单。我才不相信你能涨到天上去呢，所以止损我直接就是设了 11 个点。大不了就收手！也许真是大师第一次下比较重的手，很快欧元就在 5 分钟图上出现了一个墓碑形状的上长影阳线。这是一个空方发力的好兆头。可是就在下一个 5 分钟里，小欧元又开始逆势上扬，竟然创出了新高。不到两分钟，就把我的止损扫掉了，22 美金，就这样没了。

小欧元这是怎么了，我心中疑惑道，应该就是这里空掉的啊，他没理由上来了。出于谨慎考虑，我上了一个外汇信息的网站，一看才知道，今天再过一会儿有个德国的数据要公布，欧元主要是受法德意三国的经济影响。怪不得现在开始有所表现了。伴随着我的怀疑，欧元十分钟就到了1.2690的位置了。这可是我分析一天他能到的极值了。空，还是不空，这是一个问题。数据已经公布了，也就是好于预期而已，看着欧元已经涨得不少了，今天差不多就在这里了吧。但是据说这个时候行情波动还是很大的。这个时候，大师开始陷入了思考。做是一定要做的，关键要怎样做，已经损失了48多美元了，这次下单我谨慎了很多。5分钟周期图上，欧元已经开始有明显的头部迹象了。而且黄金分割比也到了位置了。我十分谨慎地在最高点附近的1.2690附近做了一张0.2手的空单，同时将止损设置在了40点左右的位置上，这算是以波动幅度来止损了。就算再怎么激烈的波动，40点可不是什么小数目啊。

在我下完单之后，欧元还是慢慢运行，看的出它已经开始高位运行了，不论是KDJ指标还是RSI指标都开始有明显地下降趋势了。可是他就是在20个点左右的范围里晃悠，根本就不上不下的。让人心烦。大哥，你给个方向好吧，我心中呼唤道。果然过了几分钟，欧元终于开始有了方向，开始上涨了。不到五分钟，就过了我的下单点位。慢慢地亏损越来越大，十分钟之内，我的止损就直接被扫掉了。整整80美金，一下子就消失了。我的心也凉了半截。

从傍晚到现在已经快要十点了，欧元一下子就头也不回地涨了137点。期间连一次像样的调整都没有，这还是欧元的风格吗？算了还是承认自己的错误吧。这三次我都是止损设置不合理，可根本原因我却认为是，不应该在有数据波动的时候做单。周经理早就说过了，这个时候做单风险极大，为什么就是不相信呢。结果整个代价就是20%左右的亏损。所以我痛定思痛，以后绝不在有数据的时候做单。如果有数据，一定要先平仓观望。今天真是太冲动了，这个真的和股票有太多的不一样了。我对于这个市场还是缺乏了解。算了，大师，好好休息一下吧。今天到这里吧，我心里安慰自己道。

只是……现在已经是22点多了，美国应该已经是快要中午休息了，而他们的下午也应该对上午的这波行情进行修正了。账户里还有近450美金，也就是说我跟第一次参加交易的时候相差的并不是很大，而且我现在技术已经成熟了。今天晚上亏损得太多了，现在好不容易终于等到他开始要调整了，如果这个时候，停止交易，那就是说整个一天的分析就白做了。人家再来个回调，我的亏损就永远捞不回来了。现在KDJ和RSI才真正的开始向下，相信马上就要开始真正的调整了。再说，一天已经涨了137点了，它再涨还能涨到哪里去？

下单，必须下单！趁刚刚平仓不久，它已经开始处于下调的阶段之中的时候就应该下单。于是我把时间周期换做了1分钟的图形。看着它也有明显的头部迹象，于是我目标位定为1.2600一线，在1.2729一线放空0.2手的欧元。欧元必须下跌，这是根据所有做外汇的经验判断的，这是黄金分割比例告诉我的，指标都显示了这一切了。而更重要的，短时间窗口已经提前告诉了趋势的发展了。这一切证据都表明，欧元只能下跌，不会上涨。

欧元跌了，在两分钟时间了慢慢打到了M10均线处。可是它没有破，紧接着欧元便开始一路小跑……1.2741创新高了、1.2750、1.2773、1.2799、破了1.2810……随着欧元在这二十分钟的上涨，我的掌心沁满了汉。心里仿佛失去了思考的能力，怎么还能上去……20分钟，欧元就跑了103个点数，对应着，我失去了200多美金。看着账户里的获利显示的–210的值，那一刻我似乎心里都开始麻木了。我没有设置止损，因为我相信，这种数据行情一定会下来，用不着那种东西。现在我知道什么是欧元了……

平仓……还是不平仓，千万不能平！我也不敢平了，慢慢行情开始有回落的迹象了。我当机立断地开了0.2手的反向多单。锁仓，必须锁上。这个时候，我的亏损减少到了84个点，168美金。果不其然的是，两分钟之后，行情继续上涨。但是我已经锁仓了，所以不担心它再涨到哪里去。难道我真的错了？我不禁心里问自己道。但是我现在没心情理会那些东西，我能想到的是如果避免损失。这可是我准备考核用的账户，也就是说如果造成这样的亏损，我的下场是非常清楚的，没想到，我只在公司做了一个星期，就要告别国际投资舞台了……

现在已经是23点了，行情也慢慢地开始平静了。应该不会再有意外了吧。想到这里，看着行情已经平稳，我撤掉了那张多单，获利了8个点左右。下面就要看这张空单什么时候平掉了。他一直在亏损了92到85个点的范围内波动。突然，又是一波急拉升，我果断地在亏损了95个点的时候平仓。这一笔我损失了190美金。整个账户已经变成了253美金了。整整4个小时不到，欧元就跑了将近240点，而我却亏损了300多美金。

我的心都麻木了，最后一眼看了看账户的余额，我直接把电脑关掉了。躺在床上，心里烦闷却使不出力气。500美金变为253美金，相信和我同期的那些人再怎努力，应该也没有办法超过这个成绩了吧！不论出现任何意外，我的成绩都可以保持在第一位了。什么锁仓，一点儿都没用，如果早些平掉，至于后来在损失这些钱吗。

头一次面对北美盘如此强烈波动的市场，以至于非亲身经历任何人都不知其可怕之处。如果第一单我就明白这可能只是个开始，也许还有回本的可能，但我实在不应该追，很难想象什么样的力量能使一个盘面狂拉升250点。“还是经验不足，”我心里喃喃说道，但立刻另一个声音响了起来，“不要总把结论说成是经验不足，你不是经验不足，而是耐心不够，今天要不是太过贪婪，250点也应有技术分析可以分解的。一定要有100%的信号时才可以进行交易。要不不如不进。宝贝儿，你是去赚钱的，不是在做赔钱的实验。理由不足以应对市场，没有考虑策略就下单，这不是赔钱是什么！”

我心里一阵难受。想来，如果我不是那样贪婪，非要在头和尾做单的话，就能等到明确的信息的出现了。只是这一切都已经晚了，因为机会实在有限。短周期真害人不浅。看着5分钟图形，总不断地给人视觉的麻痹，认为已经出现了所谓的形态。但这样的形态，在长周期上把K线合并起来，不过就是一根线而已。想来止损不就是要阻止错误的交易，让人暂时退出市场去思考吗？

可是在数据发布的时候，剧烈的波动又有谁能不被扫止损呢。不是一直说，有数据时千万不要轻易出手的吗？而扫完止损，还认为自己正确，这样和欺骗自己有什么不同。我现在又想起了侯老师说的那句话：什么是正确的交易，进去就赚钱的交易就是正确的交易。市场是财富分配的平台，无知就一定付出代价！

心情困闷的我，不知什么时候，竟然沉沉睡了过去。

3.4 高经理

12月5号早上，当小黑叫我起床的时候，说实在的我已经在思考还要不要去公司丢人去了。但转念一想，市场里信息是有阻尼效应的。也就是说不可能所有的交易者都知道市场里的全部信息。同样，又有哪个人会相信，一个账户做了不到两天就实现了巨额亏损。所以我的事迹应该还没有败露，先去看看吧，实在不行就当散步了，我自我安慰道。

果然到了公司我才发现，整个公司还是充满了安定祥和之气。完全没有注意到他们之中，已经有一个为“国际炒家”这个名词抹了黑的人物出现。我安安静静地本想继续看看盘。但转念一想，我既然在这里时间有限，相信整个事迹败露只是时间问题。还不如抓紧时间，能带走什么便赶紧带走的好。

“轻轻的，我走了。正如，我轻轻的来。轻轻的挥一挥衣袖，只带走一片记忆。”我立刻想到的就是周经理的笔记。周经理在给我们讲课的时候，可是有一本自己的笔记的。笔记共分上下两部，一部是心法，一部是实践的记录。他自己说我们谁都可以借的。（当然大家是没有人上手的）。而我不同，老夫时间有限。快，必须抓紧，事迹随时都可能败露。于是从早上开始，我就找到了一个僻静的所在，开始抄写笔记。而大家也都在专心做单，根本就没人理会我。

当然他们没有理会我也许是另一件事情所带来的结果，那就是在大厅的旁边，显著的位置上新增加了一张桌子。桌子后面是一个肥厚的身躯，那位健妇（语出“纵有健妇把锄犁”），人称高经理。可不要小看这个称呼，平时我们称呼徐经理、李经理可能真的有水分在里面，可是高经理不同，她的标签是副总经理。也就是说，大厅里一下子就多了一个首长级的人物。

高经理的出山，显然牵动着每个人的神经。不牵动不行啊，人家在那儿叫呢。过不了多久，高经理就是突然一个指示：“今天咱们外汇看多，只是现在大家还不要下单，具体的行情等我指示……好了，现在可以下在1.2750附近，往上看到30个点，止损设在……好了，现在可以平仓了。当然如果再看到更高的20点，那就先平部分仓位……等下，我的系统还没有出现信号，大家不要着急……”

高经理的“惊人举动”还是很吸引我注意的，于是我开始走到高经理身后观察她的

盘面。她用的也是我们一样的软件，至少看起来怎么都一样。只是她的软件上多了很多红红绿绿的标志，上下箭头标示着行情可能发展的方向。她不会就是按这个玩呢吧！我不由得暗暗心惊起来，只要稍有一点儿交易知识的人都知道，很难有百分百成功的交易软件，显然都超出了人类现有的智力水平。不然的话，按照逻辑来讲，整个世界的财富一定会快速地流向软件使用者，而不是将软件流向整个市场的交易者。而高经理使人费解的还不止与此。过不了多久，就会有一个学员被高经理单独叫出去训话。由于公司坐落在大厦里，而大厦是寓所一般的布局，这就使得她们的谈话地点就只能挑选在过道儿里。至于说的什么大家谁也不知道。大家只能看到的是，高副总总是找一些个老学员单独交流心得。然后就是听过道儿里传来高副总呵呵呵的笑声。

而整个上午开始，公司的氛围也确实活跃了几分，至少是在某一些方面上。房间里的徐经理也开始活动起来，时不时地来到大厅和大家一起看看盘。而最引人注意的就是他和高经理之间的交谈。大家没法不注意，整个大厅就他们说话。有时她们也跑到走廊里，有时则听高姐俊朗的笑声颤遍整个公司，然后笑道："行啊，等将来我这个软件不用了，我再卖给你。我们上海的公司，这个软件可是卖15万的。"整个句子让人听起来，不知奈何。侯老师今天倒是来了，但是很安静的看着盘片做着图形分析，而其他人也悄声不语，整个房间只是时不时的回荡着高经理的笑声，亦或是高经理将人叫出房间时，所留下的零碎的身影。高管就是高管，视野自然与人不同。

而李经理也开始了另一种方式的活跃，那就是徐经理过不了多久就会把和我同期的学员叫到运营室里单独交谈，希望学员能开立真实账户，来做实盘交易。而徐经理在看了我一眼之后，竟然神奇地将我滤了过去，似乎我整个上午开始，我就在公司隐形了一般，大家都开始对我视而不见了。不会是大师的"真身法相"，已经开始扩散成为一种虚渺的光辉了吧，我淡淡地有些怀疑。

虽然不明所以，但老夫还是有一定自知之明的。于是我快速地打开周经理心法部的笔记，开始抄袭起来：

趋势通道，打开周线看趋势画通道，
形态要诀在对称，买高卖更高，
1. 左右对称　2. 形态
突破技术的运用：金麟岂是池中物，已破颈线变化龙。
站到另一个空间，去理解交易
三角突破

看着这密码一般的句子，老夫还是有些许心得的。原来的术数口诀比这不像句子的多了。老夫都是在师父的启迪下，暗自解释通顺的。像这些也不列外，你看人家这个句子用的："金麟岂是池中物，已破颈线变化龙。"试问哪次行情的开始不是从突破趋势线开始的，而速度的描写更显真实，什么叫"飞龙升天破"，不正是描述"金鳞化龙"之后的藐视群雄的气概吗。想想当年的亿安科技，谁能说那个5块钱的温股，不是变成了126块的飞龙。当然飞得多高摔得多重，只是那是后话。而至于"买高卖更高"，更是系统描述交易的实质，那就是：买高了，不要紧，只要能卖的更高，就是成功。接下来是：

国际操盘手实战手法
从小钱做起
止损单，随左右
先学亏，再学赚
不怕错，就怕拖
不要猜头与猜底，顺势而为，稳赚鱼身
别总是捡了铜板，丢了金块

当看到"不要猜头与猜底，顺势而为，稳赚鱼身"的句子我不禁呆住了。老夫昨天不就是爆仓在了这句话上吗。原来人家早就说了，一定要抓鱼头和鱼尾，结果就是"捡了铜板，丢了金块"。而且我最错的还在于自信满满的坚持错误。人家对于这种问题早就系统地总结为"不怕错，就怕拖"了。想到这里，我不禁开始黯然，该怎么做呢。但是再细看口诀，人家不是说了吗，"从小钱做起""先学亏，再学赚"而整个过程中，就是要做到"止损单，随左右"。看到这里，我是服了，看来自己真的是不学无术。原来先贤早就说明白的事情，我竟然还要质疑。我强压着马上开始实践的冲动，接着记录到：

失败交易的几个原因
1. 赚钱的欲望不强烈，目标不明确，没有操作规则。
2. 认为赚钱很难，习惯失败，不会想到成功。
3. 旁边没有成功的人，人的行为相互模仿。
4. 偶然的成功是由摸索获得，比必然的成功更可怕。
5. 问错人，选错项，入错行。
6. 从来没有系统的学习过系统的投资方法。

对于这个问题，我系统地对自己进行了比对。想来大师确实有些"赚钱的欲望不强烈，目标不明确。"想想我股票做的样子，竟然公开叫嚣是坚信中国经济，这不是自欺欺人吗。把赚钱的交易当成了理论实践。而确实这几次的交易都证明了一个问题，那就是老夫缺乏"操作规则"。而正是几年来的赔钱，再赔钱的过程使我开始"认为赚钱很难"，从而

"习惯失败，不会想到成功"。尤其是我一直闭门造车，这不就是"旁边没有成功的人"吗。唯一使我骄傲的就是我不符合"偶然的成功是由摸索获得,比必然的成功更可怕"这一条，因为我从来没有成功过，不论是偶然还是必然。而至于"问错人，选错项，入错行"这条，和"从来没有系统的学习过系统的投资方法"这些暂时存疑，毕竟我现在做的就是在学习和总结对于这个行业的认知。

正当大师在知识的海洋里练习自由泳的时候，不知不觉竟然已经到了午休的时候。就在我和大羊、大头下电梯的过程里，竟然遇到了两个公司正式的交易员。他们都是大约40岁到50岁的光景。人家可是每天都准时坐到电脑前,然后就开始了一天在电脑前"禅定"起来，一动不动的选手。这种行为在我"稚嫩"的内心里留下了十分深刻的印象。一直以来,我都憧憬着能够跟这种已经达到"不论行情如何,我自岿然不动"的交易员交流意见。没想到今天就遇到这样的机会。与高手岂可交臂而失之！于是我马上用最近欧元混乱的行情（昨晚老夫的失利，难道整个行情还不够混乱！）和资深的交易员交流起了意见。没想到交易员一开口，我才彻底知道我自己的无知。只听其中一个开口道：

"最近的行情确实有些混乱，但是还是可以观察的。你像看那些擀面杖都在剧烈的波动，你再用布林线来看下，就基本能知道行情是啥样了。"

我十分惊诧一个新名词的出现，为了不体现自己太过于无知，我十分婉转地问："什么是'擀面杖'……"

另一个人回答道："就是那些一根根儿的东西，看他就能知道价格的变化。"

原来专业的交易人员管K线叫作"擀面杖"，看看人家的水平多么平实无华而形象具体，老夫汗颜地和他们告了别……

吃完午饭实在有些烦闷，我就出去散了散步。没想到大约一点回到公司的时候，大家竟然都在正襟危坐地开会。一个面相庄正的男人坐在首要的位置上，据我所知，他就是这家公司的总设计师，传说中的总经理了。而其他两个技术部的人竟然也出来了，虽然在这个公司已经有了一个星期了，可是技术部对我们来说都是最为神秘的所在。

谁也不知道，这技术部是做什么的。他们屋里是有床的。而他们两个时刻都有一个要守在电脑旁看盘。他们在整个公司里，目无旁人地穿着居家的服饰。就在徐经理西装笔挺的在训话的时候，他们拖着拖鞋去上卫生间，而后又消失在技术部的门后。他们是神秘的传说，有人说，他们操作着这个公司真正的账户资源。也有的人针锋相对的从"解析哲学"的角度，认为技术部顾名思义就是负责我们公司和英国外汇交易公司网络平台技术联系的。这两种传说都一直存在着。

会议开始了，首先高经理组织发言，大家都要对这几天来的外汇行情发表意见，高经理首先说道：

"这几天的外汇行情还是有些波动的,这样,咱们先来逐次的发言,看看大家的意见。"

接着，周经理按照顺序第一个发言道："这两天的相关数据开始出现，这就使得本轮的行情显得异常反复。像昨天信息带动的200多点的行情。而今天是周五，晚上美国会发布这个月的非农业人口就业情况数据。这个非农数据非常危险，不论出来的结果如何，都会使得整个外汇市场出现巨量的波动。这种非常重要的数据信息，会将行情瞬时带动近百点。所以在这种情况下一定要全部平仓，观望。至于最近的方向，还是谨慎看多，至于压力位和支撑位还是看到……如果破了就只能在这之下去寻找了。所以今天日内还是不宜操作，安心等待数据出来之后，盘面明朗了，到时再顺势下单。”

周经理说完之后，高经理总结道：“周老师这是从技术的角度分析，看到今天的相对风险。下面就由大家再继续聊聊。”

侯老师接着说道：“不知道大家注意到没有，从今年开始欧元的一波单边下跌，到了今天出现了一个强势的反弹，但是就在前两天开始，出现了明显的两轮下跌行情，从技术的角度上看已经出现了双头三顶的形态，这个可能是一个中继，也可以发展成为一个短期头部。所以现在能做的就是观察，等趋势明朗。而另一方面，如果说行情就此发展成为一种回调，那么时间周期上还不是很满足条件。考虑到非农数据的跳跃性，最近一定要停止交易，安心等待。”

接着另外两个每日“禅定”在电脑前的交易员也表达了意见，当然都是些风险不确定，谨慎看多云云。终于，整个公司的首脑开始发话了，只听夏总说道：“嗯，大家说的都很有见地。今天的操作还是以谨慎为佳。这样，老顾，你也讲讲你的看法。”说着，夏总把头朝向了技术部那个身着红马甲的大叔问道。说他是大叔，自然人家的相貌就是与之相称的，那位姓顾的大叔开始说道：“不错，近期的外汇市场是有些波动。还是谨慎些交易为好。”

在顾大叔发完言之后，夏总开始总结本次会议的意义，他极力地赞同了多方的观点，但同时也告诫各位交易员要小心操作。于是大家在夏总的鼓励中，结束了会议。大家各奔岗位，开始下午的工作去了。

3.5 面　圣

我听完夏总的发言不禁肃然起敬起来，什么叫领导艺术，这才叫领导艺术。中国人早就完整表述过“君臣异术”的道理了。要知道，作为领导人和作为员工是有本质区别的，两者所要做的事情也完全不同，这就叫作“异术”。所谓“圣人无为”是指作为领导人一定不可以被具体的实物所局限，就像会射箭、骑马的人，可以做君主，而不会这些的人，也可以是君主。这些并不障碍君主的道路。而作为臣子就一定要“有为”，要十分了解具体事务的操作，不然连饭碗都保不住。这就是作为君主和臣子的根本区别。夏总显然做到了“无为”的境地。就像他今天这些说了好像没有说的话一样，相信任何人都很难说

他说错了什么。领导已经给予了肯定，剩下的就是大家的具体操作了。

随着领导回到了自己的房间之后，紧闭的经理室的大门清楚地告诉大家，做自己该做的事情去吧。而另一个领导，高经理，继续留守大厅和大家共战汇海，当然具体效果就只有跟着下单的哥们知道了。如果不是高经理和徐经理时不时就一溜小跑地在运营室里交换一下意见，下午的大厅还是相当的宁静的。我继续打开笔记开始抄道：

致富的秘诀：简单的事情重复做，坚持到底。

每日波动经验

GBD/USD　波动 170

EUR/USD　波动 90−100 点

USD/CHF　波动 90 点

小时图上：26 均线为多空分水岭，104 均线为短周期的调整目标位

日线图上：52 均线为多空分水岭，180 均线为短周期的调整目标位。

KDJ 指标设定：长周期的为 853　短周期的用 533

年线图上：一般市场规律，12 月 23 到 1 月 15 日休假

主力做盘的有交易商和交易员，

1 月 15 日——5 月初，反复测底 然后引发行情

1 月 1 日——7 月 15 日，反复测市 然后引发行情

月线：月末的五周未重合的时候引起注意，

周线：周一周二市场一般很冷淡，周三、周四、周五的时候一般很活跃，周五时一般得离场。

日线：各市场的开盘至收盘

小时图：一定要等到 K 线走完之后再去做单，忍耐是一种投资。

如果是昨天，我看到这个经验一定会奉为圭臬，但是昨天惨痛的经验使我认识到，除了“简单的事情重复做是致富的秘诀”之外，其他的经验最多只是参考，毕竟欧元一天就波动个 200 到 300 点不是没见过。而至于所谓的 KDJ 指标，昨天的经验再一次证明了这些指标在快速上涨的行情里就不再有什么参考的价值了。而至于每日和每周这些规律，我认为还是可以的。紧接着我开始抄写下段文字：

交易心理

一、积极的心态

二、让自己充满自信

三、培养自律精神

四、面对失败时的心里对比

五、不要让借口成为你的理由

六、恐惧与忧虑

七、抛弃自尊心

八、建立头寸后的心里调整

九、诚实与自信

十、培养逆向思维

十一、控制成功

十二、每个人都有机会成为最后的成功者

看着这些标准，我又开始比对起来了，毕竟大师是要尽快走国际化道路的，尽管现在看来还有很长的道路。但是我们能因为长就不走吗？显然不会！这就像一个人一生的饭量加起来是很惊人的，相当于泰山那么高。但是换算成每天的量，不也是一步步吃过来的吗！雷锋同志说过："人吃饭是为了活着，但是人活着不是为了吃饭。"我一直认为这句话是人生的标杆。当然这句话在老夫的体系里是："老夫吃饭是为了活着，但是老夫活着就是为了吃更好的饭。"就在我自己给自己打气之后，我开始研究起这段话了。

积极的心态：嗯，老夫有，老夫通过几天的努力，已经成功地把注意力从人民币换成美元了。

让自己充满自信：废话，人活在世界上连自己都不信，信谁啊！

培养自律精神：这个还差些，努力中。

面对失败时的心里对比：哎，胜不骄败不馁，毕竟只有少数，老夫还要加强。

不要让借口成为你的理由:这个绝对没有，美国著名的畅销书书名就叫《没有借口（No Excuse）》。

恐惧与忧虑：这是个人都有，但也要努力战胜，加强修养。

抛弃自尊心：没有自尊还怎么自信，看来这里犯了一个逻辑错误，正确说法应该是不盲目迷信自己。

建立头寸后的心里调整：周经理确实一直讲要在下单后做到看外汇变化如数字起伏，心中不动，这个等我真的上手操作再说吧，不过看我的股票操作，我确实没心没肺地把亏损看成数字了。

诚实与自信：看又错了吧，唉，这些成功学的作者自己都不知道自己说的是什么，这样误人子弟怎么得了，正确的说法是，对自己诚实，坦诚面对自己的错误判断和坚持自己的正确判断。

培养逆向思维：嗯，对啊，大家都做一样的事情自然只有不一样的少数才能成功了。

控制成功：嗯，明白，说白了就是要低调做人。

每个人都有机会成为最后的成功者：呵呵，大师早就知道了，谢谢提醒。

这些东西不知道周经理是从哪儿抄来的，想来老夫离开“成功学”研究领域之后，这些庶子就开始瞎写东西忽悠人了，真是贻害无穷。有机会我要好好地正本清源一下。正当我和周经理的笔记做着深切交流的时候，忽然宋小姐在角落处“发现”了我，说夏总叫我去总经理室。虽然不是很明白，但想来领导的眼睛当真是雪亮的。就算我在大家面前隐身了，领导都看到我了。

推开那扇虚掩的门，我进到了传说中的公司高层办公室。夏总的房间明显要比隔壁的运营室大气上档次的多，窗台上竟然还有一些绿色的植物。一看夏总的写字台上的三台显示器，就看出这才是有国际化视野的人。一个显示的是外汇行情，一个显示的是今日半死不活的中国A股，还有一个是国际的黄金走势。

夏总很亲切地邀请我在写字台的对面做了下来。于是我们对话在友好、轻松、愉悦的环境中展开。

夏总道：“你叫赵……”

我立刻接道：“夕源，赵夕源。家里给起的，希望要我与人为善，珍惜善缘的意思。”

夏总道：“怎么样，这几天在公司感觉如何？”

我说道：“感觉慢慢开始融入公司的环境之中了。当然，像这些交易品种还要慢慢熟悉。幸好，周经理、侯老师教的都很尽心，而李经理、徐经理也很照顾。”

夏总道：“那就好，那就好。这样，这两天听小宋说，你风水也很好，怎么样，公司的布局如何。”

我当什么事情，还不是希望得到什么专业意见。这些手法老夫早就见过了。于是我轻松地说道：“那自是没什么说的。咱们公司坐落在哈尔滨最繁华的几个中心之一的这里，楼层也很好，站得高看得远。再说公司里员工也都辛勤和睦，那自是百无禁忌的。”我算是十分佩服我了，这样的话竟能说的跟真的一样。当然我相信，这也应该是他想听的吧。毕竟大家都没兴趣听什么真相。大家永远希望别人告诉自己，你是正确的，或是这不是你的问题，你尽力了等等。

夏总笑道：“那就好，那就好。怎么样，这两天看到公司有什么想法没有。”

我答道：“嗯，看到公司能提供这样好的平台，其实心里是很感激的。其实我这两天也是希望自己能尽快进入角色，为公司带来价值。但是另一方面又怕自己能力上还要锻炼，所以也在尽快努力呢。”废话，人家是领导。咱们是求人给工作的，这个地位本身就是不平等的。所以不要说什么不卑不亢，“感恩戴德”才是老总爱听的话。至于表现得不够自信，那自是等待老总鼓励嘛。只有这样，员工所做的一切才可以顺理成章的成为领导的功劳。要是连一个机会都不给领导，那领导又怎么有机会领导我们取得伟大胜利果实呢。没有果子，又上哪去分果子呢。

夏总道："我就是喜欢有上进心的青年。年轻人只有敢于打拼，才会有结果。你像咱们哈尔滨东方锅炉场的李灵，他都是没读过什么书的人，但是最后不还是把公司上市了，现在各个方面都发展的很不错。我这两天看你表现很好，你再看看，公司里有什么不懂的就问好了，我也在这里，你可以来找我。这个是我的名片。"说着夏总把名片递给我，说道："你就尽快熟悉公司的业务吧，只要你把这些技术什么的熟悉了，将来也可以给学员们上课。"

我虽然没听懂他说什么，但是好意还是看得出来的。只是怎么一会儿要我要努力，一会儿又给学员讲课呢。算了，领导的深意，领导将来自然还会体现的。我们等着就好了。千恩万谢的赞美了一通社会主义伟大建设的三十年成果之后，我才从经理室的门口出来。夏总亲自为我开门，反倒弄得我更摸不到头脑了。

回到座位，想起刚才的一切，我还是有些摸不到头脑。虽然我各方面综合实力还是有信心的，可是这几天也没什么表现的机会啊。怎么就震住了这一批人呢。看着高经理又开始叫嚣着带领大家斗战汇海了，我拢了拢思绪，不论如何，从夏总刚才的态度看，这不是什么坏事。至于其他的，那现在还看不出来。既然看不出来，以后留心些就好了。于是我接下来又开始大举抄袭笔记：

美元指数：综合衡量美元在国际外汇市场上汇率变化情况的指标。由美国的棉花期货市场公布，关系到六大货币对。

两大货币体系（美元和非美）：美元上涨 非美下跌。

美元指数的权重：欧元 57.6%　加元 9.1%　日元 13.6%　克朗 4.2%　英镑 11.9%　瑞郎 3%

美指上涨的时候，观察盘面上瑞郎和加元也会有所上涨

GBD/JPY=GBD/USD 与 USD/JPY 相比。

当 GBD/JPY 保持稳定的时候：如果 GBD/USD 上涨，USD/JPY 也要上涨，

人民币 / 日元　日元走势与人民币如出一辙。同属亚洲国家，出口大国，是大债权国。

为什么要特别提出 GBD/JPY=GBD/USD 与 USD/JPY 相比。这个从公式里就能推导出来，不过想想也对，汇率是一个系统的东西，虽然理论上是一种货币对于另一种货币的变化，但这样同时也会产生对第三种货币的变化。市场是自由交易的，可能就会有时间上的统一，这样也会出现两种货币对儿先改变，而后第三种货币对儿再跟上的情况，看来这个也是一种机会。

影响货币市场的商品

GOLD 黄金

在经济波动政治动荡的时期，黄金被认为是首选的货币形式和最后的安全投资。

1 盎司≈ 30 克

各货币和黄金的关系：

1. 金价上涨则美元下跌，美元和黄金有着 30% 的逆相关。

2. 金价上涨则瑞郎上涨，有着 80% 的正相关。

3. 金价上涨则澳元上涨，有着 60% 的正相关。澳大利亚是世界第三大黄金生产国，第一是中国，第二是南非，第四是美国，第五是加拿大，

4. 金价上涨则加元上涨，有着 60% 的正相关。

世界黄金期货：中国于 2007 年代替南非成为全球最大的黄金生产国。2008 年中国生产了 292 吨黄金，占全球矿产金总量的 12%，同时期，俄罗斯矿产金生产量从 127.3 吨增加到 188.7 吨，成为世界第五大黄金生产国。

原油：

美国 3 亿人口占世界人口 5%，消耗原油占世界的 80%

美元走势与原油有 80% 的逆相关

美股与美元有 80% 的逆相关

嗯，文字浅显，原来这些东西是这样的关系啊。我就觉得最近的金价涨得十分混乱。而且这些数据有些太老了，不过算了，反正也不当真，老夫要做的交易可是技术分析，这些东西看看就好了。

不知不觉，慢慢地一个下午就快过去。我站起身来，走到窗前，这里确实很高，可以鸟瞰哈尔滨半个市区，夕阳西下的景色分外的使人感到暮色沉沉。高经理又指导学员做了几单，指示声回荡在不大的交易大厅里。侯老师似乎也忙完了，正伴着茶叶，慢慢地看股票行情。当时我正持有伊利股份，三聚氰胺事件使得牛奶公司股票受到极大的冲击。当时的股价已经到了 6–7 块了，而机构的建仓成本在 14 块附近。相信人们在理智之后牛奶的机会还是很好的。看到侯老师竟然看股票行情，于是我慢慢地凑了上去。

3.6 16 年 400 倍

东北的冬天，白天总是显得异常短暂。刚刚到了四点，外面就显出了暮色。公司里的交易员们还是把主要的精神放在盘面上，但随着一天的疲劳，大家开始显得慵懒了许多。侯老师正在浏览着股票，我凑上去和侯老师聊起天来。

“老师，最近还会创出新低吗？”我指的是在11月刚刚创出的新低1664点。现在再来看当然不会有这样的问题，但是当时中国股市可是看空到了1000点了。

侯老师说道：“这个还不好说，但是你看，6124点之后，还是有个次高点的。所以高点不会只有一个，低点也不会只有一个。只是在行情走出来之前，我们还不好判断。其实咱们做的事情和福尔摩斯一样，只不过，他是利用现在所见到的去推理过去发生的。而咱们则要利用过去发生的去推理现在可能会如何。”

说到这儿，我忽然想到福尔摩斯和经典的话，于是笑道：“不错，把所有不可能的条件去掉，剩下的可能，不论多不可能都是事实，因为真相只有一个。”

侯老师道：“不错，就是这样。其实各种预测都是一样，都是根据一定的信息去推理。像现在就是这样，行情还在发展，已经有了迹象就要跟进，而不能妄图去猜测。其实预测还有很多种方法，但咱们做的只是依据证据去推理。”

我笑道：“那看来周易那样的预测毕竟还是有些太不靠谱了。”

侯老师却道：“这个也不能这样说的，周易还是……很不好说的。”

我本来只是一个笑话，没想到侯老师竟然很有兴趣，于是我问道：“但这有些太不靠谱了吧，我本身也了解些《周易》。可是《周易》那些很难说有什么根据。”

侯老师说道：“但是确实会有作用，你像我有一个朋友一次领我去看，当时他都算出来我欠别人多少钱了，连第一数字都说准了，只是数目太大他不敢相信，所以位置没定准。”

我微微有些诧异，数目大到连“大师”都不敢确定，那你得破产成什么样子啊。接着说道：“那这个人本事真的很厉害了，所有的预测手段，如果讲到定性就真的很准，例如你某年某月会进财添丁等等等等，但能够精确地定量却还不容易，要不然术数大师炒股就牛了。”

侯老师笑道：“不错，所以咱们能做的就是根据现实来操作。根据已知来推理未来。其实在股市这样的市场也有100%的赚钱模式。”

“有100%的赚钱模式？”我疑惑道。

侯老师说道：“不错，你像你拿一根均线，20日均线或是30均线做标准，只要上穿就买，只要下穿就卖，如果行情反复上下，那就空仓，如果已经破线了下去，割肉也要卖，然后就空仓，等待重新交叉，你知道你可以赚多少吗。十年牛市的话可以赚一百倍。16年400倍。而且这是和指数无关的。”

看着我还是疑惑的眼神，侯老师打开沪指大盘指着股指说道：“咱们拿大盘为例，其实股市里赚钱有一种方法，只是很少有人能执行罢了。如果执行了，16年一定有400倍回报。”

我说道：“其实方法还是很多的，只是执行的人太少了。做到太难了。”

侯老师继续说道：“但是方法是有的。就拿20日均线就好了，线上则买进，线下则卖空，十几年的股市绝对能赚到一份自己的钱。只要能做到几个条件：

1. 买入原则，过线则买入
2. 获利的条件下，跌破均线卖出
3. 回落于成本这个时候，为了保本也要卖
4. 买入之后，如果第二天就下均线了，也要走
5. 只要没有破线就持有，获利到破线前一直持有
6. 上穿均线，然后回落于线上支撑，则同样买入

“这些所有的操作就是一根线，不论牛熊。这些原则不要忘记。咱们单看大盘的话，这个方法绝对能使人在16年的股市中翻400倍左右，这是我统计过的。而如果用在个股上，好的股票至少可以到700倍。

“其实很多人赔钱是因为他们有一套理论，但执行时却不按照原则，而是按照情绪了，他们被恐惧贪婪所控制了。想要获利，原则就有两个：第一，有一个被验证过的行之有效的数学模型。第二，要坚持自己的原则，不要动摇。

“但这里有一个条件，那就是本金不可以损失，如果本金损失，那么想翻身就难了。”

他说道这里我想到了我的股票账户，我黯然的说道：“嗯，所以一定要使用止损。”

侯老师道：“不错，资本市场就是财富转移的平台。止损对于普通人来说是避免更大的损失，而对于专业的交易者，是强迫其修正思路。”

我喃喃重复道：“止损对于普通人来说，是避免更大的损失，而对于专业的交易者，是强迫其修正思路。”

侯老师继续说道：“交易一定要注意，本金千万不能损失，你也知道。现在股票市场并不是很好。”说道这里侯老师有些神伤。看着天花板。看的出，跟我讨论了半天他有些累了。时间也已接近了傍晚下班时间了。他的双眼有些微红，只听他继续跟我，又像是自言自语地说道：“其实我在这儿不拿工资的，但我感到老是一个人在家没意思，所以出来了。我也曾经去过别的公司，有一家证券公司，有两个分析师，但其中一个每天就是玩电脑，而另一个有问题就问第一个。那我就知道他们一定不懂股票，不看股票就是因为认为自己在这个市场里赚不到钱，我也走了很多公司，但很少有公司说自己赚到钱的。因为没有人取钱。那钱都哪去了？我做了十几年了，而你才走了几个月，我都没赚到钱，你看你呢！”

我认真听着，因为我知道几十年别人的人生感悟告诉自己，就是自己的福气。“我们看的更远那是因为我们站在巨人的肩膀上”，这句话是有原因的。侯老师的话外之音，很明确的告诉我：水很深，不要轻易涉险。

他继续说道：“我这两天又看了一本书，是讲期货的，书很不错，但看了半天其中只有四句话真正值得看的，那就是：

1. 价格包含一切。
2. 价格永远是有规律地运动着。

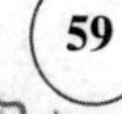

3. 历史会重演。

4. 基于基本面的分析，在金融市场往往是错误的。

侯老师继续说道："其实百家乐（押大小的赌博游戏）有一个一定会赢钱的模式。看会开一边的机会是多少次，做好计划，一次下十元，每次的目标位就是10元获利。如果赔了。就接着下在这一个方向，第二次下20元。如果对了，这样赚了就回来20元，减上次的损失还赚10元。如果赔了，就接着下40元。这样减去前面的两次共30元的损失就还能赚10元。按照这个方法，直到赚回10元为止，这样就可以开始新的一轮还是从10元下起了。但这个有一个前提就是，第一，你的钱足够多，第二，赌坊可以让你这样下注。如果突然人家不让你这样无限的下注，那就没法玩了。我虽然没去过赌坊，但估计这种方法人家也是不会让的，很多黑彩票用这种玩法也可以。这只需要有一个稳定的数学模型，然后简单地去做就好了，千万不要去猜，很多人就是为了猜才下注。要知道，赌博就是为了赢。如果一个人为了玩去赌博，那最后的命运就是只能有一个。记住在市场里，永远赚钱才是第一位的。"

虽然谈话在继续，但我听出了结束的味道。伴随着晚上下班时间的临近，侯老师穿上外套。和公司里的人们挥挥手，走出了大门。不知道为什么，面对他这些简单的话语，我却总是能有新的启迪。看他的摸样，也只是四十几岁的样子，但是在这个公司里，这样的人却再也没有了。他是一个真正思考的人。那时大盘还在1800点左右摇摆，当我在2100点附近再次，也是最后一次，在网上遇到侯老师的时候，他已经在股市里轻轻松松翻倍了。当然这只是后话了。

东北的夜在冬天来的格外的早，只是今天我觉得尤甚。

第四章 对 赌

4.1 李 总

目送着侯老师离开后，高经理这些人也慢慢离开了公司。但是今天我却没走。因为今天他们那些做实盘的老学员要在晚上做单。这也成了我第一次跟实盘的日子。现在整个公司就剩下李总、徐经理、夏总、技术部的两个大叔以及其他的几个老学员。说真的，我还是想看看大头、王新这样的选手是如何交易的，也想看看这些前期学员在没有周老师的情况下会做得如何。因为就在周经理离开公司之前，由于担心他们晚上会赌数据，而特意在白板上用超明显的字体，写下了今天非农数据的公布时间。但我今天没有离开的更重要原因在于，我似乎感觉到有什么事情使得我还不能离去，谁知这一留就改变的太多太多了。

首先发生的就是李总把我叫去给大家买饭。理由很简单，我是现在公司唯一的闲人。这个理由更绝的一点在于，我甚至不能申辩，因为这就是事实。

晚膳后，大家开始有一搭没一搭地看盘聊天。在大厅的另一侧就是运营室，我之前只进去过两次，一次是面试，另一次还是面试，所以对于我来说那里绝对不能说有什么美好回忆。但今天那扇虚掩的门却显得格外诱人，终于我忍不住打开了那扇门。

李经理叫李洪陆，面目洁白，双眼最近总是很红，鼻子有些歪斜。当然我绝对相信，要不是自己跟师傅学过一些看相，一般人是很难看出他鼻子有些弯曲的。此刻就他一个人在屋里看盘，浓重的烟味飘满了整间屋子，看看满满的烟灰缸，一切就好解释多了。他抬头看看是我，也没过多表示什么，然后继续专心看盘。而我也不多说什么，只是看着他的盘面。他的盘面，确实有些不同，不过每个交易员都会选取自己感兴趣的指标图面，所以这些不同就很正常了。

看了一会儿，实在没有什么可说的，于是我又回到大厅。听徐经理吹牛，他今天做了一单，但是没有赚到钱，反而赔了，现在正锁仓呢。大头会时常出入于运营室，大羊也会跟着他出入。虽然我第一次进去尝试不是很成功，但这次有他们在，应该可以聊聊天。于是我也就跟着进了去。

结果我一进去才发现他们为什么一起进到屋子里了，满屋子的烟味。看的出，大头和李总都很开心，大头正在一个劲儿地夸李总新发明的“白金战法”。我立刻抱着对新鲜事物的执着追求，跑过去看个究竟。结果发现他们真的找到了一个很好的卖点，做空了欧元，现在欧元正跌得欢实呢。过了一分多钟，等他们平仓后，四十多点很稳就拿到了手里。李总笑着对大头道："弟儿！以后就跟哥混吧，哥这白金战法准不！"大头立即应道："李哥，太准了。要不咋说：要想美、找大腿，要想富、找李总吗！以后我跟李哥混了。"李总也很开心，我自然很感兴趣了，于是立刻问他到底是什么武器。李总立即道："那能随便说吗！你想用，哥帮你做，绝对不能传出去的，这个战法，全世界就我和大头会。"随即李总和大头就跑出屋去和其他的人吹嘘自己刚才汇海战绩去了。

老学员沈浩问李总道："你的白金战法是用黄金分割吗？"李总立即正色道："我那是白金战法，你跟我提什么黄金分割啊！开玩笑一样。"过了一会儿，李总和大头又兴冲冲地回到了运营室，一人一台电脑。

李总叫嚣道："弟儿，你就来吧。咱们这次做英镑。"

大头也十分兴奋说："好。"

我看了下表，大约17点39分，李总和大头开始做空英镑，入市就是8个点差（点差加佣金）。由于他们是实盘，所以和我们平时使用的模拟盘不同。他们下单不仅有点儿差，而且每次还有佣金。这样每次只要一下单，还没获利，便亏了几个点的佣金和点差。当然那个时候我还不知道佣金对于交易手法会有什么影响。只是认为这样几个点的佣金，相对于外汇的获利来讲是微不足道的。

稍后，英镑开始大幅波动起来。连带着两个人也随着英镑的大幅波动而激动起伏。转眼之间，他们就赔了26美元，但后市还是如同白金战法预测的一样，英镑一路下降，两分钟内不仅回本且有盈余。两人各下了0.1手，这一次他们赚了24点。结果两人再次激动不已。

李总叫道："弟儿，你就来吧，有白金战法咱还怕啥了，准不准。"

大头应道："太准了，李哥，看准了口子跟就好了。"

不一会儿到了18：00左右，两人根据白金战法再次杀空英镑。英镑开始在上下30点内剧烈波动，心跳再次使他们两个激动不已，果然如战法所指示的那样，英镑出现了快速下跌，速度十分惊人。两人是等到了大"口子"，很快就获得巨大收益。这时大厅里的人也听到运营室里的"福音"，而受到他俩的鼓舞，大家又开始关心英镑了。可就在大家欢喜鼓舞的时候，英镑又快速收回，李总他们的利润又开始大幅缩水。李总当机立断平仓出局，两个人各有微利。只是经过这一次，英镑的高波动性一览无余。

但是不论怎么说，李总还是对自己发现的这个战法信心十足。于是李总便开始在跑到大厅看盘了。看那样，估计是要开始喊单了。他自己占了台电脑，在大厅开始设起了指标。从刚刚他们做欧元开始，到他们两次做空英镑，我一直在李总身边观察。现在我的面前是他运营室的电脑，开玩笑，本少爷也不是白痴，难道指标都不懂吗？经过我仔细分析、研究、抽样、比对。老夫终于发现了所谓的白金战法到底是什么：

1. 时间周期是用的M5（就是五分钟图）；

2. 有四条均线分别是 5，10，30，55。

我跟着李总又跑到大厅，看了看他在大厅刚刚设好的系统，除了这些还是这些，整个盘面分外的简单。再来分析他刚才下单的地方，刚好就是 M5 上，均线粘合半天，最后突然有一个发力分散的地方。

看懂了这些，所谓的“白金战法”也就大白天下了。这不就是在牛皮市突破后，迅速跟单吗。这也太简单了。国际上管这种东西叫鳄鱼线，因为突破后的均线像鳄鱼开口一般，所以只要跟着做就好了。这种东西人家 30 多年前就发现了。当然，我虽然明白了原理，但还是有些东西没弄清楚，例如平仓点。刚才他的平仓点显然不是最好的。因为现在价格已经破了他的平仓点了。就是说如果他留到现在，又可以多赚一些了。但李总显然对自己的发现兴奋不已，已经吹嘘了半个屋子，而且还有铁杆粉丝大头的做证，所以大家都对他的方法兴趣盎然。

李总并没有辜负大家的期望，他跟很多学员一起都稳坐在了大厅里准备战斗。反倒是徐经理回到了房间看盘。原因很简单，他开户的平台和李总的不同，整个公司除了他自己电脑有，就只有宋小姐的电脑能用。那是公司以前做黄金的平台。由于是晚上了，大家都开始放松很多，李总更是把烟灰缸拿到大厅，不一会儿大家便开始吸起烟来了。

于是时间就在大家的期待中，我的观瞧中，李总的叫嚣中，慢慢接近了八点。很快就要出非农了。关于这个数据的危险性，周经理可是反复强调过的，白板上的大字还异常醒目。可当我询问李总的时候，他却表现的相当乐观，叫嚣道：“不是数据就不做了，只有有数据才有大波动。”

面对今天的数据，我们中午分析的趋势是做多。于是一天中，做多就成了主要的方向。相信一会儿做多也是我们数据的方向。看着李总和他们聊天，我又慢慢地回到运营室里。徐总正在里面，中午那个亏了 50 来点的单子，正锁着呢。但看起来他今天也心情不错也叫嚣着要赌数据，把锁仓单解开。

过了一会儿，就连技术部的顾大叔也出来了。他看我们分析了半天，都没有抓住实质，于是出来指点到今天的图形其实十分简单，是一个对称的蝴蝶型。说着他开始在欧元 5 分钟的图表上，给我找蝴蝶的翅膀。经过他灵感的预测，今天必然是要看空的，因为只有这样才能画出蝴蝶的另一只翅膀。听他讲完，我差点儿昏厥。在他的描绘下，一个喜好在外汇盘面上画画的小朋友似乎展现在大家面前了。面对这个大叔，我们还是一无所知。最后神秘的大叔给出了做数据的建议，那就是设好 80 到 100 点的止损就好。然后说完这些，他就像来的时候一样突然地消失，回到技术部去了。

正当几个学员还在研究应该怎么看翅膀的时候，夏总也出来了。说真的，自从我那次和他谈完后，无形中我们似乎亲近了不少。夏总则指出这种行情看不懂锁仓就好了。咱们学员一定要小心轻仓。不要太过自信，说完这些他又看了看王新、沈浩，与其亲切交谈。一幅其乐融融的领导亲民图。终于数据快出了。

这个时候大厅里，李总、王新、沈浩、大头、大羊和我都在。徐总正在办公室里准备解仓。

李总准备好了一个多单，同时预先设好了80点左右的止损，准备随时杀进去。

二十点三十分，数据终于出来了。看到数据好于预期，这就意味着做多成了主要方向。于是随着李总一声呼啸，李总和四五个学员纷纷重仓下单。做多在1.2760附近，止损80点左右。随着数据的公布，盘面开始剧烈地波动起来。一会上去20点，一会下去30点。整个五分图，震荡的愣像是心电图。突然最富戏剧性的画面出现了，一根阴线下探了157点，所有的学员包括李总的止损单统统扫掉。而后又以极快的速度迅速上升，回到下探前水平。整个画面上，只留下一根十分难看的，带有极长下影线的阴线。李总和学员大多数是重仓参与的，而这次扫单之后，大多数账户便只有200美金左右了。这是在做实盘，这是在赌数据。李总沉默了。时间也似乎在一时间静止了。整个大厅都静了……

4.2 爆　仓

大家终于知道什么是非农了。只是代价有些太重了。学员们做的都是自己的账户，一时间全部爆仓了。大厅很大，但似乎小到能听到彼此的呼吸声。虽然我没有仓位，但我的心却也是一沉。看着整个大厅的样子，我心中只是默默地浮现起了两个字：赌性。

李总默默吸了根烟，整个人似乎都堆在了椅子里，大家也都不说什么，继续安心地看“心电图”跳动。当然，相信任谁的心，现在也跟不上那种频率了。过了不一会儿，徐经理很高兴地从运营室跳了出来。他情绪轩昂地介绍到，他利用这次波动成功解仓。不仅没赔，还赚了20个点。然后他开始询问到李总做的如何。李总回答说一根阴线、把止损单全吃了。

徐经理认真地看了看图面。忽然说道：“不对！没有这个下影线。”说着，他回到办公室看了看，又回来看了看，坚定地说没有这根下影线。他用的平台当时只下滑了50点左右，而绝不是157点这样的。他的话使得刚才爆仓的人十分震惊。有几个当即就跑到运营室去看个究竟。结果是真的只有50个点的下滑。大家蒙了，每个人心中都留下了大大的问号。挥之不去，越来越浓。这个问号可是价值300多美金，将近2000块人民币啊。

过了一分钟左右，夏总也开始出来视察工作。我们自然和领导反映这种情况。领导回到自己的房间一看，果然如此。要说还是领导大气上档次，人家没有任何情绪波动，只是开始语重心长地说道：“咱们做交易的都知道，有一个行内秘密。任何平台都有真假之分。平时不会有太大的动作，可一有行情就会有剧烈的波动，你的钱就会消失。大家可能用的是假平台。现在看来，这个平台太危险了，咱们公司很快也就不用了。”

夏总的话无异于晴天霹雳，大家的脸色可想而知，李总继续沉默。因为不管公司以后用不用这个平台，今天大家的损失是现实的。而作为公司的交易员，对于夏总所谓的行内秘密却一无所知。整个大厅，气氛压抑。夏总接着又询问了徐总的锁仓，解的如何了。然后夸奖了徐经理做得不错，并要他星期一找个机会向大家介绍下经验。说完这些，夏总回到了他的办公室。

领导巡视完之后，学员们继续坐在自己的座位上，心随欧元起伏。现在大家的仓位一下就剩下200美金左右了，虽然大家都似乎故作镇定，继续做着单，但没有一个人能确定自己在做什么了。慢慢地欧元开始平稳走高。回到上升趋势中，虽然也会时不时地回头一下，但和157点的回头相比，就好像回头一笑一般，让人觉得分外可爱。期间技术部的大叔出来过几次。还是不断地告诫学员们，这个数据的波动很大，所以一定要设置好止损，然后就回到技术室去处理技术问题去了。

别的人听没听话不知道，只是李总还是默不作声，继续操作着欧元。他一个人吸着烟，一根，接着一根。随着他香烟的减少，他账户里的资金也慢慢减少。每一次都是止损被扫掉。止损成了最大的杀手。慢慢地，几次成功地扫单之后，他的账户就剩下几十美金了。李总在一个人吸着闷烟。大头和大羊也沉默地看着盘面。虽然大厅里，徐总试图和另一个没做单的学员聊天，但气氛还是显得无比尴尬。

我能想到的只有一个问题："为什么夏总之前不提醒他们，现在才说什么真假平台的故事。而为什么作为公司高层之一的李总，竟然对这么重要的事情全不知情。"这个时候，大家都是各有心思。但不知为什么，随着资金的减少，李总似乎慢慢地缓解了。一次次的扫单他不仅没有很不开心，反而开始振作起大家的精神来了。看着大厅这种气氛，相信任何人都难说愉悦。我跑到运营室里，和徐经理开始聊起锁仓的故事。

过了一会儿，李总进到运营室中，开口就说道："不行，这样下去培训的交易员都赔钱了。只有王新和你，因为今天用一样平台，没有爆仓。剩下的都死了。这样下去，客户不得都把我们杀了啊。这些学员还是先当客户吧，自己能赚钱了再当交易员吧。"

我忽然意识到，这似乎不是说给徐经理听的。因为事实就摆在眼前，这样的话根本就不用说出口。说出来应该就是给大家听的。但是听到这样的话语，还是证实了我的一个猜想，我一直就认为，这家公司虽然名义上是招聘交易员，但其实招的就是客户。而学员来了，也就是让想找工作的人成为公司的客户。现在我总算想明白了其中的关节。这样一切似乎都好解释了，这也就是为什么这家投资国际货币的公司，会去大学的招聘会上，招聘操盘手了。

现在时间已经不早了，数据行情也慢慢平息了，盘面又重新归于了平静，进入了预期的上升通道。经过这样的夜晚，相信大家也都有些累了。但是现在可不是什么休息的时间，因为就在刚才，整个大厅里的男人，群体受了伤。而且还是金钱上的内伤。现在正是快速促进感情进步的机会。相信未来，这次"一起受过伤"的经历会成为大家的纽带。也不知是谁提出的，反正大家都想发泄一下。于是大家决定出去喝酒去。虽然我算不上真正的受了伤。但是有促进感情的机会，还是不要错过的好。于是我蹭上了徐经理和其他学员打的车，向宵夜处挺进。

哈尔滨的晚上，营业的地方其实也并不多。现在能去的也就是一家还算过得去的烧烤店。大家落座之后，我正面做的是徐经理，旁边则是大羊。加上大头、徐经理、王新和沈浩，我们开始了"男人疗伤之席"。酒才刚刚上来，李总就喝上了，不仅喝上了，而且还大有喝高的意思。酒自然要陪了，于是陪着陪着大家就都开始进入状态了。

接着李总开始安慰起大头来："弟儿，不要怕，有了白金战法，一切都没有问题。你今天不是也看到了吗，你说白金战法好不好使。"

大头使劲地点点头说道："李哥，你放心，这些我没关系。再说今天这数据真恶心。但是哥，咱们平时稳着点儿做，还怕什么啊。"

的确，李总虽然在赌数据上有很大失误，但在白金战法是否好使的问题上，大家还是意见很是一致的。当然，我也没有兴趣和李总一起温习什么技术分析的历史。既然大家开心就好了，管那些干嘛呢。先把眼前的团结搞好才是关键。

接下来，李总开始继续数落夏总的不是，只听他说道："我跟过两个老总，谁也没把我当傻子，老夏太不够意思了。给我假平台。这也太低估我智商了，今天的钱我赔得太值了。我就是知道这里面有问题，"看到李经理开始数落夏总的不是我心中暗暗一惊，这种背人的话如此当面说出了，看来不是这样简单的。

徐经理接到："怪不得高姐（高经理）今天说那句话，"到最后我也不知道高经理说了哪句话，徐经理显然没有把事情点透，但李经理显然是知道的，只听他说道："这个公司有什么难的，我又不是开不了，估计老夏的斤两也不会太难。"

徐经理道："但今天高姐也说了，这里面水很深。平台的事情还不这样简单。"

李总道："老夏的家底能有多少，我就怕水不深，我现在已经看到对岸，水已经没到我脖子了。今天我是淹到了，但水多深我是知道了。我今天故意这样，这样我就知道这里的事情了。我再做下去就不会有问题了。"

王新接道："怪不得咱们公司没有人用真的账户。"这一句点醒了在场的很多人，这大家才注意到原来我们平时看那些迪顺里的工作人员用的都是模拟账户，真实账户和模拟账户最大的区别在于真实账户的兑换单位显示的是小数点后四位，而模拟的是五位。

而后李经理把脸转向我们："这里没有外人（显然没注意到我，后来我才知道这个桌子上的人都有半年以上的交情），我和徐皋（徐经理）已经商量好了，我们准备一起开一个这样的公司，我们一定用真平台，不像老夏这样骗人。"

沈浩接道："这很难吧，平台得用不少钱的。"

李总说道："我们问了，估计就十万左右，这部分钱我和徐皋想办法，差不多。等我们公司开起来，这里的点差都是 3 个点。我准备和徐皋这周末去上海看看，联系平台的事情。"大家显然对这个提议兴奋不已，因为最近他们查自己的交易记录才知道自己的点差和佣金加在一起非常高。李总接着畅想："马云就是身边有一帮兄弟，十二个月一分钱不要，给他工作，最后才有的一片产业，咱们兄弟还怕啥了，每个人出不到一万块，咱们都有股份，咱们公司选址啥的……对了，有夕源呢，赵夕源会看风水。"进而他把脸转向我道："到时还得麻烦大师帮我们选址，起名啥的。"

我点点头道："放心，有我呢。"废话，事情到了这一步，我还能当面推辞吗。如果那样，相信这一群刚刚受过伤的青年男子，直接能把我端成烤肉上来。谁知道从这以后我就被

统称为“大师”了。

李总继续说道：“这买卖绝对赚钱，这才几天啊，你们看看佣金都多少了，他们公司是收 4 个点的佣金的，等咱们开起这个公司绝对一本万利，月近几万的。我估计人家不能都给老夏，也就给他两个点左右。”

然后他指指在座的：“今天在座的没有外人，小徐和我都是老朋友了，其他都是我以前团队的。咱们在一起还有啥的担心的啊。”后来我才知道，李经理是证券公司的区域经理，这里很多都是他的团队成员。接着李总又开始说道：“其实我和徐皋早就想开这个公司了，但是一直觉得还不够成熟。咱们哥们齐心，大家出点儿钱什么的，咱们都有股份，富贵了一起。现在咱们还有大师了。那天大师来面试，我一看一堆证，我看着都昏。你们看，要开公司，大师就来辅助我了。”李总这话，弄得我有些恍惚起来。想不到我随便出来参访一下，都能遇到个想一挑黄河天下反的主儿。冥冥之中，老大到底怎么安排的啊。

李总继续道：“现在，咱兄弟有了，大师也有了，行情咱也知道了，还差啥了。一起干了，干。”说着大家尽了一杯。

“干！”大家齐声道。

4.3 行　动

传说酒的发明者是叫仪狄。他发明了这个东西尝起来味道不错，就把它进贡给了中国禅让制的第三代领导核心大禹，大禹酒量不高，喝点儿就倒了。为了保住领导核心的面子，大禹说这个东西将来一定会亡国的。但就是这个定性要“亡国”的东西，却成了中国文化的代表。

当今的中国社会中，酒可以说是很重要的交流工具。可以说不懂“喝酒”就是寸步难行。所以中国人管酒桌上的较量就称为“酒局”。这是一个多方绞杀的场地，就像围棋一般要精心的布局、设陷、收获，以达到交流感情、促进事物发展、达到个人谋划的目的。当然要达到这样的目标并不容易。所以这是一个相互间搏杀的过程，任何一个动作或是先机的丧失，就可以决定今天这个局的成败。

记得听到过这样一个故事。一个女企业主去讨债（不知道败家老爷们哪去了），于是设下酒局，酒局上自己 4–5 岁大的女儿也出席了。赖债的也是老手，酒过三巡，就是不放话。最后指着一个酒杯说道：“如果小囡（女企业主的小姑娘）能把面前的酒杯干了，就还钱”。四五岁的小姑娘听到这句话，笑了笑，二话没说就把自己面前的酒干掉了。在场的其他朋友都立即肃然起敬。还款的事情也就解决了，这就是中国的酒局。令人叹为观止的事情还有很多。

家里对于孩子酒量的培养，是要在小时候就进行的。不能喝的时候，要试着慢慢舔，习惯了就要带出去，去经历无数的酒局锤炼。唯有如此，孩子才不会输在人生的起跑线上。

可以说，这比芭蕾绘画有用的多。

果不其然，12 月 6 号星期六的早上，我还没起床，就接到了李总的致电，双方在轻松、愉快、和谐、迷糊的氛围中开始了友好交流。

“大师，做什么呢？”李总亲切地问道。

“老夫睡呢，靠！”那是心理话，嘴上必须说：“啊，李哥啊，早上好。你瞧瞧，我正准备今天有时间去学校，看看论文的事情呢。”开玩笑，什么论文。这只不过是想先占据一个位置，如果不想去，就用论文推。如果想去，也没关系。而且还能让他知道老夫看他重于自己的论文。

“那不好意思打扰大师了。”李总赔罪道。

看着他没有下文了，我不禁接道：“没关系的，你说。”当然你说什么，这个要看你了。

“那大师，这样，昨天不是说开公司的事情吗。我想你帮公司起个名字。”李总道出了主题。

“那好的。这样你先把你生日什么的给我，我帮你测算下再决定吧。”我说道，“不过，今天有些忙了。晚上再给你电话好吧。”

“好，我生日是XXX，晚上给你电话。”李总心满意足地挂上了电话。

星期六是安心修养的好日子，也就是说这一天我甚至能出去旅游。不过既然已经答应他了，就做到吧。毕竟大师再骗人就太说不过去了。不过这个活儿，也太赔钱了。取个名字至少要 1000 元，现在倒成了人家给我实习机会了。算了，算了，我自我安慰道。于是，我拿李总的八字开始测算起来。别说，李总竟然是有专业技能的人才。做管理虽然还有些欠缺，但是还好吧，只不过此人头脑灵活，做事往往会做多方面的准备。不过都是人嘛，谁不是为了活着想想办法呢。

忙完了李总的事情，我开始上街买东西。不过与一般的少男少女不同之处在于，我是去逛菜市场。准备好好实践下，也慰劳下小黑和小白，他们最近将考研的地位看待得堪称“神圣”。（我完全忘了我似乎也是要考研的）

晚上用完晚膳，我便准时接道李总的电话。

“大师看得如何，我公司的名字定好了吗？”李总更直接了。

我答道：“李哥，你到底定和谁合作？是徐哥吧。”

李总似乎思考了一下说道：“你照直说吧，我最近几年会如何？”

既然人家这样心急，那我自然也没时间卖关子了。简单地跟他讲了一下他的运程：“你过去的运气不错，大约从 7 岁开始就开始有不错的交运，在几年的发展中也有了不错的发展，在同龄人中也算是进步快的了，只是读书就貌似没有太多的缘分，今年开始还有最后五年不错的运气，如果好好利用可以再进一步。只是在接下来的几年中，你最好和人合伙求财。而且你今年尤其是这样。如果不能和人很好的合作，则事情最终也不会有太大的成功。”

李总默默听完，又问了几个自己的问题，我都照着八字给了一些简单的回答，当然比我看到的要简单婉转许多。“大师，明天咱们看看楼盘，你一起去吧。”李总似乎总结性

的发了个问题。

“好……”

和他约定了时间地点，我简单地算了下这单生意算是净赔了2000+。想来我还没有加入到国际投资机构，到先开始给人无偿服务了。不过我的职业生涯倒很明确了，我已经从国际炒家，退回了国内神棍了。而且如果神棍做不好，就要成人棍了。想来这样离大款的距离当真是越来越远了。明天还要给他们看楼盘……

这年头的风水术数早就被赋予了新的时代意义。面相可以辨人识能、八字可以明人祸福、六爻可以预测时世、而风水被用来投资房地产。其实这个并不新鲜，早在魏晋时期，这些东西就有了时代含义，那时被用来进行政治投机。想来千百年人们在进步，但是需求却十分稳定。

何谓风水，古人言：“气乘风则散，界水则止，古人聚之使不散，行之便有止。故谓之‘风水’”。如果你够博知，可能听过“堪舆”这个词，但是两者其实并不完全相同。堪舆更相当于现代国家地理。

好了，来回忆下风水是个啥，古人认为万事万物存在相互感应的关系。那与人感应比较强的呢，当然是先人骸骨了。所以风水主要指“阴宅”。只要先人骸骨能得不散的“气”，那活着的子孙不得老“牛”了。所以最早研究风水的就是《葬经》。好不好使放一边，反正有人信。

师父就严厉告诫我不要动阴宅，那是高难度技术工种。还是忽悠忽悠阳宅来的方便安全。毕竟大活人的，如住的出了问题也好早发现，早治理。这样看起来，阳宅风水就变成了，只要简单的注意空气的湿度和通风度好了。这两个指标到位。再看看有没有什么“煞”。所谓“煞”可以简单理解为不和谐因素。可以说声、光、形、味，每一种都可以独自成“煞”。例如大家经常比较了解有的建筑工地经常会有些建筑的噪音，这本身就是“声煞”。再例如外面的一些建筑，有的玻璃反光度很好。在白天或是傍晚就会一时有很强的阳光，这种就是“光煞”。“形煞”太常见了，例如经常说的有尖锐的物体对着屋子这种。“味煞”一般也会说是嗅煞，因为奇怪的味道会使屋子不适合人居住。这些东西都是能够比较直观的影响人的身体健康的，如果噪声多了，必定会休息不良，这不用风水也能知道。但这就是风水知识。

而如果再配合上传统的风水上的其他理论讲究就要复杂更多了。例如左青龙、右白虎、上朱雀、下玄武。这种东西它都有各自的功用。没有几年的知识积累是不能使用的。说道这儿又想起了一个有趣的事情。2010年是庚寅年，有个朋友犯了太岁，我是没法给他破解的，虽然大师很牛，但是大师说到底不是修行的人。于是我推荐他，去庙里安太岁。可哈尔滨竟连安太岁的庙也没有，于是我推荐他去请太岁符。结果他跟我说，极乐寺旁边算卦的阿姨告诉他，让他请百十来块钱的摆件说什么今年是白虎年。有口诀说：“宁叫青龙高万丈，莫让白虎探了头”。所以一定要用大老虎镇住他。

听完后我真的无语了，看来这些人真是想赚钱不管人的死活了。风水口诀用在命理

上还这样信誓旦旦。当真是一切向钱看了。算了，我告诉他不要买这样的废物。2 块钱就能解决的事情不要花了钱再招祸害。现在的人心,连术数界都是如此,最后只能一声叹息了。再如现在的地产商,动不动就宣传自己的楼盘有一方秀水。"秀水""恶水"这都是专业名词,大体区分就是能不能喝。能喝的自然是好的，如果不能喝，有不如没有。

这也是些简单的应有，风水之道，变化无常，再好的师父也不敢保证我给你布完局就可以万世太平。所以我们一般售后服务都是要跟进的。几年一个小变化，很是正常。而且古代真正的专业人士是搞鲁班门的，那才是正经的专业技术人员。

至于明天的那个单子我并不需要太费心，他们这种求财的地方除非自己能盖，不然很少有如意的。反正看看就好,而求财风水或是公司风水是和家居风水不相同的。公司求财,如果没有煞气，则如一潭死水。而其中的火候又十分微妙。比较经典的案例就是香港的汇丰银行,而上海的外滩能在中国有这样的发展,可以说和陆家嘴所带来的煞气不无关系。而这样的地方，住家固然不好，但做生意就大赚特赚了。再如电子城里的声光电煞都全了,可就是做生意的好地方。而洗头房这样的专业技术产业选点儿，就要找所谓的"阴地",就是不热闹的地方，让顾客有目的的前去。

现在伴随着人民物质生活水平的直线上升，带来城市居住问题的日益增多。于是楼是越盖越高了，这就使得整个楼看起来像山一样，当真"秀美"。而且更绝的是，人家就是山。想想泰山为啥那样重要，中原地区人家一峰独立。现在的城市，也就是被这些"假山"所环绕了。

12 月 7 号虽是星期天，但一大清早我就被叫了起来。九点多和李总、徐经理、大头他们汇合后，他们便把我带去选新公司的地址了。他们找到了中介。而中介更加厉害，你的就是我的，我的就是你的。第一个中介没有合适的房源，于是找到另一个中介，另一个中介找到另另一个中介，另另一个中介也没有，于是找到另另另一个中介。就这样，当我们还没真的看到房的时候，已经带着 4 个大妈了。这些还都是各个中介公司来的。

先看了第一个地方，还没进楼，楼里的物业保安就极其负责任地对我们全方面监控起来。等我好不容易进到房里,极目远眺,对面 100 米就是另一个高层。两个高层相对而立。而对面的高层极有创意地把房沿弄成了传统的中国飞檐模式。使得整个大楼庄严古朴。如果你还想不出来什么样子,你就回忆清明节时看到的墓碑就好了。对面的大厦一模一样。

淘汰了这个，进入下一轮挑选，一个 25 层的 70 平米房源进入了我们的视野。当我进到了屋里，看着楼下的公园尽收眼底。开放式的厨房，竟然旁边还有咖啡座，我忽然认为自己应该搬过来。这绝对是个不错的个人小天地。

再接下来的几个，一个不如一个。他们竟连宾馆的大厅都带我们去了。怎么整个哈尔滨的写字楼市场如此奇缺吗。看了一天的楼盘，走得腿都疼了，结果也没看见一个哪怕有一点点合适的。而且这些还不用看什么风水，看布局就可以得到答案。老夫愤慨地结束了一天的活动，想别人都是选好地方才找我的，而这些哥们儿竟然想帮老夫减肥。

劳累了一天的我，回到寓所，就沉沉睡去了……

第五章　私　奔

5.1 共谋大事

一天对于人来说是短暂的，可是对于蜉蝣来说，却是由生到死的整个过程。一生有的时候对于人是漫长的，但是对于日月来说，不过是正常的几个上下班。我从立志要在公司里成为金融大鳄，到开始帮助别人分裂公司，只花了5天不到的时间。这还要刨除我有意旷工的日子。世事的变化无常，每每总是惹人叹息。

8号星期一的早上，我准时来到公司。使我意外的是，公司竟然开始有了新学员，而我竟然已经算是有资历的前辈了。我当然有资格这样讲，因为跟我同一批的学员现在只有不到3个还留在公司里，其他的都转作市场了。看着徐经理今天的动作，这些同学应该离开立账户不远了。开不开账户不是什么问题，问题是如何开立，才能对自己更有利。看着这些新学员，看着他们所怀的憧憬和希望，我竟然觉得自己开始以战略的高度来重新审视这家公司了。

周经理还是同样的自我介绍,然后便开始讲解外汇的基本知识。高经理还是在公司近。挥舞喊单。但估计李总在周五所造成的巨大影响一时在公司不会消失，因为现在能做盘的只有王新的账户是比较安全的。至于其他的账户都在百十块美金附近挣扎，而且还有小幅缩水的迹象。这就使得王新集高经理的万千关注于一身，因为高经理甚至就坐在他后面，开始个别喊单了。

现在我忽然明白了那天夏总的意思，他们竟然想让我当讲师。这确实使我受宠若惊。没想到大师真的已经可以做到以气势压人的地步了。明白这一点，我抄袭周经理笔记更加肆无忌惮起来。反正周经理将自己的交易日志放在公司，用意很明确，就是帮助大家更好地了解外汇。而我更好地了解外汇，也就是为了别人将来更好的理解外汇，于是我开始了抄写过程：

墨菲定理

If there are two or more ways to do something and one of those ways can result in a catastrophe, then someone will do it.

1. 任何事都没有表面看起来那样简单；

2. 所有事都比你的预期时间长；

3. 会出错的事总会出错；

4. 如果你担心某种情况的发生，那么它接更有可能发生；

5. 最易出现的是大多数人不敢想，也不敢做的行情。

看到这个定理我不禁一愣，看看人家这智慧，把我这几天发生的一切都说明白了。"任何事都没有表面看起来那样简单"。我刚来到公司时是把公司想"深"了，以为是国际级的，没想到现在才知道只是市县级的。而另一方面，又有谁能想到现在看起来的外汇平台竟然还有真假之分呢（后来我才知道，当年中国，连证券公司所提供的证券买卖都有真假之分）。再来"所有事都比你的预期时间长"，这到不好说，反正我就认为中国股市要振兴一段时间，可是结果是……再来"会出错的事总会出错"，这倒是真的，所以会出错的事就要格外小心。"如果你担心某种情况的发生，那么它便更有可能发生"，前两天我就担心被公司踢出去，没想到竟然是我要从公司跑了。

这些废话看起来冠冕堂皇，但是怎么使用呢。其实像这种东西我们看的太多了，还不如直接像李宁一样，干脆告诉你"一切皆有可能"。这里的"一切"显然不可能只有好的方面，而往往是人要往好的方面去想罢了。这就好像这两天我和李总的先后爆仓，以及我现在眼前发生的事情。

就在学员们上课休息的一个空档，高经理忽然拿出来一些丝巾。说是自己的女儿现在要卖的。问大家能不能帮着推销推销。真没想到走国际交易之路的投资公司的副总，女儿会去卖地摊10元一条的丝巾（后来我才知道，巴菲特老爷爷的姑娘还卖T恤衫呢，原来高经理才是真正走国际路线的，只是不知巴菲特爷爷替女儿推销时，和高经理替女儿推销时的心情是否一样了）。看着高经理所做的一切，当真是使人清楚的认识到：一切皆有可能。

我接下来抄写道：

本杰明•格雷厄姆——华尔街证券分析之父，《有价证券分析》改版为《聪明的投资人》

投资理论：

1. 如果总是做显而易见或是大家都在做的事情，你就赚不到钱，对于理性投资，精神状态比技巧更重要。

2. 每个人都知道，在市场交易中，大多数人到最后都是赔钱的。那些人不肯放弃，要么不理智，要么想用金钱换取乐趣，要么有超常的天赋。在任何情况下，他们都并非投资者。

3. 投资者与投机者最本质的区别在于。投机者的兴趣主要在于参与市场的波动，并从中谋取利润。投资者的兴趣在于，以适当的价格取得适当的股票。

4. 对待价格波动的正确的精神态度是所有成功投资的试金石，

5. 对于投机商，时机具有心理上的重要性，因为他们想要在短时间内获取大笔的利润，在他们的证券上升之前，等待一年的想法是不合适他们的，而等待的时间对于投资者是无关紧要的。

6. 价格的波动对于真正的投资人只有一个重要意义，当价格大幅下跌后给投资者提供买入的机会，当价格大幅上涨的时候，给投资者出售的机会。

7. 市场行为必然是使人困惑的一种行为，否则稍有一点儿知识的人就能获利。投资者必须着眼于价格水平与潜在或是核心价值的相互关系。而不是市场上正在做什么或将要做什么样的变化。市场是随机性的。

对于第一点还是好理解的，废话，大家做一样的事情，没有差异谁能赚钱呢。再来说，市场里亏钱的永远是多数，而赚钱的是少数，那么自然要成为少数的人了。但值得注意的是人家说精神状态比技术更重要，可没说技术不重要。中国哲学中很常见的就是这种情况，大家一看，看到了高级的，当然就认为低价的是次一等的了。可是正如古语道："民为君本"，可现实中，真正重要的往往是"君"，而不是作为"本"的"民"。

第二点侯老师早就点破了，"你到市场里是赚钱的"，所以要做的就是关注自己的钱包，在资本市场"金钱神圣不可侵犯"。谁如果亵渎了这一点，骂死他，包括交易者自己。

第三点是最为人诟病的，因为投机在汉语里和英语里的语境不同。投机是对机会进行把握，这是每个人生来的使命。我们伟大祖国的发展方针就是抓住机会，说白了就是投机。而巴老爷子的老师重视价值投资，是因为他母亲把家底都输光了，所以他一生研究的就是如何能赔不死的功夫，这才有了价值投资这个东西。但是伟大的投机家安德烈•科斯托拉尼早就用一生证明了投机的正确性。

第四点，他说了一个东西很重要，却没讲明白，这不是忽悠人吗。但其实在格雷厄姆看来，价格一直是价值的狗，只是围着主人打转罢了，所以一定会回来的。

第五点明确告诉我们了，想要快速致富，就一定不要跟他学。老夫就很听话。

第六点说白了低买高卖，这是市场里大家都知道的事，却是大家最难做到的事。如果想做到，做基金定投好了。

第七点也就是说，格雷厄姆爷爷面对市场行为他彻底服了，根本放弃了无谓的把握，也就是说，他就买有潜在重大题材的好股票，然后等一百年，不信轮不上庄。

其实格雷厄姆的理论重不重要，这个根本不用讲什么。要知道，不论是格雷厄姆本人，还是他的在世弟子巴菲特都证明了这个理论的可操作性和实用性。但是只通过这几点，就想了解他的思想实质，却又真的很难。如果这个好理解的话，巴菲特老爷爷就不会坦诚地承认自己确实有“从来没有，将来也不会”跟人分享的方法了。正是因为他的修为才有了世上唯一的巴菲特。

但讲到分析师我们公司就有几个。就在中午休息完之后，高经理又主持了一次当天的交易计划会议，于是大家开始分别发言。

侯老师的意见是“周四高点暂时不会过，最多向上60点，冲高回落，形态是不错但是周期不足，往上就是50–60点左右，但向下还有一定空间破线做空单，区间估计还没有走完，100点之间震荡。”

高经理则认为：“1.2800下午二三点会有快速拉起，四小时图应该在1.3000一线，日内1.2800不破可以在1.2880做下空。周三美国赤字信息公布，短期看多。”

最后周经理总结道：“上周的美国非农数据下行打到1.2600，而后上涨，所以大方向分析是不错的，只是非农数据之前一定要平仓，非农千万不要赌，不要玩，今天还是看多，但短线看空，如果破1.2700则日内不做，看1.2800破了能否收回。四小时看均线，观察前期阻力应该在1.2800。大方向还是看多，1.2730支撑破了就不做。1.2850破了，则向上做多看到1.3000。中期来看还是看多等待机会不要心存希望。短期RSI指标有双头的迹象，所以还是做波段或是做区间比较保险。”

会后大家便开始分别操作了。我看着周经理做了两单，他认为短期应该会空，结果做了两次空单都被扫掉了止损，他这才收手。而当天下午，行情就一路高歌地超出了所有人的想象。这使我不禁想到墨菲定理的最后一行所写道：最易出现的是大多数人不敢想，也不敢做的行情。

正当我在抄写交易日志时，徐经理忽然将我叫到运营室去。我一进门才发现，周五吃饭的几位竟然都在，怪不得下午他们就消失了呢。关上门。徐总就开始对着我，郑重鞠了一躬。这把我弄的有些找不到方向了。只听他说道：“我们经过商量一致同意，希望你能帮我们新公司取个名字。”

看来赔本的买卖是做定了。看他们这个样子，我要敢回绝，估计今天就出不了大门了。除了满口答应，还能有什么别的办法。于是我说道:“徐哥你看你说的，我早就答应了，没问题放心吧。”当然回答技巧是要有的，首先不能给他时间期限，其次也没保证什么质量的好坏。

徐哥说道：“那好，这样咱们随后再说，现在先说正事吧。”

接着他看向李总，只听李总说道：“我和徐皋已经筹划开新的公司了，大家可以一起参股，平台的代理差不多要十万左右，我和徐皋差不多能凑上。但剩下开公司的钱大家要出些，咱们现在看大家可以出多少？”

沈浩面露难色地说道：“最近开户的钱都是问家里要的，再要拿也拿不太多。”

李总说道：“咱们开公司，大家在公司开户都可以只收4个点差，不像这里点差加佣金这样高。”听到这样的话大家显然有些松动了，相信很多人已经开始看明白高点差的危

害了。一进场就亏了7个点，这是谁也难以接受的。而且光他们三天如此少的交易量，竟然也达到了每人几十甚至上百的佣金额。

李总继续说："我算过了，咱们这几个人，一人五千差不多就能够。"说着他看向大头。

大头看了看李总说："我和大羊（大羊）差不多能凑到。"

大羊也点了点头，接着大家都看了看。轮到我，我没有说什么，只是说能差不多开个户，再就不敢说了。（老夫又不是白痴，要入股，以后再说也来得及，何必急于在这一时呢）

李总问了一圈，能出钱的实在不是很多。只听李总继续说道："那这样，我和徐皋再研究研究。咱们哥们儿一起，帮一把就能赚大钱。不能一起吃苦，就不能共富贵。那今天就先这样。这样，大师，你先出去，我们还要说些事情。"

对于这种明显的"暗号"我还是能听懂的，人家不让我知道的事情我一般没啥兴趣，反正如果和我有关，以后一定会知道。于是我接着出去抄周经理的笔记了。看来公司他们一定要开了。其实他们开不开公司，我兴趣倒是有限，但开户可以拿比较低的点差，这个还是很有吸引力的。至于其他，那就只有将来再说了。

回到大厅，已经快要临近4点了。看着也没有什么事，我就早早回到了寓所。准备缓解缓解一天的疲劳。

5.2 占卜未来

晚上吃完晚饭，我还是打开外汇软件开始玩了起来。但看着看着竟然觉得索然无味，大师难道已经放弃成为国际金融炒家的梦想了?我不禁惆怅到。思绪又回到了白天他们讲的那些事情上。外汇市场风险巨大，但是拿两个月生活费来丰富人生实践，也不是不能接受。只是什么真假平台的事情还要考察。如果平台不错，还可以拿到比较低的点差，这倒是十分合适的。

接着我又想起他们开公司的事情。到底要不要入股。忽然心里想起了一个声音说道："开玩笑，大师，你才认识他们几天。人家可是哥们儿，如果将来发生什么，你连撤资的机会都没有。这种风险巨大，收获渺茫的东西需要考虑吗?"

"但是如果是真的呢……"我心里还是忍不住有另一种声音回答道。

心里的声音又开始说道："大师，其实人总会面对这样或那样的抉择，可是答案往往又是一体两面的。理智的分析往往是建立在对于事实材料的一定的掌握上，如果信息不对称，其结果无疑是失之毫厘谬以千里的。你现在不能确定那个是真的，但是你怎么好意思确定那个是假的呢。"

我又说道："这位仁兄，信息的不对称，就是被骗的前提。纵观中国千载的骗术，无论什么样的骗术，其实都是利用人在信息不对称的情况下，产生的一种信任感。只要时间和机遇都不成熟，其结果往往就是弥足深陷的。”

他说道：“呵呵，大师，那是你不敢相信罢了。信任是造就一切事情的基础。”

我反驳道：“大哥，你这不过是‘酒不醉人人自醉’。自己让自己相信，自己把整个事情给圆了罢了。例如有的人，明明知道自己教育孩子的方法有问题，可他往往会不正视一些事实。而自己使自己相信这是没错的。相信自己的子女很成功，相信将来一切都会好起来的，这就是非常常见的自我欺骗。须知没一份耕耘，就不要期望收获。成功人生的背后，故事往往只有自己知道。等到自己的孩子惹祸的那一天，才想起事情的真相。那剩下的只能是无边的自责与悔恨了！”

看着他好像还有什么想说的。老夫不信训不服他。于是我朗朗道：“而这还是好的，毕竟自己骗自己还是有一段时间的甜蜜，而别人对自己的欺骗往往是后悔终生的。人是欲望的动物，任何不正视人的感情的努力，终归是徒劳的。世界上无私的雷锋毕竟还是少数，贪婪是每个人都有的情感。希望幸运的降临，希望一切都可以自然而然的成功。只要别人抓住这种信仰，抓住心中的隐痛，产生使你暂时感到甜蜜的信任，信任他，这就成为了你必然的选择。”

他不说话了。看着他很乖的样子，我又继续安抚道：“年轻人，这不是你的错。可以说错误的时间，错误的地点，是一切不详发生的根源。现在你虽然是来到公司几天，就莫名地得到这样的机会。可是这真的是一夜暴富的机遇，还是让人深陷的毒果，相信答案现在还很难说。这样的机会出现在人的面前并不是没有。有些人抓住了，于是一夜成名，而更多的人是倒在了信任的脚下。事实对我们每个人的教训，才往往是振聋发聩的。”

伴随着我最后的话语，他彻底动容了：“大师，我错了。是我犯了右倾机会主义错误。大师……”

“没关系，下次不要了啊”。我安抚道，“人，欺骗别人可耻，欺骗自己可悲！”

击退了心中的小欲望，我对这个事情也就多了一份淡然。但还是很想知道事情发展的方向。废话，刚出来几天就遇到这样的事情，怎么也会好奇吧。思考着，我将目光移向了角落里的术数专业设备……

随着一声声铜钱晃动时的轻击，整个人的思绪也魂游天外。将所有的宇宙万物和心中的问题相互联系，共同显现了事情的本来面目，慢慢地一个象出现了。根据我的解读。上面的老大说道：

这个李总，你和他做生意，他会克制住你，你会受到他的制约。而且有上当受骗可能。钱财方面尤其危险，恐被盗。对方的心中有不实之象。同时你自己对这件事也不放心。而到了明年的六月份，一定会有事情发生，合作也必然终止。结论是：不可合作。

面对老大的训诫，我心中彻底安稳了。现在别说大师，就连心里的小欲望都彻底化

开了。我忽然由衷地感谢师父，算卦不要钱的感觉真爽！既然洞悉了这样的事实，那下一步事情的运作也就差不多了。走……废话，当然不能走！还有比这更好玩的热闹吗。加入，必须加入，但前提是千万不可以掏钱入股。而我自然不能主动推动这个事的运行，老夫就静观其变好了。

现在回头想想，人有的时候就是像这样，想明白了，就会有豁然开朗的感觉。其实算卦并不神奇，很多没有学过算卦的人也可以清楚地看到事情未来的方向。你看人家，福尔摩斯的见微知著，就是非常经典的例子，只不过东方人更偏重于神秘的东西。而生活中这样的例子又比比皆是，例如每个人对于自己身边的事物会有不同的定义，如果今天早上我看到乌鸦我就认为今天的事情会有不顺，其实乌鸦和我之间往往没有联系，但冥冥之中这就是一种预测。直觉本身会给人以指引，只不过算卦的表征更为明显罢了，但根本的道理却是相通的，万物皆有其“表象”。

当然不重要的事情可以这样猜，但是《孙子兵法》说的很明白，对于重要的决策“不可取于鬼神,不可象于事也,不可验于度。必取于人,知敌之情者也。”要是算卦能解决一切，“老佛爷”当年至于被玩得那么惨嘛!

正当我胡思乱想的时候，忽然电话响了起来，一看竟然是李总！八点多了，他要做什么呢。听听看。

“喂！李哥。”我熟练地说道，声音甜的放了三个加号进去。

李总答道：“大师，忙什么呢？”

一般的问候，这种问题不用回答。“没什么，吃完饭，看看电视。”我答道，问这句话当然只是前期的准备。相信我不论说是看电视或是看书，他都不会注意的。

果然，人家根本没有追问。只听李总说道：“问大师一些问题，你认为我必须和人合作吗？接下来的几年。”

看到他直接奔向了主题，我也就懒得废话了：“这样，只是按照八字来说，和人合作求财对你有利，因为很多时候你过于相信自己的判断，但很多事情，实力有限，如果没人从旁辅助，恐怕会陷入歧途。”

李总听完说道：“那这样，大师，你认为徐皋这个人如何？”

这个问题真的很难把握。因为他们两个合作应该是很久之前就定好的事情了，怎么现在还问呢？既然不知道他的目的，还是简单地回避好了，于是我说道：“徐哥一看就是个热心的人，对我也很不错，我来公司也是他介绍的，平时很帮人的。”我简单地答道。这个答案就是提醒李总，我可不会说什么过深的话让他去作为所谓的“上天昭示”。当大师最难的就是，别人会有目的的利用你的话，而你的话就成了上天的话，结果失败了，人们就有很好的借口了，叫嚣“上天骗了我”云云。

果然，看我没说什么，李总开始诱导道：“你真的这样认为的吗？”

李总接道：“但徐皋太贪婪了，他的意思就是谁也不带，我真的和他合作不是很愉快。

他这个人也很小气的。你对他没有看清吗。”

得到这样的启发，相信我再笨也知道如何接下去了：“徐哥人还是不错的，他的情况我不清楚，所以不好说。我只能说看他的面相来讲，他这个人会看重眼前的东西，而难以思考背后的故事，也许这就是智力的界限吧。”这确实是我对徐经理的判断。

“他的智力有界限？”李总若有所思的问到。

“怎么说呢，这不是说他读书读得不好，当然他读书确实很一般，这是事实。但我所说的是，他没有高深的思想。”我重新修正道。

显然李总对于我这个答案很是满意，只听他说到：“你说的这个太准确了，确实他这个人没有高深的思想。我不是很想和他合作。”

“但是哥哥，你未来几年只有和人合作才能获得不错的收获，不然就很难有成。”我尽到术数咨询人士的责任提醒道：“如果不和他合作，你有更好的对象可以选择吗？”

李总没有回答这个问题，反倒问道：“大师，我只要和人合作就可以了是吧。”

我不禁笑了笑，看来我和世人的隔阂真是不小，我明明提醒他和人合作是为了可以在适当的时候提醒他收敛。到他那里，就理解为和别人合办公司了。如果和别人合办而没有交流，又何来制约的效果呢。我申明这一点之后，又嘱咐他道：“你的个性过于刚强，虽然不是脾气的事情，但对于事情的判断上，容易走向偏执，一定要小心……”

挂上他的电话我不禁有些踌躇起来。刚刚就算出，和他合作不是很安全的事情。现在他就要把徐经理置于事外了。其实每个人都有两面，徐经理如此，他李总又何来不是呢。只是他太想看见他希望看见的事情，太想听到希望听到的话语了。老夫哪次咨询不是百八十块的。这次实习，当真是赔大发了。

这类的实习，以后一定不能再玩了！我心中暗醒道。

第六章　结　盟

6.1 同　盟

刚和李总通完电话，心中不免有些沉闷。还是甩一甩这些无聊的思绪，继续过自己的生活，想说谁说谁去吧。

像今天这样寂静的长夜，如果不是看书，那就只能上网聊聊天。想想小白小黑这样没休止的辛勤工作自己不仅有些汗颜。不行，我是大师。怎么能有这种悲观的情绪呢，自己安慰自己一会儿。大师要做的就是不走寻常路。大师要么不出手，要出手就下狠手。于是，我又重拾自信看电视新闻去了。大约九点钟小白小黑双双回家，向我请了安就吃宵夜去了。

正在我似睡非睡之间，忽然又是一阵电话铃声，虽说老夫的手机铃声是万里挑一的喜欢，可这样吓人也受不了的。一看，又是李总。

“大师睡了吗？”李总总是这样开门见山地招呼道。

“没，”我也懒得废话。

“这样，大师你现在到‘每添烧烤’，就在道里区，等你啊。”说完没等我讲话，就挂了电话。

估计他也是怕我拒绝，什么啊！这样就把老夫叫出去，老夫是呼之即来的吗！哼，老夫吃黄你今天。二话不说，我立刻从床上爬起来，开始收拾行头。寂静的长夜总能激发人无尽的欲望，而我的才能就是“化寂寞为食欲”。至今令老夫都十分自豪的就是，我总能成功的做到这一点。

“每添烧烤”在哈市还是小有名气的。由于靠近哈尔滨的百年大街，而且还是24小时营业，自然就是很多夜游族喜欢去的了。的哥很是熟悉道路，竟然半个小时，就把我从南岗带到道里。现在我还在怀念，小城市就是好啊，要是在上海打死老夫也不去的。

一进烧烤店，李总坐的还真的很明显，再看看才发现大头大羊都在，我不禁有些疑惑，今天这是什么局呢。

“大师，这里！”李总热情地招呼道。

我和大头、大羊都不陌生，只是也没有什么深交。观察出来的大头完完全全符合东北男人的性格。粗犷，身材也不是很高，看起来就一米七左右。大大的额头并没有成为智力高深的象征，但看的出，应为祖上不错的表现。只是这个人在我眼中过于混浊，所以没有太多深交。而大羊则面目白皙，身材匀称，一米七八的个头看起来竟有些高挑。后来大羊和我说，他和大头认识，完全是因为他们的女友是一个寝室的。看到这两位选手，再想到李总的电话，答案有些不言而明了。

只是酒局，酒局，有酒有局。一个酒局必然有自己的主题，但是现在我对自己今天的角色定位，还有些不太明白。算了，反正答案自然会出来，我也就不费心了。

李总先叫了服务员来，我点了些还吃得下，又不会太影响身材的宵夜。然后李总接着进行刚才话题："所以我今天特别赞同大师的那句话，徐皋没有高深的思想。太重视利益了。和他谈公司，你猜他说什么。他说把你们的点差佣金正常收。"我看到大头和大羊对望了一眼。我心中想，呵呵，挑拨人的方法几千年来，真是没有一点儿变化啊！总是利用信息的不对称，反正这些东西又很难有人求证。如果这里有徐经理的心腹，也许李总会多一份小心，可惜的是这里没有一个和徐经理走得很近。且不说现在我吃了李总几顿之后自然要和他亲近些，就是大头和大羊，显然也不是徐经理交下来的朋友。

只听李经理继续说道："徐皋的眼光总是很短，看事情总是看不到太远，而且为人还特别小气，不信你们想想，你们和他吃饭哪一次是他买的单！所以和他这样的人在一起合作是走不远的。"李总说的情理上倒入情入理，确实为人小气在生意上能有这样的表现也就不足为奇了。细细想起来，和徐经理吃过几次饭，还真的很少是他请，当然我记忆没错的话，那就是一次也没有。这显然不符合东北地区的民族民俗，因为这里"哥们义气"往往是第一位的。其实你请我请彼此相互着来，谁也占不了谁的便宜，可是就在这种交流之中感情慢慢地建立了起来。任何排除在这个规则之外的人，都一定会受到这个规则的淘汰。这就是"人情"，说白了也就是人之常情。

李总看看我说道："大师看得最清楚了，讲讲徐皋的为人吧。"显然这是准备把得罪人的事情交给我啊。让我帮他继续扩大战果，使大头和大羊尽快地认识真相。老夫要是就这样有求必应，岂不是白痴了。得罪人的事情，做起来还是要有分寸的。

"徐哥心地还是不坏的。"批评人也要使用尊称这是明智的方法，"只是做人有不同的习惯罢了，人各有志，不能强求。这也是应该看开些的。"我简单地应和道。当然这显然不是李总所希望的话语，但太过露骨的话语，又必然会使整个酒局陷入僵局。

宵夜上来了，说实在的，再空腹喝几杯酒老夫真的会吃不消。边吃着宵夜边看李总继续表演道："我这个人就是个信朋友的人，你说为什么要和这样的人分利润呢！我就想和我哥们安安心心赚些钱，咱们做哥们的，何必和外人分东西呢。"说心里话，我是认为李总真的抓住了大头的心理，就这种东北男人哥们义气这种东西往往能打动他。

为了加深友谊，李总继续开始看着我，和我介绍他和大头的交情："大头也是和我认识很久了，弟儿以前在江海做股票经纪，跑到人家证券公司楼下，说他家倒闭了，来我们家吧。"

大头显然也沉浸在过去的回忆中，甜蜜地笑了。李总接着拍拍大头的肩膀道："再来

我们都姓李,就是一家的。前两天看弟儿就带着一块大雷达(指雷达手表)。和我的一样,一万多块啊。弟儿家里也是做砖厂的，家里什么没有啊，出来还不就是想实现自己的奋斗吗!”

大头显然深受感动，大有找到知音的感觉，点点头说道：“李哥这句话是说对了，从小家里就当我不学无术，只会浪费钱。我出来闯就是想给家里人看看。我和大羊是大学里实打实的朋友。”

酒过三巡，显然大家的心里活跃了不少，大头也是很高兴地回忆和李总的故事：“李哥也一直照顾我啊，那原先我在江海就是李哥把我找到现在的公司的。”听完大头的话我才明白，原来李总就是这样把他推进了迪顺的假平台里。

李总接道：“弟儿，这两天白金战法如何你也见识到了。”

大头连连点头道：“真的很准。”

李总说道：“只要看准口子，一个字就是掏它。”我总是很佩服李总的口语，总是用很形象化的语言形容事物，很久之后我才知道这种形容方式的好处，想要不受这种语言鼓舞几乎是不可能的。“口子”就是指白金战法出现的买入信号。“掏它”这个词显然是受到恶狗扑食的影响，指赚取利润。

只听李总继续说道：“所以，弟儿，哥想带着咱们兄弟一起做。大师说了我必须和人合作，现在让大师看看咱们能不能一起做成事情吧!”

看来李总真的是想把我套住啊!本来这种事情我是想置身事外的，可是现在显然不大可能了，拿人钱财与人解忧，吃了宵夜自然精神好了些，我微有些推脱，说道：“这样，我只能先做一个简单的判断。先看看你们的八字吧。”说着我拿出随身的小本本开始在上面帮大头和大羊把命盘摆出来。废话，一群人看着呢，我自然没兴趣把他们何时断奶这样的事情推算出来。经过简单的分析，我说道：“你和大羊的八字还是可以做朋友的，彼此之间相互扶助，但你们和李哥并不是最合财的，你们可以帮李哥提升财运，应该是李哥主动找你们。”我说的都是简单的事实，就他们几个合作的关系，讲了些简单的。当然这个结果，也许不是李总想要的。他可能想要我说他们在一起一定大发特发。可是术数界的因果只有我自己知道，讲出事实供人评断，这是我们应该做的。

“这么说不是很合财是吗。”李总这句话，无疑是希望我能自圆其说，要不今晚的酒局他就真的白设了。

我微微笑道，咽下了嘴里的食物说道：“并不是最合财，当然不是说不合财。比不合财更可怕的，是克着财运。能够提升财运的进步，还想如何。”

“可我们觉得现在是我们找李哥啊，”大头接道，“不应该是李哥找我们啊。”

李总显然对于我自圆其说的东西很是满意，立即接道：“弟儿!你不知道，真的是我找你们啊。现在能找个知心的太难了。能找个信任的太难了。和哥们在一起创业，做一番事业太难了。所以哥一直就想找这样的人。今天咱们就把事情定下来，大头、大羊咱们一不一起干。现在就定下来。如果你们说带着徐皋一起干，哥就再也不说什么了。如果说不带徐皋，就咱几个单干。现在就等弟儿的一句话了。”说完李总坚定地看着大头大羊，等着他俩的决定。

大羊看看大头，大头低头沉思了两秒钟，最后目光坚定的看着李总说道：“不干。”

大头的这句“不干”真的把李总弄懵了，看着他的表情凝固了两秒钟。看来今天这个酒局算是白摆了，相信李总也不相信自己的耳朵，可是看着大头坚定的表情并不像是拒绝李总邀请的意思啊。于是李总又问了一遍：“你说什么。”

大头还是目光坚定的看着李总，说道：“不干！我是说不带徐皋，咱几个单干。”

听完大头的这个解释，李总算是心头的一块石头落地了。他明显长长地出了一口气，然后说道：“弟儿说不干的时候哥真吓坏了，呵呵。好，那就这样咱们几个一起干。”大羊显然是听大头的没有说什么。就这样我们在座的成了一个新公司的发起人。只是我的位置还有些尴尬。

接着只听大头貌似很有顾虑的说道：“但是咱们能代理下来一个平台吗？”一直听李总强调一个平台要近十万，没有徐皋的资金，这个平台如何可以代理下来呢。

李总坚决地说道：“这个不用弟儿担心，我联系联系差不多的。但是开公司设备的钱，得你们看看有没有办法。”

大头显然深受李总仗义的说法，于是看了看大羊说道：“我能出 1 万到 1 万 5 左右。”

接着大羊说道：“我也差不多就这个数目。”

李总说：“这样咱们想想办法就差不多了。”接着李总十分开心的，对未来的远大前途进行了畅想。最后大家也情绪十分激动，忽然李总想到了人民币升值是否会使得公司的获利缩水的问题。经他一提醒，大头立刻担心起来。但是转念大家又一想，咱们做的是保证金交易，只要赚的比美元贬值的快还怕什么。再到后来，他们甚至已经开始畅想，要如何走集团化发展的道路了……

我回到家里已经是半夜了。轻轻地开门，回到自己的房间。也许是刚刚畅想的有些太振奋人心了，我竟然一点儿不困。于是索性又把大头和大羊的八字拿出来看了看。

大羊比大头大了一岁，可是他俩近几年的大运却是有些相似的，从他们两个的八字看来，大羊倒是能辅助大头。这也就怪不得他俩能玩到一起了。再来看大头的八字，倒是祖上可以辅助的样子，家境在当地应该是不错的。只是他这个人生性混浊，应是“桃花”不断的样子。只是他们的好运都来的很晚，现在绝不是什么大杀四方的时候，应该以涵养为主。

而现在李总的气势正旺，所以简单来看，应该是他们将来会受到李总的克制。虽然李总八字有些轻，可能有些压不住他们，但是运势上的压力还是不容小觑的，再联系到我刚刚的卦例，他们真的应该十二分的小心。可我又不能提醒他们两个，应该如何如何。没有办法，毕竟不会有人真的把这种东西奉为圭臬。今年大头的财运受流年的压制应该

是不会很顺畅，他俩也都毕业一年左右的时间了，现在也没有合适的工作。当然这也和很多家里不愿孩子工作有关。反正家里又不觉得有什么压力，孩子养着就好了。但估计大头也应该是想真的有所作为吧。

虽然我现在并不认为，我自己已经卖身给了李总，但是显然将这些无关紧要的东西去扰乱人家的布局也不是我的习惯。李总最好的选择，是找个能够彼此可以商量的人，来合作求财。而现在却改成了找了两个小弟，这样他不受制约，又哪里是合作求财呢，最终难免不是一场雾水。“酒不醉人人自醉”，算了，谁会用这些无聊的事情，去阻止大家追求财富呢。让这些“封建迷信的残余”都见鬼去吧。毕竟世间的事情“在己不在人”、“我命由我不由天”。说不定他们真的能够精诚合作，创出美好明天呢。抱着这样的美梦，我竟沉沉睡去了。

6.2 日益进步的无间道

到12月9号的中午时分，抄了一个上午的我，真的有些累坏了。听着周经理给新学员讲课，我才发现，原来他每次讲的东西都是没有草稿的。靠！那他笔记记得这样详细是做什么呢，密密麻麻的累死人了。可是真的要我放弃，还有些舍不得，毕竟能这样清楚的看到一个人的交易心路历程的机会还是不多的。于是我只能继续着疲倦地慢慢抄写。现在我终于明白，为什么忍耐是众多修行中十分重要的一项了。因为没这一项，其他的全是扯淡。周经理的笔记便继续这样扯淡道：

4月16日

做了一个多单 0.1手 EUR/USD　开于1.5937　平于1.5954

买入时，十五分钟的K线图上，在20均线处得到支撑。之前三个k线均为中阴线，此时汇率经过15分钟。前面已经有6连阳拉动（升）了，正处于回调整理阶段。并于20均线处获得强力支撑。本着“买阴不买阳”的原则，在结束三连阳走势后，在5周期均线处开仓。

观察：在小时图、4小时图上，由于拉升过快，价格偏离5均线过大，技术上有向5周期均线靠拢的要求，所以决定，在15分钟线的前期高点处平仓。

结论：在开仓的时候，交易软件使用的不成熟，所以在开仓的时候本打算在1.5933附近，结果即时成交价为1.5937。平仓时同样即时成交结果比预期少卖了3个点。

4月29日

做了一张空单，GBD/USD　主要观察依据：日线方向向下，在下降趋势中。

入场理由：长期趋势向下，28日单日涨幅200点，波动过大，有回调要求。小时线前面出现了五连阳，走到上一根线后收阴。五分钟线出现了头部的标志，形态为“两只乌鸦”。15分钟线，30分钟线均走出了带上影线的阴线。所以决定入场，做空。此时KD指标在高位钝化。

入场点：小时线前期颈线位置，整数关口为1.9960，我决定颈线位下方入场，入场点选择在1.9952。止损点，设在颈线位上方，为1.9984。随获利的情况，随时调整。

平仓时选择在了5分钟线平台的支撑处，此时五分钟线，十五分钟线，三十分钟线都有支撑。

结果：半小时，42个点，收兵休息。

4月30日 0：00

品种：欧美EUR/USD多单，止损设于1.9875

入场理由：日线处于趋势线下轨，强力支撑，小时线连续收下影线，且处于支撑处，于是于1.9893入场，入场后就获利20点，但反弹失败，扫止损单出局。欧元后于1.9860附近横盘整理。

失败原因：反弹未明朗时过早入场，获利后，在应趋势未明朗前及时止盈。由于操作失误，所以损失18个点。

看着周经理的这几段文字，我慢慢理解，看来他在交易之初，还是养成了很好的习惯的。起码人家是真的做了笔记，是按照自己的分析交易的。不仅明白自己为什么下单。竟然连每次交易的心理和结果教训都总结的如此之好。看看，这才是真正交易人应该做的，这样的文字后面还有很多。只是慢慢的我发现，他的交易风格好像开始发生了变化……

5月21日

17：05

EUR/USD欧元/美元 0.2标 空单

入场1.5719 止损：1.5746

入场理由：4小时线处于突破上轨位置，突破后既回调拉出长影线，KD指标在90以上，K线形态处于右肩，并处于前期颈线。RSI指标为73.85.也要变盘调整的要求。

小时线开盘价后既下打收阴。目前，根据小时线在开盘后就用2分钟拉开了70点，拉升幅度过大过快。从乖离率上看，也存在回调要求。

综上：此时虽处于上升通道，但各项指标严重超买，所以用 0.2 标抄底，止损摆在前根 K 线高点处。

结果：扫止损平仓

18：15

EUR/USD 欧元 / 美元 0.3 标 做多

入场：1.5763 止损：1.5736

入场理由：日线图上欧元向上，四小时线 KD 指标在高位，有继续向上的动力，小时线连收 4 阴，另外美元指数 4 小时线头肩形态形成，继续看空。另外，上一笔单做的是空单，以失败告终，所以决定这笔单做多。

结果：入场点没有选择好，被扫单出局，

总结：由于下午 17 点左右拉出一根大阳，2 分钟拉出 70 多点，我没来得及跟进做单，内心有些浮躁，所以做了两笔错单。决定失掉机会就安心等待，冷静自己。

5 月 22 日

16：20

EUR/USD 欧元 / 美元 0.2 标 做空

入场：1.5748 止损：1.5778

入场理由:4 小时线突破颈线后连收两阴，KD 高位钝化，并开始向下形成死叉，小时线在 26 均线处上收出一阳，后紧跟着收一阴线，并与前根阳线最高点几乎相同，实体部分几乎一样，有阶段头部特征，所以在跌破 26 均线后做短线空单。

结果：获利 40 点

19：20

EUR/USD 欧元 / 美元 0.2 标 做多

入场：1.5759 止损 1.5736

入场理由：日线图上趋势向上，4 小时图，MACD 显示仍在多头，KD 在高位运行，小时线 KD 在盘整，

此时英镑对美元已经开始拉升突破，表面美元弱势不改，所以进场做多欧元。

结果：扫止损出局

21：00

EUR/USD 欧元 / 美元 0.2 标 做多

入场：1.5752 止损：1.5723

入场理由：20：00 网上公布消息，美联储停止降息周期，但经过一小时的市场反应来看，市场并不接受强势美元的态度，另外原油价格不断创出新高，所以在此背景下做多欧元。

……

6月19日

05：00　EUR/USD 欧元 / 美元 0.2 标 做多

入场：1.5562　止损：1.5540

入场理由：日线上上升趋势未破，4 小时 K 线多头排列良好。

11：30　EUR/USD 欧元 / 美元 0.2 标 做空

入场：1.5506　止损：1.5524

后又加 0.1 手做空，进场后发现方向错误，平仓离场，市场方向不明，关掉电脑。不看了。

看来对于市场的熟悉，使得人也变得自信了很多。但是更重要的是，人往往很难保持，每天真正只做一笔交易的习惯。如果能够做到，那就是能人了。周经理在交易了一段时间之后就开始频繁交易了，每日的交易也开始慢慢地多了起来。也许人在市场里，真的除了要面对自己每天的贪婪与恐惧，更要面对自己内心的寂寞……

这正如我现在在公司的位置，说实在的我现在在公司还是很尴尬的。夏总有意培养我去做讲师，虽然讲师和大师级别差了些，但是我也就接受了。可是至于什么时候上岗，现在还没人说什么。而另一方面，我同期的学员也都渐渐开始要开户了，那个湖北的“卡尺头”起到了很好的模范带头作用，现在他和王新一起，每天受到高经理的特别指导呢。看着高经理电脑上红红绿绿的指标，复杂的通道和阻力线，还真的让人肃然起敬。（当然，在网友给了我和她那套号称“15万售价”相似的指标之后，我才知道，这些东西的应用条件当真是有限的）

但现在公司里却没有人开口让我开什么户。显然，这应该是李总或是徐经理的工作。因此，只要他们不开口别人是不会管的。而显然现在他们不会开这个口，李总的新公司还等着我这第一个户呢。就这样，我现在就仿佛成了公司里的透明人，我做什么都不会有人阻止，自然大家也就不会在意。这自然也有一个好处，那就是我可以在我认为“适当的”时候早退了。

由于今天没有受到李总什么特别的指示，于是刚刚过了4点多一点儿，我就驾起了回家的祥云。可没想到，刚刚回到家不久，就接到李总的电话。对话很简单，就是叫我出去。又是一个著名的烧烤店，又是 30 分钟的车程。

当我进到店里才发现，今天除了李总、大头和大羊外，还有一个陌生的人在。观此人的相貌很是精瘦，一看就明白他是那种怎么吃也不会长胖的人。面目虽然有些浑浊，但还属正常。个头不是很高，估计年纪也应该不到30岁，但一定也不小了。

李总热情地介绍道："这是我的从小的朋友，鹏哥"。我心中叹道，要不人家能当"总"嘛。你看，一个简单的句子就介绍清楚了三个信息，1. 这是李总的"发小"，有感情的。2. 这个人比李总还要年长，要尊敬。3. 今天出现在这里一定是有他出现的目的，不是合作就是客源。

接着李总介绍我道："这是赵夕源，我们叫他大师，算命很是了不起的。"

对于李总这种无知弱童般的介绍，我是很不满意的。什么叫算命，现在都叫预测了。当然，我表面很自然的谦虚道："哪里哪里，这是李哥夸奖。"看来和他在一起，一辈子我就只能是免费算命的江湖骗子了。不行！这种身份一定改正。我暗下决心。

鹏哥显然对于预测很感兴趣："别说，这种东西不能不信，像我朋友家的洗浴就是找'师傅'看的。现在他们那儿的地价长老了。"他羡慕了一会儿，接着刚才和李总的话题说道，"你们今天和我说的事情，我回头再考虑考虑，只是今年……你也知道，和老婆做买卖效益一般，所以还没有闲钱做投资什么的。"

李总继续说道："我就是想公司做起来了，哥帮忙联系些客户什么的，哥，你放心，提成什么的有弟儿呢。"

看来今天这个酒局，是用来款待未来的客户资源的，那我今天和大头就是作陪，主要还是看李总的手段了。只听李总开始和鹏哥聊上了过去的故事，内容不外乎过去的女人，最近的朋友什么的。鹏哥自然表示，结婚后这些也就看得淡了。但李总则还是兴趣盎然。一桌儿的男人谈到女人，自然不会少什么话题。大头就是很好的谈资。我则继续扮演大师的角色，只有适当地插几句无关痛痒的话，就算和谐的完成任务了。

忙完鹏哥的事情，已经接近10点了。李总和他的故事还真是不少，不过怎么听起来也就两件事：一件，是过去一起处女友的事，另一件，就是过去甩女友的事。这两件事聊了几个小时，终于散席了。鹏哥自己走了，李总则把大头、我和大羊叫上，说想找个地方继续谈谈。于是我们就决定坐车到大头家继续会议。

自从毕业后，大头就和大羊在一起合租了个房子。六十平米的房子，每月竟然不到700块钱。直到今天我都觉得这是一个了不起的价钱，只是我心中不禁有些发堵，为什么我的那个房子就要翻个倍呢。只是看着他们的房间布置，我也就释怀了。他们那里真的像逃难的一般。不知小白和小黑在没有我的日子里，是不也会如此。大头他们这里，相对于我平时设计的一些家居风水来说，实在不是"一般"的简陋。

今天的酒我虽喝的不多，但还是问大头要了些茶叶提提神。大家各自找了个起来相对不是太难受的地方落了座之后。（相信我，这个真有点儿难，不信的话，冲进大学的8人寝宿舍就会有直观的感受了）夜谈便开始了。

李总首先开始道："我已经和徐皋说不做了，理由就是凑不上钱。估计他也不会说什么。你们也别去公司了。从现在开始咱们就运作起来吧。你们准备的如何了。"

大头简单地说现在手头已经有近两万了，问题不大，最近在找一些同学帮帮忙，很快就可以差不多了。李总则将目光投向了我："大师，公司的名字起完了吗？"

"起好了，有几个方案不错的。回头你看看。"我据实答道。

接下来他们就开始说股份分割的问题了，只听李总说道："这样，虽然公司是我拿大头，但是我觉得哥们就应该有福同享。所以咱们的股份就定为我百分之六十你们两百分之四十吧。"

对于这个提议，相信大头和大羊是不会提任何异议的。十万对三万，这样的分法，就是小学数学水平也够了，更何况大头和大羊都是号称"财会专业"的本科毕业生！我心里倒是明白这个提议真正的意义在于，李总有了绝对的控制权。就这样，我和他说的"合作之事"真的就如同梦话一般，不复存在了。看来他真是要一意孤行了。当然，现在我也没法劝他了。

于是听李总又开始讲道："股份公司的成立条件是什么来着？"

看着大头和大羊面面相觑的样子，我主动说道："有限责任公司的发起人两人以上就可以了，注册资本3万，很简单的，直接上工商注册就好了。"我搜索着自己大学里学过的东西。我接着说道："而股份有限公司注册资本就要500万了，这个估计是不用考虑的。当然你可以考虑垫资注册，但估计咱们不至于。"

"那咱们就成立一个有限责任公司，执照的事情我找人办。"李总很是大气的说道，"明天，咱们就先把公司的地址选定了，这还要麻烦大师。"说着，李总把脸转向我微笑道。

我立刻故作谦虚的说："好的，明天你找到合适的地方，我去看就好了。再简单布置一下。只是，这两天我还要去公司抄写些笔记什么的，只怕还有些忙。"无偿劳动既然是做定了，那就要保证不能进一步丧失体力。对于他们上次满大街遛我的经历，我至今都难以释怀。

"没关系，你忙你的，到时去就好。这样，咱们公司成立了，大师还要做讲师的，好好学习些东西也好。"李总安慰道。我心中一惊，好了，怪不得人家找到我。原来我真的是"上得厅堂，下得厨房"，使用潜力无限啊。

在聊完了最后的大体设想之后。我到家的时候已是凌晨了。看到窗明几净的房间，心情也愉快了不少。说实在的，就在他们聊了一晚上之后，他们也没谈我的"定位"。当然我的工资、奖金就更没边儿了。而我自己也没主动提什么。废话，有个位置看"风景"就不错了，再说，还有一个月就考研了，难道我还在这个时候，真的入职不成。所以，既然大家都没提什么，我也就当无偿"看戏"好了。

当然，明天我还是要去公司的，这样一方面可以避免和他们东奔西走，另一方面也可以帮助李总稳住迪顺公司里的徐经理，起码只要"大师"还在，他们就不会想到李总做什么别的了。趁着现在还精神，我就根据李总的八字，选了几个他想要的公司名字，然后配上了喜庆的说明。做完这些，我也就再没有别的力气了，夜很舒服……

第七章　自立门户

7.1 硬　件

12月10号的早上，经历了几个晚上的磨练，小黑叫我起来的时候，我已经快连小黑都免疫了。现在我已经将小白和小黑的早饭早托管给学校了，但是小黑还是很坚定地每天坚持叫我起床。就在我用谎话把他骗走之后，我倒头就睡。如果有人这个时候问我，到底要睡到多久，迷茫的目光中，我只想说：地老，天荒。

结果把我弄起来的，竟然是李总的电话，要我现在就把公司的名字给他。我愤恨到连骂他的力气都没了，乖乖地开始转发。真感谢有 Windows 操作系统的手机，就是功能强大。伟人说科技是第一生产力，这句话太对了。word 都能直接粘贴。这样就算发几篇文章都不在话下了。结果，就在我发完了短信之后，竟然就清醒了。刚才还想相伴永远的梦境，现在却认为可有可无了。

最令我吃惊的是，当我到了公司的时候，竟然没有迟到。而果然不出所料的是，李总没来上班，我知道他今天要和大头他们看房。于是我简单收拾了一下，继续坐在平时的工作台上，安心地抄写周经理的交易日志：

6月23日

05：00 EUR/USD 欧元 / 美元 0.2 标 做空

入场：1.5617 止损：1.5591

入场理由：日线上升趋势未破，但4小时急速拉升过快，相对高点出现连续星线，于短线放空，后设止盈于1.5564

结果：完胜

6月24日

11：30 EUR/USD 欧元 / 美元 0.2 标 做多

入场：1.5519 止损：1.5494

入场理由：4小时线经过前翻下跌，而日线仍处于上升趋势中，决定入场抄底

总结：失败

6月25日

10：00　EUR/USD 欧元对美元 0.2标 做空

入场：1.5541 止损：1.5560

入场理由：4小时线经过长期上涨后急速下探，显示出探底回调走势

11：00　EUR/USD 欧元对美元 0.2标 做空

理由同上

结论：永远不要盲目猜测市场的顶和底！

7月1日

4：30 EUR/USD 欧元对美元 0.3标 做多

入场：1.5734 止损：1.5713

入场理由：周线处于上升趋势之中，日线呈三角形整理，并有突破迹象，4小时线多次试探1.5730后回升

结论：假突破要看时间周期。

看了这些笔记，我不禁鄙视起来。笔记的前面就清楚写着，致富秘诀就是：简单的事重复做。可是看看，不到半年的时间里，周经理的交易计划就开始只剩下几个字了。不过转念又一想，人家都记了几个月了，那些规则分析什么的，自然早就烂熟于胸了，还用得着写很复杂的交易笔记吗。难道真的详细记录每次心路历程，以留后人分析比对啊。可见很多的事情不在于说，而在于真正的去做。交易日志是写给自己的，自己能从中得到启迪，还求什么别的。看来周经理当时的交易已经到了一定程度，正是所谓的"高手"到了化繁为简，大巧若拙的阶段了。人家已经完全是大写意手法了。

就在我赞叹大师的领悟力如此之强的时候，忽然接到了李总的电话。要我下午去陪他们看房子。既然已经选好了，那就陪着看看吧。于是，我给自己放了个假，直奔约会地点而去。

新公司他们选择在道里附近，那里是哈尔滨的经济中心，高层也比较集中，靠近中央大街，繁华便利，是个不错的开公司的地方。当然好地方就对应着好价位。见到李总和大头的时候已经是半个小时之后的事情了。一起受过伤的男人就是不一样，经过几天的接触，我们的感情就迅速升温，现在已经熟悉到连寒暄都免了的程度。李总找的也是房屋中介，但由于是朋友的父母，所以要价都好商量了。

老夫妻看起来人很和善，但是这把年纪还做中介，不免有些吃力了。

"你们放心，我们家的房源是最多的了。"老阿姨边安慰我们，边在一个污浊的本子上找寻要找的信息。没想到已经是信息化时代的现在，这种作坊式的工作方式还是他们的主要做法。

李总看中了一个 200 平左右的房源，但老俩口没有钥匙。所以我们和房主约好下午看房。谈好这些，我们便去一起用了午膳。用午膳的时候，李总给我们讲了这对老俩口的故事。

由于李总从小就在道里这一片混，所以有很多的朋友。这对老俩口的儿子就是其中之一，当时他家开了很大的一个水果批发站，也就是个日进斗金吧。但家里的男孩，从小就喜欢表达个性，如果别人不认同，那就体力解决。等大了些之后，他用老俩口所有的积蓄，开了一个网吧，当时那可是“大馆子”，什么人都有。可有了产业的男人，每天只想开车到处找寻爱情。最终，网吧因为经营不善，倒闭了，连带着把水果批发的摊位也赔里面了。没办法，最后老两口开了这个中介。

我不禁想到人世间的财富就是这样，三十年河东三十年河西。又有什么可以说得上是永恒的呢。最大的投资，就是能给自己带来最大回报的方式，而子女的教育就是最大的投资，只要有稍许的不慎，最后就会成为整个家族的灾难。但这种东西又有谁能真正避免呢? 人都说“福地福人居”，可如果没有这样的福气，得到天下，却又如何呢。那不过是“天大的负担”罢了。身边这样的例子也是很多，有个朋友的父母是经营洗浴的，说白了就是“多方面服务的场所”。看着最近这些会所此起彼伏，很多还不如他们的大气上档次呢。这个家庭可以说提前进入“大康生活”了。但最后那个朋友，还是因为吸毒，死在家里的沙发上了。也许这正应了中国的老话，“积善之家必有余庆，积不善之家必有余殃”吧。只是何为善，何为不善，又哪是那样可以简单界定的呢。

还好水果摊夫妇的孩子还活着，现在有些收敛了，只是上天不会再给我朋友第二次机会了。他长得真的可以用“玉树临风”来形容，每次看到他，我都能不吃饭，真正的是“秀色可餐”偶像型的。只是他选择了自己的道路。也许永恒的平静对于他来说并不是一种诅咒，而是一种解脱。他的容颜永远地保持着青春。

撇开这些无聊的思绪，我随着李总回到了中介。看着这个半地下室一般的中介，看着这对夫妇破旧的穿着，谁还会知道这个家族曾经的辉煌呢。下午，房主准时到了。于是我们一起去看了这个相中已久的房子。

中祥大厦就坐落于中央大街旁边，下楼就是中央大街。地理位置极为便利。整个大楼半工半住。据说是哈尔滨最早的一批“高层”之一。看着这个房子我心中不禁想起，为什么上回我们跑遍附近的高层，就是找不到这样简单标准的房子呢。但李总说要找第二天就有这样合适的出现了。当真是“人比人得死，货比货得扔”啊! 站在 200 平的房间中心我简单地进行了堪测。除去屋外的景色，房间中并没有什么明显的型煞。房子才空出来半个月，以前是作为中国网通的一个办公点。所以作为公司布置的还算合适。我又看看外面也没有什么不好的地方。于是出具了肯定的意见。房主也很是热心，年纪也不大，看起来就是三十上下，双方交流极无障碍。这处房产，无论怎么看还算是不错的。就这样，不到半个小时，就签订了三个月的租借协议。当天下午就拿到了钥匙。

我的业务则要相对麻烦些，需要对房屋进行细致切分，定出主辅的位置。房屋使用面积近200平方米，共分三室一厅。大厅宽阔，可以作为主要交易培训的地方。三个房间中的一间作为总经理室，一间作为独立交易室，用于特殊交易，或是在大厅培训时，作为交易的地方。最后的一间则作为运营部。整个房子还有独立的更衣室和卫生间。厨房的大小正好为休息区，阳台则可以吸烟。

总的来说这个户型的挑战不是很大，反正他们又不会装修，只是找出每个区域最合适的功能区就好。总经理室比较复杂，由于东北的冬季，窗户附近多会有暗流，这种气流吹多了，就会慢慢地在身体留下病根，于是我将总经理室的办公台，置于一侧，这样就能保证窗台在一手边。顺手简单地安排了沙发和茶几的摆放。在保证他们明白之后，我就基本上完成了自己的工作。

12月11号一大早，李总就带着大头和大羊，一行三人浩浩荡荡地涌向建材商城买家具去了。我则按计划继续去公司抄笔记。老夫这样做当然是有自己的考虑的。这样做，一方面可以免去和他们去搬写字台这样的重物，另一方面，我也想看看侯老师。无形中我真的把侯老师作为我的老师，虽然从上周五之后，我们并没有多说什么，但我的直觉仍然认为侯老师是个不常见的人。可真的要说想交流什么，却又似乎没有什么话题。毕竟我想问的，我早就知道了答案，而他想跟我说的，我却还没有疑问。他所知道世界，还不是我所熟悉的。抱着患得患失的心态，我开始继续抄袭周经理的笔记：

8月1日

昨天，受美国第二季度GDP的影响，美指开始出现调整，测试72.80的支撑后反弹。如果今天的非农数据与市场预期波动不大，则会平静的出现震荡走势。此刻美指周k线图成双底。

欧元昨日，日线收出长上影。今日有可能还要测试下档支撑。目前支撑位：1.5330 1.5500 压力位：1.5640 1.5690

8月4日

从日线图上看，美指正处于一个颈线位置的盘整，但从两根长上影线的K线看出，目前美指上涨压力较大。

支撑位：73.10 72.80

压力位：75.60 73.80

周K线图在底部走出了红三兵形态，本周预计会先向下，测试支撑后上扬。

欧元在上周围绕在1.5760——1.5510箱体震荡，但总的看来是一种下降趋势，周线图也处于上升通道的下轨处。

支撑位：1.5530 1.5500

压力位：1.5600 1.5630

日线上看，在 1.5510 处获得一定力度的支撑，但不排除继续下探 1.5440 的可能。上午的远东盘走势看，美指在向下测试支撑，以 73.20 和上方的跳空缺口到 73.35 为箱体的窄幅震荡，欧元以 1.5600 和 1.5500 的箱体做震荡，

日线美指看跌，在 73.20 处站稳后，上行至 75.40。

8 月 5 日

昨天美指收出一根下影线较长的阳线，实体部分吃掉上周五留下的上影线，周线已突破了 30 均线。

压力位：73.8 74.0

支撑位：73.2 73.4

欧元昨天日线收出长上影的阴线，未来几天仍有下探动能。

阻力位：1.5630 1.5610

支撑位：1.5510 1.5530

如果破掉 1.5460，则会下探 1.5290 的支撑。周三美联储公布 8 月利率决议。今日在 1.5610 附近空欧元。

……

8 月 9 日

美指再续强势，突破颈线压制，目前：

压力位：75.1 75.7

支撑位：74.3 74.0

欧元已跌破 1.5390 的支撑，极有可能出现单边下跌行情，支撑位：1.5150 1.4940

交易到了化境的周经理，笔记就是不一样。现在他的眼中，每天就只剩下这些波动的价格了，而其他都是附属。只标注了每天的交易范围，就剩直接上手了。这和我最近的交易也是一样，出奇得顺手。我 200 多美金的考核账户，现在已经做到了 1000 美金了。因为我做了一张多单之后，小欧元的行情就一路高歌。这个过程之中，我又开始不断加仓。最终就到了 1000 美金多的样子。这无疑重新燃起了我走国际化路线远大志向。因此我也就更加急不可耐地希望公司快点儿成立，这样我才能早日跟索罗斯、罗杰斯等同行一起大战汇海。

好不容易等到晚上，刚回到新公司，就看见李总他们。公司建设进步极快，现在大厅中的会议桌已经像模像样的安装好了。而根据他们的资金实力预算，经理室的布置更是堪称豪华。当然，这可不是为了享受，如果经理室都十分寒酸，那还忽悠谁啊！实木的书架，仿皮的沙发，精致的茶几。唯一的问题就是办公桌买的实在太大了。李总的理由是，自己的桌子一定要比运营室的写字台大，可就是这一“大”，显然不能靠边放了，于

是就把办公桌移到了窗户前。就这样,我精心的布局也就算是破了。老夫也懒得和他废话,反正该说的早就说了，还是自己的身体，自己关心吧。只是从那以后，李总就经常会说自己双肩疼痛。只是这种事情知道的时候,永远是最晚的时候了。房间的主要东西已经确定了,于是我就可以进一步布局了。

晚上我们坐在新的总经理办公室里,虽然屋子里还什么都没有,但还是些许有些感动。现在是该给这个新公司起名的时候了。李总详细地看了看我的备选答案。我比较中意的荣博投资。因为每当看到这个名字我都会想到“博时基金”这个伟大的名字。

李总看着我说道 :“大师，哪个名字比较好呢？”

我故作深沉的答道 :“这里每个名字都暗含五行，顺应运数。所以从吉祥的角度，是没什么可挑剔的。就看大家喜欢哪个了。”

李总道 :“我看‘诚海’这个的分析写的很好，‘名显四方’。很不错啊！”

我不禁笑道 :“算了，再给你们透露个行内秘密吧，这些吉祥话什么的，都是虚言，就是方便收费用的。重要的就是名字的数字，这些数字只要是吉数就好了，其他的都不要注意。到是“荣博投资”听起来很是大气。很有故事可讲。重点推荐。”

当然最后我们通过友好协商的讨论，和第一次股东大会表决,“荣博投资”顺利通过。于是公司的名字就定为 : 哈尔滨荣博投资咨询有限公司。

经过一天的劳累大家都很疲倦了，下楼喝了顿酒，便就散了。

12 月 12 号，我依然准时来到迪顺。新学员的培训已经接近尾声了，看来他们开户的日子应该不会太远了。我不禁想想自己的初衷,本来是想通过公司培训学习经验,为人操盘。现在竟成了自己操作自己的账户，给交易代理赚取佣金。看来我倒是真的站立起来，自己运作自己的人生了。两个星期以来，周老师的真实账户真的没有动很多，一直是平稳的小幅上升。而他身边两个貌似做单的人，每天要花 8 个小时坐在电脑旁，仔细地盯着外汇的波动。只是现在我知道，使用模拟账户的他们，更多的是用来做公司装饰的。只是不知道这样的工作，夏总到底能给出怎样的待遇呢。他们应该不会也像侯老师那样耐不住家里的寂寞才出来的吧。

而侯老师还是那样的悠闲。没事看看股票,然后喝喝小茶。看起来他真的在等待时机,没有机会真的就不会下手。每当做实盘的需要用电脑，他就把电脑让出，很自然地说“不要耽误你们赚钱”。然后自己坐在茶几旁，继续喝喝小茶，看看公司的风景。别说，这两天公司竟然越来越热闹了，毕竟这是新人辈出的时代。

晚上，回到荣博投资的时候，大羊刚刚把电脑搬回来。大厅装扮了七台电脑，算上李总的一共八台，这样总体设备算是样子上完全了。这可是十足的表面功夫，因为每台电脑都是二手加二手的，连网吧报废都算不上了。当然，那只是 300 块下面的主机，表面的显示器可是 500 块左右的纯平。看着大厅七台纯平显示器，怎么看怎么像正规机构。

这可是显示器比“电脑”都贵的设备。机箱的震颤声，在寂静的夜晚显得格外刺耳。

当然，这样的电脑运作起来后果，也是可想而知的。整个系统根本支持不了，同时运行两个以上的程序，就要放慢速度。而这种缺陷在电脑连上宽带之后尤其明显。由于这个楼建的比较早，根本就不能连光纤。于是整个公司的电脑网络就完全是家庭用的水准了。针对这这个问题，我们进行过具体实验，结果显示，如果有一台电脑使用迅雷下载资料，立刻整个公司的网络也就瘫痪了。

于是我们拜托装机调试的人，将电脑设定成全面封杀迅雷。最后，要不是大家一直要求，李总想连 QQ 也封上的。由于资金有限，在买完了这些电脑之后，我们发现根本就舍不得再给每个屋都准备一台电脑了。就连在靠近门口给文秘准备的桌子上面，也没有电脑。里屋的交易室就更不用说。于是，李总就动员大家把笔记本捐出来。他率先将自己的神州奉献了。我是不跟庄的，一台神州就想套我的 ThinkPad，简直开玩笑一般。在大头、大羊分别拿出了自己的本本之后，整个公司算是能暂时应付一阵了。同时，复合式扫描打印机也到了。令人振奋的是，他们的机器由于是托熟人买的。所以，总共才 200 块钱左右。这是我以后都没有见到的价位了。而更让人舒心的是，在以后的实践中，这台机器良好的完成了各项工作。

就这样这家公司的硬件就基本齐全了。

7.2 软　件

什么是公司。这个问题说真的，不是很好讲。因为光是写这个专题的东西，就可以搭起个“公司”了。对于老板们，公司是用来赚钱的东西，对于上市公司的老板们，公司是用来圈钱的东西，而对于领导来说，公司是用来“带领”的东西。只有对于我们这些找工作的，公司才是一个依靠的东西。当然，打工皇帝的那些哥们儿咱们就不说了。

有的时候，我真的感觉其实一个公司说白了，真的和一台电脑一样。公司要钱，电脑要电，公司要人，电脑要软件，公司要墙，电脑要机箱。但最大的分别往往是公司也许会越来越好，但是电脑一定是会越用越旧。

望着满大厅“装模作样”的电脑，“荣博投资”算是有了硬件了。而作为投资公司最重要的平台也已经联系完了。只不过，原来我们预期，李总要南下代理，而现在则成了他打了几个电话而已。所实话，大家很担心李总代理平台的十万块是否能够。当然，最好的情况是还能有所富余，这样在将来的运作中也会方便很多。但李总只是说没有问题叫我们不用当心。余额自然也是见所未见的。

果然，不用我们担心。星期五，平台就基本下来了，但只有平台还没有后台。其实所谓后台，就是监控其名下客户交易情况的系统。真正的后台下来，需要先有客户才可以将后台软件和登入账号发下来。于是就要先熟悉整个交易平台和开始开立交易账户。

这一次使用的平台是 GTS 平台。他的最大特色就是显得比较专业，十分适合专业人士的使用。正是因为平台太专业了，以至于连整个说明文件全部是英文的。而它的下单和分析图表，使用的又是完全分离的两个程序。这就大大加深了操作的难度。因此，就需要有人带领大家熟悉公司代理的这个平台软件。自然，这种费脑子的事情就只能是大师来做的了。原因很简单，第一，大师懂电脑。第二，大师懂英文。对于他们的这个解释我彻底无语了。于是我就开始将 GTS 和他们熟悉的 MT4 平台相互比对着进行应用研究。

而开户更是我要亲力亲为的，这不仅是因为我是为自己开户，更重要的原因在于，整个开户的文件全部是英文的。于是我又跟上级的公司联系。使我奇怪的是总公司虽说在美国，但我们联系的却是上海的一个公司。我们是代理他们的平台。只是这个平台的安全问题，显然也成了我关心的问题。有了迪顺的经验之后，现在这个平台的真假问题，已经几乎是不言而喻的了。但是就和中国的黑彩一样，不论再怎么不安全的平台，小资金还是不会放到眼里的。再说，万一我们的平台是真的呢。我给自己打气道。就这样，开户、熟悉软件、比对研究、这些事情，我忙完了整个周五。

在接下来的星期六，我们组织了一次碰头会议。既然该具备的都差不多了，就应该来讨论公司的整体战略定位、人员构成、市场开发等等相关问题了。会议在友好、和谐、亲切、平和的氛围中展开了。

李总道："这两天我已经托公司去做注册什么的了。估计再过两天，公司的执照也就下来了。这样，注册资本我注册的是十万。虽然前两天咱们说三万也行，但是后来我和人家联系后，发现差不了多少钱。再说这样做账也比较方便。"听到这句话，我忽然想到，他做事情应该不会这样画蛇添足的。垫资注册三万和十万的成本是不同的，为什么他要多花钱呢？然后再细细想想才明白，看来他是想将大头和大羊彻底踢出局了。因为一人有限责任公司的注册资本最低是十万。而一人以上的才可以注册三万这样的便宜货。只是我心里还是希望他不是真的像我想的一般。

只听李总继续说道："剩下的是，咱们人员的安排了。咱们公司股东就是我，大头和大羊。"说着，他看向大头和大羊的方向，接着说道，"大头就作为咱们的副总经理，大羊主管财务吧。"这个安排说实在的并没有超出我的预期。由于我本身没有参加他的融资计划，所以领导核心没有我，就很正常了。而大头和大羊看起来，大羊更喜欢处于被领导地位。

看到大头和大羊都点了点头，李总接着转向我问道："大师，你备课如何了。还等你将来给客户讲课呢。"其实对于我做讲师，这是一开始大家的一致意见。由于我声音气质都属最佳，自然大家认为非这个位置莫属。一想到原来老夫二十年的精英化教育、能说三门语言、了解计算机、国贸等基本业务，在大学的办公室里混了一年，就是为了帮他们忽悠人，一种无力感便油然而生。

"这个……讲这些东西不难，但是就我这个年纪来说，实在很难忽悠那些同龄的哥们儿。没有办法，毕竟看起来不是很老。"我简单答道。通过这两天跟他们的接触，我

已经基本看出来他们的套路了，这哪里是做什么投资理财，不过是先要广泛的开发各类客户罢了。一分钱不给老夫，还要老夫东奔西走。这笔买卖不用想也知道该怎么办了。

“那大师就主管人员招聘这一块吧。”李总说道，“大羊，这样这两天你就去做名牌吧，大师就是人力资源经理。但咱们公司现在这个人员安排还有待完善的地方。”没有办法，就大头和大羊两个来看，不论从谈吐上还是从气质上，都很难说是什么成功人士。所以这种抛头露面的事情就只能要我来着手了。

李总接着道，“咱们公司……我的设想是应该有个主管交易的人，就是白金战法的发明人，我认为大头合适。”

大头很高兴李总这个说法，毕竟这就是一个很重要的位置，但估计他还看不透他这个角色的价值和重要性。于是我点明道：“这样，大头以后就可以在运营室里操盘，同时还能给别人一种信任的感觉，相信咱们公司的实力。”看着大头我笑笑道，“再说，就看大头看起来这气势、这感觉绝对震人。如果在人前表现得太多，这种神秘感反而会少了很多，那可就不利于以后的发展了。”虽然嘴上我是在给大头打气，但是心里我还是很佩服李总的计划的。李总深知就大头这样的，别说忽悠人了，如果跟人家接触多了，马上就露出马脚了。毕竟这行的水还是深一些的好，人对于神秘的东西往往很有兴趣，而一下就看透的，就不可能有什么前途了。同时李总把大头作为一个高手给“供”起来，本身也可以减少他跟未来公司人员的接触机会，从而减低他这个“股东”的影响力。在公司开始之初，他就能率先想到这些，当真是考虑细腻了。

大头说：“李哥，高姐不是要过来吗？”高姐想跳槽的想法，是爆仓那天晚上吃饭时，李总就跟大家说过的。

但李总此时却说：“我现在迪顺出来儿，那里还不知道。再说高姐这个人也就那点儿水平。她干这一行也不行，而且她要的太高了。”

我也笑道：“如果高姐来的话这个公司谁能管得了她呢。就咱们几个的平均水准，你在看她现在在迪顺的样子，来咱们公司还不得直接把公司给接管了啊。”大家听完都哈哈大笑了起来。

大羊说道：“大头倒是有个朋友就要来了。”

李总一听忙问道：“这个人如何？”显然，他要问的比这个“如何”要复杂的多。说白了就是要明确这个人来公司的目的、对于这一行的了解、他的野心、和能否帮助公司等等。

大头说道：“就是我上回和你说过的那个人。于志超，这个人是我大学同寝室的哥们。人没什么说的。很听我的。我联系联系他,让他过来帮帮忙。开个户什么的估计问题不大。他大约明天就能到。”

大头的这个回答打消了李总心中的疑问。而看起来，李总对于他出资人的提议还是很尊重的。公司还没开张就有了两个客户（另一个是老夫），想来也是不错的。

就这样，我们简单的完成了公司的人员定位。李总作为总经理，大头作为副总，同时也是资深交易员，大羊主管财务，我则作为人力资源经理，开始公司的对外招聘活动。当然现在我已经清楚地知道李总的战术玩法了，所谓招聘就是找到新的客户源，诱使其开户罢了。

对于李总的智力水平我现在是彻底佩服了。人家可是公开的叫嚣，招收大学生，然后将员工转客户，就是他在哈尔滨率先实践出来的。对于这个我十分佩服的思路，可以简单讲讲。当今天下，哪个不想一夜成名，可就是没有机会。而通过公司的实习，让一些没有实践经验的梦想家，自然的靠近市场，感受资本的脉搏，用不了多久，每个人心中的贪念、财富的梦想就可以被激发出来。再想到什么创业的热情，祖国的未来…… 这也就是为什么传销机构往往能激发年轻人梦想的原因。当然和资本市场的“以小搏大”相比，传销的水平不过是比较低级。

完成了角色们的定位，下面李总便开始带领我们编织公司的背景了。每个公司都有自己的故事。李总给自己编的故事是自己是一个白手起家的年轻人。通过自己的不断努力，最后成为了今天公司的老总。他这个想法看似不错，但显然没有看到问题的核心。

可是他虽然很聪明，但他短时间思考的结果，哪能超过中国古代先贤们几千年的博大智慧。既然，招聘的事情与事实不符，而他还是有意为之，那说白了就是“骗”。谈起骗术，中国早在明朝就有了伟大的骗术指南汇总资料了，只不过当时的名字是叫《防骗术》。其中可以看到，骗是一种十分精巧的技术活。而随着后来时代变迁，骗术大师们越来越使用集团化运作手法，组织内部分工明确。自古就有“风、火、除、谣、正、提、反、托”这“千门八将”的各种分工。绝对可以最大化的保住集体利益。

就李总现在的公司行业和具体情况，最好的方式是首先知道人家为啥来。既然是为了找工作，那就要让人家相信，你的公司需要员工。而这样的投资公司显然也不能是一个什么白手起家的年轻人做的。最好是富二代，而且是有钱有权的那种。再来些隐隐秘密、不可道明的和大机构的千丝万缕的联系。这样整个公司就好像建立在磐石之上了。只有这样让人信任的公司，员工也才想托付终身事业。最不济也想在“大机构”里学习经验。而这样也可以减轻李总身上的“压力”，毕竟大家都认为，这种有钱人是不需要读书的。这样他的“没文化”也就可以成为一种身份象征了。这和李总身上，与生俱来的那种痞子气质太相称了。再来说，这样的机构也可以对员工构成压力。大公司就一个态度：爱来不来，老子不缺你一个。人都有“贱”的本能，越是拒绝，人家就越是积极。这样将来以考核为名，要求他们开立交易账户就不难实施了。

当然，对于我的战术构思，李总并没有什么兴趣。他还是更加喜欢那个年轻人，白手起家的奋斗传说。而我现在对于李总的个性也有些了解了，早就已经放弃了那些规劝李总的幻想了。李总就是那种绝对不会轻易放弃自己的想法的人。

进行完了公司畅想，我便开始指导他们熟悉这个交易平台软件。经过老夫一夜的研究，对于这个东西的基本使用，总算是已经很熟悉了。因为平台的开户资料和文件什么的，

就连总公司和李总沟通的邮箱信件都是英文的。而我是全公司唯一能熟练使用英文的人。于是，这些东西也一股脑地推给了我。所以在平台的使用和与总公司沟通上，我一直是走在了所有人的前面的。给他们简单的上了一课，大家也就对整个软件操作基本熟悉了。但李总显然连这种东西的学习兴趣都没有。这也就造成了，以后他每次的指标调试都要老夫“亲自动手”。只是现在是周末，外汇停盘，所以还不能看到行情波动。大家都憧憬着新的一周快点儿到来。

行情虽然是一动不动，但大家看着自己公司的平台还是有些心潮澎湃。只是激动归激动，看得久了也难免再找找其他的话题聊聊，于是李总又开始关心起了公司的账目。大羊和大头可都是财务专业出身，自然对于这个问题有着本质的关注。再说这几天公司所有的开销，都是大头和大羊拿的钱。

“咱们公司还剩多少钱了，”李总问大羊道。大羊虽然心里有数，但还是掏出收据简单的算了算，还剩 6000 左右。大家一听都不禁有些黯然。虽然他们只用了 6 天不到就将整个公司弄得有模有样，但是如果在这样下去，公司还没等开立，资金链就要断了。而李总由于注册平台，所以他的钱也是很难拿出来的。

“这样咱们以后每天算一遍，千万要控制。”李总语重心长地说道。

7.3 大傻来了

人的缘分是最难捉摸的东西，有时来的让人莫名其妙，而有时却散的让人无可奈何。

金融这一行，虽然我到现在为止还不能说是真正的入门了。但绝对可以说我是在逐步的成熟。这是毋庸质疑的，毕竟老夫入行到今天已经 14 天了。当然我也真的希望，他们真的能提供给人好的平台，也希望他们能做到在既帮助客户盈利的同时，也赚取自己的财富。所以我总是在我力所能及的范围了给予他们更多的帮助。

通过观察李总，我发现，他有些太弱了，不仅身体上有一些，人事关系上可能也会如此，所以在布局的饰品选择上。我首先重视两点，第一、要对李总气势上的提升，其次才是希望公司能更加利财。李总的问题是自身太弱，于是在房间的选择上我给他选的就是公司里最具权威的方位作为他的总经理室。同时我也担心自己算的那一卦。按卦来讲，公司分离的可能很大，而那时如果李总不能处理好和大头他们的关系，麻烦自然也少不了。这对他们都不好。于是我又在他写字台上，布了一些摆件。希望可以帮他提升权威。

当然这些都是内风水局势的布局。不是专业人士，一般人是不懂的。例如有些人看人家在桌子上摆个龙很是气派，于是就照着学。结果弄得自己心绪不宁。须知能摆什么，不能摆什么都是根据人的情况而定的，又要综合考虑形象。例如龙和猪的形象都是有不同说法的。而这两年流行的金钱豹也大致相似。再来就是材质，金属的和玉石的其本身所产生的气场，就有很大的差异。只有明白这些，才能知道自己应该在桌子上玩什么了。

于是我给李总选了一只铜质卧虎。之所以选择它，是因为这样一方面可以提升李总的权威，同时可以帮助他的财运。当我把铜虎放在李总的桌上的时候，校对了下方位，以和整个屋子相协调。老虎卧于铜币之上，神态安详自然，眼神不怒自威，冲向门口，尾巴慵懒的护在身边，一双铜目虽不大开，可就是从中透着一股不可侵犯的权威。李总看到这个铜像也很是喜欢。于是我告诉他，如果想铜虎能发挥全力来帮助他。他首先就要真的把铜虎当成真的。而只有真正的亲切，才能使铜虎的功能发挥出来。

至于公司的装饰就简单了很多，本身没有什么要处理的。简单的装饰了一下，看时间也差不多到了晚上。看看时间，也到了给大傻接风的时间了。

大傻不傻，也不叫“大傻”。当然这全是我对他的称呼，大家都喜欢叫他“大超”。之所以称他为“大”，是因为大傻真的很大。我第一次见到他的时候，他就是一米八几的个头，体型肥大，膀大腰圆，很是壮硕。从这点上看来他和大头、大羊在一起，他们三个倒是分别明显。一个肥大、一个矮壮、一个瘦削。大傻可是大头够意思的朋友，他从沈阳赶过来，就是因为大头给他一个电话，说希望他来帮助大头。

晚上6点，大傻刚刚到哈尔滨，连行李还没来得及规整，就来到酒局。幸好他带的行李也不是很多，一个皮箱带着倒也方便。给大傻安排接风的地点，他们定在一家狗肉馆里。东北的冬天没有比喝上一碗狗肉汤更能驱寒的了。

作为开局，李总首先表示了对于我们的新同事的欢迎。关切地问了些车上人多不多啊，几点到的站啊，这样的问题来缓和气氛。最后故作生气的埋怨大头，说他也不提前告诉一下，要不就去接站了。

大傻也很是开心，说李总这样真的是太客气了。就这样接风宴就开始了。只是大傻一开口我才注意到，大傻不仅有口音，而且不是一般的重。现如今只要一说东北话，大家立刻脑子里就想起了“辽吉黑”这三个地儿。而且以为是东北人就一定有东北方言。没办法，这都怪本山大叔太出名了。其实东北除了辽宁的口音最重之外，像哈尔滨这样的地方口音早就消失殆尽了。而更别说像我们这些从小就在“新闻联播”的熏陶下，整体口语都向中国语委看齐了。所以今天再听到大傻的口音不免格外的有些刺耳。

只听大傻用很重的沈阳口音说道：“我听大头说了。李哥是真正的能带着大头的人。我和大头那没的说，于是就来了。也希望能有这个荣幸跟着李哥混。”

李哥自然表示欢迎道：“别这么说，以后大家都是兄弟。大家一起做，就能把事情做好。以后也都是兄弟，要相互扶持。”

由于大羊、大头和大傻都是同学，而李总成了他们领导。于是我自然就成了酒桌上唯一的“陌生人”。大头立即引荐道：“这位是赵夕源，不过现在我们都叫他大师，就他这智力，无敌了。什么都懂。算命特别准的。反正我现在对他是佩服的没招了。这几个人你将来就慢慢品吧。大师错不了的。”

我笑道："大头这是过奖了，哪有你说的这样邪乎。"废话，人家整桌儿的哥们儿，我能不谦虚点儿吗。接着，我转向大傻继续说道："早听大头说，他够交情的朋友要过来。今天这就到了，今后就咱几个在一起。还有什么不成的。我叫赵夕源，以后叫夕源就好了。大家今后都是哥们儿。"

大傻很是高兴的说道："那以后也要跟大师多学习学习。"

我心中暗叹，看来我要摆脱大师这个称呼是没可能了。于是大家开始相互敬酒起来。李总喝着愉快，便讲着自己的一些历史，憧憬着和哥们儿的美好明天，跟大家一起奔向美好前程。大家喝着喝着，慢慢的也都进入状态了。口气也马上开始指点江山了。

可是我发现了一个问题，那就是大傻喝酒，是真的喝酒。喝酒当然没有什么说的，酒桌上，有量的自然要谦虚些，而如果有求于人的，就要冒死陪着。至于其他的人，大家就交杯换盏，耍耍嘴皮，吹吹小牛。可是这里有个前提，就是没有原由，绝不会失态。只有那些喝"高了"的，目的到了的，感情激动了的，才"极端"表现表现。可是大傻不同，他的表现就十分有趣。只见他是有酒必干，极为豪气。可是一瓶啤酒下肚之后，整个人却好像鼓了起来。不停地开始打嗝，而且一个不够再来几个。成每分钟递进式增长。对于我来说这可真是见所未见了，觉得有趣就关心了下。果然没错，人家不仅打嗝打的是毫无避忌，而且极为豪气。慢慢地每次打嗝还伴随着腹腔蠕动，做着声腔共鸣。整个节奏，此起彼伏。正在我暗暗觉得，这他这样有些小不文雅的时候，大傻告了个假，去了趟卫生间。

而等他回来的时候，竟然眼中显出淡淡的血丝，伴着满嘴漫散的酒气。看得出，他吐了。就这样，他开始了在酒席上的经典动作，喝酒、打嗝、吐酒、回来继续再喝酒、再打嗝、再去吐、再再回来喝酒、再再打嗝……至此，我一天酒席的兴致算是全部消失得一干二净了。

但酒席就是酒席，接风宴从任何的角度来看都应是喜气的宴席。当然不能被这些小声响所轻易动摇。而大头、大羊他们早就熟悉这些了。于是大家继续其乐融融的畅想美好明天。

李总和大头、大羊都喝的进入了状态。他们正在讨论将来"大腿"是找几个的问题。而大傻只是静静听着，于是我看向大傻，调和气氛地问道："怎么样。沈阳那头安排得没问题吧。"当然这也只是想探探他的后路。希望他不是把全部身家都放到了公司上了吧。

大傻确实有些醉了，他答道："本身就没什么可安排的，工作辞了。"

当然李总他们都在说话，谁也没注意我们这里。但是对于这个回答，我还是有些吃惊。在座的除了大羊外各自都是有很多退路的，且不说大头他们家可以成为他的避风港，李总更是有工作的，他现在也还是迪顺的运营总监。而至于我，本身还是在校大学生，过不了多久就要读研了，所以生活压力什么的还不是很大。但大傻难道就真的是为了大头的一个招呼，就来了吗。

只听大傻继续醉哄哄地说道："我和大头大学毕业后就各自散了，我到沈阳工作。一个月就一千块，你说这点儿钱够做什么的，还要租房子，打两次车就什么都没了。这种工作也没什么可做的拉。每天就是记记账很无聊。所以大头一说，我就来了。将来咱们一起做事业，一定能成功。”

至此我算明白我遇到的是什么选手了。又是一个想一夜成名的主儿。只听大傻继续憧憬道：“现在咱们跟着李哥，做这一行，好好做，总比在沈阳好。”

……

酒过三巡，菜过五味。结束大傻的接风宴已经是晚上十点左右了。大家很是尽兴。就连李总也有些喝多了，显然未来的憧憬给了他不错的心情。大头和大羊要暂时把大傻安顿到自己家。看到李总有些喝醉了，于是我便说要送李总回家，就这样大家依依惜别了半天。在约定了明天一定要不见不散之后，大家总算是散了。

可是李总却并没有直接回家的意思。而是把我往中央大街的方向引去。

“大师，今天有空陪我坐会儿吧，现在我还不想回家”。吹了吹晚风，李总忽然好像清醒了不少，脸上的酒色也慢慢的撤去了。

“好。”我简单的说道。

7.4 咖啡、咖啡

中央大街号称是哈尔滨的百年老街。而现代哈尔滨的历史也就一百年，现代意义上的哈尔滨是始建于1898年，可以说正是先有了这条街，才有了这个市。哈尔滨是伴随着松花江大桥的修建而成长起来的城市。原来就是个小村子。而现在的中央大街，就是哈尔滨原来的码头渡口到市中心的街道。后来俄国人将这里租借了。经过近三十年的修建，才逐步使这条街形成规模。于是，这条街也就布满了俄式建筑，由于当时盛行新艺术风格的建筑，所以整条大街显得格外时尚。

如今，随着岁月的流逝，老街更具韵味，那由一块块面包砖铺成的大街逐渐地成了哈尔滨的地标。冬季的深夜里，昏黄的路灯下大街显得格外扑朔迷离。远处貌似能听闻到酒吧里的谈笑声。

我和李总漫步在这寂静的小路上，很快就到了一家咖啡店。李总总是显得这样的熟门熟路，毕竟这是他从小就游荡的地方。咖啡店很是得体，店里回荡着美国的乡村音乐，店面的装潢也效仿西部电影里酒吧的样子。店内的墙上随处都是一些牛仔的图片，显示了店主的品味与追求。如果初次进来，一定会误以为自己进了西部片中的酒吧，墙上都是真实的西部历史照片。只不过现在，牛仔的饮料变成了香醇的咖啡，店中的男孩映衬着店里的氤氲，显得格外的清秀洁白。当然就算他有俄国血统，在这个城市也不会有什么意外。

李总点了杯咖啡，我则要了杯奶茶，毕竟刚刚的酒局给我的感觉显然不能说是十分

惬意，还是需要些香浓的，来暖暖心神。

“大师喜欢这样的地方吗？”李总亲切地问道。

“还好，只是原来家中这样的店也不是很多，上大学以来倒是有日子没和别人喝咖啡了。”这是我比较中肯的答案。毕竟相对于这样的饮品，肥肥腻腻的烤肉，更适合我现在的风格。

喝着咖啡，李总似乎有些魂游物外了，突然他问道：“大师，你说我这次能成功吗？”

“最近五年的运气并不需太过担心。还是像我以前和你说的，你起运很早，读书虽然不好，但经历还是很丰富的。这些都是财富。”我安慰道。

“大师，你以前说的都太准了。”李总说道。说实在的，对我说这种话的人太多太多了，这些话没有一句，我是往心里去的。

只听李总说道：“我小的时候爷爷就是一个小厂子的厂长，家里有五个孩子，我父亲是老四。从小家里就不错，但我小时候淘气，学习不太好，一天就想和朋友玩。家里不给钱，于是我就和同学去工地偷些铁拿去卖了，再玩。后来我们学聪明了，和工地的工人商量好，得到他们不要的废铁，再卖了赚钱出去玩。小时候住的是平房，每天就和朋友到处逛，就是那个时候和鹏哥他们认识的。后来上小学了，也不和同学玩，还是和鹏哥他们一天蹦蹦跳跳的，一天也没心思学习。这样上中学也上不了什么好的中学，但家里花钱进了一个好班。那个班里的孩子都是人精，每天想着的就是如何从别人兜里骗到钱。”说道这里，李总咽了口咖啡，神态安详自然，显然是回到了那个他混迹的童年。

接着，李总继续说道：“那时候我们买盒饭，大家都是先买饭票，然后打饭，再到另一个地方打菜。但后来我们发现，我们不花钱，不打饭也能打菜。于是我们就每天不打饭只打菜了。后来打饭的发现不干了。于是我就和朋友给同学每天定盒饭，从这里面赚些钱。就这样，混完了初中。高中还是学习不好啊。于是家里就花钱，进了个花钱就能进的学校。那学校才乱呢，全是混混。我们有个管眼保健操的老师，一天特能装。他就是我们学校里一个帮儿的头头。有一次他看到我没做操，就来说我，我立马瞪着他说‘你说谁呢。’后来就呛呛起来了。放学的时候那个场面那个大啊。一群人把我给围住了。但当天我就找到鹏哥他们了。多亏了我朋友，后来我和那个老师单挑，上去就把他弄倒了。”他这些话我倒不信，就别说他把人干倒，且不说他八字弱，就是他现在也显得很是单薄，真不知当年是如何躲过那一劫的。但李总显然非常陶醉。

“后来我就成为学校一霸了。以后再做操，我们班谁也不敢检查了。后来我们一帮儿也不学好，就开始在学校里收保护费了。”听到这里我不禁动容，想我从小的环境中，这样的例子还真是没有。真不知当时他们环境是什么样的，敢这样肆无忌惮。李总继续说道“那时候就开始有个女孩，她就喜欢这样的人。于是我们就认识了，她非要找我处对象。后来有一天，我打台球，结果当时忘带钱了。于是问她有没有 10 块钱。咱们也没好意思啊，毕竟问女孩要钱。结果她在包里找了半天，也没找出来。我就向老板赊账走的。

然后女孩说请我去吃饭，结账的时候我才知道，她刚才不是没钱，她是兜里全是一百的，真的是没有零钱。后来我才知道她们家是做内衣批发的。整个批发市场的供货商。这一下，我才发现掏大发了。于是，我就和她处上了。借着她家的关系，我和朋友开始搞内衣批发，从她家拿货。那时我每天都赚几百的，花钱真的如流水一般。可是我那时也不学好，有一次和朋友出去玩，手机放在一边，她给我打电话，我一个也没接。回来就发现她生气了，不理我了。我当天也是喝了些酒，脾气很大，于是跑到她家，叫她出来，她最后也没出来。于是我给她打电话。她接了，说太晚了，家里真的不会让出来。于是我对着电话跟她说：'你爸算个屁！'然后给她爸一顿臭骂。结果她爸当时也听着电话。这下篓子捅大了。对象也黄了，买卖也做不下去了。"李总眼中显然透出了些神伤。但在咖啡馆昏暗的灯光下，显得游移不定。美国的乡村音乐还是那么协调，暗淡。衬托出那个曾经的故事。

李总喝了口咖啡，继续道："后来我就去洗浴干了。当时心里很不平衡，不久前还挥金如土，现在就当服务生了。但很快我就发现洗浴都有小妹儿，就是小姐。我就开始研究这个路子，看看如何和小姐处熟。后来没过多久，有个局级干部退下来了，自己就想开个洗浴，可他联系不上小姐。于是我就给他联系。当时我就开始给他看着"馆子"，反正后台硬也没什么事儿。后来我怎么不干了呢。有一次，他不在，我也出去了。当时是另一个经理看馆子，正好赶上当天检查。结果一下就逮住了。那个经理被判了三年。我一看，这指不定哪一天就是我啊。于是我老实的回家了。那一阵我谁都没理。2006 年左右碰见一个哥们做股票经纪的。我知道我比他路子野啊。于是我就跑海通证券去了。后来做到区域经理。这几年由于行情不好，团队不好做了。你像原来的王新、沈浩都是我们团队的。我是前两年认识徐皋的。你知道他这人做人多抠啊。有一次他们发奖金，给了他们团队 3 万，你猜猜他给自己团队的人多少钱？"李总看着我问道。

"三千……"我试探地说出了心理认为合适的钱数

"两百！"李总说出了答案，"就给了五个人，每人两百。你说这样的人能在一起做吗。去年他在家待了一年，一年没有事情做啊！我有一天碰到一个朋友开着车过去，一问才知道人家现在做外汇了。于是我正好看到老夏招人，我就把徐皋叫上一起去的。你知道我到迪顺之前，那里什么样吗！一群群的，都是农村人。什么都不懂。于是我又把他们辞了。重新找的现在这帮人。所以老夏能有今天得感谢我。找大学生当操盘手的这个办法就是我想出来的。这之前都没有的。"我不禁暗自佩服，从今天和大傻吃饭看来，大学生找工作已经不容易了，看来今后还要防骗啊！

李总说道："大师，其实我现在做的事情都是跳跃性的。你不知道我压力多大。如果任何一环断了，我就折了。其实现在我也不缺钱啊。海通证券每个月给我 2000 快基本工资。加上乱七八糟的有四千块。老夏答应每个月给我五千。说实在的我这个岁数已经月薪过万了。但我觉的还是要出来，好好做。现在你不知道我压力多大。如果我现在敢不干了，大头他们能把我掐死。"

我静静地听着。咖啡将尽。我咽了口奶茶说道："李总其实在和你们合作之前我算了一卦，你有兴趣听听吗？"看到李总对我如此的信任，我不能不告诉他现在他所做的危险性。

一听到这句话他立即答道："大师，你说"。看的出，他也急于知道未来。

于是我打开随身带的包，取出笔记本，看着我上周起的那一卦说道："卦象上说，我和你的合作是以你为主，你会制约着我，同时你会在钱上做手脚，如果合作最终难免上当。最后公司应该在明年的五六月份散伙。"我平静地说道。

李总静静地看着我，睁大了眼睛。他慌忙地说道："大师，这个你说的不对。我和大家都是实心的。"说着他喝了口咖啡，稳定下情绪，"大师，这真是你算得吗？如果是你算得我一点儿都不怪你，但如果你编的就心机太深了。"

我慢慢地叹了口气，把本子递给他。指了指前后的日期，说道："我今天不是要说什么，毕竟卦有准也有不准的，只是提醒你，希望注意到可能的风险。只要你能和他们坚定的合作，就不会出这样的事情。"我真的不指望他能有什么好的情绪来听我说。但我必须说出自己应说的事情。

李总把本子递给了我。什么也没说。慢慢地恢复了平静，说道："大师，其实我现在还是很担心。怕自己做不成。你不知道，我现在都觉得家里阴森森的。"他又有些醉意了。听到这一点，我还是不能不引起注意的。

"怎么了？"我问道，能说这句话，相信他一定是觉察到了什么。

李总接着讲自己的故事："我上高中的时候，家里就不行了。我爸退休了，身体不好，现在还是我养我爸我妈。但我们家很吓人。有一次我爸生病了，都烧昏头了，就看着墙的一角说道，'二哥你来了啊。'当时我们家吓坏了。我二大爷死了好几年了。后来我爸说他又一次上卫生间，就看见我二大爷在房厅叹气。我们吓得都不敢说话了。后来，有一次我发羊癫疯了，家里说我当时很吓人，邻居用针扎我的人中，这才扎好。我现在回家都还觉得家里阴森森的。"李总的话无疑给寂静的长夜增添了些恐怖的气息。但我知道这正是我的责任。于是我定睛看了看李总的面相。昏暗的灯光下，李总的面孔因为刚才的故事而倍显暗淡。还是那样的洁白，那样的瘦弱。

我安慰他道："你放心，现在你家并没有你说的那些。"李总点点头。我继续说道："你父亲的倒是慢性病，母亲身体也不是很好。但这不是邪物作祟的原因，放心。"我没有和他说清楚他父母的事情，但相信他自己是清楚的。

在送李总回家的路上，李总确实是有些喝多了，估计也是酒劲儿上来了。于是我扶着他。寒风瑟瑟中，我们慢慢地踱在回他家的路上。我很少喝多，于是就少不了送人的经验。夜已深沉，李总家的楼梯显得格外的破旧，走廊里邻居将一些杂物堆放在自家的门口，有些地方显得格外昏暗恐怖。李总很怕，我声音平稳的慢慢安慰着他。在他家门口，李总非要吸根烟再进去，我也就静静地陪在一边。

李总忽然说道:“大师，你的卦算得太准了！”这冷不丁的一句话，我还真是没头没脑。但我也隐约察觉了一些东西,于是说道:“这没什么。凡是学过算卦的都会测得八九不离十。”李总显然对于我的回答有些惊讶，问道:“别人都能像你一样准吗？”我自然不敢装着很高，于是说道：“在算卦来说，我还是小学生。”这是实话。李总沉默了。

我看着他们家的门口，附近放着一个立柜，高高的柜子，看起来真的像随时里面会冲出些什么似的。我看了看，也并没有觉得阴气很重的样子，于是安慰了李总一会。看着他进了家门，整个走廊慢慢地静了，只剩下夜的声音。

静静的，一种古老的语言，一段古老的话语，慢慢地在整栋楼中弥散开来。应和着楼中暗淡的灯光，显得整个建筑都慢慢地震颤起来。在这种震颤中，一种和平的气息慢慢地荡去。当我吟诵完最后一个音符之后，在心中默默祈祷，祝福这个家庭能够多一份宁静吧。

第八章　面　试

8.1 晋　级

我现在对于李总可真是佩服坏了,别的不说,同样是鬼混一夜,第二天我就倒在床上了,而人家还是精神清爽的到处蹦跶。要不人家能做"总"嘛,光这份体力也是常人难以企及的。

12月15号，又是一个新的周一。我准时地来到迪顺。靠着我每日的出勤，相信没有人会注意到我最近在忙些什么。当然，更重要的是我现在在迪顺已经是彻底的隐形了，基本上不会有人注意到我了。这就使得我能更加站在战略性的高度来审视公司现在的运作了。

现在的迪顺里，人员彼此交错。李总的行踪最近更显飘忽，简直就是形同鬼魅了。谁也不知道他什么时候出现，什么时候消失。而高经理还在做着特别的辅导，弄得王新和湖北的"卡尺头"每天就是听到"下"就下单，听到"平"就平仓。而更令我佩服的是高经理的软件实在厉害,就是这样玩,他们两个的账户竟然还只是小幅亏损。但一查佣金，乖乖不得了的，一个星期就快到500美金的佣金了。

太阳似乎在迪顺每一天都是相同的轨迹运行。不断有新学员来参加培训，而同样的不断有老学员流失。唯一不变的是周经理每周在讲解外汇的基础知识，和宋小姐不时播出的招聘电话。这样倒显得整个公司不是十分冷清。而那两个装饰性的"交易员"还是每天准时在电脑前"禅定"。伴随着就是夏总的深居简出，一幅深不可测的样子。

掐着日子，今天应该是我在迪顺的最后一天了，是该和侯老师告别了。不知道是他超然的态度，还是他最近所说的歪理，反正是真的吸引住了我的目光。于是我很自然的再次看他做单。虽然我现在已经知道,他现在看的是模拟账户,但还是凑上前去,聊了一会儿。

侯老师看着我说到："在资本的市场上，只有赚钱才有话语权。"说着他指着他的获利单要我看，于是我顺着他指的位置才发现他下单的位置正好是行情启动的开始，显然他这个隔了一周的多单，现在已经盈利不菲。他说道："你看，下单怎么样才能下得这样准确呢？"资本市场怎么样我不懂，但是赚钱才有的吹，看来这点真是不错的。我立刻谦卑谨慎地求教怎样才能达到这样的交易境界。

侯老师只是简单地说道："你看，我知道做多，这是几天前就分析好的，只不过我下单的时候刚刚起床，所以就在那个位置下了。没想到就撞对了。”

就这还能吹成这个样子，我不禁佩服得一塌糊涂。但嘴上还是说道：“哪里，这老师下得准确，分析到位。要不是早就有这样的眼光，也不敢盲目地看多就做的。”

侯老师马上纠正道：“这你就说错了。我下单，也经常下错，入场而没有收入。更有的是赔钱的时候。所以仓位的控制对我来说，20% 就是最多了。我们做单不也是要随时都一颗红心，两手准备吗。如果错了，就只能止损了。你知道止损的意义何在吗？”

这个问题他都说了几十遍了，我自然答道：“止损对于普通人来说是为了避免更大的损失，对于交易员来说是为了强制修正思路。”

侯老师道：“不错，所以分析什么的，全部都不重要，最重要的就是要赚钱。”

……

就这样，我结束了我最后一天在迪顺的实习，而迪顺在我的生命里，也注定是一片要挥一挥衣袖告别的白云。

大约到了下午，我又踏上了另一片云彩赶往新公司。荣博虽然刚刚草创，但是有了大傻的加盟，整个公司也进入了最后的调试阶段。必要的表面功夫也要做足。这就是说一般公司所拥有的一切，这里都要有。于是文秘的位置上配备了写字台、电话、扫描仪、文件夹等等。而由厨房改成的休息间里，放上了饮水机。可选的饮品是咖啡和茶。每个工作人员都配备上了水杯。为了进行区分，上面会标有名字，而我的水杯上只写着两个字：“大师”。看来，这已经从最开始的游戏之称，变为了我的官方称位。当然，看到大家见到大师就礼让三分的态度，老夫还是可以隐忍的。毕竟对于他们来说，这个名字也许真的比“夕源”更有感召力吧。

我们是谁，按照李总的说法，我们是他这个白手起家的天才青年手下的小弟。当然，按照我们自己的理解，我们是金融界的正规军一员。别人承认不承认不管，我们先这样定位再说。正规军就要有正规军的军服，于是从那一刻开始，我们要求每天必须西服领带。就在我见到一屋子的西服男之后，我愣是有韩国黑帮的错觉。

平台使用现在也是已经越来越顺手了。为了给他们培训，我甚至亲自做了平台使用的幻灯片。而且还给大傻做了 70 多页的外汇基础知识和技术分析知识的 PPT。但大傻早就在大头的带领下直接会战汇海去了。我发现人家根本不用什么培训，对他来说，外汇交易和打老虎机根本没有什么不同。只要知道怎么玩就好了，何必知道老虎机背后的概率统计分析。这真如侯老师说的，市场里赚钱就好，只有赔钱的人，才会去注意自己在做什么。就这样，我努力的成果只能自己没事自己看着玩了。

李总这几天没有和我们一起玩，所以他到现在连整个平台系统还玩不转，只能让我调试他的系统。当然人家也没闲着，做“总”自然就要有做“总”的眼光。虽然大傻已经继大师之后，在公司开了第二个交易账户。但提交的开户材料，现在还没什么回信儿。也就更谈不上什么入金交易的事情。而李总的目标是要尽快打开客户局面。于是，就在我们

正式招聘之前，他就找了他以前的一些朋友，开始发展客户。这两年证券不好做，大盘都跌成这个样子了，那些区域经理们也就只能忙着自寻出路了。于是李总就带他们来考察考察。当然我就来负责介绍这个市场。结果在接触了几个区域经理之后，外汇我讲没讲清楚我不知道，反倒是人家把什么是股票经纪人，和如何成为区域经理，给我介绍的一清二楚。弄得我又开始有国际转国内的兴趣了。

12 月 17 号，是一个值得纪念的日子。公司的执照终于下来了。这表示我们可以名正言顺地对外招聘了。当然，对于所谓的"招聘"，我现在已经有了更深的理解了。看着执照中，企业法人清楚地写着李总的名字，看来这个公司是谁的应该是没有什么问题了。而且就在前两天开户的过程中，虽然表格是全英文的，但是我还是能清楚的知道代理一栏中清楚的填写的是李总的名字。这也就是说，不论将来当真有什么反佣金的事情没有，一切也只有李总说的算，只要没了他，这个公司也就到日子了。

甩开这些无聊的思绪，我们开始畅想未来公司的招聘事宜。到底给未来找到的人怎样的待遇问题，没想到话题刚一提出，李总就说道："这个我已经有个计划了，咱们来一起看看。" 看看，要不人家是"总"，就这么有远见。

李总道："咱们公司都要招些什么人？"

我毕竟也是名义上的人力经理了，于是说道："介绍外汇的讲师、名义上的交易员、开发客户的投资顾问。"

"还有'大腿'。" 大头笑道。我很佩服他对于"文秘" 的这个创造性的称呼。

"讲师这个好找，你像周经理这样的，我当时也是一个广告就招到了。至于交易员那还是用真实账户来考核，这个容易。" 接着李总畅想道，"至于投资顾问，也好办。我对股票经纪行的路子还算熟悉。"

说着，拿出来自己的笔记本，开始在公司新配备的白板上边说边写道："咱们先来看投资顾问的薪金待遇。只要他能给公司介绍个客户，咱们就给他 200 块人民币。" 这就是我们走国际化路线的特殊性。现在，只要我们说数字，都要注意后面的货币单位。记得有一次，在菜市场我差点儿将大妈说的黄瓜价格换算成美元单位。

大头道："那也不能他介绍一个，就给吧，起码要到个标准。不然，那不是……"

李总笑道："弟儿，这就要说到'有效户' 了，什么叫有效户，一个账户要 1000 美金，而且要求当月完成 10 标准手的交易量。"

李总的这一说法当真让我小小震了一下，一个 1000 美金的户。这可是 7000RMB 啊，就算人民币升值压力巨大，但是对于一般人来说还是算点儿钱的吧。我们开户，只要存 500 美金就好了，怎么到这儿就翻个翻了。

李总听我们说完说道："不行，你看咱们几个，这 500 美金的账户太容易爆了，还是先开 1000 的吧。" 他既然这么说，我也就不说什么。当然我是知道的，不论 1000 还是 800，在外汇市场这个地方，就算 200 美金都能做到以小博大，这些全是比例问题罢了。

如果按照超迷你手来做，200 美金可就是相当于迷你手的 2000 美金的量了。当然获利也是有限的。

接着李总说道："咱们先来看投资顾问的入职条件，就算开一个 1000 美金的有效户。这之后，他就是进入见习期了，这个见习期考核为 3 个月。见习期的待遇是，见习期工资：800=300 底薪 +500 绩效。绩效能不能拿到，要看他要么能使得自己的客户总资金量超过 3000 美金。要么就是看他能不能开出 3 个有效户。"

我说道："哥，这个太难了吧。每个月要弄到 3 个 7000 多人民币的账户，这个压力太大了，人家都会吓跑的。"

李总想了想说道："那咱们这个时候，标准降低些，每个有效户就算 500 美金就好了，但要完成每个月 10 标准手的交易量。同时完成一个有效户，公司给奖励 50 元人民币！但是这个时候，投资顾问就要注意了，如果未经客户同意，投资顾问代替客户进行交易，只要咱们发现，那咱们就可以开除他了。"看着王新这几天的交易量，不难发现，一个星期就 500 美金左右的佣金收入，这 50 人民币就算不得什么了。

李总接着说道："如果他能做到真的 3 个月，每个月都完成 3000 美金的总开户资金额，和 3 个有效户的任务，那就可以晋级为三级投资顾问了。三级投资顾问的待遇是：600 底薪 +600 绩效 =1200+ 佣金 8%。绩效咱们还是等于月增长 3 个有效户，和或者增加 2000 美金账户资金总额。如果没有完成 2000 美金的总额，那么就按 600 块钱的 30% 开工资，3 个有效户没有完成的，按 70% 开工资！考核期还是为 3 个月！当累积有 10 个有效户，同时资产达到 10000 美金时，可向公司提出申请成为二级投资顾问。"

听到这儿，我简单心算了一下，如果我累死累活的给公司开了 3 个月的户，坚持到三级顾问了，如果一个月没完成 2000 美金。也就是 14000 元人民币的量，那就只有 700 块钱的工资了。这些钱能在哈尔滨活吗，我们家楼下的服务生小弟都 2000 块好吧。

大头也道："哥，这个钱太低了吧。"

李总笑道："弟儿，不低了。到了这个时候，基本工资就不重要了。主要是这里的 8% 的提成。你看 1 迷你手的交易量，对应 3 个点差就是 3 美金，1 标准手就是 30 美金。10 标准手就是 300 美金。咱们公司能得到 200 美金，他个人是 16 美金，这就是 100 多块。你看王新他们这几天打得一星期的交易量就是这些了。算上几个账户，这可就不低了。"

配合着李总的讲解，我们简单地设想下。如果一个人达到这样的收入，那么公司的收入就更不低了。

李总接着道："等他申请二级投资顾问的时候，二级投资顾问的待遇就是：800 底薪 +1000 绩效 =1800+ 佣金的 10%。这 1000RMB 的绩效 = 月增长 4 个有效户 +3000 美金。如果没有完成 3000 美金，按 30% 的绩效算，如果 4 个有效户没有完成的，按 70% 的绩效开工资。考核期还是为 3 个月。当累积有 22 个有效客户时，同时资产达到 30000 美金时可向公司提出申请，成为一级投资顾问。"

接着李总又说道："一级投资顾问：1000 底薪 +1500 绩效 =2500+ 佣金的 12%。绩效 = 月增长 5 个有效户 +5000 美金。如果没有完成 5000 美金，绩效按 30% 发放，5 个有效户没有完成的，绩效按 70% 发放！考核期为 3 个月，连续 3 个月完成绩效者可向公司提出申请转为区域经理！"

随着李总的停顿，我简单计算了下如果公司能够培养出一个一级投资顾问，那么累积就要给公司带来 1（入职）+3×3（见习）+10（三级）+22（二级）+15（一级）=57 个有效户。假设这些账户每个月只做 10 标手，那就是 200×57=11400USD，这还全是美金。发出去的钱应该是每个有效账户 50 人民币的奖金也就是 2850 ￥，再来是 800×3+1200×3+1800×3+2500×3=18900RMB 这是基本工资，最多加提成也就是 10×200×8%+22×200×10%+15×200×12%=960USD。整个过程中公司净赚 10440 美金减 21750 人民币。这是什么概念！而且这是最不可能的状态。我终于理解了伟大革命导师所说的什么叫剩余价值了。如果这样，我还需要每天分析市场吗，直接转作国内市场开发吧。

只听李总继续说道："这个时候，这些顾问的收入就太高了，这样咱们就给他给升职。咱们三级区域经理的待遇：1000 底薪 +1000 绩效 =2000+ 管理津贴（所属团队佣金的 4%）。这个管理津贴是很有说法的，他首先要求要有至少有三人以上团队。而且他们团队里要有至少三人都达到三级顾问。这样他才能拿到他的管理津贴。也就是整个团队收入佣金的 4%。这个可不少，弟儿。而你看这个 1000RMB 的绩效，要求所属团队投资顾问 70% 以上完成公司标准，否则按比例计算。这个比例等他们达到咱们再说吧。等他的所属团队，有了 8 个正式的三级以上的投资顾问，他可以转为二级区域经理。"

他继续道："你像二级区域经理就是：1000 底薪 +1500 绩效 =2500+ 管理津贴（所属团队佣金的 5%）。等这个所属团队有 15 个投资顾问可以转为二级区域经理。"随着李总的畅想，我基本已经没法思考着会带来多少价值了。

李总接着设想道："等到了一级区域经理那就：1500 底薪 +1500 绩效 =3000+ 管理津贴（所属团队佣金的 6%），而一级区域经理可以申请开分公司。形式可以随意选，1. 由咱们公司独资开办：2. 公司与个人合资 3. 个人独资。只要他能做到这步，我给他开个公司又何妨。"

我不禁赞叹道："哥，你真厉害，这设想，绝了！"能不佩服这个伟大设想吗？先不说整个计划的巨额的成本收益问题，就是这其中从 3 级顾问到生 1 级顾问就困难重重。而且还不能说这个规则有什么问题，确实没有完成计划，就要有相应的结果。而这个时候，公司还可以继续保持跟客户经理 92% 与 8% 比例分成的佣金收入。别小看小数点的后一位，任何一个大商场每年靠这个就是几十万是收入。而且升为区域经理后，那带来的价值就要翻番了，而成本却还是保持在一个水准上。我不禁怀疑起这个天才的思路，真的会是李总这两天拍脑袋想出来的？

李总听到我的赞叹，笑着说道："所有的证券公司的股票经纪，大都是这个套路。弟儿，

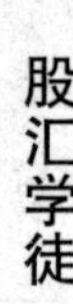

咱这回就算是掏上了。到时咱们几个一人配辆车，你们几个都有驾照吧，抓紧办啊。”

伴着李总的整个设想，公司洋溢着“其乐融融”的氛围。

8.2 招　聘

老夫都已经走国际化路线了，没想到还要按照东八区区时作息。我愤愤地起了床，简单地进行了个晨浴，便赶往荣博而去。

今天是我进入外汇行业的第 18 个白天。这几天李总还要忙着迪顺的事情，而大傻、大头、大羊显然没有要接手这些的意思，所以我就成了整个公司的总经理秘书。昨天我打了电话到某招聘公司之后，对方竟然十分客气，主动提出要派业务员过来。我转念一想也就明白了，对于人家来说，我们不也是客户吗。于是我们简单地就谈妥了 700 快就可以登报招聘，同时还附送 7 天的网络招聘。我们商定的是 12 月 20 号见报。当然报上的一应措辞等等，是要我们自己写的。作为公司唯一能“写字”的人，这些自然还是我无偿服务的内容了。当然我也考虑过其他的途径,例如做公车上的广告。可我联系之后才知道,每天就要 50 元。而且要按月起付。考虑到公司现在拮据的基本面，我也就只能放弃了。现在想想，那时多亏放弃了。不然，光是来应聘的人就不是我们能接待的了。

当然公司的网页也要开始策划起来。于是，我联系了几个外包公司才知道，一个网页才 1000 块。可饶是如此，公司也太拮据了。要不是时间有限，老夫就自己做了，但是想来还是不要无事生非了。于是我们就决定直接用上海总公司的网页。虽然这个看起来实在使公司形象大为受损，但转念再一想，我们离真正的具有区域经理，到需要开始进行企业宣传还远着呢。白天忙完公司的事情，我回到家之后，又做了两件事。1. 注册了公司使用的公共邮箱。2. 在全国的各个网站上开始宣传公司招聘。结果就这样,我忙到很晚。

早上，我还是被李总的电话叫醒的。一看才知道，我真的起得晚了。李总什么没说，只是叫我快些到公司。一到大公司我才知道，李总收到了总公司的邮件，但是全是英文，而整个公司没有一个人能读懂。看了两眼，我就知道了，我的账号下来了。这样我终于可以入金交易了。

听到这个使人振奋的消息,公司里的“股东们”高兴坏了。这意味着他们离“跑车”“大腿”又进了一步。当然我没法很开心，因为整个公司都没有人知道怎么往美国的平台汇钱。自然这也就成了我任务的一块儿。而另一个消息也传来了，招聘广告明天见报，今天一定把成稿交上去。我将整个稿件弄完,留了我的手机和公司座机作为招聘的联系方式。接下来，我们就要讨论具体的面试时间了。于是大家决定把日期定在 22 号开始面试。

12 月 20 号的清晨从早上八点开始，我的手机就没停过，一直到晚上 9 点还能陆续有电话进来。全天无数的人都来向我咨询招聘的问题。可让我奇怪的是，全天竟有百分

之九十九的人，都是来应聘文员的。而只有很少的人才对其他职位感兴趣。有意思的是其中的一个电话。

当时我正在用着早餐，忽然手机响起。一看来电显示是未知来电。这也没什么奇怪，我就有这样的备用号码。

“喂！您好！”

电话那头传来了一个女子尖锐的声音：“喂！你好，咱们公司招聘吧！”凭借我对声音的敏感，我立刻就知道，这个人就是高经理。

我马上平复情绪说道：“是的，请问你要应聘什么职位呢？”不论如何现在只能说下去了，如果她感到奇怪，再联想到是我，显然就会联系到李总的身上，那李总在迪顺的“无间风云”岁月，也就只能画上句号了。

“这样，我看咱们公司招经理啊！”高经理显然没有留意我很有特色的声音，只听她继续说道，“我先做个自我介绍吧！我原来在上海就做外汇，已经做了十多年了，喊单也喊了七八年了。现在也在一家公司做着喊单的工作，有很丰富的交易经验……”

“经理”那只是李总非要写上去，装门面用的。但是听到这里，我还是明白了，高经理的跳槽已成定局了。只是不了解，大家都是一样的公司，为什么迪顺就这样留不住人呢。我对高经理说道：“但是我们公司现在只招收投资顾问或市场经理，这些职位显然不合适你。如果我们有合适的职位我再给您电话吧！”

挂上高姐的电话，我立即给李总去了给电话，汇报情况。李总显然很担心高经理知道些什么。我说暂时还没有这种迹象，我打这个电话也只是通报一下，没有别的意思，叫他安心。

打完了这个电话之后，我的手机就没闲过。面对无数的电话，我的答案只有一个：“很好，这样 22 号早八点，你去面试好了。好！到时见。”

就这样，我的周六就在无数的求职者的电话中度过了。其中有一些电话是打到公司座机的。于是大头他们就安排，第二天就是星期天的下午，对他们进行面试。当然整天我也没闲着，我连续跑了几家银行联系向美国汇款的事宜。谁会想到这种事情却出奇的麻烦。

要说入金，李总和大头应该不会陌生，可是一问才知道，他们在迪顺的时候，是把这些东西都交给一个银行的人办理的。说白了他俩对于整个事情一无所知。我大学里虽然修读了国际贸易的具体操作，但那也只是信用证这些东西，还没具体到公民境外汇款事宜。没办法，一样样来吧。于是我整个一天的时间，就在和各个银行的周旋中度过的。

我先分析了一份文件，就是平台所提供给我的一个汇入交易资金的协议，上面明确的标注了我应汇款的一些主要注意事项。结果这一分析，我还真的看出来一些东西。这真要感谢我童年的教育，使得我的英语水平尚能进行一些简单的阅读。

首先平台提供给我的是一张中国银行境外汇款申请书样本。这个样本还是相对简单的。可是收款人地址是美国摩根银行的 Ridgewood（里奇伍德）地区的一个账户。而这个账户显然是一个公司账户。但原来我们公司的人以为，我们是汇款到我们自己在境外的银行账户,然后再进行交易的。而这显然与事实不符。我们的账户信息是被填写在附言栏中，这也就是说，我们的钱首先是汇到国外的一个公司，然后他们再把相对应的数字，存进到我们在他们公司的对应账户。当然这也就显然没有办法保证资金的安全了。

后来我把这个事情告诉了李总，因为李总原来一直叫嚣，我们的客户是汇款到客户自己在国外银行的账户里，然后再进行交易的。如果客户不信可以直接致电美国的银行。所以完全可以保证账户资金的绝对安全。而今天的发现无疑告诉我们，如果真的有人给美国的银行打电话，就会发现自己的资金永远不会到达自己的账户，因为他们根本没有开户。他们只是汇款到一个平台的账户，然后平台将对应的数额打进他们的交易账户。其原理就和国内现在的黑彩平台一模一样。

而其次就是我的代理一栏中确实是李总个人的代理账户。这也就是李总完全是以个人的身份代理的这些东西。当然这和我没有什么关系，我们谈好的条件只是，我在公司的待遇是一个点的佣金，这样加上大家都有的 3 个点的点差。整个条件还是使我能够接受的。

虽然明白了这里的风险，但我还是决定开户。毕竟是成为国际金融炒家的第一步，只要我不太过于嚣张，汇个几十万美金，估计平台不会太难为我。于是我便先去银行兑换了五百美金。通过对于外汇管制条例的学习，我了解到，国内公民一年每人的兑换数额不能超过五万美金。当时我就在心里斗争了一会儿，那如果我赚了 30 万美金岂不是连兑换还会有问题。但转念又一想，有了美金害怕换不成人民币吗，实在不行去温州，找小黑他家帮忙就是了。这才平熄了心中的小斗争。

但还是有个问题，因为汇款的样本中写明，汇款人自己承担国内外汇款费用。这就不能不涉及到汇款费率的问题了。于是我通过比较几家银行，发现国外汇款方式一般分为电汇或西联汇款。电汇的好处在于费率十分便宜，但速度较慢，要两三个工作日。而西联汇款方式虽然两个小时内就能到账，但费率极高，而且越小的金额越相对贵些。反正我不赶时间，于是我选择了电汇。毕竟根据我的计算，再过 97 天就老夫就能具有 500 万美金的身价了，这几天还在乎个什么。

而这几天，我不断地给上海的公司打去电话。询问这些具体事宜。可我又发现一个问题，那就是我们的上海总公司好像也不是很大。就有一个经理，然后就是一个文秘，再来就是专门有一个负责人金询问的小姐。虽然公司的网站上有近五个电话，可是不论我拨打哪个电话，都没有超过这三个人。自从公司开始使用这个平台开始，我就不时地给上海公司打电话查询些问题。可每次都是这三个人，我不禁问自己，难道这个美国平台的中国代理的总公司就这些人吗? 这不禁使我对公司的实力，有了些小怀疑。随着时间一点点过去。繁忙的一天暂时告了一个段落。唯一遗憾的是当我赶到电汇代理网点的时候，人家刚刚结束下午的电汇时间，所以只能明天再来。

12 月 21 号，星期日的早晨，我还是被电话吵醒的。显然很多后知后觉者还是希望求职的大门没有关闭。我还是重复昨天的答案。叫他们星期一去公司面试。草草地用过早膳，我立刻冲向了中国邮政的电汇地点。银行还是那家银行，帅哥还是那个帅哥，皓齿明眸，看起来就是使人舒心。年轻人岁数看起来不大，也许就比我大一点儿而已，相貌端庄，谈吐随和，十根手指粉白细腻。这无疑改变了我对邮政储蓄的认知。我一直以为邮政储蓄是银行中比较不在意员工挑选的一个。可这个网点显然不是。这是一个不大的网点。看起来就 30 平左右。可员工的服务亲切自然，解答了我汇款中的种种疑问。但饶是如此，也花去了我一个上午的时间。从银行出来的时候我大大地舒了口气。帅哥告诉我，我的汇款会在三天后到达，四天也是正常。反正我不急于交易，所以也没在意。完成了这件事情，我心中的石头总算落了地。

看着整条大街，冬季的大街行人不多，也许和这里本来就不是什么繁华地段有关。阳光慵懒的洒在脸上，使人舒服。今天是个好天气。荣博投资就在附近，是回公司还是直接回家。我想了一会儿，最后决定还是直接回家。毕竟不能把时间全部都花费到工作的事情上，而今天下午他们的面试显然不会有什么太大的结果，毕竟明天的面试才是真正的重点，也是我这个号称为“人力经理”的真正用处。而我不同于一般的人力经理之处在于，我学习过面相，而且还是专业的。

8.3 面相与面试

中国人向来有句话：人不可貌相，海水不可斗量。开玩笑一般，如果相貌对于人真的没有影响，那中国不会几千年都追求潘安和西施了。且不说长得出众可以使人十分便利的打开交际圈，一张秀丽的面庞，看起来就是秀色可餐。

记得小时候遍览世界名著的时候，《漂亮朋友》总是能引起我的遐想。到底是怎样的面庞可以使任何人都为之倾倒。但后来学习的多了，懂的多了才知道，原来现在讲的美丽面孔，和相术上讲的“美丽”完完全全是两码事。

古代中国人关心的只是家庭和睦，事业进步这些。而绝不是这个男孩能迷住了几个红颜，或是这个女孩是不是真的美人什么的。于是，从这一点上讲，中国相术就讲的是完全不同的一个故事。我必须承认的是，我根本不会面相。记得师父跟我讲过，面相学习好的，必须要学习分清气色。而真正的理解气色需要长年经验的累积，这就像中医看到病人的面庞，就能知道他的身体健康状况一样。而气色的观察很不简单，没有经验的支持是很难做到的。他这样讲，我也就没有办法了，就像我们常说紫气东来，可又有几个人真正见过，于是师父告诉我，他只可以教我一些理论，而真正的面相却要在生活中慢慢“体悟”。

当然，李总对我的要求和客户对我的要求显然有本质的不同。如果是客户找到我一定会让我预测其未来几十年的旦夕祸福。其实，相由心生，很少有人知道相貌和手相都是会改变的。尤其中国的相术是包含了观人学在内的一种综合分析的知识。看一个人，首先要看一个人的总体形格，说白了就是是否站如松、坐如钟。整体的气质风格是大的环境。这才是决定一切的前提。相较而言，脸上的相貌只是很小的一环。于是我们不难发现，在生活中很多美丽的男孩，长就了一张俏丽的面庞，可照样不是很成功。其实观察他的步伐，往往能发现更多的东西，匆匆而行，心中浮躁。而肥胖之人却脚步过于沉重，则有自私之嫌。这种种的把握，往往是在分寸之间，却是相家千百年来争论的焦点。

再来讲中国地大物博，一方水土养一方人。就拿山东人讲，天生就有轩昂之气，所以山东人不相轩昂。而西方的人往往鼻直高广，就算我们汉地很难见到的“丹犀鼻”，在人家来讲就太过于简单了。所以西人不相鼻。而福建的审美标准虽然不在中国人的大体考虑之中，但从面相的角度看来却并没有什么不好。所以面相根本就没有“美”“丑”之分。任何一个面相只是一个故事,反映的是一个人一时的心路历程。而看着一个人的相貌，往往就是开启一本书，倾听了一个个有趣的故事。

当然李总不想听他们的故事，他只想知道这些人能否迅速的开户。说实在的我也喜欢给他找一些经济能力上强一些的人，原因很简单，这些人的抗风险能力往往很强。分析起来也并不难，主要看看这些人的祖上如何就好了。李总没有兴趣听故事，相比这种漫无边际的思考来讲，他更喜欢结果。可就是这个玄妙的观察过程往往是我所看重的，因为这就代表了一个个鲜活的故事。

例如中国古老的面相就讲三白眼的人是恶人，但这其实是告诉人，三白眼的人有很强的目的性，这些人做事往往会忽略别人的感受，就是所谓的为达目的不择手段。但这种人对于自己在意的人，还是相当的好的。其实在生活中每个人都希望达到自己的目的，只不过在这个过程中，有些人很在意别人的感受，懂得照顾对方。有的人则表现得相对会在意自己多一点，但也有些道德的束缚。而还有的人则表现得十分在乎自己，以至于对于别人，没有考虑罢了。其实说白了每个人都在找寻自己的活路而已。所以学习面相之后我看的人准不准先不说，反倒学会了什么叫宽容。原谅那些只是为了找寻活路的人，他们只是选择了不同的方法而已。

想要面试别人，就要先面试自己。12 月 22 号，周一的早上，我早早地来到公司准备今天的面试。来到公司的第一件事就是在更衣室好好地换上正装。确定一切看起来都很得体之后，我丌始了准备沟通工作。大羊已经把标牌做了出来。金色的小排上面写着：人力资源部经理 赵夕源。当然我很清楚，我们部就我一个人。最多将来能有个文秘在我领导之下。但说白了，我现在就是整个公司的总文秘。不仅一切和文字有关的都要处理，而且由于公司里“技术分析”也根本没有人能顶上去，李总不行、大头更不行，于是我也要负责和“知识”有关的方方面面的一切。将来的文秘培训自然也不在话下。

就这样，我现在的工作包括，要把开户、入金、交易平台使用方法、分析软件的使用方法，详详细细地和大头、大羊、大傻讲解，负责对他们的培训。而由于李总还要去迪顺工作，于是我的工作还包括，代表公司和招聘单位协调。每日的信息发布和接收。同时还要作为李总的专业顾问。当然我还要作为李总的高级文秘，负责对于大头、大羊、大傻的情绪沟通……

对于今天的面试，我事前和李总、大头沟通好了。李总负责对讲师和市场经理的面试，毕竟这种人才的平均年龄不是我能攀比的，粉嫩清秀的脸庞将我的年龄清楚地写在脸上。而大头面试的结果不言而喻，他自己也很有自知之明地放弃了这一冲动。

对于交易员的面试，我们看得比较开。因为进来的交易员就是潜在的客户。对于客户，我们的条件往往很松的。而文秘的面试则要复杂的多。这不是我们对文秘要求过多的原因，事实上我完全有自信通过三天的培训，使任何正常的女孩知道她的工作所在。但李总和大头显然对此有不同的理解。他们管文秘叫“大腿”，“要想美找大腿，要想富找李总”，这是大头一直叫嚣的口号。现在我们正和李总奔跑在财富的道路上，于是“大腿”的选择，就要相对能够满足他们对于“美”的追求标准了。

我们定下来，大头和李总面试看得上的，将他们看不上的统统推给我面试。原因很简单，因为作为资深的文秘来说，我可以很轻易的使那些接待员认识到自己的不足，和有待改进之处。当然大家都明白，这只是李总和大头不希望拒绝别人而已。面试的房间，我们安排的是李总和大头一起在总经理室，我在大头的办公室。里屋交易室现在只有几张办公桌，没有买电脑，所以还不在我们的考虑范围里。大羊和大傻则负责发面试登记表，这份登记表也是昨天我亲自做好的。用以简单地介绍他们的情况和以备公司未来查验。于是就这样，我们开始了第一天的面试。

大约早上八点半之后，面试者开始陆续来到公司。不出意料，十几分钟的时间公司就坐满了文秘的面试者。看着这些良莠不齐的女孩，一个个都期待自己幸运地得到这份薪资不高的工作，我不禁有些迷茫。为什么这种枯燥工作可以吸引到这些年纪轻轻的人呢。大多数女孩的打扮都很活泼。可是活泼得有些过了，以至于完全不是像来应聘的。颜色活泼的装束、看起来相当廉价的首饰、假睫毛、涂得厚厚的粉底、鲜艳的手指甲、活泼的发型。显然，这和我心中的文秘标准，差的实在是些许的多了一点儿。但看着大头那跃跃欲试的样子，显然他对这些女孩的打扮很是满意，而一个个活泼的女孩也如意的被他调过去面试。我安心地坐在运营部等待大头送人进来。

不一会他就把一个看起来相当的得体的小姐送进了运营室。我亲切地邀她入座，接过她的表格，粗略地看了看。表上写着这位小姐名叫王丽，27岁，显然这是一个有经验的文秘，在汇源也曾工作过，然后就是别的公司的工作经验。在她入座之后我开始上下打量她，看起来是有些年龄偏大的相貌，是将她从大头的名单里发配到了这里的原因。而显然接下来的十几分钟里我们有的是时间交流，做戏自然要做足。

“你好，工作经历很是丰富啊！”我用了一个鼓励的方式作为开场白。

也许是看到我的声音形象十分正规的原因，她很是拘束但不失礼貌的说道：“过奖了。就是工作过一段时间而已。希望能在贵公司作为文秘。”

“这样，介绍下你以前的工作吧！”虽然她的经历已经写在了表格上，但是我还是选择了这个开放式的问题作为面试的开始，因为本身我就没准备什么封闭式问题。而且今天本来我也就没打算玩什么压力面试。

“好，这样。”她开始介绍到，“我以前在汇源做文秘的工作，其实很巧，也是在人力资源部。每天收发邮件和整理文件。当时我们负责的很多，向公司的宣传材料什么的都是我们在做，就是公司内部报纸也是我们在做。”说着她从包里拿出了一份一页的报纸，这种东西我在学校里常见，就是我们每月免费发放的校报一样。然后她继续说道，“后来由于公司迁移了，所以没有办法就停止了工作。后来我就去了星海传媒开始做市场的工作。大约一个月前我辞职了，现在希望能在咱们公司找到一份工作，负责公司的宣传和日常办公。”

说实在的，从任何的角度讲，这个谈吐还算是不错的，显然简单明了地介绍了自己，同时提供了物证来证明自己。不仅证实了自己的经历。同时转移了面试人的注意力。因为一般会注意到对于员工的离职，然后会要求说明的。但首先我不认为问完这个问题，对于她的入职有任何帮助。因为大头从她进到这个屋的开始就已经判了她的出局。其次，我也没有刺探她过去的经历，挑起她不好回忆的兴趣，毕竟每个人都有自己的原因：或是当时的那些人，或是当时的那些事。

于是我开始了新的话题：“这样你对金融有什么了解吗？”看着她迷茫的目光，我继续启发道，“咱们公司是一家投资公司，同时兼顾客户理财。以前你是否有相关经验呢？”

在我的一再启发之下，她显然明白了我的问题，只听她答道：“这样，我当时在做客户的时候，有个黄金交易公司让我帮他们介绍客户。”我没想到自己真的问出了一些有价值的东西，于是接着问道：“详细一些，你们的渠道是如何的？”

她说道：“他们利用我们公司和客户接触的机会，比如我们公司会送一些小礼品什么的。由于我们是传媒公司，所以接触的客户还是很多的。”

显然她没注意到，自己无意之间透露了自己背着公司在外面接活的事实。但我显然没兴趣深究，于是进一步问道：“他们的待遇是如何的呢？”

她说道：“每介绍一个客户就会给五十元的介绍费，同时他们交易能给我们 30% 的提成。”当时我对于黄金交易十分不了解，所以根本听不懂她在说什么。由于没有听懂，我也就不准备在这个问题上深究，因为稍有不慎就会给人留下诟病，所以还是选择些自己知道的。“这样，你现在算是有些时间吧。”我问道。

“嗯，我现在没有别的事情。”她答道。

我又故作深沉的看了看她的求职表，叹了口气说道：“那看来没有什么要问的了。”然

后看着她微笑的说道："这样，你先回去等消息好了，如果我们录取，会通知你的。"于是我开始将她送出房间，毕竟这是礼貌。"那好，就这样今天，我们最晚的通知时间是星期三，之后你可以另做打算了。"我可不好意思轻易地浪费她太多时间。她很感激地走出了门口，看来她是否给我留下什么印象她似乎并不在意，反倒是我给她留下了深刻印象似地。后来，她星期四还真的给我打了电话，问我没有录取的原因，我以公司的总体考虑为由，搪塞了过去。可能是我的态度太过文雅的原因，结果就此我的电话她就记下了，还经常给我发天气预报等问候信息。这直到我一个月没有回复才算结束。

送她出了门,说实在的,这个面试的质量还是不错的。像这个年纪,就能说明白问题的,也不是很多。而且有很好的经验，相信如果她来了，说不定真的可以将公司的招聘工作接过去，就像迪顺的宋小姐做的工作一样。如果不是王小姐不符合大头的标准，或是说，如果大头他们能够真正想到，公司需要的是什么样的文秘，说不定我真会考虑录用她。

而后，我又面试了几个人，可是像王小姐那样文明的、能说话的文秘，我就再也没见过了。对于操盘手的面试很简单，一律星期三过来培训。就这样时光飞逝地过完了上午。

中午公司提供盒饭，是大羊和大傻从楼下定的，毕竟这里也有几个别的公司。大家在休息区用完午饭，很快又进入了下午的招聘活动。还好人少了很多，但文秘的申请还是最多的。

这种情况并没有在 23 号那天发生什么改变。原来我们定在 23 号的面试，我是考虑将人流进行分散，同时看看有没有更好的选择，而大头显然对于有新鲜的文秘血液而高兴不已。没办法，我继续重复着昨天的工作。突然一个电话将我打断。由于我的手机是公司的另一个宣传平台，这种情况就自然不算少见了。

"喂! 您好! "我说道。当时我还没有像现在这样，先报公司名称的习惯。

"喂! 您好。你们这里是不是招交易员啊! "这是一个男子，听声音应该不是很大，估计 25 到 30 左右，但有些口音，他显然是模仿我用的称呼，但模仿的没有持续性，应该还不习惯使用敬语。

"对的，这样你先介绍一下自己的情况。"我很程式化地问道。

"这样我是应聘交易员啊，我以前在上海也是做交易的，现在回到沈阳了，希望能找个交易员的工作。"听到这一点我不禁有些兴奋，毕竟如果我所猜没错的话，这应该算是我第一次和一个真正的交易员通话了。虽然我现在也有交易员的名牌，但显然我过去所知的，都算不上是真正投资公司的交易员，于是这个电话引起了我的兴趣。

"这样，请您在详细地介绍一下好吧。"我不知不觉再次使用了敬语问道。

"我以前在上海的一家投资公司给人家做交易。"他继续说道。

"这是一家什么样的投资公司呢?"我启发的说道。

"公司是一家代客理财的公司，客户一般都是老总找到的，然后我们替他操盘，收取利润提成。"他继续流利地介绍到。

“你们投资的都是领域是什么呢？”我促进问题的深入。

“什么都有。”他说道。

“什么都有？”我问道。

“嗯，一般的做法是这样的，我们找到客户，然后问客户的心里需求是什么样的，比如要有客户想要把资金赚到50%。我们接到这样的需求，就会在公司里开会，然后看哪个市场有机会能够做到这一点。像我就是主攻期货中的橡胶等产品。如果能做，我们就会交给相关的工作人员来运作，或是股票，或是期货。如果没有这样的机会我们也会考虑，这个客户没有办法接。”

“你做这一行多久了？”我问这个问题，也有自己的考虑在，毕竟我自己仍然认为自己对市场更感兴趣，想做一个感觉市场的人，而不是什么做市场营销的工作人员。

“自从大学毕业后我就在上海找了这个工作。怎么也做两年了，只不过最近一年这金融危机弄得，老板就把公司关掉了。说实在的老板已经赚钱赚得够了。然后我就回到东北了。现在一直在沈阳。”他说道。

“你们的利润提成是什么样子？我们是先和客户谈利润分成，这得看和老板的关系来讲，一般会谈的四成或五成，然后我们来做，我们交易员提的都是很少的。”他继续说道。

谈到这里我明白已经没有什么可说的了，毕竟期货我不是很了解，如果问多了也没意思，于是我很客气的结束了电话。

说实在的，这两天的面试下来，成果如何我还真不知道。因为我没有面试讲师和客户经理，但从大头对李总越来越佩服的目光中，我看出显然李总他们应是收获不错吧，于是我安心的等待我的新同事们。

就这样，我们开始了在迪顺的老过程——培训。

第九章　大浪淘沙

9.1 团队初创

12月24日是个值得纪念的日子，在那一天我们开始了公司的真正运营，培训终于开始了，这表示我们距离大规模开户的日子也不远了。虽然是圣诞节，但除了李总有女友外，大羊的女友在外地，大头的女友吹了，我们都没有什么人要陪。再说圣诞节的重点是在晚上，于是我们坚持开始培训。唯一有些可惜的是圣诞节外汇不会有什么行情。

大清早我便准时来到公司，和大头、大羊开始公司的打扫。大约八点半左右学员们开始陆续进来了，我很专业的将他们引人坐位，大厅不一会儿就满了，但我知道今天的主角不是我，而是我们公司新聘的讲师。这些学员，我自然也不需要注意，因为我很清楚这些人最后会有一大半消失在视野。这出戏剧我已经在迪顺看到太多太多了。唯一的不同是，我现在已经不是那个还一无所知的旁观者了，而是作为一个积极的参与者了。

大约八点半过了几分之后一个年轻人出现在了我的面前，看样子大约30岁上下，中等身材，微微有些敦实，椭圆的面庞上一副淡紫色的镜片。看得出，这不是一个太阳镜而是有颜色的近视镜。一件风衣将年轻人裹得紧紧实实。

“您好，请问李总在吗？”年轻人的声音一般，虽然不带口音，但远不是声音诱人。

我态度随和地说道：“李总刚出去。”不出意外每天上午他应该在迪顺。“请问有什么事吗？”我进一步关切地问道。

“这样，我是讲师，昨天李总让我今天来讲课。”大概是看到我的工牌了，年轻人很是随和地说道。于是我很自然的将年轻人让到里屋。虽然李总不在，但我一般也不会将李总的办公室用作已用。大头已经在运营室里面扮演他应有的角色了，大羊、大傻不出意外，应该也会躲在大头的办公室里。毕竟前台大厅的场面对于他们来说还是太大了一些。于是我暂时在里屋的交易室里找了张桌子作为办公室，同时照顾大厅。年轻人进来后我关上门说道：“你好，我是咱们公司人力经理，赵夕源。”同时伸出手。希望他能做过介绍，毕竟我对他还一无所知。

“你好，我叫李庆臣。昨天过来面试，和李总谈得很好，于是李总让我今天开始过来讲课。”我不知道他的背景，但想来李总找的讲师，外汇的基础知识应该没问题吧。背景什么的以后再说吧，毕竟现在大厅的学员们都在等着培训。于是我简单地问道："这样，你备课备得如何了？"

这句话说实在的与其作为问句，还不如说是我准备把他送到大厅前的最后招呼。可上天知道，多亏我问了这一句，要不就闹有笑话了。

"这样，李总只说让我讲课，介绍外汇什么的。课程进度安排并没有介绍。我回去就简单准备了一下。"他这样说道。

我不禁一愣，开什么玩笑，一厅的人等着，现在我们连课程还没定下来。但我很快平静情绪，毕竟现在不是思考的时候，而是解决问题的时候。于是我简单地定位了现在的问题，我现在只需要告诉他，中午之前讲什么就好了。于是我稳了稳情绪微笑道："这样，咱们的课程安排主要是三天，所以不用着急，今天上午先介绍外汇市场的基本知识吧。下午再介绍下简单的技术分析。明天主要讲解指标什么。最后一天系统讲解软件使用和交易规则吧。"我随想随说把我在迪顺三个星期的旁听经验拿了出来。

显然李老师听得十分明确。只听他说道："好，那我上午先讲讲外汇市场的基础知识。"

我微笑着说道："这个李老师安排就好，这样，咱们大约九点开始。现在就去大厅吧。"我先将他介绍到更衣室，他里面上衣穿的是淡黄色的呢子西服。

"咱们上午休息一次，大约十点半左右，到时我提醒你。"我微笑道。

"好、好……"他称是道。

于是我走到大厅，会议桌已经坐满了。电脑屏幕上，是我们调出的 GTS 交易系统的图表分析平台。只是现在在节日的氛围里，外汇行情像个懒蛇一般在地面上慵懒地画着长一。白板我们早都已经挂好了，一切讲解设备一应俱全。我走到白板前。看着学员们说道："欢迎大家来到荣博投资，从今天开始我们就要在一起度过一段时间的培训经历了。希望各位抓住这个宝贵的机会，早日成熟地了解市场。下面我们就请李老师为我们开始今天的培训。"大厅响起了欢迎的掌声，于是李老师开始讲解。看到一切运行良好。我来到运营室，还有些事情要和大头交流。看到大羊和大傻都在运营室，我不能不承认，我对大傻的培训是失败的，因为我做的东西他根本就没看过。于是我叫他去大厅里，去听李老师讲课。大傻要大羊陪他去。我劝大羊道："这样，你也去听听他讲课，看他讲得如何。"这无形中是给了大羊监督李老师的事情。于是大羊就陪大傻去了大厅。

我看看大头，早晨的阳光还不能算明亮，但大头穿着西服配着些许成熟的面庞，手里拿着香烟，还是相当有气势的。相信任何人见到大头也不会怀疑他是高人的身份。当然前提是他不要说话。

"昨天的面试如何？"我询问道。刚刚就出现了个我不知道的李老师，这不知道还有什么我不知道的。

大头吸口烟说道："挺好啊。"看着他诚实的面孔，估计他是没听懂我问的是什么。

于是我进一步引导："营销经理找到了吗？"

大头见招拆招地答道："没有，"吸了口烟说继续道，"有几个客户经理。我看他们现在正坐在大厅听课呢。"

听到这个答案我大体对大厅的人员构成有所了解了。"文秘呢？我怎么没看到？"我忽然想起来，这几天我们面试最多的就是文秘。怎么没看到呢？按他们的性格不可能选不出来啊。

大头吃惊地告诉我，"来了啊！她们都在大厅，我早上看到了。"

"她们？"面对这个复数名称我还是有些不解，不会选了个秘书团吧。这样下去，公司破产就在这几天了。

大头看出了我的不解，解释道："这样，李总和我都各看好一个，于是就都叫来了进行培训。"

"走，你指给我。"我简短地说道，虽然公司是他们的，但这样做未免有些荒唐了些，毕竟秘书只有一张桌子。

大头和我走出房间，他向大厅中文秘的位置指了指，小声说道："就是那两个。"

这是我才注意到，文秘的工作台后有两个女孩并排坐着。一个坐着文秘正式的座位，另一个则礼貌的坐在旁边的一个凳子上。我这才明白，自己没注意到她们的原因。只见她们都穿着很活泼的衣服。明亮的色彩，反衬着冬季的单调更加明显。一个女孩梳着齐肩短发，一个白色陪红色圆点的发卡，整整齐齐地约束着头发。皮肤白皙，假睫毛忽扇忽扇地翕动着。

另一个也十分相似，只不过头发长些，还好没有烫什么头发，只是很自然地垂着。一些发卡类的饰品简单地装饰着。睫毛显得很长，白净的脸上看得出来有些浓妆，眼线清晰可见。

如果不是大头点破，我还以为这是将来做"客户"的，再不就是希望做交易的人员。而远远想不到是文秘。看来他们对于"大腿"的追求有些走得远了，忘了"大腿"还要做文秘的工作，而不是"公关"。

大头拍拍我的肩说道："大师，还要你培训啊。"

我看着自然的微笑道："放心，没事的。这样我先找她们谈谈，将来留谁不留谁你们再定。"

于是我走到大厅靠近门的文秘办公桌前，小声的说道："你们两个先跟我来。"

就在我刚刚一俯身的时候，差一些就被浓重的香气熏倒。于是我快速地走到里屋交易室。关上门，我邀她们搬个凳子坐下。这时我才注意到她们的指甲上鲜艳的颜色十分醒目。

我定了定神，尽量保持稳定的微笑道："这样，我叫赵夕源，是咱们公司的人力经理，"我指指自己的工牌，继续道，"你们以后叫我夕源就可以，如果有人，就叫我赵经理就好。"两个女孩很小心地听着，看着这个连大气都不敢出的样子，我又有些心软。接着说道，"你们不要这么紧张。”听我这么一说一个女孩马上摇摇头表示自己不紧张。我不禁愣住了。稳稳情绪我继续说道，“你们文秘的工作现在由我开始进行培训。你们的工作包括接听电话，如果是找我的，叫我就好。还有收发电子邮件，回头我把咱们公司的邮件给你们。”看着她们迷茫的双眼，我不禁心中有些泄气，但还是挺起勇气说道，“将来公司的网上招聘也要你们发布信息。这我以后都会教给你们。不过先不急，这样你们先好好听听李老师讲课，明白咱们公司的主要交易品种。”

然后我问了她们的名字，实在是没有勇气，再问她们的学历什么的了，实在怕自己经受不起。于是我知道了短发的女孩叫作田思思，而头发稍稍长一些的叫作冯婷婷。看着她们，我最后还是没有忍住，说道：“这样，在公司以后你们还是化淡妆好了，头上的饰品在工作的时候就不要带了。你们有正装吗？”两个女孩都摇摇头，我安慰自己道:“没事，你们穿一些靠近正装的就可以了。”

送走她们，我心里慢慢地舒了口气。过了一会，大厅的电话响了起来，田思思接过电话。听的出来这是一个求职电话。询问者想要问这里需不需要文员了。田思思用温柔的细声说道：“不招了。”然后挂掉电话。

像是一声锤响，敲定了公司的人员。

9.2 去伪存真

下午李总回来了，在他送走李老师后，我向他询问了李老师的背景，李总介绍李老师是在日本做外汇的，后来回国了。具体情况他也不了解，也说不了太多。在我简单地向李总汇报了今天的情况后，就回家了。想想这可能是我在荣博投资，第一次准时上下班。第二天与第一天的形势类似，只不过留下的人不出预料地开始减少了。

到12月26号第三天，当李老师介绍完软件交易系统之后，在大厅里面就剩下刚刚合适的人数。我开始和他们交流，毕竟这已经是我们的核心客户群了。同时26号也是不错的日子，我的汇款终于到账了。这也就是说我终于能开始实盘交易了。与此同时，也意味这个公司终于开始要有佣金收入了。但这个消息只能在内部传阅。而外部我们兴奋的则是，学员们坚定的态度。

就在26号周五我们进行了人员的最后一次筛选，将没有可能开户的人员清除了公司。我们安排了一个像样的最后面试。面试由李总主持。李总、李老师、大头他们三个在里屋的交易室里，对每个人都进行了一次面试。三个人坐成一排，轮番对面试者进行提问。相信这种压力不是一般人能受得了的。这样就算让谁离开，谁都会认为是自己在最后的面试过程中，表现得不如人意。于是就会从自身开始找原因，来努力自我说服了。绝不会想公司没有录取人员，一定有公司自己的原因。你可能很好，真的很好，只是公司不想要你。

也有几个人主动地要求不想再当交易员了，而是想转作为客户经理。这样的人最后都没在公司出现过。原因很简单，做市场是不用在公司的。只是我们也没看到他们真正的拉过一个客户来。反正也不会发给他们底薪，所以对他们也就听之任之了。就这样我们最终留下了四个人，来作为所谓的交易员培养。希望在不久的未来开户。

留下的人中有两个女孩，一个叫刘娜。是个看起来相当成熟的女孩，因为人家很早就在北京做销售了，现在回到哈尔滨发展。另一个则叫做顾威，看起来到和我相仿。但我没估计错的话，她应该至少大我两岁。

另两个是男孩，民哲是大头大学时代的另一个朋友，由于家里也是做生意的，所以家底还算厚实。而大头对于他的介绍词就是，这个小子很猛。大学时就几千几千的赌钱。言下之意无外乎是他可以开很大的户。

而最后一个是李总妹妹的朋友，名叫何朝晖。记得他刚来公司不久就和我说他还有个朋友现在在长春，等他回来了也要来公司。我自然表示欢迎，叫他放心，所以我们的相处还算是愉快。看着他高大肥厚的身躯，浑身很是洁白，正如人们所说的白胖白胖的。

在面试完全部人后，大家便开始开立交易账户。现在开户已经相对简单了很多。因为让客户开户可能有些困难，而员工却不同。在小小的压力下，大家先后开了户。由于早就熟悉了整个流程，对于熟悉的东西，我就没有太多的兴趣。索性都交给大傻做了，结果竟然也没出错。

这样我们就算是决定下了公司的基本人员，但唯一使我觉得奇怪的就是，文员还是两个。仍没有定下来，到底录取那个。说实在的，我分不清哪个是李总比较中意的，哪个是大头比较中意的。但我还是要进行简单的培训了。起码现在她们已经学会穿正常的衣服出现在工作地点。淡妆也不会太吓人。身上廉价的香水也少了很多。再来就是学会了使用复合式扫描仪了，能够为公司接一些简单的电话。再来就是她们每天也已经开始用文秘台上的电脑挂 QQ 了。只是这显然不是我能管得了，毕竟有人要交流嘛。

在周五的上午，冯婷婷给了大头一封信，把大头弄得没有办法了。于是他找到我，我接过来一看是一封抒情的信件：

敬爱的领导：

您好！

我来到公司已经有一段时间了，对公司的业务已经开始熟悉了。我所看到的公司和谐向上。我真心的希望在公司工作，请领导信任我，给我这个机会，使我得到发展和进步。

此致

敬礼！

冯婷婷

说实在的这封信还是有一定价值的，虽然她的措辞实在有些难忍，但这种对于工作渴望的强烈企图心，还是值得称赞的。毕竟她能在此时认识到危局，希望有能力有所改变，就这一点而言，还是很好的。但我知道这个决定权不在我，等李总他们最后的决定吧。但显然这封信，还是把大头逼到了没招的地步。反正从此，他对于这两个大腿是更加难以抉择了。都是一样的“楚楚可怜”。

就这样我们公司的人员算是暂时确定了。其实就我们的招聘来讲,公司并不算很成功。原因很简单,我们招聘的结果就是找到了两个,一个刘娜一个顾威。如果算上李老师来说，我们这次的广告宣传只宣传来了三个人。幸好我们的电话还是很热，于是我们准备了下一次招聘面试。就在这个周六。

第十章　真相大白

10.1 导　师

招聘、培训、开户、再招聘、再培训、再开户、再再招聘、再再培训，再再开户，这是一个基本的流程。而12月27号的招聘是我们第二波招聘的开始。虽然我们现在有了所谓的文秘，但还是有很多的人希望得到这一工作。同时还有更多的人，需要成为交易员或是拉客户的。于是，我又少了一天的休息时间。

于是大约早上9点以后我们就开始工作了。公司的两个文秘都没有来，人家非常遵守法定假日的安排。当然我也可以认为，公司没有给她们安排加班费是直接的原因。但是不论怎么说，早上我还是按时坐到了文秘的位置上。其实说实在的，今天我的工作无疑是最简单的。因为我的全部工作就是以洪亮清晰的声音接电话。然后将表格交给面试者，协助其填写。

大厅里当然不是只有我一个人，大傻、大羊都在。可能是认为人实在有些多吧。于是大羊躲到了休息区，安心地吸上两口烟。这也是没办法的事情，大头正在办公室里面试别人。所以他们现在就没法一起吸烟了。于是我们今天把所有的文秘，都交给大头面试。大头坚持认为，虽然我们已经有两个文秘了，但表面功夫还要做足。

大厅里开始陆陆续续地坐满了人，也许是这次我坐在了大厅，才终于有机会这样近距离的观察这些人。这些人也同样各具特色，有和我年纪相仿的年轻人，也有年纪老成的男士，在大厅里等待面试的时间里，他们也开始彼此窥视。人往往在等待的时候，才是观察最细致的时候。

但我并没有能像想象的那样悠闲，只因为有大傻在。正当我坐在文秘的位置，聊QQ的时候，忽然听到大傻招待应聘者的声音，浓重的辽宁口音混含着含糊的话语，我一听才知道，他正邀请一个年轻人看看电脑，看看外汇的盘面，甚至还邀请人家做做单。全然不顾星期六外汇的停牌。我一听就惊了。做单哪能像给人玩电动一样随便的邀请呢？而且面试本身就是很复杂的过程，可以毫不夸张地说，从面试者进到公司的那一刻起，他们往往就把一切都当作是面试的一部分了。而大傻此时的举动，无疑是暴露了自己的无知，而更可怕的是人家不认识他，人家就知道这是公司的人。因为大傻此时胸前佩戴的标识，正是交易员的牌子。

看来我悠闲地时光结束了。我礼貌的走到年轻人的面前，说道：“这样，你已经填完表格了吧！”顺便转移下他的注意力。

“填完了。”年轻人爽快地把表格递给我。

于是我邀请年轻人往里屋——我的办公室走去，指着一个座位邀请其坐下。同时到休息区告诉大羊让他去大厅照顾一下，让大傻到大头的屋里旁听大头面试。做完这些安排后我回到了里屋，随手关上了门。年轻人起身欢迎了一下。

我和他握了握手，同时邀请其再次坐下。我看了看他的求职申请，上面写着这个年轻人名字叫做：卓逸飞。住在哈尔滨，求职的方向是交易员。他的经历包括了，四年左右的时间，在深圳的一家证券公司的工作经历。然后就是一片空白，最近的时间填写的内容是，在家做外汇，时间大约是一年。

面对这样的简历，说实在的，我一时还真的不知道如何下手了。因为如果他是外汇的老手，那无疑邀请他开户简直天方夜谭一样。只要有点儿经验的，都会对这样的培训有明确的了解了。虽然李总他们可能不是很清楚，但我清楚地抄写过周经理的整个笔记，知道这里还是有明白人在的。

于是我暗自稳定了下情绪，反正今天我也没期望有太多的收获，实在不行就当是友好交流吧，看看做过一年外汇的前辈到底有何教诲。

“这样，”我礼貌的程序化说道，“看到你有在深圳的工作经验，能不能简单的介绍一下呢？”其实我还是对自己感兴趣的问题简单的询问了下。

“嗯，”年轻人开始道，“我当时大学毕业之后就南下深圳，先在国元证券做股票经纪人。大约做了三年左右，这期间也做过些别的东西，也包括代客理财方面的工作，投资的主要是股票。但做了几年后发现深圳还是很陌生，同时由于很想家，于是就回来了。接触外汇大约是三年前开始的，但当时没有投入太多的精神，现在比较感兴趣而已。”

说实在的这个答案很难说是明确或是明白，但他无疑简单地回答了我的问题。趁着他讲述的时候，我仔细地观察着这个年轻人。他和我差不多高，身材匀称，四肢矫健。说实在的，起先走进屋的时候，我以为他应该是和我差不多年纪而已，最多大了两岁。但现在坐近了我才定睛观察到他粉白的脸上明显透露着一种成熟的气息，同时有一种稳重的气概，声音平稳和有力，显示他平静的内心。正视别人的双目间，不时透露着些许精光。鼻直口正，真真的一副端庄相貌。看着他和我侃侃而谈，说实在的真如认识了很久一般。我低头一看他的简历才注意到他已经 29 岁了。

我回过神来：“这么说你在深圳的时候就已经接触外汇了？”我继续问道。

“是的，当时我首先还是看客户做才知道的，于是慢慢地开始研究外汇，回来之后，也去了哈尔滨的一些外汇公司。说实在的，他们做的一般不是很正规，大多是借着招聘交易员的名义来招揽客户，最后诱使其开户罢了。像这附近的卓越、信安投资，什么的我都看过了。”

专业人士就是专业人士，没想到他第二句话就把我们公司的原型点透了。而且为了配

合其表演，我还要表示些许的叹息，表示自己也是知道这些同行的事情，只是十分无奈罢了。其暗示意义是我们公司显然不同。没办法，这个人一定不可能留在我们公司了。我还是就这个机会交流交流吧，我安慰自己道。

“你后来在家做外汇吗？”我问了一个启发式的问题。

“嗯，我最近一年都在家里做单。每天的事情就是交易。市场的波动已经在心里了。”他的言下之意，显然是十分了解外汇市场了。正好我的账户入金了，马上就要实盘交易的我，比较关心实盘和模拟盘的不同。说实在的我现在已经把我原来在迪顺的那个模拟账户从亏损的那次最低到了200美金做到了1000美金了。

“这样为什么很多人在做模拟户的时候都是赚钱的，而到了真实账户的时候往往赔钱呢？”我选择了这个问题发问，其实我估计大多数的答案，一般会从心里的角度强调。因为公司在劝交易员开户的时候，都是强调真实账户才能显现交易员的真正水平，因为这和模拟的心态不同。

只听卓逸飞说道：“很多人会把这个问题简单地看作是心态的问题，其实心态固然很重要，但并没有抓住这个问题的实质。其实他们在模拟户的时候，也没有真正的赚过钱。因为他们是抱着可有可无的态度交易，并没有真正了解赚钱的原因，例如经过一段时间的交易，他们明白了是这样赚钱的。于是在做真实账户的时候就会按照模拟的方式打，只是谨慎一些罢了。可市场是变化的，一个方式没有办法一直在市场赚钱下去。他们轻仓实践的时候往往市场正在开始变化，最后他们开始胆子大了，而市场的变化往往使得老的方法失去了效用。于是亏损就成了必然。也可以说，是骄傲使得他们跟不上市场的节奏了。”说到这里，他看看我，清澈的眼中透露着一种认真，继续说道，“例如，前一段时间，大约就是一个月前吧。外汇相对表现得稳定，而最近一段时间内，主要货币对则相应地增大了振幅。波动开始增大。这显然使得过去人们的一些止损规则不在适用了。”联想到李总他们爆仓的一幕幕，我不禁暗自点头。

我打断道：“那是不是有一些方法，比如一些战法什么的可以驾驭市场呢？”这个问题，我是为白金战法问的，显然最近大头的交易并不如意，账户离死只有一步之遥了。

卓逸飞显然没听明白我的意思，用询问的眼神看向我。我接着补充道：“例如，以均线为例，当均线粘合的时候留意，当行情快速突破的时候下单，赚取利润。”

这一次卓逸飞显然明白了，他笑道：“这可不是什么战法，这连交易规则都算不上。真正的交易当中，比较有用的就是交易系统。但这个系统十分复杂，主要是来自于经验和时间。要知道在历史上很多最有能力的投资公司，都试图做出一个稳定获利的交易系统。但无一例外都以失败告终。而交易系统却是真实的存在着的，而且是因人而异的。如果妄图以一种简单的规则来交易获利，想来也是很难的。市场可不是一个简单的办法就能应对的。”

问题谈到这里我又开始关心他的状况了，以他这样的状态，出来是为了什么呢。“那你最近出来找交易员工作的原因是什么呢？”言下之意就是，能够在市场里稳定的获利又为什么出来呢。

卓逸飞看着我眼中透露了疲态说道："在家做了一年的交易，每天就是看盘，眼睛都快累坏了，我自己住，没有人可以交流，实在是没意思啊。这才想出来找份工作，其实你们的薪资可以随便定，只要每天给我个做单的地方就好了。"听到这句话我不禁想到了侯老师，同样的疲态，同样的神态。他们是那样的相似。我无疑从卓逸飞的身上看到了侯老师的影子。受其感染也开始同情起来。我心想这个人最好能留在公司，因为我们公司没有一个真正能做单的人，我显然经验不足。而大头、李总显然都不行。李老师我接触的时间不长，但如果他在市场真的能赚得利润，就不会现在还讲课了。

我看着卓逸飞深有同感地点点头道："都是一样，自己在家久了就想出来。"其实我说的完全是真的，本来我现在应该在学校好好写写论文，准备最后的考试，可是却不甘寂寞地莫名其妙地来到了这里了。

说道这里，卓逸飞显然开始对公司感兴趣了，只听他说道："看来这家公司成立不久啊！可是我记得以前这里有一家外汇公司的。你们的招聘我也看到过啊。"显然他可能把我们公司记错了，于是我说道："我们公司刚开始一个月，所以才招聘。"

卓逸飞接着问道："你们的佣金怎么收？"显然他开始面试我了。

"我们是收四个点的。"我平静地答道。

卓逸飞若有所思地说道："你们使用的平台英镑几个点？"

没想到他问了这个问题，说实在的我还真的没注意过这个平台英镑是几个点差。而我平时的交易品种只有欧元。于是我做了一个使我后悔终生的、急中生智地回答："我们暂时不做英镑。"

许久之后，当我再和逸飞在一起谈论那一天的事情，这还是我们共同的笑话。一家主要投资外汇的投资公司的人力经理，竟然说出了我们不交易英镑的答案。只是当时逸飞并没有表示什么，只不过笑了笑，接着问道："那咱们公司交易员的提成现在定到多少？"

"三七开。"我照着李总的答案答道。显然到这里面试算是告了一个段落。我问逸飞要了他的手机和 QQ 号。同时叮嘱他如何有兴趣可以星期一来看看。

送走了卓逸飞之后，我的心中有些小不平静。毕竟这样对于哈尔滨的外汇市场如此了解的人，显然应该是人才。这远不是刚刚从日本回来的李老师可以比拟的。

我拿出手机给卓逸飞发了条短信，内容是："这是赵夕源的手机，希望以后多多联系。"

逸飞回的是："收到，多谢瞧得起，你这个朋友我交了。"

回头我向李总重点推荐了这个人，但不出意外，李总显然只是想知道这个人是否能开户，答案是不言而喻了。他是来不了公司的。而我们公司也没有一个专业的人士。我们连迪顺那里像样的文员都没有，我们的讲师也不是很专业的，至少他的口语表达能力远不如迪顺的周经理。

而现在，我们连侯老师那样的大隐于市的专业人士也没有了。我不禁有些黯然，这样的公司到底能走多远呢？我们要这样开多少个户下去，如果公司无法为客户赚钱，那么

这又是什么投资公司呢。李总显然还没有从股票经纪的开户思路中走出来，毕竟我们现在是投资公司了，就算没有实力自己投资，至少也要能代客理财啊。如果现在不准备人才，那什么时候才开始呢。毕竟，人到用时方恨少啊！

10.2 夜 谈

12月27号我们没有上班。原因很简单，昨天的面试我们并没有找到新的如意人才，而再培训显然没有意义。最后我们选择了放弃元旦前的培训。毕竟元旦几天外汇市场也是要休息的。还是先把现在的几个客户做好吧。

大头和大羊的房子也快要到期了，于是他们在附近不远找了一个新房。我星期天就被他们拉去看房了，这回他们租的更大了，毕竟大傻要和他们合住。挑了一天的房，最后选了一个相对便宜的三室一厅。但房间没有网线。而以他们的实力现在显然没有办法装网线了，看来他们以后上网只能去公司了。

我看了看房内没有什么超出人类理解的东西，阳气也算充足，于是简单地看看外面也没什么太不好的，就同意他们租那里了。租金是大头把自己的股票卖了，才凑足了付钱。显然公司的运作已到了艰难阶段。至今所有的支出都是大羊和大头承担的，毕竟李总拿了平台的代理费10万块，孰轻孰重，大家还是知道的。大家坚信马上公司就会盈利的。而他们现在离“公司”更近了，至少从地理上看是这样的。

晚上回到家里已经快到7点了。当然小白小黑这个时间不可能在，他们和书本现在明显比和我亲。他们不在，我连看电视也没有兴趣了。索性就上上网。正好碰到了卓逸飞。他的网名叫做迦楼罗。我小时就知道这个名字，那是在佛经中，迦楼罗属于天龙八部，是佛教的护法之一。这是一种以龙为食的巨鸟，类似于中国文化中的大鹏，就是庄子逍遥游中的那种大鸟，他张开翅膀的时候如同垂天的云彩。后来金庸先生将天龙八部作为自己小说的名字，还特意写了说明，这也就变得广为人知了。看来逸飞真的是想飞啊。

看我上线了他也开始和我交谈。

迦楼罗：你才回来。今天不是不工作吗?

赵夕源：嗯！但被朋友拉去给他看风水去了。很累的一天。你没出去逛吗?

迦楼罗：没有，这把岁数了，现在早没有这种激情了。怎么，你还会看风水?

赵夕源：略懂。以前跟师父学过。但其实，人，福祸自招。风水相对于做人来讲都只是小术。

迦楼罗：你倒是什么都会啊，你到底是做什么的啊？感觉你的谈吐很讲究。

赵夕源：那当然，我是大学生嘛！

迦楼罗：呵呵！我还是呢。你在大学里到底学什么的啊。

赵夕源：我在全国最好的俄语大学，学俄语。现在做公司了。

迦楼罗：那这个公司是你的？还是你朋友的？

赵夕源：我朋友的，我现在就是帮帮他忙而已。

迦楼罗：感觉你说话很仗义啊！那你会留在公司吗？

赵夕源：不一定的，你怎么看这家公司？

迦楼罗：不好说的，毕竟这家公司的老总我还没有见过。资金实力人脉什么的还不清楚。但你既然不会长待，那和你说说倒也没什么。呵呵。

赵夕源：你仔细讲讲啊。

迦楼罗：昨天去你们公司的时候，那些穿西服都有工资吗？

赵夕源：你说呢？

迦楼罗：不知道才问你的啊。其实半年前，我真的看到一个广告和你们公司地点都很像的。但我前天去了你们那儿，才发现他们应该才工作不久。应该还没有过实习期吧。整个公司从我看来除了你，真的没有一个是工作过的。

赵夕源：那你怎么看我呢？

迦楼罗：哇……这不好说，怕伤害你。

赵夕源：曰

迦楼罗：这样，你很不错啊，但你没做过交易。至少没做过太久。

赵夕源：唉……没办法，我已经尽力隐藏了，但时间还是没有办法弥补的。你猜猜我多大？

迦楼罗：27 啊。

赵夕源：我 22

迦楼罗：不会吧，你说的是实话？

赵夕源：嗯，我现在还是在校大学生，

迦楼罗：那你也太稳重了，呵呵，我那天只看出你没有做过交易，但是你的语言和风度一直很好，我就没有舍得说什么。呵呵，那天我还真的是找人聊天的，如果你真的敢在绕下去，那就有趣了。

赵夕源：什么有趣？

迦楼罗：算了，没什么，这是我的劣根性。

赵夕源：没办法我只能尽力了，但到底还是被看到了。

迦楼罗：所以我已经说你做的很好了。其实做没做过交易，在我眼前一看就知道了。其实你们公司旁边，金汇的老板就找过我，那是半年前了。他们的员工都是我培训的。实在没办法在那个公司工作才走的，抹不开面子。

赵夕源：啊！不会吧，那你会来我们公司吗？

迦楼罗：还是算了吧，呵呵。说实在的，我是这两天看单看的眼睛痛了才出来散散心的。其实哈尔滨的外汇公司，我都熟悉。就我今天看来，你们公司还不成熟。我去了也是浪费时间。

赵夕源：所以现在公司做的有些很不愉快。最近公司的治理也开始出了问题。连个文员也没有办法确定下来。人员构成很是混乱。我没有办法。有很多的时候有些无力的感觉。

迦楼罗：做公司都是那样的。那你现在还留在公司为了什么啊，就为了帮朋友。

赵夕源：嗯，就是啊。

迦楼罗：那这样，将来你不在这个公司做了，就自己开个公司好了。拉些客户就可以的。

赵夕源：不是很难吗，这个公司我做起来都很吃力的。

迦楼罗：你不要做他这个样子的啊，简单的在家里就能做，很简单的。

赵夕源：不是啊，光代理个平台就要十几万的。我还是有些心虚的。

迦楼罗：代理平台要十几万？你们的平台吗？

赵夕源：是啊。

迦楼罗：不对，代理平台至少要一百万的，但你们公司连国内的二级代理都不是，为什么要代理一级平台呢？

赵夕源：一级平台？

迦楼罗：嗯，就是你们公司有能力找代理 IB，给他后台的。

赵夕源：如果不能给他们后台呢。

迦楼罗：那就是简单的三级代理网点啊，就是简单的 IB。这根本不需要钱的。当然具体公司具体不同，有的公司要至少开三个户或是开个一万美金的户。有的则会要求你达到一定交易量，要不不返佣金的。做这个还是可以赚钱的。

赵夕源：这个代理怎样赚钱啊！

迦楼罗：这样，首先，你代理个 IB。客户交易你收他三个点的佣金，全是你的，而且就是三个点差你也能有提成的，一般会是一个左右。这样如果一手你就能赚 40 美金了。这个还是能做的。

赵夕源：这样，你能说说如何分析真假平台吗？

迦楼罗：这样，我今天和你说的你不能跟客户说，其实所有平台都是假的，都是外汇交易公司和客户进行对赌的交易，只不过这个交易条件下客户的亏损是 80%，所以公司一直是赚的。就像是赌场。

赵夕源：他们是如何做到的呢？

迦楼罗：这样，当你汇钱的时候就是存进他们在银行的账户，但公司一般就把钱存在自己这里，给你的只是交易的数字，如果你要取钱，就给你他们账户里的钱，要不你以为你下单的时候公司真的会把你的钱拿到市场里下单吗？除非是他们没有能力对赌的大资金，但是这样做会增加交易成本。所以这里面你赚再多的钱都是数字，其实更多的人是输得最后爆了仓。其实在这一行混久了，如果不是把获利慢慢地转移出来，最后都会没的。再说，还有很多其他的内幕。

赵夕源：内幕？讲讲吧。

迦楼罗：这样，如果我打十万的账户就要三四个助手了。而且要是多个账户分散资金。因为平台本身是很危险的。比如你有10万美金的账户，有时平台就会自动交易到你爆仓为止。所以要分散的做，这样才可能安全些。当然这都是行内的秘密了。

赵夕源：不会吧，这么凶险。

迦楼罗：嗯，这是事实，美国的还能安全一些吧，但英国尤其是香港的想都不要想，入金就很少能拿回来的。

赵夕源：国内的没有能做的吗？

迦楼罗：现在没有，国内保证金给叫停了。2008年6月银监会下通知所有商业银行、储蓄都停止了保证金交易。其实在2005年就禁止了一次，但2006年他们又开始，招行、民生什么的吧，都有的。其实最早1992年就有了，一直断断续续的。

赵夕源：那国内的就好呗，起码安全啊。

迦楼罗：呵呵，外行了不是。拿一个银行的，像民生银行的易富通业务吧，它的杠杆只有30倍，同时入场的点差很大。像EUR/USD点差是8，进去就亏损8个点，很难做的。银监会叫停也是因为客户亏损太严重，达到80%。里面有很多是国企。这样的和国外的外汇公司400倍的杠杆比例显然不能比的。

赵夕源：那哪些美国公司好些呢？

迦楼罗：其实都差不多的，如果你有问题跟他们理论，都没有结果的。国内的只是代理点，不承担责任，你要上美国理论的。呵呵。

赵夕源：还可以这样！

迦楼罗：就是这样啊，当然还是找些有信誉的吧，呵呵。在美国从事外汇业务的公司需要在美国期货协会（NFA）注册，接受美国商品期货贸易委员会（CFTC）的监管。你上网查查就好了。你搜下NFA就可以了。然后你看看这个外汇公司是否在NFA注册，这是判断一个外汇公司是否正规的第一步。然后是查看这个公司在NFA注册时间的长短，时间越长越好，说明这个公司越可靠些，最后是查看这个公司的历史记录，有无投诉，是否经过了重组等情况，来判断这个公司的信誉情况。这些都是从NFA来了解一个外汇公司的步骤。当然没有在NFA注册,并不说明这些公司肯定不是正规的。你自己考虑。呵呵，其实就连路透社的外汇行情也是外汇公司提供的。如果行情不准，外汇公司就会和别人说我们的信息是准确的，不信你看看路透社的消息。当然这都是行内的秘密了。

赵夕源：你真的很专业。

迦楼罗：嗯，我选择一个行业就会好好学学的。毕竟入行了嘛。

赵夕源:那咱们哈尔滨的外汇公司不都没法做了吗。但是真的给客户赚钱不就好了吗。

迦楼罗：呵呵，你想的又简单了，在哈尔滨真的能赚钱的公司没有一个。我给你看个东西。这是我的交易记录，你不要给别人看啊。

赵夕源：靠……全是赚的，没有赔得，这是一个月的，你一天的交易量好少啊，有的

时候一天也不下一单。但真的全是赚的，还不少啊。

迦楼罗：还好了，但是这样的交易我在哈尔滨没见过的。

赵夕源：哥哥，我以后想跟你学习可以吗。

迦楼罗：好啊，我可以交你的，没事聊聊天好了。

赵夕源:不，你住在哪里，我搬过去。我房子也到期了，就在你家附近租个地方好了。

迦楼罗：好啊，到时你给我电话，我帮你搬。

赵夕源：年后吧，应该，这两天还有些忙。这样我看会儿书。有空聊吧。

迦楼罗：好，你忙，我也要去锻炼了。88

赵夕源：88

10.3 大师之下其实难符

结束和逸飞的聊天，心情已经不能用激动来形容了。无限的感叹。原来我们从一开始就进入了别人的梦中。大头、大羊现在还在节衣缩食地为了支撑公司而尽力，而这个公司他们只有40%的提成，更可怕的是如果我没有分析错的话，李总注册的公司，不出意外应该是一个一人责任有限公司。就是他们股份只是私下的一个承诺，连法律意义都没有。代理是李总一个人的代理，也就是说将来如果有什么收入的话，也是打到李总的账户，而到底有多少的获利，大头是不可能知道的。想想这就是我那一卦的实质啊。只是我蒙蔽上了无知的双眼，而这一切就是在我眼前发生的。往事犹如一幕幕话剧在我眼前显现。

当初，李总在爆仓的那一夜，就开始笼络人心。估计他是想在人们的心目中塑造一个必胜的战法，白金战法。使得人们信任他真的可以赚钱。爆仓应该是个意外，毕竟那是他自己的钱。但不能不佩服的是，他对于时间的把握，太准确了。爆仓之后迅速地拉拢感情，同时在酒局上痛斥夏总的为人，转移大家的目光。进而提出了开公司这一构想。从他的办事速度来看，这应该不是一天两天的构想了。剔除徐经理也是必然的了。他是唯一知道内幕的人士。显然将来会和他分配利润的。

他需要的只是投资人。显然大头的手表体现的不仅仅只是他的品味，更将他家的实力暴露在李总的目光之下了。王新、沈浩的离去应该也是必然的了。因为他们没有资金，同时他们也是最了解李总的人,再来说人多了也确实不好控制。如果任何一个人知道真相，整个计划就会功亏一篑。

于是，李总开始有目的联系大头和大羊。李总用一个根本不存在的虚假投资吸引了真正的投资，这招“空手道”，李总玩得太好了。在完成了公司的主要构成之后，就剩下要真正把持公司的实质了，这样可以使得大头和大羊没有立锥之地。如果将来他掏得钱多了，大头和大羊的位置必然更加靠后，大家只知道佣金的收入，而点差的收入相信大家是不知道的，李总完全可以用这样点利润就支撑起日常的运营。而换来的还是大头和大羊的绝对佩服。

现在相信他的道路应该就是几条。如果公司盈利，他就可以继续大发其财，如果获利不如意，相信他也可以靠着公司是他自己的这一点，将大头和大羊踢出局。毕竟从法律上讲，他才是公司真正的法人代表和真实的老板。只要这盘棋继续走下去，结果相信是不言而明的。李总真的下了一手好棋啊。

如何才能挽回危局呢。我不禁陷入沉思之中。

现在的重点有两个。其一，要帮助大头和大羊捞回损失，还要保证自己的利益。只要我为大头和大羊尽完力之后，我显然就可以全身而退了。当然，这是说可以做到的情况下。如果现在就挑翻事情，从而惹怒李总，就算他能离开，这也会使得大头他们的前期投资付诸流水。打官司那是幼稚的想法，这里面连诈骗都算不上。而李总不可能会乖乖就范，别忘了，人家从小就是收保护费的。把公司定到这里，也和他的朋友都在附近不无关系。就算李总可以离开，大头和大羊真的有能力支撑起这个公司吗！答案不言而明。

唯一的答案是帮助李总做好公司，只有这样李总才能从获利中给大头和大羊分红。只有这样大头和大羊的投资才能不是一笔坏账。而要做到这一点，显然不容易。因为公司现在已经处于危局了。如果大头他们有一天知道代理平台的事情，“冲动”如果兴起，其后果就是不言而喻的。所以，我必须保证他们能在知道事情的时候，能够像我现在分析的这个样子，保持相对理性。这是保证他们利益最好的办法了。

我不禁又开始思考起自己来。一直以来，他们都叫我大师。可我真的就是大师了吗！这样的一个简单的局，竟然会被蒙住双眼而不自知。如果不是逸飞，我现在还要保持着一份虚幻的忠诚。想想大师应有的作为，这个名头就使我抬不起头了。想想祖师他老人家，几十年的精修，终于成为业内共推的大师。人家真的是以指导天下众生为己任的，几十年来为人趋利避害。再想想自己的师父，为还一个人情，而远赴北京。真正做到了知恩图报，而现在的我，竟然身处迷局而不自知，想想不禁汗颜。真是为师门蒙羞啊！要怪，就怪是自己学艺不精吧，看来将来只能成为忽悠人的江湖术士一类的了，当然这样说，可能都是高抬自己了。“江湖术士”那岂是一般人能做的……

现在我在公司又能充当什么样的角色呢？我到底能起到什么作用呢？看来我不用再在公司一如既往地待着了，是应该将事情放下的时候了，这样才能保证未来，全身而退吧。也许，这也就是我远离危局的唯一方法了。

这一天，我入行已经 28 天了。

轻轻的我走了，
正如我轻轻的来。
挥一挥衣袖，
只带走一片记忆……

第十一章 惊 变

11.1 日 子

12 月 29 号星期一的上午，明媚的阳光照得人感到冬天也有一份动人的温暖。挤着公车摇摇晃晃的来到公司的时候，已是近九点了。大家都来了，刘娜、顾威、朝晖都开始坐到座位上看盘了。开户上周五就开完了，大家都在等账户下来，接着就可以入金了。熟悉这一切的我自然没感到有什么新意。

我自己的账户从上周五晚上就开始交易了。还好，500 美金现在已经是 530 美金了，但我没觉得这有什么可高兴的。毕竟了解了真相之后，我还是对外汇这行有些黯然的。安慰了下自己，我开始对文秘进行例行的培训，我详详细细地将开户的流程告诉她们，结果发现她们也是没一个懂英语的，（最让老夫愤愤的是，一个还竟然叫嚣自己是英文专业毕业的），我安慰自己道，毕竟像我这样的高级文秘还是不多的。然后，我将将来她们可能遇到的问题讲了一下，结果发现她们连公司的软件都不会用，于是培训又从原点开始了。

下午我借口要跟大羊去取干洗的衣物，逃离公司。大羊现在一直做这样的工作了，当然财务他也还是主管。其实陪他出去，我也不知道是喜欢外面的阳光，还是真的只是想透透气。虽然我们昨天才见过，但今天见到之后又有不同的感受。大羊还是那样的挺拔秀丽，身材匀称，皮肤洁白，在冬日的阳光里看起来也是一表人才的感觉。

回来的路上，我邀请他吃了顿下午茶。反正公司不会有什么事情，下午李总应该会从迪顺回来，而平时下午大羊也是无所事事。大头应该能应付一般性质的电话吧。当然，现在他也开始了和学员们联系感情，自然文秘才是他重点联系的对象。老夫对于这些是没有兴趣观察的。

在咖啡屋里，下午人还不是很多，暖暖的和大羊聊会儿天。大羊给我讲讲他们家乡的故事。大羊家在佳木斯的一个农村，女友现在在佳木斯工作，应该过年能见到，处了已经 3 年多了。看着他脸上浮现的幸福感，如同冬日的阳光一般。他和大头做公司的钱是管同学借的，显然家里是不知道的，这也是他无意间从话语中露出来的。

下午简单地去公司照了个面就回家了。安心地做做自己的账户吧，我其实也想检验下自己的交易方法什么的，毕竟自己真的学习了这么多时间了。我一直都没有在公司做单。

首先，我是当真不能相信公司的那些装模作样的电脑。其次，我用的分析相当的复杂，我做单的时候会同时打开 MT4 平台来分析，用 GTS 来下单。这样可以避免差异很大的行情。别说这样观察下来，我真的发现两个平台在时间上还是有微小差异的。当天的行情还算给面子，第一单就赚了 30 美金，账户做到了 560 美金，我又继续下了几单到最后停手的时候账户已将到了 610 美金了，目标达到了。我也就收手看看电视什么的慰劳了下自己。

12 月 30 号早上一大早，李总就把我昨天做单的事情，在公司内进行宣传开了。结果群情沸扬，李总更把我的交易详单挂到了公司的墙上。看来李总的后台，真的可以很清晰的看到我所做的每一笔单子，这时我才发现自己下了几单之后我的佣金费用就到了 20 美金。但显然大家和我注意的方向有所不同。大家的账户那天都下来了，于是群情沸腾地大家争相要入金的，只是当时已经是下午了，而且大家也没准备好美金，于是准备第二天再入金，但这个事实应该不会改变了，看着大家入金如此积极，李总决定公司要进行元旦聚会。时间定在了 12 月 31 号的晚上。做完这些决定后李总就离开了公司，一下午都没有回来。并且他离开前嘱咐道明天他还要去迪顺，估计一个上午都要在那儿，要我负责下学员们入金的事情。

做完这些，我找到大头对他说 :“大头，我找你谈一下。”大头看到我很慎重，也不由得正了正态度，放下聊得正欢的“大腿”，和我走进了运营室。和他对坐在运营室里，运营室现在也已经不像以前那样单调了。不知李总从哪个朋友那里要来了一些字画，大头屋里的是刘禹锡的《陋室铭》。李总的办公室里是一句诸葛先师的名言 :“非淡泊无以明志，非宁静无以致远。”别说看起来还真是很有气派。真不知道，为什么越是没有太多文学功底的人，越是喜欢这些东西。

大头熄灭了烟很专心地听我说话。看着他对我这样尊重，我倒有些不好意思了。“大头，你最近如何啊。”这样的开头，其实我还真不知道自己要说什么。

“大师有话就说吧，就咱们两人。”大头很直爽地说道。

“这样公司运营到今天总算开始步入正轨了，估计很快就会有收入了。”我说道，“李总有没有说什么时候可以返还佣金？”

“大约在 1 月 15 号左右吧。”大头典型地见招拆招，估计是忽略了我前面的话。

“这样那就好，这样，公司咱们做了这么久了，你觉得大家如何。”我说道。

“大师这说的是什么啊，我在你面前还有什么可以说的，你都看到了。”大头显然被我这样的问题弄得糊涂了。

“这两天白金战法总结的如何了。”我问道。希望从其他方向能启迪下谈话。

大头看着我泄气地摇了摇头 :“还是不行，下单和平仓的位置还是很难找。”

听到这个答案我不禁踟蹰了，要知道如果连下单和平仓都没解决，那就可以说白金战法就真的还没开始有用呢，虽然李总很想把它作为标志，成功的标志。但大头的话无疑标志了它的终结。

“这样，我能做到的我尽量做就是了，其实时间过得还是很快的，我马上就要和公司说，我要考研了，可能会离开一段时间吧。我已经把应该教的事情，都交代的差不多了。相信就是公司现在离开我，应该也能正常地运作下去了。文秘我带的也差不多了。就算是大傻，我也都把该教的教完了。你还有什么要问的吗。”我黯然地说道。

“大师你不会不回来了吧！”大头可能察觉到了我神色间的差异。

“也许吧，这个很难说，”我说道，“如果我不在的时候发生些什么事情，你们一定要听李总的。”相信这种表达他应该能听出话外的意思，毕竟听李总的是他们一直在做的事情，而我此时的强调无疑是显得画蛇添足，引人遐想……

看着他还是没有什么感悟的样子，我继续说道：“你和大羊都很年轻，（这里我显然忽略了不论大羊还是大头都至少比我大两年多的事实。）而做公司还有很多事情，不是我们（这里我使用第一人称复数，已引起共鸣）能够理解的。所以不论以后发生了什么，或是你觉察了什么，都要全身心的服从李总，把公司做好。这样你们才能有出路。不然，最后的失利者一定是你们。当然公司也就失败了（其实这句话，是为了不使得前面话太过暴露，而用以迷惑他的话语，毕竟我不希望人家在和我谈过之后，就从一无所知到有所觉察。），所以你们一定要听李总的。”

经过我的悉心引导，大头显然若有所思了。为了继续不显得过于暴露，我又开始转移话题道：“当然我考完研，还是应该会回来的。”这里我又用了典型的出尔反尔，来迷惑其注意力。“你放心，我离开的这段时间应该不会有太多的意外。”我安慰到。

最后，在我前后矛盾倍出的表述下，大头竟看起来真的懂了什么。

正当我准备走出去的时候，大头说道：“大师，你认为田思思和冯婷婷到底哪个好？”

说实在的，这个问题我开始以为是个一般疑问句，因为我的思绪还停留在刚刚的那段告别演讲上。但看到他的神色我立刻觉察到，这个问题显然不是在向我询问她俩的人品上。

我不置可否地说道：“不好说，都是一般般吧。”这个评价无论从我的判断，还是事实的角度来说，都应该是个可以接受的答案了。毕竟她俩如果真的从能力上讲，那就真的是一无是处了。只是我嘴上留下了几分余地而已。

“我想让田思思留下来，但上回冯婷婷给我的信，我开不了口了。”他显出了为难之色。显然这是向我求救，但我显然不能帮他这忙。这两个“装饰物”能在公司留住，自然有它的道理。既然把她俩留在公司的是李总和大头，那让她俩离开的事情也要他们去办了。

看着我没有表示，大头不禁有些急了说道：“大师，你去说吧。”

我眼睛直视，笑着问道："你让我去说什么呢？"

大头看着我尴尬地说道："你和冯婷婷说让她走吧。"

我的笑意更明显了，婉拒道："你太为难我了，我给她们做的培训，这哪能说的了。还是你自己考虑吧。"看着他为难的样子，我走出了办公室。

来到大厅和学员们看看盘。傍晚就要到了，而这个时候往往是欧洲盘有些行情的时候。后来大头还是和冯婷婷谈了话，遣散了她。只是这些显然不是我要留意的了。

走了的已经走了，留下的就要做好。唯一的遗憾是，我对田思思的信心些许有些不足。

12月31号是这一年的最后一天。说实在的，按理这一天也应该算是我一个月实习的结束纪念日。只是我实习的道路有些特殊。这天我还是准时来到公司。文员坐在了应该坐的位置上了，终于只剩下了一个了。但显然田思思还是没有做好工作的准备，早上我让她将一些开户的文件准备好以备将来使用，就是把七张纸复印成五份，再分好。结果一个小时后我再去，才发现她还没分完。原因很简单，人家不认识英文，正在细致辨别每页纸的异同然后分类。

其实说实在的，我对于她的努力还是持肯定态度的。只是从业务的角度，些许的有些无奈罢了。于是我很简单地帮她完成了工作。然后再次告诉她这些文件的用法。和她聊天我才知道她今年才21岁，原来如此，还是年轻人嘛，那就可以理解了。她自己说她曾经在售楼的地方做过公关，然后才过来的。这就表示她还是有工作经验的，这不禁使我肃然起敬起来。看来好的面孔所带来的福利，真的是不能猜测的啊。

正当我在对田思思做"市场调研"的时候，大傻也回来了，刘娜和顾威都入完金了。估计下午小何和民哲就会入完金的。由于马上就是元旦了，行情也开始平稳了。大家都在等待晚上的新年晚宴。

大约下午四点左右，李总回来了。身边还带来两个朋友，如果我记得没有错的话，那是李总的股票区域经理朋友，一个姓廖，名字是廖振华。另一个则不太认识。两个人长得都十分壮硕。也许是常年应酬的原因吧，啤酒肚早早地就显现了出来了。李总先是邀请他们进到自己的办公室里，简单地谈了一下。等他们出来的时候，时间已近下午4点多钟了。小何和民哲也先后汇完款了。大家都在大厅里等待晚上的聚餐。

其实，从感情的角度来说，我还是觉得这个时候聚一聚，貌似没有什么过多的必要，毕竟现在大家还不熟。这一聚餐又会使得公司破费。主要是会使大羊破费，说白了公司的钱就是他们的钱。李总是一分钱也没有拿出来的。但是从我对饮食的偏好来讲的角度，还是喜欢热闹的聚一聚的。最后，看到大餐的份上我就忍了。

李总来到大厅，大家先后入座。等待他的发言，他的两个朋友也找到两个座位坐了下来。李总开始了一简单的会议。

“这样，咱们公司从今天开始就定下来了。就是在座的各位了。短期内公司也不打算再招聘了。”李总清了清嗓子说道。对于这个开头，我自己在心里认为还不是很好，因为我们以招聘来开发客户的道路，应该不会这么简单地结束。

只听着李总接下来说道：“咱们以后就是一家人了。这样我开始介绍下咱们公司。我叫李洪陆，今年27了，原来在证券公司做区域经理，后来在几个投资公司做过，现在自己开了这家公司。这个是大头，这个是大羊。他们都是公司的股东，我们的分成是这个样子的，我占百分之六十，他们占四十。”

如果说什么比震惊还大的，那就是今天发生的事情了。李总的这个介绍，不仅仅将公司最后的面纱摘掉了，更将公司最后的想象也抹杀了。要知道，无论是大头还是大羊，其本身都没有过人之处。大家不禁会想到，凭什么他们可以在公司里占到四十的股份。这种不平衡的感觉，将来无疑是最大的危机。而李总将自己的老底现在都交代了。那也就是说大家绝不会认为他的背景有什么神奇的了。当然，李总可能会认为自己年轻有为的形象，会屹立在大家的心中。当然我对这种可能是十分怀疑的。要知道，现在这个时代，知识被贬低的，已经在大学里公开“叫卖“了。只有从小，就是打从出生时，就占有既得利益，才会受到尊重。而这种震惊和接下来李总讲的话相比，就算不上什么了。

只见让他手指着我说道:“这位是赵夕源,我们都叫他大师。他算卦看相都是很厉害的,我们都很佩服。这个人大家已经处了一段时间，相信大家也都有一定认识了，真的很好的，能力很强。”看着大家揣测的目光，我不禁尴尬地笑了笑。同时向李总表示，那是言过其实的，然后小小地谦虚了下。看来我将来是无法摆脱自己作为江湖骗子的命运了。而且更可怕的地方在于，相信不久的未来，向我寻求无偿咨询的人会越来越多的。而我迫于自己自强的本性一定会一一婉拒，这注定会造成我在大家心目位置的下降。当然，我也可以远离人群来玩神秘感，但显然这不是做公司的人应该做的事情。

从这一刻开始我是真正的被李总从公司的管理层，拉到了江湖骗子的层面了。也就是说，将来无论如何大家都不会看到我其他的方面，而只会注意到我是一个会算命的大师罢了。李总短短的几句话，把公司给暴露得差不多了。

而现在李总开始指指廖振华说道：“这位是我的好朋友，他叫廖振华。今天我也邀请他来和我一起聚会，要知道廖振华可是我们证券公司的能人，他开户的能力，在我们公司那里，也是数一数二的。旁边的是王贵宁，也是传奇人物。他在廖振华的团队里做股票经纪。他做股票经纪的时候，每天都能开个户。我们都戏称他为‘一天一个’。”大家的目光齐齐地看向这两个大腹便便的男子。他们只能和顺地笑笑。

李总接着道：“将来咱们公司做客户这一块还要廖振华多多照顾。”廖振华很谦虚地点了点头。显然大羊和大头除了是“李哥的哥们儿”这一点外，没有什么可以夸耀的。

于是李总的介绍就到了李老师。他说道：“李老师大家比较熟悉了。这也是咱们公司的人才。从日本留学回来的。”显然，他已经没有什么可以吹耀的了。李老师估计也没有什么作为，能真正地在人前炫耀一下的了。而刨除他做外汇这一点，他最多只能算是一个“海归”而已。而看他在这个公司的形势，估计马上就要成“海待”了。就这样，李总的几句话便将公司的老底统统地倒给别人了。其结果无疑是告诉别人，不用猜了，这个公司就这点儿斤两了。

接着他邀请刘娜他们，开始具体地自我介绍一下。刘娜开口道：“我大家都认识了，叫刘娜，以前在北京做过一段时间的销售，后来经济危机也就回来了，现在在哈尔滨，我很有幸成为公司的一员，希望在以后的日子了里和大家一起把公司做大做强。”对于这样的就讲话，我们是给与掌声奖励的。但我不禁发现，经济危机真是一个大筐，什么都能装。任何人的错误在危机里都成为了必然，这真的像古代的君主，治理不好国家就说是上天不给面子（天不佑我）是一个道理，最后成功一定是自已的，失败就一定有客观的原因。

继刘娜之后顾威接着说道:“我叫顾威，我还有个姐姐叫顾严。合起来我们就是威严。这是家里起的。以前我做过一些投资什么的，也就是买些基金。现在在咱们公司做交易，希望以后大家多多照顾。”听到这个介绍，我真的很难下评论。说实在的，可能是懒得费力气，分析这个话里有什么含金量。显然李总看重的不是这些人的能力，而是他们是否有能力真正的给公司带来利益。

接着民哲开始了介绍：“我是大头介绍来的。我跟大头从大学里就是很好的朋友。现在在公司做交易员，也希望将来跟大家共同进步。”如果这之前大家也许会觉得大头很一般，但在大家认识的大头是股东的这个事实之后，显然他就变得更一般了，而作为他的朋友进来，也就顺理成章了。

有大头的朋友自然有李总的朋友。何朝晖一张口就是：“我叫何朝晖，今年 21 岁，是李总妹妹的同学。”

李总接道：“其实你进来是最不容易的，你以后一定好好做啊。”

小何说道：“李总放心。我一定尽力。但我还是很荣幸和大家在一起成为同事，如果以后有什么照顾不到的，或是考虑不周的地方大家多多包涵。”

这段话语过后就轮到了我身边的文秘，也是我现在权力唯一能控制的下属（当然这只能是在道理上讲）。

田思思道：“大家好，我叫田思思，今年 21 岁。以前在江北的一个售楼处做推销。现在在公司里做文秘。希望和大家好好合作将来。”

大家介绍完了，这家公司也就差不多了。

11.2 夜 宴

哈尔滨是一座神奇的城市，看着这座北方重镇，真的很难说是中国的古老建筑。不要是说有什么历史，就是很多最老的楼也很难有百年历史。在别人的心中，这座城市更像是一座新生的城市。但往往就是新生的城市，巨大的人流带来了很大的不稳定性。与其说是一座城市包容性很强，不如说是这座城市太过于冷漠的对待他的每一个个体了。冷漠的为人，低调的处事。如果没有朋友在这座城市，冬日的阳光中，都透着些许的寒冷。而现在，虽然明亮的街灯点亮着这座城市，可一个个窗中透露出的，却是一个个悲欢离合的轻喜剧。

现在虽然还很早，但元旦的街道上，还是人来人往一派繁华。人们一边在街上欣赏着中央大街上的冰雕，一边和身边的人，静待元旦倒计时。就连平时最匆忙的人，此刻也放慢了脚步。

我和李总一行，开始走向预定的饭店。李总不愧是这条街上长大的。在他的带领下，大家没有一丝疑惑。慢慢地我们开始前后分流，组成了一个个小团体，李总和廖振华和王贵在一起成了第一梯队，李老师身边是刘娜和顾威，大头则和大羊，民哲在一起。我不时地穿梭其中，看着冬季的天空，看着街上的行人，看着身边马上就要成为“曾经”的同伴。雪缓缓地飘着。

来到景山酒店的时候，时间也就是晚上 7 点多。没想到到了饭口，人竟然还不是很多。李总和大家先进到二楼的包厢里了。一楼点餐的任务交给了大羊和小何，最后刘娜也去帮着选了一下。我则选好了屋里的位置。主动地选择“菜道”（就是上菜的地方，一般是身份低的人做的。）坐下，倒不是自己真的没有位置，只是觉得我不入地狱谁入地狱，后来郭老相声将这句话改为：“我不下地狱，谁愿意下谁下。”我认为改得很好。

大家开始入座了。李总和廖振华他们做在一起，大头和李总做个对面，旁边是大羊和田思思。我做在菜道，这没有什么。但身边却是民哲和大傻，这我就有些不自在了。大傻的喝相真的不敢恭维。李老师坐在我对面。刘娜和顾威安心地坐到一起。看来这对姊妹花是真的很团结的。慢慢地酒菜开始上来了。于是我们的夜宴就正式的开始了。

李总首先端起酒杯祝酒道：“过了今天，明天就是新的一年了，大家在新的一年里一起奋力，将公司做大做强。”大家举杯，干了。

接下来大家就又开始了一阵沉闷。

接着大头为了调动氛围也开始祝酒，但是大家虽然干了，也说了些同心协力的话语之后，就不知道应该说什么了。时间如水般逝去，但大家真的很是沉默。期间一直无法形成小规模的谈话，往往李总和廖振华开始谈话之后，不论他们谈的是近期的身边的故事还是身边的人，大家立刻静下来听他们谈论。大家话很少，话题更少。

酒桌一时间陷入了僵局。李总可能也是觉得分外尴尬，于是笑着尴尬地说道："你们谁再说些什么啊，不要总指望我啊，"看到刘娜和顾威还在悄声细语，于是继续道，"这样你们继续相互唠嗑也好。"但大家听到李总这样说，后反倒更加沉寂了。

接着李总将话题转到我的身上："大师这两天打单很成功啊。跟你们说咱们公司大头发明了一种'白金战法'，在市场里很有用的。结果让大师给偷学过去了。你们看大师这两天赚的。"

我笑笑说道："哪有，我用的是三重滤网系统，呵呵，只是这两天运气好了些罢了。"我估计我就是说"三弦开花"他们也听不出什么不同。大家还是对这个话题有些兴趣的，因为毕竟这联系到金钱了，而金钱神圣不可侵犯。

我谦虚地说道："这些没什么的，人民币就几百块，几顿饭的事情。"这是降低他们的期望。但还是有人聪明的指出按比例这可是20%啊。最后大家聊聊也就没有话说了。但我从他们的眼中看出了跃跃欲试的感觉。李总又想挑起新的话题但还是迎者无几。李总一时间连尴尬的笑都没有办法。

大头接过来李总的尴尬，继续一轮无序的祝酒。酒现在来说已是过了三巡。但真正的话题还是没有。大傻喝的开始打嗝了，已经开始有人上卫生间了，这时我才注意到小何喝酒真的是海量啊，他喝酒连杯都能喝进去，一口就闷掉了。

就连田思思这样的女孩，也从来对酒杯不打怵，都是来了就干掉。可就是这样还是觉得酒桌上少了些什么。如果这里有某个酒局经验丰富的人，一定一眼就能看出，这也许就是少了所谓的"默契"吧。

这样的环境，廖振华显然也开始有些坐不住了。而我被作为大师，自然和凡人有了差距，不能轻易呼朋引伴。也许是闷酒的原因，大家都开始喝得有些不在状态了。李总也有些眼光涣散了。不知是真的需要，还是只想透透气，大家开始频繁的上卫生间了。

正当田思思上卫生间的空当，李总开始对大头说话了。

李总先是对着廖振华说道："现在公司很难管了，很多事我说的都不算了。"说着他看向大头，声音也提高了。这下桌上的人就开始停下了自己的碗筷。看着这出戏。

大头看着李总很尴尬但又有些乖巧地笑道："李哥，哪有这些。"

"怎么没有！"李总显然也开始有些激动了，然后开始向大家说道，"咱们公司有两个文秘，一个是我推荐的，一个是大头推荐的。结果昨天大头趁我不在，把人家给辞了。"

大家显然被这个话题弄得不知所措。大头还是在那里争辩："没有，李哥。"看来他还没有意识到问题的严重，接着说道，"李哥……我错了，我不该这样。"

李总一把就把酒杯越过桌子丢向了大头的面前，嘴里说道："你错什么了，错了！"一看李总是动气了，大家便开始安慰李总。廖振华一个劲的说："洪陆！别这样，别这样……"

大头也在陪着笑，只是这笑容有些许的尴尬和苦涩。正在这个时候田思思从外面和刘娜回到座位上了。

大头看着坐在旁边的田思思说道："如果公司把你辞了，你看怎么样。"

田思思笑着答道："好啊！"

大头说道："那你明天不用上班了。"说着大头把脸冲向自己的酒杯，沉默。

我愣住了，大家都愣住了。我估计我想了一万种可能，也想不到，一个问的这样没有计划，另一个答得这样没有脑子。

如果大头说辞退的话，相信在酒桌上，田思思完全可以用酒杯敬回去说道："和大家相处真的很愉快，如果有什么做的不到的还请指正，怎么酒席才刚刚开始就说到分别呢。"相信这种简单的话语，再配合女孩的笑容，也不至于得到这样的答案。相反大家会以同情的目光和她讲讲，这样话语的交流，事情也就转机无限了。但这一切都只能是想象了，而现实就是现实。田思思的一句话就把自己给开除了。说出去的话，泼出去的水。

如果刚才田思思的面容可以用阳光明媚来形容，现在就是阴云密布了。哭，眼泪像断了线的雨丝，从红红的眼睛中开始静静地流淌下来。顾威坐在旁边也不知如何劝慰。

现在轮到田思思开始表演了，只见她举起酒杯站起身来说道："李哥，怎么的，酒没敬到我接着敬，喝的不好我接着喝。怎么了，不满意你说。"大家看着她挑衅的样子真的没有办法回应了。顾威劝田思思坐下。当然，在气头上的年轻女孩肯定是不会听劝的。

李总理都没理她的酒杯说道："我最恨在工作的时候搞对象的了。"

田思思更怒了，叫道："李洪陆。你说清楚，我和谁搞对象了。"然后哭着说道，"我原来在售楼处的时候，就是不喜欢别人说这说那的，才出来做文员的。现在刚来公司才几天，李洪陆你说清楚，我到底跟谁处对象了。"说完眼睛直视李总。

李总看着她喊道："你跟谁叫呢！"

田思思还站在那里，眼睛毫不畏惧地盯着李总。看着这个架势大家马上开始圆场。先是廖振华，他对李总说道："洪陆，今天就算给我个面子，消消气。大家出来都很开心。"

李总打断道："今天开心个屁。"

廖振华加重语气说道："洪陆，来干了这杯，我马上要走了。今天早上就和你说好了我有事。就坐到现在，现在要走了。给个面子喝了。"

李总接过酒杯，干了。大家开始送别廖振华和王贵。临走时廖振华反复叮嘱李总不要生气什么的。廖振华走之后，大家又回到座位。

李总又是一阵沉默，然后对着田思思说道："你知道吗！要是以前，就你跟我刚才这样，你走不出中央大街！"

结果田思思也不甘示弱的说道："你知道吗！要搁以前，我保证你下不了这个楼。"

李总看着她说道："你现在就码人，咱俩试试。"

田思思更是由怒转笑说道："试试！"

他们双目相对，似笑非笑。

大家无语了，李老师打圆场道："洪陆啊，我觉得和你们有隔阂，你们都称呼名字，叫我都是李老师，咱们一起做公司，以后你也叫我的名字吧！"说着举杯向李总。

李总现在显然分不清什么话语，眼中满是迷雾的说道："那不行，李老师就是李老师。"干了这一杯，然后就继续和田思思对视。

看到这里大家开始离桌了，我是最先走的，他俩相互威胁的时候，我就装着短信的样子给自己的手机定了个时，然后借着铃声假装出去接电话。解铃还须系铃人，现在的事情只能靠李总、田思思和大头他们三个解决了。只要田思思给李总个台阶，相信这就不难解决，但她会不会给呢。

在榜样的带领下（也可以说是大师的带领下），不大一会儿走廊里就站满了人，屋里就剩下他们三个了。显然不论是大羊还是大傻，都明白自己没有能力干涉这个屋里的事情。我也就开始和大羊聊些闲事。看得出大家出来之后，气氛立刻轻松了不少，有说有笑的。记得大家平时也是如此，可为什么刚才在房间里大家整个酒局都闷闷不语呢。

刘娜先找到了我，李老师也在一旁。大家开始和我聊聊相面的事情。既然李总已经把我作为江湖先生了。我也就懒得废话了，你们把我当算命的，我就算给你们看好了。

刘娜问我："你看看我的面相说说吧！"

我看看她的面庞，微微翘起的嘴角，印堂虽然宽阔，但现在却有些淡淡的小痘痘。于是装模作样的用二指钳住她的手掌说道："你是个很大度的人，只不过说话很是有些花哨。呵呵，说的具体点儿就是言过其实之处多些。"

刘娜看看我，叹了口气说道："没办法，做销售就是这样。你还看出了什么。"看来她真当我是免费体验版了。

我看着她笑笑说道："一天就说一样还不够啊。"言语中婉拒的意味十分强烈。

最后刘娜还是不甘心地说道："那这样，你算算我多大吧！"

看到她这个样子，看来我要给她个台阶下了。于是我笑笑说："好啊。"其实说实在的，我没有看过她们的简历。没办法，她们的简历大头早丢掉了，等我要的时候，他才想起来。他就保留了文秘的电话。其他的就一概不知了。所以不要说她们的背景。我连她们的电话现在还没记全呢。更不要说年龄了。

于是我简单的分析了下。刘娜应该是 30 以下。看她的样子应该也是 26 到 28 岁。说她太小，又很成熟。说她太成熟，也不至于。再想，如果她真的 27，我说她 26 显然不合适，她会觉得不正确。再说中国自古，年龄就有两种算法，实岁和虚岁差了一年，所以我只要说一个把握相当大的年份就好了，反正如果不对，她也会在心里用实岁和虚岁自己调节的。

思及如此，我就在她的手心上写下了27的数字，然后就转身走开了。女孩的岁数还是不要大声说出来的好，这里还有不少人呢。只留下她吃惊的张着嘴巴。

我转身来到包间，向里面偷偷地看了一眼，现在田思思不知从那里弄到一根香烟，正在吐着烟圈和李总对视。刚才听里面的吵闹声，显然她们是对骂来着。大头夹在中间，沉默，沉默地吸着香烟。看这架势估计还有一段时间。

我又晃哒回来，和大羊聊天。显然刚才稍微露了一下，她们很是佩服，但看着我的态度，应该也不好意思麻烦我了。毕竟我名义上也是经理，算是这里级别最高的人了。期间民哲试着进到屋里，结果还没进去就听见李总和田思思对骂，于是立刻出来了。看来双方真的是互不相让啊。我真的有些不耐烦了，算了还是出手吧。结果探风的时候，我正好听到，李总对田思思说道："姐，我错了。你别这样了。行了吧。"

田思思显然很是受用地抬着头，只听李总接着说道："这样，我错了，你就消停消停吧。"

看来李总已经选择先低头了，那相信过一会儿就可以进去了，我也不用不着出手了。于是我在二楼逛了逛。

果然只过了一会儿，李总出来对着大家大叫道："做什么呢，不进去！是不是这里不能进！是不是这里不能进！"

大家在他的鞭策下总算回到了酒桌。田思思、大头、李总都闷头吸着烟。大家看着屋里杯盘狼藉，估计是喝到了尾声了。但大家谁也不敢就此散去，都在等李总的话。

大头趁机把我叫出去，问我到李总到底是什么意思。我只说了四个字："斩马立威。"看着大头根本没听懂什么意思，我耐心的补充道，"李总想树立自己在公司的绝对权威，你以后听他的就是了，记住我今天和你说的。"回到屋里还是一阵沉默。大家显然更安静了。

由于时间也接近十二点了，我就建议散了吧。李总就和大头喝了最后一杯。就这样，我们的夜宴结束了。结束了我们的元旦聚餐。

大家开始陆续走出酒店，十二点将近的时候，街上已经是人山人海了，大家都在等着新年倒计时。路灯映衬着整条大街，显得五光十色。远处在街中心搭了个临时的舞台，上面的司仪搅动着现场的气氛，很是热闹。街上每隔几米就是一个美丽的冰雕，冰雕映着彩灯，色彩灵动的如同巨大的翡翠，发出摄人的光芒。

满天飘着细细的雪花，仿佛这雪没到地面就被人们的热情吞噬了。接着大家开始倒计时。"十、九、八……二、一。"倒计时的喊声震天震地。无数的情侣相拥着倒数着这最后的几秒，在新年钟声敲响的时刻，两个人紧紧地吻在了一起。一时间烟花在中央大街上到处燃起。远处的江边上也是一片欢腾。

新的一年

新的一年就意味着新的开始，如论过去有何错误，新的一年都可以不在乎。新的一

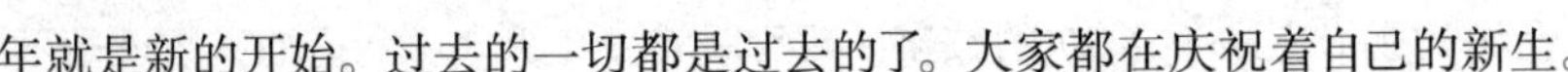

年就是新的开始。过去的一切都是过去的了。大家都在庆祝着自己的新生。

我看着这沸腾的场面，心中不免有些感叹。总算结束了过去的一切。可我的未来又在那里呢。突然感到身上一颤，一看手机上有了一条新的短信。

卓逸飞的号码下写着四个字："新年快乐。"

11.3 选　择

看着这新年的祝福，现在仿佛又有了新的含义。既然别人可以开始新生，我又何尝不是呢。现在是该选择的时候了。由于元旦外汇休息，公司决定了从元旦的1月1号到星期天的1月4号都休息。

我想出了以考研作为借口离开公司，同时差不多学校还有个期末考试，那这样算来我应该到一月中旬才能回到公司。于是我决定利用这段时间，把西服干洗一下。于是我跑回公司去更衣室取衣服。

当我打开公司大门的时候，才发现公司里不是只有我一个。里屋经理室的门后传来了李总和大头的声音，李总在说着什么，大头则表示的相对强辩一些，声音不是很大，我也听不太清楚，看来这是股东之间的对话。我没有参加的欲望，打开更衣室的房门，取出衣物安心地离开了公司。只是半个小时的时间，中央大街就好像空了一半。三三两两的情侣穿梭在冰雕之中。我走了很远才拦到一辆车。新年的开始倒是不错的，就是车难打了一点儿。

当我回到家里的时候，已经是深夜了。小白小黑的房间门都紧闭着。看着屋里没有什么餐具，估计他们没有做什么晚饭。（因为他们根本不会洗碗。每次都要求我。说实在的，我也不敢让他们洗，他们每次洗碗，都把洗涤剂直接弄到餐具上，看着这无异于自杀的下毒方式，我从此就禁止他们洗碗了。）想想自从我实习以来，真的和他们疏远了很多。很久没有和他们把酒联欢了。考研已经近了，也不知道他们准备得如何。

我静静的回到屋里，退去外衣，打开台灯，坐在书桌前，静静地发呆。手机还是一会儿就有条短信进来，但朋友们了解我的都知道，我不喜欢短信，任何节日也不会发什么短信，所以也不会好意思打扰我。只有那些和我半熟不熟的，还在例行这样的公事。

想想今天我的实习就完整一个月了。一个月前我还在安心地闭关中学习，一个月后我却进入了这样的迷局中。如果说昨天我对公司还抱有任何期望的话，可以说我有了今天的所见所闻之后，那些幻想也就应该荡然无存了。想来如果没有我，这个公司应该也能按照自己的轨迹发展下去了。至于大头和大羊能不能挽回损失，说实在的，

我觉得问题还是不大的。我的交易量如此的少，两天就打了20美金的佣金给公司。现在大家又已经开户交易了。相信在一个月后他们回本就差不多了。当然，在新年之前，我还有时间的这段日子里，还是尽量给予他们支持吧。也以此作为我给他们留下的最后一份礼物吧。

定好了未来一个月的事情，心里倒是轻松了许多。思绪又不由得回到了今天的晚宴上。想想今天的冷场应该和外人的介入有关吧，虽说是李总的朋友，但外人的加入，无疑使得公司里本来就陌生的人，更加拘谨了很多。想到这里，我不禁有了新的猜想，但是为什么这些人要来呢？难道李总已经有新的布局了，接着以前的思路，李总应该逐步削弱大头和大羊的位置，那这样看来，今天的两个外人，很可能将来就是两个“内人”了。李总一分钱没有花，就开始将公司逐步归于自己的真实控制了。我不禁点点头，只是时机上，他可能把握的有些急躁了。可转头又一想，如果不是今天他和田思思的对峙，这个策略还是很不错的。如果我没猜错的话，接下来，这两个外人应该会在公司人的心目中占有个位置的。相信这次李总不会，也不应该，太急了吧。

至于田思思的状况，李总应该也没有把握到。毕竟他的目标是削弱大头，但大头却没头没脑地惹到了这位“大小姐”，结果李总在公司人的面前又不能不考虑影响，不能服软，不然就没有办法立威。但回头想想，这应该不是大头想到利用田思思来对付李总的。毕竟谁能想到，这样的女孩背后，竟然是江湖的背景。一句软都不服啊。看来她从公司消失应该很快了。如果让这个女子继续留在公司，李总的权威就真的荡然无存了。李总今天和田思思的对决，不能不说还是有些可以借鉴的。毕竟李总最后的妥协，才使得今天的饭局能够收尾。希望将来大头他们也可以得到这样的妥协。

还有李老师的表现，也是很有意思的。看来李老师也注意到了，“老师”的称呼一方面固然代表着尊重，但另一方面，又将他从公司的内部，永远地排斥到了外部。老师就是老师，除了老师什么也不会是，也不能是。所以他急于改变自己的位置，不希望自己永远作为别人的“万事通”。看来他也是在找寻自己的活路罢了。

公司的具体情况就是这个样子了。但李总很快就会招新的员工的，毕竟这些人的交易虽然能养活公司，但还不至于使他发家致富。他连大学生的实习之路都能创造商机。这条路看来他是不会轻易放弃的了。只是这回，这个局里不会有我了。我已经将开户的方法尽交给了大傻，文件的填写虽然麻烦些，但大羊应该也能应付。至于别的接待，大头应该也能接下来，毕竟他也看了很久了。技术分析方面李老师也够用了。这样想来，公司没有我还真的能行。果然，地球没有谁也会照常运转。太阳每天都是新的，而我也要奔向我的新生活了。

最是那一低头的温柔，

像一朵水莲花不胜凉风的娇羞，

道一声珍重，道一声珍重，

那一声珍重里有蜜甜的忧愁——

沙扬娜拉！

第十二章　淡　去

12.1 考　研

考试时间1月10日至1月11日，我报考的是仲仙大学的宗教学专业。虽说这门专业可以说是全国冷门专业中的冷门。但仲仙大学毕竟是全国34所自主招生的院校之一，报考这样的名校，如果没有一定的基础课知识，还是很有难度的。由于我不看书不是一天两天的了，现在要考研，无异于天方夜谭。看来老夫不用"非常"手段是断然没有办法的。我的出路到底在那里呢，我不禁陷入到思考。于是决定还是重新看看，今年九月我占卜那个关于考研的一卦，看看事情的转机在哪里。那一卦上，"老大"明确的说了：

想考上理想的院校，那是做梦。但是考试的分数不会很低，所以一定会有学校要，具体的位置在东南方（从现在的位置看）。所以一定要考。

看到这样的结语，说实在的，还是有一定启发意义的。毕竟，我现在不会妄自菲薄了，考试一定要考的。

接着我从宏观的基本面进行了一个小小的分析。今年的金融危机正在逐步向实体经济蔓延，所以下岗成了今年的流行风。另一方面巨大的学生结业潮，一定会增加就业面的宏观压力。所以从这一方面来看，国家还是希望学生考研的，这样可以分流就业人群，将就业的压力转移支付到三年以后，从而维稳现在的经济形势。所以现在上面会尽全力的拉学生了。

另一方面来看，研究生经济可以直接带动学校创收，所以学校也是有这样的热情的。所以只要同学自己努努力，希望还是很大的。

现在的问题已经不是能不能考上，或是考上哪个学校这样的问题了，而是如何能考上的问题。考不考这是战略问题，而如何能考上这是战术问题。

从现在看来，至考研前我还有9天的时间，这期间我还要参加个俄语考试，大约是7号的样子，最无耻之处在于这是俄文的笔试。而我们大学的俄语考试不是一般的难，在"黑大"（黑洞大学）扩大招生范围之后，就是普及平民化教育之后，这门课便每年都能挂了半个系的学生，为学校的补考市场创造了巨额的收入。面对这样的市场正效应，这门课的挂科率更是直线上升，据说这门课的考试卷答案已经卖到上千了，而系里的老师更是参与其中，利益分配和市场氛围都极其复杂。如果这科考试我挂掉，可以说今年的毕业就告吹了。而最可怕之处就在于，我已经两年没看俄语了。不知道是哪个没心肝的老师定的考试时间，和考研靠得如此的近。我在心底对他的祖先挨个问候了一遍。但事实没法改变，时间紧，任务重。

考研的那个方面，我现在要面对的问题是四门功课。一是公共英语，我英语的底子是家里从小花了无数真金白银，大大补课练出来的。所以，几年不看也有些许的自信。至于公共政治我也不是很担心，毕竟有资料在。高中的政治我就是其中翘楚。而最难以运作的是仲仙大学所规定的两门课程，一门是中国哲学。对于这门课程我是认真地看过书的，但我清楚的知道看书和答题是完完全全的两个方面。

原因很简单，你不可能将书里的东西全背下来，因为书中的体系和答题的体系往往是两个东西。针对于答题这一点，我找到了“黑大”的一位哲学专业研究生师姐。这是我今年晨游的时候认识的，我教她游泳，她教我哲学，后来当我当面给她背了一段《大学》之后她就不敢教我了。但她的笔记和卷子还是很及时地给了我。另一方面，我从仲仙大学的网站上，把他们历年的中哲考试题都打印了出来，细致分析了一番。

最后一门，就是宗教学基础了。这一门就没有办法了。虽然那个师姐很想介绍“黑大”的宗教学人士给我，但我没有时间跟他浪费，毕竟两个学校的学风不同，而宗教学的内部分歧是很大的。所以我还是以分析仲仙大学的考卷为主。这样我的考研战术就定下来了。

至于我的俄语战术。我的俄语功底也是有些的，毕竟在我的生命中曾经有两年的时间里我是和俄语朝夕相伴的，早上就是俄语广播，然后就是晨读，晚上我也会弄俄语听写。如果不是我最后对他实在是兴趣索然，相信我的造诣不会只有如此。这样我的战术就定下来了，接下来就是执行了。

我把执行分段三个准备阶段。

首先公欲善其事，必先立其器。于是我立刻找到小白小黑，让他们把考研的政治资料给我准备好。和人同居最大的好处就是可以互通有无，而显然养兵千日用兵此时。我今年 6 月和他们一起报了一个考研政治班。同时吩咐其一定把我的英语资料备好。结果再见到他们时，他们给我带来了一个吃惊不已的消息。他们恋爱了。现在已经由考研的战友关系转为了情侣关系了。

听到这里我不禁心头一颤。看着他们的神色，幸福却透着一丝隐隐的不祥，我不敢和他们说什么。如果我心里想的是真的，那他们一年的努力就真的付之东流了。甩开心里的愁烦，简单地把任务布置给他们。然后电传师姐让她把资料准备好。师姐十分快速地准备好了资料。我也准备好了仲仙大学历年的考题。

这样，我就在 1 月 1 号的下午开始闭关学习考研课程，将俄语真正的丢在脑后。英

语我选择了三年的考研真题，反复地研读，思考，写了一个万能作文模板。同时保证这个模板不是雷同作文，这样不论他出什么样作文，都不会超出老夫的计划了。至于政治要想看书，那已经是不可能的了。于是我对于最后政治班的押题册给予了重点关注。我使用“视觉扫读大法”将40多页的文件印在了脑中。最后又将历年的哲学、宗教真题拆分干净，保证可以做出一个比较简单而全面广博的答案。就这样，在1月4号，当我出关的时候，已经心里有了些底了。

第二阶段，准备俄语考试，虽然俄语看起来没有边际，十分困难，但老师还是相对慈悲的。老师一般会在这个班级透一些题，那一个班里透一些题。只不过这要在考试前3到4天才会出来。现在已经到日子了，于是在1月4号的时候，早就有同学把题目汇总成册了。虽然老夫不混学校很久了，但关系还在，找到个女同学的电话后，就把一切搞定了。拿到这份资料后我知道，我不可能是满分，但我一定能过。因为和那半个系的人比起来，老夫的优势在于我真的用心学过俄语，起码我过了专业俄语四级。而且我能分清俄文字母。就这样我7号的上午顺顺利利地通过了考试。当然当时结果还没下来。但我心里清楚我过了。

第三阶段，考研冲刺阶段，我除了像第一阶段一样继续熟悉材料之外，又添加了一些非常手段，虽然我是一个考研的学生，但我还有另一个称呼：大师。作为大师我自然会一些别人不会的方法和手段。虽然我不是玄门之人，不能够像他们那样移山填海。但我还是在条件允许之下，有限度地提高和改变一些东西。

于是从7号下午，我就开始沐浴更衣，洁净身心。因为在考研结束之前我将再也不会洗脸洗身了。这是施法的条件，至今如果让我回忆那段时间我还是不堪回首的。终于到了考研的日子。

我记得1月10号的早上，当我来到考研现场的时候，天气还是分外和谐。我穿着精心准备的衣物，按照计算好的时间和步伐，同时兼顾和别人的相对位置，安安全全地来到考场。入座之后，我开始放松身心，进入默想之中，想象自己的英语答得最快，最全面，真正地看到自己的九十几分的分数。想象自己运笔如飞的骄傲场景，之后，考试开始了。

当我出了考场之后，心情倍感愉悦，考研英语十分简单。这个时候，我没有像一般人那样要去对什么答案。原因很简单，这一天我眼中只能看好看的事情，听好听的声音。

下午我也如法炮制地做完了政治。

回到家里我又实行了一些法术，说实在的，我一年中的法术那几天实行的是最多的，目的很明确，我要高分。也许是法术真的起了效果。当我1月11号看到哲学题的时候差点儿哭了出来。一共是三个部分，第一部分名词解释。题目设置时10题任选5题作答。第二部分论述。题目设置5题任选3题作答。最后的综述题，3题任选1题作答。而且其中的题目大多是佛教的基础知识。我从小就主攻佛教，很多经典都耳熟能详。我哭了，激动的泪水。

现在我还记得最后一道大题是论述唐代的禅宗。其他的两题我听都没听过。于是我这样展开了自己的答案“掀开中国历史的长卷，在众多哲学思辨中，禅宗思想仿佛一颗璀璨的明珠，熠熠生辉……”如果说我昨天还对考试有什么疑问的话，这一刻，我的任何问题都如烦恼一般消失了。

下午的宗教学基础考试，更甚。题目全是历年的真题，人家连题目的位置都没做太多改变。而我全部都准备了答案。心中的话语静静地流淌在了纸上。最后一题更是无耻到了极点。那是一个材料题，只要抄一遍就可以了。因为材料就是最好的答案。

2 天的考试，我的考研之路就画下了圆满的句号。回家之后，我安定下心来，好好地算了一卦。毕竟看我这架势，不上仲仙简直天理难容了。随着钱币的晃动声，远古淡淡的回荡与今世的欲求渐渐交融。在一份和谐中，彼此相互影响着，净心的默想着问题，答案也就慢慢的显现在了面前，老大说道：

功名文采十分明显，成绩一定很是不错，但是一定考不上报考的学校，会有其他的学校主动找你，这个学校应该在南面，同时这里有出行之相。恐怕明年的阴历二月有南下之象。

当时由于我一心以为这里的其他大学会是“黑大”，因为这里附近只有他有宗教学了。所以我最后的结语是：此卦不明。现在想来，当真是卦不迷人，人自迷啊。

12.2 新身份

1 月 12 号的下午，当我刚刚进行完专业口语考试之后，就接到了李总的电话。理由很简单，快速回公司开会。当我来到公司才知道公司最近发生的新情况新问题。

令我分外吃惊的是，文秘的位置上并不是空的，田思思仍然在公司。只是这一次她更加变本加厉了。她的态度很是恶劣，对大头尤其是这样，对其更是说翻脸就翻脸，看着这出闹剧，相信公司里的人和我的想法也是不谋而合的了。公司里的人比以前少了些，顾威已经不在了，小何也是，原因很简单，他们爆仓了。同时大傻、刘娜的账户也都在爆仓的边缘苦苦支撑着，但他们的佣金估计已经到了 300 或是 400 美金左右。民哲现在账户上还有 500 多美金，但这不是他做的多好，而是他在爆仓之后又重新的入金了。同时李老师也开了账户，但看着他们显然在市场里，都没有办法获得赚取利润。

现在公司已经到了苦苦支撑的边缘了。于是我们今天的会议就是决定未来的发展方向。会议在李总的办公室举行。还是我们几个人，只不过这一次多了一个廖振华。于是这就构成了新的集体。对于廖振华的加入，我虽然早有估算，但还是没想到时间来得如此

的快。

李总首先开始介绍道："咱们公司马上就要开始新一轮培训了，这一次咱们有廖振华帮咱们主要做市场这一块。现在咱们想想，将来如何增加学员开户。"

大头显然被从运营室赶了出来，对此，他也没有办法。因为毕竟廖振华还是有可能拉到客户的，但大头在这一点上则少有成就。在他们的反复思考之下，最终大家决定，委派两个人做为所谓的"托"到新学员中去传递开户热情，同时掌握第一手资料，把握学员感情。

最后，他们就要选出两个能有能力胜任这个任务的人。其实排除法就很简单的解决了问题。屋里一共有五个人，李总和廖振华不会去的。大羊木讷的内热性格，应该很难取得学员的认同，所以就是我和大头光荣地获得了这一殊荣。

说实在的我对于这个安排还是很喜欢的。毕竟现在的公司里。如果真的让我负责什么我也很难有热情了。回到这里与其说什么野心，不如说是一分责任。一份对于大羊和大头的牵挂。

同时李总又重新对自己定了一下位，李总终于选择了我的故事，从今以后他就是某银行高管的儿子了。而廖振华则是负责交易市场这一块，为了适合这个角色，他们把廖振华的证券从业资格证拿了出来，对于这一点我是很不以为然的。因为咨询了逸飞之后我才知道，证券从业一共分为五门课程，其中没有一门和外汇有关。就算是其中最难的证券分析也跟交易是两回事。所以这些只能欺骗无知弱童罢了。

可后来我才知道，还真的很多人就相信了廖振华的从业资格考试合格成绩。就这样，公司开始了陆海空立体式的骗局。一个想要帮人理财，赚取利润提成的公司，现在真正的成为了一家以开户为第一要务的外汇三级代理商。

现在公司新的结构是：李总成为最大的融资渠道和公司真正的老总，廖振华正事搬进了运营室成为运营总监，大头和我成为了学员中的公司代表，只不过这一次大羊更加显得无所事事了，而大傻除了没事挽救下自己已经半死不活的账户外，就只能做各种杂活了，完全成为了一个正式的蓝领。于是伴着这样的新身份，我们开始了新的培训。

1月13号的招聘还是有声有色的。只不过这一次我们不仅招聘到了新的学员，还找到了新的老师，程老师。程老师叫什么我现在已经记不得了，因为本身就没想记过。老师就是老师，我对他的称呼只有一个，就是程老师。他们面试那天，我根本就没去公司，因为我的表演时间显然在明天，只有明天才有新的培训。

1月14号的培训由程老师来做。从这个时候开始，李老师就开始慢慢退居二线了。他在里屋负责大傻和刘娜、民哲的交易指导。我们在外面开始上课。

程老师，说实在的，比李老师要好太多了。程老师大约50岁左右的样子，但乌黑的头发看起来还是十分年轻的。几条深深的皱纹在脸上诉说时间的可怕。同时深深的法令纹又增加了一丝威严。虽然个头不是很高，但消瘦的身材却倍显精神匀称。穿着十分讲究笔挺。

只见他站在大厅面向学员说道："大家好，咱们的培训今天就算是正式开始了，首先我先自我介绍一下，我姓程，以后大家就叫我程老师就好了。本人曾经在银行工作过，有近二十年的银行工作经验。现在在咱们公司做讲师，主要负责咱们的人员培训，今后的培训就由我和李老师一起进行。"说着他指了指李老师。李老师欠了下身。程老师厚重的声音很好地镇住了大厅，同时抑扬顿挫的声调讲起话来很引人注意，只听他接着说道："为什么咱们公司要培训交易员呢！其实很简单，好的交易员实在是太少了，很多人只有真正做了之后才知道不合适这一行。所以一个好的交易员往往是可遇不可求的。同时一个好的交易员的费用也是很高的，在行内有很高的身价。所以，考虑到这些，咱们公司就决定不惜花巨大成本，也一定要培训，可以毫不夸张的说，通过这个培训，哪怕咱们一屋子人最后就剩几个人，那也是值得的。所以我们会用几天时间培训基础知识，然后考核操作，最后再慢慢磨合。下面我们就开始进行培训了。咱们公司现在主要投资的品种是外汇。因为外汇跟股票和期货相比有如下几个好处……"

随着他深沉的声音，一个老的故事被重新的诉说出来，说实在的，现在我已经不再是原来那个对这个故事一无所知的那个男孩了，但是同样的故事说出来却仍然新意无限。我又坐回了学徒的位置，乖乖地听着老师的教诲。只听程老师继续讲道："外汇现在很多公司都在做，但各有不同。有的公司像商业银行往往会使用基本面进行分析。他们的头寸持仓量也通常很久，利息收入也是主要的收入来源。但由于基本面的分析相对复杂，同时往往是错误的。所以很多公司，像咱们都是比较重视技术面分析，像形态，指标这些。当然也有很多公司有其他的方法。像在沈阳就有一派，靠周易来预测行情，但是结果往往……"

时间随着程老师缓缓的声音慢慢地流淌，很快就到了午饭的时间。我立刻开始组织了一次小型的会餐，会餐的算上我一共三个人。其实就算是没有公司给我的任务，我也不想再在公司吃了。天天盒饭，再好吃也会腻了。于是我和两个青年人一起定了个地方用午膳。

同时也开始了我对这些新同学们的观察。年轻人一个叫小唐、另一个叫小王，一问才知道他俩原来就是朋友，现在也是合租在一起。在哈尔滨的一个房地产公司推销售楼。年纪都不大，也是刚刚毕业，但不是大学。人家没有细说我也没有追问。我们选择了中央大街旁的一家小店。说实在的如果不是他俩带路，我还真的找不到这个位置。

落座之后，大家就开始进行简单的交流，小唐很是善谈，而小王就显得拘谨很多。结果我们在一起的中午，别的我倒没打听到，反倒是对于哈市的一些房地产公司的利润提成，有了一个简单的认识。显然他们对于这一行没有什么热情，他们的说法是现在太难开发客户了，尤其像房地产这样刚性需求的商品。最近尤其不好做，原因自然也是刚刚发生的金融危机。现在大家看来真的准备将一切的错误和责难都归给这个大筐了。

说实在的，冬日的中午没有比吃一顿饱饭更能使我感到幸福的了。为了这片刻的宁

静，我回到这里也就值得了。饭后我邀请他们一起简单地散个步。无论从任何的角度来说，这都是一个和谐的上午，但显然另一个事实是，他们不可能在公司待得太久，话语中透露了对于这家公司的不了解。反正就是出来看看，本来也没想做。大家笑谈中回到了公司接受下午的培训。

下午，李老师开始了讲课。其实几个老师的讲课，本身并不重要。只不过是增强和同学的熟悉度，对于李老师的讲课，我早就听过了一次，于是我开始看自己手机上的一篇文章。由于大厅的位置有限我就做到了一个沙发上。既然说是沙发就肯定不能只是我一个人，而此刻我的身边就坐着另一个人，一个很是整齐的男孩。

男孩大约二十四五岁的样子，看起来却有些不是很干净的样子，脸上有些灰灰的感觉，我定睛看了看，可是也不像是走霉运的样子。消瘦的身材，愣是使得和我差不多的身高，可就是显得比我高了些，挺拔了些。旁边放着一个笔记本包，显然那里不是空的。看着我在看手机里面的 k 线图。显然勾起了他的兴趣。他首先小声的和我攀谈道："这是什么啊？"

"酒田战法。"我简单的回答道。这是前几天卓逸飞推荐给我，让我看看的文章，虽说他答应教我技术分析，但到现在为止只是简单地给了几篇文章。倒是他没事占用我的时间和我扯皮，占了我们说话的多数。看着男孩显然没懂的样子我继续说道："就是讲解 k 线的。"

"啊，那看看就好，在交易中这种东西不能太较真儿的。"男孩很慎重的说道。我不禁肃然起敬，看来这只不是菜鸟。

"你好我叫赵夕源，没事做做股票什么的，还不是很懂。"我故作谦虚地说道。

"你好我叫力争，记住力争上游就好了。我主要做外汇的。"力争笑着压低声音说道。我不禁一愣，看来这个还真是不简单。为了简单的有所了解，我继续问道："你做了多久了。"

力争看着我答道："很久了，但真正的交易只有一年左右吧！"

我顺水推舟的说道："那太好了。以后我有什么不懂得就多多问你了。"

力争也很爽快的答道："好啊。"于是我们相互交换了手机号码。就这样我和力争成了朋友。说实在的从公司的角度来讲，这个做了一年交易的人，恐怕很难再被公司留住了。但是从我个人的角度，任何能带给我新鲜资讯的人，我都十分欢迎的。就这样，当下午李老师结束了一天课程的时候，我和力争已经成了很好的朋友。一个小的圈子正在彼此间慢慢形成。

12.3 新同事

第二天就是 1 月 15 号，我们继续培训。早上我还是挑了一个相对宽敞的座位。力争也就挨着我坐下了，只是他今天还是拎着自己的本本。看来他是“本随人动”了。

上午程老师就开始讲解外汇交易技术分析中，最为重要的指标技术分析方法了。这之前我也问过逸飞关于指标的事情，逸飞并没有急着给我解释，而是反问我对指标的理解，于是我就把过去总结的对于指标的认识讲了一下，逸飞叫我主要的介绍下 KDJ 这个指标。于是我也重复了一下最后的认知。

逸飞最后只是说道：“这样，你对这个指标的理解还很浅显，你再多看看盘再说吧，指标一通百通，但是要下功夫，细心地看盘之后你才能有新的理解。”就这样他结束了和我的谈话。

所以今天我是打算打起十二分精神好好听讲的。可是听到最后，程老师的讲解也没有超出我过去的理解范围。看来，就算是做了几年的人，这个事情也不是可以轻易理解透彻的。

我无奈地摇了摇头。当然这并不会使得我的午饭的心情变得多么不愉快，相反到了午饭的时间我还是相当兴趣盎然的，毕竟生命的价值才是第一位的，这比什么劳什子指标要重要的多了。今天的午饭我换了新的伴侣，力争现在和我已经是紧密地联系到了一起，同时我又找了一个年轻人小王。最后我又邀请了一位看的顺眼的小姐和我们共进午饭。于是我们浩浩荡荡的就冲向了一个拉面馆。

落座了之后，大家都点了自己心仪的午饭，我们也开始了自我介绍。原来那个女孩叫做昕薇，原来是在电视台做过一段时间的文员，也是对于金融行业的热爱就来了公司培训。看着年纪她也就是 24–25 岁左右吧，但是女孩的年龄又有谁说的准呢。于是大家开始边吃边说。

“你要有兴趣就很好了，力争可是真的做过交易的，很不错呢。”我恭维力争道。

“哪里，”力争笑道，“不过你真的要学的话也没什么难的，其实我交易了一年说起来就几个字，顺势、轻仓、止损。其他的真的没什么了。”

昕薇显然没有听懂：“你说什么？”看来她真的一无所知啊。于是力争又重复了一遍刚刚的话。看着昕薇若有所思的样子我不禁心里笑笑，相信她再听几次也是不可能听懂的。昕薇显然也不准备在这个问题上纠缠了，于是她开始问力争的个人问题了。她说：“那你现在住在哪呢？”

力争答道：“家在大庆，现在在哈尔滨，原来和朋友也是一起租住的，但后来就出来自己住了。现在每天也是交易，看看盘什么的，做了已经一年了。”

显然昕薇看到力争这样的年纪，心中还是有些疑问便问道：“那你一个人住，你女朋友什么的呢。”

力争面露难色的说道：“女友吹了，现在也还是一个人。”

昕薇还是追问道：“那你未来怎么打算的呢？”

力争面对这样的问题，显然有些不愿回答，可是又不知如何回话。看到这里，我不

禁打圆场道："其实力争今年是没有打算的，说白了就是未来的两年内这个问题也没有打算的。可能他现在最想做好的就是交易什么的吧。"我笑着回答了昕薇的问题。

力争看着我，吃惊的说道："你怎么知道的!"

这样的表情看的太多了，我平和地笑笑。接着转移话题道："这样，来公司也有段时间了，这家公司怎么样？"我没有参加公司的面试，不知道公司的形象在大家的心目中是什么样子。

昕薇答道："这个公司看起来还是不错的，听说他们的老板很厉害，是银行高管家的，好像是中行。所以公司很有钱的。"使我意外的是李总的新故事这样就传开了，还如此的深入人心，绘声绘色的。真不知道他使用了哪种渠道。

接着小王说道："老师也很不错啊，讲得很专业。"

昕薇接道："还有你看他们那个展台上，有他们另一个经理的职业证书，好像姓廖的。他也是很专业的，你看这个公司多好，一个筹集大资金，一个专门管运作。"我真没想到大家是这样分析公司运作的，看来这真的是李总和廖振华的买卖了。而他俩的双剑合璧的故事也使人羡慕不已啊。

力争接着说道："所以啊，虽然咱们公司交易有佣金，但我也觉得可以在这里做下去。"显然对于力争的专业提法，昕薇和小王都没听懂，他们不可能听出这里面的内涵的。力争这句话就说明了他对佣金本质的了解，同时也知道佣金的收取，会增加操作的难度。

昕薇又问了下"什么"。力争很耐心的介绍了下佣金。但显然昕薇还是没有理解什么是佣金，只是她的概念显然不在这里了。只听她说道："这样，我知道这附近有一家很好吃的地方，不是很贵的，都是份饭，他们有一个牛肉泡饭很好吃的，明天咱们去吃吧。"

听到这个振奋人心的提议，我立即高兴地表示同意。同时也代替力争答应了明天的午饭。就在我对明天更好的午饭憧憬中，我们的会餐结束了。只不过这一次吃完午饭后，是昕薇提议大家去散步。只有小王一人表示想要回公司。于是我和力争就陪着昕薇向中央大街慢慢的踱去。吃饱、冬日、阳光，这三样美满的结合在了一起。

下午，当我们回到公司的时候，被通知要开始分组交易了。我不禁一愣，刚刚讲完基础就开始交易了！连软件都还不熟悉。但是公司显然很是心急地想要完成这件事情。看起来他们是想在过年前就将问题解决掉。于是大家就开始分组，当然我和大头被分为了两组，大头和他比较熟悉的人都分到了同一组，目测也看的出来，女孩占了多数。于是我们组就是我、力争、昕薇、和一个叫做王萍的女子，再来就是一个看上去年纪大约在三十的男士，我们一直叫他张哥。我们这组由程老师带队，我们进到了里屋的交易室开始交易。（里屋现在已经配备上了电脑了），而李老师则和大头在一组，他们带领外面大厅的人交易。

大头和李老师的配合相信不用多说，但我和程老师就有些麻烦了。别说开始彼此配合了，我们到现在还彼此都不熟悉呢。当然，我还要假设，他真的知道公司有我这么一个"大师”。但是看样子他也不是很知道我。公司早就已经明训，我和大头是潜伏人员，谁都不能和我们在公共场合表露熟识，所以虽然刘娜和民哲都在公司，但他们也没有任何和我熟识的举动。现在刘娜在外屋帮助李老师，而民哲就开始在里屋和我们配合了。这样我们基本保证了屋里是一对一了。

想到这里我不禁笑了笑。看来李总的计划真是稳重啊。不用说，他能留下这些人肯定就是因为他们有可能开户吧。现在我才注意到自从回来，就没看到小唐或是小王的身影了。看来我们散步的这一段时间，公司就发生了不少事情了。

这样，我们的屋里的模拟交易就开始了。程老师接着给我们介绍了软件的使用，力争自不必说，人家很是熟悉这个软件的。只有张哥、昕薇、王萍真的要帮助，而在民哲的帮助之下，大家很快就掌握了软件的使用，真是压力多大进步就有多大啊。就这样，大家三天就上手交易了。我不禁想到人的潜力真是无限的。民哲的账户显然给了他不少动力。

只听程老师说道：“咱们交易要重视支持和压力。压力和支撑主要包括：趋势线、通道线、均线、黄金分割比、整数关、前期成交密集区。在这些支撑位分析下单很重要。”说实在的，以前我就知道支撑和压力，但没有这样详细，看来程老师真的很博知啊。

接着程老师开始说道：“以后咱们交易先打开网站，看看有没有什么新闻，例如说数据，在对于全天的数据形式有所把握之后再进行分析。”

说着程老师开始了示范分析。只见他打开欧元的图表，调整了下周期，然后说道:“大家看，现在是欧元的月线图。从去年开始一轮牛市，突然开始了一轮暴跌，现在开始回调了，正好是 12 月涨到这轮下跌的 0.618 处，所以现在开始下跌了，同时我们看到这里是 V 形反转，所以可能还有一跌。这是我们在月线上的判断。再来看周线，这两天阴线下踩的力度还是很强的，所以看空。下面我们看日线，现在还是下跌的趋势，但是这里有根均线，可能会有反复，所以要小心，但总的来说就是看空了。这样我们就完成了大局的分析。以后这个工作每天都要做一回。”程老师先介绍了下看盘的计划，然后就开始讲解下单的方法和规则。

当他讲完之后，我们也就开始进入了小小的模拟阶段。有老夫在，几笔小单做下，自然就都是盈利。但相信大家还是有很多的不懂。就这样坚持到了下班的时间。

正当大家开始都准备下班回家了，我却被程老师叫住。他说道:“赵夕源，你等一下。”

等大家都出了里屋，程老师关上了里屋的房门。我心里想，这个老人家不会对我这个大好青年有什么不轨企图吧。我不禁退后一步。只听程老师微笑着亲切说道：“大师，你好，听李总昨天介绍你了。什么时候有时间也给我看看。”

我松口气，看来不是劫色。那我就不怕了。我沉沉气客气地说道：“哪有，程老师的课讲得真是细致，很多事情我以前也是闻所未闻的啊。”

程老师笑笑：“怎么样，这几天和他们处的如何。”显然程老师不是问我和他们的感情进展，于是我简单的将他们的各自背景介绍了下。正说道这里，李总过来了，把我叫到

他的办公室。

进到屋里，李总看到我满是欢喜。激动地说道："大师这几天不错啊，很受人欢迎啊！"

我心里的话语自然是，废话！要不老夫能是大师吗。大师从来是紧密团结群众的。但嘴上却说道："还好，学员们人都很好。"同时褒扬道："是谁想的要到学员中的这个办法，太好了。现在大家都是哥们了。"

李总笑着说道："是吧！弟儿，这招儿一定好使的。这样，他们开户差不多吧。"李总就是李总，一句话就切中了问题的实质，看来人家是不准备和我相互吹捧了。

既然说到问题的实质了，我就没什么可以掩饰的了，于是说道："你知不知道力争以前做过外汇。而且人家很懂一些。"

李总看看我说道："他做什么了吗？"对于这个问题我还真不好回答，毕竟李总看来还不知道外汇中的很多内幕，但是我也不敢断定力争真的知道什么，而同时力争现在显然没做什么太过明显的事情。

于是我据实答道："但是他开户的可能性不是很大。毕竟人家懂得佣金。"我尽量将话语使用的具有隐含性。

李总则自信满满的说道："那你放心，不会有问题的。"

看到他这样自信，我也就没有什么可以担心的了。但我还是提出了现在开户会不会有些显得太过于着急的意见，但是李总显然没有这样认为。只听他说道："在咱们公司做几天，就绝对能留住人的，弟儿，你就放心吧。"

看着李总踌躇满志的样子，我也就不争辩了，毕竟日子还是一天天过的，而现在还一切都为时过早。

结束和李总的谈话，这一天就算接近了尾声。想想现在我又成为了学员，看来今后的日子还是很有趣的。当然，帮大羊他们解决这一次的危局之后，我也就可以全身而退了。想到这里，也就没什么需要着急的了，等就好了。

12.4 旧剧情

16 号的早上大家还是准时的来到公司，大约 8 点半大家就开始在程老师的带领下做单了。按照程老师的做法，大家都先分析了长周期的趋势。由于电脑有限，（装模作样的电脑也是要花钱的）。我就和昕薇合用一台电脑，力争则指导王萍做单。

同时我也注意到，民哲开始指导张哥看起盘了。张哥看起来有三十岁的年纪，昕薇给我小声的介绍到，他好像很有问题，现在还没对象，看起来穿戴也不是很检点。显然对于昕薇来说张哥绝不是什么"好"的同事。说实在的，我对人判读的兴趣今年已经开始成下降趋势了。自然也就一般很少会有心思看到一个人，就大大地分析一番了，所以也就一笑了之。

昕薇看着我没什么兴趣和她议论，也就转移到注意力开始看盘了。我继续听着民哲给张哥指导。别说，看来看盘真的可以被复制。民哲说的竟然少有错误。看到这样的成长我不禁感叹，人的成长潜力还真的是无穷。谁能想到这个小伙两周之前，还是对外汇一无所知的人呢。

然后，程老师给我分析盘面。通过昨天的走势，下跌了很大的空间，所以美盘的尾盘就是对其进行恢复。而今天从早盘看来，还是不大像有太多的趋势，联想到远东盘的盘面本来就应该不会有太多的趋势，所以还是谨慎地做多好了。

分析到这里，程老师开始讲了他曾经的一个故事。他说道："对于仓量的控制一定要小心，逆市亏损一定不可以加单，止损要用好。曾经有一次，我在盘中做英镑，早上的时候英镑就开始杀空，我看远东盘的走势已经很大了，应该下午有个回调，于是就做了一个多单。结果这个多单记一直就留着了，没有获利。下午的欧洲盘一开盘，行情又空了一百多点，我看看一天就差不多两百多点了吧，想想应该不会再跌了。为了弥补前面的损失，就又开了一单多单。结果行情就这样下去了。一直到美洲盘开盘。又是英镑下跌，就这一天空了400点。就在那天，我一个2000美金的账户就爆仓了，等我爆仓完了，人家又开始回去了，当天晚上就回到了上午的水平，但我已经不能跟了，2000多美金就这样……所以大家下单一定要控制仓量。同时不要做逆市单"

大家静静地听着程老师的故事，不知道别人是如何感受的，倒是我开始有了些许的动容，这个故事在我面前清晰的展开了，其惊心动魄真不亚于身临其境。说完这些程老师陷入了短短的沉默就开始指导大家做单。于是我们每个人都下了几单。但说实在的，我仍不认为昕薇对于她在做的什么有明确的概念。看着她对做单兴趣索然我便开始和她聊天。

"还是没什么概念吧。"我笑着小声说道。

昕薇很诚实的摇了摇头，压低了声音说道："其实告诉你一句实话吧，我的大专证明是假的。我小学就不上了，然后就一直东跑西颠的玩。"

听到这里我不禁肃然起敬。赵氏家族的教训就是作假是必须的，但被人抓住了那才是最大的错误。看到眼前这个女子，我不禁心生佩服。我问道："姐姐，那你咋进的电视台啊！"

听到我羡慕的口气，昕薇笑了笑说道："这不难的，进那里，但你真的想做好就难了。那时我也是在一个栏目给他们做文员，就是那个很有名的少女节目。"说道这里她神秘的笑笑。

然后她就开始在QQ上聊开了。说实在的看着那些男孩和她说话的路数就知道，这些男人都有些经验了。聊了几分钟之后，昕薇就开始不耐烦了。"弟儿，你帮我回吧。"昕薇懒懒地说道。看来我这辈子是出不了文秘工作了，我心中暗叹道。

这时程老师忽然高声说道："咱们看今天的消息啊，一定要知道自己在看什么，做外汇其实很多事情都要明白。前一段时间，我看到一份资料，上面说银行每天会调整系统性仓量。当时这句话我怎么也没听懂，后来有一天，一想才明白，那就是说银行要调整持仓量，所以一天当一个时间段要收盘的时候，就会有一个强制的平仓行为，这就解释了为什么每天收盘开盘时，行情会有所行动的原因。所以你们看材料要细致。"

我不禁一愣问道："程老师，你在哪儿看到的这份资料？"显然这个资料应该不是我们在网上能轻易看到的，因为这更像是银行的内部通知。同时当时我北京有个朋友在咨询公司做，他们主要是出售各种行业分析研究报告，曾经送给我几份样本，这个名词和那上面的废话很是相似。

程老师很尴尬地做着想了想的样子，最后说忘了。我立刻知道自己显然问了些不该问的。于是就安心闭嘴，继续替昕薇开始和那些网上的男人周旋。

往往我的回答竟然能把昕薇给逗乐了。"弟儿，你要这样回答，我就真的要和他见面了！"她提醒道。然后我们就开始在和男人周旋的技术问题上，深切地交换起了意见。同时我也暗自检讨自己以前的失误。这时我才明白我当时确实是说话太过于坦实了。

正当我们聊得很是开心的时候，力争和萍姐也开始获利了。但做了一上午下来，竟然还是我们的模拟账户略好了一些。我心里不禁暗骂："开玩笑，怎么说也是老夫做的单啊。不过大师，你要注意下了啊，要是一直这样下去可是会坏事的啊，呵呵。"但是不论多赚少赚，大家还是很高兴地一起午饭去了。只不过今天小王换成了萍姐。而张哥我也没有主动联系，结果我们中就真的没一人邀请他一起午饭。

在昕薇的带领下，我们一行呼呼啦啦地来到了她昨天重点推荐的餐厅。说实在的，就是一个商场里的食堂罢了。只不过一个个摊位被承包下来，做着各自的拿手美食。昕薇郑重地推荐了一款牛肉泡饭。于是我们就兴冲冲地每人点了一份。接着我又跑去，占了个靠窗的座位。大家坐定之后感觉还当真是窗明几净，透过窗子可以看到中央大街上如织的行人。

昕薇主动帮着大家端来，我也去帮忙，商家还主动提供调料。我们满满地铺了一个桌子，牛肉泡饭原来是一个牛肉砂锅，然后是一碗米饭，锅中的牛肉绝对货真价实。看着那酱色稠厚的样子我真是打从心底里兴趣盎然。于是冬日里性价比极高的午餐就此开始。我们也是边吃边聊。

昕薇道："怎么样，不错吧！"她看着我正和一块牛肉奋战的甜蜜样子问道。

我竖起拇指说道："姐，没治了。"对于吃，我总是有本能的热爱。

力争和萍姐也很喜欢，我拿出纸巾，大家分了一些，然后就开始聊到今天公司的事情了。

"早上程老师找我，跟我说让我开户的事情了。"萍姐说道。对于这句话我真的很佩服，佩服的不是程老师说的如此的早，而是他一早上都在叫我们做单，竟然还能神不知鬼不觉的劝别人开户。

“我也是!”昕薇附和道。我不禁又是吃惊，程老师真是技术高超，当真形同鬼魅啊。昕薇一上午都在指手画脚地指导我男女沟通的技巧问题，程老师还能在我不知道的情况下，敦促其开户。

力争说道：“那你们怎么考虑的呢?”我不禁慢下了大快朵颐的节奏。竖起耳朵听他们聊天。

“我还没有考虑好。你说做单吧我现在还什么也不会。今天做的也都是夕源带着我，如果我现在就开户显然还不合适啊。”昕薇坦然地说道。

萍姐说道：“其实我也是这样考虑的，仔细想想咱们才来公司多久啊，现在还是有些冒进。”

力争劝道：“没关系的，大不了先开个户，然后再考虑合适不合适的问题吧，反正还是有时间的。”

昕薇接道：“什么还有时间啊!”

力争解释道：“你可以先开个账户，但是是否存入资金来操作，现在还不需要着急啊，等你想好了再说呗!”

听到这样的解释，萍姐和昕薇也就开始放松了很多，一副若有所思的样子。看来我的判断没有错，力争果然不是省油的灯。但是这也并不会影响我用餐的心情。本身我的意见就是，现在她们开户交易确实是太过于冒进了。这样将别人不负责任地丢进未知的市场，也不是我愿意看到的。于是我就试图聊一些高兴的话题。

我说道：“萍姐，你以前是做什么的啊。”

萍姐看着我笑道：“我以前是在一家公司，也是职员。我们公司是给银行的员工做培训的。”

我一听来了精神，“那这样说，银行的员工是不是都要是金融专业毕业的啊。”

看到我一副跃跃欲试的样子，萍姐笑道：“不是啊，这样，四大行如果你没有人和关系的话基本就不用考虑了，他们的录取是很有说法的。而像招商、浦发这样的好银行，要求的条件一般也是很高的。但像一些地方性银行，如咱们这里的哈尔滨银行要求就要宽很多了。怎么，你有兴趣啊?”她笑着问道。

“嗯!”我激动地点点头。

“呵呵，去那里做什么啊。”萍姐笑着问道，“都要先从柜台做起的，这里面有很多事情啊，如果你做的久了，就一直是柜台人员了。想要升迁是很难的，毕竟网点又不缺高管。”萍姐像教训淘气的小弟弟一样说道。

这有些降低了我的积极性。但牛肉的芳香立刻使得一切都化为了无有。我有提起了精神说道：“萍姐，你们都培训什么啊，不是银行他们培训吗?”

萍姐说道：“很多啊，现在银行都把一般的培训外包了，像业务啊，服务态度啊，很多我们都培训的。你条件不错可以试试。”说着她坏笑地看看我。

“夕源真的挺好的，态度一流，以后你就给姐当文秘吧！”昕薇笑着说道。

大家开我玩笑的时候气氛就协调了很多。用完午饭我们还是去散了个小步。冬天的中央大街也还是美丽的人们穿行的所在，不时有旅游团从身边经过，想来东北的貂皮在中国还是小有名气的。看着一个个如同彩云般飘过的人群，然后慢慢地踱步到江边，吹着凛冽的寒风，慢慢地人也清醒了不少，一切的烦恼好像都冻僵在了脑子里，大家又说又笑地回到公司。

程老师显然是在公司里用的午饭，我心中笑笑，“呵呵，过不了多久，你也会吃腻的，老夫就是这样过来的。”张哥也好像吃过了，慵懒地看着盘，我们静静地回到座位上。看到我们也开始坐好了。程老师也开始给我们讲解下午盘面的做法。这次我才注意到，他显然是在不时地暗示萍姐她们应该开户的事情。对于程老师的话，昕薇也没放在心上，对于我们账户上资金的变化也没有太多激情，反倒是继续聊天交友的热情高涨。而我则被她拉来给她打字。

大约两点钟的时候李总把大家叫到大厅开始开会。于是我们鱼贯地来到大厅找到给各自找了个座位。大厅里坐满了人，目测也有十个左右。但是像廖振华这样的面孔却不在。只有大羊，民哲和刘娜在大厅。我对于大厅里的事情所知不多，但我在里屋的角色扮演是，定位在一个对外汇一知半解的学徒和大家一起交流。而据我所知，大头则完全走了不同的路线。他一直扮演的角色是对于外汇所知颇深的角色，一直在帮助大家做单。看来他所取得的成绩应该不是我能比拟的了。但回头想想我也就释然了，毕竟我装得也不用心，这也是事实。现在我在公司与其说是参与，不如说是为了得到一个答案。一个能对的起我和他们的答案。

正当我胡思乱想的时候，李总开始了会议：“大家来到公司已经有一段时间了。今天咱们这个会议，就是简单地和大家交流一下。我是这家公司的总经理，相信大家很多人已经见过我了。咱们公司是一家代客理财的投资公司，我因为在银行有些关系，所以咱们公司的客户资源还是很丰富的，像咱们公司还有个廖经理，他主要负责投资这一块。咱们公司一般投资的是外汇和股票这一块，像咱们平时开的户也都是在十万美金左右。”

听到这里我不禁暗自赞叹。领导就是领导，学故事就是这样快。我一个月前告诉他同样的故事他没听，而现在他不仅听了，而且在我的故事上有了长足的进步和创新。相信听完他的讲演，大家一定不会再认为这家公司会看上大家的账户了，那样开户应该也会简单的多了。

就在我思想开小差的时候，李总开始夸奖大头说道：“大头是咱们公司的新员工，和大家一样，最近他给咱们公司联系了一个一万美金的账户。”说到这里，大头脸红红的，谦虚了一下。李总笑着安慰道：“一万美金虽然不是很多，但是一个新来的员工能做成这样还是很不错的。下一步我们再和他们谈。希望大家以后也能像大头一样为公司着想，真正地尽快地融入到公司的建设之中。下一步咱们的计划就是进行考核，各位都要开始在市场里真正的开始交易了。能不能成功就看各位自己的努力了。我还是那句话。咱们公司有最好的老师，咱们李老师、程老师都是有多年经验的人。没事大家要好好向老师请教。咱们公司一定给各位提供最好的平台，也希望各位在这里早日成长为成熟的市场人。好了，咱们下面就去文秘那里开立外汇账户。”

不论是李总真的振奋了大家的情绪，还是大家真的想要赶紧的在市场中得到锻炼，早日成熟，亦或是大家迫于公司的压力。不一会儿大家就开始有秩序地填写表格开始开户了。看着田思思仍然业务生疏的表现，不是分不清表格，就是扫描仪操作不方便。我不禁暗自地摇了摇头，看来还是我教的不好啊。我自信是能教会任何人的，但现在看来那只能是自信罢了。大约四点左右大家才总算开完户。我也走了个形式，和大家填写表格。因为我知道，这些表格要扫描之后再发到上海公司的邮箱里，而他们也会转到美国的公司开户。估计周一就应该差不多了。

大家回到里屋也就没有什么做单的情绪了。昕薇显然还在为是否存进资金而做着思考斗争，一副患得患失的样子，眼看着她聊天交友都没了兴趣。可能是因为已经开完户了，程老师的情绪也不错，于是大家今天很早就散了。李总昨天叮嘱我今天要给他做汇报，于是我还是留在公司，我在公司工作了几周之后，今天第一次给公司拖了个地，以前这是大羊和大傻轮流的。只当这是离走之前，最后为他们做的事情吧。

正当我在里屋收拾屋子的时候，刘娜开始和民哲讨论下周开盘的可能情况。他们现在正在讨论，为什么每周开盘会有跳空的问题。看着屋里没有人了，我淡淡地说道：“这样，咱们看的是软件中的行情，这是外汇交易商给的外汇报价，但是世界的外汇并不会真的就在星期天停盘。沙特的石油还是要以美元结算的，所以跳空行情就是在咱们休息的时间里外汇的变化。”这也是前两天逸飞讲给我的。他们很吃惊地听着我讲。但其实我心中真正想说的是，你们要多看书。看着他们已经入行还尚且如此，真的不知昕薇、萍姐这样将来要如何面对这个市场。想到这里，我竟然对于我想要知道的答案变得没有那么执着了。

刘娜接着问道：“那周一应该怎样做呢？”

“一般会有人赌这个行情。”我接着解释道，“因为这个行情赌对了也是一百点左右，但由于跳空往往会有回调，所以稳妥的做法还是看周一的行情出来之后再下单。看缺口是否会回补再下单，这是可靠的做法。”

这时李总跑到里屋，将我叫走了。

“弟儿，怎么样。”李总春风得意地说道。

我接道：“哥，你讲的太好了，我听着都有开户的冲动了，咱们公司真是水很深啊。”

“就是要这样。”李总笑道，“怎么样，他们都开户了吧。”

“开户是开户了，但是下一步入金还是要小心。”我本分地提醒道。

李总吃惊的问：“入金有什么问题啊！”

我看他还毫无觉察就提醒道：“李哥，你真认为力争会开户入金吗？他做这行很久了，

还是知道些佣金的事情的。”

李总接道：“佣金有什么事情。”

看来李总是不打算把事情说明了。这样我也就没什么可说的了。于是我说道：“他们可能会只开户，不入金的。”

李总吃惊道：“不入金！不入金我和他们玩什么呢。这是他们说的？”

我答道：“那倒没有，但还是小心些好。”

李总放下心来，笑笑对我说：“那你就放心吧，呵呵。弟儿，咱们公司就要发了。放心，这里有你一份儿。”

一直以来，我的报酬都是公司没有讨论的。我以前一直自认为，自己能够开户只收比较低的佣金就很开心了。但是如今，这个报酬显然就算不上什么呢。而大家也对我一直的付出没有什么讨论，看来大家真的认为大师做一切都是应该的吧。我迎合地笑笑，心中满是轻笑。就李总这样的知识，还想在这行混下去。看来他真的把人看浅了。这些年的经历如果说给了我什么教训的话，那就是没有一个人是简单的。真正的专业人士可不是轻易会被他忽悠赚佣金的。

和李总聊完之后，正当我准备离开的时候却被程老师叫住了。

他看着我笑道：“大师，这样他们开户已经开了。下一步就是存钱了，这样你也加把劲儿。尽快把这件事情落实。”听到这话我心中不禁一颤。看来程老师也有分成了，不然又怎会这样积极。

于是我敷衍道：“但你看昕薇他们谁会入呢，现在她们还是很谨慎的。王萍也不太想会存钱的。”

没想到程老师说道：“昕薇她都工作多久了，能没个万八的吗，王萍也是，都是工作的人了。拿出些钱开户问题不大。”我心中冷笑，想不到道貌岸然的老师也是如此，看来他是将人家的家底都打听清楚了。真是知己知彼百战不殆啊，看来市场的钱人家都没兴趣了，学员兜里的钱更能激发他的热情了。

“那力争你认为如何呢？”其实说实在的，力争和我的感情是最好的，但考虑到公司的事情，我还是不能不提醒他们注意风险。

程老师则表现得很是自信地说道：“没问题，我和他说好了。就等他们星期一存钱吧。”看着程老师自信地勾勒着明天的美好画面，我没忍心打扰。短短地告别下就出了公司。夜已悄无声息地来了。

公车还是一如既往的摇摇晃晃的，我竟能在上下班的高峰时段抢到一个座位。立刻好好地坐着，将头紧紧地靠着车窗的方向，生怕看到老大妈，给人家让座。就这样我谨慎地看着车外的夜色。虽然才刚刚傍晚，但已经是灯火通明了。看来在冬日的这座城市，如果没有人为的创造，注定是一片黯然的。我思考到这里，想想，公司里的人和事真的不禁使人感到些许的疲倦，看来我已经累了和他们周旋的生活了。

拖着疲惫的身躯回到家中，已经是下午五点左右了。小白小黑考完试后就离开了这里，人家好不容易盼到了回家的时节。估计现在应该已经到了浙江老家了。偌大的屋子里现在就真真正正的剩下我一个了。我连做饭的心情都没了。买了些小吃，回家简单地对付了一下，就安慰自己说是完成了晚饭了。晚饭后无所事事地看看电视。正当我准备颓废地休息的时候，突然接到了昕薇的电话。

“夕源，你不忙吧。”昕薇先给了我一个有答案的问题。

“嗯！你说。”既然人家要和我说，看来我是没有选择的余地的。

“这样你准备往里面存钱吗？”昕薇坦然地问道。

这个问题我还真的不好回答。但我显然不准备因为所谓的公司利益就轻易的欺骗一个人。但听她这个问题显然不像是要我的答案。于是我启发的问道：“你认为呢？”

于是昕薇压低了声音，用和我分享秘密的声调说道：“你知道吗。如果咱们存钱的话就真的会陷在这个公司。”对于她这句话我不禁肃然起敬，看了这个姐姐没有看起来那样傻啊，只听她接着说道，“如果咱们在这家公司存钱的话就是这家公司的客户了。很多公司都是这样拉客户的。”

听到昕薇深有见地的答案我不禁犹豫起来了，这绝对不是她有能力说出来的话语。于是我试探地问道：“那你有什么打算呢？”

“再看看吧，反正又不是只有他们一家公司，你也知道我现在什么也不懂，我还想再在别的公司学习学习。你知道吗，咱们如果这一行做好了，真的不少赚的。”

看来人家是有备而来啊，我不禁叹道：“你怎么打算的呢？”

昕薇接着分析道:“这样，我知道在街里的浦发银行附近还有一家公司，他们也在招聘，我可能会考虑考虑。你知道吗。力争做这一行真的不少赚的。他一个月就将近赚一万左右的。”

看来昕薇是真的仔细咨询过了。我故作惊讶地问道：“真的吗？一万一月不少啊。”

但显然昕薇也觉得自己这样说好像不切实际，于是修改道：“反正不少的。你有没有兴趣走呢？还是在公司里啊。”

我坦然地回答道：“我应该不会去别的公司了。至于存不存钱还要另说。”事实上我回答的是自己真的答案。

昕薇显然误解了我的答案，于是以一个大姐姐的身份劝道：“我刚跟力争谈完，还是小心些吧。反正要是真的存钱就真的陷在这家公司了。这家公司也不是很正规。你看他们的牌照都没看见。”记得李总和我讲过，为了避免别人看到公司没有投资股票外汇的资格（投资公司的牌照上会表明投资限制）于是将牌照摘下来了。看来现在真的成了人家的口实了。昕薇姐姐接着又叮嘱了我几句小心的话。

挂上这位姐姐好心的电话，我不禁陷入了沉思。看来这个世界绝对没有几个真正的傻子啊，如果谁将人看得太浅，那他就真的要小心了，因为真正的危机往往不在外面，而是来自内心的无知与想当然。

12.5 谁之错

我躺在床上，窗外的景色已经一片漆黑了，最多能看到一些远处的若有若无的灯光，一切响动也回归了本来的寂静之中。看来哈尔滨终于将冬天的宁静还给了冬天。明后天都是星期日，据说这是上帝休息的时候。（从宗教的意义上讲我是对的，犹太人的休息日就是从星期六下午开始的。）估计他老人家在创作了这个美丽的世界之后，就安心地丢给了人们去任意玩耍了。然后告诉他们："你们好好玩啊，我星期天不值班儿。"反正无论如何，休息的时间里，人们往往容易表现出更多的无序和混乱，而我此刻的头脑中也有一个小小的风暴，在横扫整片大陆。

挂上昕薇这位好姐姐的电话，我不禁陷入了沉思。这一切到底是哪里出了错呢。过往的一切好像电影一般，一幕幕在我的面前展开。从我去年十一回家参访结束，就开始谋划着找个工作锻炼一下，现在我是锻炼了一些，就是这一个月有些锻炼得严重了。我先是来到了迪顺，自以为开始系统地学习了些知识，完全可以踏上国际化路线了，可是碰到逸飞之后，他又将我过去一切所了解的全部东西，轻易地给否定了。我虽然一直在迪顺工作，但还好我没有轻易地开户，李总把我的账户留给了新的公司，同时还把我从迪顺带走了。

画面定格在李总爆仓的那个夜晚，受到李总的鼓舞，我兴奋地答应李总要帮他做好一切的工作。要向马云的兄弟一样帮助李总好好地做好他的谋划。接下来还真的是这样，我被人当作江湖神棍，带到了这里那里，见到了各色的投机人士，经历了一个个酒局，终于见证了他和大头结成同盟的一幕。一个个少年，血气方刚地发誓道要好好的做公司，为别人带来财富，为自己创造辉煌，真的让家里看到自己长大了。在大头他们家我们还设想了公司未来的情景，甚至还因为自己没有驾照，这样公司发车都没办法开了，而感到伤心。

公司在计划下开展，大头和大羊拿出了全部的能力来支持公司。自愿只拿很少的回报。因为我们相信，不论我们再怎么努力，李总做的一定是最多的，他一定是倾其所有将全部的积蓄，都放到了公司的平台上，将自己的未来绑在了公司上。当然，我现在已经知道这些许诺就像是浮云一般充满了变化。但当时的一群年轻人还是激情无限地在创造着自己的梦想。我们废寝忘食地装扮着公司的故事。我眼睁睁地看着李总将公司做成了李氏企业。我一直不认为这样有什么不对，毕竟没有李总的关系，公司不可能存在。而依靠大头或是大羊的想法，这根本就是天方国的夜谭。于是在这个发展的时代里，我们迎来了大傻的加盟，然后是李老师，然后是刘娜、顾威、民哲。我真的希望公司能帮他们带来财富。

但结果却是一个个真实的外汇账户，在两周之内纷纷爆仓，沦为了李总所谓的炮灰。看来这个市场真的很难赚取自己的那份。记得逸飞说过，汇市就是抢钱，能多抢一些就要狠一点儿。现在想来，他这个笑言到真的很有远见。公司的运作说明了，在这个市场中，我们还是小学生。真正能够赚钱的人在哪里，我们不知道。但是公司要活着，李总要活着，大头、大羊也要活着。于是他们将目光完全的转向了学员的身上。毕竟真正能赚钱的人太少太少了。

现在我还记得李总的努力，他将自己的朋友都介绍来了公司，很多是他做股票经纪时认识的。但显然有过投资经验的他们表现的要谨慎很多。许多的酒局换来的是等待，无尽的等待，失望的等待。曾经真的希望教授学员的老师能够给大家一个赚钱的方向，但其实自己想想就觉得可笑。有哪个真正赚钱的老师会为了 2000 块天天准时上班呢。不要说现在这个程老师，我不禁想到以前在迪顺时的周老师。现在想想周老师真的是很老实的人了。他从来只有两个词，风险、止损。他真正的是希望使学员们走得长一些，其实从公司的角度讲这样也是对的，毕竟只有交易量上来了，佣金才能多。

其实交易商不会介意顾客开仓的理由，只要他们交易就好了，只要佣金来到就好了。想到这里我不禁想到了高经理，她在公司推销围巾，记得当时我真的愣住了。但是说回来她也是为了活着啊，这又有什么可以坚持的呢。如果现在我也同样面对生存的压力，我能保证比她们做的更好吗？如果切身处地地想，要不是我现在还是一个学生，身后有赵氏家族的支持，我是否真的能处之泰然呢。周老师对象的弟弟要参军了，高姐家里还有卖围巾的姑娘。这些都是真实生活的一个部分，人们真的不会同情弱者，因为他们的眼中根本不会有这样的人。

其实不难理解李总为什么急着让学员开户，但是他显然忽视了一个问题，就是将客户这样快就丢到他们未知领域，而且这个领域的诱惑又是出名的巨大，往往失败便是其归宿了。而他们的过快结束，也必然导致公司的尽头。现在终于了解逸飞讲的了。他说自己很宝贵，想想也是真的，毕竟他能保证客户活下来。而就目前来看，能做到这一点是多么艰难啊。

我不禁扪心自问，那到底是怎么了，这个尴尬的境地到底是谁的错误。从日本回来的李老师曾经跟我感叹道，现在的年轻人总想走捷径。人们希望一夜暴富的梦想并不是错误。就算是修行了几十年的人也不敢说尽去贪念。贪念是人的基本感情，这成为了世界的一个部分，任何人对于它的抵制无疑是在和整个人类几千年的习惯作对。

李总也不是错，他虽然在对待大头他们上玩了信息不对等。但这不能算是欺骗，毕竟在这个问题上无知的是大头，李总只是在公司上减小了自己风险，同时扩大了自己的获利。大头也没有错，他只是想收回自己的投资，毕竟这是他现在世界中的全部。那大羊呢，责任显然很难归到他的身上，他和大傻一样，或者说和民哲一样，只不过是信任自己的哥们儿罢了。如果将错误归于大傻那显然是极不负责任的。毕竟人家每天只是扫扫地，收拾下房间。李老师和程老师只不过是希望能有家公司收留，然后在这条路上更好的探索，最后稳定获利之后再离开公司，开启自己的一片天空。

看来能够责怪的人只有一个了，那就是：我。

人家做大师，我竟也真的以为自己能成为为别人指点一二的人了。会的不多，说的不少。虽然我自认为我一直身处世外，但又有哪件事情真正少了我的身影，我既然知道了事有蹊跷，但是却还是不能提前看破危局，最后使得大头、大羊深陷其中，自己也无法避免。而现在我又在做些什么呢！已经知道很多的我，竟天真地以为自己是留在公司为了帮助大头和大羊，以对得起所谓的一段感情。但是面对昕薇姐姐那友好的提示我又作何感想呢。平台是否有假，这还不好说，毕竟这个已经不是我们能够推测的了。

可是无论如何，往往犯错误的是我们，而不是平台。只要做的正确，谁会将责任推到平台的身上呢。毕竟人家提供了高杠杆，快速度。为满足人们的发财梦想创造了一切条件。这不是平台的错误，因为“人”才是最为真实的谎言。

如果我当初能结束大头他们无谓的想想，打破他们的幻想，看透李总的事情。但是我相信还会有第二个大头，第三个大头存在，只要人们的梦想存在，只要有贪念的执着，这些生命的本质存在，这一切的发生就不可避免。想到这里看来能够留给我的只有深深的无奈，于是我又拿起了久违的酒杯，这寂静的夜，只有它和我分享着这无意义的思考。也只有它真正懂得我的无奈。

12.6 一声叹息

1月19号的早晨，我仍准时来到公司，寂静的夜已经过去，太阳每天都是新的，日子也还是日子，我也还是我。来到公司，大羊悄悄地提醒我，他们今天返佣了，他们这个月的收入并不多，只有9千块。虽然不是很多，但就当是一个很好的结束吧。我已经在逸飞的介绍下知道了，如何可以在网上开立没有交易佣金的交易账户了。这样，我把这个账户中最后的钱再换出来，就可以存进另一个更好做的账户了。这不禁使我感到一些轻松。于是，我在和程老师做单的时候也轻松了不少。而同时，学员们存钱的事情，也进行到了白热化的程度。

早上，我还在和昕薇聊她是如何打算的，但她还是将这无聊的事情丢到脑后，做单也还是照样没有兴趣，照样差遣我给她打字聊天交友。别说我真的在她的启发下发现了，以后再网聊的时候应该注意的问题，很多男生并不能发现原来自己的手法对于女孩是如此的没有吸引力。原来吹牛绝对不能说，我们家如何如何，一定要表露得矜持一些，淡淡地喧嚣一下。

这正如，当一个男人说道：“你在哪儿，我开车去，今天一起晚餐。”昕薇总算打起来一份精神，但最后还是推说今天不方便，还是改天吧。这使我突然想起了李总给我讲过的一个故事，那时他还在酒吧做服务生，估计是他去洗浴前的事情。他看到一个男人邀请一个女孩出去。那个男孩很是殷实，只是女孩推说自己男友今天要来接她，不能跟他出去。最后男孩生气地将自己钱包拿出来说道："我给你数，够了你说。"于是就在女孩的面前，百元大票的一张一张地数了起来，最后看到一张张的钞票女孩松口了，说道："哥，今天我男友真的来接我，要不改天吧！"从那一刻李总明白了一个道理。不要说女人忠贞不忠贞，要看诱惑够不够大，同时这也深深地激励了李总的梦想。这不久之后他就跑到了洗浴做经理了。

看到昕薇的表现，我不禁笑了笑这位"傻大姐"。对于程老师的喊单大家还是跟着的，只不过当赚了的时候我跟昕薇说"赚了"。她就没精打采地附和道"赚了。"我说"赔了"，她就附和道"赔了"，依然是一副没有精神的样子，还是QQ上聊天交友。相比旁边的王萍来说真是天壤之别。人家很认真地分析盘面，不时和力争进行着激烈地讨论。说实话我是对力争不反感的，毕竟我喜欢一切有知识的人。于是也加入讨论，这样反倒快乐地结束了上午的做单。

午饭我还是带队去了昨天的所在。大家还是没有一个人叫上张哥。说实在的，如果不是我注意到吃饭的场景不够宏大，也不会注意到我们从来没有叫上他。而张哥好像真的在我们的小圈子之外活着，也许这就是事实。有些人很近，但永远离得最远。这正如力争虽然离得我很远，但其实往往很近。

这自然不会影响我用餐的美好心情。挑了窗明几净的位置，我还是要了牛肉砂锅泡饭。热热地好好地激动地吃了一顿。大家的话题没有谈到即将入金的事情，看来大家显然是在回避这样的讨论。我自然不会将昕薇和我说的一切到处炫耀。于是我们的话题就交织在了上午我为昕薇聊天交友的事情上。结果力争真的听的一句话都插不进来了，反倒弄得我不好意思了。于是在友好亲切的氛围中，我们结束了这次用餐，高高兴兴地散完步，回到了公司。

没想到回到公司就听到了一个爆炸性消息，账户下来了。每个人都在真实的平台中登入了自己的账户，当然有些人也有例外，例如我和大头的账户自然就是有原因的延后了。但是大家不会注意到这样的细节。大家都在兴奋地看着自己的账户，当然就要考虑入金的问题了。于是程老师就开始提醒大家，将入金的事情纳入考虑的日程。对于这个问题的考虑大家显然态度不同，程老师甚至开始单独找大家谈话了。最后将我叫了出去。

"大师，差不多了吧。"程老师看着我笑道。

我也笑道："怎么，都谈妥了？"

程老师点点头说道："昕薇可能还会考虑考虑吧，但我劝她了，你回头也劝劝她，力争我早就谈妥了，王萍也很配合。"

听到这样的答案，我自然对于程老师大大的恭维了半天："还是程老师看的清楚啊，这样，你放心我回头和昕薇聊聊，估计问题不大。"

应对完程老师，我才回到里屋，临回去的时候，看到大厅一片热诚，看来大头的工作真的是比我成功太多了。人家做的李老师都不用谈话了，只见李老师稳身地坐在位置上，

任大家对大头呼来喝去地询问问题。而大头显然对于美女的问题是有问必答的。

我们屋里也有美女，只不过我回到屋里的时候，我们屋里的美女还是化问题为动力，火热的地聊天交友呢。昕薇姐姐更给我看了她 QQ 里的秘密照片。都是她过去的照片，和传说中的小太妹一样，深深的眼圈，复杂的纹身，看来她真的出过一段时间的道儿。王萍更加慎重地在和力争交谈着心得体会。而张哥真的就是个透明人了。任何人不知道这个年近而立之年的大叔心里在想些什么。大家也从不关心他。当一天结束的时候，大家彼此道了别。

其实我在心里明白，我和大头的这个角色再扮演下去无疑必将失败。因为只要有一个这一期的人在，我们就不能将同样的办法用在下一期的学员身上了。也许离开才是我明智的抉择吧，毕竟人还是主动些比较好。但是我显然不能第二天就走，这样在我的带动之下，里屋的姐姐们一定会离去，而李总精心的布局就要化为乌有了。

于是 1 月 20 号我还是准时的来到公司。并不使人意外的是张哥走了，反正大家一直就没当他真的存在过。就连程老师也似乎一直忽略了他。我悄悄地询问了下昕薇的考虑，没想到她竟然想通了，要在公司存钱了。说实在的，我可以对灯发誓，我没在这个决定中起到任何作用。但其实我还是很开心的，毕竟只要这个平台问题不是很明显，存钱不是很多，那就问题不大。

而更令人开心的是，王萍姐姐已经决定下午就要去兑换美金了。力争对于程老师的询问也是“快了”对答。一切看起来都十分的平稳，相信在不久的未来，只要他们真的平稳的交易就能获得一些收益。有力争和程老师在，相信她们也不会出很大问题。这样，公司也就能运行下去了，而大头和大羊也才能有活路。这个时候我想到了一句话：“功成身退，天之道也”。看来我真的可以走了。于是我推说我下午同学要来哈尔滨，而我要去接站，于是没到中午就从公司出来了。

电梯还是一样的电梯，大厅还是一样的大厅，当我又一次从大厦走出来的时候，我知道这是我最后一次离开公司了。我原来放在公司里的东西，我已经在别人不知情的情况下拿出来了，可惜了我放在李总书柜里的那些书了。好在当初我就考虑到这一点，所以奉献的全是自己永远应该不会翻阅的东西。对于我的行动李老师是有所察觉的，但我同样从他的眼睛中看出了一份黯然，相信从程老师来的时候开始，公司显然就不会需要两个老师了。而李总在一开始，就是用创业的梦想将李老师留在了公司。同时没有薪资的工作，他自然也会兴趣有限的。

在我今天离开之后，我会和公司说快过年了，赵氏家族要开始举族聚集了。而新年之后，他们如果还能执着地想起我，我就可以推说论文和毕业的事情。相信慢慢地就能退出来的。只是想不到，在当初的当初之后，我和他们只能有这样的一个分别。突然想起了师傅的一句话：“当惜缘时当珍重，缘分尽时莫强求。”

缘分尽了。我走出大厦。看着远处高高的天空，天空正蓝。不论人间的世事变迁，天空永远是天空，天很蓝，云很高。

我回到孤独的家中，小白和小黑走了，走得很是匆忙。匆忙的原因是，他们决定既然考完研了就应该回寝室住了。于是将这里进行了最后的扫荡。一起买的就送给了我，反正我还要在外面住。记得我们曾经买过一套碗，这套碗有三个，大、中、小我们每人一个，现在大的留给了我作为纪念，而另两个就作为了情侣碗，被雪藏了起来。他们走后，现在这个房间已经是混乱的边缘了，我也懒得收拾，反正我们的房子2月26号才会到期，我到时应该早就搬走了。但收拾还是要收拾的，在过年之前我要对行李做最后的封存。

正当我和行李做不懈努力的时候，突然接到李总的电话。李总是知道我请假的啊，到底是什么样的事情呢，我奇怪地接起电话。

"喂! 李哥。"我说道。

李哥很急的说道："大师，你在哪呢?"

"我在家啊。"我简单答道。

"你知不知道昕薇、王萍她们去哪儿了?"李总问道。

我安慰道："王萍不是下午要去换美金吗，昕薇也决定开户了，放心一切都很好。"

李总显得更急了："不是大师，她们走了。好像是被力争带走了。她们现在都关机了。"我听得愣了，看来事情的发展真的是不以人的意志为转移，当初的猜测现在成为了现实。正当我发愣的一段时间李总说道："大师，你知道他们在哪里吗?"

我黯然的答道："不知道。"

我没有阻止李总想要找到他们的努力，我知道，他们走了就是走了，李总是找不到他们的，一个对于外汇有所了解的人，显然不会像大头那样任由李总说服的。我黯然地挂上了李总的电话。

我真的是尽力了。大头、大羊、大傻，我已经将我能做到的都做了。但是我不能保证一切都像你们想的那样。如果我下午不走，相信他们也会叫上我一起离开公司的，只是那个时候，我真的能有勇气阻止他们吗，我不禁心中自问。

力争也许真的将她们带走了吧，毕竟他有朋友能更好地帮助她们做外汇，我想拨通力争的电话，但是最后还是没有拨出去，毕竟我真的有什么好说的吗? 力争的做法并没有超出我的设想。只是李总一直不相信，他认为他已经吃定力争了。而现在他为人家造就了两个好的客户源。

看着窗外的景色，冬日的树枝干枯枯地伸着枝杈。远处的天空从空隙中透了出来，一片淡蓝。我重重地谈了口气，想不到我尽心的布局，最后还是换来了这样的结果，真是为别人做件嫁衣裳。马上就要过年了，我也应该回到赵氏家族了，看来也到了我歇一歇的时候了，想想我一个月的实习，最后换来的也最多只能是这一声叹息了。

第十三章　亲近导师

13.1 过　年

2009 年的大年除夕夜在 1 月 25 号。过年是中国人的一个习俗，传说当年有个大怪物叫“夕”，大家后来把他给除了，为了庆祝这个举国盛事，于是大家就开始庆祝新年。

当然我们现在知道新年的习惯真正开始，是从汉武帝时期开始的。大家都习惯在新年的时候开始些祈福的事情，但其实一年之计在于春，这个“春”，指的是立春，而真正的法术也是从立春就要为新的一年祈福了。而立春还同时有躲春的习俗。不如随便聊聊的好。

民间是以立春日和时辰为一年农事之始，俗语谓“立春宜晴不宜阴”。如当日晴则代表未来的一年之内是大丰收之年，国泰民安、风调雨顺；如果是阴天或下雨，则代表未来的一年内不太顺利，农作物不会有好的收成，因此民间有“晴则诸事吉，阴乃万事愁”的说法。

同时一个家庭也是一样，如果新的一年没有好的开端，后果也是不堪设想的。特别是从命理的角度来讲，某一属相在这一年内有什么病灾的话，那么，如果在立春这一天里的这个时辰，自己躲起来，不要见任何人和动物 (注:不可见有生气的)，只可看书或静，方可避过未来一年内的病灾、口舌事非。

古语有言：一年之计在于春，一日之计在于晨。立春就是每年新旧交替的日子，同时也是祈福最好的日子。一是送旧，二是迎新。很多人会选择这一天进行法事。因为这天做法会给人带去一整年的好运气。无论本命年的，还是流年的或是其他生肖的人。无论是时运不好，还是正在旺运，还是有很多霉气，或是解决不了的事情，这天都可以祈福许愿。既可以自己烧香烧金祈福，也可以去香火比较旺的寺庙。

但是立春的早晨，必须沐浴洗澡，从内到外换上干净的衣服。(不一定是新衣服)

洗澡的时候，要注意：

1、有釉子叶的可以用叶子泡澡清洗身体，

2、没有的朋友可以用 (生的)33 粒枸杞子 +7 颗红小豆用干净的布包裹起来，放在浴盆里或是浴头上淋浴洗身.

3、有经济条件的再用新鲜的袋装牛奶冲洗身体（浴奶也可以的）。

4、然后不要吃荤的早点，记住一定要素口。男的也不要抽烟。

5、有釉子叶的还可以泡在清水里，然后点撒家里各处，霉气尽散。

6、立春前后三日，不可以房事。

这一天之内最好都要吃全素，同时一定要记住这天一定要开心，不要去任何不干净的地方，医院丧事最好不要去。这一天大家一定要开心地去过，那这一年的运气都会很好，遇到事情会逢凶化吉的。信奉宗教的，可以去自己当地的寺庙烧香拜佛，最好带点儿供品和捐赠点功德。如果可以的话烧点儿纸金则更好，但是中午12点之前必须完成。这也都是些基本的规矩。

当然还有些更为复杂的情况，例如说本命年和冲犯太岁等情况，这个时候就最好是佩带开光辟邪的物品。千万别信什么“虎年带虎”那样的鬼话。不愿意佩带的如果能做到立春的那一天身心安泰，自然也会有灵光保佑。一定不能忘记的是：一是早上的事情；二是心情这天一定要开心。自己要去找开心的事情或是去人多的地方逛逛。

这样一年都会吉祥顺意。以前学校一放假（更多的时候是学校还没放假），我就早早地回家休息了。我和家里推说是因为考完研究生的缘故。当然我没和家里说过李总和大头他们的故事。家里看到我平安归来，同时没有主动介绍自己的实习经验，于是家里也就没有细问。家里反倒更加关心的是回家之后我能为家里做些什么。

赵氏家族每年都保持新年求测的良好习惯。以前会在正月里去问一些会算卦的人士，同时去一些庙里敬拜，希望在新的一年了有好的气象。结果有一年我在家为家人求测。有一位远房的表哥要和人谈一个投资项目。由于他当时是在一个公司里拉生意，事情运作的已经很是有眉目了。但我却求到了一个签文，是这样写的：

一轮明月照水中，只见形影不见踪。

愚夫当财不去取，摸来捞去一场空。

水中明月捞不了，占者逢之运不加。

出行不利，疾病难除。

结果当年，表哥将别人公司的招标书都弄了出来，可是由于自己公司老板的运作失当，于是最终丢失机会。这对于表哥来说无疑是个打击，人家可是一下少了十几万的提成。但这件事情却大大地提升了我在家内的名气。

过年总是分外热闹。很多亲戚要问问明年是否南下合适、自己的姑娘是否和对象合适、明年的财运如何等等等等，不一而足。而这些亲戚往往不会真的自己来，还要介绍客户和转介绍，于是在我不知不觉之间就真的有些给人专业算卦的感觉了。而这个亲戚也是亲戚，那个亲戚也是朋友。还真的不好意思赶谁，我只能一再的强调自己不是专业的，千万不要再找人来了。

也别说，一天看看小书，看看电视，占卜卦辞，指导苍生。在没有人骚扰的日子里，我貌似又重拾了往日的宁静。但心里总觉得有什么东西放不下，看来家里待得不能太舒心，我想了想，还是回哈尔滨找逸飞吧。也许真的到了一个陌生的地方，才会有真的宁静。

于是过完了元宵佳节我就匆匆南下哈尔滨了。

13.2 搬 家

当我回到哈尔滨的时候，时间尚早，才2月11号。但我还是投入到了新工作的运作之中。那就是住到逸飞旁边。其实逸飞自己有房子，而且他和我说明了现在是独居，但我当时还是没想麻烦他和他住到一起。我也没通知他我回到哈尔滨的消息。于是我找到他们家附近的房屋中介，这些中介要价还真是很狠。月租金的50%都要做他们的中介费，看着现在真是信息时代，谁掌握了信息就真的是掌握了财富。

但是我还是极为推崇将问题交给专家处理的态度。我自己找起来就一个都看不到，而人家中介几个电话过去，我一上午就看了几个房子，最后挑了一个能看得入眼的房子。房子是房主刚刚从邻居手里买来的，原来的屋主将房子卖了，南下和女儿一起住去了。临走前将所有东西都留下了，于是家里的一应用具还真的齐全。

2月12号，我联系了搬家的人，将原来房子的一应用具全部搬入新家。我以当年操作公司的手法操作搬家事宜，当天下午也没有顾得上休息，就跑出去买了个新的电脑台式机。我原来的笔记本看盘实在不是很大气，看着就不清楚。而换成液晶大屏幕的就好很多。当天下午就开始将房子收拾的基本可以居住了。

2月13号，我上午申请了网线，结果网通公司只有一个比较合适的包年业务。涉世未深的我就报了包年的业务。下午我回到原来的房子最后的检查了一下，看到没有问题之后就把钥匙还给了房主。房主自然乐意看到按时交房的守信青年，于是又对我表扬有佳。

当做好这一切之后，我拨通了逸飞的电话。逸飞惊了。

“大师，你现在在哪儿？”逸飞吃惊地问道。

“我现在在你家附近。”我心笑地说道。

“这样，大师，我一会儿给你电话，你今晚喜欢吃什么？我请你好了。”逸飞答道。

“随便，你还是带我熟悉下环境吧，毕竟新来的，还很陌生。”我想了想说道。

“好，等我电话。”逸飞简单地说道。

再见逸飞的时候，他显得有些风尘仆仆。但看起来竟然还是衣冠整齐。

“大师，你太不仗义了，来了不提前通知一声，我正在父母家呢。”逸飞笑道。

“老夫不是怕你麻烦吗！”我不以为然地说道。你小子要想来，早就来电话了，还至于废话！我心里鄙视道。

“大师今天就住在这里了？”逸飞问道。

“咱们先吃饭，一会儿你看看老夫下榻的所在。”我说道，心里着实为自己找的地方开心。

“好，大师今天想吃什么？”逸飞仗义的说道。

“随便。”我淡淡的说道。

“川菜吧，”逸飞建议道。

“最近上火，还是不要了。”我想了想说道。

“那酱大骨。”逸飞又想想说道。

“我最近减肥。”我还是没有中意。

“那咱们吃日式料理？”逸飞想了想说道。

“不是很习惯吃，自己肠胃不好。”我想了想，做出了为难的表情。

“那咱们去吃烤鸭吧。”逸飞想了想附近的美食。

“我不是说减肥嘛。”我有些生气。

“那大师你想吃什么？”逸飞有些不耐烦的说道。

“随便。”我答道。

“……”

当我们从一家烤肉店出来的时候，已经是华灯初上了。逸飞最后还是成功的把我拖进了一家烤肉店，我想了想就要了份冷面，结果他给我重点地推荐了这家店里的烤肥腰。我没有抵制住诱惑，最后拜倒在美食的淫威之下，大大的肥腰，香甜细腻，略略带着一丝臊气，很是吸引人。肥肥的油脂入口极化，吃了一口就将整个冬天的寒气尽数去了。最后我一想，反正已经吃了，又不能吐出去（当时我还不知道有催吐这个“伟大”的减肥办法）。于是就又要几个,同时附添了几个大串。一种深深的保障感由心而发。于是一发不可收拾。冷面最后也没吃完，就从店里出来了。

人吃饱了就是轻松，几天忙碌的疲惫一扫而空，于是逸飞开始给我介绍当地的名胜，例如这家烤肉店的肥腰最好，这家的光碟更新得很快，这到早上是一个早市，各种果蔬就在这里挑选，这家的酱骨要特别注意，别看这家店面大，但真正好的是另外一家。最后我领他来到了我的新家。

逸飞进到屋里吃惊的看着我，“大师，你几号到的啊。”

我故作深沉的答道：“11 号刚回来，今天申请完了网线，估计明后天就能到了。”

逸飞不无佩服地说道：“大师，速度太快了。”

我笑笑道：“呵呵，没什么，就是按照原来做公司那样，熟门熟路罢了。”

“大师将来有什么打算？”逸飞问道。

“我先要将论文写完毕业啊，然后就等着考研成绩，估计可以调剂到‘黑大’的。”我说道。

“那这之间有什么工作啊？”逸飞好奇道。

“现在还没想好，要不做做临时导游什么的，要不找个什么做做吧。”我还真的没有方向。反正也没有再次冲击本就紧张的就业市场的热情。

“这样，哈尔滨我还是有些朋友的，你想的话，可以短期去证券公司做证券经纪啥的，我帮你联系好了。”逸飞仗义的说道，“最差你也可以做银行网点啥的，就当实习好了。”

“好啊！我会考虑的，不过现在我这可是登门求教啊。你要用心的教我啊。”我说道。

逸飞看着我说：“一定！”

同时我似乎看到他露出了一丝诡笑，心中不免一颤，“不会又上了贼船了吧？”我暗自叹息道。

13.3 老 师

老师的名字叫逸飞，姓卓。他自己话说自己就是一卓尔不群的人（我提醒他道：“那你应该叫做卓不群啊，和岳不群有一拼。”）。年轻的时候在东北上的一个本科大学，学的就是金融，据他自己吹嘘他的本科论文就是五万字的证券文章。我不禁心中冷笑，五万字就敢这样叫嚣，那写了十万字还不得上房啊。他本科毕业后问家里要了三千块就南下深圳去了。我至今都不敢想象他当年靠着三千是如何活下来的，但他还是很自豪的。毕竟当时家里没有一个人支持他南下，但他还是不管，下就下了。

他最先在深圳也是在人才市场里混迹，一周后当生活费快要耗尽才找到一份证券公司的工作，当时就作为证券经纪人活着。当时他们公司是在银行驻点的。于是很简单就在银行里扎下了根，做了近两年之后，就开始不安分地代客理财了。（没开除这小子他真是幸运。）这期间接触了一些有意思的人和事。至于他回来东北的理由我不是很清楚，但他还是坚持说自己是热爱东北的家乡人民（对于这一点我是最不相信的，他能有感情我就觉得很神奇了）。

说实在的，我一直认为他是失败的，年近30了还自己独居，没个像样的女友。但同时也看到他当年南下的时候身边只带了三千块钱，而后来行情的走好，使他个人也有了不错的收入，他就在东北拜托父母给买了个房子，（我去看过，离我家里也就两条街，也不是十分的大气上档次）。当时他就想的是房地产增值，然后租了出去。后来他回来了，就搬了进来。用他自己的话讲是，自己年纪大了，再在父母面前晃悠，真的很使人心烦。由于父母也是高级技工和知识分子，所以也就很少管他，他也就自由了。他一直叫嚣着自己持有基金，并坚持说这是他给父母准备养老的，没有可以动的可能（我后来就觉得这个办法不错，很想学习实践下）。

当他回到东北后的第一件事，就是作为医药公司的地区代表。后来他将这个工作推给了一个很擅长业务的人员，他们按利润分成。他负责资金，对方负责跑腿。但就在他当初跑市场的时候，将哈尔滨真的认识个透了。现在我还是很佩服，他能清楚的知道市内大部分证券公司和药店的地址（现在想来，这应该就是传说中的市场调研吧）。当他放弃医药生意的时候，他就开始专心做外汇了，他还和一些人接触过，貌似有些社团。反正我是一直没弄清楚他们神秘组织的内幕。

如果说他真的有什么爱好，我现在还真的回忆不起来，反正我们在一起经常做的一件事就是散步，很长很久的那种。在哈尔滨有一条江，好信儿的人应该知道是叫松花江。近两年有首歌很出名就是："我的家在东北，松花江上啊。"唱的就是这个地方。人们看到如此好的江边景色，心想浪费也是浪费，于是就在江边修建了一个个公园，这是一个很长的沿江公园群。总共有三个部分组成，分别是顾乡公园、九站公园、斯大林公园。总长我还真没有数据，（后来在网上才知道，哈尔滨市顾乡公园，全长 2860 延长米，九站公园，全长 2383 延长米，斯大林公园，全长 1750 米。）到了斯大林公园就到了中央大街了，基本上是小小的走了哈尔滨的一个边儿。

每一次我们散步都要花大约 3—4 个小时。我们很多深有启发的谈话就是在一次又一次的近似自残的散步中得到的（时间不是一般的久，不谈话就真的太漫长了）。现在我终于知道好身材的代价了。他和我很是投缘，而我们的共同兴趣点就是吃，吃的层次还很相像。

我从小就不喜欢什么咖啡、歌厅的。我认为这种东西往往过于虚幻，难于把握，还是东北的饮食来的实惠。大串烤肉、烤肥腰、酱大骨，这才是我中意的特色。川菜往往能迅速进入主题，这些就是我喜欢的。

而逸飞更加变本加厉的是，他竟然可以保持这样的饮食习惯，而身材照样很好。人家可是有六块腹肌若隐若现的那种。所以如果说我一个人忍就忍了,也许真的能减肥成功，但是和他就没有希望了。当时我什么样的减肥手法都用了,多没羞没臊的事情我都实践过。有一次喝清咖（就是传说中的黑咖啡），差点儿我就结束了短暂的人生之路。从那之后，我的饮品就再也没有咖啡了。

这才将减肥告一段落，反正我真的是一直和十几斤的分量做着不懈的努力。而就当我做着殊死搏斗的时刻，旁边一个卑鄙的笑脸总是出现在我的面前。他最为卖弄的就是自己的六块腹肌。老夫很生气。

"大师，不要减肥了，现在很好的，其实你真的不胖。"逸飞总是这样笑着安慰我。

"饱汉子不知饿汉子饥，你以后禁止向我灌输我身材很合适的理念。"我威胁道。

但是看着他的笑意浓浓的脸，估计他是没当真。反正从今开始，减肥和学习就是我的主要工作了。

而这又是一个何其漫长的旅程啊……

股学徒

第十四章　新课程

14.1 进入投机

“无财作力，少有斗智，既饶争时”（没有钱靠体力，钱少靠智力，钱多靠掌握时机）

——《史记·货殖列传》

14.1.1 机　缘

在汉语的语境之中，投机往往和投资相对。表达的思想往往是投资是如何用时间和耐心换来了巨大的成功，而投机又是如何狂妄自大地最后招致自己的灭亡的。但其实投机只是对机会进行把握，与其说这是每个人的选择，不如说这是每个人生来的使命。我们伟大祖国的发展方针就是抓住机会，说白了就是投机。

我总是佩服中国古人们能用很少的文字探讨很深的道理。《史记·货殖列传》说：“无财作力，少有斗智，既饶争时”。人往往是从没有钱开始，为了活着便要靠体力，而如果可以活着了，想要活的好一些就要靠智力。而到达了顶峰的人想要更进一步，就只能靠掌握时机了。

最早引起我对这个问题的兴趣是在和逸飞聊天的时候。逸飞的网名叫迦楼罗，这是传说中的一种大鸟，专门以龙为食。

迦楼罗：“夕源，你认为什么是投机？”

一天收盘后，逸飞跟我聊起了这个东西。我想了想说道：“不知道。想不出来。想的答案都是错的。”

迦楼罗：“那你的智慧也就到这儿了。”逸飞似乎总是敢于这样藐视我。

我淡定地说道：“这样，你把你的生日时辰给我吧。”

迦楼罗：“你懂得算命吗？那我以后应该叫你大师啊。”

我昂然道：“和师傅学过一段时间。但是要你的生日不是为了给你看前程。”

迦楼罗：“那是为什么？”

我：“准备扎小人用，呵呵。”

迦楼罗："……大师好狠毒啊。"

我笑道："除非你教我什么叫投机，什么是交易。我就放过你。"

迦楼罗："……"

于是，从那天开始，我没事就找逸飞回来吃饭，或是晚饭后散步聊天。双方在友好和谐的氛围中，交流意见、借鉴经验、取得一致……

14.1.2 选择市场

2009 年的一天饭后，我跟逸飞跑到公园里散步。春天猛烈的狂风呼啸在宁静的江边，衬托着我们激烈的讨论。我认为现在应该提前布局金融股票，因为新的趋势已经表现出中国股市开始走稳。于是我想提前将手头的小盘钢铁股换为银行股等大盘股，以求在大盘下跌时可以保持相对稳定。

逸飞则分析现在的股市，认为不可以轻易地看空。同时应该以小盘资源类的个股为主。原因是，现在已经 2300 点附近，但是往下还能看到哪里呢？2000 点？还是 1700 点？现在往下只能看到几百点，而向上却可以看几千点，方向不难选择。同时，当时国务院不断地强调要支持经济，承诺增加财政支出，这会客观上增加货币供应，所以一定会出现通货膨胀，这不是政府可以控制的。最后在行情发展的过程中，小盘股运动会更加剧烈。所以既然现在的持股没有问题，就不应该轻易地换股。

我激动道："可是股票本身就是要炒啊，不换股，不追热点怎么赚钱？"

"你是追热点了，可是你 2008 年追得如何？"逸飞针锋相对道，"大盘从 6000 点到了 1660 多点。可是却有人能做到亏损九成的地步。要知道，你现在的股票刚刚表现，你跟我讲讲，你要卖出的理由是什么？在有迹象表明价格下降之前就是要坚持持股，稳定持股。"

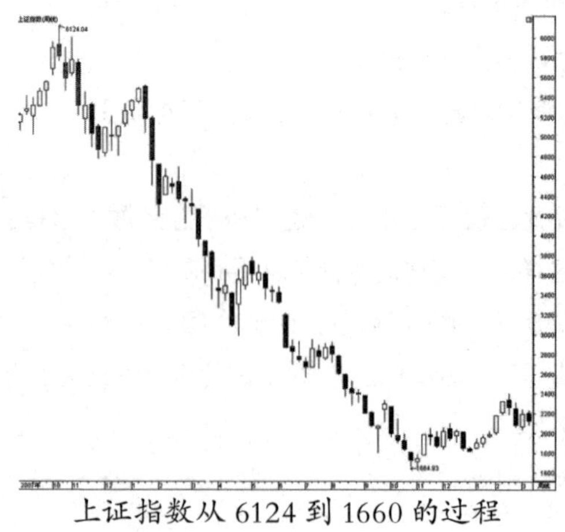

上证指数从 6124 到 1660 的过程

虽然逸飞说的有理，但这样就被他看扁我还是很不甘心。于是说道：“正是因为大盘在经历了一次大的洗盘之后现在正是大浪淘沙，投机勇进的时代……”

“呵呵，大师也来讲投机。”逸飞打断我笑道，“那大师不妨讲讲什么叫‘投机’？”

看到逸飞这样嘲讽的神情我倒有些冷静了。我想了想说道：“在我看来，追求短期获利的交易就应该叫作‘投机’。”

“那大师还是把投机看小了。”逸飞笑道，“投机往大了说是对于机会的把握，往小了说也可以说是无处不在。有人为了权力而抓住一切可以抓住的机会、有人为了金钱而用尽一切手段。乃至于国家抓住时代的机会，这些难道就不是投机吗？”

我藐视道：“这些可以赚钱吗？还是说些实实在在的好吧。”

“那大师讲个标准的。”逸飞笑道。

“……”我一时语塞。

逸飞接着道：“其实大师要想投机，首先要有‘机’可以‘投’。如果你连机会都没有又怎么可能去投机呢。”

“哈哈，你这就错了。”听他如此说，我不禁兴奋道，“岂不知世界从来并不缺少机会，缺少的只是发现机会的双眼。”说完我昂然地看着他，心想总算能在吹牛中占据先机了。

却听逸飞继续道：“大师这样讲也不是没有道理。但操作起来的难度有点儿高。不如谈些利于操作的。其实我所要说的机会就蕴含在每一个市场的规则之中，蕴藏在每个市场对于不同主体的规定里面。所以想要投机就要先熟悉每个市场个规则，从中找到最适合自己的市场去寻找机会。因为规则创造一切。”

“市场规则，是不是就是像股市里的交易品种、结算规则这样的东西。”我接道。

“是，也不是。说是，你所说的这些交易规则确实是一部分，但还远远不是全部。”逸飞边想边说道，“就拿佣金来说吧。佣金就是一种交易通道的使用成本。这么说吧，咱们买卖股票是没有办法自己跑到交易所里面去买的，因此我们会委托一个证券公司去替我们到市场里交易。因为他们是有交易席位的。当然我们不能白麻烦人家。人家要收取的费用作为交易服务的佣金，这也就是券商们的主要收入。”

我鄙视道：“哥哥，这个我懂，能说说实质的吗。”

“呵呵，大师就是聪明，那我问大师，你现在的交易佣金是多少？”逸飞笑道。

“不知道，我是直接去营业部开的户，所以应该是正常的吧。”我懵懂道。

“那大师就会为券商贡献很大力气呢，呵呵，也可以说大师是在变相的促进股市发展吧。”逸飞笑道，“其实这些佣金是可以调节的。例如你直接去营业部开户，给你的佣金比例应该就是千分之三吧。这可是双面收取的，就是说只要你交易一次就要按你交易的总额收取的。这样你交易一次就是千分之六的成本了。再加上国家规定的千分之一的印花税。在加上上海交易所收取的过户费。大师一次交易就是一个百分点的损失。但其实佣金是可以和券商协商的。”

“这个可以调吗？”我吃惊道，“那怎么没人告诉我啊？”

“呵呵，所以大师这个市场是信息的市场，如果你连你所具有的规则都不熟悉，想在这个市场生存就太难了。”逸飞没心没肺地笑道，“一般券商的盈亏平衡点是交易额的万分之三。因此，在我回到哈尔滨之前，这里的证券经纪人们，就是那些拉人开证券账户的证券公司员工们，根本不知道佣金是可以调节的。而最近却又由于竞争激烈纷纷降低了佣金的比例。大师不妨去找找他们谈谈，也许能给你做到万分之五吧。”

“哇，一句话就能改变六倍啊。”我吃惊道，“怪不得我每次交易都发现自己交易时总是犹犹豫豫。因为本来就差一个百分点就可以盈利走人了，结果就因为舍不得一个点而被套牢了。”

“不错，正是佣金的存在，甚至可以使你的交易手法产生变化。所以我一直强调‘规则创造一切’。有什么样的规则，你就要想尽办法利用规则来保护自己。”逸飞总结道，“当然，高佣金也不是不可以，如果你的券商可以保证提供给我的信息能让我每笔单都赚，那给你收千分之三的佣金我也同意。如果没有这些承诺的服务，那又何必选这家公司呢。其实同样的问题其他市场也一样适用，期货、外汇都是这样。”

“外汇也能玩？”我问道。

“外汇也可以成为交易品种。以后给你介绍保证金制度你就懂了。保证金就像一个杠杆一样，可以将任何机会都跷大。于是两个外汇品种之间虽然变动很小，但只要一放大，就可以产生巨额回报。当然损失也是一样。只是由于股票市场是没有杠杆的，也就是说100%的保证金交易，一般的佣金是千分之三。最低的话应该能做到万分之四，当然对于不同的交易品种也可以不同。如果是权证，有的可以做到万分之一的佣金。这些都可以使你的交易方法发生变化。你要了解市场，就是要从这些方面来进行思考，从而利用规则来更好地保护自己。”

“恩，我明天就去找他们谈去。”我愤然道，怎么说客户是上帝啊，怎么我的券商就是这样玩他们的上帝的。

“不错，你是要谈的，也许人家不给你呢，反正是越开放，竞争越激烈的市场佣金往往越低。但是如果你所在的市场相对闭塞，券商们的竞争不激烈，那你就没有可谈的了。”逸飞笑道，“现在他们主要认为，低佣金是最好的竞争手段。其实可以简单看出，越是没有技术的公司越会依赖佣金来竞争。要知道，证券行业从来就不是什么民众市场。而是精英市场，是一个专业行业。如果证券公司能够保证客户盈利，自然就不会只拿佣金来竞争了。跟你说这些其实是要你明白，要根据市场的不同来选择相应的交易策略。只有明白自己所选择的市场的特征，才能更好的利用规则来保护自己。”

14.1.3 市场规则

“哥哥，你能不能在讲讲到底什么是所谓的市场规则，这跟投机有什么关系？”听了半天我还是迷迷糊糊，于是重新整理思路问道。

逸飞想了想说道：“要想明白投机和规则。首先要明白你到底处在市场的哪个象限之中。”

“象限？”我再次疑窦丛生的问道，“大哥，你能不能不玩数学名词？”

逸飞深吸口气继续解释道：“这样说吧，大师。其实每一个市场都是分层的。市场的规则会将市场中的参与者们划分成不同的层次，并相应的对其进行了规定。有的事情，别人可以做，但你就不能做，你能做的可能别人就做不来。这是市场从各自目的出发所规定的。理由多种多样，例如要么是说为了保护小交易者，要么就说是为了使机构投资者更加成熟等等。反正你要记住一件事，这些规则不是你规定的，所以如果你可以利用这些规则进行无风险的获利，就不需要觉得愧疚。因为这些规则不是你定的，你要做的就是最大限度地利用规则，来实现自我保护。所以你一定要非常熟悉适合你的规则，同时你还要尽量学习适合其他投资者的规则，甚至可以主动改变自己的身份去利用规则。”

“太抽象了，能具体点儿吗！”我鄙视道，平时就最看不起这种只会纸上谈兵的教学方向。这样的废物大学里够多的了，难道我还要在这里再听几遍吗。

逸飞也不生气，自顾自的点上一根烟，深深地吸了一口继续讲道：“大师，权证熟悉吗？”

“了解。”我昂然道。难道老夫的二学位是白拿的？怎么老问些基础问题。

“那大师讲讲，什么是权证。”逸飞问道。

我板起脸，不耐烦地说道：“所谓的‘权证’，就是一种权力的证明文件。通常是一种购买权或是一种卖出权。例如，你是卖奔驰的，你卖给我一种权力，假设就是今年7月份我可以以30万的价格购买你的车。如果今年7月，同一款车卖到了50万，那么我就会真的花钱去买了。而如果今年7月份这样的车只要7万了。那我也可以选择放弃这个权力。不往里赔钱了。而证明这种权力的东西，就是权证。”

“那大师认为这种证明的东西值多少钱呢？”逸飞问道。

“呃……通常是实物和规定东西的差额作为权证的价值。”我直接把自己用英文学过的东西给了出去。“例如，如果7月份的奔驰是50万，而咱们约定的是30万的成交价格，那么这个权力就价值20万。而如果7月份的奔驰只要7万，远远低于咱们的规定价格，那么这个东西也就不值钱了。”

“呵呵，大师太聪明了。”（我隐藏的这么好都被这小子看出来了，看来这小子脑子不是很笨嘛。）逸飞笑道，“那大师有没有想过如何利用这种东西可以获得无风险的套利？”

“大哥，不是讲无风险套利吧。那个超麻烦的。”我厌烦道，貌似我曾经听过这种天书一般的课程。

“当然不是。”逸飞笑道，“大师还记得 2005 年武钢权证的事情吧。”

“大哥，05 年我还没有进入市场呢。”我尴尬道。

“那这样，我说你听。”逸飞道，“2005 年，武钢股份发行了蝶式期权。”

“等一下，什么叫碟式期权？”我疑惑道。

“这样，所谓碟式期权就是既发行了行权价是 2.90 元认购期权，也发行了行权价是 3.13 元认沽期权。行权比例都是 1 比 1。”逸飞解释道，“就是说如果你买了认购权，你就可以以 2.9 元的价格在未来买入一股武钢的股票，而不在乎市场价格。而如果你买入了认沽期权，则你将来可以用一股武钢的股票管期权发行人要 3.1 元的现金。也就是强制的卖给他。”

“这不是有毛病吗？”我疑惑道，“两种期权方向相反，那理论上一个涨另一个就必然跌啊。发行这种东西脑袋被踢了？”

“呵呵，大师用词真是形象。但是这种东西是有用的。因为不论如何这两种东西必然能有一个行权，这样公司可以通过这种方式募集资金。所以虽然当时武钢的股票是在 2 块 7 毛钱上下晃悠，但是认沽权规定的行使权力的日期是在 2006 年 6 月，因此鹿在谁手，还是未知之数。”

“恩，然后呢。这和规则有什么关系？”我疑惑道。

“大师别急啊。主角马上来了。”逸飞笑道，“当年权证上市，但交易所认为这种东西是高风险的，因此规定只能通过 64 家券商去交易权证。说白了就是把交易的手续费收入固定在了那 64 家券商。”

“这也太不公平了。”我接道。

“这还不是最不公平的，呵呵，大师总是这样急。”逸飞笑道，“别忘了权证可是一种商品，因此也受到供需平衡的影响。因此两只权证上市之后，纷纷遭到爆炒。权证和股票不同，股票是今天买入明天才能卖出。而权证是今天买 1 秒后就能卖。而且次数不限。涨跌幅限制平均在 70% 上下。”

“哇，那还不被玩死。”我立刻就看出了这里面的风险，涨 70% 还好，这要是亏了 70%，几年才能回本啊。

“因此，这两个品种上市之后就纷纷涨停。认沽权当时理论价值在 0.4 元附近。而认购权当时基本没什么价值，也就是 0.06元吧。结果经过三天的炒作分别都到了1快8毛钱。”逸飞解释道。

“什么，认沽权就算了，只是翻了 3 倍。那认购权岂不是翻了几十倍？”

“呵呵，也没有那样多。因为认购权在第一天开盘就直接被拉到了 8 毛钱附近。因此也就翻了一倍多吧。”逸飞笑道，“但是由于权证是当天买卖的东西，因此只要有一小段的上涨，就可以操作。因此只要你本事够高，你甚至可以把行情拉开来做。但这还不是最

精彩的。”

“还有更牛的？”我奇道。

“恩，规则被修改了。”逸飞道，“上海证券交易所认为这权证被炒得太离谱了，不能这样干。因此下文件，指定了13家券商，告诉他们你们可以来随便创设权证，以增加市场供给。”

“这玩意怎么创设？”我迷糊道。

“很简单，创设认购权证就先买入股票，然后抵押在交易所，之后交易所给你一个认购权证，你可以拿去市场上卖出。而认沽权证就是你先给交易所认沽所需要的现金，然后人家给你权证，你拿到市场上去卖就好了。”逸飞道，“最精彩的来了，这13家券商可不是什么省油的灯，全都是实力雄厚的角色。先拿认购权证来说吧。当时武钢的股价在2.7元。他们花两块七毛钱买了一股武钢股票，然后拿到权证再拿到市场上去卖掉。你知道赚多少？”

“别废话，快说。”我想当鄙视这种吊人胃口的人。

“这样，权证是2.9元认购的，2.7元买进，如果将来行权，那么一份权证赚了0.2元。相当于7个百分点的获利吧。”逸飞接着解释道，“但是拿到的权证拿到市场上去卖出，那可是1.8元的市价。简单计算获利在70%左右。”

“太无耻了吧。”我叫嚣道。

“无耻？这种东西券商们都看不上眼，只创造了1.5亿左右的认购权证。”逸飞道。

“这样的东西他们还嫌不够？他们还想怎么玩？”我惊道。

“大师别忘了还有认沽权证呢。这个才是大头。”逸飞接着讲道，“认沽权证要冻结3快1毛钱的成本，但是创设的权证可是能卖到1快8毛钱的。看似获利不及认股权，但是这个不同之处在于认沽权是相当于没有价格的。相当于纯获利。”

“这是为什么？”我问道。

“因为这种东西，券商创造了17亿份。”逸飞道。

“17亿份！那相当于30亿的获利啊。”我叫道。

“不错，这还只是券商们创立的，加上原来大股东们创设的5亿份权证，相当于23亿份权证。而当时武钢全部的流通股票总共才23亿份。而券商们之前就买入了1.5亿份武钢的股票。这就说流通股都被冻结了。”逸飞接着解释道，“看似好像股票还能流通。例如假设武钢的股票是1块钱每股。这样认沽权证就可以价值2.1元了吧。但是如果你想行权，你就要去拿武钢的股票去卖给权证的发行人。如果我要找到23亿股全部行权，请问上哪里去找啊。整个市场的股票都要被买光了。这样价格就会高过3.1元。这样你的认沽权证就一毛钱不值了。你还行权吗？不会吧。然后你把权证以0.001元的价格卖出，券商们再买回来。回到交易所把原来的押金要回来。整个套利结束。”

“这手腕太高巧了吧。他们反应的速度真快。”我不禁吃惊道。

"人家可是看到这个规则之后第一时间就做出了明确的反映。"逸飞解释道，"所以大师，咱们不认为这种规则有什么重要之处，但是作为那个象限的人们就会立刻反映过来如何能够最大的保证自己的获利。这就是规则的使用。很可惜的是大师作为一个股市里的小散户，你面对的规则是相当不利的。没有一件好事情是给你准备的。所以大师，在这个市场中，最先要了解自己能做什么不能做什么。而至于市场对于交易品种的规定，则要显得相对硬性。市场里对于交易品种有种种限制，例如这些品种的交易时间是什么时候，交易单位是多少，允许的波动幅度多少，成交的顺序规则，相关的结算规则，平仓的规定等等。但这些都是市场对于交易品种的硬性规定。这一点对于所有的交易者都是相同的，你可以利用的只是不同品种的特性来获利。"

"规则简单的看，就是对于交易品种和交易者这两方面的相关规定吧。"我试着总结了一下。

14.1.4 衍生品博弈

"大师，我发现你总喜欢把东西弄的没有'生气'呢。""白痴"以一种悲天悯人般的情怀说道。

"那你说说到底怎么回事！"我愤然道。吹了半天牛了，我净被这小子牵着鼻子走了。在我的学术生涯上什么时候有过这样的耻辱。

"那咱们来讲投机的另一面。"逸飞悠然自得的说道，"大师，你来讲讲什么是交易。"

"……"我以鄙视的眼光怒视之。

"好好，我怕你了好吧。""白痴"继续讲道，"其实交易从本质上讲就是物与物的交换。我们用一种东西换成另一种东西。如果一段时间之后我们换回的东西比原来多，那么就是说我们这种交换是成功的。无论金融制度如何更新，这种交易的本质是不会变的。因此我们就会想尽办法让自己赚得多一些。例如我10块钱的股票涨到了15快，那么我就赚了5块钱。但是现在的金融规则水平早就超过了这个层次。股票涨了5块钱，我甚至能获得相当于一倍的获利。这就是'卖空'和'保证金'制度。这些规则已经极大地改变了人们的交易手法。"

"等等，哥哥，你好好讲讲什么叫卖空和保证金。我平时听得不少，但一直没注意过。"我问道。

"什么叫'多'，什么叫'空'，大师知道吧。"逸飞问道。

我再次以鄙视的目光鄙夷之，说道："'多'就是看涨，'空'就是看跌。你能不能不问这些低智商的问题。"

逸飞接着讲道："好，'卖空'也叫'做空'。就是说你可以在没有股票的时候，先向别人借入股票，然后在市场上卖出去。等股票跌了，再买回来还给别人。例如我借的时候，股票价值10块钱,这个时候,我把股票卖掉,得到10块钱。等到股价下跌到2块钱的时候,我再花2块钱,将买股票回来。然后把股票还给借给我的人。这个过程里,我就赚了8块钱。当然如果股票涨了,我也要按约定,将股票还给借给我的人。这样,我就要高价去买股票了,于是,我就可能赔钱了。"

"而保证金就是指,只用很小的一部分钱就开始一个很大的交易。例如咱们房屋的交易,一百万的房子,只需要先交纳30万就可以使交易成立。有很多人是这样的做的,先交30万的首付,而过了两个月房价就涨到130万了。这个时候,他将房子再转手卖出。这样,他就多卖了30万。而他在整个过程中,其实只用了一开始的30万。这就相当于用30万,赚了30万。这就是100%的利润了。这就是保证金的道理了。"

"恩,然后呢。"听了半天我还是没听出这跟投机有什么关系。

"大师,金融的本质就是资金的融通。因此任何金融平台本身并不会增加自己市场里的钱。它只是一个财富转移的平台。"逸飞接着解释道,"交易就一定是涉及到交易双方的一个行为。如果一个市场里只用两个人。那么简单地就可以理解为一方的盈利一定是另一方的亏损。因此,投机的另一面就是金融游戏的博弈。"

"金融的博弈……"我喃喃地重复道。

14.1.5 期货市场的方向

"现实中这种例子随处可见,但最好的例子还是在期货市场上,当然债券市场上曾经一度也有过这样的例子。"逸飞进一步解释道,"讲这样一个故事吧。有一个四川的哥们儿。他从1991年前后就开始炒股。大师知道那个时候吧。那个时候买股票可是一本万利。据说当时的上海你在一条街上买到股票,拿到另一条街上一卖,就能赚个20%。这哥们儿就是在那个时代入市的。结果两年时间就从几百块弄到了一千万。这在今天听起来还跟神话一样。于是这个哥们一兴奋就跑到了期货市场。开始玩期货了。但他还是按股票的思路玩期货。一旦套牢了就不出来了。可是我们知道期货是有时间限制的。这和股票可不一样。结果他不断往里投钱加仓,不断地亏损。他以为到最后这些钱不会消失。他当时买的是大豆期货。到最后交割的时候,人家给了他十几个仓库的黄豆。他一看没有办法啊,只能再求交易所把这些豆子便宜卖了。经此一役。这哥们就重新回去打工了。千万的财富也就消失了。"

"哇,好凄惨。"我感叹道。

"但故事还没完,在2006年的一天,他打开了自己很久没有打开的股票交易账户。因为当年他们账户里有多少钱是要去问证券公司的。再加上自己这些年打工,日子很苦,所以根本没注意到自己股票账户还有多少钱。结果一看发现,自己还有好几百万。"逸飞笑道。

“啊……”我吃惊。

“原来啊，这个哥们当年转战期货之前曾经有一笔交易，好像也就几十万。你想啊，他都是千万富翁了，这点儿钱自然也不在乎。”逸飞接着讲道，“他当时挂单想卖出股票。结果价格没到，交易就没成功。他就一直持有这个股票了。结果十几年过去了，加上06年的那轮牛市。他就又成为富翁了。所以只能说这个哥们儿运气好吧。”

“这哥们真糊涂，当初就不该进什么期货市场。”我说道，“我一直就听说期货市场貌似风险很大，反正没有钱轻易不要进入这个市场。听说里面坐庄的都是大资金，再不就是什么大的农产品，像饲料企业什么的，反正也很乱的。这样的市场为什么不干脆停了算了呢？”

“之所以没有停止期货市场，是因为这个市场根本不可以停止。大师，什么是期货？”逸飞问道。

“期货，就是约定一定期限的货物吧，反正就是不现在就交货的。”我慢慢回忆过去用英文学过的课程，“除了期货交易，还有现货交易，还有远期交易。等等，我慢慢想想。嗯，这样说吧，你给我一个火腿，我给你五毛钱，这种现在立刻完成的交易就是现货交易。远期交易和期货交易不同，远期交易是指，你现在和我约定，当我27岁的时候，送给我一栋豪宅，我相信你。咱们指天为誓，歃血为盟。这种相互约定的未来交易就是远期交易了。可你不一定会遵守这个约定，未来你可能就变了。期货交易和远期的最大不同就在于，咱们找一个强制方。例如我找到中央政府作为保人，如果你将来敢不给我，我就可以找到中央政府去要，然后中央政府再管你要。它比远期多了一份强制力，原理就是这样。”

“大师讲的差不多吧。现代期货交易，交易的对象就是标准化的协约，这些协约是为了要执行的买卖品种，像时间、数量、品质这些信息上面都是交易所严格规定好的。现代的期货交易所，会规定一些品种来进行交易。例如是买入协约，到期的时候，任何人只要持有这样的单据就可以去向交易所提货。卖出协约就可以向交易所卖出货物，交易所再将这些协约转给相应的开出这份协议的人，从而完成交易。这个交货的过程，叫作交割。但现实中，参加期货的很多人并不想完成实物的交易，于是他们会开出一份买入的协约，只要到期之前再买回来一份买入的协约，就算履行了自己的责任，这种行为叫作‘对冲平仓’。同时，由于进行期货交易的时候没有货物，所以只要交纳一定的预付款就可以了，这种资金就叫作保证金。期货市场最重要的功能就是所谓的‘套期保值’。例如我五个月后，也就是7月份吧，会有五万斤麦子收割，现在麦子是12块一斤，可是如果未来麦子掉价了，要知道这种季节性收割的东西就是这样，要么不上市，一上市就扎堆，然后就是掉价。这个时候就要借助期货市场。例如这个时候期货市场上8月份的麦子是15元，于是我在期货市场上卖出了与我产出的麦子等量的八月的协约。最后，到八月份，现货价格已经到达了7块钱，期货到达了10块钱。这样我现货市场上就赔了5块钱，可是我期货市场上赚了5块钱。这样我就保证了自己是12块钱卖出麦子的。

当然如果涨价了，我虽然现货的买卖赚到了，但是期货市场上也赔了，最后还是保证我大约是 12 块钱卖出的麦子，这就是简单的‘套期保值’。

“要知道，世界其他主要国家都有期货，因为期货市场可以调节商品价格波动的风险。尤其是农产品这样的受季节性影响比较巨大的品种。可以毫不客气地说，这是现代经济特征。正是期货市场的存在，调节了商品的时间价值分配。大师，你要知道，一个国家要想发展，就必须能够有效的利用资源。资金就是一种资源，证券市场调节了资金的空间分布，例如四川的公司可以从上海拿到需要的资金。而时间的分配就要依赖期货市场，所以一个国家要想发展，就一定要有期货市场。当年国务院没有停止期货市场也就是这样的原因。”逸飞强调道，“但是仍然对于期货市场进行了很多的规定，像涨跌停限制，大户报告制度等等。这些都限制了市场的风险。现在大家不参加期货交易，或是期货市场没有吸引大家眼球的原因在于：首先，这个市场风险太大，其次门槛很高，过去没有十万元，就没法进入期货市场，再来，期货市场的交易品种也很有限。这就限制了套期保值交易的进行。同时，法律对于期货经纪公司的限制太多。例如现在的期货公司连自营盘都没有，就是自己根本不允许公司拿钱去参加期货交易，只能代理客户交易。所以这个市场现在看起来还有些冷淡，但是大师，这个市场一定会成为将来金融界的主流。这是毫无疑问的事实。所以大师，你一定要多关心。”

“为什么呢？”我问道。

“中国原来的期货市场是一个封闭的市场，我们原来根本不允许国际的交易者进来。于是就这几个种子选手，价格太容易操作了。”逸飞接着解释道，“这样，我们现在知道，期货是一个保证金交易的市场。于是这个市场的胜负规则就不同于没有保证金的市场。例如，你开仓一个品种，大豆吧，你有 500 万元，这个时候大豆期货是 2 元一斤，你用保证金交易，为了方便举例子，咱们假设为 10% 的杠杆吧，就是说你要买 500 万元的大豆只用交 10% 的保证金，也就是 50 万。而交易的合约单位什么的都是交易所规定好的。比如是 10 万斤作为一单协约，你买入了 100 单这样的协约。要进行这样的交易，你就需要交 10 万斤乘以 2 元钱每斤豆子的价格，等于 20 万元，这是一单的价格。100 单就要 2000 千万元。但是由于是保证金交易，10% 的杠杆，这样你就只需要交纳 200 万。就可以进行这样的交易了。”

“恩。”我点头道。

“好，由于用掉了 200 万，所以你的账户里还剩下 300 万。如果价格下跌，跌 0.1 元，你知道你损失多少吗？”（看见我摇头）逸飞接着解释道，“别忘了，你现在做的可是 2000 万的买卖，因此是按照原来的比例计算的。就是说你现在持有的一千万斤大豆合约每斤都降低 0.1 元，就是 100 万。如果降低了 0.5 元呢？你也就没钱可以赔了。因此代理你交易的期货公司就会强制你放弃这单协约。将协约拿到市场上卖出，这就是强制平仓，也就是传说中的‘爆仓’。”

“这样我就一无所有了吧。”我绝望道。没想到五毛钱的损失我就一下回到解放前了。

“恩,这也就是说你的亏损是实实在在的,就算以后行情变好了。每斤豆子涨了10块钱,也和你没有关系了。所以现代期货博弈，我不需要将价格压低到0元每斤，只要将价格下低0.5元，你就出局了。这就是现代金融博弈的最简单的方式。

“算了，讲得再简单一些好了。”看到我仍然迷糊的样子，逸飞说道，“这样，大师，在一个市场里面，一定有两个方向的交易者，空方和多方。空方卖出，多方买入，如果价格上涨，多方获利，空方亏损。现在市场里就我们两个人，我是空方，你是多方。我想要获利，只要价格不断地走低就好了。如何做到这一点呢，我只要开仓，不断地卖出协约就可以了。只要市场之中，供大于求，价格就必然下跌，而我开出一张协约，卖到市场上，我所支付的只是一定比例的保证金，所以只要我资金够力度，理论上我可以开无限的协约，卖到市场上。从而压低价格。”

“真像你说的这样简单?”我有些疑惑。

“当然了，事实上这样的例子在期货市场里太多了。但都不够大气。咱俩来讲一个比较大气上档次的例子。国家可是因为这件事把一个市场都关了。”逸飞笑道。

“这群白痴又干了什么去刺激国家了?”我好奇的问道。

“债券大师熟悉吧。”逸飞问道。

“嗯，债券就是你管我借100万规定好6%的利息，到时还我106万的凭证。这个怎么了?”我答道。

“但是我们发现债券的利息一般太低了。玩这种不痛不痒的东西一点儿激动的心情都没有。”逸飞笑道，“因此，当时以增加流动性为理由，为了提高债券市场的活跃度，咱们国家开始了债券的期货交易。要知道这可是保证金交易。而且当时规定的保证金比例只要求2.5%。这就相当于1块钱可以当40块钱使用。”

“哇，那也就是说，1块钱的变动会造成我相应40倍的盈利或亏损呗。”我激动道。看来这个市场稍微有点儿给力。

“好,当年就有这样两群哥们儿。他们开始运作国债期货了。”逸飞接着讲道,“1995年，当时市场玩的比较好的一个品种是叫327的一种国债。反正就是一个名词罢了。国家承诺的是给132元赎回。但是市场认为这个债券的回报率太低，因此可能会提高回报的钱，以增加这种国债的吸引力。因此期货市场上的均很价格维持在148元附近。这时候来了两群哥们儿，一个叫万国证券的公司找了辽宁国发等六个兄弟，他们认为财政部不可能为了这个债券多花十几亿的钱儿去提高流动性。于是他们在期货市场上大举做空这种债券。如果能回到132元，那他们就赚疯了。而另一个叫中国经济开发信托的公司，这可是财政部的旗下公司。他团结了11个公司机构,准备大举做多这种国债。两方势力就这样卯上了。”

“我感觉万国有点傻。中经开可是财政部的儿子，连太子都敢动。这不是找死吗?”我说道。

“因为那个时代的人们还相信公平，认为一切应该都按照经济规律来发展啊。”逸飞笑道，“结果就在 2 月 20 几号的一天。财政部宣布准备贴上十几亿来提高这种债券的偿还率。以 148 元的价格赎回债券。可是我们知道，这个时候期货市场上的债券价格也就是 148 元。由于期货往往相对于现货有一定的时间溢价。就是价格一般会高一些。这个时候债券可能就会上涨。但是这个时候两个大的集团在较劲呢。所以债券价格并没有太大变化。可是一到下午，辽国发突然反省，认为自己和太子作对没有好处，一下就空翻多了。开始大举买入期货协约。一分钟内价格涨了 2 元。”

“哇，这种东西涨两块钱，简直像大象跳舞啊。”我感叹道。

“呵呵，别忘了，这可是杠杆交易。由于小弟的背叛，价格每涨一块钱，万国证券就损失十几亿。那可是在 1994 年。整个国家一年的 GDP 才 4.38 万亿左右。”逸飞继续道，“有了小弟的背叛，中经开再一加油，10 分钟后价格就涨了 3 块 7，价格到了 151 块多。可以说万国的很多做空仓位都爆掉了。万国很生气。于是在最后快要收市的八分钟里，万国证券开出来 730 万单的空头期货，这相当于 1.46 万亿的国债。要承接这些卖单，按照当时的价格，即使有杠杆也做不到。结果价格跳水，收盘在了 147.4 元。市场里中经开和背叛的辽国发还有另外的其他公司全部爆仓。这个时候，万国证券的空头获利在 42 亿。”

“哇，好有魄力！”我感叹道，“但是他当时不是很多前期的空头仓位都爆掉了吗？他哪里又来了这些钱开仓呢。”

“当时这个期货在上海证券交易所交易。当时市场规定空头可以当日做空，次日回补。因此算上 42 亿元的获利，加上保证金规则。万国证券完全可以当晚融资然后第二天交上保证金。可以说在规则之下万国证券并没错误。”逸飞叹了口气接着说道，“但是他忽略了自己是在中国。当天晚上，上交所以前所未有的反应速度通过紧急通知。规定当天最后八分钟交易无效。债券价格以 151.3 元收盘。”

“太不要脸了。凭什么？”我愤然道。

“上交所给出的理由是他们认为万国没有能力支付保证金。因此取消交易。”逸飞叹道，“其实不用想也知道，这之中的内幕匪夷所思。不是我们能知道的了。反正我们知道经此一役，万国证券亏损 16 亿元。三年后和申银证券合并成为了今天的申银万国。但由这个故事我们知道了，保证金博弈的本质是，不一定要将对方彻底打垮，只要将对方的保证金账户挤得爆仓就算赢了。于是由于当年这几个公司大战。最后整个市场所有主要机构都爆仓。于是国务院就叫停了债券的保证金交易，直到现在。期货市场也由此受到了严密监视。但当年的战斗极为激烈，保证金的交易顷刻间就可以使一个人倾家荡产，只要有钱就可以控制行情。你记不记得当年看的，市场里的交易者，沮丧得跳楼什么的。这就是当年的情况。后来国务院很生气，后果很严重。于是期货市场遭到打压。股票市场，也由原来可以融资炒股，被彻底地禁止了。”

“哇，这个世界真可怕。”我嘘唏道，“但哥哥我还是有问题，万国证券在最后反击中开出了1.46万亿元的债券，他能找到那些债券最后交割吗。就好像开了一百万斤黄铜，可是到时整个世界只有50万斤，你能随便开这种东西吗？”我疑惑地问道。

“呵呵，大师，你还有实物的观念。其实你越学习金融，就要越忽略实物，脱离实物的束缚是迈进金融的第一步。”逸飞强调道，“其实我不仅可以随便开，只要规则允许，不限制我的仓位，我就可以无限开。因为我完全不需要考虑实物的交割问题，我只要在交割的期限之前，再买回来我开出的协议不就可以了。这样理论上，我就是把协约卖给我自己，我就免除了交割的义务。这就是现代金融的对冲平仓规则。我开仓，卖出协约，不需要交纳实物，我唯一需要交纳的只是一部分保证金。只要我有足够的保证金，我就可以随便地开，这样协约的量多了，价格自然就下来了。这个时候，我开了3张，你买入3张，于是我又开出了5张，这一次你买不下了，最后价格下跌。你爆仓了，交易所就给你强制平仓了，怎么平仓呢？就是把你原来买入的3张协约卖出来。你卖出来谁能买呢？我，只有我买回来，我就平仓了，而你的亏损就成了我的获利。懂了？”

“嗯，有些。”我慢慢地想通了。也就是说理论上只要能平仓就可以不在乎实物的对应。

“这里面我们可以看出，只要人越少，市场就越容易受到影响。资金越多，市场越容易按照其期望发展。”逸飞总结道，“但大师你所假设的情况也是一种博弈的方法。但是这种博弈一般不是我们能玩的。原理是这样，假设我开出了10张的合同，可是你找了几个哥们儿，一人买了1张，你们一直持有，有足够的资金作为保证金，一直持有到交割日期，找我要东西。可是我手头没有，这种情况怎么办？”

“那你就只能去到市场上去买现货交给我吧。”我想了想回道。

“那如果整个世界都没有足够的货物呢？”我问道。

“那你就是违约了，你就只能承担责任了。”我回答道。

“不错，这种博弈就是国际市场上博弈的另一种形式。”逸飞强调道，“要知道，在国际市场上，博弈者太多，资金很难控制住。如果开出过多的协约，就可能出现没有办法控制平仓的风险。这种博弈方式很复杂，因为买方从一开始就确定了你拿不出足够的实物，从而将你从市场里剔除。只是这些就是国家间的博弈了。这些方法的利用只有一个目的，成为市场里的胜利者。”

逸飞接着说道，“当初咱们中国的市场是一个封闭的市场。只要找到几个联盟，一起将别人挤爆仓，就不是难事。正是因为咱们的市场很容易受到影响，所以市场才会设置很多的限制条件，你的开仓量要限制，品种的波动有限制等等。但是将来的中国市场会越来越开放。也就是说，要控制这个市场会越来越难。所以未来这个市场也会放开更多的限制。这样就更加促进这个市场的进步，从而成为世界上的主要市场。”

“可是世界上已经有了很多重要的期货市场啊，中国的这个小市场能那样吗？”我不禁对逸飞的话有些疑惑。

面对我的问题，逸飞只是自信地一笑，神秘地说道：“大师，中国的期货市场必然成

为世界的主要市场。原因有两个，一个是，它在中国，另一个原因是，他在中国。”看着我的脸色，逸飞进一步解释道，“首先，咱们中国虽然不是美国这样的国家，但是咱们中国的经济总量可不小。咱们中国人很多，中国人自古就有一种彪悍的赌性，只要中国人参与度提高，整个市场的成交量就会迅速上升，一个市场交易量的提高，就会吸引更多的投资者，因为这样的市场才让大家信任为一个难以控制的市场。所以有中国人的市场就会发展。第二点，期货市场现在可不是什么简单的赌博市场，它是和现货市场彼此联系的，是十分重要的体系。可以说现在的买卖铜的交易商，买卖 7 月的铜材，就会参考伦敦期货交易所 7 月的期货价格。可以说这个市场已经可以参与到定价权问题了。所以现在我们听到中国的主要铜生产商跑到伦敦进行期货交易，这可不是什么个人企业行为，而是后面有政府支持的。中国希望在世界上可以有自己的声音。但现在看来还不理想。原因很简单，不论是资金还是实物上，我们都不是最主要的。同时国际上的交易市场，咱们也不好影响。所以中国如果想提高自己在世界上的声音，就只能创造自己的市场，发展中国的期货市场。因为这个时候已经不是什么简单的市场行为了，而是国家博弈的一部分。正是这两点，中国政府在不久的将来一定会大力发展期货市场。这是必然的选择。中国一定会走先亚洲，再远东，逐步在世界上增加自己的话语权。只要加入到这场国家的战略发展之中，自身的财富也就不再有什么疑惑了。当年美国发展期货市场，于是一时之间，所有的期货经纪商就成了资深的专业人士，都成了明星。怎么样大师有兴趣参加这场发展吗!

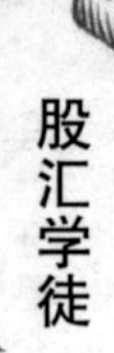

14.2 股票市场

鱼不可脱于渊，国之利器，不可以示人。

——《庄子·胠箧》

14.2.1 股市

面对逸飞的诱惑，我一点儿抵抗力都没有了，满脑子就是灿烂美好明天。“说！什么时候上，老夫拼了！”老夫很激动。

“呵呵，大师先考试。”看着我激动地表情，逸飞淡淡地说道，“起码先把期货从业的考试过了，慢慢地熟悉市场再说吧。”

一听到考试我有些木了，我疑惑地说道：“我曾经问过一些人，他们一直都说，这些证拿了也不代表什么，拿了证也不代表真地懂了什么。”

逸飞没有回答我的问题，而是简单地问道：“大师，没有美国的签证你能去美国吗？看着我摇摇头，逸飞继续说道，美国签证绝对不代表这个人比你强什么，不代表这个人就比你更现代。可是没签证，你就进不去。金融从来就是一个高门槛的专业领域，这些资格证就是你的通行证，没有这些就不能入行。他们没通过考试，自然就这样说了。只有有了这样的承认，你才可以轻松地进入正规机构，转换自己的身份。当然如果大师你可以控制相当的资源，已经可以摆脱这些条件的束缚，你可以随便花钱雇到这些专业的‘打工仔’，你当然也可以不用这些装饰自己了，呵呵。大师怎么样？”

算了，废话是没有意思的，我冷冷地说道：“说吧，有多难。”

“难什么难，呵呵。”逸飞笑道，“证券是五门，期货是两门，每年考4次。每次报考一科70元。同时市场上还有专业的考试参考书，怎么样，难吗？”

“这也太低了吧。”我更无奈了，“这种考试根本就是形同虚设嘛。”

“谁说不是呢！”逸飞叹道，“所以这些考试，你提前布局就好了，省得将来用时抓瞎。就像你现在最喜欢的股票市场，可以说只有中国这样的神奇的土地才会有这样神奇的股市。世界上其他国家早就不把股市作为主要战场了，可是中国人却只参加股市。要明白中国股市为什么这么神奇，就要先讲讲中国股市神奇的历史。大师，你先讲讲什么叫股票吧。”

考我，哼哼，看来这个白痴真的太小看我了。清了清嗓子，我说道：“所谓股票就是指公司依法发行，代表其所有权的有价证券，投资人可以依据所持有股票的份额，取得公司相对应的未来的收益。”

“大师真牛，说得像真的似的，呵呵。”逸飞叹道，同时还装腔作势地鼓鼓掌，“这样，

股票有这样几个基本的性质。首先，股票是公司的一种筹款形式，而且这种筹款方式，除非公司结束，否则不用还款。一个公司如果在经营的过程中需要资金，那么他不外乎这几种方式。要么，向银行借款，但是银行一般还有很多审核条件，或是要你提供抵押或是担保。要么，就发行债券，但未来还要偿还债券利息。如果这两种方法公司都不选那就只有最后一个招了，那就是卖身了。公司的'肉体'就是他的资产了，对了，大师，你说人才是资产吗？"

"人才……算吧。"我疑惑地说道，"人才应该是所有资产中最重要的。"

"呵呵，那我明天就把你卖了，哈哈。"'白痴'没心没肺地笑道，"大师，我们现代的金融经济，是建立在会计规则条件下的。所以会计上所谓的资产，就是有所有权，能够卖出的才算。人可以卖吗？（我没吱声，他继续道，）所以，人才虽然很重要，但人才不是资产。大师，所以公司要筹钱就要卖身，可是卖什么呢？机械，厂房，肯定不能卖，卖了就没法生产了，所以最后能卖的也就只有所有权了。一个公司的所有权是什么，一方面是公司的资产，一方面是管理权，更重要的就是未来收益的分配。所以如果你买了一个公司发行的股票，你就可以拥有了取得公司未来收益的权利，你也可以根据你拥有的股票份额参与关于公司决策问题的投票。但你决不能再按照原价卖回给公司。因为人家只管卖，不管回收。你要卖出这个公司的股票，只能找到一个愿意买的人来谈价格。这就形成了股票市场。你从公司得到股票，交出相应的财产。这个叫作一级市场，而我们平时熟悉的股票交换市场，只是叫作二级市场。正因为一级市场是发行市场，二级市场是交换市场，于是这两个市场的博弈规则就完全不同了。

"下面咱们来讲中国的股市。中国的股市是一个年轻的市场，年轻说白了就是不成熟。原来计划经济的时候这个叫作资本主义，是完全禁止的，后来邓小平说先做做试试，如果不好就将股市关了不就行了。这才顶住压力开了股市。你记得有一段时间风传股份制改革吗？"

"貌似尘封已久的一份淡淡的记忆。"我缓缓地说道，"我记得当年就是那个时候，一群人赚疯了。"

"对，就是那个时候。当年国家将国有企业进行股份制改革，员工可以拿钱来认领股票。大师如果是你，你会怎么做呢？"逸飞问道。

"当然砸锅卖铁也要全部买入啊。"我答道。

"大师可太高估自己了。当时可是刚刚有这个市场，一般小老百姓谁敢玩这个啊。"逸飞笑道，"但真的有一些企业的高管们，眼界开阔各处融资认购了大量公司的股票成为了大股东。可是就没有一个人注意到他们认购的股份所交的钱，是他们这辈子也赚不到的这个事实。反正国家很开心，因为大家支持工作，领导也很开心，因为只要有点儿常识就知道这个事情未来再也不会有了。于是在欢声笑语中，中国完成了第一次造富运动。要知道这些股票可是超低价。例如上海的"众城实业"原始股发行价每股1元。但上市之后几天就变成了45元。但我国是公有制为主，所以，所有股份中的最大份额就是国有股。这些股份或是国有法人认购的，于是又叫作‘国有法人股’。当初开始就规定这些股票是不能交易的。”

“为什么？”我好奇地问道，“这样不就使企业的股份构成太复杂了吗？”

“不知道。我们国家是世界上最大的社会主义国家，可是在社会主义国家搞这个，全世界也没经验，于是就怎么想怎么做了。”逸飞说道，“国家认为这部分属于国家，为了保证国家的国有制体制。所以国家股一定要保证大多数，所以不允许进行买卖交易。再有一点是如果买卖股份，可能有赚有赔的，这样就可能造成国有资产流失，你说谁敢交易国有资产。于是规定了中国股票的两个交易渠道，可流通的股票可以按照市价在市场进行交易。而一些法人股，这些股票的主体不是国家，而是其他的单位，这部分股票只能按照特定的价格转让，有时这些股票的转让价格只有市值的16%。”

“这又是为什么？”我奇怪的问道。

“这是规则。”逸飞道，“大师你永远不要把时间花费到“为什么规则是这样的”这种问题上。原因很简单，规则不是你制定的，因此你也没法改变他。你只能去认识了解如何利用这种规则为自己套利。反正规定了法人股的转让可以不同市值。因此剩下的就是如何利益输送的问题了。而现在新的规则是原来这种不能流通的股票现在可以流通了。2001年推出这个规则的时候叫作‘国有股减持’，但是由于时机不好，市场低迷因此国务院叫停了。而2005年又再次提出了，这次叫作‘股份制改革’。不同的名词，同样的意思。现在看来国家真的是太聪明了，要知道这些股票当面认购的时候都是一块钱一股认购的，现在应该已经市值都20块了。你说厉害吧！””

“才20倍，不过尔尔。”我淡然道。

“那给你讲个厉害点儿的。”逸飞笑道，“中国第一支公开发行的股票是1984年的飞乐音响。今天这股票还在。由于是第一支，所有有些特殊，当年的面额是五十元。通过多年分红送股，一股现在已经变成了3000多股，市值由50元变成最高时10万多元，回报率高达2000倍。所以现在看来国有股只不过是做了强制‘锁仓’的动作。现在拿出来可是都不会少赚的。怎么样神奇吧。”

“嗯，真是神话。”我淡淡道，“看来中国最大的巴菲特就是政府啊。”

“第二个中国股市的神话是因为交易所的门槛。一个交易所能交易什么股票，不能交易什么股票是有严格限制的。当年我们中国股票的发行就是定额分配的。中央的各个部委，中国的各个省都可以分配到一定的份额，然后他们再选择企业上市。那个时候，指标可是有限的，但公司只要能够上市就相当于得到了一个提款机，可以随时取款。所以那个时代不是一般的混乱。例如有的企业为了拿名额，虽然和体育没有关系，但也愣是改成和体育部有那么一点关系，挤破了头也要上市。”

“这些人不是疯了吧，发行股票不是也要支付股息吗？”我疑惑地问道。

“小伙子，今天的钱才是钱，明天的钱就是梦。大师一定要记住这一点，眼前的钱才是最重要的。”逸飞接着解释道，“且不说货币具有‘现值’这个些东西，如果一个公司上市，那么他就可以再次申请发行股票，这些新发行的股票价格要参考二级市场的价格。募集到的资金，就是公司相应的资产。这些钱是公司的，只要公司存在一天，这些钱就永远不用还。所以，有的公司就会从市场上募集大量的资金，然后公司做不下去了，最后清算，把公司卖出去得到的一点点钱分给股份持有者。这简直可以说无本万利。所以公司们才会争先恐后地上市。当然很多股票不会退市，他们会亏损，你还记得 ST 股票的疯狂吗？”

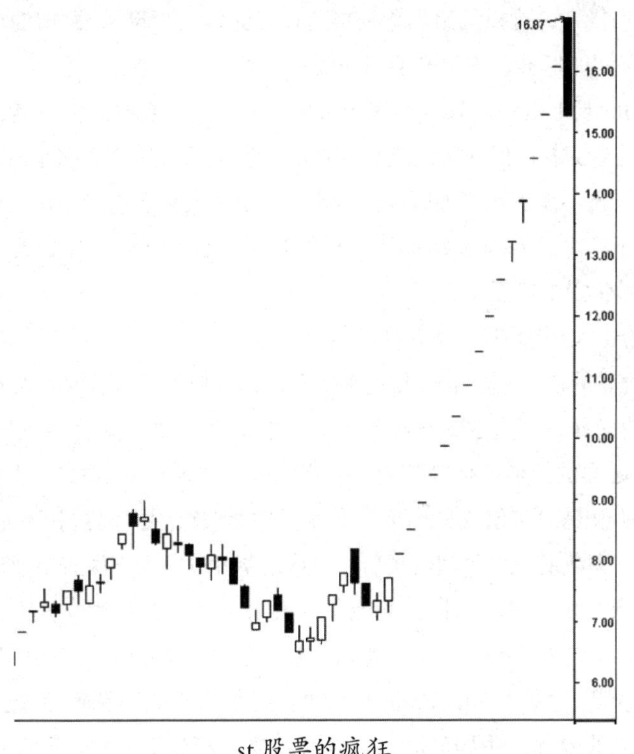

st 股票的疯狂

人家上涨都是一字涨停的，虽然每个都是 5% 的幅度看似不高，但来个十几二十个还是很爽。于是有了这种股票的人每天做的事情就是猜测后面还有几个一。

“恩，我有的同学就主要投资这样的品种，结果赚疯了。谁能想到一个企业连续两年亏损就要被冠以 ST 的头衔，却在这个时候大放异彩。”我说道。

“所谓的 ST 就是交易所为了提醒交易者这支股票企业是亏损的，可是这样的企业还有一个最宝贵的资源，那就是上市名额。所以有的公司，没法上市，就会买这种公司变相上市，再改造好公司财务，然后就可以从市场里再次圈钱了。这种方式就叫作‘借壳上市’。

而这也就是中国股市门槛设置产生的结果。

“另一方面，市场上股票品种有限。投资者想要赚钱就要买卖股票。所以，就这几个品种，轻轻一炒就扶摇直上了。这也是规则所创造的奇迹。”

“那降低门槛不就好了，进来好像一直在强调什么创业板，好像就是要打开股市股票发行的大门。”我问道。

“大师，这是好事吗？呵呵，这简直是最坏的事情了，只有一个畸形的市场才会布满机会，如果一个市场无限扩容，大家能选的品种就太多了，人们就会变得相对理性。而选股的工作将更加复杂，这样的市场你还能有什么机会？到那时，股市的博弈就会更加地集中于一二级市场间的博弈，你只能通过发行股票而迅速致富了。

“第三，中国的股市是一个只能做多的市场。一个市场成熟的标志就是投资者可以根据自己的判断而进行交易。但在中国这片神奇的土地上只有一个方向是散户可以做的，就是做多，没有股票就不能卖空。所以在这个市场里中国人只能期待牛市，如果熊市一来整个市场就会冷淡下来。就算有股指期货这样的东西，如果只对一些少数人士开放，那么效果就必然还是少数人的造富运动。”

“这样的市场也太无理了。”我有些愤然地说道。

“这就是管理者的逻辑，所以碰到这种情况，你就要抓住自己象限所有的特权去抢钱就好了。不需要有负担，毕竟这个不合理不是你造成的。”逸飞解释道，“所以一旦股指期货这类的东西有这样的门槛，你就好好利用就好了。之所以造成中国股市这些不合理的原因只有一个，那就是股市创立的原因。其实，中国股市创立之初就不是一个让股民获利的市场，而是一个政府与民争利的场所。自从改革开放以来，国有企业年年亏损的事实便成为管理者如骾在喉事情。所以如何能降低政府本身对于那些垃圾国企的负担，就是政府的当务之急。于是安排公司上市，就相当于给公司一个自由提现的机器。这样可以很好地减轻政府的负担，同时也可以保证政府可以更好的控制和调控资金。再来印花税也可以成为一笔惊人的收入。中国的股市就是在这样的背景下诞生。所以这个市场里任何不合理的事情，你用这样的目光就看得清楚了。所以，你要记住这个市场里全是你的敌人，政府也不是照顾你的，只是希望你更好地更安静地听从政府的安排，安安心心地上缴印花税。上市公司会从你口袋里掏钱，他们不是对你负责，是在利用你无知来给公司凑钱。各个基金机构等等也会倡导出各种理念来诱惑你，要知道什么题材投资、主题投资、价值投资都是这群白痴倡导的，也是这群白痴最早批判的。而就是这样的行为，政府也乐得观看。所以有人说中国股市不如美国赌场，我认为这是道出了市场的实质，在这个市场里要想获利，你要变得只有更聪明，更专业。傻子赚钱的年代已经一去不复返了。”

“好了，大师咱们刚才讲的还都是大的体制、规则。除此之外还有很多具体的规定。例如，你今天买进的今天不可以卖出。同样，今天卖出的今天也没法提取现金，这就叫结算规则。数量也是类似的规定，例如买入多少每次是有一个单位的，我们叫作一手，股市里一手就是一百股。这些都是小方面的东西。但这却是基本的规则,是要首先明白的。买两本入门书籍，鼓弄个半天也就差不多全都会了。这只是一个市场，市场还有很多的，你可以选你喜欢的。”逸飞简单介绍道。

“我还是股市更熟悉一些。”我深思的说道,“股市貌似简单一些，不用懂太多东西，还是选它吧。”

“股市很简单! 呵呵。”逸飞反问道,“那这样，大师，咱们简单地一样一样说吧。股市简单的包括投资者、公司、交易所、政府这些。先说公司，什么是公司，公司如何赚钱，如何评价公司的好坏，财务如何，行业如何，经济如何，那些公司是高成长的公司这都要知道吧。再来看宏观经济，咱们国家政府调控比较明显的，而政府采用什么样的手段，就会有什么样可能的结果这要知道吧。政府的哪些规定可以有机会这也要明白吧。交易所都交易哪些股票呢? 我国大约有 2000 支股票在交易，这些股票的所属行业，交易数量这些不能不知道吧。市场每天交易两个时间段，这两个时间段都有那些特征这你应该知道吧。再如怎么看盘，看股票的运动，知道了上面的这些都只是个大概。关于投资者你也必须了解，你的对手方都是些什么人，如何利用对手达到你自己的目的，认识到哪些是对手可以做而你不能做的，哪些是你能做的而你的对手不能做的。也许人家了解的事情你不知道,但你还是要根据他们的行为来了解他们的目的。简单想想就能想到这些吧，怎么样大师，这些你都知道吧。”说完，逸飞用了有趣味的眼神，笑吟吟地看着我。

“哥……稍微有点儿深……”我麻木地说道,“要不算了老大，我直接跟你混好了。”

“大师，这没什么难的，有大师的智慧，再加上我的耐心，咱们有什么难的呢! ”说完逸飞便开始笑吟吟地看着我笑了。

公园里的风很是温暖，春天不是好像来了，而是真的到了。人们虽然还穿着很厚的衣物但是却越来越显轻快，人们不仅散步，也带着小狗享受下午的阳光，小狗轻快地迈着步子，一会儿跑到主人前面，一会儿跑到主人后面，但最后又总是回到主人的身边。而我身边没有小狗，我身边只有逸飞。

14.2.2 金融游戏的基础——折现

一天，逸飞来找我玩。

“现在股票的市盈率已经很低了，应该不会有太大问题吧。”我又开始和他在股市的问题侃大山了。

逸飞没有直接回答，而是习惯地问道：“大师，市盈率在你心中是什么呢?”

“不太懂，反正大家都说，高了就是风险。低一些才稳妥。”我有点儿心虚地答道。没想到这个“白痴”总是能问道这些我不能瞎编的问题。

“白痴”又做作地叹口气说道：“算了，我还是给大师讲讲市盈率到底讲的是什么样的故事吧。”然后他又十分卑鄙的摇了摇头。

“大师，你会读研究生吗？”他忽然问道。

“大哥，我当然读了。”我回答道。

“你认为每年花多少钱去读研究生才合适呢？”逸飞问道。

“不好说吧，我读研究生又不是为了赚什么钱。反倒是它能带给我的安宁和休息，这使我更有兴趣。”我诚实地回答道。

“如果单从经济角度呢？”逸飞问道。

“没想过，不过高学历起码可以保证我将来有稳定的工作吧。至于算清楚还真的很难。”我迷惑地答道，说真的这个问题我以前真的很少思考到。

“这样，大师，我们不去管一个事物他可能对未来的发展起到什么作用。如果单单从经济利益的角度来讲，还是可以计算的。从投入和产出这两个角度，我们就能简单分析一个行为是否对主体有益了。这也就是你将来要搞分析的基础。”逸飞看着我，边想边说道，“这样，大师，我们现在先不假设你读研对你的个人成长有什么巨大的作用，简单的从投入和产出来考虑。假设你读研每年要支出 5 万块，三年大约是 15 万块，这样你的成本简单就是 15 万。而读研可以使你的年薪增加 5 万，也就是说 3 年你就回本了，而且以后每年你的年薪还是 5 万。简单假设你未来可以工作 20 年，这样你就一共可以增加 100 万。这就太合适了。但是这个想法简单了。要知道，20 年后的 5 万并不等于今天的 5 万。货币最大的奥妙就在于货币具有‘现值’。例如要获得 20 年后的 5 万，我只要今年将一定数量的钱存进银行，然后等 20 年后变成 5 万就好了。如果是按年利率 10% 的单利计算，就是说这部分钱每年结算 10% 的利息，但是利息不作为下一年的本金，我就要存……”逸飞打开电脑算了起来，x+20×10%x=50000，最后 x=16666。“也就是说 20 年后的 5 万只值今天的 16666，但是现实中利息通常是复利计算的，也就是第一年的利息也要算作第二年的本金里，这样这个式子就变成，x×(1+10%)20=50000，这样算下来 x=7432，也就是说 20 年后的 5 万只值今天的 7 千多。这种将未来的价值，用一定的投资回报率折算成今天价值的行为就叫作折现。大师可别小看这一点，今天金融之所以有这样伟大的进步全是这个方法起到的作用。可以说正是这个想法创造了今天的疯狂。有人说‘正是通过这种方法完成了财富的时间转移’。这是完全地胡说八道，未来的钱并不会真的跑到今天来，今天的钱只是通过债务所转移过来的，是金钱的空间变化。现在我们先讲价值计算。通过折现我们可以看到你未来 20 年的总收入 =50000/1.1+50000×（1.1）2+50000/（1.1）3……+50000/（1.1）20=50000×（1/1.1+1/（1.1）2+1/（1.1）3……+1/（1.1）20）≈ 425680。这样算下来，只要你的投入不超过 42 万，那你还是有利可图的。”

“好像不是这样简单吧。”我犹豫地说道，“记得好像还有机会成本这些。就是说这些时间我如果不用来读书，而是发展其他事业，可能会取得更高成果什么的。”

“不错，大师太聪明了。但大师举得例子不当。”逸飞笑道，“现实中更有可能的情况是，你的年收入不是按照计划只涨5万。而是第一年涨了5万，之后每年都涨2万，这样你第一年只涨了5万，可是第二年就涨了7万，第三年就是9万。如果在不是稳定增长呢？而是按照一定速率增长。例如每年增长5%的复利增长呢？这样折现就更加复杂和困难了。所以现实中大家还按照简单的计算来折现的。这样就可以简单计算我们今天的行为是否真的有利可图了。”

“但你讲了这么多，和市盈率有什么关系？”我问道。

“大师，你为什么会买股票？”逸飞问道。

“废话，当然是为了赚钱。”我回答道。

“如果不是进行利差交易，高买低卖，你靠什么赚钱呢？”逸飞进一步问道。

“那还能赚钱吗？”我困惑道。

“唉……我忽略中国的市场现实。这样我现在只讲理论啊。”逸飞笑道，“正常股票的本意就是人们通过购买公司股票，从而取得公司分红收益来赚钱的。例如一家公司，每年可以赚50万，你认为这家公司值多少钱？”

“没有期限真的没法估计。”我答道。

“但你出的钱却是有限的啊，你愿意出多少钱买这家公司。”逸飞启发到。

“嗯，不好说，我当然希望越便宜越好了。我出50万吧。”我想都没想就说到。

“你真贪，这样第二年的获利就是50万，对你来说可是100%的利润啊。”逸飞笑道，“可是我没你这么贪，我可能希望赚20%就好了，所以我出价就可以出到250万。这个时候你愿意出多少呢？”

“嗯……不好说，我比你高就好了。”我回答道。

“那高到哪里呢？”逸飞笑道，“如果你每年的回报率连银行的利率都不如你还会买吗？例如现在银行利率是每年定期3%，如果你的公司回报率甚至不到3%，你愿意吗？”

“打死都不买。也就是说我买了这个公司33年都没法回本，更别提我这些钱的利息了，就算我是白痴也不会干啊。”我回答道。

“嗯，对。这个回本的年限就是‘市盈率’了。”逸飞笑道，“所谓市盈率就是公司每股股票现在的市价和一年的每股回报的比值。其实就是告诉投资者你这笔投资多少年能收回成本。其实也就是包含了一个公司未来收益折现的思想。但这个比值中最不科学的地方，就是没有计算，现在付出的这些成本和所可能取得的未来收益。说白了，就是你虽然花70万买入一个市盈率为20年的股票，其实20年后你就算得到了70万，事实上你也还是赔的。因为20年后的70万早就不等于今天的70万了。这种将未来的钱折合到今天的现值的过程就叫作折现。这也是金融中最神奇的魔术。只要一个东西能在未来赚钱，金融就能给他一个价格。让大家去想象。只是由于折现这个计算太复杂，因此现实中干脆也就不在乎这个过程，而是直接拿今天的钱和未来的钱来比较多少了。市盈率就是这样直接比出来。其假设就是未来企业能以过去的赚钱速度在未来继续赚钱。现在你知道什么叫市盈率了吧。”

“但这个好悬啊，如果公司没法保证每年的获利速度呢？例如我们说巴菲特很帅气，可是每年也只是赚26%左右。如果一个公司保持这样的速度那不是早就天下第一了。又或者公司如果像08年一样，一个危机来临，突然间倒闭了怎么办，还上哪里等二十年呢？”我问道。

“呵呵，不错。针对公司成长率不稳定的问题，分析师提出了各种办法。但归根到底都是‘归纳’的老路，就是过去如何，未来便怎么怎么样。所以你没法知道这些可能，你只能去‘相信’，你要‘相信’你的公司会每年分红给你，你要相信你的公司永远不会倒闭，你要‘相信’你的公司会一直按照比例发展下去。只有这样，你才会根据这些来分析。而更重要的是大家都相信这个童话。这个童话才可以继续下去了。而只有大家都‘相信’了这个童话之后，你就可以知道你的股票可以卖给谁了。”

“这就是市盈率的真相？”我有些迷糊，这种童话谁会信啊。

“呵呵，只要你百度一下一些股票的分析文章，你就知道‘市盈率’这个童话在所有人心中是多么根深蒂固了。起码大家都用这个来给股票定价呢，所以如果你听到股票泡沫过高等等也就知道了，不是股市真的有啤酒泡泡了，而是大家认为自己买入股票回本的日子太遥远了。”

“这帮人就这么信任他们投资的公司？”我奇怪的问道，“愿意出这样的高价来等公司未来慢慢给他们分红，回归他们买股票的成本？”

“那我就不知道了。大师，你认为你买股票是等分红，慢慢回本呢，还是卖给另一个相信公司可以给他慢慢分红的人呢？”说完逸飞混蛋地诡笑了起来。

14.2.3 找寻龙头股

“但这样讲还有一个问题。我怎么能让别人跟我相信同样的一个故事呢？”听完市盈率的故事后，我不禁疑惑道。

“所以当初选择的时候就要很用心啊。”逸飞笑道，“如果当初看走了眼，就算你讲一辈子的故事人家都不会信的。”

“那还有很多股票每天都是大幅上涨啊。而且一个一个都叫嚣自己是龙头。你还是给我讲讲怎么选龙头吧。”我问道。

“大师，就算你真的骑到了龙头上估计你也赚不了钱。”逸飞笑道。

“这是为何！”我惊叹。

“因为你要明白什么是龙头啊，呵呵。”逸飞笑道，但当他看到我鄙夷的目光之后，估计是被我的气势震撼到了，因此收敛了不少，继续说道，“这样，大师咱们现在来相信

什么叫龙头。故名思议龙往往就是一个行业的老大。例如我们经常讲的龙头企业。但这和股市投机里面的龙头往往是两回事。不论多好的股票。如果没有人运作，那也就是一纸凭证罢了。你像银行中工商银行算是牛吧。再来说中石油、中石化，你能说这些公司不好吗！但股价就是不表现，就是没人敢买。所以，如果你买入这样的公司，将来就算出手不成问题。但获利可能就不如买其他公司的股票好了。"

"那怎样才能找到市场认同的股票呢？"我鄙夷地问道。他讲了半天还不是没讲过所以然来。

逸飞道："要选出被人挑选的股票就要能够看到同动和异动。"

"异动、同动。"我喃喃重复道。

"嗯，所谓的异动就是股票特立独行，表现得极有个性。"逸飞继续讲解道，"像我们比较熟悉的'逆市飘红'这就是其中的一种。中国股票不同于世界其他国家，咱们这里下跌是绿色的，而股价上涨就是红色的，正好和别的国家相反。如果大家都是绿的就你一个股票是红的，那就表示你运动的轨迹和大家都不一样。当然还有比例特别明显的涨幅也是，就像'涨跌停'。大师千万不要以为只有涨停才是，跌停其实也是。这些是很激烈的手段，这些手段的目的只有一个，就是吸引市场的眼球和注意力，从而为未来的动作找好接力棒，说的再明白一些就是这些动作就是为了自己的股票打广告。大师你要知道一个市场里有两千多支股票，如果你没法进入涨跌幅比较大的区域是不会有人注意你的。也就没人要听你为这个股票所编织的故事了。所以要用这种激烈的手法来吸引人们的注意力。

"还有一些是不那么激动的手法，这些充满了迷惑性。大师，你是不成天盯盘。但很多人每天什么不做就是看分时图、每笔成交、委托买卖盘过日子的。这些手段就是做盘的人和这些人对话的方式，不过这是另一种外语。要不就是来个很大的挂单，让你看着，以为抛压很重或是下面有很多人要买。但其实这些手法都是为了一个阶段性的目的而服务的。如果是建仓,那么一切都是为了收集筹码,如果是拉升那么就是减少阻力,如果是出货，那么一切就是为了吸引人跟盘。有的时候我们会看到突然一个放量拉升，而后就一天没有动作，任由股价自己飘摇，这往往就可能是基金建仓的行为了。因为基金建仓的时候，规定是下单员要在一定价格区间完成固定的买卖量，所以下单员就往往使用这种手法，来尽快地完成任务。当然这些手法现在越来越复杂了，有的时候也很难预测明白主力的意图。"

"那还怎么玩？"我不禁奇怪地问道，"连庄都分不清还怎么做？"

"大师，我一直跟你强调'千股千庄'，但说实话，像原来的那种'庄'早就没了，手法已经不再具有原来的含义了，现在更多的是短线资金，目标很短。而现在真正的'庄'其实是一级市场上，上市公司本身慢慢的参加近了二级市场的博弈。"逸飞解释道，"大师，一定要记住，股票有异动才是好事情。因为只有激烈的博弈才会有巨大的机会，而资本战争就是最大的机会。就是繁复的手法在一起渐渐组成了目标明确的乐章，这是一首真正的和谐的诗。但万变不离其宗，这一切的根本往往就是吸引眼球，使得大家深陷其中。算了，这些有点儿高深了，咱们还是讲一些简单的你能理解的吧（看到他如此的藐视‘大师’，‘大师’忍了）。所以根本就没有涨跌停的股票，只有吸引人和不吸引人的股票。吸引人的往往是到了一定阶段要求大家都来出把力气，而不吸引人的往往就是在谋篇布局。吸引人的手段中比较直接的就是涨跌停，其次就是消息，像股评这类的，说白了就是增加股票的媒体曝光率。至于公司的报表，虽然也很常用，但是往往就没有另外两个手段更加引人入胜了。”

“嗯，明白了。异动还有其他要讲的东西吗？”我简单问道。

“当然了，还有很多，大师别急。”逸飞故作怜悯地看着我说道，真想撕了这张“灿烂”的笑脸，“异动除了相对于大盘异动，还有很明显的一种就是板块异动。大师你能说出多少板块？”

不自量力的小子，敢考大师，老夫让你看看什么是天才，“中国个板块很多啊，世博、医药、金属、银行、矿产、还有其他的像黑龙江、新疆等板块。”

“呵呵，大师不够专业了吧。”逸飞笑道（面对这张笑脸我心情复杂……如果不是没有材料，我估计我今晚的晚餐就是油炸狐狸皮了。），“我们能做的更好，只因为我们更专业（这小子还能来这样的词语！）。板块的本质就是一个，对个股进行分类。其实说白了就是一种标签，用以标记个股的。”

“我明白了，那就是一种符合。像图腾就是一种标签，他的作用就是，一方面用以强化族内团结，另一方面就是用来排斥外族。板块的既然是标签，那作用差不多也就是这两个吧！”

“大师太聪明了！”逸飞接道，“就是这样，中国股市往往表现出板块同动的特性，就是说一个板块的运动常常影响这个板块中的每一个个股。如电力板块一旦启动，和电力沾边的概念股票都可能有所表现。所以在股市里作为专业，首先的基本功就是要记下每个板块的龙头股票。其实大师你刚才说的板块分类是错误的（我怒目而视！），至少是模糊的，板块至少分为三大类，那就是地区、行业和概念。算了我再简单地介绍一下吧，首先说地区，像中国的行政概念，例如我一提到山西，你首先想到的是什么？对！是煤，那新疆呢？石油、天然气。西藏呢？矿产……”

“密宗。”我答道，“西藏密宗很厉害。”

“……等他们也像少林寺一样上市再说吧。”逸飞道，“当然我们知道这些资源并不代表这些地区的这些资源就好开发。就如同西藏的矿产，康藏地区地理环境复杂，同时缺少必要的铁路公路运输，所以其开发成本要远远高于内地地区。所以能不能真的带来收益还不好说，但只要大家认同，那就能带动股价。利用这个区域进行炒作。这往往是利用政策条件，打开人们的想象，从而推动其进行一个短期运作。其实每个省都有自己的特色，如果将地区概念扩大化，就成为了区域，像长江三角洲等。这些区域因素往往和

政策紧密连接。像西部大开发这一类的。

“再来看行业，这个就比较复杂。因为国际上对于行业的分类现在还不统一，但有些基本的行业还是能在市场里被交易者认同的。这才是最关键的。至于行业的发展空间什么的，咱们以后再说。

“最后就是概念板块了，这就是我们平时所谓的概念，这些都是人们自己定义的，只有一个条件，那就是要得到大众的广泛认同，只有广泛的得到群众接受，才可能出现一个所谓的概念板块。像我们平时谈论的世博股、奥运股、迪士尼股。这些往往和某一条件结合在一起。

“大师要知道这些股票，就是为了更好地把握龙头股，因为这些板块一旦有所表现，最有空间的就是龙头股。”

“可是逸飞，什么是龙头股你还没解释透彻啊？对了，还有什么是蓝筹什么是红筹股等等。”我问道，龙头股、蓝筹股、红筹股这些概念，很常听到。可到底是什么却一时半会儿说不上来。

“大师……算了，所谓的蓝筹股就是那些经营稳定的，可以获得稳定分红的大公司。而红筹股就是在香港上市的中国公司，主要是指大企业的。这些都是根据赌场里的筹码而命名的，我不赌博，我不懂，呵呵。至于龙头，这可不是咱们每天早上在电视上听股评那些人所谓的龙头。”逸飞解释道，“所谓的龙头一定是行情的先行者，龙头、龙头，那自然就是行业之中的行情之头。所以龙头一定是这个行业中走到最多、最快、最远的那个。除此之外就不能算是什么龙头。龙头就一定是要惹人眼球的。咱们刚才就说过了，并不是什么业绩好，权重大就是龙头，或是有的公司市场占有大，集多个概念与一身，这样的股票是很好，但和炒作没关系。只要想运作，就可以找出各种理由，反之如果再有什么理由，只要没有人运作，那也是没有用的。龙头之所以成为龙头，就是因为他们好运作，想象空间大，具有市场号召力。所以主力喜欢运作这类的个股。所以一定要从价格、股票成交量、市场关注等几个条件来综合考虑龙头。所以大师，这样你就明白了，龙头不是注定成为龙头，而一定是人们认为是龙头就一定是龙头了。而找到这类的股票，利用他们来获利才是大师你的工作。这才是专业的事情。”

“那怎么找？既然业绩权重都不是最重要的，那基本资料岂不是都用不上了？”我奇怪地问道。

“那有什么办法，只能把过去几年的行情资料都调集出来，然后看这些概念中，哪个在一段行情中运动最大，就慢慢地熟悉他。”逸飞简单说道，“这样，大师，你有时间可以把每个行业板块以及近期最为热门的概念板块名称背下来。然后每个板块找出五个最有代表性的龙头股票背下来。我告诉你都要背什么，名称的基本变化，有没有什么时候成为 ST，什么时候摘帽，有多少流通和非流通股，非流通股的股改时间是什么时候。历史上有几次著名的走势啊！当然最好能把整个基本情况背下个大概，这样就更好了。但我不做要求，你自己看着办吧。”

“……”我无奈到。

“这是基本功啊，大师。”逸飞诱导道，“对于我们大师，这点儿事情还能算是什么事情吗？呵呵！”

看着逸飞似笑非笑的眼神，我心情沉重地说道：“知。但咱们能不能提前找到这样的要异动的股票啊。板块也行啊。”

“预测未来从来都是最难的。大师还是不要费心了。先用心明白过去的事情，这样未来才能更好面对。因为要做好每件事都要非常用心。但大师，我也可以告诉你一个未来至少三年不会改变的主题。”说到这里逸飞神秘的一笑，“那就是通胀概念。”

“通胀概念？还有这个版块？”我稀奇道。

“呵呵，所以说大师，真正的操盘就是要看到别人现在知道，但还不理解的事情。”逸飞欠揍地笑道，“大师，所谓的通胀概念就是和中国的宏观经济联系在一起的。2008年的金融危机，最终将演变成经济危机，这个过程就是首先银行亏损，于是贷款减少，企业由于资金缺损最后导致用员减少，大多数人失业就会使得这些人进一步不敢花钱，于是消费消退，进一步导致的结果就是经济消退。于是为了获得货币，许多商店或是货物就会减价销售，所以经济危机的结果往往不是物价上涨，而是物价下跌。可是你看中国，都 2009 年了，出现什么物价下调了吗？没有吧，原因是什么？”逸飞微笑道。

“为什么？”我奇怪道。

“因为中国根本就没有危机！”逸飞笑道，“所谓的危机既可以是真的宏观经济的不协调，也可以是一个概念。当大家都认为危机来了，危机就真的来到了。但物价却明白地告诉我们，现在不是什么危机。原因很多，但中国信贷不发达和金融市场不开放，是这轮国际危机没有席卷中国的主要原因。好了，既然中国没有危机，可现在中央却为了面对危机使用扩张型的金融手段，那结果就不言而喻了。”

“扩张性的金融手段？”我问道。

“不错，简单的说就是财政政策。中央不是要投资什么四万亿拉动经济吗？”逸飞解释道，“记住，财政政策其实和银行降低利率的方法一样，都是一种投放货币的手段，只不过一个是增加总量，一个是定点投放而已。具体说，就是整个经济体的货币多了，如果超过经济发展，就会出现通货膨胀，这就是所谓的‘通胀概念’了。但其实四万亿如果投入到经济里，通过货币乘数，大约就是四倍的增幅，于是就大约是 16 万亿了。大师不知道什么是货币乘数吧，呵呵。这样当你把钱存到银行里，你不会现在就用，于是银行可以将钱贷款出去，这样如果你存了一万块，银行再将这一万块贷款出去，这样总共就是两万了，如果这个贷款的人再把钱存银行，银行还可以继续贷款出去。这样由一个一万块就成了很多的一万块，这种扩张就叫信用扩张。而中国这种情况下，一万块往往可以产生四个一万块的货币量，这就是简单的货币乘数了。不理解没关系，等以后有空给你好好

讲讲。反正中国现在马上面临的就是钱太多的问题了。这样就会物价上涨，股票市场也不例外。”

“但是中国不是一向避免通货膨胀吗？可以收回来啊！”我不禁问道。

“但其实这是骑虎难下的两难抉择。大师一定要注意，已经做过的事情就没法改变，钱已经投出去了，就不能收回来了。”逸飞解释道，“现在很多人接到贷款，做了一个项目，最简单的就是土地建设项目，本来银行说是五年给 1 亿，结果给了 3000 万就不给了，你说这个工程怎么办？干，没钱了。不干了，前期投资就白投了，要知道还没成型的项目连卖都没人买。这对中国经济就会造成二次打击，而这个打击却是实实在在的。如果中央真的想使中国混乱，那他就可以这样办，可是正是因为他是政府，所以他不能。这也就造成了两难，收回货币，经济塌陷，不收回货币，通货膨胀。要是你，你会怎么办呢？”

“不收回吧，起码通货膨胀可以控制，可是经济萎缩了就难以刺激了。”我想想说道。

“不错，这就是未来三年的概念，所以在股市整体涨的趋势下，资源类的涨得会更狠，尤其像金属、矿产等，土地由于很特殊，所以会有反复，但根本趋势还是不会改变的。”

“哥，太帅了，未来三年都知道。”我不禁由衷佩服道。

“要不当什么操盘手啊，操盘就是做盘布局。如果在市场里连五个手指都看不到，还摸什么摸啊。”逸飞笑道，“大师，中国未来的通胀是复杂的，这个通胀的主题是在世界的大背景下产生的，也就是一方面中国内部为了挽救‘危机’，而另一方面，世界其他国家也大量发钱，就造成了中国货币和世界其他货币一起泛滥，这就看谁泛滥得快了。美国现在的贴现率都是 0 了，也就是说白了，美联储随便借钱给银行，在这样的背景下中国想要自保，做梦一般。因为中国没有这方面的人才。大师，经济学中最难的就是金融学，而金融学中最难的就是货币银行学，等将来给你好好讲讲这方面的知识。可以说看懂了这个，整个世界的经济就明白了。很遗憾，中国在这方面还没有什么能人。现在中国就是处于这样环境，由于经济开始产生政治的国家间博弈，这就更合适创造无限的机会了。到 2013 年再回来看今天就会有另一番认识了，一方面是发达国家的合力狙击，另一方面是发展中的夜郎自大，结果还真的令人期待呢。”

“哥，你说的让我有点儿冷。”我说道，“这种斗争双方真的很难说，但也不是不可以预测。等有空我算算。”

“呵呵，大师，你呀。《孙子兵法》上怎么说的来着‘先知者，不可取于鬼神，不可象于事，必取之于人。’你过于依赖这些法术，还不如好好观察，记住，不论这个过程中谁犯了什么错误，你都不要生气或是无奈。因为你不是决策者，也没有你的声音，你只能做好自己判断，保护好自己的家人，这才是你应该和能够做到的，不要有任何道德上的负担，不然你只能成为又一个后知后觉的群众了。”

14.3 操纵时代

力拔山兮气盖世。时不利兮骓不逝。

骓不逝兮可奈何！虞兮虞兮奈若何！

——《史记·项羽本纪》

14.3.1 金融博弈的对手

深深地呼出一口气，终于收盘了，酒钢宏兴最近持续表现，但是今天盘口开始复杂起来，大单忽隐忽现，成交十分隐蔽，主动盘时时出现，看来就是这两天应该有所行动了。这两天我按照逸飞嘱咐的，已经选择出了有兴趣的150支股票，现在已经开始背诵基本资料了。凡是沪深股市十年之间有所表现的股票我一般都有所囊括，可是随着调查的深入我发现，这些有所表现的股票往往都具有十分明确的概念，像紫光股份、力诺阳光、莱茵生物等。我原来以为一个股票越是有越多的概念越容易涨，但这次才发现，只有概念集中的股票才可能涨得更好。看来“我们做的更好，只因为我们更专业”，这句话真的不是假的。

慵懒地做完丰盛晚宴，我一边看着CCTV2，一边用着晚膳。说实话，通过和逸飞几个月的交往下来，现在的CCTV2，我已经完全可以当笑话来看了。最近的热点正在于中钢协的铁矿石谈判。这件事当时国内予以了重点关注。原因很简单，因为这确实是那个时候的大事。人们对于这个事情以很高的期望，认为中国作为钢材的需求大国，一定可以迫使三大铁矿石公司让步。大家的预期结果一定是中国进一步取得在国际上的话语权。可是在逸飞看来，这简直是笑话。

中国以前也是钢铁需求大国，只是由于自身能力，完全有能力做到自给自足。所以没有过多地参与到国际原料市场之中。可是近年来却由于需求的扩大而一步一步地参加到市场里。但现在问题出现了，中国来晚了。日本早在上世纪80年代就参与到国际市场之中，三大铁矿石公司，日本是有股份的。而中国现在进来，市场已经形成，只能跟着别人出于自身利益制定的市场规则走，胜败已经不言而喻了。再来就是国际上每年铁矿石定价是由一家钢铁厂和一家铁矿石公司制定价格，然后全年所有钢铁厂和铁矿石公司就按照这一价格交易，表面上这是减低了谈判成本，可以更好地促进铁矿石公司和钢铁企业的利润增长。但这明显有很深的背景。要知道，铁矿石也是一种商品，是商品就一定受到供需的支配。只要开采和需求与年初不同，价格的调整就势在必行。但是缺乏了改价的机制，后果可想而知，一定有一部分利润被某些公司占据了，换句话说这就是既得利益集团。

想要战胜他们，可不是简单的事情。再者，商业的本质是什么？是获利。只要有利可图，商人就一定会妥协谈判。可是这次三大铁矿石公司却态度出奇的强硬。这完全背离了商业的本质属性。‘事出非常必有妖’。要知道钢铁是一种十分重要的战略资源。欧洲一体化的第一步就是煤钢联营。明白了这一切，整件事情就清晰了，铁矿石谈判的背后必然是两个利益集团的博弈，中国现在连健全的期货市场都没有，想取得国际话语权，谈何容易。看着 CCTV2 上的新闻，看着各个专家的分析，有的连基本的分析都不具备，完全是一种目空一切的自信，真的和故事一样……

当晚我和逸飞就这个问题进行交流。现在已经知道这个谈判将来必定成为钢铁企业的负担，而 4 万亿的基建投资必然大量牵连钢材，这就是说钢厂一定会将成本转嫁出去，从而增加整个社会的经济运行成本。中国“复苏”将面临很大的尴尬。这就告诉我们未来钢铁企业并不具备长期获利的机会，这就表示钢铁股票最好是短期持有。同时由于经济环境的整体成本升高，通货膨胀的预期将进一步提高，由此银行利率也必然会有所反应，反应到股市就是震荡。所以今年的股市必然会上下反复，这和 2007 年产生的牛市将有本质的不同。看到机会就要把握，这是我和逸飞一直坚持的。所以逸飞最近也在鼓励我换仓，估计等钢铁再火一会儿，我就要换仓了。

“大师今天忙什么了。”逸飞慵懒地问道。

“看盘了，酒钢宏兴走得蛮有趣的，今天我注意到，它经常会出现一笔 150 手的买单，而且时间间隔都很类似。”

“嗯，那应该是基金利用软件来买卖。”逸飞不屑地说道，“这没什么，很常用的。有一种软件，一个人能同时操作一百个左右的账户来一起买卖，只是这些账户交易份数是一样的，所以容易使人怀疑。对了，大师你能讲讲除了基金，股市里同时存在的其他的人和事吗？”

“什么人和事？”我奇怪地道。

“就是除了你之外，市场里还存在哪些人。”逸飞启发道。

“首先自然就是基金，然后就是所谓的机构大户，在不就是私募基金，这些和基金应该是在一起的。再有就是散户了。”我想了想说道，“对了，还有券商。”

逸飞看着我说道：“大师，你这样说我不能说你说错了，但是你说的东西都是搅合在一起的。算了我来给你慢慢解开吧。

“所谓市场的参与者，就是参加到资本博弈的各方选手。由于资本市场是一个财富再分配的平台。说白了，就是一个残忍的金融游戏，你的亏损就一定是我的获利，而我的亏损，就一定要落到其他人的口袋之中。明白了这一点，我们就会发现，其实市场里只有两个人：你和你的对手。整个金融就是你和你的对手在争利的过程。整个过程不是他输就是你赢。好了，除此之外的其他分法，都是这个道理的注解。所以在市场里你的对手方才是最重要的，他们是你的衣食父母，是你获利的保证，你一定要了解他们。毫不留情地战胜他们。

“好了，现在咱们来细细分下类。”显然现在逸飞已经进入角色了，而我也乖巧地安静地聆听，夜很安静。

“你的这些对手勉强可以分为两个品种，一种是财大气粗的主力，这些主力往往有大背景，受到的保护或是监控比较多，这类的资金通常被称为‘国家队’。像社保基金、QFII（也就是合法的境外基金公司）、券商、公募基金、保险还有公司年金等。而另一种则相对隐蔽，主要则是指私募的资金或是公司资金这类的，其实所谓的‘基金’是一个十分复杂的概念，例如公募基金就监管比较严厉，但是像对冲基金或是叫私募基金这类的。咱们现在所谓的基金主要是按照基金法规定成立的基金。这类的资金监管起来还是比较光明的。可是国际上的对冲基金，那才是真正难以监管的，但这种也叫基金。”

“好了，现在先咱们来看看这些国家队。他们的资金是最大的，可以说是行情的真正推动者。”逸飞边想边说道，看来人的精神好，记忆力也特别好，“大师你先说说什么是社保基金。”

“不就是社会保障基金吗？”我简单说道，“但是这种东西可以参加炒股吗？”

“当然，人家炒股可比你早，人家2001年就入市了，现在已经十年了。”逸飞笑道（看到这个白痴的表情，看来他真没把全国人民的安全当回事情），“其实社保基金只是一个统称，是由五个概念在一起组成的，包括社会保险、社会保障、社会统筹、养老保险体系中的个人账户还有……还有……还有企业补充的养老金。算了反正就是关系到国家稳定的命根子钱。他们可是国家利益的代表，这些是根本输不起的钱。所以他们在市场里就一定要做一个稳赢的角色。可是如何能做的‘稳赢’呢？”逸飞含笑地看着我，然后他自问自答地给出了答案，“方法很简单，就是要做到操纵市场就好了。你知道市场将会怎么变化，那还哪有失败的可能呢？别忘了，中国股市是谁家的！在中国的股市里股票最多的是国有股，而钱最多的就是社保基金，至于规则是证监会规定的，所以这才是中国股市被称为‘政策市’的根本原因。对了大师，你知道中国股市成立的目的吗？”

“恩……不知道。”我想了想还是没有回答，是为了中国人民获得财富？但中国证监会的所作所为还不如解散他来的好，大家对其恨之不已。我想了想还是补充道：“莫不是为了公司圈钱？但这个目的太恶心了！”

“大师，就这，你还说错了呢，呵呵。”逸飞笑道，“中国股市成立之初只有一个目的，就是为了圈钱。但不是谁都有资格圈钱的，只有国企才有资格。因为那个时候中国的国企普遍获利能力不强，所以中央有意让公司进行股份制改革，这样公司就可以上市圈钱了。这样也缓解了中央的财政负担。这就是中国股市最初的目标。但是有一点国家忽略了。那就是对公司进行股份制改革，本身就有一个风险。那就是失去企业的风险。股份制改造本身就意味着中央对于企业控制力的下降。我国企业在股份制改革之前都是类似于事业单位那样的机构。其中的员工与公务员相差无几。所以，如果你被中石油雇佣了，你就和考上公务员差不多了。但是如果我有了中石油90%的股权，那么你说中石油还是

国家的吗？”

“别忘了，你在中国，你就是国家的一部分。”我提醒他道。

“那如果我是美国人呢？”逸飞反问道，“所以，如果只是我们自己家玩一玩还是可以的，但是如果涉及到国家博弈，那么中国想要在世界玩下去就要遵守国际规则。所以一个负责任的政府就一定不会将自己的公共事业部门的股份让出去。例如水、电、煤气这些关系到民生的决定要小心，不能轻易的出让股份。因为一旦股份让出去，那么这个国家也就失去了相关的定价权，他的人民就注定要为别国企业贡献巨额财富了。正是因为银行、水、电、煤气等公司的公共性质要远远高于其经济性。可是今天我们这些公司却任意地上市交易。正是有鉴于此，所以中国一开始就设计成了有流通股和非流通股之分。要知道中国之所以有强有力的宏观调控力度，正是这些国有企业的存在。可是如果国有企业所有权被外资控制，其后果不堪设想。但后来的股改，却将流通股和非流通股等同，这样就都可以交易了。原因是，其这样做首先可以获得巨额的财富，要知道这些法人股、国家股原来被持有的时候只有1元不到价格，但是现在没有低过10块的。只这一项，就获利万亿。只要慢慢地变现，一定获利巨大。其二，这样可以有利于中央的产业优化。减持淘汰落后企业，从而加大对于好企业的控制力度。这样还可以进一步减轻中央的财政负担。这就和我过去跟你讲的权证道理一样。其实评心而论，这些政策的出发点都是好的。可结果往往不是人可以简单控制的。而错误的发生，人们归结的道理就是‘利令智昏’。大师，你认为国企经营不好的根本原因在哪里？”

“应该在人，我家那里是重工业基地，有很多大厂，那些领导给我的感受是这些人根本就不像是做企业的，更像是政府官员。我们家也是做‘场子’的。这些人来‘场子’里花钱都很大气。”我现在还能想起来那个姐姐让我猜她“男友”给她买的玉镯多少钱的样子，面对一个价值两千多的镯子，年轻的我那时还真没什么感觉。不觉竟然已经过了十多年了。

“大师想一下，我们都知道的道理，不可能决策者不懂这个道理。官僚作风阻碍了企业的进步。所以他们不是在做企业，而是在看摊子。对于他们来说，企业怎么发展并不重要，反正过不了多久他们就可能成为政界一员。他们也可以平调。从一个场子调到另一个场子。反正都是国家的。但是大师，不论这个场子好坏都不是个人的。要知道，国有企业最大的资源在于其垄断性。就是对于资源是使用权。这才是关键。就拿两个例子就好了。建行上市了，大师知道吧。他们是在香港对外上市的。现在可以说有20%的建行都不是中国的资产了。外资已经控制了这部分产权。也就是说现在建行每家营业部都有别人的20%股权。可是建行有50年的历史，他的房产和营业点都是在过去的50年间，国家作为政府资产分配的。现在这些地产都增值了。全国大约有4000家分点。光是这些地产的使用权就不能计算了。更何况还有现在的这些设施和稳定的客源。要知道工行都没有建行这么高的网点覆盖率。如果在卖一些股份，真的不知道这个银行将来是谁的了。你不是一直问我为什么中国进入WTO之后，五年的金融行业保护期已经过去了吗，为什么外国服务好的公司真正进入中国服务的还是那么少。要知道开设网点太难了。招行这么强的实力、这么好的服务,他的网点又有多少呢。而通过资本市场控制这些企业不是更加方便吗！再例如中石油、中石化、中海油这三家公司控制了中国整个国家的石油开采产业链，而且还可以到国外去开采，牛吧。这就是垄断，在中国要用石油你逃不掉，可以说是稳定获利的公司。可就是这样国家命脉的公司却上市了，这已经不是什么新闻了。前年巴菲特减持中石油，前期大家都说他卖错了，但后来大家又说他卖对了，原因很简单，他赚钱了。可是你知道还有多少人认为他卖错了。有多少外资坚定地持有中石油，原因很简单，他们压根儿就没想过卖出中石油。'燕雀安知鸿鹄之志哉！'这就是国家博弈。"

"大哥说得太凶险了吧！"我有些发冷道。

"中国人的金融水平也就中国人玩中国人的水平了。所以才会想到要用社保套散户的钱。因为中国公司普遍分红不高，在加上印花税。中国股市根本就是负和博弈。而社保基金不能亏损，所以这就是必然的。"逸飞黯然道，"大师还记得530吧。"

"记得！"我愤然道，"老夫纵横数载，在这上面折的最惨。谁能想到财政部凌晨突然宣布提高印花税，结果弄得市场里的股票集体跌停。第二天又是跳水。整整五天，一年赚的钱都没了。"讲到这里我不禁狠狠的咬咬牙根。

"但是530之前，也就是2007年11月开始，社保就开始集体减仓了。而且之前的5月23号市场就有传闻，说上层要求所有保险基金在5月23号退出股市，最晚不能晚过5月29号。知道这都是为什么吗？因为这些是国有资产，任何人都担负不起国有资产减值的骂名。因为国有资产只能赚。可是股市是一个博弈是市场，面对对手我们能做的就是战胜它。"

"可是哥哥，人家都这水平了。咱们还可能战胜他吗？"我绝望地鄙夷道

"很遗憾，人家的信息你根本就得不到。至于企业年报和半年报上你得到的信息早就过时了。"逸飞道，"但也有方法。毕竟这些基金不是他们自己管理的，他们是将基金托付给国内的基金公司进行管理，所以他们会提前得到所需要的信息。例如博时、南方这些基金公司都管理着社保基金。"

"那只要盯住这些基金旗下的基金就可以略知一二了？"我问道。

逸飞微笑地说道："这样,和社保基金相对的就是QFII了。如果说社保是国家队代表，那么QFII就是国外势力了。双方除了为经济利益而博弈，更为国家利益而博弈。"

"但现在对于QFII的限制还是很多的吧？"我反问道，最近我还是看了些新闻的。

"是有像联合持仓这样的限制，但是正如中国除了明面的QDII投资于国外，还有部分隐秘的资金出国一样。国外除了QFII，也有很多资金进入中国。"逸飞沉吟道，"其实双方更多的交锋是在港股上，毕竟那里的规则要好于大陆。操纵不能太过于敏感。除了刚才所说的两种，就要数保险、券商和公司年金了。但保险本身就要保证自身安全，年金

也没什么实力，所以这两方面来看都没什么可关注的。至于券商，前几年也许有他一号，现在也消停不少了。”

14.3.2 坐庄时代

“券商坐庄我知道的，电视剧《坐庄》就是那个时代的片子吧。”我说道，“那个片子拍得太好了。薛淑玉演的都神了，这个人物真的好厉害。相较之前其他人物就要苍白好多。”

“嗯……这部片子也就演员还可以。”逸飞笑道，“至于其他就……就拿薛淑玉来说吧，在当时坐庄的人不在少数，实在不行可以出国。只是作者为了信念非要把这个有血有肉的女中豪杰写的服药自尽。至于其他的，就拿运作手段来说，最多也就是94年的水平。没办法，毕竟作者不是行内人。这样，说到这里，大师将一般的‘坐庄’手段讲一讲吧。”

“坐庄简单地分就是建仓、拉升、出货这三部。再简单些就是两部，买和卖。”我答道，看着逸飞显露出果然如此的神态，我愤然道，“下面老夫就来具体的讲解讲解。（靠！不争馒头争口气，老夫拼了）。大约有十步吧，首先是建仓，这个时候会形成一浪或是长时间的横盘，由庄家看市场的状态而定。第二步洗盘，通过价格的反复震荡，测试市场里的抛盘和接盘，同时看看自己的实力如何，为将来做准备。第三步整理，这个时候是要提高自己的控盘度，这样之前的上涨行情就会短期回落，第四步就是拉升，这个过程往往快速，股价会快速地上涨，但是也有实力有限的或是市场不好的情况就要震荡地拉升了。第五版就是洗盘，自己通过拉升，然后变现一部分资金，以备后用。同时可以将不坚定分子洗出去。让他们赚点儿小钱，甚至认赔出局。第六步就是快速拉升，这也就是最后的疯狂。第七步快速出货，股价快速回落，这一步要尽力出50%的货。第八步反弹，这是为了吸引抢反弹的人。于是股价短期上升。第九步快速出货，这个时候就要尽量套人，把抢反弹的都套住。第十步扫尾，清理最后才筹码。完成利益交换模式，帮助前期帮助锁仓的人出来，论功行赏等。当然到了这一步，一个团队使命也就终结了。”

“大师说的不错啊。”逸飞由衷得赞叹道（当然，我是认为他是由衷的）。

“那是，对于这类博弈和阴谋打小我就有本能的热爱。”我挺胸道。

“那大师再讲讲为什么这些手法现在不用了？就是为什么这些手法都被认为是过时的呢？”逸飞笑道。

“这……没有吧，2007—2008年的行情很完美的演绎了这种手法啊。”我答道，但马上感到这些并不能作为说服人的答案，于是又说道，“也许是监管加强了。但更核心的说，一切理由都只不过是为了一种目的开脱。反正一切的借口，都只不过是为了给别人一刀的时候，披上含情默默的面纱。”

“……披上含情默默的面纱。”逸飞叹道，“大师用词真的很美。”

“算了，你还是给我讲讲为什么这种手法现在不再使用了吧。”趁着白痴分神，赶紧多套些话儿。

“嗯……”逸飞整理下思绪，继续说道，“传统意义上的坐庄往往都是在二级市场来运作，利用股价的波动赚钱。但是随着时间的流逝和人们经验的进步，人们发现，真正到达公司内部的运作，才更有空间。于是运作的主题就越来越集中在基本面上了。有的甚至不惜真的当公司的股东来到股市圈钱。为了更好地明白这一点，咱们先来回顾一下股市的坐庄历史。”

“这还有明确的历史！”我惊呼道。

“还是大体可以分为五个阶段的，但这五个阶段很难明晰地分开。”逸飞想了想说道，“从股市刚刚诞生开始，不论开设的目的是什么，但只要赚钱就能吸引人。这个时候参与者都很乱，还没有很大规模。你一定听过，只要在街这面的地摊儿买股票，跑到街尾的地摊卖股票就能赚钱的时代吧。这就是那个大散户时代。也就是在那个时代出现了所谓的‘善庄’。他们学习美国的股市，认为只要公司获利一块钱，他们就可以根据 30—50 倍的市盈率给予放大，将股价做上去，立而不倒，最后成为国民财富，从而真正做到共同富裕。想想那真是一个可爱的年代。但是到了 1994 年左右，有规模的坐庄就层出不穷了，最早一批跳出来的是券商。这就是券商时代。

“所谓的券商就是证券公司这一类的机构。那个时候他们受客户委托买卖股票。由于长期在资本市场，而且比较专业。他们看到了财富的动力。和现在不同，那个时代的券商都很霸气的。客户要开立股票交易账户，必须求他们才行。每笔委托单子都要客户自己掏五块钱购买表格。一旦填写错误就作废重买。今天我们知道客户在买卖股票的时候，除了有证券账户，还有资金账户。那个时候，证券公司就私自挪用客户的资金账户里的钱来运作股票。你所看的《坐庄》就差不多是那个时代的了。像前两天和你讲的辽国发，就是那个时代的弄潮儿。后来政府不断打压规范。就像今天的国泰君安，这些公司就是当年受到打击，而后由国泰证券和君安证券合并为一家公司的。前两年有个例子，南方证券就是中投证券的前身，他们胆子不小，竟然动用客户账户资金。因为客户卖出股票的钱不一定都会取走或是转到银行里。有些人还是把钱存在券商那里。南方证券就大笔地动用客户资金，买入哈尔滨的几家上市公司的股票，结果导致资金链断裂而倒闭的。后来又传言说当时只要多挺三天就会有转机。但是南方还是被中国建设银行投资公司接管了。资金链就是血液，血液一旦死了，整个项目就死了。如今这些公司已经过气了，他们的营业部大多没有自营盘，而只有母公司才有所谓的自营盘。也就是被允许为自己买卖股票的账户。而就这，还受到严格监控。但券商也有一定的力量。毕竟由于券商在市场里很久了，他们的调研受到基金公司的尊重，很多基金公司还是遵照券商的报告来确定投资策略的。

“第三个时代就是民营机构坐庄的时代了。这个时候就开始一方面控制公司，一方面控制股价的运作了。最出名的就是德隆系、中科系这些。德隆系是我们常说的，原因很简单，关于他的报道最多。他们不仅做公司，而且还运作自己的股票。圈钱多了，他们竟

然买到了自己的银行。那时的德隆真是不可一世。他们什么都做，什么样行业的子公司都有。像今天的中粮屯河，那时叫作新疆屯河。合金投资现在已经变成ST了。湘火炬A今天已经被潍柴动力收购退市了。这就是当时德隆著名的三驾马车。他们什么公司都有，今天你知道的汇源果汁当时也是其中的一员。从拖拉机到港口贸易当时都或多或少和德隆有所关联。但是德隆他们失败了。于是很多人就说这种体制不行，但这话儿咱们得两说，这种模式真的注定是失败吗！如果说失败那只能说是大陆经济失败，而不能就说这种模式的失败。有时间你研究下李嘉诚的企业，和德隆系出奇的相似。差距只是一个在香港，一个在大陆。当时的唐氏兄弟，他们做企业和做政府一样。整个公司里的人都好像是做官一样。不用权利就不认为自己做官啦。所以与其说是体制的失败，倒不如说是人的失败。我个人是比较看好这种话方式的。我来讲讲你听听。”

14.3.3 如何坐庄

说到这里逸飞展开了想象说道："首先你拥有一个集团，这个集团有近十五个子公司。你将其中三个打包成立一个下属企业，然后将其上市。作为控股股东，你可以决定公司的发展战略。股市说白了就是炒预期。只要你的故事漂亮，你就可以吸引到你要的人。只要这个公司每股赚一块钱，通过股市的市盈率放大，你都可以获得三十倍的市值增长。说白了，就是公司每股赚的一块钱，股价就会涨三十块。再假如你有公司6000万股的股票，现在市价每股是50块，你千万不要以为这些钱只是账面价值的30个亿，如果不卖出就没法办法换成钱。你可以将这些股票抵押或质押出去。一般的机构会给你按照60%价值贷款。这样你只要付出一些利息，你就可以在不失去公司控制权的情况下，不将股票卖出而获得18亿。有了这十八个亿，你也可以更好地发展自己的母公司。怎么样，只要上市公司获利，我就可以源源不断地增加现金流。好了，那如何可以保证公司盈利呢。别忘了我当时只是将三个公司打包上市，我还有十二个企业可以用。于是我控制住上游的几家公司，再控制住上市公司销售的下游公司，这样我就可以控制利润了。而只要利润的增长就可以带动股价，从而我可以募集更多的资金。这样还不算，如果我增发股票在市场上的圈钱。而且如果上市公司中的三家企业亏损了，由于我还有其他企业，所以我还可以玩组合玩具，来个资产重组或是置换。反正不论如何我的上市公司都可以带来大笔的钱。怎么样，牛吧。”

“太帅了，哥，那这样的情况下，整个公司的故事你都可以随意策划。这样你不是有了自动提款机一样了。”我不禁感叹道，按照逸飞的这种手笔，基本面可以随意变，那么二级市场的运作又该是怎样的一幅图景呢，“但是你这样做太明显了。如果让监管层知道，你的职业道路估计也就到头了。你像当年银广夏操纵利润不就是这种手法吗？”

“呵呵，大师这你就知其然不知其所以然了。”逸飞笑道，“我一直很奇怪，这些操纵利润的公司为什么手法都出奇的简单。他们操纵利润的公司往往就是集团公司直接持股。

这样不是等着被抓吗？银广夏算聪明的。跑到国外注册了一个公司，可这个注册只有1000万的公司却做着十几亿的生意。这都是运作手法太简单所导致的。我就不信我注册50个公司层层持股就能被发现。实在不行在成立所谓的信托公司来混淆资金来源好了。"

"50家公司！你管的过来吗？"我叹道。

"大师，你还是不了解公司。公司可以是大楼，但也可以是一张锁在办公室的纸。"逸飞解释道，"而且只要公司不上市，公司就没有公开自己信息的义务。想查起来何其困难。来回跑三个国家，注册几家公司交叉混合持股，想查起来都没法下手。再加上你要应对的是一些行动缓慢的官僚机构，你认为很难么。"

"大哥，你牛！"我真没想到，这哥们儿的手法如此大气。

"不错，大师这个办法牛是牛。但这种集团化运作的企业也有一个根本弱点。可以说是一个'罩门'。"逸飞神秘地继续说道，"那就是'获利'。不论手段千种，有一个原理是不能违背的，那就是企业的本质：盈利。如果任何企业不再获利了，那所有的手段最终都会失败。再好的计策也是要以实力为基础的。我虽然有十五个企业，可是只要我的总获利小于总亏损，那这个游戏就只能有一个结果。一旦经济向冷，而我前期投资过重，那我就可能危险。另一方面如果这个公司的发展过快，而没有企业文化随之建立起来。做企业的人没有什么归属感，抱着反正不做东家做西家的态度，这个公司的发展也就要危险了。当年唐氏兄弟就是企业做得太快太大，但是没有人真正对企业负责。当年经过一段时期的发展，唐氏兄弟看到了资本市场神奇，于是忽略了实体的发展和企业管理。他们从幕后跳到前台，到处展示德隆的丰功伟绩，请人著书立传写写德隆的英雄故事，到国外镀镀金，同国际著名的管理咨询公司抛抛媚眼，再和QFII牵牵手，让股评水皮跑出来杂谈杂谈德隆的爱国主义精神和为中国民族产业奋斗终身的决心，秀是越做越大。可是内部的治理却极度混乱，和帮派一样，其中的人精力都不放在经营上而是放到人事上。很少有人注意要把事业做好先。过快的企业发展最终导致了不讲'文明'、'道德'的'官僚作风'。最后就算是想要高薪聘请人才，也无力回天，因为一切都晚了。只要这种官本位的思想存在，就不要说什么体制不好的问题。所以唐氏兄弟是可爱的，他们最后成了替罪的羔羊，只是这背后的问题真正该付责任的人太多太多了。只是人们不喜欢将问题归到自己的头上，将问题留给体制，将成功留给自己才是更多的人喜欢的游戏。李嘉诚的成功只能说他所在的环境更好一些罢了。当然他的能力也是其中之一。如果德隆运作得当，那么相信结果就会完全不同了，只是这个问题上一切都不能假设。"

"老夫了解，如果人想要事情成功，事情就会成。因为人才是真正的力量。"我淡淡地说道。

"不错，民营机构最后也慢慢地退出了主体的位置。但是不要以为今天这些力量不在了，他们只是再也不会像以前那样决定市场了。在接替民营机构成为市场主力的就是机构，也就是我们现在所谓的机构博弈的时代了。就像前面讲过的主权基金和QFII的博弈，基金之间也有利益的博弈。只是现在只能算是机构博弈的初级阶段而已。

“现在我们讲机构博弈，大家就都以为现在就已经到了基金之间利益之争的时代。其实现在中国还远没到那个时代。在到达那个时代之前，中国首先要面对的是基金所有人和基金经理的博弈。”

14.3.4 基金经理的玩法

“他们之间还有利益冲突吗？”我不禁疑惑道。

“那当然了。要知道基金经理……”逸飞接着说道。

“等下，哥们儿，你等下再讲经理和所有人的矛盾，我先问个问题。”我打断他说道，“你能不能给我重新解释下什么叫基金。怎么我发现我理解的基金和你的理解怎么不一样呢。什么保险基金、私募基金，听得我迷糊了。到底有多少种基金，这些基金都是怎么回事。”

“好吧，咱们先讲讲最一般的基金。首先作为交易的品种，基金可以分为‘开放式’和‘封闭式’。所谓‘开放式’就是说这种基金可以随时增加份额，只要你买就可以按现在一份额单位的价格卖给你。理论上他的扩容是无限的。而你要卖出，只要将你的份额卖给基金公司，他就会按当时的一份额价格和你成交，然后再相对减少基金的总份额。所以这种基金的价格一般和份额的价格是相等的。”

“那就是还有不等的情况了？”我敏锐地问道。

“嗯，封闭式基金就是这样。他的份额理论上是确定的，也就是说如果当初你买不到，就只能从别人手里去买。这样就必然有所谓的供需影响。如果看好他的未来，大量地买入，市场价格就会上涨，反之就会下跌。所以其本身的价值和市场价值是不相等的。由于封闭式基金他是有期限的，也就是说，就算你有一家封闭基金的份额你也没法按当时的价格还给基金公司，只能等到期才可以按照现在的净值和基金公司换钱。所以你卖出的时候，大多数情况是按照市场价格卖给交易市场。这就是基金的一个简单的买卖规则。”

“但是买卖基金，如果一开始就买入，好像也很不错吧，要不为什么现在基金申购好像很火爆呢？”我想想前几天的新闻问道。

“嗯，基金按照发起条件分为公开募集和私下募集这两种方式。这和基金是否作为开放或封闭没有什么关系。所谓的公开募集就是基金在发起时，广泛的向社会招募购买者。而私募就是指向几个主要的对象募集，其他人根本没有机会参加。例如你和我相互信任，筹集些钱就可以成立一个私募基金了。”逸飞笑道。

“不会这样简单吧，基金都是大资金，哥哥。”我说道。

“我就是大资金啊，呵呵。”逸飞笑道，“确实，能称得上基金的一般都是大资金。但我刚才的举例并不算错，这种团体所组成的资金形式一般被称为‘对冲基金’。在国际上你一听到对冲基金就要知道几件事情，第一，这种基金一般政府很难监管；第二，资金一般很大;第三，这些募集者都是特定人群。在我国我们刚才讲的一般就算是地下基金了，呵呵。所以现在又将那些光明正大的基金成为阳光基金，用以表示其光明磊落，其实说白了就是受到的监管更加多罢了。你刚才讲的申购基金的热潮其实发生在2006到2007年，这个时候大家发现基金都从原来的4毛钱变成了2块钱了。于是认为只要买刚刚开始的基金就可以获得暴利。但宝贝，如果这些人查一下中国2001到2005年的基金就会发现中国基金赔钱的是普遍多数。中国的基金史的背后，就是中国犯罪史。”

“没这么血腥吧。”我打趣道。

“一会儿要给你讲的基金经理的故事就可见一斑。”逸飞说道，“其实基金这种交易工具，本身很难做成迅速获利的工具。在中国这些基金的投资领域都是受到严格限制的。所以他们从来不可以参加高风险的领域。像你很少听过，哪个基金去持有多少期货什么的吧。”

“但国外好像就有的基金可以。”我说道。

“对啊，这就是不同的市场，不同的规则。在中国的基金，就要遵守中国的规则。所以我说规则创造一切嘛。”逸飞强调道，“其实，你要知道基金是为谁服务的，所谓的基金说白了就是集合理财。所以符合这个条件的都叫作基金。之所以要用这个条件，就是要保证资产不会贬值。所以风险就要控制在一定的范围里。如果参加高风险的交易，就会有亏损的可能。但是有一种基金是不可以亏损的，这就是政府基金。例如我国的社保基金。这部分基金是关系到广大人民养老问题的基金。可以说是维护社会稳定的资源。所以这种基金,是不能亏的,也是不敢亏的。要知道证监会也会看他的面子,提前和他交流，如果沟通得不好，导致基金亏损，你知道这叫作什么吗?这就是‘国有资产流失’。这个罪名是谁也担不起的。530这个著名的事件,社保基金就成功逃顶了。但除了这些政府基金，其他基金也基本是低风险产品，所以就算亏，也不会像期货那样有什么大的举动。所以基金从来就是一个低风险品种。

“当然还有一些基金，这些基金虽然也叫基金，但和我们熟悉的基金完全不同。例如指数型基金，这种基金就是完全模仿大盘指数，和大盘保持一个方向。他们按比例买进大盘股，从而做到这一点。再有就是ETF，LOF基金，这些就是指数型基金。他们已经完全摆脱我们所谓的专家集合理财形式，退化成一种机械化的模仿工具了。这些品种完全地模仿一种指数运动。当然这些交易品种也有自己的规则，像大资金就可以利用ETF做所谓的一二级市场间的无风险套利什么的。大师有空可以研究一下。但估计这就不是大师所要和我讲的基金了。大师认识这些基金了吗？”

“总算有点儿了解了。”我说道。虽然还是迷迷糊糊，但起码有个大概了解了。

逸飞接着道 :“那咱们现在来看看基金经理和基金持有人之间的博弈。这还要从公募基金的体制说起。基金公司靠什么赚钱?大师，你说一下。”

“在市场上赚钱啊，废话！”我脱口而出道。

“这就是不成熟的理解了。”逸飞笑道，“别忘了我问的是基金公司。要知道公众通过买入基金成为基金所有人，他们靠基金涨价或是基金分红赚钱，但是基金公司不同，基金公司是作为基金的管理人。只要公司管理一天，不论获利如何，赚钱与否，他们都可以照样提取管理费。而基金经理就是典型代表，他们就是赚工资的人。这就使得基金经理的收入和基金业绩脱钩了，当然管理的好可以有回报，但管理不好也不至于怎样。而且基金经理是一个淘汰率相当高的职业，所以人家为什么不在自己的任期多为自己考虑考虑呢？中国人有一个好习惯，那就是认为位置高的人就一定更有责任感，记得2005年国资委的一个下级部门的办公室里，每个人管理了近5个亿的资产，可是他们的平均工资却只有2000多块钱。一时间，这个成为了美谈。我们是把这个当笑话来听的。反正这些机关的人一定是清政廉政的圣人。可是问题来了既然如此，那么为什么我们现在还要讲反腐呢。因为人们习惯认为别人都是负责任的态度，这从一开始就错了。

“再来继续咱们的话题，在现行体制之下，基金经理们的行为‘怪异’就没什么可以奇怪的了。只要条件合适，那么帮别人‘锁仓’，‘老鼠仓’就会出现。还有基金通过券商买卖股票也要交佣金的。这些可不是小数目，那么通过哪家券商来进行交易也是有学问的，谁可以决定，当然是基金经理们了。还有别忘了基金买入股票，获利虽然是基金的，可是企业要召开股东大会，表决权可在基金代表的手里。所以如果想要进行什么决议也要和相关的人搞好关系。要知道基金经理可要代表百分之十几甚至几十的股份来投票的。这个体制还有一个好处，就是这些行为虽然都是个人做出的，但却是以机构的名义做的。所以只要程序对了，就可以没有什么个人责任。再给你举个我身边的例子吧。算了，还是给你讲个别人说给我的吧，呵呵。一个上海的基金经理，帮自己大学老师做股票。老师给了他将近100万，我估计老师应该是把房子抵押了。一年后老师送了自己的这个学生价值300万的画儿。按照咱们中国人的习惯来说，要是送给别人这些钱的礼物，估计这个老师的获利怎么也到了600到1000吧。当时我们闲聊，说他这样应该去待遇更好的私募去，而不是继续在这样的公募基金待着。可是他却推托说公司给他的待遇很好，实在不想走，怕让人感觉对不起公司。当时大家就评价说他是一个知恩图报的好人，一时之间传为美谈。

“可是大师，咱们作为内行一听就明白了这其中的关键。我今天给你讲这些的原因不是教你仇富什么的，看着人家在这样的位置，而嫉妒人家。你要有分析的眼光，只有这样，将来才不会动不动就让人忽悠了。要知道私募基金的很多规则也和公募的不同，其中有些公司就会规定经理的收入和基金业绩挂钩。如果行情不好了，业绩出现下滑。在私募公司，那就只能‘能者就列，不能者止’了。所以，经理们自然知道哪里是对他们安全的地方。

“要知道私募基金是为了自己而活，私募其实很可怜，拿着从各种渠道来的不明不白（挪用、借贷的情况最多）的资金到股市、期市搏杀，用身家性命去和时间竞赛、豪赌。但是你绝对无法得知市场何时会如你所预期的那样表现。通常情况下，市场不会拒绝你的祈求，只是会延迟时间应验而已！无数机构、券商、股民就是因此而倒下。首先他们资金来源不正当，受到时间限制，其次他们控制不了市场走势，最终结果逃不脱时间的惩罚，纷纷以失败收场。这也是‘天网恢恢，疏而不漏’。要了解，做交易，最忌讳使用压力资金。资金一旦有了压力，心态就会扭曲。你会因为市场上的正常波动而惊慌出局，以至事后才发现自己当初处于非常有利的位置。你也会因为受制于资金的使用时间，在没有机会的时候孤注一掷。

“而在公募基金则相对而言没有资金的时间压力，但其体制问题却十分严重。反正只要有钱就可以收管理费。而前面讲过的这个基金经理，在行情好的时候，这个经理也只不过使自己的基金成长了30%，但为自己的老师却可以获利1000%，这样的能力，在中国也不会像今天这样默默无闻了。所以他不离开的原因只能有一个了。”说道这里，逸飞诡秘地一笑。

“老夫也要努力，呵呵。我一定要好好混！”我笑道。

“大师，这就是现在的规则。是规则给了机会，不是人的错。所以不要有任何道德上的负担。规则创造一切嘛。”逸飞说道，“所以在中国进入国际上那种为了基金本身利益而博弈的时代之前，本身内部就有所有人和经理的博弈。所以，咱们的市场还只是机构博弈的初级阶段而已。

“咱们今天讲的这些倒不是什么对手方的运作手法。因为那些你看看报道就知道了。但是更重要的是看清楚他们的性质。因为各个选手的性质决定了他们的交易手法和交易时机。相应的你再看到他们的分析的时候就明白他们在替谁说话了，而不是被其误导。毕竟同样的事情，换个角度可能性质就变了。虽然事实还是事实，只是主观却截然不同了。而这种有主观色彩的信息，在市场里却往往成为了主流。什么理念啊、什么思路啊，这些看似有道理的说法都是为了他们出于自身安危所做的辩护。于是看到一条消息，我就能知道市场里的各个选手有了哪些反应，因为他们就是那个德行，呵呵。这就是市场里一个时间中的大千世界。”逸飞在这里很好的把握了我今天的话题。

只是我现在没有时间听他说什么，我陷入了深深的思考，我们一直认为市场长短皆可把握，毕竟“长有巴菲特，短有索罗斯”嘛。可是随着学习的深入，我越来越了解到，索罗斯不是那么简单的短期投机者。那么巴菲特呢？他难道真的只是简单的一个长期运作股票的老头。毕竟我们不了解他，我们所听到的都是别人的传说。那么他们的所谓理念呢？如果他们也是站在自己角度给出了自己的解释，而我们却错误的使用，那……往往不是理念错了，而是人错了。这句话也许真的不是那么简单。如果不经过自己的思考，又没有真正通过别人的角度来学习别人的理念。我真的理解了我现在所学的那些东西吗？想到这里，忽然一阵冷风扫过。

我忽然发现风变冷了。

14.3.5 舞台的选择

今天钢铁股份平稳，可是酒钢宏兴还是表现得不错的，竟然表现得可圈可点。但是看着电视里的新闻，谈判的情况貌似不是很好。其实不论谈得好坏，结果应该不会有什么意外。真正要注意的是操作，我告诉自己，毕竟股市不是全自动提款机。我虽然明白，不论钢铁谈判好坏，未来的钢铁发展都是要成为问题的。可还是有些不自信，毕竟机会不是天天都有的。即使有，也不是人人都可以把握住的。逸飞一直和我强调的就是要学会分析自己擅长把握的机会，以己之长，攻彼之短。有机会就捞一票，没机会就观望，离开。如果自己都不清楚自己擅长什么而轻举妄动……毕竟“与鳄共泳有风险，入市捞钱需谨慎”。

想来真的很可悲，人在失败的时候才会想到自己学习不够。我不禁怀疑那些平时交易的哥们儿真的都要经历这么痛苦的过程吗？想来老夫的智力、耐力都属上乘，如果我都觉得厌烦，那一般人如何受得了啊。前两天在网上看到了一篇文章：“一个职业的证券投资者必须像一个僧侣。在一年又一年的风险生涯里，在一次又一次的诱惑中，他总是需要极力地克制着人类那与生俱来的恐惧与贪婪，以防稍有不慎，便铸成大错。而为了追求精神或宗教意义上那个最终的和永恒的完美境界，他又不惜以终生的粗茶淡饭，破衣烂衫来折磨自己的肉体以净化自己的灵魂。更有甚者，既使作为一个成功的证券投资者，他却也许一生也不会有一次成功的婚姻经历。因为婚姻是现实和市俗的，他所爱的人也许并不能承受那种巨大的精神和金钱的压力”。这无疑将这个职业推上了另一个高度。估计做了这行，要想婚姻和谐就难了。

当然这是笑话，但便是这个学习和训练的过程无疑是非常明显的。要背的150家公司信息，我现在简简单单就落后了。想来学习真的要经历几个过程啊。记得禅宗中有著名的‘见山是山’与‘见山不是山’的公案。这个公案系出于宋代吉州（江西）青山惟政禅师的《上堂法语》。他说：老僧三十年前，未参禅时，见山是山、见水是水；乃至后来，亲见知识，有个入处，见山不是山、见水不是水；而今得个休歇处，见山只是山、见水只是水。”后来的人多把此话视为悟道的三种境界说。但想来要“究人天之学”又何尝不是如此呢。想到这里我叹了口气，在简单的记下一天的情况之后，安心的继续看自己的笔记了。

下午我接到逸飞电话。约我到一家啊咖啡厅。结果我倒比他先到了，由于还没到晚上，所以人还不是很多。于是我自顾自地点了一杯奶茶安心的用手机浏览一天的信息。有Windows操作系统的手机还是不错的，浏览起来方便很多。缓慢的音乐在咖啡厅内静静地流淌着，以我的语言修为勉勉强强可以分辨出这是西班牙文。逸飞约我在这儿见面的原因是要和我从中央大街走着回家。中央大街倒是有不少酒吧，但那大多是泡洋人的地方。尽管粗通俄语，精通英文，可我还是没有太多兴趣去那个地方。咖啡厅里有几对谈资颇丰的年轻人，正在谈论着什么，但是他们的声音透过西班牙文的音乐之后，来到我面前就不剩下什么呢。我下午就提前吃了晚饭，所以难免有些饱胀。在角落里浏览网页，竟然在奶茶的香气里有些困倦了。

也不知过了多久，一个身材秀俊的身影坐到了我的面前。恍惚间他点了杯清咖啡，就在我还没有反应过来的时候，他已经拿起我十五块的奶茶喝了起来。

“大师，你怎么喜欢这种腻腻的东西。”抢奶茶的贼说道。

“忙完了？”我懒懒地说道。言下之意，正是这个白痴没事闲的才会来消遣老夫。

“嗯，吃完了。”逸飞道，看样子他很兴奋，“几个证券公司的朋友，都是一步步起来的，我回到哈尔滨之后，他们也认识我了，没事就找我喝喝酒。瞎聊吧，呵呵。大师今天做什么了？”

“还不是看盘。”我微微的坐起身，调换了一个舒服些的姿势续道，“我今天继续听话没有操作，看到别的股票貌似也开始有了好的机会，但是自己股票也涨得不错。一方面怕自己的马上要调整了，一方面担心自己判断错了，犹犹豫豫的。听到网上有些人要清仓，不知道我要不要也来个仓位调整。”

“大师，我给你讲个故事吧。”逸飞脱去上衣说道，这个时候，服务员将清咖啡送来了，逸飞搅了一搅，嗅着香气，继续说道，“大约三年前，我还在一个团队里，一天老总将一个朋友请来，跟我们闲谈。他说他有近三千万的资金。在深圳这样的人多了。他跟我们讲他现在已经不看什么 k 线图了。在他的眼中只有数字，就是价格。”

“看来那是一个高人啊。”提到钱，我马上又来了些精神。

“你继续听！”逸飞看来很进入角色，继续说道，“他说他现在会把自己的资金分成三份，一千万来建仓，一千万来用于随时的增减。还有一千万，就作为后备，以应不时之需。但是当时我听到这儿就知道，这个意见也许很好，但是和我一点儿关系没有，只能听听好了。你知道为什么吗？”

“我就讨厌这种人，不考虑别人的情况就瞎给自己的意见，他们的经验与别人有什么相关。”我愤然说道，“一千万只要赚个 10% 就够他一年的开销了，可是我如果把钱分成三份，再只赚一份的 10%，最后最多也就是个零花钱。”

“不错，大师说的很对。”逸飞道，“相对于小资金按他这么做还赚个什么钱。所以我特别喜欢一句话：如果没有钱就一定要投机，如果有点儿钱就千万不要投机，如果有很多钱就可以投机。像小资金如果想获利就必须满仓，而且要做到单一持股，只做一只股票。所以相对于小资金就更要小心，不可以冒险。要么就不做，要做就做最把握的地方。这只需要耐心。”

看着逸飞算是讲完了，我点点头说道：“是这样。毕竟最了解人的只有自己，自己该怎么做，自己必须明白。‘于止，知其所止。何以人不如鸟乎’讲的就是要知道自己的条件，而不是机械地接受别人的意见。散户按照机构来做，机构按照散户来做。这种事情想想

就使人感到有趣呢。”

“大师这样说可就看不起散户了，散户还是很牛的。而机构相对于散户来说就更有组织有纪律罢了，毕竟他们只是做一份工作而已。”逸飞笑道，“对了，大师想好了以后在哪个金融领域中工作了吗？”

“哥，这个问题有点儿大。”我有些为难地答道，毕竟这个问题我还真的没有认真考虑过，我边想边说道，“我只是最近对于钱很有兴趣，而最赚钱的还是和钱有关的行业，所以我考虑要选金融。但是具体到哪一个领域还真的没有想好。”

“赚钱的方法有很多啊，大师。像做公司，就不错。当然掌握权力也是不错的选择，再不就是像你家人那样，也是不错的选择啊。为什么必须选择金融呢？”

“股票市场毕竟不用太多的体力劳动，只要智力博弈。而且还有很多有趣的故事所以我比较喜欢。毕竟这是和钱直接打交道的。”

“算了，我还是问一个比较简单的问题吧。”看到我没有回答出他想要的答案，逸飞进一步问道，“大师，在你眼中什么才是金融？”

“金融有很多种啊，像银行，股票市场，债券市场这些，还有期货市场。一般就是这些吧。”我蹙眉地回答道，想来这个问题我竟然还真的没有考虑过。

“好吧大师，咱们慢慢讲吧。”到这里逸飞算是找到自己的位置了，“所谓的金融说实在的就是指资金的融通。所以现代的金融机构不论其说的再怎么复杂，其本质都是将资金由一个地方搬运到另一地方而已。这就是金融。”

原来他指的是这个，我来了兴趣，继续道：“可你说的这只是空间上的转移啊，不是还有时间上的转移吗。像贷款啊，我就可以用未来的收入偿还，然后提前享受。”既然和我谈这个问题，呵呵，老夫还是略知一二的。

听到这个问题，逸飞显得很是惊诧：“大师连这个都知道！”显然这个白痴小看我了，让他也吃吃苦头。只听逸飞继续说道：“可是问大师一句，你所谓的未来的收入真的存在吗？”

“当然存在了。”我答道。

“那请大师把你三年后的一个月工资拿出来。”逸飞笑道。

“呃……”我愣住了，这怎么拿，三年后的钱还没创造出来呢，现在叫我拿什么。

“说句不好听的大师，如果你两年后就去世了。请问我今天给你的钱，你怎么用三年后的钱还。”逸飞笑道，“其实一般人会说什么时间上的转移，他们根本就不知道自己说的是什么。未来的钱这个世界根本就不存在。这个世界只存在现在的钱。一个地方增加了一分，就一定是另一个地方来的。所以不存在什么真正意义上的今天来花未来的钱。银行所给你的贷款，只是用你的负债来交换贷款。说白了就是银行的钱通过借贷，然后跑到了你的兜里而已。这其实本质上还是空间上的转移。但在这个过程之中，却增加了货币量。原因很简单，银行里的钱原来只有100块，可是在借给你之后总量就变成了200块。

因为除了你手头的这 100 块，银行的账目上也有一百块钱。你的负债使得这个成为可能。这就是我们常说的‘信贷扩张’。但由于我们现在使用的是人民币，这是国家强制使用的货币，背后是国家的信用。所以这种扩张也可以叫作‘信用扩张’。好了明白这点没有。所有的金融机构，正是通过这种负债的方式，或是通过某种金融商品，而后将募集到的资金投放到需要资金的地方。说白了就是一个资金融通的渠道罢了。”

看到我点点头，逸飞继续说道：“这样，金融的范围就很广了，我们还是讨论一个范围里的吧。现代金融机构除了政府相关的主要有四大类，基金、证券、保险和投资公司。这四类由于自身的性质不同，所以其手法也十分不同。其实就是这四类其一类中的两个公司，也可能会差别极大。但是这个行业有一点却是相同的，那就是：金钱神圣不可侵犯。所以大师要选择这个行业来进行发展，首先就要明白两点，第一是你选择的领域，公司的自身特点和利益所在。第二就是你的个人利益所在。”

人比人啊，没想到逸飞在谈到利益的时候也可以这样大气凛然。一听到金钱神圣不可侵犯，我立刻就兴趣盎然，心情激动不已：“继续说，组织，我听着呢。”

“大师，要首先明白，所有金融机构的存在只有一个目的，就是获利。他们只思考一个问题，如何获利，获得最大利益，如何最安全的获利。这个市场里只有一个主题，就是利益，这是总纲。”逸飞叫嚣完了利益，继续说道，“金融公司说白了就是资金流通的通道，他们将资金由一个地方搬到另一个地方，然后在达到一定目的之后再搬回来，这个过程之中的获利，就是他们的利益。就是他们生活的根本。所以其工作也就可以被简单地分析成两个领域：来钱和去钱。”

“来钱和去钱。”我仔细的品味着这两个词。

“来钱就是将钱从客户兜里借来，或是收回自己在外的投资与获利。去钱就是将钱还给客户，或是将钱投出去。咱们先来说说来钱。”逸飞条理清晰地分析道，“好，来钱主要就是把钱从客户的那里吸引过来，这就产生了产品和营销。产品就是金融机构提供的服务，例如你去银行存款，银行给你的产品就是利息和服务，像自动提款机、理财服务、现金保存等等。保险公司会卖给你保险产品。基金就是给你基金份额了，投资机构一般就是给你回报。而这些产品都要相当的人来进行研发的。所以大师千万别以为金融只有一条路可以赚钱，也不要自认为炒炒小股票，炒炒小外汇就是金融了。当然产品设计研发是一个很难的工作，要有相关的技术，还要设计的产品吸引人。例如保单的设计意外险的设计从一开始就要了解概率等。既要吸引客户，也要保证自身利益。这个是非常高深的技术活儿。要有相关的理论学习，但是大师不要以为他们很富有，他们都是拿死工资的，而且还很有限。除了稳定还是稳定，毕竟这个活没那么有‘激情’。

“产品研发之后就是产品销售了。要知道金融公司中除了高管，这个环节往往是最赚钱的。例如投资机构，像投资银行这样的，可以设计债券或是有收益的金融产品，然后卖给基金这样的机构，每一笔都是几百万。于是你就有十几万的提成和奖金，这一类机

构营销一般是公司给你平台，在这方面中国还很落后，产品还太单调了。但我最近听说招行的债券营销竟然让员工自己找客户，要知道债券一般是机构玩儿，真不知道他们怎么想的。好了，还有像基金营销，像一个省级代理的基金营销年金就有三十万左右，再次一些的就像股票经纪人、银行柜台员这类的，但做好了也是收入颇丰的。”

“但营销太没技术含量了吧，虽然和金融沾边，但说白了还不是所谓的营销而已。还要在金融企业有广泛的人脉。”我喃喃道。

“难做而已,不是不能做。好做那还能有这样的条件了吗,这是真的赚钱啊。”逸飞笑道，“还有去钱的方向，这就是投资了。可以将投资的领域分成金融方面的和实体经济的。例如给小企业贷款，给一个项目贷款。但项目有回报了就可以获利。当然这也就需要分析部门了，其本质和产品研发一样，都是赚工资的。而机构投资金融产品，决策人一般都要很高的地位。要培养出这样的眼光就要靠晋升了。当然也有交易部，但像电视里那样的操盘部门，可以按照收入提成的，可以说门槛就不是一般的了。当然小企业还是可以进的。就像你们李总这样的公司，呵呵，只是发展有限罢了。这就是金融行业的简单的部门领域了，”说完逸飞看着我了有兴趣地笑着。

这和我原来的想象完全不同，在我的印象之中金融就应该是今天买这个，明天买那个。开着法拉利跑在回别墅的大路上。显然逸飞这碗凉水浇得不轻。逸飞喝了几口咖啡了有兴趣地看着我。

“那我还不如去回家继承家族事业，也比在银行柜台混来的好啊。”我淡淡地叹了口气。

“呵呵，大师，真不是想埋汰你，银行你还真不一定能进得去。”逸飞笑道，“现代的金融业慢慢地越来越专业化了。尤其你不是金融专业的，想要进去也就越来越难了。对了，你考研的结果下来了吗？”

“还没有，估计快了。”我叹道，“早知道我报考什么宗教学啊，报考经济好了。人不能只喜欢自己的兴趣，唉。”

“那大师最近准备做什么。”逸飞问道。

“不知道呢，其实我最近也实在没意思，要不你给我介绍份工作吧。我想看看什么才叫金融。”我随口说道。

“这很容易，但是你没法入职，最多只能做一个合同工。而且你档案也入不了，也没法给你什么五险什么的。但是如果想了解金融，做个散散心的工作还是好的。这样，我明天给你问问他们哪里招股票经纪人，就是给证券公司介绍客户的，你先去玩好了。”

“嗯，好。”我随口道，“这样，喝完了，咱们动身回家吧。”于是我起身穿起外套……

天气应该是暖和一些了，虽然天已经全黑了，但是公园里的人却比以前多了。我和逸飞踱着步子，慢慢地走回家。看来最近的这每天几个小时的散步确实能使我减肥不少。没由的脚步竟然轻快很多。

“专业真的很重要吗，”我没由的来了这么一句。不过估计逸飞应该知道我说的是什么。

"专业和能力虽然没有关系，但却可以解释人成长的环境。"逸飞答非所问地回答我的问题。

"可是能力很强不是可以弥补这些吗？"我自言自语一句，说出来竟然自己都觉得有些傻气。"看来是我无知了。毕竟人家不会费时间真正了解我这个人。而专业的说明，无疑可以很好地解释他对别人背景的疑问。"

"不错，而且环境也很重要。这不是你上回和我说的吗？"逸飞打趣道。

"嗯，的确，人的各种社会关系成为了人。"我答道，"马克思说的真是深刻，人是各种社会关系的总和。在佛教之中也有一种观点，《大智度论》里就是讨论了，所有的一切都只不过因为外面的缘法而有差别。当把外物的所有'关系都拿掉，东西也就没有了自己的个性。'"

"大师讲讲。"一听到这些，逸飞来了兴致。

"这就是'中观'的思想。好了，给你讲讲。我们看待各种事物其实就和渔网相似。每几条线都有一个'节点'，这个节点就是单个的个体。而组成这个'节点'，联系这些'节点'的，这些将其联系的线条。节点和这些网线共同织成了整张网子。过去我们关注的地方都在节点上，而忽略了这些网线。中观就提供了一种思维，如果只看这些网线，其实整张网也会有个概念。于是关注这些网线，而忽略节点。这些节点就是个体，而网线就是这些关系。"我解释道，"这就解释了很多问题，有些人经常会问一个女孩，到底是爱他，还是爱他的钱。其实如果看明白就知道，不论他的钱多少。他如果离开他的钱也就没有一个完整的'他'了。换句话说，其实他不过就是各种条件、关系的总和而已。根本就没有一个单独的他存在。这种思维的好处在于可以清楚的知道任何事都没有孤立的。"

"哇，这就是佛法。"逸飞问道，"好伟大啊。"

"当然，其实不论什么佛法啊、哲学啊，都是描述这个世界的，所以很现实的，只是人们不知道，这些便看作是神话了。"我淡淡地说着，"其实最近我一直在考虑考不考研的问题。"

"这还用考虑吗？"逸飞说道，"我妈就跟我讲，现在这些研究生也远没有什么了，只是比大学里强些罢了。但对你就业有好处吧。"

"这就是你们的看法了。"我叹道，"人生是一个舞台，这是人们常说的。但其实这句话不完整。舞台就是表演，人们都是按照设定，来完成角色，其实本来就失去了自己。可是如果将自己的生活理解为表演，那么每个人其实也在舞台之上。只是这个舞台未必有观众而已。心有多大，舞台就有多大。当然观众能有多少个不一定，毕竟大舞台的票也是很贵的，不是很多人能买得起的。研究生与工作其实是完全两个不同的舞台。这两个舞台有完全不同的两个剧本。如果是认为读研就可以更好的就业，不论从天道的角度，还是从个人的角度都是不切实际的。要知道，其实他们只收金融生是对的。就像你们这些人，听了几年的课程，虽然水平不可能多高，但是起码听这些名词熟悉，而更重要的是经过

几年之后，你们同学就会都在这个领域。这样无形间就有了非常丰富的人脉资源。男人之间的交情说起来很难，但其实也可以很简单，‘一起同过窗，一起扛过枪，一起抽过烟’这就是男人的感情基础。而一个没有基础的男孩出去就要逊色很多了。”

“大师看得很透彻啊。”逸飞笑道。

“这些都听过的，至于说真正要找到自己的舞台就要明白八个字：‘等价交换，得失选择’。”看着那双无知的大眼睛，我得意的解释道，“所谓等价交换，就是要明白什么都是由代价的。想要成为仙人就要经过修炼，所以真正有本事的很少出名。而玄术出了名的，在这个领域便落于下乘了。想要修炼本事就要耐得住寂寞。相反想要求的财富，就要往财富的地方钻。自己想要得到多少，首先要知道自己能够创造多少。有的人就会说这个人没做什么，也没什么能力，可是为什么却又很多财富。其实道理很简单，他就是在他那个时代做了其他人做不了的事情。他用自身的价值交换得来了今天的财富。”

“他在他那个时代做了其他人做不了的事情。”逸飞喃喃念道。

“不错,或是他在那个时间找到了急需的客户,或是牵线搭桥。像靳羽西我们经常看到，这个女人有什么出奇的能力吗?不见得吧，但是她拥有人脉资源，安南还不是联合国秘书长的时候，人家就认识了。这就是她的资源，换句话说，她就是用她几十年的人脉积累换来了今天的财富。所以要努力培养自己的价值，发掘自己的价值，而这显然不是说读个研究生就一定怎样怎样了。读研只有助于学术，而要想赚钱还是要想赚钱的方法。

“至于‘得失选择’，这句话可就更有深意了。选择是需要很大的力量。你听说过什么改变命运吧。其实说白了就是‘选择’，要知道人的这个能力可是‘惊天地’的。通过选择人可以做个好人，也可以做个坏人。但人在埋怨事事不公的时候，如果从自身看，往往能找到自己当初的一个错误选择。这就是选择的力量。人在选择的时候得失就是一定的，不可能有完美。像香港的很多师傅，算卦算得准不准，准到你想顶礼膜拜。但是一个个穷得一无是处。人家当年就选择了本事。他得到了心境的修行，人家得到的你一辈子都沾不到边。可是穷不穷，钱财真的不是很多。人家连‘隔夜财’都不能留，当然没有什么钱了。这就是‘得’‘失’，得与失复杂复杂，难辨难识。‘如人饮水，冷暖自知’。像我如果毕业找个俄语工作，相信这个学历还有可以用的，毕竟这在其他地方想都难想。毕业就四五千的工作，其他专业还是不多的，但是我放弃了。家里人托关系希望我回去找个稳定的营生，我也推掉了。因为选择的权力永远是自己的。人要对自己的人生负责，而只有自己才是自己人生创造者，说白了不论任何不合理的事情发生了，其责任人只能是自己，因为自己当初一个错误的决定。”

“大师，你好牛啊，什么事情都能讲得头头是道。”逸飞叹道。

“还好，其实这只是事实，只不过要用恰当的语言来表达出来罢了。”我淡淡地说道，深深地吸了口新鲜的空气，我淡淡地说道，“读书，是我的兴趣，宗教学我很有兴趣想要看看学校里的人一天都在做些什么。到底民间的术数有没有好好地继承研究。其实不要学什么算命看相这些，这些都太低级了。其实理解中国古代的这些思想也是好的。要知道，这些可都是中国最伟大的头脑的智慧，这些力量可是不可低估的。至于金融市场，我也有浓厚的兴趣，找到未来将二者融合在一起的舞台，这是我下一步的工作。不要认为是不可能。算了你这智力我还是跟你解释一下吧。你认为什么是中医？”

“望闻问切的诊断方法，中药的配药医治。至于其他的我了解不多。”逸飞笑道。

“那如果一个医生，看着X光片，给你开中药，你认为这是中医还是西医？”我问道，看来这个白痴没有答案，“这个问题之所以难以回答，就在于现在人根本不了解中医。所以才会有所谓的中医应该废除的思想。其实中医的精髓在于中医的思维方式，而不是什么可见的治疗形式。古人由于生产力有限，没有X光片，不能做细菌实验和动物实验，所以退而求其次才使用‘望闻问切’这四诊法。要知道我们在使用这个手段的时候，西医也是一样通过观察来看病的，而且方法之落后超人想象。只不过近代西医才崛起。但是中医和西医的根本区别不在于此，而在于其思维方式的不同。《黄帝内经》是中医的理论根本。在这本书里明确的表述了‘阴阳五行’的思维方式。要明白这一点就要明白什么是‘阴阳’。所谓阴阳就是事物的两个对立面，将事物定立一个属性，那么必然有另一个属性与其相对的出现。假借个名词来表述，就是‘阴阳’。而这两个字也可以换成是‘表里’、‘虚实’、‘寒燥’等等，其中这两个字就是一个对立存在的思维方式。而‘五行’你可千万不要认为就是什么‘金木水火土’这么简单。这都是假借的名相、名词。其要表述的是：我、生我、我生、克我、我克，这五种关系。举例说吧，水作为主体，水就是‘我’，那么‘金’就是生我的环境，‘木’就是我生的条件，‘土’就是克我的关系，而‘火’就是我克的关系。这种复杂的关系形成了一个小的生克循环的关系。这就是中国古人对于世界的思考方式。所以有了这种整体的思维方式就是中医，而失去了这种思考方式的基础，那就不是中医。而西医则针对病症给予治疗，中医却要保证整体的和谐。其实这两种方法都是活人的方法，但这种思维方式，才是中医与西医的根本区别。所以X光片中医也可以用，并不会因为这种手段就说其不是中医了。而金融呢？金融有这种整体观吗？”

“呃……”逸飞顿了一下，“大师，你这样说真的打开了金融的另一种思考方式。”逸飞看起来很是兴奋。

“嗯，但这也有个问题，毕竟你们现行的语言，才是你们能够接受的。”我叹口气说道，“要知道任何一种理论都是在用一种专业化的语言来描述一个事实。人的语言很难完全地描述事实。打个比方，我解释一个事物可以使用汉语、英语和俄语。但是只用汉语的人如果看到我的笔记，就根本看不懂，因为我们使用的语言不通。美国的MBA其实什么都不学，但是他们全国用一样的教材，用一样的案例，布置一样的作业，最大程度上减少了语言上的障碍，这些人将来都可以用一样的语言来表述一样事物。这就是专业化的好处。所以，我将来要找到能够使用通用语言的舞台，或是学好台词。不然的话，别人根本没有办法理解我，我也理解不了别人。就好像人们经常说的，‘他们听不懂我说的话’，其

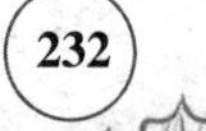

实人为什么不问问，‘他说的是别人能听懂的话’吗？”

听完我说的话，逸飞陷入了沉思，显然这个问题看起来简单却包含了多少无奈啊。要选择出自己的舞台，不仅要训练自己去适应舞台，去适应剧情，去适应台词，同时也要清楚的知道，并不是每一个舞台都有如山的观众，有些戏，注定是高雅艺术。有些人，注定要自己活。

14.4. 看清公司

我心治，官乃治，我心安，官乃安。

——《管子·内业》

14.4.1 再见高姐

哈尔滨中环证券坐落在中央大街旁的一栋五楼建筑物中，一楼是门市，二楼就是一般的散户交易大厅，三楼和四楼作为大户室。在这里只要50万的资金量都可以有自己的看盘空间。五楼则作为行政地点，像证券营销部就设立在这里。

自从我搬到新的地方以来，我和逸飞的感情迅速升温，原因很简单，他身边实在没什么人陪他，而我是和他地理距离最近的人了。于是我们经常一起散步，聊天。而逸飞也很守信用，人家说教我交易的知识就真的教了。从交易的形态基础到交易的指标通论，乃至整个交易的系统都来了一次集体的升级换代。最令我惊奇的就是他所讲的竟然没有一样是我过去听过的。吹牛不如他，便只能听了。谁知这小子还不满意，愣是认为我现在还可以进入更好的状态。于是简单地就把我介绍到中环证券去做证券经纪人。理由是这样可以更加好地理解金融的本质。而中环证券的条件也真是不高。由于在证券行业，没有从业资格不能执业的。于是公司也包培训，希望未来的员工们可以顺利通过考试，进而成为骨干。虽然他们招人的时间已经过了，但是逸飞的朋友还是帮我介绍了下。人家二话不说地安排了培训事宜。当然，我考研的事情是不能说的，反正就是来度假的。

公司里和我一起接受培训的还有近十个人，大多竟然还都是金融专业的本科生。看来想在这一行找到好的工作还真有难度。我们每周一、周三、周五收盘之后就来到公司和诸位同仁们一起，跟随营销部的一个区域经理学习证券基础和证券交易。目标直指几个月后的证券资格从业考试。想来这还真算得上是我亲自经历过的证券公司专业培训了。只是经过逸飞这几个月交往之后，我竟然发现公司里讲的东西不听还好，一听就真是误人子弟了。只是不知将来这批经纪人要如何服务客户。

“大师，忙什么呢？”逸飞开头就问这样没头没脑的话。

一天，我正在休养精神，好不容易今天不用到公司参加培训，突然逸飞的电话冒冒失失地就来了。我没好气地答道：“老夫在考虑，到底什么时候修补袜子比较好，使用哪种针法比较合适。”我真的一直在思考这个问题，就是一直没找到值得修补的袜子。所以我说的是实话。

电话另一边是两秒钟的沉默，接着说道：“这样，大师今天陪我砸场子去呗。”

我想了想，今天真的没什么事情，于是说道："善。"

"这样，在家等我，十分钟。"然后就挂了电话。

十分钟后他就西装笔挺地出现在我的面前了。我冷冷地看看他。"哥，换个衣服吧，这身太丢人，等你结婚再穿吧。"听到这些，逸飞只是不置可否地阳光一笑。

当我们来到阜新街的时候已经是上午十点钟了，他倒很不客气地说道："这里新成立了两家公司，一家外汇，一家做黄金交易，咱们先来这家外汇公司踢馆。"于是我就和他大气上档次地踢馆去了。

结果这家公司也是在一个居民楼里。看来是一个住家的形式。坐电梯到了十五层，进到公司里。看来我还真猜对了，公司就是一个'民宅'。只是公司的面积比我家看起来实在大不了多少。屋里的文秘坐在靠门的位置，见到我们面试，就给我每人一个鞋套。看着这个设备我还真的没有办法了。进屋用鞋套，搞笑一样，那客户来了也是这样换鞋套还是脱鞋啊！文秘显然对于我的尴尬视而不见，反而用略带生疏的口吻问我求职意向，看来她实习时间真的不长。其实说实话，面试什么我还真的没有什么概念，所以当文员问我的时候，我下意识的就说到交易员。而逸飞回答的则是"讲师"。看来他真是兴趣盎然啊。

表格还没来得及填写，一个中年的老男士就对我进行了面试。他把我领进了一个房间里，房间看起来不大，我勉强找了个地方坐下来。定睛观瞧眼前这个中年人，岁月在他脸上留下了太多的故事，头顶开始稀稀疏疏地脱发，说明过早开始的不顺意的生活，眼角深深的鱼尾纹，似乎也在讲述不幸的婚姻的故事。眼中有些含混，看来也不是什么值得可交谈的对象。

"你要应聘交易员？"他亲切的问道。

"您好，我希望能够胜任这份工作。"我微笑道。

"你有什么投资经验吗？"他再次努力道。

"做过股票。"我简单地接道。

他笑着说道："那你不如考虑做市场，咱们公司给予客户经纪的待遇……"

我忽然发现所有的企业似乎真的有一点是相同的，那就是没有一家企业是不需要客户的。但他的手段还略显青涩。礼貌的结束面试，我来到房间大厅，听到里屋逸飞正在激情澎湃地给他们讲课。我断断续续地听到，"这就是红三兵了，这个技术形态最为重要的是最后一根线一定不能是三个中最短的……"我笑了笑，凭逸飞的水平，忽悠他们真是小菜一碟。百无聊赖的我，开始在公司里屋里游荡，看着他们公司简介，他们代理的是一家英国的外汇公司，我不禁想到这里的钱恐怕是有去无回了。近十平米的大厅有着五六台电脑，每个电脑旁都坐着一个年轻人，看起来应该都是大学刚毕业，这就应该是这里的交易员了。"交易员"正在聚精会神地看盘。我也就简单地凑了上去。看着他们的盘面，别说，这个我还真的认识。他们的平台是 MT4 平台，上面也有一些红红绿绿的指标。真是他乡遇故知，还是使人倍感亲切，想起当初高姐喊单的样子，现在仍使人难忘。

只是在这里看到这种东东，我还是很好奇的，如果这家公司当真靠这个喊单，不知又会如何呢。过了一会儿逸飞兴冲冲地从屋里被人送了出来，估计他们对逸飞不是很满意，毕竟逸飞看起来怎么也不像三十上下，我也认为逸飞在相貌上和程老师还是有不少差距的，但显然逸飞不是很在乎，客套了一番，我就被逸飞带走了。可算告别了丢人的鞋套，真不知他们这样也能忽悠到这些人，想想也真的是很厉害了。

“过瘾了？”我靠在电梯里慵懒地问道。

“嗯，逗死我了，比看笑话好玩，走咱们再看另一家。”逸飞还真的是很兴趣盎然啊。看着他兴冲冲地样子，我也就只能跟在后面了。

辽沈黄金交易公司，坐落在长青大厦，看着巨大的招牌，还真是使人肃然起敬。我看着逸飞，指了指公司的牌匾：“你要去这里玩？”

逸飞更加兴奋地点点头。我们就这样上了楼。电梯缓缓地把我们带到了5楼。一下电梯就看到公司好大啊，占了整整半个楼。正对着门口的地方放置着一个金鼎。我不禁暗叹，好大的排场啊。但是我细细地观察，公司成立的看来不是很久，很多使用面积还是空置当中，就算一个最大的演示厅，也显得未免太空了些。除了满是椅子的大厅就是空闲的大厅。文员将我们引到公司里面开始了面试。看着这个面试的地方，我更被震住了，近60平米的大厅就是靠边有一张小写字台，隔了很远的地方遥遥地摆着一个近3米的会议桌。

看着这个排场我还是有些小犹豫的，虽然我现在已经在证券公司上班了，但是多一个外快看来也不错。一个年纪轻轻的女孩坐到我的对面开始了面试。我和逸飞分别拿到了一份表格，开始登记填写。飞速地写完了表格，我把它交给对面的自称为人力资源主管的女孩。看着她年纪应该也就是25–26岁的样子，消瘦的身材，看起来还真的有些青涩。只是西装再怎么笔挺，也仍然没有气势，估计她在今天的位置还有些不知所谓。他们现在招聘的只有两种，一种是讲师，一种是市场经纪。于是我只能选择做经纪了，而逸飞对于讲师的职位可是很有兴趣的。

只听我面前的女孩说道：“你要应聘咱们公司的经纪人啊！”

我不禁愣住了，这是什么玩法。这问得有些唐突。她接着说道：“你有什么工作经验吗？”我今天出来就是陪逸飞出来散步，于是除了基本的资料外，大多数地方我都礼貌的按照一个未经世事的大学生的体例进行了填写，说白了就是没写什么。

我问道：“这样，咱们公司主要的投资品种是什么，主要关注哪个市场啊？”

女孩则表现出了一些困惑说道：“这样，我主要负责咱们公司人力的事情，业务这一块我不负责。”我愣了，这个答案真是堪比我那个“我们不做英镑的答案”。不过谈到这里我到真的对这家公司的老总感兴趣了，这种废物都敢放在这里。不说别的，就我都一定能做的比她更好。

这时一个宽大的背影出现在了我的面前，女孩手向着身影介绍道：“这样，这是咱们公司主管交易的高经理。”我抬头一看，整个人一下就愣住了，来的人正是迪顺的高经理，

也就是那个高姐。

显然高姐看到我也很吃惊，但是又有些记不太清了。毕竟她在迪顺绝不是和我走的很近的。虽然和她没有什么感情是真的，但是这并不意味着我今天要给谁难看，尤其这里还有其他的人。于是我还是亲切的说道："高姐，你怎么在这里啊。"亲切中还包含了三分惊讶，当然我个人设定的角色是还有三分惊喜，只是不知道这三分惊喜我发挥的如何。

高经理显然也很惊讶，但是她马上稳定了下情绪，毕竟在这里透露过多以前公司的痕迹显然对她不利，于是她对着女孩简单解释道："这是我以前的学员。"接着就把"人力主管"晾到了一边，和我交谈了起来，"这样，你也知道，原来在迪顺夏总的为人有很多不好的地方，最后洪陆和他都打起来了。徐皋也离开了公司。真的，有些事情我也不想说太多。你也知道，有些东西……你今天来这里做什么？"

女孩一听，似乎想起了自己的使命，于是接着开始进行自己对我的面试："他今天是来面试的。这样我现在给你介绍下公司的待遇……"她自顾自地继续道。

出了大楼，看着几十层的大厦，想想今天竟然又看见了高姐，心中真的有说不出的感觉。原来在迪顺的一切，又如同昨天一般回到了心里。虽说到今天为止，总共也就几个月而已，但与逸飞相处的这段时间却好像几年之久，当年的一切如在梦里。

回到家里我一边做饭一边对逸飞简单地介绍下了高经理（这小子来我家蹭饭竟然已经开始成为一种惯例了）。逸飞听得很是开心，只是今天在这样一个使人震撼的公司里看到高姐，还是使人心神荡漾的。以高姐的能力来说，她实在没有能力混到今天这个位置。而她也真的不像有什么不能代替的资源。今天这个公司还是很使我觉得有趣的，毕竟这样的人员构成。高姐这样的不知进退的人管理团队，而另一个连自己工作领域都不知道的女孩作为人力主管，这家公司的老总到底是个什么样的人？看着他们的排场应该也是下了血本的，可是为什么空荡荡的公司里却全是这样的人呢。可以说稍有不顺，或是再过几个月，高姐和那个稚气未脱的女孩就只会成为历史的烟云了。

"你今天玩得愉快吗？"我问逸飞道。

"还好，但是大师，你注意到没有，这两家公司有什么不同没有？"逸飞问道。

"一个房间小点儿，另一个虽然很大气，但是人员上却好像没有什么不同，都是很生涩的人。"我回答道。

"中环证券这两天待的如何？觉得那里怎么样？"逸飞开始关心我最近的实习了。

"还好啊，只是我现在终于开始认识到，这个行业里的人也不全是像我们想象的那样有什么不同，甚至有的水平还不怎么高的。"我这两天真的算是与金融从业人员有了深入接触了。当然，不算和逸飞在一起的这段时间。

"我没问你这些，你和今天看见的这两个公司对比一下，怎么样？"逸飞问道。

"虽然他们做的行业不同，一个证券，一个外汇，一个黄金。但是就公司来说还是差距很大的。"我慢慢分析道，"你像中环证券，人家毕竟是有段时间的正规公司，公司的各项建设都很完备，设备也很齐全，也有法规。虽然给我们上课的是客户区域经理，但他主管整个营销部。所以他知道自己在做什么。尽管他的水平忽悠我还有限，但忽悠一般客户相信是够了。其他的员工也蛮好的，像管监察的每天就会去各个银行证券网点去看自己公司的员工，有没有旷工这样的事情。至于咱们今天看的这两家，这些公司就有些不知所谓了，你像那家黄金交易公司，他们的设备都很大气，竟然还有交易室这样的地方，虽然现在还显得空旷，但过两天估计就是另一个样子了，可是他们的员工就……例如那个号称自己是管人力的,可是她连自己公司是做什么的都说不清。这些不难,就算你工作时间短，但是拿一张纸背一个小时就能忽悠人了，怎么连这都不去做呢。而她给我讲什么公司待遇，这些东西你打一张纸就能说清了，毕竟如果有很多人还值得讲一讲，如果每天都一个、两个的来，她就一天不用做别的了，就剩解释东西了。至于高姐这样的水平，如果让她负责交易，那这家公司也就到时间了。这些都是不应该出现在这个公司的人，可是却出现了。所以这家公司也就没有什么前途了。至于咱们今天看的那家外汇公司。首先就是房间太小了。要知道，像外汇这种品种，他们不是一个私募机构或是一个团队，而是一个要接待客户的公司。人员流动就要很大的。可是他们却找了个居民楼。其次进屋要带鞋套，这可不是一般的丢人了。就算我能找到客户，估计都不敢带上去，真丢不起这个人，因为公司根本就没有形象。至于说他们的管理，几个交易员坐在那里没有人照顾，怎么才能吊起他们的做单冲动,没有交易量他们赚什么交易佣金。而且代理的还是英国的外汇交易平台，这种平台监管很松，估计他们的钱也就危险了。这就是我对今天去的这几家公司的看法。”

“大师说的不错，有地点的评论，有员工的看法。那这样，大师，在股市里什么样的公司才算是好公司呢？”逸飞引导道，“其实咱们今天做的就是实地走访调查，这个是调查公司所用的方法之一。”逸飞这样一说，就把今天他出去游山玩水的旅游，变成了带我实地出行考察公司的实习之旅。性质一下就变了，前者是我照顾他，后者是他指导我。想来这小子才真是大师呢。

“股市……”我吞吞吐吐道，“股市里大家都看消息，但是今天的感受，貌似有很多东西是不能只听消息的。”于是，就这这个话题，逸飞简单就把整个公司结构给我来了一个系统的介绍。真不知这小子怎么这样能吹。

幸好这个时候，屋里开始飘满了鸭汤的味道，看来砂锅炖东西就是好。逸飞也由与我座谈改成了吃谈。

“大师，太香了。”逸飞尝了一口汤说道，接着就开始啃上了。

“没办法，老大派我下来的时候，心情不错，老夫生来就多才多艺。”

逸飞突然正色道：“大师，你要是女孩，我一定娶你，我这辈子就你了。”这个白痴说这种话也可以这样认真啊。真的服了。

“别作梦了。老夫要是女孩……”我正眼看了看他，仔细的端详了一下，“别说，老夫要是女孩还真可以答应嫁给你。”这小子长得真的很清俊，一脸的正气凛然。用时髦的话

讲就是：懂股票、有能力、很神秘。

吃完饭逸飞去刷牙，这小子从来不刷碗，到是对自己的满口白牙很是关心。我正巧出来，看到正在刷牙的他，估计是喝完汤，有些发热，将衬衫敞开的披在身上，半裸的身上反衬着灯光，六块腹肌若隐若现的展示着，身材高挑兮、皮肤洁白兮。我不由得看的愣住了。看着他刷牙露出的一脸不屑又有些轻松的表情，真的很帅。我不禁心里暗想，这小子如果出去卖，一定能卖个好价钱。

逸飞看到我愣住了，也不着急，简单地簌簌口，说道："大师，没关系，你慢慢看，我不收钱。"

我怒目而视。

我立定了减肥梦想，我一定要成功。于是连东西都懒得收拾我就拉他出来进行晚上散步。逸飞吸着香烟，看着我劝道："大师，告诉你要做运动，没事多做定位的练习才能有肌肉，你只要坚持做仰卧起坐就一定有效，你也不做。"

"白痴，你不设身处地想想，170多斤的重量，我能像你那样做引体向上吗。俯卧撑老夫都没力气。算了，我还是先消消脂肪，真的能做的动的时候再考虑肌肉锻炼吧。"我泄气地说道。

晚上的风很是柔和，吹在人的身上却觉分外温暖。逸飞弹了弹手指，手中的烟蒂轻轻弹出，灿烂的火星在寂静的夜晚下画出一道炫目的弧线。

14.4.2 何为公司

什么是公司。这个问题说真的，不是很好讲。因为光是写这个专题的东西，就可以搭起个"公司"了。对于老板们，公司是用来赚钱的东西，对于上市公司的老板们，公司是用来圈钱的东西，而对于领导来说，公司是用来"带领"的东西。有的时候，我真的感觉其实一个公司说白了，真的和一台电脑一样。公司要钱，电脑要电，公司要人，电脑要软件，公司要墙，电脑要机箱。但最大的分别往往是公司也许会越来越好，但是电脑一定是会越用越旧。

而偏巧这种东西却是股市里不能不讲的故事。如何选择一家公司就像躲避地雷一样。也许我不能找到一个稳赚不赔的公司，但起码我能通过研究躲避那些奄奄一息的地雷公司。

"逸飞，考察公司一定要亲自跑到那里去看一遍吗？"一天我直接将这个问题丢给了逸飞。

"不错，大师，我们要了解一家公司就一定要亲自走过，看过他们的人和地。"逸飞笑道，"其实就算是IBM、高盛这样的企业和一般的公司没有本质区别，都是企业，都要获利。但也很不同，那就是咱们一天可以看过几家公司，但是他们究竟如何，就不是很清楚了。而像 IBM、高盛这样的大公司，可不是我们一下就能走访的，所以市场里对于这种公司有另一种考察的语言。那就是财务报表。”

“财务报表！那可是很难的。”我不禁喃喃道，毕竟我也是国际贸易的第二学历，而且是英文修读的，但是财务报表还是有些看不大懂，“而且听说中国很多财务报表都是假的，当不得真的。像会计的工作就是做假账啊。咱们又不是那个专业的，能看得出专业人士做的假东西？”我答道。

“呵呵，这就是大师的不对了。谁告诉你报表全是假的。咱们先说报表是做什么的吧。”逸飞了有趣味的笑道，“一个公司要发展、进步，就要不断的开展业务，说白了就是两样，获得一些东西，支出一些东西。那怎么知道公司是获利还是亏损呢？口说无凭，账本就是记录。对账本的整理就是最简单的财务。而你记你的帐，我记我的帐，于是格式的不同使得大家没有办法看懂对方的东西。最后大家把这个东西用统一的格式表达出来，就成了今天的财务报表。所以财务报表说起来真的就是大师你的专业，就是一种财务语言。大师只有先背明白基本单词，才能看懂这篇文章，如果看不懂基本单词，那就对这个公司一无所知了。而再没法走访公司，那你说你靠什么知道公司的好坏呢？至于说，报表全是假的。如果报表全是假的，别忘了，这也是一种谎言，而报表谎言和别的谎言一样，只要你懂这门外语，就可以看出破绽。只要知道他们为什么这样撒谎，这样就可以获利。”

的确，逸飞说的很有道理，今天走访了这些公司才知道，不是看起来金碧辉煌就一定是好公司，而看起来破破烂烂的说不定也可能是真的赚钱。至于一切的通用语言财务报表的学习，确实可以明白公司这本书，而只要懂了这个“外语”那么别人撒谎又怎么会那么容易呢？至于背单词，这我还是有些自信的。想到这里我不禁有些心动。

看着我安静了一会儿，逸飞问我道，“大师想不想学习基本面分析来忽悠别人？”看着他诡秘的笑容，我总觉得这里面好像不像逸飞说的这样简单。一颗心也悬起来了……

14.4.3 财务报表

“大师要知道，股票之所以有人买，是因为大家认为这个公司可以带来利润，而后会有更多人来买。而获利的凭证就是公司财务报表。上市公司必须公布自己的报表，因为他们只是受股东委托去管理公司。股东才是公司的主人，而财务报表就是奴才对主人的汇报语言。主要汇报的就是过去做了什么事情，将来准备做哪些事情，以及现在公司的发展状况。这点道理懂吧。”

“知。”我才懒得和他在这种问题上纠缠呢。

逸飞继续道：“财务报表就是加密的语言，和大师熟悉的《圣经》密码的作用一样，一切的一切都包含在密码之中，而我们的工作就是编码和解码。要知道，报表就是一切公司事实的忠实纪录，所以报表就应有‘课责性’。”

“什么是‘课责性’？”我问道。

“简单的说就是‘诚实负责’。当然我这里只说应该，可没说一定。因为报表可以使人认识到企业的现在和未来发展,骗人就是骗自己。最后管理者自己陷在自己编的报表中，于是自己也不知道公司未来的走向了。当然这还要两说，有的公司就编制自己内部的报表，但这些显然就不是我们讨论的了。我们能分析的只有他们公布的信息，但是不要认为意义不大。我们分析报表，不仅要看出他的谎言，更要看出其谎言背后的目的。只有知道他的意图，才能加以利用，从而为自己造福，至于什么仗义执言，这是那些学者做的，咱们没必要担风险。记住我们只是市场的‘投机者’。对于市场的一切机会加以利用而已。”

“明白，接着说。”我说道。

“这样讲，大师，报表是一门充满艺术创造的作品，因而必须有人有相应的水准才能去欣赏，扪心自问，我们离这样的品味还有多远？而这一切的开始就是在于一点点单词的积累。最后才能体悟出公司的运作。”逸飞畅想道，“几乎所有获利的人都要亲自用头脑思考，知道查诺斯（Chanos）吗？就是在美国安然危急中名噪一时的人，他就说：‘尽管200年以来，做空的投资人在华尔街声名狼藉，被称为不爱国，但是过去10年来，没有一次大规模的企业舞弊案，是证券公司分析师或会计师发现的，几乎每一个财务舞弊案都是被做空的投机者，或是财经专栏作家揪出来的’。所以大师，在熟悉财务报表之前，你要知道你为什么要费时间学这些。因为重点从来就不是你看到了什么，而是如何利用你所看到的。”

“嗯，明白。”我深深地表示赞同。

“所以，我们看财务报表，任何报表都有两个部分，一部分是现在的，一部分是过去的。之所以把这两个部分放在一起，正是为了说明，财务报表的两个作用：‘呈现事实’和‘解释变化’。呈现事实是告诉我们现在企业到底什么模样。而解释变化就是说明这个模样是怎么来的。

“这还有另一种方式的解读，那就是‘存量’与‘流量’。‘存量’就是代表某一时点企业所拥有的财务资源。而‘流量’则是代表某一特定时期内财务情况的变化。要知道，一个企业只要生存壮大，主要就是有三个方面的活动。首先是经营，其次是筹资，再者是投资。算了，还是给你解释下吧。所谓的经营就是指进货、生产、销售、赚钱这些。而企业不会总是量入为出，所以就会借钱扩大经营。借钱还钱的事情就是筹资，而投资主要是指投资于上下游企业，控股其他公司，也可以是买卖有价证券等。这就明白企业为什么一直在变化之中了吧。”

“知。”我懒得说话。

“好，要监控这三种行为，要明白企业的现状及变化。就有四个工具：资产负责表、利润表、现金流表和股东权益表。”逸飞解释道。

“嗯，以前在学校里学过，但是名词太多，后来考过试就忘了。还有那些数字，我怎么就不信这些数字这么准确呢！所以后来也就更没有兴趣了。”我淡淡地说道。

“看，大师，这就是专业和业余的区别了。”逸飞笑道，“你不知道这些东西是做什么用的，当然就没有兴趣记住了。其实这些表都有自己内部的结构，起码来说还是很科学的。要记住这四张表，首先要明白这些表是做什么的，然后再按照其用途，将其内容进行细分。这样就算入门了。”我听得入神，点点头，没有插话。逸飞接着道：“这四张表说白了就是：用以解释企业财务的结构的——资产负责表、作为企业的成绩单的——利润表、证明企业可以持续经营的——现金流量表、以及公司管理人对于主人态度的——股东权益表。

“至于大师之前所说的会计数字其实是一个有模糊概念的东西。这个所谓的会计数字 = 经济实质 + 衡量误差 + 人为操纵。

“首先是经济实质，没有这些销量就很难造假，但也只是很难，不是不可能。而衡量的误差就更多了，像存货的估价，就有‘先进后出’、‘后进先出’‘加权平均’这种种方法。还有对于损失的计提，这个就很有说法了。虽然报表的最后都会做出说明，说明这个报表的编写原则，但是能不能执行，还要另说。至于人为操纵就更多了，像调节利润、隐瞒亏损等等，但还是那句话，‘商人无利不起早’。他们就算要做什么也一定有自己的目的。所以看报表不能只看数字，还有很多是看‘说明’。这些‘说明’可是大有学问的。

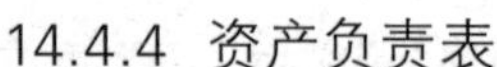

14.4.4 资产负责表

上交所网站

逸飞打开上交所的网站，输入企业名称，下载了一份报表，说道“这是这家公司咱们现在来看他 2007 年的年报。因为在 2008 年四川发生了大地震，这直接导致了企业的大幅亏损。其实说白了就是把历年的坏账在那一年集中处理了一下。反正灾害啊、危机啊都是一样的框，什么都可以往里装。

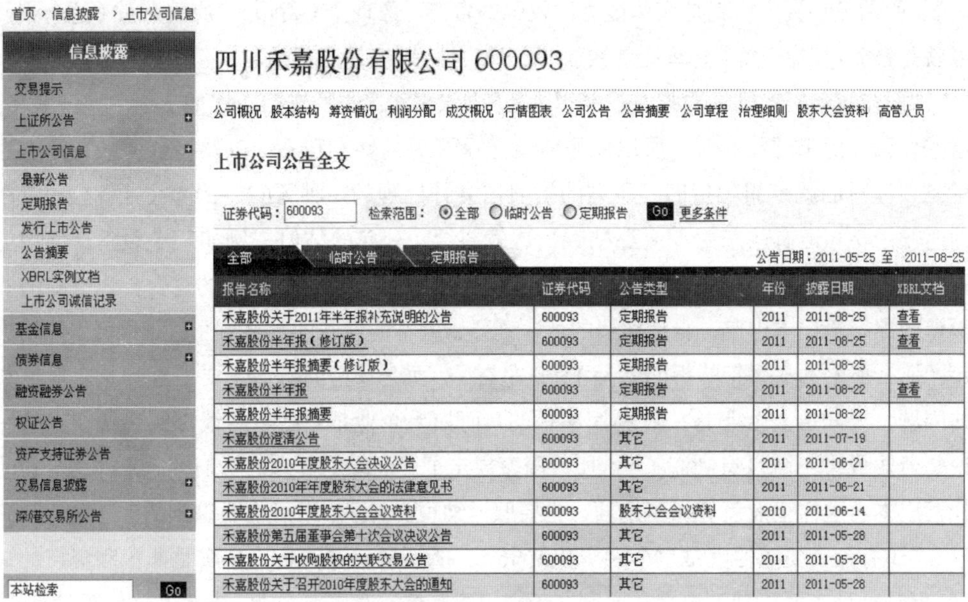

首页 › 信息披露 › 上市公司信息

信息披露
交易提示
上证所公告
上市公司信息
最新公告
定期报告
发行上市公告
公告摘要
XBRL实例文档
上市公司诚信记录
基金信息
债券信息
融资融券公告
权证公告
资产支持证券公告
交易信息披露
深港交易所公告
本站检索 Go

四川禾嘉股份有限公司 600093

公司概况 股本结构 筹资情况 利润分配 成交概况 行情图表 公司公告 公告摘要 公司章程 治理细则 股东大会资料 高管人员

上市公司公告全文

证券代码：600093 检索范围：◉全部 ○临时公告 ○定期报告 Go 更多条件

全部 临时公告 定期报告 公告日期：2011-05-25 至 2011-08-25

报告名称	证券代码	公告类型	年份	披露日期	XBRL文档
禾嘉股份关于2011年半年报补充说明的公告	600093	定期报告	2011	2011-08-25	查看
禾嘉股份半年报（修订版）	600093	定期报告	2011	2011-08-25	查看
禾嘉股份半年报摘要（修订版）	600093	定期报告	2011	2011-08-25	
禾嘉股份半年报	600093	定期报告	2011	2011-08-22	查看
禾嘉股份半年报摘要	600093	定期报告	2011	2011-08-22	
禾嘉股份澄清公告	600093	其它	2011	2011-07-19	
禾嘉股份2010年度股东大会决议公告	600093	其它	2011	2011-06-21	
禾嘉股份2010年年度股东大会的法律意见书	600093	其它	2011	2011-06-21	
禾嘉股份2010年度股东大会会议资料	600093	股东大会会议资料	2010	2011-06-14	
禾嘉股份第五届董事会第十次会议决议公告	600093	其它	2011	2011-05-28	
禾嘉股份关于收购股权的关联交易公告	600093	其它	2011	2011-05-28	
禾嘉股份关于召开2010年度股东大会的通知	600093	其它	2011	2011-05-28	

上市公司报表

“好了，这份就是年报了。大师，我们先看他的报表。对了，大师知道我们要看什么报表吗？就是这份合并报表。所谓合并报表是指，将母公司和子公司各自的财务报表合并起来的报表。当一个公司拥有其他公司的股份数额足以控制其他公司时，控制的公司就称为母公司，或控股公司，被控制的公司称为子公司，或称附属公司。他们各自都是一个独立的法律实体或会计实体，所以必须各自编制财务报表。但是，由于母子公司是有产权隶属关系的企业集团，应把它们视为一个整体来编制财务报表，这样才能反映这一整体的财务状况和经营成果。所以我们看后面的说明，这份报表就包括了他的各个子公司的报表。”

“看财务报表首先要理解财务报表的结构，像这个资产负责表，就有三个部分组成的，资产、负债和股东权益。他们的关系是：资产 = 负债 + 股东权益。所谓资产就是指企业所拥有的一切财务资源，不论能否带来未来收入或是减少未来支出的。负债就是企业在某一时间拥有使用权，但最终要还给别人的东西。至于股东权益大师可以理解为企业真正自己的钱。还是不懂？”逸飞看着我迷茫的眼睛说道，“这样，大师，咱们一点点慢慢得讲，先从资产讲起，资产就是企业所有的一切，像现金流入，货币利息收入，而设备也是，也可以生产东西卖出去，存货也是，也可以卖出去。而所谓的减少未来支出，像预付的费用，将来就不用再花钱了。这些都是资产。

“在报表里，资产按照形式可以主要分为四种：流动资产、非流动资产、融资租赁资产以及其他。

“所谓流动资产：就是变化能力比较强的资产。像现金（货币）、应收账款（这个收回来就是钱）、存货（卖了立即就是钱）。反正就是特别容易变现的。

“而非流动资产则主要指在一年以上，不会没事卖出去的东西。比如土地、厂房、设备。这些东西，由于还没有卖，所以记账时就纪录买时的钱和税费，以及运营的钱。还有这里是要注意的就是累积折旧。所谓的折旧是会计处理的一种方式，因为在计算公司资产的时候，要知道有些东西不值那些钱，这就要给予公允的估值。例如一个设备在使用过程中因磨损老化或技术陈旧而逐渐损失其价值的现象。例如大师你的这台台式电脑的和隔壁的那个笔记本电脑，自从你买的那一刻开始就不值你花的那些钱了。如果可以使用五年，那么那个本本每年的折旧就是 1500 左右了。而会计里的折旧主要处理的是企业纳税的问题。要知道，企业是按照利润纳税的，而如果企业把自己赚的钱都买房买车，然后说是营业成本不就没有利润了吗？所以国家规定了不同固定资产的折旧率，来作为公司的经营成本。这样企业就算买了东西，也要照样纳税。算了，以后也要讲到的。

“还有一个要懂的就是这个融资租赁资产，所谓的融资租赁，其实是非流动资产的一种。但是这种东西单独列出来的原因在于它的所有权暂时不在企业。当然也只是暂时而已。融资租赁有三个条件，：

第一、租赁期满后可以无条件取得租赁资产，说白了就是我住了 20 年房之后，这个房就无条件地变成我的了。

第二、租赁人租约满后，享有以优惠价格购买租赁资产的选择权。例如我可以和房东以合适的价钱续约。

第三、租赁期占资产耐用年限的大部分，这就是你这台电脑了，只能用五年，我用了五年，可是五年之后给你，差不多就是一堆废铁了。

“所以听懂了吧，这种资产也可以变相看成是企业自己的了，只不过是一种分期付款的方式来购买罢了。要知道，企业现在可是占有了资产 100% 的使用权，而且还少了一次性付清钱款的现金负担。所以这种资产也就是公司的资产了。而作为‘经营租赁’，则是我用完还是人家的，所以不算作是我的资产。懂了？

“好，至于其他资产你看看也就基本理解了。反正资产的整体性来说就是对企业所拥有的一切进行结构上的分析，是按其形态进行说明的。”

“明白了，这和资本不同是吧，资本就是能再投资的东西，而资产则是全部的东西。”我想想说道，“但是这样说负债又是什么呢？他和资产什么关系？”

“这样，大师，负债和股东权益合在一起，也代表了全部的企业资产，只是按照另一种形式进行另一种划分而已，千万不要认为除了前面资产已经概括之外还另有个什么负债和权益。其实负债和股东权益的整体和资产代表的整体是一个东西，就是一个，根本不是两个。明白了？”

“那也就是说，负债和股东权益是对企业所有的东西的另一种划分对吧，就是把企业里的东西分成我的和别人的。”我想了想说道。

“不错，就是这个意思，咱们先说负债，负债就是现在是我的，但将来要还的。人们总以为听到负债往往就认为这是坏的东西，毕竟将来要还回去，不如自己的好。用着踏实。”逸飞解释道。

“不是这样吗？”我奇道，按照我们小农主义的思考，做人就要堂堂正正不要欠别人的钱啊。

“当然不是了。”逸飞笑道，“打个比方，大师，我管你借了100万，这个时候我欠你多少，100万吧。但是我用他炒股去了，过了一个月，我就赚了20%。这个时候，你说我欠你100万，还是不好的事情吗？”

“但你毕竟可能会亏损啊。”我惊道，这个白痴不会连风险都不知道吧。

“但是当年有不少人都这样玩呢。”逸飞笑道，“他们更厉害，谁都不拜托，我知道几个证券公司的人。直接到银行开一张十万的信用卡，然后取现，投到股市里，要知道，这些钱的日利息是万分之3。但是他们知道一些消息，往往一个星期就是10%的获利，这个时候还到银行，还赚了不少。所以负债的本质就是借鸡生蛋。要知道，负债其实也分好的负债和坏的负债。好的负债会往我们兜里揣钱，而坏的负债则从我们的兜里拿钱。我们讨厌的应该是那些从我们兜里掏钱的坏的负债，而不是一棍子打死。所以大师对负债要有一个清晰的认识。”

“嗯。”我点头道。

逸飞接着说道：“会计语言对于负债没有什么好坏之分，而是采用另一种理解。简单地分为长期负债和短期负债。咱们叫作流动负债和非流动负债。其实这就是按照还款压力来看的。先来看短期负债，所谓短期就是时间在一年以下的。这部分负债现金压力比较大，要考虑到时要还上，不然你就要被人家起诉了。你像应付票据其实就是借条，应付账款说白了就是赊购。再来预计负债，像应付的税费电费，煤气费，职工薪资等。而应计所得税就是现在已经有了，但是还没上交的所得税。因为报表编辑的时期和税收统计时间往往不一致。每个国家不同，尤其是有海外子公司的这一点要更明显些。还有就是一年之内到期的长期负债。这部分负债的压力比较大，要尽快考虑不要出现资金压力。而长期负债就是指一年开外到期的负债，反正就是眼下不着急的。这些就是我们欠别人的，但是反正先用着赚钱。而另一种就是我们自己的钱了，这就是所有者权益。

“所有者权益就是咱老百姓自己的钱。发行股票之初就有了两部分，股本和溢价。股本是每张股票代表的钱。溢价是多筹集来的钱，这成为所谓的资本公积金的主要部分。其实这是种法律上的分发，但是不论如何，这些钱是企业一开始就有的钱，这些钱用于买什么咱不管，但反正是一分钱一分货的买回来成为了公司的一部分。

“经营中慢慢赚到的盈利也分成两部分，分红和留存收益。分红就是告诉股东咱们赚钱了，现在给各位回报，要么是钱，要么是分股票。给股票的话就是说将来可以按股份分更多的钱。但是不论如何，钱分出去了，就和公司没有关系了。而留存收益则是没有分出去的钱，这部分钱还在公司，公司可以进行投入再生产，这部分就是盈余公积金了。好了讲到这里咱们一整张的资产负责表就算简单介绍完了，不懂的话可以自己上网查，很简单的。”

“大哥，你这也太不负责了。就讲这些，这张表还有很多你没讲过的呢？”我抱怨道。

“什么叫提纲挈领，要知道，这些就是纲，其他的都是这些的发展。抓住了根，才能学得更快。当然还有些什么无形资产、或有负债什么的。这就要你自己看了，你像这个长期股权投资，长期股权投资是资产里的，也是股东权益里的钱，说白了就是把钱往别的公司上面投，准备从别的公司获得红利。但是这里有个问题就是母公司和控股子公司的问题。母公司控股子公司往往是战略上的布局，他们的报表是要合并报表的。这个时候母公司对于子公司的投资就成了报表内部的转移，而且会降低长期股权投资。有的企业从根本上说就是一家控股公司，他们没有什么，只是控股其他公司的股票，所以他自己的报表里有很大部分的长期股权投资，但是在合并的报表里就只有很少的长期股权投资了。像五粮液就是典型的例子。所以我们平时看到的长期股权投资都是公司控股之外的企业，很可能在这里面就会出现所谓的新的利润增长点。毕竟这可能会成为意外之财。

“像这些名词就要靠你自己总结了，”逸飞威严的说道，“通过分析资产负责表我们能知道公司是怎样组织的。毕竟知道钱都花到哪里去了，哪里钱多，哪里就是公司的主体。这里面能分析的就多了。但我可以保证，这些基于这些报表之上的分析，很多都要具体的看。像对于这个表格有的人会有其他的解读，他们喜欢看流动比、速动比这些。但是这些都要根据不同公司而讨论的。至于财务分析这种东西，并没有什么太多的定论，而所谓的经验更是需要大量公司的历史数据分析。只有分析得多了才有话语权。”

“举两个例子。”我不耐烦的说道，这个白痴已经叫嚣了很久了，全是经验，没一句实打实的。

逸飞想了想说道：“这样，有一个指标大家比较常用，就是总资产收益率、净资产收益率。先讲三个名词，总资产就是指全部资产，咱们资产表中有。而净资产，是指企业的资产总额减去负债以后的净额，在数量上等于所有者权益。再来就是净利润，净利润是指在总利润减去所得税后的利润，也称为净收入，这个利润表里有。咱们要讲的这个比率就是净利润分别和总资产、净资产的比值。什么意思呢。我们来看一份报表。”说着逸飞打开了一家公司报表。逸飞说道，“这是禾嘉股份 2007 年的报表，他们可是去年的牛

股，在2007年12月到2008年3月之间，在整体A股哀鸿遍野的时候走出了一轮大牛市。2008年的地震不算，咱们先看他2007年的年报，他的总资产为8.3亿，净资为3.8亿，而2007年他的净利只有370万。他的净资产收益率就是0.9%，而他的总资产收益率就是0.4%。说白了就是你买这家公司的股票，一年赚的钱还不如你存在银行里赚的多，这样的公司你会买吗？但是为什么这家公司的股票会涨？你有空做做他的研究吧。但起码通过分析，你能知道这家公司就是典型的地雷公司，是要小心的。这家公司的负责已经严重的，你看他短期负债里的应付利息就高达4577万。可见他赚的钱连利息都不够付的。所以咱们虽然讲过负债是借钱生钱，但是可不是越大越好。”

“嗯，知道了。真悬，如果不懂这些，就要跟风了。如果再玩个什么长期投资，后果就不敢想象了。”我喃喃道，“对了，还有些什么有趣的。”

逸飞想了想：“这样，大师，你怎么看存货？”

“你说过存货可以卖，所以是资产。”我答道，“但和折旧一样，这些存货如果保存不当，可能就会有减值的风险。尤其像电脑这样的货，过两个月就是两个价了。”

“那这么说大师认为存货是越少越好了。”逸飞笑道。

“当然不是。”这样有明显陷阱的问题也想骗我，刚才这个小子自己说的要具体问题具体的看的，现在就问我这样的东西了。

“那大师举个例子。”逸飞的笑意更浓了。

“这……”我一时语塞。存货如果卖不出去，放在那里不就是要减值吗，自然是早卖出去早好，这样还能在生产新的啊。

逸飞看我说不出就说道：“其实很简单，你像白酒就不一样了。五粮液的存货那可是越多越好的，因为酒是越沉越香。所以这里面的分析方法很多，但我们通过资产负债表更需要知道企业的财务布局，明白企业有哪些财务资源。至于这家公司是否是好公司就不一定看的清楚了。如果要明白公司的成绩，那我们就要看公司的成绩单了，这就是利润表。”

14.4.5 利润表

我给逸飞沏了杯茶，恭恭敬敬地放在他面前，毕竟表面功夫还是要做足的。袅袅亭亭的水汽，卷起淡淡的茶香溢满了整个屋子。逸飞很识时务地表示了感谢，接过茶来，淡淡地品了一口。我们就在这种友好的氛围中，以互利互让的精神开始了下面的会议。

逸飞首先发言道：“大师，虽然资产负责表在报表里是前面的，但是如果真的做投机，首先要看到的却是利润表，资产负责表反倒是后面才关注的。因为一切企业的核心就是赚钱。而获利能力的分析就要利用利润表了。”

“嗯，企业的使命就是获利。”我点头道。

逸飞接着道："但是要看懂这份表，有些东西要先明白。这样，我慢慢想想，边想边说。你看，由于报表是有时间性的活动，而经营往往是一个过程，所以要看懂利润表首先要明白利润如何记账的问题。"

"这还有问题？"我不禁问道。

"当然有问题了。要清楚这些，咱们先讲什么叫作会计期间，简单地说就是记账的起始和截止日期。例如咱们经常听到的年报，就是以"年"来计量的会计期间。中国是从公历元月1日起到12月31日止。正是有了这个会计期间的假定，才有了企业'某年盈利多少"，"某年亏损多少"等说法。下面咱们用事实说话。"逸飞笑道，"现在讲个例子：咱们两个成立了公司，2006年12月有个大客户给了我们5万元货款，约定明年的三月份我们要交货。这个时候我们要出2006年的报表，请问大师，我们这5万元要不要算作收入？"

"废话，钱都到我手了，当然算收入了。"我不假思索地答道。

"错了！"逸飞笑道，"当然不能算了，要知道，这个时候你还没有发货呢，也就是说，你虽然'赚了'5万元，但是你还没有提供服务，所以，这五万元还不能算作收入，会计处理上管这叫'未实现收入'，所以这部分钱只能先放在负债里。只有当你提供完服务之后，你才能承认这个收入，这就是会计中所谓的'应计基础'。与此相关，还有一些规则。

"再来个例子，大师，咱们公司2007年5月进货花了30万元，咱们11月卖出货，买家收到货后答应在明年，也就是08年的3月给60万现金。现在咱们做07年的报表，这笔收入怎么算？是07年的还是08年的？"

"嗯，上个例子是咱们没有给货，现在已经给了货了，但是咱们没有收到钱啊，所以应该在得到钱的时候就承认这是咱们的收入。"我分析道。

逸飞故作抹汗状说道："大师又错了。咱们刚才不是讲了应计基础吗？现在我们看到我们已经给了货了，而买家已经承诺给钱了，按照现在的会计准则，只要买家有信誉，我们就可以在2007年的报表中承认这笔收入了。因为这个收入的费用在这个时期之内发生的，而且我们已经提供了服务，也就是'实现'了收入，所以我们就可以承认了，尽管还没有现钱。所以这笔钱可以记录在'应收账款'里面。"

"知道这个很有用吗？"我疑惑地问道。

"当然了，有的人看到一家公司收回了大量的账款，于是就认为公司大量的获利了，你说这样对吗？"逸飞问道。

"对啊，得到钱了。"我说道。

"大师到现在还没明白一切要按照报表的方式处理。"逸飞说道，"这样，其实公司早在以前就承认了这些收入，所以就算公司回收了大量的欠款也只不过是将其'应收账款'这部分的钱转移到'现金、存款'这个项下。本身并不会使公司的利润表有什么变化。只有先明白这些会计准则，才能分得清公司的真实获利情况。"

"嗯，明白了。所以碰到了问题就查一查这些问题的会计处理方式对吧。"我说道。

“对的。”逸飞点头道，“现在我们看这家公司的利润报表。其实利润报表总共分四块：收入、支出、利润和股东收益。

“咱们先看收入，所谓‘收入’就是由于公司活动使得公司的可用资源增加，这可以是主营业务上取得的收入，也可以是其他业务上取得的收入，也可以是利息收入等等。反正是在这个会计期间内资产的增加。而支出说白了就是资产的减少，可以是营业所造成的，也可以是公司运营所造成的，像销售费用、管理费用、财务费用这就是传说中的‘三费’。”怕我不认识，逸飞还给我写了下来，他继续道，“这三项费用是任何公司都应该有的，当然也是认为调节比较重的。因为这个成本的多少可以直接限制利润的增长。因为利润就是收入和支出的差额。”说罢，逸飞又开始在纸上边画边说道，“咱们经常听到的是毛利润，所谓毛利润 = 收入 – 成本，所以可以看出这只是一个大体的估算。而更加常用的是主营业务利润，主营业务利润 = 主营业务收入 – 主营业务支出 – 资产减值损失 – 营业税费 – 期间费用，像‘三费’就包括在了这些期间费用里了。而营业税费只是营业税费，除此之外还有所得税，只有再刨除这个才能得到最后的净利润，所以净利润 = 利润总额 – 所得税。这里还有个‘利润总额’，利润总额 = 主营业务利润 + 营业外收入 – 营业外支出。这就是利润表中的利润构成了。

“按着分配的不同，报表最后是少数股东权益和每股收益。所谓少数股东就是指子公司中除了母公司以外的股东，他们的利润要先计算出去。你不要以为这些不多，像有的公司，母公司的持股比例也就 51% 左右，所以分出去的利润很可观的。而刨除了这部分就是母公司的利润了。然后按着股份来分配，就成为了每股收益。至于这上面写的稀释每股收益，指的是如果有的公司会发行可转债来融资。这些可转债可以在一定情况下转换成股票，因此，就会稀释股份。好了，到了这里我们就先看完了整个表的结构了。大师有什么感觉？”逸飞喝口茶说道。

“恩，蛮好的，起码我知道到哪里找公司利润了。”我说道，“还有这个每股收益，就可以直接计算市盈率了。起码能比较出这个企业和银行比哪个更赚钱。”

“呵呵，能看出来的多了。”逸飞笑道，“也许资产负责每个公司情况不同，不能一而论之，但是盈利可是所有公司的共性，不管黑猫白猫，能抓住耗子的就是好猫。企业也是这样，不论再好的企业，只要获利出现问题，这个企业就是有问题，所以好企业不是听别人吹的，而是要观察这个企业是否真的能够赚钱。但是能赚钱的企业也要注意的。”

“能赚钱的也要注意？”我问道。

“对啊，所谓‘君子爱财，取之有道’，所以不仅要看企业赚不赚钱，同时要明白企业赚钱是靠什么赚的。咱们先看禾嘉股份 2009 年年报，2009 年，经过一年的努力，禾嘉股份终于开始获利了，但是打开它的报表就看到了，他经过一年的努力，主营业务上不仅没有赚钱，而且还赔了 6 百多万。他的获利主要是营业外赚了 200 多万，而看后面的附注就知道这些获利还大多是买卖子公司，通过会计处理得到的，这就可以清楚地看出这个公司的问题了。这个公司根本就不赚钱。像这种分析收入构成的方法之外还有很多分析方法。例如看营业收入与利润应出现同比例增大，因为长期而稳定的营业及获利增长，是企业竞争力最具体的表现。这个时候只要找到前几年的报表来看下就可以了。但还有其他问题要关注，例如看营业收入和应收账款的比例。如果二者的成长比率明显过快，那就是说明，公司是大量地依靠往外赊账来维持业务的。这样，这些钱能不能收回，就成了问题了。而这也能很大程度地左右利润报表。”

“不是卖出去，实现收入就可以被承认吗？”我问道。

“大师倒真是现学现用啊。”逸飞笑道，“但这里有个计提的问题，所谓计提就是计算和提取。因为不可能每个人都是诚实无欺的圣人，所以就有可能部分还不了钱的可能。于是企业就要预先估计下损失，做出处理。你像我们在资产负债表里看到的长期股权投资减值准备、存货跌价准备、固定资产减值准备等等。这些坏账准备和存货跌价准备是要记入管理费用的。这直接就调整了成本，修改了利润。”

“恩,所以企业如果是靠赊购来维持销量,那这个销量就要画问号了吧。”我接着说道。

“恩，利润表还有很多其他用途。像资产周转率，就是用营业收入 / 总资产。总资产可以定义为‘平均资产’或‘期末资产’，这样可以看出企业的获利速度，此外还有什么流动资产周转率、固定资产周转率等等。这些按照比率来衡量企业的方法就是摆脱了具体数字的束缚，从而在一个平台上判断企业的能力。但也有其不合理的地方，那就是忽略了企业的‘绝对能力’。其实除了获利，还有很多制约公司的条件。举个例子吧，有一家企业比中石油赚钱的比率要高，但是仍然没法说明这家企业可能比中石油更好。大师能知道为什么吗？”

“人家中石油可是大公司，拥有垄断资源。而且人家实力大。你们这些小公司也许给个 100 万一年可以赚 30 万，但是真的给了你 100 个亿，你可能一年连一个亿也赚不到。”我想了想说道。

“嗯，大师说的不错。”逸飞欣然道，“其实除了大师所说的还有就是中石油人家从来就不缺钱的。要知道在商业的社会里，钱就是血液。一份业绩能否保持下去，最起码要保证其不缺血。而中石油就是有大量血库的主儿。在分析公司时就要用到第三张表了。这就是现金流表。”

14.4.6 现金流量表

逸飞继续说道：“大师，像我们要了解现金流表首先就要明白现金流量表的意义。”

“嗯，现金流量表有什么意义，请回答。”我机智地插了一句。

“嗯……大师，这样，咱们刚才看到了利润表。但是你认为利润表真实吗？我是说能看出企业真实的现金流量吗？”逸飞解释道，“不能，因为这里面像计提减值准备、折旧

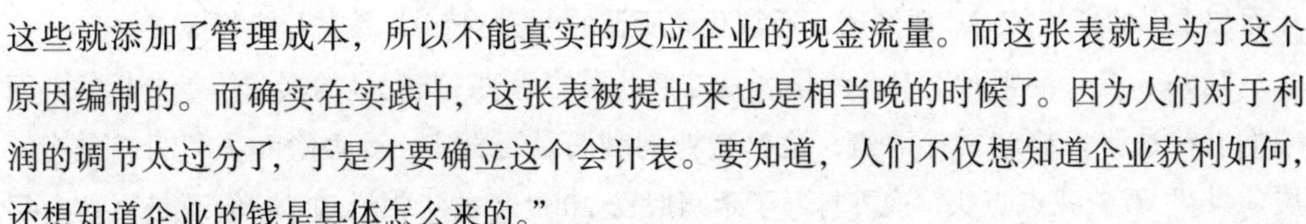

这些就添加了管理成本，所以不能真实的反应企业的现金流量。而这张表就是为了这个原因编制的。而确实在实践中，这张表被提出来也是相当晚的时候了。因为人们对于利润的调节太过分了，于是才要确立这个会计表。要知道，人们不仅想知道企业获利如何，还想知道企业的钱是具体怎么来的。”

“恩，那这张表就是体现企业来钱的方式的吧。”我问道。

“不错，现金流量表反应的就是现金流量和资金周转。而企业能够改变现金的活动不外乎三种：

“第一、经营活动：出卖产品取得收入及支付成本，像卖货的收入、进货的钱和工资这一类的，都是公司日常经营的项目。

“第二、筹资活动：千万不要认为筹资只管借，还款也是这一项的。借与还的总额构成了整个筹资活动，其中还包括支付现金股利，购买自己公司的库藏股等。

“第三、投资活动：像取得或处分长期资产如土地、厂房、设备这类东西的活动。”

“等下，大哥，什么是库藏股？”我急忙问道，一不小心就差点儿错过了。

“大师，这个问题可不简单啊，呵呵。”逸飞笑道，“好吧，咱们还是先解释下吧。所谓库藏股，也叫又称‘回收股’，主要是指股份公司在市场上用公司自己的钱买回自己发行的股票。为什么公司要买回自己的股票呢？是这样，要知道这些库藏股不参加分红，也没有表决权。所以公司买回自己在外的股票就可以减少股份的数量，从而提高每股收益，这样就可以让公司的股票更诱人。还有一点就是公司还可以用这部分股票奖励给公司的人，然后提高他们的热情，再或者干脆将股票‘雪藏’，等将来想卖出的时候再卖出。看起来不错吧。”

“嗯，这样说来还是可以的。”我说道。

“呵呵，大师看的浅了。”逸飞笑道，“根据旧的《公司法》规定，公司买回自己公司的股票必须在十日内注销。也就是公司不能自己炒自己的股票，但是新的《公司法》已经修订了。现在公司买回股票后可以不注销了。这样客观上就有了可以炒作的空间，这是第一点。还有一点，咱们国家公司有很多大股东，这些人可以提前知道公司的许多事情，而如果他们在市场好的时候，在市场将股票抛出，请问在没有准备的情况下，谁有能力接盘呢？而没有人接盘的股市，必然会一泻千里。但是如果公司可以在这个时候进行股份回购，那么客观上就使得大股东可以不借助其他机构的力量而抽身走人了。至于他卖完后股价如何，就没人管了。所以这些往往是利益转移的工具而已。也就是帮助掏空公司的办法之一，现在明白了？”

“懂了。”我点头道。

“好，咱们继续讲这三种活动的结果。”逸飞解释道，“公司要快速发展，就要借债，可是借债就有还款压力。所以无论任何公司，只要现金出现紧张，就会产生危机。因为债主可以起诉你，这样就会有更多的人管你要账了，这样下去你就要面对更多的还款压力。

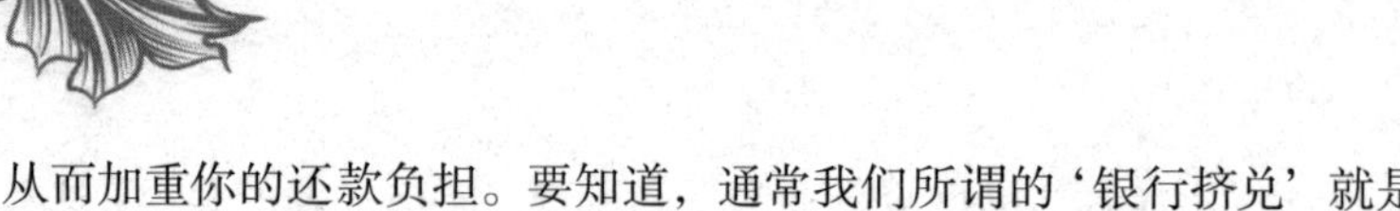

从而加重你的还款负担。要知道，通常我们所谓的‘银行挤兑’就是这个样子。

“好了，会计准则对于现金流量表是按照公司的活动，将资金的来源给予分析的。而咱们看待这张表格就要弄清楚，这家企业的利润是否真实，是否隐瞒了利润或是有发展前景。”看着我点点头，逸飞打开了禾嘉股份 2009 年的年报说道“咱们还是看这个年报，09 年他说自己是获利了，但是咱们在上面已经看清楚了，他的获利主要是非主营获利，这家企业从根本上来说还是赔钱的。现在我们来看现金流量表，来看清他的钱是从哪里来的。咱们看他经营活动，他的经营收入主要集中在销售得到的现金和其他经营活动的金现，而支出扩大的原因主要是在支付其他与经营活动相关的现金上。但是尽管如此，他的这些活动还是流入的钱多。但是看到投资一项就吓人了，他们在这里花了不少的钱，你看附注就知道，公司这些年都在建一个果园，结果深陷其中，虽然今年将果园建设卖出了，但是这部分投资还是要算到今年的项目里。而他们的筹资活动更是吓人，他们在分配股利、利润或支付利息支出这一项支出了将近 5100 万。要知道这家公司已经 6 年没有分过红了，也经常亏损，所以根本没有股利和利润支出，所以这些全部是利息支出，他今年‘获利’了才有 370 万，可以说这家公司一年赚的还不够还债的呢。这样他们的获利真实性就不言而喻了。”

我若有所思地点点头，问道：“可是这个表还不够具体啊，你像存货啊、应收账款啊，这些对于资金有什么样的影响呢。对了，还有就是折旧这些。我一直想不明白，存货应该算是增加现金流还是减少呢。”

“大师问的，我不算明白，但是讲到具体的科目，咱们这么说吧。”逸飞皱眉思考道，“大师，你看资产负债表，这里是应收账款。如果账款增加了，就代表还没收到钱，这就会对现金产生不利的影响，因此调整项为负向；反之，若应收账款减少，代表已经收回资金，将对现金产生有利的影响，因此调整项为正向。而存货增加则代表还没收到钱，会对现金产生不利的影响，因此调整项为负向；反之，若存货减少，代表已经收回销售，将对现金产生有利的影响，因此调整项为正向。对了，还有这个应付账款，这个应付账款增加，就代表还没付钱，会对现金产生有利的影响，因此调整项为正向；反之，若应付账款减少，代表已经付出资金，将对现金产生有利的影响，因此调整项为负向。这样大师懂了吗？”

我还是睁着迷茫的双眼，望着逸飞。逸飞继续解释道：“算了，大师，咱们这么说吧，凡是应收项目增加，就代表还没收到现金，都做现金流量的负向调整；相反，若应收项目增加，代表已经收到现金，都做现金流量的正向调整。相对的，凡是应付项目增加，代表钱还没付，都做现金流的正向调整，相反，若应付项目减少，代表已经付过钱了，都做现金流量的负向调整。”

“你这样说我不就明白了。”我恍然大悟道。

“嗯，至于大师想知道的折旧这些，年报里最后会有一个附项，这里面列着企业的净利润和企业经营活动的现金流量差额。这里可以看得出企业资产减值、计提坏账、资产

折旧、存货变化等项目对于现金流量的影响。这样就知道企业的利润是真是假了。”逸飞总结道。

14.4.7 股东权益表

“哥，咱们歇会儿吧！”我建议道，当老夫是机器啊，听了半天，脑子都昏了。

“不行。”逸飞毅然决然的说道，“你先记好这些名词，如果将来不会了，拿笔记出来自己看就好了，好不容易今天想起来这么多，正好趁热打铁。咱们学习完最后一张表再说休息的事情。”

我怒目而视，看了一会儿，旋即说道：“哥，别这样，看把你累的，把眉毛疏开，放松面部，你这个面目太狰狞，要知道这样下去，你的印堂会有皱纹的，印堂最怕纹侵痣破的。我去给你换杯茶。”毕竟这个白痴这样好心讲这么多的机会难得，还是顺从吧。

换完了杯子，我嗅着茶香，听逸飞继续说道：“大师，现在咱们来看最后的一张表。关于这张表要说的不多，关键是要明白这家公司的集资方式。只有真的想要玩运作公司，或是成为公司股东的时候才有必要考虑这张表。”

“那作为咱们投机来看，这张表就意义不大了？”我疑惑地问道。

“可以这么说，其实这张表就是告诉股东们，咱们公司准备怎么处理咱们打出来的江山。而如果不准备长期玩下去，分析这个就只能是兴趣了。”逸飞解释道，“大师要知道这个，很大一部分原因是为了将来忽悠别人。我先来讲这些名词：

“股本就是公司发行股票的票面价值，中国一般是一股票面值一块钱。而资本公积金，主要是‘溢价’。就是发行股票时，我们经常听到的所谓‘溢价发行’的东西。就是大家认为这家公司太好了，为了一定要买到他的股票，不惜多花钱。但其实资本公积金还有很多其他项目，像公司所拥有的金融资产的变更价值等。但是这部分最重要的作用就在于，这两个部分不参与分配。就是这些钱不用按股发给股东。参与分配的主要是留存收益的这一部分。而这一部分包含两个，一个是盈余公积金，一个是未分配利润。盈余公积金是按照《公司法》规定，每年在获利的时候按照固定比例提取的风险准备金，以应对公司的危机。而未分配利润可以是准备分配的利润，也包括不准备分配的利润，反正这部分钱公司有很大的自主性。这就是这个表的基本名词，记住了？”

“嗯。”我点点头，很乖巧地表示同意。

“好，咱们再来分析。”逸飞接着说道，“其中，这个留存收益的部分占股东权益的多少，可以看出企业经营者对于企业的信心。要注意留存收益占整个股东权益的比率。假使比率较高，则表明公司账面的财富大多是由过去所积累的。相对的，如果股本与溢价占股东权益的比例较大，要么表示公司根本就不赚钱，所以没有过去的积累，要么就表示公司可能不断地通过现金增资，向股东取得资金，说白了就是‘圈钱’。现金增资在资本市场里应是负面消息，当然我说的这是‘应该’如何如何，可没说一定。你像中国平安的 1600 亿融资计划就导致股市整体颤了一颤。

“还有，并不是未分配利润多就一定是好事。要知道，公司发放股利固然是好事，但是也有自己的考虑。像未分配利润很多并不是货币形式，所以不能马上发放。还有就是盈余稳定性考虑，公司保持稳定的现金股利，就可以维护资本市场对公司的前景。所以公司可能也会保存很多实力以应对未来发展。还有就是像对于成长前景的考虑，当公司面临良好的投资机会或扩张契机时，为了利于投资，可能就会限制现金股利的发放。这些都会使得公司有很大一部分利润不去分配。但是还有很多公司，好几年都没分配过股利。这是在中国，如果在美国，股东就可以告死那群经理人了。你看中石油在中国几年的分红连银行都不如，但是其在海外上市，融资只有 29 亿美元，可分红就到了 100 多亿。原因很简单，因为人家可以看这张表，而中国这张表还更多的只是摆设。

“如果大师，咱们只从外部来看这张表还没有什么意思，如果是内部人士或是大股东，那才有意义。你像‘股票选择权’的激励问题，大师听过没有？”

“没听过，讲讲。”我说道。

“这样，如果市场监管很严的情况下，就算是高管也不能明目张胆地侵吞公司财务，于是就产生了‘股票选择权’的激励问题。说白了就是使原来一无所有的职工成为公司的股东。还记得我们刚才说过的库存股吗？其中有一部分就是规定可以作为高管管理好公司的奖励。例如，答应总经理，在五年以后，他可以按照每股 10 块钱的价格，买进 60 万股公司的股票，这就是‘选择权’。如果经理真的想要那个时候赚钱，他就会努力经营使得公司五年之后，每股高过 10 元，这样他就赚钱了。而这些就是公司治理了。其实公司股份的门道很多的，有兴趣咱们以后可以慢慢讲。

“好了，这就是这几张表了。掌握了这几张表，公司的整个脉络就基本清晰了，剩下的想看懂就要靠熟练的使用了。”说到这里逸飞呼了口气，拿起茶杯慢慢地转动起来。

“哥，这就完了？”我吃惊地问道，诺大的一个公司体系，这么大的几幅表格，这样就算说完了？

“嗯，讲完了。”逸飞语气坚定地说道。

14.4.8 利润调节

我还真的吃了一惊，恍惚说道：“但是我怎么好像还不是很懂呢？”

逸飞则显得很自然地说道：“废话，报表要读懂，功夫在读，要多看，看习惯就好了。你现在才看了几张，等看了几百个之后自然就熟悉了。这样，大师，你慢慢把我刚才讲的再重复一遍。”

“嗯，有四张表，可以把整个企业的情况进行概括，这四张表不仅表示了企业的现状，

而且还解释了企业的变化。”我便想边说道。

就在我刚刚想看笔记的时候，逸飞说道：“大师，不要看笔记，只管回忆就好了。”

“第一张是资产负责表，表示企业的财务资源布局。资产就是企业的一切，按照流动性分为了流动资产和非流动资产，同时要注意一种特殊的非流动资产就是融资租赁。而将整个企业按照资产的所有权又可以分成负债和股东权益，说白了就是企业自己的和企业欠别人的，负债是按照还款的紧迫性分成短期和长期负债。而股东权益则是公司自己的钱。资产负债表主要是看企业是否负债过重。资产是否安全等等。”我看着逸飞脸色未定，但他还是点点头示意我继续，我鼓起勇气继续编道，“至于利润表就是企业的成绩单，看着这张表起码能知道企业是否赚钱。其中还可以看出企业赚钱到底是来自主营业务还是其他的收入。这样可以了解赚的钱安不安全。对了，还有可以看每股收益，简单地计算下市盈率，看看他和银行比，到底赚不赚钱，从而决定投资与否。再来就是现金流量表，通过它可以知道企业的获利真是不是真实的，判断出其起码的获利点是什么。公司是否有钱可以继续运用下去而没有资金压力。至于股东权益表则是看公司的资本运作的工具。差不多了吧。”

逸飞想了想：“嗯，对了，忘给你讲了，就是市盈率是一个很靠谱的指标，现在还比较流行的，就是叫作‘市销率’的东西。市销率 = 总市值 / 主营业务收入。市销率越低，说明该公司股票目前的投资价值越大。大师，之所以这样比是因为利润太容易被操纵了，而销售收入造假就相对容易被发现，所以相对安全一些。”

“对了，你还没讲利润造假的事情呢。”我忽然想起好像还没好好讲过这里的东西呢。

逸飞没有着急说话，而是先淡淡地喝了口茶。看这白痴不忙不闲的样子，估计他是想吊足了我的胃口。就在我有些不耐烦的时候，逸飞开口道：“这样，大师，要说利润造假，还不如说调节利润来的合适。但这也要两说，首先要明白公司为什么要造假。”

“公司为什么要造假？这还不简单，为了吸引投资者啊，然后配合二级市场的炒作。”我想了想说道。

“大师这样说，也不能算错，但是只是其中之一。还有很多其他目的。”逸飞悠闲地说道，“这也要看是好的目的还是坏的目的。”

“这还有好坏？”我奇道。

“当然有了。”逸飞笑道，“大师，记得我跟你讲过的吗，企业的利润什么时候算好？”

“赚很多钱的时候。”我断然道。

“那如果有两家公司，一家每年都能赚两个亿，而且还有隐隐上升的趋势。另一家公司今年赚了 5 千万，明年却赚了 30 万，利润波澜起伏。这两家公司大师会投资那一家呢？”逸飞悠悠地问道。

“嗯……还真不好说，第二家更具炒作的题材，但是无疑第一家会很使人喜欢。”我答道。

“所以，为了稳定业绩而做出了利润调节，也可以算是好的目的了。你像公司发展过快，由于担心业绩将来跟不上，而在成长速度放缓时，为了保持一致，对利润进行调节，这些都是有利于公司的。”逸飞笑道，“除了这个目的之外还有其他的目的，例如出现了业绩上的压力，例如他们想再次发行股票，这样就希望股价被做高，所以就要调节利润，甚至给亏损的企业再融资也是一样的。虽然目的不一样，但其实手段大多相似。”看我又打开了本子，逸飞开始讲到，“要调节利润，可以先从利润表看起。要知道，归属公司的利润是要上税的，这样调节可能不会减少税费，但是可以减少或是增加利润。因为投资者更加关心的是净利润，净利润还记得吗？净利润＝主营业务收入－主营业务支出－资产减值损失－营业税费－期间费用＋营业外收入－营业外支出－所得税。看到了吧，在这一大圈子里只要稍微动一动就可以改变很多。先讲我们熟悉的‘三费’吧，大师还记得是哪三费吧。销售费用、管理费用、和财务成本。

“要调节销售成本，例如可以在一年的最后时期给广告商提前预支明年的广告费用。或是给分销商提前返利等，这些都可以大幅增加成本减少利润，同时由于今年付过款了，明年就不用付费了。这样就可以隐瞒今年的利润，将利润转移给明年了。再来看管理费用，这里可是包括折旧和计提准备的，只要公司再有几个关联企业，交叉的预付款项之后，就可以根据情况计提了。提多提少就可以根据情况而定，这样也可以控制管理费用的高低。还有的企业一下就计提几个亿的绿化费、坏账准备等等。而财务费用的调节其实也很简单，对了大师知道什么是财务费用吗？”

我摇摇头，在笔记本上重重的记下了这个名词。

逸飞接着讲道：“所谓财务费用主要包括利息支出，就是企业一年之间的各项贷款的利息支出和企业一年之中存款的利息收入的差额。而如果企业涉外比较多，则要关注汇兑损失了，就是因为兑换货币产生的差额。”

“这样看起来这个要作假很难啊。”我疑惑的说道，这些都是死的，利率是银行，汇率就更复杂了，这些还能作假？

“其实也很简单，大师要记住，一切的商业活动都是人的活动，而一切的会计也是人的行为，只要是人的，人就可以改。例如有的企业就在最后的会计报表期间向银行大笔贷款，然后提前把利息支付了，这样不就增加了支出了。至于汇兑损益这就更厉害了，大师知道最近比较热闹的中国人民币汇率问题吧。如果人民币升值对哪个企业不利，对哪个企业有利？”

“本币升值，不利于本国的出口，而利于本国的进口。”我省略了推理的过程，直接给了答案。

“不错，所以只要人民币升值，可以想到，一些外贸公司就要亏损了，他们合同都签好了，可是兑换回来，加上出口税这些，可能连成本都不够。而跟国外签订进口协约的公司，就可以有很大的便宜了。咱们往大了想，像汽车、轮船、飞机这都可以有巨大的收入。这些

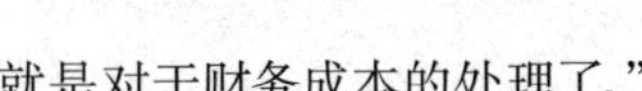

就是对于财务成本的处理了。”

“怪不得人家说好的会计师，年薪就几百万，看来这样处理起来真是防不胜防。”我不禁感叹道，既然有调节利润的方法，自然就会有调节税前利润的方法了。

“所以，方法就是方法，只是一种手段，没有什么做不到的。而我们要注意这家公司这样做的目的到底是什么，如果是为了推销其将来的业绩，就要提前做好准备。”逸飞笑着说道，“其实除了这些还有另一种方式，更狠。这就是股东和股东争利的现象。”

“股东和股东争利的现象？”我呆呆地重复道。

“大师，千万不要认为每个企业家都是巴菲特那样想把企业做好，更多的企业家其实是想如果快速自己致富。对于这些企业家就要给予警觉。”逸飞解释道，“其实小股东和大股东之间根本就很难相等，要知道大股东可以安心地躺在企业上，让个人的一切费用成为公司费用，而只有小股东才会安心地等待公司的净利润分配。例如大股东往往兼任公司的重要职务，这样他们的房产可以是公司作为员工的福利，这就可以算到企业的管理成本里了，而私车可以成为公司的办公用品，至于平时的花销，吃饭可以作为招待费报销，手机可以作为通讯费等等。”

“哥，咱也做企业吧！”我激动道。

“呵呵，咱们做有什么用，得上市才好玩。”逸飞笑道，“等创业板上市之后，中国的资本市场将会进一步开放，可是落后的国情注定会使得这成为一个造富的快车道。说什么中国要像美国看齐，呵呵，简直笑话，先把中国护照弄成‘落地签证’。中国在真正发展之前，这些可都是最好的机会。其实创业板十年前就一直在讲，你知道那个时候为什么没有上吗？”

“市场还没有准备好啊，好像还有制度不成熟什么的。”我回忆道。

“算了，这些分析可以当笑话看。大师，要知道，当年要准备上市的公司全部和‘权二代’有千丝万缕的联系，朱总理当时还在，认为这不是对于老百姓赤裸裸的骗钱吗？所以就没上。这才是真相。可是你看最近这些风声，你认为现在和十年前有什么不同吗？”说道这里逸飞微微一笑，“这样，大师如果以为开了公司就可以白吃白喝，那这只是小档次的，如果人家都是你这个了水准就是中国之福了。给你讲个例子吧，对了大师对于金融衍生产品了解多少？”

“你说，我听。”我毅然道。

“这样，简单的理解，除了股票、债券之外，其他的都是金融衍生产品。”逸飞解释道，“咱们现在玩的金融工程，在国外几十年前就玩过了。那个时候有这样一件事情。一个投资公司，专门生产一些金融产品，他们开发了这样一种产品。有两种债券，一种债券风险很低，可以值 100 块吧，而另一种债券风险很高，这样的话，这种债券就不值钱了，因为能不能还钱根本就没保障，所以这个债券就差不多值 50 块吧，这样他们把这两种债券捆绑在一起，发行了一种新的东西，这种新东西定价 150 块可以吧。”

“嗯”我点点头。

“精彩的部分现在才开始。”逸飞笑道，“他们将这个新的金融产品卖给企业，企业买回去，再请这家投资公司对于这个产品进行分割，将其中好的债券按照一半价钱出售，也就是卖了75块，这样可以吧。”

“但是这家公司不亏了？这部分好的债券可是价值100的。”我说道。

“你往下听啊，这部分虽然卖的亏了，但是那只是记账而已，卖给谁你知道啊。再说你不是剩下一半不好的债券吗？你说这个时候这部分债券值多少钱了？”逸飞问道。

“这部分差一些的债券应该只值50块吧。”我疑惑地说道。

“大师，你这就没按报表精神来理解了。”逸飞笑道，“你只卖出了一半的那种产品，所以剩下的东西，账面的价值就是这种产品的一半，就是75元啊。怎么样厉害吧。这样就把只值50块钱的东西，按照75块钱卖给公司了。而且他还可以把好的债券按照75块钱买入，再按照市值100块钱卖出。这个过程中，公司就被一点点的掏空了。这才是金融工程的实质。”

“这样下去，公司不就空了？”我吃惊道。

“就是要公司空啊，反正公司是股东的，每个持有公司股票的人只对公司附有股票份额相对应的有限责任，这就是‘股份有限公司’名字的意思。”逸飞笑道，“这是掏空公司，大股东还可以将公司股份抵押给其他机构，这样他没有将股份卖出，就不会对市场有冲击，而在股份全流通之后，他的贷款额是按照市值来估计的，这就可以在股价不错的时候，提前抽身走人。再者他只是抵押，而没有放弃所有权，这样还可以继续执行股票的权利。至于大股东讲的，他是公司的大股东，公司赚一毛钱，他都是最大获利者，他是与公司共存亡的，这些话，都是给外行说的。不用当真的。”

“这个在咱们中国也行吗？”我不禁警觉道。

“没听见新闻前两天叫停国有企业禁止投资金融衍生产品吗。这个新闻反过来就是国有企业已经或是曾经大份额地参加金融衍生产品的交易了。”逸飞说道，“中国还落后，所以咱们方法还是比较原始的，咱们一般是使用资本转移的方式来掏空公司，例如上市公司花几个亿成立一家子公司，全额控股或是部分控股，然后子公司最后慢慢地赔钱，赔了两年就倒闭了，于是母公司就意思意思地将这个公司给卖了出去了，这样的例子大有人在。”

“哦。”我感叹道。

“你哦什么？知道为什么这样做吗？”逸飞笑道，看到我摇摇头，逸飞接着解释道，“利用这种方法有几点好处，首先就是上市公司的监管比较严，而且审查还是相对较严格的，而子公司，尤其是部分控股的子公司没有披露义务，他们的监管和造假要容易很多。再者就是这样可以很好地利用报表的功能，报表更多的反应的是账面价值。所以，子公司在利益输送的最后一刻才会现出来已经大面积亏损的事实。这样可以麻痹看报表的人。”

“那这些岂不是防不胜防！”我吃惊道。

“防不胜防，就不防了？”逸飞笑道。“如果连这都看不出，还好意思自称‘专业’，呵呵。其实‘再怎么厉害的狐狸也斗不过好猎人’。别忘了，咱们可是有公司报表的，而这里就会体现出一切的秘密。”

“怎么看。”我直接问最直接的。

“首先，就是看公司主营是否获利，公司是否将资产慢慢地从生产移动到了投资上。这看看资产负债表、现金流量表、和利润表就清楚了。”逸飞简单说道，“当然除此之外还有很多特征可以提醒投资者要注意，现在的公司可能不安全了。”

“哥，好好讲讲。”我激动道，真没想到这个白痴今天精神真的不错，说的好多。

看出我的激动，逸飞反倒平静的喝几口茶（我感到好像过了几年一样），终于他开口说道："大师，你注意到没有，每个报表之前都有一份审计报告，知道这是做什么的吗？"

我摇摇头。

“要知道，公司的报表首先都是公司的财务人员做的，然后要聘请专业的会计机构给予审核。说白了就是证明报表记得没错。”逸飞说道，“审核之后一共有四种意见，无保留意见，就是完全同意公司的记账。有保留意见，就是认为报表有些小问题，不大，但是有。而否定意见，就表示公司报表编制不符合国家规定了。只有当会计实在不能保证报表真实性的时候才会出现无法表示意见的审查报告。看这些报告时这是第一点。不是说做假账吗，那起码做假账就要有做假账的风度。

“这些态度中除了第一种无保留的态度，其他的都要小心。要知道，这些会计公司都是上市公司花大价钱的，动不动就几十万。这些上市公司和会计公司关系不一般，但是连这种关系都没法出具无保留的意见，公司账目就可想而知了。

“除此之外还有就是公司更换会计事务所，要知道会计行业也是竞争行业，大多数公司更换会计公司不是因为价钱或是服务这些。这样，当看到更换会计事务所这个信息就要警觉，是不是有新的利益集团形成了。再有出现公司高层频繁更换的现象，要知道公司是人家的，人家当然比你更懂自己家的事情，所以抽身走人可是明哲保身的救命稻草。与此相对的就是，公司的董事、监事等内部人士大举出脱股票。这都是先兆。

“再有就是咱们刚才说的，公司非营业利润上升，说白了就是‘不务正业’了。而如果集团内部出现复杂的相互担保和质押行为。就算是赚钱了，也无异于告诉投资者，公司已经聚集了一群哥们儿准备动手了。

“还有些可以从新闻里看的，例如车间是否停产、政府是否有压力、企业所有权之争、过度的规模扩张等等。这些都是公司问题的先兆。”

“明白了，看来这些都要好好关心。”我缓缓说道。

“这样，给大师留个任务吧。”逸飞笑道，说着逸飞打开一份公司报表，指着报表说，“你就用几天时间，就把这家禾嘉股份研究清楚，这样你就知道中国过去资本运作的一个大概形式了。要知道，德隆系倒了、中科系倒了，但禾嘉股份作为那个时代的弄潮儿至今还活着，已经不可思议了。而且人家前两年还真的在全部熊市的时候火了一把。我告诉你要研究这家公司都要研究什么，财务分析咱们简单地做了一下就知道这家公司有很大问题，但是这些问题怎么回事我还没跟你说过，你自己就把这些做出来。首先要明白这家公司的老大是谁、其次调查清楚那些公司的小弟都是那些角色。再有就是调查清楚禾嘉股份的主要企业都是怎么个情况。咱们来把这只麻雀好好地解剖一下，看看到底怎么回事好吧。”

“好。”我激动地说。

“还有一道思考题。”逸飞笑道，“咱们做这个工作是为了什么？”

“了解报表啊！”我自然答道。

“了解报表之后呢？”逸飞引导道。

“嗯……”我还没想明白。

“当然是为了赚钱了。”逸飞说道，“所以你要思考的是这些公司可不可以碰，要知道，股市里一旦有行情，这些成帮派公司的股票往往涨幅是最可观的，德隆系的平均都涨了8倍以上，但赔不赔钱呢？如果倒了，也是真的快速。这样的公司到底怎样处理呢？大师你就慢慢想吧。”说完，逸飞了有兴趣的看着我，我一时竟然说不上话来。研究是为了赚钱啊，怎么我连这个都忘了……

14.4.9 现在和过去：禾嘉

就在我和逸飞踢馆之后的第二天，逸飞就接到了辽沈黄金交易公司的电话。通知他要再次过去面试。而当他在晚饭时把这件事情告诉我的时候，他已经被录取了。当然这种公司的入职我们都清楚的，最多也就是发发工资罢了。

“他们给你这个讲师的工资多少啊？”，吃完晚饭，我打趣道。

“2000块呢，而且我还有独立办公室呢。我可以自己看盘做外汇，呵呵。”逸飞笑道。

“没关系，你就当度假好了，看你的八字，今年春天再过不久就是出山的时候了。”我淡淡说道，我是帮逸飞批过八字，当然这小子只是给了顿饭做报答，弄得我还得自己掏钱给他求‘福德’。当然我并不是很喜欢和他在一起谈这些虚无缥缈的事情，毕竟只叫人家安心等待是很少有说服力的事。

“有大师的这句话我就放心了。”逸飞笑道。

“只是这一次我希望你能吸取教训，做人做事留几分余地，广积福德，不要把福气散掉。”我嘱咐道。

“放心，有大师在，我没问题的。”逸飞还是心情很好。“对了，大师，你们什么时候能够实地上岗啊？”

“我才不想呢，接触下就好了。难到我真的会做这行啊？”我反问道，“要知道，这些经纪人每月都有开发客户的规定额，如果没法完成就要减薪的。”

“呵呵，大师只想着减薪，也不想着加薪，这样下去能做好什么？”逸飞笑意更浓。

一听，我便愣住了。对啊，大师什么时候变得这样了，看来时间真的连人的进取心都会磨灭。见我不说话，逸飞问道：“对了大师，最近财务报表的名词背得怎么样了？”

“嗯，熟悉了。”我回答道。

“那好，什么时候你把禾嘉股份做明白，咱们再一起剖析剖析。”逸飞笑道。

“对了，你那个黄金交易公司到底怎么回事，弄明白没有？”我问道，说实在的，我还是很对那个大气上档次的公司感兴趣的，辽沈黄金交易怎么看都像是大场子但是为什么人员就是像高姐这个样子的呢。

“没有，等过两天就知道了。放心，我能搞定的。”逸飞自信满满地说道。

接下来的几天，逸飞竟然还真的乖乖地上班去了。看他的样子，竟然真的有小白领的样子了。而我则还是坚持每天看盘，看完盘不是去中环证券培训就是在家里弄禾嘉的股份资料，这个期间我翻阅了禾嘉近十年的财务报表，通过对报表中重要事项说明的研究，别说，还真的发现这家公司的过人之处，整家公司完全和逸飞讲过的集团化运作一样。想想德隆系、中科系这些都是自成一系的集团先后折羽，而这家公司还能真的能立而不倒，我慢慢打开自己的报告……

一个人的帝国

禾嘉股份现在的法人代表是宋浩，但知情人都了解，禾嘉真正的主人只有一个，那就传说中的夏朝嘉。根据 2009 年公司年报，禾嘉股份的最大股东是：四川禾嘉实业集团有限公司，而夏朝嘉拥有 78% 的禾嘉实业的股份，而禾嘉实业拥有近 34% 的禾嘉股份的股份（查询公司历年的报表都是 52% 左右）。所以夏朝嘉才是公司的实际控制者。禾嘉股份关联交易实在十分复杂，通过几天的收集资料，我也只是看了一个大概而已。

经过夏朝嘉几十年的经营，二十多年前仅是一家破旧的油毡棚街道小厂如今已经成为中国私营企业百强之一的“禾嘉集团”。今天的禾嘉集团据传说已经是一家拥有资产 25 亿元之巨和 20 余家分公司的集团。行业涉及机械制造、食品工业、仪器研究、包装印刷、生物技术、信息产业、塑料制品、房地产开发、高等教育、航空事业、高速公路、环保工程、国内国际贸易，地跨北京、天津、广州、香港、北海等地的集生产、经营、科研、流通于一体的多元化大型现代化私营企业集团。看这这些，竟然真的和当年的德隆如出一辙。

要了解禾嘉的背景，就要了解夏朝嘉的奋斗史。只有清楚这个哥们儿的成长经历，才能了解禾嘉今天的故事。

1949 年，跟新中国一起，据说夏朝嘉出生在一个书香门第，他的舅舅可是四川当地出名的大儒陶亮生。但是这个书香门第却历经战火的磨难而几近赤贫。夏朝嘉出生的时候正是新中国成了的时候，所以这个“书香门第”自然从小就“深受”照顾。尤其是文革期间。所以夏朝嘉一生的最高学历就是初中。

1965年夏朝嘉初中毕业，因为“黑五类”的身份，无法继续读书，被派去挖老城墙，后来甘孜州修公路在成都招了一大批年轻人，夏朝嘉也是其中之一。直到1974年，夏朝嘉才回到成都，看着同期的青年都有家里帮扶找到了安身之所，而夏朝嘉却还是在四处打临工，供养着全家。

1977年，“十年”之后，夏朝嘉脱离了政治影响，开始了新的生活。但他也没有去读什么书，原因很简单，家里还有妹妹们，现在肯定不是可以在读书的时候，赚钱这才是第一重要的。于是一贫如洗的夏朝嘉进入了当时被社会所轻视的街道工业。夏朝嘉工作的地方是成都市人民北路街道办事处上河坝街道居委会装潢生产组。由于没有专门的切纸机器，于是他的任务就是每天用一把大弯刀切割纸张，全天的工作就是重复枯燥的劳动，日复一日。这个时候他的工作是切纸工，月薪是45元。但是历史总是属于有准备的人的，知识无论何时都是力量，我身边就有很多这样的例子。家里是书香门第，文革倒霉，而经过20年的打拼，于是拥有一番作为。读书人爱思考，这早就成为一种家族传承，被一代一代继承下来，王侯将相宁有种乎？这个问题真的不好回答，但是有一句话就是：劳心者治人，劳力者治于人。

1979年，十一届三中全会的成果开始逐渐影响到普通民众，虽然今天我们已经知道这是一个时代变换的标志，但当时很多人还不明所以。如果说顺应大势才能看清方向，那国运算不算大势呢！夏朝嘉每月45快，说实在的不算很少，因为当时一个研究生也就这些钱，而且应该还能活得很好。可是一个有野心的人显然不会在简单的重复劳动中，在同事的‘拱猪’间找到“过一日是一日”的虚幻感。

男人是有野心的动物，而只有野心才会成功，任何一个平静的日子都是一个好好准备、发觉机会的时期。《易经》上形容这段时间叫做“君子藏器，待时而动”。

夏朝嘉就找到了这个机会，他看好了和他相近的行业——包装业。他要将自己的生产组变成彩印厂。虽然当时还没人知道包装业的市场，但是夏朝嘉已经知道国外这个行业的行情了，于是他开始顺应政策，提交承包申请，要求响应号召，将生产组变成彩印厂。这一年他30岁。纵观他的一生，常请示，多汇报，一直是他的好习惯。

1980年初，夏朝嘉开始实施他的计划，成立了他的第一家公司。但这个时候还显然不能称为公司，只能算是一个作坊，因为他没有钱。所以虽然他有好的机会，却根本没有办法接什么像样的单子。没有人，夏朝嘉能发动起来的只有街坊。幸好当时是一个纯真的年代。隔壁的大妈还是很支持的。于是在每天带完孩子之后就来帮忙。这个时候大约有42个“老奶奶”帮助他，平均年龄62岁。一个三十的小伙子就这样开始了自己的梦想。他的奇妙组合很快就引发了媒体的注意。我们至今不知道是谁，如何发现这

个事情的。我们只知道在 1981 年的《四川日报》刊登了一篇报道，题目叫《一个小伙子和四十二个老太婆》。于是注意引来了，大家开始关注他了。

1981 年初夏，成都西城区上河坝装潢组副组长夏朝嘉向银行申请贷款 11 万元。有了钱之后的夏朝嘉终于可以办自己想办的事情了。于是他创办了西城区彩色印刷厂。后来改名为：成都精印厂，这就是现在我们熟知的禾嘉实业的前身（这家子公司一直到 2005 年才正式注册吊销）。今天我们再看到当时的注册资料是这样的，企业名称：成都市精印包装厂，公司成立是在 1979-12-20。法人代表：夏朝嘉。有了钱的夏朝嘉就进行了企业改革，招了正规的高中生，引进了设备，正规地接到了订单，当年就盈利 7.8 万元。而那时是 1981 年，这是一个有了 7.8 万的年轻人。

1982 年是夏朝嘉事业转型的一年，这一年他遇到了自己一生真正等待的机会，他接到了一个来自阿坝州的订单：5 万张药品标签，印刷费 2500 元。然而后来对方却认为夏朝嘉生产的东西不合格，希望能协调价格。夏朝嘉虽然算是有企业了，但是他亏不起。于是传说他回了一封信，态度强硬，毫不示弱，而对方一下对这个年轻人感了兴趣。于是药厂厂长亲自跑到成都和他谈判。至今这个传说的真假很难确定。我们能知道的只是，在深谈之后，夏朝嘉和对方签订了一年的合同。这一年，印刷厂营业额 400 万元，盈利 78 万元。一年前，这个公司 7.8 万，一年后这家公司 78 万，中国真是一个创造奇迹的地方。也许这就是人生的机遇，难怪会有人感叹道：富时如有神助，贫时如有鬼欺。

1983 年至 1986 年是夏朝嘉的实业快速发展的时代。1983 年，国家出台了'关停并转'的政策。夏朝嘉抓住机会，一口气合并了四个比他规模更大的同类型街道工业。但是与其他人不同的一点在于，夏朝嘉时刻知道谁才是这个国家的主人。这在以后也证明了夏朝嘉的英明之处，那就是处处考虑政府。最让他出彩的事情是对于工人的安置上。四个企业都是国企，但私营之后员工如何处理就成了问题。要知道中国可是有退休制度的，企业和国家机关一个样子。夏朝嘉创造性的解决了这个问题，他给街道的员工提供按照全民所有制的形式退休。这等于说这些人得到国企一样的退休金照顾。一时间大家都愣了，这不是要赔死吗，但夏朝嘉坚持己见，因为人家同时给西城区人民政府打了报告，报告上要求主动承担解决这件事情（显然小报告也有大用途）。这个时候夏朝嘉的企业可是私企，当时正是国家转型期。他的表现很符合国家的道德伦理标准，极好地证明了我国的社会主义特色，在我国的企业家根本就和美帝国主义那些喝牛奶长大的资本家有着本质的不同，他们永远是人民的儿女。安置费用，他破费了很多钱，但他明白最重要的是，群众很开心，政府很满意。结果可想而知。

1985 年他成功的被评为"全国首届十大青年企业家"，而成都精印厂顺利地实现利润百万元，固定资产超了千万元。夏朝嘉成功的开"生产企业承包流通企业、街道企业承包市属企业"的先河。接着他承包成都市、四川省第三工业联合公司，出任董事长。要知道有了前例，政府对他是很放心的，于是这之后，他的半年所产生的利润就是之前的 7.8

倍。跟党走的同志，党也不会亏待他。夏朝嘉一直和市场的制定者保持和谐的关系。这个时候夏朝嘉的企业就已经出现了明显跨越发展的路子。例如四川省第三工业联合公司的经营范围就是：计划外钢材、有色金属材料、化工产品（不含危险品)，纸张（不含国家专控纸)。

1989年，夏朝嘉同四川工商进出口公司一位朋友闲聊，对方在夏总面前谈到自己手中有台湾省的“果蔬脆片加工”项目的线索，也别说，夏总一听就来了兴致。在参观了海南的一些公司之后，夏朝嘉有了心思。所谓“果蔬脆片加工”就是我们今天吃的薯片一类的食品。当时中国知道这个的还不多，但今天我们的“祖国花朵们”可一刻也离不了。据说当时，夏朝嘉就敏锐发现这个市场，结合四川特色，于是决定了未来将农业作为公司几年内的支柱产业。

1990年，他开始了和台湾的实质性接触，希望引进设备。

1991年5月30日，“果蔬脆片加工”设备的发明人，台湾的邱耀瑞就来到成都开始和夏朝嘉面议，据说当时谈了很多、很久。同年6月5日，双方在锦江宾馆举行技术设备转让签字仪式。技术设备转让价190万美元，夏朝嘉的产品70%由邱耀瑞包销海外。年底，技术设备顺利到手。

1991年10月28日，“四川实味食品制造有限公司”注册成立，注册资本260万，经营范围生产、销售果蔬脆片，食品机械；种植业；食品工程方面的技术咨询服务，及食品机械制造和销售。说实在的当时这项投资是风险极大的，因为夏朝嘉可是用190万美元的巨额银行贷款换来的项目，总投资额达3280万元。这一项目投资相当于其印刷厂资产的四倍，如果有什么发生，后果不堪想象。可是夏朝嘉可不是瞎研究，通过1990年政策的深入调研，他反复研究了多遍《1981年——2000年全国食品工业发展纲要》的通知。认为这个行业有极大的市场潜力。果然就在四川实味食品制造有限公司成立不久之后，国家科委即下文认定“果蔬脆片”项目为全国大力推广农副产品高科技项目。这一次上天似乎又给了他一份大礼。所以只要他能够消化、改造引进的设备，最后再生产此设备的话，相信一年内零售市场尚处于启动期间，卖出3—4台设备将轻而易举，贷款即可还清。正因如此，四川实味食品制造有限公司的真正巨额利润完全来自设备的制造，而非产品的销售。当然今天这四川实味早就注销了，就如同夏朝嘉的大多企业一样，在完成了历史使命之后，成为了历史的尘埃。但当时却积极地推进了禾嘉的企业转型和进步。只是在当时还没有真正的“禾嘉”这个公司。

事实上禾嘉是后来的事情，1993年，夏朝嘉组建了禾嘉集团。关于企业名称他是这样解释的“禾是禾苗的禾，代表农业，嘉字含了我的名字”。这也是禾嘉股份一直被认定为农业板块的原因。尽管早在上市之后，禾嘉早就脱离了单纯的农业而寻找多方向发展，但人们还是认定这是一家农业企业。

1993年5月，拥有自主知识产权的国内首条“果蔬脆片”生产线在禾嘉集团生产出

来了，生产线 670 万元的售价，远远低于国外进口价格。于是全国各地订单一张张飞来。一年半后，夏朝嘉在此项目收入 9000 万元。投入 3 千万，收入 9 千万，相信任何人都不得不承认这个事实。历史往往越是变革的时期越是风起云涌。同样是 93 年，另一件对中国影响至深的变革开始兴起，当时那部新的《公司法》开始实施。人们迎来了股份制的新观念。

而什么是股份，一时之间人们还很难接受，因为国家是人民的，我们是国家的主人，这是那一代中国人根深蒂固的观念。做事看领导是我国五千年来的“优秀传统”。而股份制却告诉各位另一个事实，你可以根据你的股票权力来说话，在公司里你股份最多，你就是老大。领导、上级部门通通没有作用。当时来说这可是“大逆不道”啊。中国人怎么可能一时间理解呢?

但是伟大革命导师马克思、恩格斯两位老爷爷早就对这个问题细致剖析过了。读书可以增长知识，广博见闻，但更重要的是让人理解“事”“物”。记得我在上大学时，老师曾经教导我们，想要学做假帐其实很简单，找一本《教你如何查假账》的审计书来细细分析就好了。原来书真的是应该反着读的。起码夏朝嘉是这样。据说在文革中他没书可读，于是据说拿《资本论》当消遣读物。当然现在的夏总也早就不是什么中学文化了，有了钱很多事情是可以改变的。我们今天看到禾嘉股份 2009 年的年报上是这样介绍夏朝嘉的，夏朝嘉先生：1949 年生，大学文化，高级经济师，第十届全国人大代表，现任四川禾嘉实业（集团）有限公司董事局主席、总裁。不知道那个时代所谓的高级经济师的认证标准是什么，反正夏总的认识确实是很高，正当别的国企慢慢觉悟开始进行产权拆细、出售产权的时候。夏朝嘉，都有了更伟大的宏图，股改上市！这就是《资本论》的力量，而知识改变命运。

要知道当时股改可是由“国”字号垄断的股份制改革。当时，上市指标来自行政审批，每个省和部委才有几个名额，是一种真正意义上的‘稀缺资源’。有的公司为了上市，连体育部都动员起来了，直接下挂在体育部下。企业股票上了市就真的相当于有了自己圈钱的银行，还能控制股价，任意取钱，这可是每个时代人们的最终梦想。禾嘉集团有什么可以争得过人家的东西。熟读资本论的高级经济师“创造性”地回答了这个问题。

1994 年，在企业股权拆细潮中，成都市国资委确定由成都精印厂为基础组建的禾嘉集团“没有一分国有资产”，是“十足”的国家要重点扶持的私营企业。同时夏朝嘉还深抓主题，大力打造农业龙头的形象。

1996 年，禾嘉集团投巨资参与袁隆平领导的国家杂交水稻工程技术研究中心“两系亚种间超高杂交水稻”新品种开发，每年为其提供 100 万元科研经费。每个中国人都熟悉袁隆平这个名字，因为今天还有一只股票名字就叫：隆平高科。 高级经济师的苦心没有白费。

1997 年 6 月 26 日，上海证券交易所，“禾嘉股份”正是挂牌交易，代号为 600093，发行3000万股，成功融资2.6亿元。这是中国西部第一家民营上市公司，禾嘉股份成为全国首批上市的两家民营企业中的一家。今天我们翻开禾嘉股份的注册资料就可以看到，禾嘉股份是这样说明的：

企业名称：四川禾嘉股份有限公司，所属行业：谷物及其他作物的种植，企业类型：股份有限公司（上市），成立日期：1997年06月23日，经营范围：项目投资及管理（不含前置许可项目，后置许可项目凭许可证或审批文件经营）。

从此，禾嘉集团的造血机制开始运转起来了。一时之间，资本的魔力顷刻展现。就是凭借着这个融资平台，夏朝嘉更加大幅地扩大企业，人们将这股夏朝嘉企业航母化发展的套路，形象的称之为“夏旋风”。看看和德隆多么相似。

其实早在禾嘉股份上市之初，夏朝嘉就深谙股市之道。和逸飞讲的一样，禾嘉股份就是禾嘉集团的一个积木公司，其子公司可以复杂组装。于是禾嘉股份实质上只是一个企业群体的总称，是一个投资控股企业。而禾嘉集团是其控股母公司。这样就保证了禾嘉股份的成分可以随意改变，就像一个箱子可以随便放不同的概念，集团公司的每一个子公司都可以是上市公司的内容。而安装的接口就是一个词：股份。真是怪不得股份制被称为“中国改革开放30年最成功的改革之一”。禾嘉股份就是用行动来证明这件事的正确。禾嘉股份最初的内容是禾嘉种业。今天我能找到的四川注册机构的资料上显示：

企业名称：四川禾嘉种业有限公司。所属行业：其他科技服务。企业类型：有限责任公司。法定代表人/负责人：夏朝嘉。成立日期：1997年09月01日。经营范围：农作物种子经营；粮食收购（经营项目与期限以许可证为准）；（以下项目不含前置许可项目，后置许可项目凭许可证或审批文件经营）进出口业；商品批发与零售。

就是因为这个专业，我们今天称其农业龙头，其实禾嘉股份的背景十分复杂。根据上海证券交易所公布的《禾嘉股份1999年年报》显示，公司是由四川禾嘉实业集团有限公司、成都市武侯区百花洲娱乐世界、四川禾嘉房地产开发公司、四川星火食品研究院共同发起成立的。但同时也清楚地指出成都市武侯区百花洲娱乐世界、四川禾嘉房地产开发公司、四川星火食品研究院均为四川嘉实业集团有限公司的控股子公司，法人股东之间存在关联关系。

这三家公司，除了嘉禾房地产今天还在之外，其他都已经注销了，例如：由吴建麟（这个哥们儿稍后还要讲）在1993年06月09日发起成立，注资800.00万，成都市武侯区百花州娱乐世界，早在2005年就注销了。原因不得而知，上面只写着‘其他’。

只是我们后来再看公司的年报，就不再强调这三家公司和禾嘉集团的关系了。但不

论这些如何表述都清楚的告诉人们一个事实：禾嘉股份是禾嘉集团的禾嘉，而禾嘉集团是禾嘉永远的靠山。

公司上市了，钱源源不断了。于是1998至2003年间，就成了禾嘉极度扩张的5年。禾嘉集团真正的有价值的资产全是这期间获得的。这其中就包括了我们熟知的三个第一。那就是"飞球"、"成都中汽成配凸轮轴"以及"成都成保发展"。当然这三个公司并没有都放在上市公司里面，而是先放在母公司里。

1998年，上市有了钱的夏朝嘉重组收购了四川飞球集团旗下"自贡高压阀门股份有限公司"。后来连"飞球集团"也收购了。重组成本过亿，在当时是正经的大买卖了，可正是这几笔简单的交易却造成了我极大的困扰。可以说关于这两个公司的相互关系我足足调查了两天才有些眉目。这个以后还要具体介绍。算了反正从这个时候开始，禾嘉有了全国第一的"球阀"生产企业。高阀一开始就直接控制在"禾嘉股份"的旗下，成为其报表的一部分，体现在当年年报中。

同样是1998年，夏朝嘉得到了一个让他振奋不已的消息，中国的天空开始向私企开放。他认为这是一个十分难得的机会，在得知上海通用航空公司由于体制问题造成业务十分停滞的现象后，他又开始积极联系上海方面。这个梦想直追当年一会儿要炸喜马拉雅山、一会儿要放卫星的牟其中。

也就是这个时候，有了钱的公司开始航母化运作：

1998年11月30日，夏朝嘉成立了"四川禾嘉生物制品有限公司"，注册资本50万元目标直指：生物制品（不含血液制品、药品）的研制、开发、加工、生产、销售及技术咨询服。

1998年11月11日，夏朝嘉又成立了"四川禾嘉信息产业有限公司"，注册资本1000万元，经营指向：计算机软硬件技术开发及设备销售；批发、零售电子产品，仪器仪表，机电设备，五金，交电，建筑材料，化工原料及产品，木制品，工艺美术品（不含金银饰品）的生产、销售。

1999年05月12日，夏朝嘉成立了"四川禾嘉环保工程有限公司"，注册资本1000万元，环保开发及技术服务；环境污染防治工程设计；环保产品及设备的研制、生产、销售；环境美化、绿化。今天这家企业已经注销了。

1999年，夏朝嘉在国家级贫困县凉山州盐源县，投资注资500万，建立"盐源禾嘉绿色食品有限公司"，解决当地规模种植苹果的深加工难题。这主要是果蔬领域方面，当时这个企业就一直挂在上市公司"禾嘉股份"的旗下成为其报表的一部分，也从此开始了公司的财务梦魇。直到2009年，禾嘉股份将其以1元钱的价格回售给母公司禾嘉集团才算结束。与此同时，禾嘉还有一项外界不知的外贸农业，就是向印度、孟加拉国等国家出售粮食种子。

航空领域方面，夏朝嘉也取得巨大进步，夏朝嘉飞赴上海，找到华龙公司主管单位上海市经委。经过艰苦努力，上海市和国家有关部委终于在夏朝嘉的报告上盖上大印，华龙公司易帜禾嘉。于是这一天，“以直升机外航为标志，禾嘉集团将大举介入交通航空领域。”

2000年8月，中国东方航空公司与禾嘉正式签署合作协议，将夏总的航空公司与东航邯郸公司合并，组建东方华龙通用航空公司。这家航空公司，拥有10架直升机及飞行员、机场和所有后勤设施。主营业务包括：海上救助、航空摄影、空域游览、商务包租、直升机外航等业务。禾嘉占55%的股份，夏朝嘉出任董事长。至此，中国航空史上第一家本业与私营企业合作的通用航空公司诞生。（后来无奈受到国家现行航空管理体制的局限，公司业务一直难以展开。这家公司今天还在，办公地点就在上海淮海路，但十年风雨却还是近十几个人。但当时禾嘉和东方的协议是禾嘉支付价值5亿的公司股份。）

股份公司的复杂运作

上交所能够找到的“禾嘉股份”比较规范的年报是从1999年开始的。也正是从这一年，我能够对公司的运作得到明确的了解。下面我就具体讲讲，“禾嘉股份”这个箱子是怎样轮换的吧。

2001年，“禾嘉股份”发起成立了“四川西昌禾嘉冻干制品有限责任公司”，这家公司现在已经卖掉了。同年7月8日，禾嘉股份与美国艾尔科公司在成都签约，引进价值990万美元的柠檬开发生产设备，用于在内江等地开发柠檬油、柠檬果胶等。禾嘉在内江等地全力打造的亚洲最大的柠檬产业化综合开发基地开始成形，这个项目从在建开始就一直投钱，到了2009年也没创造出一分钱利润。

同年9月母公司“禾嘉集团”收购了“成都成保发展股份有限公司”，这家公司注册资本1200万元，有着“全国第一生产维修机动车检测诊断维修服务设备公司”的美誉。

这个时候上市的“禾嘉股份”有四家子公司：

四川盐源禾嘉绿色食品有限公司

自贡高压阀门股份有限公司

四川禾嘉种业有限公司

四川西昌禾嘉冻干制品有限公司

这些子公司还各有其各种的子公司，这里就不讨论了。这个时候，禾嘉股份的总资产是：7亿2千万。当年的营业利润：1332万，利润总额：2500万。

2002年4月，禾嘉股份控股的自贡高压阀门股份有限公司，针对西气东输工程的需要，研制生产出中国首台锻钢全焊式管线球阀。这标志着高阀公司成为亚洲唯一一家、世界

上仅有3家有能力生产40寸以上大口径锻钢焊式管线球阀的企业之一。同年8月8日,"禾嘉股份"将公司位于广州保税区的仓库房产，与公司控股股东"禾嘉实业集团"持有的自贡高阀29.42%的股权进行置换。禾嘉股份持有的自贡高阀股权由51%增加到80.42%。虽然根据报表，这个仓库估值应在2800万，而收购的股权只值2300万，但这对于公司治理还是有好处的，只是这一进一出就是500万的差值。

这个时候公司的构成变为：

四川盐源禾嘉绿色食品有限公司

自贡高压阀门股份有限公司

四川禾嘉种业有限公司

四川阳公食品有限公司

这样还是可以理解的，阳公食品包括了原来筹建的禾嘉冻干制品有限公司。只不过今年开始，"禾嘉股份"在"自贡高阀"的股份有了明显的提升，这个时候"飞球"还是统一的。同年公司的总资产是：9亿8千万。营业利润是：2828万。而利润总额:2745万。

2003年,第4届西部博览会期间,禾嘉集团与美国路易斯安那州圣马丁市签署设立"美国禾嘉中国产品免税加工区"。为中国企业走出国门搭建了一条阳光通道。而后这个项目搁浅了。同年10月，夏朝嘉的一次大规模送股行为引起了媒体和业界的持续关注。这位拥有"禾嘉集团"百分之百股权的"家长"，把禾嘉集团22%的股权、总值将近5亿元转让给了企业的10名高管人员。

同年，和禾嘉渊源颇深的吴建麟，成立了"成都西南博美装饰城管理有限责任公司"，注册资本150万，主要经营建材。而禾嘉却出资1500万元收购"成都西南博美装饰城管理有限责任公司"60%股权。这家公司还真的赚钱，据年报显示，该公司2002年就实现净利润760余万元。有趣的还不止一件。

也正是在2003年06月13日,"四川禾嘉君涛数码有限公司"成了,法人代表肖雪君，注册资本1200万，主营数码开发销售，下设四个子公司。可令人奇怪的是禾嘉只为这家公司投资了360万，就控股60%股权。对于一家注册资本就1200万的公司来说，还是有些不同寻常的。结果，该企业当年获利479万。而后公司更加提出来要向TCL等企业看齐的口号。

而同时"禾嘉股份"还出资980万元成立子公司"四川内江禾嘉柠檬综合开发有限公司"。而且当年还大比例分红，董事会根据2002年度股东大会的决议实施了2002年度10：2送红股和10：3公积金转增股本的方案。

这个是时候公司的构成是：

四川盐源禾嘉绿色食品有限公司

自贡高压阀门股份有限公司

四川禾嘉种业有限公司

四川阳公食品有限公司

四川禾嘉君涛数码科技有限公司

而新成立的“成都西南博美装饰城管理有限责任公司”暂时没有并入报表，至于另一家“内江禾嘉柠檬综合开发有限公司”后来下挂在了“禾嘉股份”的这个母公司旗下，所以后来就只成为内江分公司，而不再单列出来了。这时，公司总资产10亿，利润总额：1754万，营业利润：1702万。

2004年，禾嘉出资控股成都西南博美装饰城管理有限公司提出要夺行业领军地位的口号。同年8月，禾嘉集团受让四川中弘高科技实业有限公司60%的股份，正式组建教育集团。

也就是在这一年，母公司“禾嘉集团”将“成都中汽成配凸轮轴有限公司”这张牌置换进入上市公司“禾嘉股份”。置换的条件是“禾嘉股份”拥有的“自贡高压阀门股份有限公司”80.43%的股权及其所拥有的13项债权置换“中汽成都配件有限公司”拥有的“成都中汽成配凸轮轴有限公司”90%的股权和“四川禾嘉房地产开发有限公司”，座落于成都市金牛区花牌坊街319号1–3层中建筑面积总计为3,036.13平方米的商业用房。

“中汽成配”是著名的凸轮轴生产企业，有全国第一之称。这早就是“禾嘉集团”所拥有的子公司。可是使人奇怪的是，当年这家公司和受益于西气东输的“飞球阀门”相比显然没有更多的优势。为什么在这个时候将好的企业从上市公司抽离出去呢？至于那块地皮，接下来还会介绍到。反正在公司分红后的一年一切开始变得扑朔迷离了。这一年公司的结构变为：

四川盐源禾嘉绿色食品有限公司

四川禾嘉种业有限公司

四川阳公食品有限公司

四川禾嘉君涛数码科技有限公司

成都中汽成配凸轮轴有限公司机

成都西南博美装饰城管理有限责任公司

此时公司的资产总计：10亿5千万，负债合计5.97亿，所有者权益合计4.19亿（少数股东权益另计0.37亿）。而营业利润下降的只有62万。利润总额–1,403,185.28。当真是分完红就开始亏损了。

2005年禾嘉股份进一步亏损，利润总额–6530万，营业利润–440，万资产总计9.04亿，负债合计5.15亿。公司股票也被处以ST退市风险警示。公司报表中解释，报告期内，公司主营农产品业务受物价政策和自然灾害的影响，公司经营业绩下滑。加之2004年、

2005年计提大额减值准备，造成连续两年亏损。可是进一步观察公司的子公司却发现：

1）四川盐源禾嘉绿色食品有限公司，净利润–589万元。

2）四川禾嘉种业有限公司，净利润844万元。

3）四川禾嘉阳公食品有限公司，净利润–285万元。

4）四川禾嘉君涛数码科技有限公司，净利润–1359万元。

5）中汽成都配件有限公司，净利润861万元。

6）成都西南博美装饰城管理有限责任公司，净利润324万元。

观察全年不应该受到什么农业影响的数码公司却净亏了1千多万。而公司报表显示，公司对于其投资，原始投资为720万，如今只剩下72万。与此同时，禾嘉股份对其子公司的投资大多都是减值，"四川盐源禾嘉绿色食品有限公司"原来投资490万，期末只剩下236万的账面价值。"四川禾嘉阳公食品有限公司"原来投资900万,期末只剩下524万。

可就在上市公司连年赔钱的情况下，母公司"四川禾嘉集团"却计划投资60亿元，建设占地面积约2500亩的"呈贡新城禾嘉项目"。据说当年,禾嘉集团十分看好这个投资，投资周期3至5年,分期完成该项目的开发。可是现在5年过去了,我重新调查了这个项目，虽然还在建设，但是并没有什么实质性的前进。

到了2006年公司已经连续两年亏损了，如果再次亏损就要面临着退市的风险了。于是这一年，有背景的禾嘉股份的成绩单是这样的，利润总额817万，净利润197万，总资产9.06亿，营业利润1139万，唯一的美中不足在于，投资收益–2,518,567.42。对于盈利公司是这样解释的，"公司全体员工力挽四川五十年不遇的特大旱灾给公司生产经营带来的损失，实现了扭亏的目标。"令人震惊的是如果连平时所遇到的自然灾害都不能平息，那么面对五十年一遇的灾害公司怎么就能奋发图强呢?难道真的是在绝望中寻找希望。

也正是在这一年，股改之后的母公司"禾嘉实业"开始减持自己公司的股票，由原来的50.2%减少到43.84%。值得一提的是，根据股改方案，由于非流通股股东减持将会影响正常股东的利益，所以规定非流通股股东股改的时候应该给予正常股股东一定补偿，可是禾嘉的股改方案却是，以上市公司的资本公积金向全体流通股股东定向转增股本，每10股转增3.1股；公司非流通股股东向流通股股东送股，每10股获送0.7股。这说白了就是上市公司用自己的钱，也可以说是公司的全部股东的钱为非流通股股东的股改而买单，可就是这样明显"不正常"的提案竟然还在股东大会上通过了。

至于其他子公司的情况：

（1）四川盐源禾嘉绿色食品有限公司，净利润–335.25万元。

（2）四川禾嘉种业有限公司，净利润1295.03万元。

（3）四川禾嘉君涛数码科技有限公司，净利润24.23万元。

（4）中汽成都配件有限公司，净利润1025.24万元。

（5）成都西南博美装饰城管理有限责任公司，净利润 222.10 万元。

发现没有，少了一家公司，“阳公食品”不在了。

在 2006 年 1 月 16 日禾嘉股份把阳公食品有限公司的股权出售，售价 557 万元。原来投资了近 900 万的公司，经过了不到几年，不但没有赚一分钱，反倒陪成这个样子。

2007 禾嘉股份再次出卖自己的子公司，这次卖的是“四川禾嘉君涛数码科技有限公司”。据公司报表介绍，“四川禾嘉君涛数码科技有限公司”成立于 2003 年 5 月，成立之初注册资本 600 万元，本公司出资 360 万元，占有该公司 60% 的股权。可是前面我已经讲过，根据四川省工商行政管理局所发布的资料显示，这家公司是成立于 2003 年 6 月 13 日的，注册资本是 1200 万。而根据“禾嘉股份”2005 年的年报显示，其在“君涛数码”上的投资成本就是 720 万。在往下看，2007 年年报还写着：“2003 年、2004 年该公司净利润分别为：479.60 万元、81.70 万元。2005 年因该公司经营管理不善，经北京天圆全会计师事务所审计，亏损 1358.98 万元，净资产 133.14 万元。2006 年该公司经营业绩继续下滑，截止 9 月 30 日主营业务收入 724.85 万元，净利润 –183.20 万元（未经审计），净资产 –50 万元。该公司有优先受让权的股东已放弃其权利。鉴于此状况，经参会董事认真的讨论审议后决定：将本公司持有的该公司 60%股权按高于帐面价值的价格，以 4 万元人民币出售。”这就更是匪夷所思了，因为就在公司自己《2006 年的报表》中还宣称“君涛数码”2006 年是赚了 24 万，虽然不多吧，怎么回头就净赔 183 万了。而且在《2006 年报表》中也显示公司对于“君涛数码”的投资由期初的 79 万变为 94 万，这些都表明公司应该增值的。但是不论如何分析，结果只有一个，“君涛数码”这个过去那家叫嚣着要和联想、IBM 看齐的那家 IT 企业，就这样倒闭了，结局不到 4 万。“禾嘉股份”不论是 360 万的投资，还是 720 万的投资，最后只换回了 4 万。但可喜的是，这 4 万块应该都是现金吧。

2007 年是公司运作的多事之秋。就在同年，“禾嘉股份”与母公司“禾嘉实业”完成了一次资产置换，详细是这样的：

2007 年 9 月 7 日，“禾嘉股份”将持有的 3 项应收款和 3 项工程款等账款作价 1.24 亿元与母公司“禾嘉实业”的全资子公司－四川飞球（集团）有限公司 100% 的股权进行置换。不足的部分现金补足，大约有 45 万。而置换的同时，“禾嘉股份”就将公司委托给“自贡高压阀门股份有限公司”管理。费用是每年“禾嘉股份”得到 1000 万。这个每年一千万从何而来？原来“自贡高阀”虽然是“禾嘉实业”的下属企业，可是禾嘉却将他在 2005 年就交给“福建永立信阀门制造有限公司”承包经营，双方签订的条件是：

一、所有的经营活动由永立信公司全权负责。

二、合作期限：10 年，自 2005 年 8 月 1 日至 2015 年 7 月 31 日止。

三、永立信公司每年必须向自阀公司交纳现金 1000 万元。

四、经营权限：永立信公司自主经营；

五、违约方应该赔偿对方的经济损失1000万元人民币。

这每年的1000万就是“永立信”交给自贡高阀的承包费，然后再交给“飞球集团”的上属企业。而令人困惑的是就是从2005年开始“自贡高阀”开始受益于西气东输、和阀门等概念的发展，可是承包经营却使得“禾嘉实业”除了每年的承包费用之外，企业利润一分也赚不到。因为如果是“禾嘉实业”邀请“永立信”来管理的话，显然应该是“禾嘉实业”给人家钱，但现在的每年一千万的承包费清楚地表明，“禾嘉实业”是将“自贡高阀”给变相卖出了。“自贡高阀”是“飞球集团”的核心子公司。所以这个1.24亿置换的结果只是，“禾嘉股份”的得了一个没有了“自贡高阀”的“飞球集团”。

如果认为这是“禾嘉实业”和“永立信”一起上演的话剧，那显然还说不过去。但就在2009年1月13日，“永立信”却把“自贡高阀”给起诉了，原因是“禾嘉”提前终止了承包协议，原来说好的到2015年，可是却因为“禾嘉股份”需要拥有“自贡高阀”的“飞球集团”来撑起门面，而在2008年10月单方面的终止了协议。这场官司注定要旷日持久了，其实这也不是“禾嘉股份”的第一场官司了。自从2005年开始“禾嘉股份”每年的报表上都要体现一两场银行贷款起诉案件,只不过这次这个官司是发生在“自贡高阀”之内，所以“飞球”业绩能否顺利提升上“禾嘉股份”的台面还不好说。

凭心而论，“自贡高阀”由于受到西气东输等推动，据说公司直到2010年，每年订单都是满满的，而且据《2008–2010年中国阀门行业竞争调查与投资咨询报告》分析，公司也是西部阀门行业极具竞争力的公司之一。可是伴随着“禾嘉实业”这几年的混乱管理，西部其他阀门公司已经慢慢赶上来了。如果“飞球集团”的报表里能够有“自贡高阀”的业绩，那“飞球集团”还有一些机会，可是现如今却出现了另一种趋势，那就是这两个公司相分离。如今，根据商标部门的查询结果这两个企业已经各种拥有了自已独立的“飞球”阀门商标体系。同时根据“禾嘉股份”的报表显示，两家公司内部也开始了分开交易，如果两家公司真的分离出来，真不知道这份业绩应该如果计算。这笔糊涂账也只能慢慢等待公司的产权清晰之后再说了。

不论如何，2007年“禾嘉股份”的整体机构是：

（1）中汽成都配件有限公司，净利润243万元。

（2）四川飞球（集团）有限责任公司（因为托管，未并入报表）。

（3）四川盐源禾嘉绿色食品有限公司，净利润–217万元。

（4）四川禾嘉种业有限公司，净利润341万元。

（5）成都西南博美装饰城管理有限责任公司，净利润99万元。

公司资产总计9.06亿元，营业利润771万元，利润总额848万。

2008年是不平凡的一年，先是全球性的金融危机，再来就是5月的四川地震。这不平凡的后果就是"禾嘉股份"的报表成了这个样子:资产总计 9.05 亿，营业利润 -5708 万，利润总额 -4936 万。而母公司对于上市公司的股份进一步减持到 38.84%。

公司结构变为：

1）中汽成都配件有限公司，净利润 2374 万元。

2）四川飞球（集团）有限责任公司（因为托管，未并入报表）。

3）四川盐源禾嘉绿色食品有限公司，净利润 -2279 万元，

4）四川禾嘉种业有限公司，净利润 -587.25 万元。

5）成都西南博美装饰城管理有限责任公司，净利润 270 万元。

对于"禾嘉绿色食品"的亏损报表上是这样解释的，因为本期国际、国内果汁销售市场突变，所以按其差额计提存货跌价准备 578 万元；同时本期因金融危机，公司部分应收款项因长期未能收回，经公司判断对其进行单独计提坏账准备 1000 余万元；公司本期借款全部逾期，按合同计提逾期利息及罚息 620 万元；以上因素造成本期亏损较大。大规模的计提就是为了将来而作准备。

2009 年年报中就披露了将控股子公司，"四川盐源禾嘉绿色食品有限公司" 99.67% 的股权以 1 元向四川禾嘉实业（集团）有限公司出售的消息。而因此公司也顺利扭亏为盈。事实上通过对于禾嘉股份的梳理，清楚地看到了"禾嘉股份"如同积木一般的变换历史。而正是控股公司的掌握，使得这家企业至今仍能挺立于市场。

就在上市公司复杂运作的同时，母公司也在进行着兼并和扩张。例如在 2007 年，传说夏朝嘉在新疆买下了一座铁矿，预期储量两亿吨，总价值大概 3000 亿元。而外界也传说夏朝嘉正在谋划"禾嘉股份的未来将是由制造业与资源型产业共同构架而成"。估计这也是禾嘉股份当年逆势上涨的原因。可是我们今天能够查到的依据只是在 2008 年 4 月 25 日，夏朝嘉成立了"四川禾嘉矿业有限公司"，注册资本 3000 万。而 2009 年通过对其追踪，只找到了一则该公司招聘职业经理人的信息。作为严密的禾嘉股份，其人员构成都极具有稳定性，这个时候寻找外人作为公司的职业经理人只能说是公司已经慢慢地发生了变化。

而事实上夏朝嘉早就开始慢慢地淡出了公司的舞台了，这位曾经的高级经济师再也不像原来那样喜欢抛头露面了。关于他的消息也越来越少。例如在 2008 年比较使人感兴趣的是夏朝嘉的末路，因为禾嘉股份的年报显示，夏朝嘉主持的"禾嘉股份"在 2003 年 7 月 8 日所进行的一项大约 3000 万的担保交易，没有召开董事会，也没有提交公司股东大会审议。于是上海证券交易所下达了《关于给予四川禾嘉股份有限公司和前董事长夏朝嘉、董事长宋浩等公开谴责以及对前董事长夏朝嘉公开认定三年不适合担任上市公司董事的决定的通知》。《通知中》公开认定前董事长夏朝嘉自本决定公布之日起三年不适合担任上市公司董事。其实早在 2005 年夏朝嘉就从"禾嘉股份"中慢慢淡去，

先是让宋浩成为上市公司法人代表，进一步在2006年让竹绍玉成为“禾嘉实业”的法人代表。他自己则以自然人的身份，慢慢退出公司的舞台。但是作为禾嘉实业最大的控制人，相信“禾嘉实业”减仓“禾嘉股份”的最大受益人非此子莫属。夏朝嘉通过几十年的运作，终于摆脱了贫困，成为了中国一个时代的弄潮儿。如今夏朝嘉的女儿早就移居到了美国。作为医生，还有一个这样的父亲，相信作为夏朝嘉的女儿，一定能够平安富足的度过一生了。

14.4.10 公司之内与慎言

合上禾嘉的报告，我不禁陷入思考，其实关于“禾嘉”还有很多事情可以说，例如他的各种传闻，最后都证实传闻只能是传闻。可是夏朝嘉的一生却是真实的，他利用一个上市公司，不仅完成了公司的扩张性发展，同时也让上市公司像积木一般随时改动，而母公司进步的脚步还远没有停止，相信只要有这样的后台，任何神话都是有可能的。而人的一生不正是在这种“一切皆有可能”的世界中发展的吗?

这几天逸飞也显得活泼多了。尽管说是上班，可不如说他是在自己的办公室里专做外汇。反正辽沈黄金交易公司用逸飞的话讲根本不可能发展出什么业务。通过几天的交谈，逸飞已经把整个公司探了个大概。原来这家公司的老总就是传说中的富二代一般，玩了几年发现自己还没有什么成就，于是就和几个朋友合伙，包了半层楼，开了这个公司。但是根本没有行内人,他们做的黄金保证金交易是上海黄金交易所的,也就是通常说的“内盘”。可是中国本身并不是黄金保证金交易的主要市场，而且市场还要休息。结果受到国际市场影响极大，每天开盘就是跳空。行情极不连续，这样的市场想要吸引到投机者，想来是有些难度的。

明白了这一点逸飞开始给我讲讲这个公司有趣的见闻。当然我最感兴趣的还是高姐。高姐在公司里地位竟然颇高，主管整个“营销市场”。可是每每想起高经理在迪顺公司，让那些人帮她女儿卖丝巾的事情,我就感到匪夷所思。这样的人能带得了整个公司的团队?事实也正如预期的一样，高姐不知从哪里学到的营销经验，竟然向保险公司看起，每天早上都来一番团队激励，大清早上8点钟，整个公司开例会。每天都坚持，“老总”也坚持观看公司每天的进步。高姐很高，每天都能拿出不同的营销计划，只是不知道高姐的那套软件是否还能真的好使了。

“大师，高姐今天哭了，呵呵。”吃完晚饭后逸飞开始给我讲一天的事情。

“哦! 怎么，当着你面前?”我吃惊地问道。

“当着整个公司的面前。”逸飞开始详细地解释道，“今天开总结会议，你还记得上次说高姐胖的那个女孩吗?”

“就是，那个刚开始装着开玩笑说高姐‘真胖’，然后高姐只是笑着说‘我这叫富态’

的那次？”逸飞倒是和我讲过，原来高姐在公司里的地位开始慢慢下来了。大家也拿高姐开起了玩笑，而我听着最刺耳的那次，就是那个说高姐“胖”的女孩。

“对，就是她。”逸飞接着讲到，“这个小姑娘这次干脆和高姐骂上了，也就是二十四五的样子，她这两天真的拉来了几个客户，可是最后高姐都没有留下来。小姑娘生气了。就指着高姐问她，每天这样没事开什么会！说了半天连个客户都留不下来。”

“留住客户不应该是你的工作吗？”我疑惑道。

“大师为什么这样认为啊？”逸飞问道。

“你看你在公司不是主管交易吗？这样你留住客户不是更好吗？”我问道。

“大师，说实在的，现在我在公司还没有什么定位呢，反正那个‘老总’虽然让我做什么讲师，可是说白了这些天也就是个业务指导。至于交易员，在制度上说，是不应该接触客户的。”逸飞讲道，“你看，如果交易员有机会接触客户的话，很简单，过两天我私自代理个 IB，客户就是我的了。但是在这家公司我不接触那些人倒不是因为什么制度问题，因为这家公司现在还没有什么制度呢。只是这些小经纪一个个对于自己的成绩很关注。要知道每个月才几百元的基本工资，如果没有客户根本就活不了。于是你的我的算的很清楚的，我可不想和这些小孩闹不清，今天高姐就爆发了。在那个女孩之后，其他人也说高姐到底能不能把客户留住。而高姐一激动就哭了，然后说他们针对她。对了，小燕儿（就是那天接待我的人力主管）在旁边看着也不敢说话，也就劝劝高姐，也多亏今天老总不在，要不也不知道又有什么笑话。”

“哥，这其实也不能算是高姐的错。”我慢慢地说道，“高姐就是这个样子，要说错也应该是把高姐推到这个位置的人的错。”

看我说出了这样的话，逸飞想了想问道：“大师，你认为公司管理靠的是什么呢？”

经逸飞这一问，我一下就愣住了。说实在的，跟过李总，看过迪顺的一些事情之后，也看过荣博的一些事情，再想起原来的团队，我忽然发现一切竟然已经这样遥远了。如果当初我们在一起的团队能够在好好合作一些，是否能有所不同呢？“应该是人吧。”我答道。

“呵呵，就知道大师要这样答。可是如果现代的企业再看人的话，这样的企业也就差不多了。”逸飞笑道，“像什么领导魅力啊，领导力啊这些，早都是过时的东西了，现在哪能还说这些啊。”

“可是企业都是一样的啊，造成了企业成功与失败的不就是人的不同吗？”我疑惑道。

“大师这是把企业和企业战略混淆了。”逸飞说道，“所谓企业，就是大家合在一起共同完成一个目标的组织。什么人员、资金、岗位都是为了这统一的目标服务的。至于目标是什么则主要是企业战略的制定了。这才关系到什么使命感、荣誉感这些。所以管理企业不是靠什么人，而是靠制度，只要制度控制的好，企业就可以稳定进步。”

“照你这样说，高姐也可以在她现在的位置了？而其他人也可以替代她了，只要有人就行？”我显然被这样的理论震住了，这完全打破了过去对于“伟人创造历史的认识”。

“当然了，但前提是高姐必须熟悉这套管理制度，也就是‘工序化’的规范管理制度。”逸飞开始详细地解释道，“大师，咱们先来讲什么是人的魅力和什么是企业吧。你认为私人牙医诊所和沃尔玛的主要区别在哪里？”

“私人牙医诊所主要的是靠医生的个人能力，沃尔玛是不同的。”我回答道，但马上就发现了自己回答的疏漏点，二者是不同的，但到底不同在哪点上呢？

“算了，大师，你再想想，中国餐馆和肯德基的不同在哪里？”逸飞笑道。

“你直接说吧，我实在想不明白。”我干脆来个一推。

“差别就在于有没有‘工序化’的流程管理。”逸飞说道，“这个不是我发现的，这是郎咸平早就一直在讲的。其实大师有空看看他的演讲也不错，可以开阔视野的。好了咱们讲这两个企业的不同，一个是私人的技术性企业，这些人更类似自由职业者，因为他们是不可代替的，中餐馆的大师傅有个三长两短，整个餐馆就要有问题了。而真正的像沃尔玛、肯德基这样的企业，不论谁死了都能继续存在。甚至他们可以开一个分店就保证每个分店基本相同，这就是有了规范性的管理。所以企业最难的不应该在‘人’上，而应该是如何设立一套可以被复制的‘工序化的规范流程管理’。”

“这是不是企业制度呢？”我疑惑地问道。

“是，也不是。”逸飞想了想说道，“对了，大师，上市公司的高管是哪些人呢？”

“董事长和总经理。”我答道。

“这就是答案？”逸飞吃惊道，“算了，还是我说吧，董事长和总经理都算是高管，还有就是董事会秘书，再有就是独立董事和监事。要和你讲明白的是董事会秘书可不是咱们一般的文秘，你看中共的总书记可不是什么一般的书记员。董事会秘书就是这样，很多董事会的活动都要他参与，同时他也是公司的代言人，要直接回答股东提问的。至于独立董事和监事，这两个其实一个是欧洲的制度一个是美国的制度，只有中国都有了。人家一个就够用了，咱们中国有了两个，但是还是管理不健全。所谓独立董事，就是一些有专业技能的人，他们在公司中就是监管公司的各种事情是否会侵犯股东的权益的。而监事的责任也是类似，也是要看公司有没有不合法的活动。他们都是能直接揭发公司的。这就是所谓的企业制度。每个公司还有不同就是下面人员的设置等等。但是大师注意到一个问题没有，那就是企业制度里没有对于具体问题的规定。”

“这也能规定？”我奇道，“例如我作为公司的文员，现在要问总经理事情，可总经理却不在，这样的情况怎么规定？”

“怎么不能规定，只要你想得到，他们就能规定出来。所以咱们中国人就是很难理解在这一点上。”逸飞解释道，“其实这和我们国家的法律一样，我们国家是所谓的大陆法系，也就是所有事情要规定好，而在没有规定的时候，就要根据某个规则去发挥创造了。但是西方不是，西方的法律则是一个案例成了，以后所有相同的案例就按照同样的方式解决。所以他们的企业在员工入职培训的时候就会发一个本本，里面像字典一样规定了你在公

司里所能面对的一切问题以及相对应的解决方案。”

“那还要员工做什么啊？”我吃惊道，如果在这样的公司，那岂不是很没有创造性了，这显然和我们现在所谓的‘要做创造性的人’相违背。

“但是大师，你认为中国企业做的好还是国外企业做的好呢？”逸飞笑道，“你看咱们的德隆垮了，这几个公司就垮了。而香港的李嘉诚如果垮了，几个公司还照样风生水起。难道还没有说明什么问题吗？事实胜于雄辩。你像这个黄金交易公司，他们要想成功很简单，只要有一个规范化的管理就好了，可是他们没有。知道问什么吗？（我摇摇头）因为创立这个流程是最难的，这需要不断的实践。例如抄鱼香肉丝，大师傅可以做得很好，但是只要将他做菜的整个过程进行数量上的定位，就可以炒出来形态相似的东西。这里面包括切菜怎么切，油温到多少，爆炒多少时间。不要以为这个办不到，你看看人看肯德基，两个鸡腿就是 99% 相似。可是这个过程却是很缓慢的。再看看现在这些世界级的公司哪个不是经历了几十年才创造出自己的规范化流程。而只有真正在这样的企业待了一段时间，对于这个流程有所认识的人，才能运用这套体制。但这在中国就不行了。”

“中国怎么了？”我奇道。有好的东西学习就好了，怎么还不行了呢？

“因为中国不具备这样的土壤。中国从本质上说还是一个靠‘人’管理的社会，所以这个社会会呼唤‘清官’，呼唤‘能人’。这是事实，而且近几十年估计近几百年都不会有太多的不同。所以这个时候，个人就成了最重要的了，这是现实。咱们所说的一切‘应该’怎么怎么样，可一直没有讲，如果怎么怎么样，就会怎么怎么样。要知道，咱们没有能力去改变整个世界，所以知道这些应该如何如何，是为了更好地理解不这样就会怎么样，从而进行投机。”逸飞详细地剖析道，“就像上市公司的高管，他们没有工序化的规范流程，所以他们的个人就有巨大的作用，所以咱们就要去研究他们的个人背景。这个时候如果你再抱着公司应该怎么怎么样。这样的观念，就与事实脱离了。而这样人家就能玩死你，因为你们根本说的就不是一样的话。”

“那是不是说，如果我们找到一个有工序化规范流程的公司，就可以按照他们的方法来分析公司，而遇到一个没有的，就按照没有的方法来分析公司呢？”我继续他的思路说道。

“不错，这就是伟大导师说的，一切从实际出发。”逸飞笑道，“那大师，在中国这个以‘人’为本的社会里应该怎么做呢？”

“当然是靠‘人’了。”我笑道，说道这里我自然想起了高姐的事情，“其实高姐这件事我想起了另一件事，那就是关于人的言辞。”

“嗯，大师讲讲。”逸飞笑道。

“既然是靠‘人’，那人的言辞也是十分要注意的一方面。”我说道，“你所说的公司什么的我不太了解，但是人的话说白了就是：话多不如话少，话少不如话好。”

“嗯，大师详细讲讲。”逸飞道。

“你看啊，高姐其实在她身上的事情可以避免的。既然是‘人’的关系，其实说白了就是利益关系。在公司这个地方也是，其中就是各种利益相互交织，说是要集体做什么事情，但是只要‘以人为本’，就注定要关注个人的东西。像那个女孩第一次和高姐发生所谓的笑骂的时候，高姐就应该上去把那个女孩骂哭。要知道，当时的高姐可不是今天的高姐，她可是这个公司的一方主管。正所谓‘官高一级压死人’，她完全可以以此树立威信。大不了开除了那个小姑娘就是，怕什么。也正是因为她一开始就想要走什么‘亲民’的路线，才酿成了今天的结果。”

“大师说的好像也有几分道理，那亲民路线就错了？”逸飞问道。

“这是不了解政治才会这样说。”我想想道，“政治的舞台就是这一小块，想要上去就只能从别人的碗里抢，这是事实。至于‘亲民’那是要在站在一定的高度之后做的事情。只有先树立起威信，这样下面的人才会有所‘敬畏’。所谓的‘敬畏’其实应该是‘畏敬’，要知道一个人可以在喜怒之间决定另一个人的命运的时候，相信谁都会注意自己的举动的。高姐就是一开始使大家认为欺负她也没什么，反正她不会如何。正是有了这种认识，大家才会继续轻视她，所以从一开始她就错了。”

“那大师所谓的‘话多不如话少，话少不如话好’到底是什么意思呢”逸飞问道。

“所以，就要注意言辞，与其泛滥言辞，不如管好自己的嘴巴，而管好自己的嘴，更要注意的是说话要说‘关键’的。”我答道，“你像高姐，他们每天开会，说是要讨论什么事情，说白了有多少都是高姐在夸夸其谈。我是和她开过会的，说了半天，一件事情也没解决。这样大家就认为泛滥言辞，而没有力度了。再比如我们经常听到公司里的员工抱怨公司不好，这个设计不合理，这里有问题等等。可是这样的人很难有什么发展，因为他的话不‘好’。所谓的‘好’就是‘有用’。我们夸小孩子‘好’其实是为了抬高小孩子父母的身价，因为说到父母的心坎儿里去了。这个话有了‘用’，这个话就‘好’了。同样的道理，在公司里，如果员工要提出什么问题，有本事就连带给出一个像样的解决方法，同时站在公司管理者的角度计算成本，看有没有可实践性，这样的话有‘用’了，这样的话也就‘好’了。”

“大师太牛了，这也知道。”逸飞惊讶道。

“废话，这又不是我说的，其实别人早就说过。只是没有‘智力’的人，是听不懂的。”

“可是大师，像你说的，要说话有用，可是怎样才能有用呢。”说道这里，逸飞的眼中流露出明显的笑意。看来他是想考考我了。

“哼哼，想测试大师的‘智力’。宝贝，你还太嫩了。”我心中冷笑道，当然嘴上还有恭敬地说道，“当然是‘用心’了。其实说白了就是注意细节。像我在荣博的时候，我也没做过什么公司，但是我知道什么都有痕迹，公司也不例外，只要找到痕迹，就可以知道公司的发展套路了。明白这个，我才能更好地处理这个地方的事物。像我就找到大羊，管他借看公司的账单或是发票什么的。这可是公司最明显的痕迹了，起码我就知道这些人平时都去哪里玩，是怎么去的，打了多少次车，而必要的价格水平我心里也有数了。可以说现在再让我做一样的事情，我也可以做到了，因为我‘学习’到了。这样以后他们要问我什么，我就可以随便的张口就来，而要处理什么问题，我也可以直接知道怎么办了。当然，这些我还是只能放在心里的，毕竟这些要是说出去，可就真的是‘话多’了。”

说道这里，逸飞吃惊地看着我，说道:“大师，你真牛，你真是一个好员工，谁要雇到你，真的免了很多麻烦。”

“哼，白痴，现在才看出老夫的伟大。”我心里藐视道，当然嘴上说出来的却变成了“哥过奖了。其实我以前也说过的，我们这行不好混的，要知道别人看到事情成了，认为只是巧合，但是我们心里知道这些事情有多么的不容易。其实简单地问个问题吧，为什么有的人做事情有时成有时败的，而有些人就往往能把事情做好，这些都是用心的结果。只是人家不会没事‘话多’的瞎说的。”

说道这里逸飞郑重地点点头，看来这番话他是当回事了。我趁热打铁道：“话要说好还有另一个作用呢。”

“什么作用？”逸飞问道。

“心想事成。”我神秘的答道，“逸飞，你知道什么是语言吗？”

“你直接说吧，我不知道你要说什么。”看来这个“白痴”智力还是有一些的，知道不要和我废话。

“其实人类的语言就是一种‘咒语’。”我答道，“所谓的‘咒’，可不是什么诅咒的意思。‘咒’就是‘束缚’。人类用语言将‘事’‘物’束缚起来。像你一说‘赵夕源’三个字，就把我‘束缚’住了。这就是语言的本像。而所谓的画符也是类似，就是用文字将‘事’‘物’束缚住。据说仓颉造字的时候鬼神都惊惧了，因为人一旦掌握了文字，鬼神就没办法控制人了。这个故事里面可是有深意的。当然，至于其含义我现在还在参详。还有印度的瑜伽修行的人就认为，人如果在语言中倾注意念就会带来结果。所以人们必须要注意自己的言辞。像我就从来不说我倒霉什么的。要知道人如果明白这些道理就了解，如果常说这样的话就会带来相应的结果。现在大家对这种现象的解释更加偏向于心理预期理论。但是不论如何，我能确定就是这种方法好使。

“所以，你像如果大家都说股市肯定会跌，那么股市就真的可能跌。而大家都是这个人好，你没见过，这个人，你可能也会认为这个人如何如何。而这个人听到大家的评价也就会做出相应的行动来。最后说不定就真的如同大家说的那样了。所以父母就要小心对孩子的言辞，说孩子笨，孩子如果真的听父母的话，那结果可就……”

“怪不得大师总说我很好，原来是这样啊。”逸飞笑道。

“废话，我说你不好，你不揍我啊。”我心里骂道，嘴上却说，“瞎说，我说的是事实，哥，就你的能力，别的不敢保证，忽悠我是绝对够了。”

说到这里我和逸飞相视而笑。

14.5 弄懂行业

方以类聚，物以群分，吉凶现矣。

——《周易·系辞上传》

14.5.1 行业“概念”

一天散步的时候，逸飞来了兴致问道：“大师讲讲，到底什么是行业。”

“所谓行业者，业之行也。”我笑着说道，“何者为行，行者列也，用以分序列。何者为业，业者事也，人所造作。所以行业合起来就是对人们所从事的事情进行分类。”

“哇！”逸飞吃惊地看着我，“大师，这是你听谁讲的？”

“废话，这么有高度的东西，当然是我编的了。”我愤然道。

“很透彻啊。”逸飞赞道。

“废话，我是天才嘛。”我继续道，“先了解行业的性质，再看看行业成长什么的。算了，你这智力我详细讲讲。所谓行业的性质就是把行业分成什么增长型行业、周期型行业和防御型行业。至于行业成长就是什么初创、成长、成熟、衰退四个阶段。”

“说完了？”逸飞问道。

“别跟我装无知，想知道自己百度去。这些都是书上就有的。”看来这个白痴真想把我当傻小子了。

“呵呵，让大师看破了。那大师，给我讲讲，咱们为什么要知道行业。”逸飞点燃一根烟，狠狠地吸了一口说道。淡淡的烟香转眼就被春风撕破在寂静的夜里。

“等下，呵呵，这个咱们讲过。”我忽然想起逸飞和我说过类似的事情，“这样，行业啊，板块啊什么的都是对个股，也就是投机对象，进行分类的工具。他们本身都只是一种标签。标签的作用就是两种，第一、强化内部团结，第二、进行外部排斥。”

“不错，继续。”逸飞笑道。

“没了。哥，咱当时就说到这里。”我故作诚实地答道。

“那我问你，什么行业是盈利的？”逸飞笑道。

我忽然惊觉起来，通常这个白痴要是这样设问，通常我又要被忽悠了。于是我谨慎地挑选词汇说道：“盈利的行业很多，例如像处于增长型的行业，而周期型的行业，在好的时期也是不错的，至于防御型的一直都很稳定，应该也盈利，只是有限罢了。对了，当行业处于成熟阶段也是获利的高峰。”

“大师，说的很好啊。大家应该都是这样认为的吧。”逸飞笑道，“那照大师这种思路，应该如果挑选股票呢？”

“等下，这个好像真知道。”我想想回忆道，“挑选股票有两种方式，有的是从行业来挑选公司，这就叫自上而下地挑选。也有的先选择公司，看公司获不获利，然后再来选行业。这就是自下而上地选择。至于要选什么企业，首先要定位于行业极具未来憧憬的，炒股就是超预期，不用有真的获利，有的时候只要有一个‘概念’就够了。像生物制药、航天军工、电子信息这些和高科技相关的东西。毕竟‘科学技术是第一生产力嘛’。在这种极具市场想象力的行业下，来具体地挑选公司。首先看公司的市盈率，市盈率越低，就表示这个公司现在还低于平均市盈率，可能有机会表现。还有一个可以考虑，就是看他的销售收入，然后简单算下市销率。如果比例接近1左右往往就表示这个个股还有些投资机会，如果太高就不合适了。”我在最后想起了前两天逸飞跟我讲过的东西，感觉他应该会感觉喜欢。

“大师说的不错啊。我再补充一点。”逸飞说道，“在行业中看公司，也要注意公司的市场占有。像中国的行业其实很多是处于隐性垄断状态。所谓‘隐性垄断’，就是需要行政许可的行业。像银行业、保险业、证券业这三大金融产业，面对一家营业部一年利润过亿元的局面，中国最近5年的证券公司数量却是下降的。面对银行暴利，新的民营资本即使实力再雄厚，也不被允许新设银行。其它领域的情况也大致如此。这些行业现在更多的是处于垄断阶段，只要制度进步，改革好些，利润率都是不敢想象的。”

“可是，哥，你说的就是和大盘股相类似吧。”我说出自己心中的疑惑，“可是这些大象真的不知道什么时候才能起舞呢。再说体制改革，激励制度这些可不是一朝一夕可以体现出来的。怎么就知道什么时候投资呢。就像2008年，这些东西可都是害人不浅。你像我2007年在4块附近买入工商银行，当时就考虑买它股票应该比存他银行更加赚钱吧，可是到了9块附近，大家都说银行是垄断行业，所以一定可以更值钱，结果2008年一年就又回来了。”一想到这儿，我就愤愤不平。

“呵呵，所以你要继续听啊。在这些垄断行业里，由于一些特殊问题是这样，所以你可以找些竞争比较激烈的，像商品百货、食品这些，找一些已经跳出竞争，形成品牌优势，处于品牌垄断地位的。这些就是挑股票要知道。”逸飞笑道，“你看就像全聚德、青岛啤酒、茅台、五粮液，这样的往往也会有憧憬的空间。”

“可是记得全聚德表现最近可不怎么样啊，呵呵。”我笑道，“那这样，有这四点就差不多了吧。”

“还有啊，例如如何抓住热点。像当出现技术进步、政策干预、外贸外汇等国际市场消息的时候，相关行业就会成为短期的市场热点，而热点就有机会。作为投机，这些都要明白，一定要知道什么是对自己有用的，为自己目标服务就是有用的。”逸飞说道，“像咱们刚刚说的，是作为投机一定要知道和了解的。但是光知道这些还不够。因为这些都是操作层面的，还有更加高远的在于对事物的把握。”

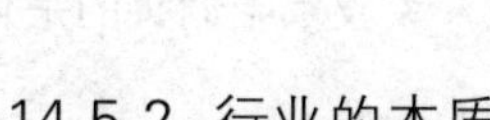

14.5.2 行业的本质

“你继续。”我提起精神，也懒得引诱他，让他直接说出答案吧。毕竟现在他说的可是有些“高”了。

“像你做任何事情都要有高屋建瓴、鸟瞰全局的气势。”逸飞继续说道，“你看，咱们刚才讨论的国家垄断企业这些。这些企业，如果人们认为这些企业获利一定有问题，抱着这样的思想就会错过机会，要知道国外最赚钱的全部是垄断行业。而中国有中国的特殊性，如果这些特殊性暂时隐退，而大家还抱着固有观念，那么就不可能抓住。所以我刚才和你讨论这些就是要你现在心里知道，垄断一定是最赚钱的。只有有了这个观念，你才能在市场转向时，敢于迎接新的趋势。而这些就需要在事先对于事物的真相有些心理准备。像这样的准备还有很多，这些不会直接作用于现在当前的投机。可是等你将来随着视野与平台的扩大，如果没有这些认识就会左右挨拳。这样，咱们现在就要树立一些看法，有了这些看法才会在高的层面来看待市场行为。好了，大师，还是那个问题，什么行业是注定盈利的。这次要想好了回答。”

我陷入了思考，显然刚才的答案不是一个应该可以接受的答案，“应该是所有行业吧。”我若有所思地回答道。

“为什么呢？”逸飞引导道。

“因为存在就是合理的。每一个行业一定对应着相应的需求。如果不能满足企业的生存条件，那么企业就会慢慢退去，最后行业也就消失了。当然这是一个漫长的过程，不会一蹴而就的。像人们慢慢地不再使用收音机了，可是并不代表这些企业就会退去，他们会转向生产微型电视这些。他们的行业没有改变，同样是制造而已。就好像咱们刚才买烟的便利店，商品也许会退市，但是便利店还是会在，因为人们有需求。”

“大师，说的不错。，咱有了一个好的开端。”逸飞欣慰的笑道，“再来想一个问题，为什么要分出什么夕阳行业、朝阳行业这些。”

“不是为了对企业进行区分吗，希望人们认识到应该投资那些有未来发展空间的东西。”我回答道。

“看，大师这里就犯糊涂了。刚才不是还说了行业都是获利的吗。怎么这会儿就说有的行业一定会没落呢”逸飞笑道，面对他这么说，我嘴上没说什么，心里倒是大不以为然，所以还是等他说完，看看他到底要说什么吧。接着逸飞说道：“所谓这些行业，更多的不是说给你听的，而是忽悠那些决策者的。要知道只有他们才有能力改变行业政策。所以在接受这个观念之前，要知道这个观念是对谁说的。好了，咱们来看煤电，这应该是典型的夕阳行业了。但是这样的行业公司却并不一定会退去，因为他们做的是什么，是能源，所以变得只是他们的工具，而不是他们的行业。公司只要做的好，照样可以再生产水电、风电等其他东西。而现在你告诉我，买股票咱们买的是什么？”

“公司。”我若有所思地回答道。

“好了，这不就出现答案了。所以你也许听过什么朝阳行业、夕阳行业，但是很少听说什么朝阳公司、夕阳公司的。道理就在这里。”逸飞笑道，“那么再问你，既然这些所谓的行业区分与投资者根本就没有关系，那么咱们现在来考虑，公司获利的实质到底在哪里。”

逸飞这样一说，我忽然明白了他的意思，既然投资的是公司，显然这些人为的标签，除了在炒作的时候，作为标签使用，更多的时候应该只存在人们的观念里，如果把这些刨除，而直接回到公司本质问题，像公司如何获利这一点上，显然要思考就应该从公司出发。想到这里我犹犹豫豫地说道：“应该是这些公司很好地满足了人们的需求。”

“说的不透彻。”逸飞笑道，“正确的说法是这些公司符合了他们行业的本质。”

“可是你刚才不是说行业没有意义吗？”我吃惊道。

“我什么时候说了，呵呵，这是大师自己想的。”逸飞笑道，看来这个白痴真敢来个空口无凭啊，真后悔没带录音笔，只听逸飞继续说道，“我刚才只说了要明白什么概念是对什么人提出的而已。我可没说行业这个概念没用。大师，咱们一开始就说明白什么是行业。行业就是对人类活动有规范的划分。所以除此之外都不是行业的提法。我刚才举的例子就是朝阳行业、夕阳行业。这个概念显然就不是行业概念，而是人们的价值判断，我只是说了这个不是事实而已。行业区分有没有用，废话，当然有用。在操作时，可以迅速把握热点，对热点进行定位。同时对于企业也可以使企业明白自己的使命，而这个使命就是行业的本质。”

“行业的本质。”我疑惑道。显然逸飞刚才的说明无疑是告诉我，在陷入微观操作的时候，要明确地区分来利用行业概念找到热点。但是跳出了这个环境，来思考企业发展上，就要明白“行业本质”了，可是到底什么是行业的本质呢。想到这里我自然的将目光投向了逸飞。

“大师别这样看我，我脸红了。”逸飞说道。听他这样一说，我立刻避开了目光，可是马上发现自己被骗了。这不是典型的转移人的注意力嘛。真拿老夫当弱智。想到这里我对他怒目而视。“呵呵，大师认真了。”逸飞笑道，“那这样大师告诉我，行业的本质是什么，就是行业到底是做什么的？”

“行业不就是标签吗！哥哥，这个咱们不是已经讨论过了吗？”我愤然道。

“那我问你，白酒行业的本质是什么，你就说是标签，这行吗？呵呵。”逸飞笑意更浓了。

这个白痴现在不仅仅跟我玩空口无凭，已经过度到随意偷换概念了。什么时候他问我具体行业的本质了。“等着，等老夫回头收集全秋天的稻草，你的头发，再买回一应工具，瞧老夫不玩死你，”我心中愤愤道，可是话到了嘴边却变成了，“这样说是要扣分的，当然不行了。白酒行业的本质是满足了人们对于酒的需求。”

“人们对于酒有什么需求？”逸飞笑着看看我。

“老夫不喝酒！”我差点脱口而出这句话，话到嘴边咽了下去，说道：“人们喝酒是因为人们爱喝啊，就好像可口可乐这样的饮品。”

“大师这样说，又有些偏了。要知道白酒和可口可乐有着本质的不同。”逸飞笑道，“我们见过 1500 元的白酒，你见过 1500 元的可乐吗？”

“标示身份？”听到这里我有些困惑了，但还是好像抓住了什么。

“标示什么身份？”逸飞继续诱导道。

“尊重。”我最后想想回答了一个马斯洛的概念。

“嗯，这就有些靠谱了。”逸飞说道，“大师要明白，任何行业除了满足人们最起码的生理需求，还有更多的一部分在于人的心理需求。这就解释了为什么同样是一杯水，便利店里就是 1.5 块钱，到了酒店就成了 8 块钱。就像白酒，这个东西早就脱离了具体使用价值，而成为一种符号。其实我举这个例子也不是很好，其实茅台已经不能算是符合白酒行业的本质了。因为他正经符合的行业应该是高端白酒行业的本质。”

“恩，确实，中国是礼仪之邦。‘礼者，敬人也’。所以这样的东西就是表达对人的尊重。”我慢慢说道。

“礼者，敬人也。”逸飞喃喃念道，“大师，这些话你都从哪儿学的。不错，说的很好，所以茅台他就是利用自己深厚的文化背景，努力开阔自己的市场，他使人相信，人们在喝茅台的时候不是在喝白酒，而是在品味中国五千年的历史，和与之相关的一切文人雅士的传说。所以他特别土的老包装也就成了一份历史的沉淀，与之相比，反倒他那些的新包装显得过于肤浅了。但是大师咱们现在讨论都只是行业的一个侧面，要知道行业本质是没有答案的。”

“没有答案！”我惊呼，“早知道没有答案，你忽悠老夫半天做什么。”当然这是我的内心独白，自己没敢说出来。

“不错，行业的本质答案不是唯一的。”逸飞答道，“所谓行业就是人类行为的分类，那是不是说一种行为就对应着一种需求。”

“嗯”

“那进一步讲，我刚才问大师，白酒的本质是什么，大师才会毫不犹豫地回答说是‘喝’。但是这个答案其实是因人而已的。像咱们如果问茅台什么是白酒的本质，他会回答是‘文化’。如果我们去问五粮液，你说他如果也这样回答行吗？”

“不行吗？”我问道。

“当然不行，对于他们答案就变成了，人们喝酒，首选茅台，次选五粮液。所以他们要做的就是，让买不到，或是买不起茅台的人喝出茅台的感觉。”逸飞笑道。

“可是哥，知道这些有什么用呢？”我有些疑惑了，因为这些更像是闲谈了。如果讲企业战略什么的相信书上有不少。逸飞显然没必要和我聊这些无聊的东西。两个都没做企业的人谈这些有什么意思。

“我和你说这些就是要你看出来，谁明白自己在做什么，这个企业才是有所谓发展的企业。”逸飞说道，“中国现在还是计划经济，只不过这些计划由原来的官员预测，变成了看市场需求。可是对于行业根本就没有，或是很少真正开放竞争。也正是因为如此，咱们坐火车，连车票都买不到，也看不到什么服务。你去银行，就敢让你半个小时、半个小时地等。因为什么敢这样，因为他们知道他们不会死。所以将来真的面对自由经济，谁率先知道自己做的是什么，这个企业才是真的明白了自己的行业本质。这些本质没有一定的答案，因为所谓的这些本质就是企业知道自己所面对的现状。而明白了这些，就一定获利。就一定发展。”

“呵呵，哥说的真好，那这样的话，我们只要坐观企业获利就好了对吧。”我笑道。

“投机的本质是什么？”逸飞笑道。

“赚钱。”我答道。

“应用自己的分析结果，获得收益，颐养天年。”逸飞答道，“所以，那些东西还是交给企业家去思考吧，因为这些才是他们应该做的，也只有这样他们才能活下去。”

说到这儿，我忽然想到，现在的那些公司的老板，真的明白自己在做什么吗？那我现在又在做的，我自己真的明白吗……

14.6 天气冷暖——金融的核心

荧惑守西，太白经天，杀气所临，何有不倾。

——《参同契·流珠金华》

14.6.1 宏观经济分析的基础——货币

“大师，你有没有什么感觉？”逸飞问道。

“感觉什么？”我反问道。

“大师真的没感到吗？”逸飞再次问道。

“哥哥，天气热了就说天气热了，要不我帮你拿衣服好了。”我藐视他道。

星期天的下午，逸飞竟然没出去玩，反而拉着我要去散步。我和他都是夜猫子，也就是说我们两个能不早起就不会起得很早，结果就是我和他一人身上批了一件厚厚的羽绒服。可是今天却遇到了天气的小三阳。结果就是我们两个走了一会儿就开始出汗了。

“看来天气真的暖了。”逸飞了有趣味地盯着一只大妈牵出来晒太阳的斑点狗说道。看着斑点赤裸的全身，我真有些羡慕，还是原生态的上衣好。

“换个话题吧，这样能乘凉。”我提议道。

“你想聊什么？”看来这个白痴也没什么兴趣，竟然问起了这样的话。

“聊天气吧，据说明天会到零度。”我想了想说道。

“嗯。”逸飞道。接着我俩就都没话了，看着江边，嗅着呼啸的江风。慢慢踱着步。

“哥哥，你说这次经济能像天气一样回暖吗？”我问道。话一出口我忽然就发现自己问了个无聊的东西。正所谓“上天垂象”，号称为“大师”的老夫一开口就问了个外行的问题。看来真是退步了，有时间一定要回山里再好好修炼修炼。

白痴显然没有听出什么问题，而是接着淡淡的说道：“大师，什么是经济？”

“经济……哥哥，你想听什么？”我问道，没想到这小子的功力几天不见进步这样快速，一个问题就把老夫问得哑口无言。要知道这个问题之深，不是一两本书可以概括的。

“你是你认为什么是经济啊。这样再来解释下什么叫经济学好了。”逸飞还是看着蓝天，一脸神圣地说道。

我就不相信这个白痴能从天上看出字来。“经济，就是经世济民。”我回到道，再怎么老夫也自认为业余经济爱好者，这点小问题就想把我难住。我接着说道：“所谓经世，即为管理世事，所谓济民，即为帮扶众生。所以，经济学也就是阐述如何匡扶正业，利益众生的法门。”

逸飞忽然不看天，而直接看向我，“呵呵，现在才发现老夫好看吗，晚了，小子。”我心中冷笑道。只听逸飞说道：“大师，你怎么想到的？”

“哥哥，这是汉语好吧。”我淡淡地回答道，“只要有什么不懂的，回想下字典，想想基本概念就懂了。”

“虽然是错的，但是却错得十分出众。”逸飞评价道，“我们现在所学习的经济学，正确地说是整个来自西方的学术体系。这个词指的是‘管理一个家庭的人’，所以整个西方经济学都是以一个小的模型开始的。至于大师所说的，这种中国人理解上的经济学，现在还没有系统的研究。”

“哥，这你都知道。中国也有自己的经济学？”我问道。

“当然了。只要有生产交换关系，就有所谓的经济学。”逸飞道，“只不过中国的经济学没有西方那样是系统分科，所以只有像《管子》、还有就是汉代的《盐铁论》这两部算是有点儿形状的。至于后来就是王安石、司马光、沈括这些零零星星的论述。所以还达不到大师所谓的真正意义上的经世济民。”

“对，你就好好讲讲什么叫作经济学吧。”有了这个话题自然不能浪费，一定要他讲清楚。萨缪尔森的《经济学》我看了好几遍，愣是看不出个所以然来。只是认为上面讲的和现实就是两回事儿。

“哎，学习那玩儿意做什么。”逸飞笑道，“大师知道整个经济学里什么最难吗？”

“微观……不对，是宏观。反正都很难对上。就是对上好像也和现实脱离太远了。”我疑惑道。

“不对，经济学里最难的就是金融学。”逸飞答道，“再问大师个问题，金融学里什么最难？”

“废话，股票啊。不对，你们好像叫作有价证券定价。”我傲然答道。

“也不对，呵呵。”白痴笑道，“虽然那个也很难，但最难的是叫作货币银行学这个东西。但是只要学懂这个，整个经济形势就一览无遗了。”

“这么厉害，可是我记得货币银行学没讲什么东西啊。”我仔细搜寻了下自己匮乏的过去，记得这门课我是看过教材，可是看起来没有什么东西之后就放弃了。想不到这个东西竟然这样重要。

“那大师，我问你，什么是货币。”逸飞笑道。

“货币就是货物交换的媒介。也就是固定出来作为一般等价物的商品，拥有价值尺度、支付、储藏、还有国际支付功能的东西。”我高中政治可不是白学的。想不到这个时候竟然有机会露脸。

“那大师，再问个问题，这个一般等价物，他的价值怎么确定？”逸飞慢条斯理地问道。

“由凝结在其中的人类劳动决定。”我回答道。

“那纸币呢？”

“纸币是由背后的国家强制力决定的。”

“那这两个东西怎么能等价呢？”逸飞问道。

“等等，你问什么呢，我怎么听不懂了？”我疑惑道。这两东西当然等价了，一百块的黄金当然和一百块人民币相等了。咱们人民币背后可是有政府撑腰的。

“我是说，什么时候人们更加喜欢实物货币，什么时候大家更加喜欢信用货币，对了也就是法定货币。”逸飞再问道。

“哥哥，在中国境内只能使用人民币，这是法律规定的。”我淡淡地说道。真不知道这个白痴在说什么。

“大师，这个态度就不好了。你呀，就是接受现有的东西，一点儿都不过过自己的心。凡事不是都应该问个为什么吗？”逸飞笑道，看来今天白痴是热糊涂了，“这样，要了解整个经济，也就要先怀疑自己身边的事物是否真的就是正确的，问问自己有没有更好的方式，以及如果现在的办法是不合理的，就可能出现哪些问题，然后利用这些因素，抓住投机的机会。”

“看来，你真是社会不稳定因素。”我冷冷道，没想到和谐社会的今天还有这些时刻想着怎样等着抓机会投机的“拔社会主义羊毛”的同志。

“这些因素又不是我造成的，如果看到了也不利用，别人也会照样利用。”逸飞淡淡地说道，“你有空多看看历史就知道了，没有哪次投机不是因为当事者事先犯下了不可弥补的错误而发生的。自己犯下了错误，却不许别人乘机牟利，这种话，说出来都使人好笑。就像咱们今天讲的货币，人们的生活离不了他，可就是他的存在使得整个社会经济波澜起伏。”

“怎么说？”他这么说反倒提起了我无限的兴趣。怎么这个东西有这样的威力。

“要了解这个，首先还是要知道什么是货币。”逸飞终于开始脱了他的厚厚的羽绒服，学着我的样子，将衣服搭在臂弯里，说道，“大师刚才讲的都对，货币就是一个一般等价物。可是现实中的货币除了一种还有很多种，而正是货币与货币之间，货币与商品之间种种复杂的关系，慢慢影响了整个经济运行。要讲明白这一点要首先明白良币劣币谁驱逐谁的故事。”

“哥，劣币驱逐良币，这是教课书上就写过的。”我鄙视道，用这种东西来难为我，真把我当无知弱童了看来。

“大师，要是谁都知道的事情我再来难你不就太没有风范了吗。”逸飞笑道，“这个问题可不是一般的难啊，我提示你。”

“你这不是明目张胆的藐视老夫智慧么，等着，等老夫收集完稻草，回头扎个草人玩死你。”我心里给自己解了些压力，嘴上乖巧地说道，“你，逸飞同学好好听了。所谓良币就是质量好的货币……”

“等下，什么叫质量好？”逸飞打断道，“正确的说法是价值高的。”

“打断老夫说话，嘿嘿，又多了一笔。”我心里记账道，嘴上回答道，“好，所谓良币就是价值高的货币，而劣币就是价值相对较低的货币。这个例子金币是最明显的。有些金币成色好，价值足，而有些金币成色差一些，这种情况下，人们就喜欢将好的货币储存起来，而将价值不高的货币用于交换。这个过程中劣币慢慢的占据了市场的多数，这个就是著名的劣币驱逐良币理论了。”

“大师，那为什么不能是这样呢！”逸飞接道，“人们看到两种货币，一种价值高，一种价值低。于是卖东西的人就会要求，买东西的人最好以价值高的货币支付。人们的这种交易偏好使得价值高的货币慢慢占据了整个流通领域，而将价值低的货币驱逐出去，而成为良币驱逐劣币呢。”

“这……”我一时惊愕，看来这小子真的不容小觑，还是乖些的好，“哥哥，你说这是为什么呢？”

“呵呵，大师真可爱，总是能主动求教。”逸飞笑道（我心里……此处删除 320 字。），“其实到底是劣币驱逐良币还是良币驱逐劣币，关键不在什么价值高低上，而在二者谁能满足交易数量。如果良币短缺，那么就算人们喜欢用它交易也不够数量，所以就只能存储起来。而只有良币数量能够满足整个交易过程之后，大家才会安心地使用良币。”

“哦! 原来是这个样子。关键是良币的数量。”我明白道。

“不错，明白这一点十分重要。可以说货币交换最终都可以抽象成两种货币的相互驱逐过程。而这在于理解整个货币历史以及当今国际经济十分重要。我问你，现在俄罗斯使用什么作为货币。”

“当然是卢布了。”话一出口我就知道错了，“不对，俄罗斯的法定货币还是卢布，但是整个俄罗斯使用美元的更多。”

“原因呢？”逸飞再一步问道

“因为经历过那次金融危机，俄罗斯经济整体衰退。整个货币体系波动使得人们不再相信卢布价值。而转向价值平稳的美元。”我想想回答道。

“那这一切的前提呢？”逸飞笑道，“对，就是美元是美国印的银行券，说白了就是可以无限量印刷的东西，数量上满足了交换使用，所以就成了俄罗斯的交换媒介。”

“哦，原来如此，那美元成为世界货币也是这样的原因吗？”我问道。

“至于美元成为世界货币，那是有很深历史背景的。你先别急，在解释那些之前先要明白什么是足值货币，什么是不足值货币。”逸飞解释道，“所谓足值货币一般认为是通过劳动得到的，像金币，其中就具有相对高的价值，而人民币，这种法币说白了就是纸券，价值赶不上那些货币，而能交换足值的实物，这就是不足值货币。这种不足值货币就是现在所谓的信用货币。他们之所以能使用，是因为有人对其进行担保，担保这些东西可以用来交换。”

“嗯，就是说人民币背后是我国伟大人民政府的信用。而美元背后就是美利坚合众国

的信用对吧。”我接道。

“不错，这就是现在的主权货币。”逸飞说道，“这种货币就是以国家主权作为背后支撑的货币。这样到头来，我们一直做的外汇交易其实也是良币劣币的交易。只不过是将信用低的货币希望换成信用高的货币。”

“那怎么区分信用的高低呢？”我问道。

“区分的方法简单理解就是经济的稳定，货币价值的稳定。起码不能我拿到货币之后，不到三天就连原来的一半东西都换不过来。人们更加喜欢能够随时稳定进行交换的价值媒介。就算是主权货币和实物货币，也是一样的道理。”

“你是说黄金和美元，美元也可能成为良币？”我吃惊道。

“不错，只要我用整个美利坚合众国来进行保证，你可以用这些纸券稳定地和我进行实物交换，起码100年不变。你说你更喜欢用笨重的黄金，还是喜欢用数字化的美元？”

“你能保证美国100年的稳定吗，你们最近可就是危机了。”我冷冷道。

“呵呵，大师较真儿了。这不是假设嘛。”逸飞笑道，“不过大师，你就真认为美国会随便垮台吗。”

我坚定地答道：“一切都有可能。”

“呵呵，大师真厉害。”逸飞笑道，“这样，像主权货币和实物货币这些东西虽然开始从交互中抽离出来，但是这些东西也是商品。是商品就一定受到供求关系的影响。”

“货币也有供求关系！”我叹道，随即理解了逸飞的意思。既然有需要，就肯定和供给会发生影响。

“道理很简单，我们只有100吨黄金和100万美元，那就是1比1。可如果现在突然变成有1000吨黄金了，你说美元应该一美元兑换多少黄金。”逸飞详细解释道，“道理是一样的，在整个经济循环之中，就存在两个循环，实物循环和货币循环。实物由生产到消费。货币也是由生产到消费。这两个是可分可连的两个系统。如果这两个系统紧密地联系在一起，按照同比例增长，那么就可以稳定地进行交换。可是如果不平衡，就会影响稳定交换的进行，这个时候经济危机就发生了。”

“那保持比例不就好了。”我说道。

“要是像大师都能想明白的事情，美国人都想不明白，那咱们中国称雄世界就指日可待了，呵呵。”逸飞笑道，“这里面很难平衡的。要知道根本的原因在于储藏的存在。”

“储藏？”

“不错，不论实物还是货币，其都有各自的储藏活动。由于货币的储藏导致流通中的货币使用数量不能满足要求，这就是通常说的通货紧缩。于是政府就会加大货币投放，于是货币总量加大，为将来通胀埋下隐患。”逸飞解释道，“直到一天，储藏的货币开始流通，大量的货币开始使得流通中数量过多，这就是通货膨胀，于是人们开始有了虚幻的财富感，而加大生产消费，直到一天整个经济的一环断裂，经济危机就来了。这个时候政府回收货币，人们加紧储藏，紧接着通缩就来了。所以通货膨胀与通货紧缩的交替出现是经济危机的实质。下面咱们就来好好分析，实物和货币到底是怎么不平衡的。”

14.6.2 金融危机的基础——货币的循环

“所以大师，要真的明白这个过程还要知道，钱从哪里来的，到哪里去。”逸飞首先提问道。

“钱不是由政府发行的吗？”我问道。

“当然不是，要是这样那还了得。”逸飞笑道，“大师，政府是盈利机构。给政府管理钱财的叫作财政部。政府的收入主要是对于本国公民的税收。说白了就是收取合法的保护费。这个钱政府拿来分成两份，一份用于自身花销，另一部分用于公共事业，就像医药、卫生、教育、交通等等。所以如果政府发行钞票，那么政府就会有意识利用通货膨胀与紧缩的过程来为自己获利，要是那样的话，谁也玩不过他。美国历史上的第一、第二银行就是因为具有获利性而最后倒闭了。这才有了现在的美联储。可以说在中央银行领域方面人家才是老师。货币的发行权十分重要，以至于有的国家认为这应该作为司法、立法、行政之外的第四权单独来考虑。”

“第四权？”我重复道。

“不错，德国就是这样做的。人家的央行和政府平行，对议会负责。”逸飞答道，“中央银行的目标很明确，不是赚钱，而是稳定经济。也只有这样，经济才能真的稳定。发行货币有几种方式，而根本原理无外乎两种。第一种方式是以足值的担保物来发行货币。例如银行用一揽子担保物向外发行货币。像银行有五十万吨黄金就发行五十万块钱，一样的道理。对了，还有一种方法，就是外汇管局制度，大师听过吗？”

“没有。”我真的少知道了。

“香港就是外管局制度，其实也是用担保物发行货币，只是他们的担保物是不足值的东西。他们的担保物不是黄金、土地这些足值的实物，而是以美元做担保，发行货币。说白了他们是用美国的‘信用债券’做担保，才发行港币。担保发行货币，只要把货币还给银行，银行就把相应的实物换回去，于是货币消失，循环完成。”逸飞解释道，“而另一种发行货币的方式就是不足值的东西做担保。例如所谓的信用发行。由一方向银行提供信用担保，然后从银行取得贷款，借款方经过一年的努力，将钱还给银行，贷款和信用进行对冲，于是货币就消失，完成循环。关于第一种发行方式，如果货币和实物在最后的交易时不能做到相等，则会出现危机。而信用发行货币，当借款方接待没法完成信用对冲，就会出现危机。”

“这样看，危机出现还是可以避免的，只要保持稳定就好了。”我说道。

“难啊，大师，要知道货币的扩张能力要远远大于实物。”逸飞开始解释道，“这里面

有个‘金匠法则’，这就是信用扩张的关键。几百年前的金匠店，不仅经营贵重金属，也代客保存金银。后来金店发现，只需保存一部分黄金做准备，（这就是后来的准备金的由来），就能应付客户的日常提取，而其余部分就可以放款，这样还能得到利息，这就是金匠法则。也是现代银行信用扩张的根本原理。现在银行就是这样将存放在银行的货币放大的。

“中央银行发行的货币是基础货币，而经过商业银行一扩张，就出现了所谓‘派生货币’，这些货币以基础货币为基础，通过信用关系进行扩张，于是就增加了整个货币的总量，这就是传说中的货币乘数效应。也正是这种扩张作用使得实物和货币之间平衡总是容易打破。银行的信用扩张，钱多了，而同时期实物可没有发生什么变化，或是赶不上钱的变化，不平衡就出现了。”

“那就赶紧把钱往回收啊。”我说道。

“不错，中央银行主要有三种手段直接干预货币量。”逸飞解释道，

“第一种公开的市场业务。利用供需原理。由于钱是发出去了，怎么才能收回了，只有通过买卖来回收。银行在这个时候发行不可以流通的债券，然后换取现金，这样就减少了市场中的货币数量。

第二种调节贴现率。要知道银行通过信贷，自己可能钱也不够了，于是也要借钱，他们就是像央行借钱。贴现率就是像央行的借款成本。如果成本高了，商业银行就会少管央行借钱，这样投入市场的钱就少了。

第三种是调整存款准备金比率，‘准备金’就是用来应对储户提款要求的准备资金，其实他的比率高低和存款总数没有直接关系，只要银行担得起风险，其实可以随意定的。但是现在央行为了避免风险，就由政策性决定了。例如原来是 20%，则银行有一百块可以贷出去 80 块钱。而调整到 40%，则银行这样只能贷出去 60 块钱了。可以说这种手段是最激烈的，可能会造成经济的快速萎缩。”

“可是记得 2007 年就十多次上调准备金比率呢。股市不还是一路高歌。”我疑惑道。

“大师，犯糊涂了吧，你吃了六个烧饼饱了，但你绝不能说只吃第六个饱了，因为正是前面有五个烧饼，所以你吃第六个才会饱。你看 2008 年跌的，辛辛苦苦三四年，半年回到解放前。这就是效力。”逸飞解释道，“所以经济就是在央行货币的增增减减中前进的。而稍有不慎就是一个迅速调整，也就是我们经常所谓的危机了。

“现实中，银行发行货币是几种方式并行的，既要有黄金储备，也要有外汇储备，并以此增发货币。而政府也用政府债券和银行交换货币，当然这其中有很复杂的制衡关系，使得政府的债券并不会真的增加政府的负债，因为国债虽然有利息，但是中央银行在设立之初就规定要将多余的获利还给政府财政部。这样就算政府债券再多，也不会真的出现偿付不了的情况。当然这是指内债，而如果政府将债券发给央行之外，那就要有利息负担了。

“好，大师，现在我就给你讲些简单的危机模型。当然现实中也是这几种情况共同作用，才产生的结果。

“首先，担保物作为增加货币的方法。人们用抵押物向商业银行换取贷款，如果经济向好，这样慢慢地就会出现，大量的人需要现金，而向银行抵押财产，这样货币快速扩张，使得抵押物价格上涨。这个时候，商业银行出于自身获利的考虑就会鼓励人们多贷款，这就会进一步推动抵押物的涨价，直到危机爆发。也就是人们发现商品价格虚值过高，不再过度交易，使得商品价格下跌。这个时候商业银行出于自身安全的考虑就会把抵押物卖出，可是这个时候显然没法和刚开始的时候价格相等。于是银行为了自身安全，进一步加快卖出，就这样加速了商品价格的下跌，所以商业银行起到的作用就是加快经济波动。这样就是大家常说的，商业银行以一揽子资产作为担保的正反馈效果。当然了，这个有办法避免吗，大师？”

“没办法。”我干脆地答道，“因为商业银行的行业本质就是获利，而正是这个本质使得他很难摆脱这一点。”

“不错，这次的次贷危机就偏重于这一点。”逸飞继续说道，“以信用增加贷款也是这个道理，一个简单的过程是：银行通过信贷给别人提供贷款，于是人们拿着借来的钱去盖一座房子，待房子盖好之后，卖出房子，商人获得钱然后还给银行支付利息。银行再把钱借出去，这个过程周而复始。

“好了，上面那个借贷模型很平稳，然而这一切都因为在利率有了变化。央行是货币的诞生地，没有央行就没有基础货币。但是社会生产却是随时改变的，以经济运行为目标的央行就要随时改变他的货币投放，最基础的就是给银行的贷款，就是贴现率。当经济发展之初，央行为了促进经济发展，就定下很低的贴现率，说白了就是银行向央行借钱，打个比方，只要付 1% 的利息一年。由于很便宜，所以银行就会向央行多多借钱，然后交给客户去盖房子，他们给房产商的利率是一年 2%。只要房子卖出去，地产商赚了 2% 以上就开心了。于是这个游戏继续。可是由于央行的借贷利率太低，很多银行都向央行借很多钱，于是钱就多了。这就是我们说的通货膨胀，通货膨胀的接下来就是货币贬值，原来要 1 块钱买的大米，现在就要用 2 块钱买了。

“现在就要分两种情况了。假设央行的贴现率一直不变，当然这个可能性不大，但是咱们先这样假设。于是钱越来越多，被借来的钱，人们开始生产很多东西，有的生产房子，有的生产皮鞋，有的生产汽车。可是像房子这样的东西，如果现在每个人都有人三套房子，还有人会去买房子吗？于是，突然间造房子的人，没方法把房子卖出去了，那怎么办。银行的钱就还不了了。要知道银行的钱可是‘借’来的。开发商可以申请破产，于是银行把房子低价卖出去，也不到原来贷款的 50%，他欠的钱还不上去，那就怎么样，银行就只有破产了。

“而这些企业的破产，连带着这些企业的员工失业。那么这些赚工资的人就更不敢

花钱了，于是卖鞋子的也卖不出去了，卖汽车的更没人买了，这样给卖房子贷款的银行也破产了，给卖汽车贷款的银行也破产了。于是有更多的人失业，更多的人不买东西，就算东西便宜得离谱，大家也没钱买了。毕竟有点儿钱也要过日子，这就是经济危机了。所以经济危机往往显示为物价下跌，而不是飞涨。

“另一种情况，央行先期放了很多钱，随着钱增加，央行一想再也不能这样了，于是开始提高贴现率，于是银行向央行借款就要高达2%了，而贷出去就要4%了，这样房地产公司就要比原来房子卖的价钱更高了。因为房地产公司也是盈利性质的，所以利润率一定要高于4%。央行要收回前期的钱，于是贴现率再提高高，银行的利率也就升高了，这样房价就只能越来越高，终于到后来没人买了，买不起了。这样房地产商破产，银行破产，整个经济也就危机了。”

“不过这都是极端才会产生这样的危机，只要控制得好就不会了。”我想了想说道。

“当然了大师，我这说的还只是模型，现实的情况要复杂太多了。”逸飞继续解释道，“像货币除了由于银行贷出去，产生货币扩张，还有一些货币没有扩张，或是被人藏起来了。如果没有被银行扩张过的货币就叫‘独立货币’，而被人从流通领域藏起来的钱，失去了流通功能，就叫‘失业货币’了。你还记得有人曾经将几十万的钱放在家里，一放就是几年的事情吗？那个就是失业货币。由于他们的缺失，央行就要进一步多印钱来弥补他们的缺失。可是如果某天这个人又发疯将钱从家里拿出来花掉了，你说这会怎么样？”

“钱多了。”我说道。

“不错，通货膨胀。”逸飞继续说道，“还有，并不是只有政府发行债券，央行才能印钱。如果美国拿出来5万亿美元，要换成人民币，大约是35万亿人民币，你能不给换吗？要知道人民币在市场上流通，如果这35万亿人民币到了市场上，会怎么样？不错，还是通货膨胀。

“再例如，你认为央行投放货币就只能通过利率吗？又错了。本国政府也可以投放货币，他们可以使用财政政策，说白了就是政府花钱。政府通常钱都不够，只能管银行借钱，于是这也是投放货币的方法。只是和银行比起来，这样做有一个好处，好处就是银行用利率来投放货币是整个社会都要开始钱多。而政府来通过财政政策投放货币，就会有目的性、有针对的帮助一些地区。当然为了避免通货膨胀，同期央行就会提高利率来回收钱了。”

“这样说起来，一切都是货币量改变的一个过程。”我慢慢回想道，“就是实物循环和货币循环相配合的过程，只要有不协调，再积累下，就完全能产生迅速调整的后果。”

“不错，要知道货币循环是一个十分复杂的过程，所以要明白这些东西，可不是一时半会儿的事。”逸飞解释道，“但是不论如何，你都可以知道钱到底是多了还是少了，钱多了整个社会就会进入快速发展的时期。而这个时候‘钱’会越来越不值钱，所以股票、房产涨得就要快。而相对的，如果钱少了，市场就会表现的低迷。要明白这整个过程就要利用你所学到的知识多方面地观察。”

“总之就是一句话呗，危机一定会有，然后抓住机会。”我微笑的总结道。

14.6.3 股市的翻云覆雨——货币量

“那怎么才能知道现在到底是钱多还是钱少呢？”我疑惑道。

“这就需要专业知识了，呵呵。”逸飞笑道，“大师，知道 5M 吗？”

“我知道 F4。”我冷冷道，至于这样会点儿东西就这样自认为了不起吗？

“5M 就是指 M0、M1、M2、M3、M4。”逸飞开始解释道，“这些是人们对货币流通能力进行的区分。先来一个一个讲。M0 就是央行发行出来的现金。M0 加上企业活期存款就成了 M1, 这个也叫作‘狭义货币供应量’。而 M1 加上居民储蓄存款、企业定期存款，再加上其它杂项就成了 M2, 这个叫做‘广义货币供应量’。至于 M3 则考虑了其他金融机构的存款，而 M4 就连债券、票据等等都算上了。这就是对于货币的流通性进行的分层。这样大师，你看那一部分在观察股市的时候最重要。”

“应该是 M2 吧。”我回答道，“这个电视里常说，大家也把他看作预测整个货币量的东西。”

“哎……大师，你要这样，总有一天会被人玩死。”逸飞故作悲天悯人的样子说道，“大师，人家关注 M2 自然有人家的考虑，你连人家的目的都不知道，能不被人骗吗。”

“那 M2 不重要吗？”我疑惑道。

“不是不重要，这个数据可以说很好的形容了市场里流动最强的货币量，但是股市里用他就不合适了。像股市投资者的保证金余额是直接纳入 M2 统计的。所以，M2 这个数据就不会直观反映股市趋势了。”逸飞接着解释道，“所以在股市这样的投资市场，是资金推动的，就要看市场里的现金量，说白了就是 M1。大师什么是 M1。”

“基础货币加上企业的活期存款。”我答道，“可是这显然没算上居民的钱啊。要知道市场里散户的力量不容小觑。”

“那你认为所有散户会把整个家的家底都拿出来炒股，呵呵。”逸飞笑道，“事实上正是居民们他们的钱，总会留一些现金以备不时之需。而企业则不同，根据相关规定，企业几乎不用自留现金，而且他们拥有更加相对多数的存款，这样的大量款项在银行里，如果没用的话，一般就会放在银行做定期存款赚利息。所以往往是，这部分资金能够迅速推动市场的发展。”

“是这样吗？”我以极度不信任的眼光看着逸飞问道。

“当然是这样，我可是大学生。”逸飞笑道，“这样，咱们来分析下道理好了。要知道企业的本质是盈利机构，所以什么赚钱，其就更加倾向于做什么对吧。好了，现在我们来看一下股市，股市虽然是投机市场，但也可以说是投资，因为毕竟是资金投入在里面来

获利。那现在我问你大师，如果股市的回报率达到了10%，而企业投入一笔资金年回报率是10%，问你企业会做什么投资？”

“股市吧。”我还是有些谨慎地回答道，仔细品味着他这个推理的逻辑。

“所以，正是因为如此，当股市回报率和投资实体经济相等或是略高的情况下，企业一定会投资股市。”逸飞进一步解释道，“原因很简单，要知道，企业投资实体经济，要承担很大的风险，而且不能很快地回收投资，股市则具有实体经济无法比拟的流动性。这样进出方便可以为企业带来显著的投资收益。所以企业在资金充裕的情况下，未必会首选什么去扩大再生产，而一定会因为流动性极佳去投资股市。而且这样还有一个特点，那就是如果企业资金匮乏，首先一定不是从在建工程那里回收投资，而是通过股市来变现。这样也就解释了过去为什么只要M1一紧张，就会出现股市剧烈波动的原因。

“所以企业在股市里也是一种很重要的力量。其实也有人从另一个角度来对这个问题进行了阐述。郎咸平从2006年就开始说中国的二元经济结构的问题。他所说的二元经济结构是基于这样一个假设，即中国的行业部门分成两种，一种是过热行业，一种是过冷行业。造成这样的原因在于体制问题等。反正出现了这样的结果，就是像制造业这样的过冷行业，不再选择投资生产，而是选择投机于股票房地产这样的市场，来获得收益。其实这也是从另一个角度注意到了企业资金在市场里所起到的作用。”

“那这么说，企业岂不是会成为未来股市里的重要考虑因素。”我顺着话说下去。

“为什么呢，大师？”逸飞启发道。

“首先，在市场里企业有大量的股票，在全流通之后，通过质押等方式，就可以调动这方面的股票。而另一方面，在资金紧缺，就是M1少的时候，更加倾向于从股市里取钱。”我想了想说道，“不对，还有，像国有股这样的，这不仅占据了股市里最大的股票量，而且还有巨量的流动资金来影响股市……”

“所以，股市是一个博弈的市场。”逸飞叹道，“所以，我们只能尽力去理解这个市场。好了，现在我们知道了M1的重要之处，而相比之下，M2只是代表了社会的存款规模，反映着社会财富的变化情况，不论经济的好坏，其涨跌都是缓慢的。还有我们看这些M1、M2看的是他的增速，就是他这个月增速到了多少，由此可以和现实的实体经济进行简单比照而知道其脱离了多少。

“M1不仅直接反映着股市，也反映着实体经济。情况是这样，企业的钱款多了，于是开始扩大生产，这就需要巨量的生产资料，从而从原料上慢慢的推动了价格上涨，而这些上涨最终都体现在商品里，这就带动了物价指数，而这个过程往往是一年左右。由此我们就可以提前判断物价上涨，从而判断银行为了回收货币而加息的时间了。”

“哥，什么是物价指数？”我问道。

“啊，对了这个时代已经没有人讲中文了，都讲CPI了。”逸飞笑道，“CPI就是传说中的消费者物价指数，这个东西的计算是用今天买某些东西的钱，和过去买某些东西的钱进行相比，求增长率的东西。至于准确不准确，这就难说的，因为这个完全在取样上，反正大家是用它看通货膨胀高低的，如果涨幅到了 3% 就是通胀了。

“如果大师有兴趣，调查下过去就会发现，从 1994 年，每次股价的上涨都几乎伴随着 M1 的快速增幅，而在行情末期，CPI 开始跟上，而 M1 早就开始下滑了。你就像最近一次的 CPI 峰值出现在 2008 年 2 到 4 月，那时 CPI 都大于 8% 左右吧。而最近一次 M1 峰值出现在 2007 年 2 月到 2008 年 1 月，都大于 20% 呢。这就看出来 M1 对 CPI 的领先时间在一年左右了。而正是到了 2008 年 2 月，CPI 到了 8% 左右的时候，而那时 M1 开始快速下滑。这期间股市你就自己回忆吧。”

“那哥哥，怎么才能增加 M1 呢？”我问道。

“当然是投钱了。”逸飞笑道，“提问，大师，投钱有几种方式。”

“有以一揽子担保物作为……”我刚要回答道。

“大师，你就从来不听讲吗。”逸飞故作无奈地说道，下午的阳光照在他的脸上，极有欠扁的情调。“烂人”继续说道，“我问的是货币的投放方式，而不是发行原理。”

“公开市场业务、改变贴现率、改变准备金率这是央行的方式，还有就是政府也有目的性的投放资金。”我冷冷地回答道。

“还少一条，就是外汇因素。”逸飞诚恳（欠揍）地补充道。

“哥，你又没讲明白，这也能考我玩。”我愤然道。

“哎，为什么大师就不能谦虚些呢。”逸飞悲天悯人地问道，“这样大师，问你，通过外汇投入资金，所产生的效果和外汇等额吗？”

“不等额吗？”我奇道。

“也不是，这也要分开说。”逸飞解释道，“这样，外汇进入中国主要有三种途径，最大的一块来自于贸易顺差，其次来自于外商直接投资或间接投资，再次来自于境外汇款。现在第三部分正在快速放大，要知道过年的时候，我在深圳这样的地方见过不少地下兑换外汇的，100 万对人家来说都不算业务额。好了，咱们继续讲，通过贸易，外汇留在中国，可是中国规定外汇不能流通，所以企业要换成人民币来流通，这样就等于变相增加了货币供应。当然作用太大还不至于，因为外汇过来是交换实物财富的，所以这样外汇进入的效果就是实物等量减少，而货币增加，这样简单的就增加了大约两倍的货币供应。近几年中国的外汇储备正在大量地增加，这无疑已经出现了所谓货币正循环效应。”

“别讲名词，说人话。”我最看不起用专有名词忽悠人的了。

“这样，所谓货币正循环就是讲，货币的增加刺激着货币不断增加，货币的不断增加，刺激着经济的繁荣。这个链条，构成了一个正循环、正激励，正在走向巅峰。”逸飞开始解释道，“这样，咱们知道，影响汇率最主要的就是利率，由于中国货币的大量增加，加息就成了必然，而这样下去就会吸引大量国外资金以各种方式进入中国，从而进一步推动中国货币流量剧增，这就是增加了 M1。而 M1 的增加，股市和经济你也看到了。再来房

市也开始热了。于是中国认为是 CPI 高了，怎么样，继续加息，这样外面的钱就更想尽办法进来了，而这些钱变成人民币又进一步推动价格……”

“这样说来整个经济很有趣了，如果汇率上涨完之后，这些钱再想办法出去。而我国的钱很多事外币供应的，这个时候不是会有巨大空缺吗，这样就是紧缩了，哇，咱们发了。”我叹道。

“唉……谁知道呢，等着吧。”逸飞笑道，“对了，大师要是成了大款别忘了哥们儿啊。”

说到这里我和逸飞都笑了，只是不知那个时候，整个经济要如何迎接呢？下午的阳光真的是暖洋洋的，只是大家都知道，夜，近了。

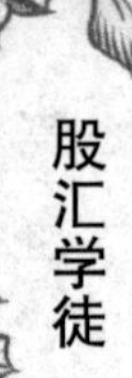

14.7 再听“风声”

古人有言曰：“口可以食，不可以言。”言者有忌讳也，众口铄金，言有曲故也。

——《鬼谷子·权篇》

14.7.1 分析师——利益的喉舌

“大师，换个台吧。”逸飞抱怨道。我已经看这个频道上的人讲了十分钟了。这是某个证券公司营业部的某某分析师。他正在对政府的四万亿救市计划进行分析，试图论证下半年经济回升的依据。

“我观此子面相，似有不吉之象。”我说道，“我想再听听他的话，看他的不祥应该应在哪个方面。还有就是这个哥们儿好像绝非善类，可是分析师也差不多是半个读书人，那这人能坏到哪去呢。”我自然自语道。

逸飞显然对我的话题来了兴致，问道：“大师，看我面相怎么样？”

“淫贱！”我高深莫测地说道。管他准不准不说，先出出心中的气。

“呵呵，大师，又开始拿我开心。”逸飞满不在乎地说道，“对了，大师，那依你看什么是分析师呢？”

“分者，别也。析者，辨也。故分析之道重于分别之法，而明辨识之道。”我高深莫测地说道，“因此，分析就是对一个含混的现象给予分别成不同的单独对象，然后找到其中彼此关系。而分析师就是将事物进行分析的专业从业人员。”

逸飞听我的回答竟然半天哑口无言，我很满意地看着他。他思考了一会儿说道：“大师，你真厉害。这些东西你怎么想出来的。”

“还好吧，我也想做这样的分析师，然后去忽悠人去。”我笑道。

“呵呵，那倒不用。大师，就你现在这水平，早就是分析师了。”逸飞笑道，“但是你还是忽悠不了人。”

“为啥？”素来对忽悠人稍有自信的我疑惑道。

“因为你太理性了，而公众要的是武断的结论。”逸飞简单地说道，“知道你为什么理性吗？因为你还没有利益立足点。只有有恒产，才能有恒心。你现在还没有恒产，上哪儿有恒心呢。”

“嗯，做分析还一定要有利益吗。”我奇道，分析师不是找到事实之间的关系就好了吗？

“给你讲个故事，前两年我的一个女同学跑到浙江卫视给她们做股评去了。”逸飞笑着回忆道，“结果，她做了两年买了房之后就退隐了。她说再做下去就要被人炖了。”

“那是你们天同学嘴太黑，她是不是也做托去了？”我鄙视道。

“大师，你这就不对了，要知道人家也是人，人家也要活着啊。”逸飞笑道，“中国的证券法规规定，分析师不可以炒股票，那你说人家怎么发家致富啊。其实你换位思考一下就知道他们的难处了。当然也有很多人不是不想说明白，可是真的是本事到那儿了。”

“在你眼里，除了被人雇的，就是水平有限的。”我鄙视道。要是你牛，怎么没看你上电视。我心里小小的鄙视了一下。

“你看这次赵笑云回来了，将来还不知道有多少人要继续被忽悠呢。”逸飞没有直接回答，反而举了个我陌生的名词笑道。

“这位赵氏家族的前辈是？”我疑惑道。对于姓赵的，不论多少我还是有些先天的亲近的。

“这也不知道，这可曾经的中国最大庄托。”逸飞笑道，“这个哥儿们老牛了，人家比我早出道，早在1997年前后人家就开始成名了。结果在2001年运作‘青山纸业’的过程中，大家跟着他大举买入，结果从8块钱到了3块钱。而他的职业生涯就结束了，于是只有遁走海外。现在大家还成他为中国庄托第一人呢。”

“真是人中奇才啊。那他一定赚疯了吧。”我不禁畅想道。对于赵氏家族的这位前辈，我是深深佩服了。看来赵氏名人录又要多一位伟大前辈了。

“不知道，反正据这小子自己讲他去英国之后还要受别人照顾。”逸飞笑道，“他利用自己是基督教徒的身份迅速的取得当地基督教教友的帮助，在当地站稳了脚根。而他这两天要回国了，据说带了大笔的国外资金，准备大战中国股市呢。看来看好中国市场的人真是不少啊。”

“嗯，那他是要组织私募了。”我畅想道，“恩，做私募的花荣很出名的。我还买过他的书呢！”

“哇，大师还知道花荣呢。”逸飞笑意更浓了，“这哥们儿也是个大庄托。”

“哥，被瞎说，你可知道人家一直以来以挽救中小股民利益为己任呢。”我朗声说道，“站着说话不腰疼。人家做的可不是你能比的。”我心里暗暗叫嚣道。

“那大师，你按他说的做了吗？对了还有他的书你读了吗？”逸飞问道。

“没有……”没有调查，就没有发言权。我还真的有些底气不足起来，这个小子不会真的知道什么吧，难道我们敬爱的花荣老师……我心里惴惴道。

“大师，花荣可是自认为是中国私募的军师。人家可清楚的明白人家吃的是哪晚饭。”逸飞语气转冷道，“中国私募更加知道自己是和谁抢饭。既有中小散户，也有国家主流基金。所以他们要做的就是如何使别人在行情恐慌时，尽量抛出好的股票。而他们在行情好的时候，在一番运作之后，缓慢地出货。你看看他的书里，字里行间都是机构博弈。可是到了股评就成了选股池，要么就是诱导看空大盘，反正这些谁都说不准，谁也不好说他什么。而人家就要指导基金，在行情启动之前，建好仓。这就是花荣干的。对了，大师，你管这个就叫作不可替代性吧，呵呵。”

“不会吧，那这些人大多有要代表的利益……”我有些迷惑了。

“今天说到这儿了，我看到大师又想到一个哥们。”逸飞笑道，“对了，大师，你会用算卦来算大盘吗？”

“不会。”我无力的说道，“这很难算得准的，我看了易学界的哥们儿，大多不准。就算我自己占卜，也是只能定性而没法定量。你先前两天我预测要不要卖出股票，结果是一定要卖出，结果我就挂到了6.26，然后就去上课去了。结果回来才看到，当天最高就到了6.25。我哭的心都有了，而这两天终于卖出去了，结果差不多赔了10%。而那天确实是这几天的最高价。所以我决定以后不算这些无聊的东西了。”我想起伤心往事，不由悲从心生。

“你看，这就怪你交易的时候还往外跑吧！”逸飞责备道，“而且，你也没做什么交易计划。我不是和你讲了半个月的交易习惯吗。看吧，不是道理怎么了，而是有没有人做。”

他骂完了，休整下了思路说道：“别说，大师，你不算了，这倒是好事。其实当年就有这样的哥们儿。这哥们儿现在还活着，只是名气大不如前了。这个人叫鲁兆。大师，听过吗？”

“没有。”我想了想，确实没听过有这号人，“我只听说李洪成在这方面有所研究，其他人还真不清楚。”

“鲁兆这哥们儿，人家从大约十年前开始成名，而后就开始不停的计算股市的周期。”逸飞接着说道，“他的分析老牛了，什么周易八卦、太极中心、二十四节气、螺旋律、对偶率、江恩时间窗口、角度窗口等等。正应了那句话‘上帝欲使其灭亡，必先使其疯狂的’。”

“那他最后怎么样了？”我感兴趣地问道，与“白痴”不同，我还是很佩服这样有毅力可以坚持数理分析的“同行”的。

“不知道，我们不熟。”逸飞干脆答道，“但是分析师和正常人的财富之路是注定不同的。他们想要赚钱就一定要只做资讯，绝不操作。大师，如果你将来给人做分析一定要知道这一点，这可是血与火的教训。”

“我要是知道内幕还不碰，那还能当大款吗。”我愤愤道，要是影响了我五年致富的大计，可是你小子能担待的。我心里很不以为然。

“其实我倒是从来不担心大师，因为你根本做不了分析师。”逸飞笑道（我心中大惊，莫不是无形之中，我注定就是做大厨的命了）。只听这小子继续说道，“大师，你太理性了，也太聪明了，什么事情都要思考一下，这就和分析师背道而驰了。其实真正的、好的分析一定是理性的。而理性的就没有办法做简单、武断的判断。而一定是看到正反等多个方面的问题。可是‘人性’不是这样，人们不喜欢这样的分析，人民喜欢的一定是能给出简单结论的人。而只用这样的人才会成为群众们喜欢的分析师。但这种分析师又往往不是很理性。所以大师你没有办法开阔做分析师的市场。唉……”白痴故作哀伤地说道，“其实原因很简单，现在可是激烈竞争的时代，大家都看得到自己钱包贬值。都想快速致富，

而好的分析师就要迎合人们这样的梦想，给出明确的答案来满足这样日益贪婪的服务对象。这样就决定分析师往往没法理性。"

"你看彼得林奇说的'华尔街从没见过一个投资成功的分析师，破产的倒看到不少'。这就是后果，如果你理性了，你没有市场，如果你疯狂了，而且把自己的分析当事实来操作，这就是下场。"

"照你这样说分析师还活着做什么。"我愤恨道。

"大师，别生气啊，人家也不过是想找条活路而已。你换位思考一下就好了。分析师做的第一件事情就是明白自己是吃的谁的饭，要为谁说话。你要看分析师的分析，就要知道这些话是谁说的，是为谁说的，是说给谁的，然后你再决定要不要考虑采纳。而这就是分析师存在的意义。"逸飞说道。

"那就没有办法跳出这个怪圈吗？"我有些疑惑道。

"等中国股市再成熟成熟的吧，等上市公司可以不再轻易篡改自己报表时候。等大家都能够从行情中看出技术分析的'真道'之后吧。"逸飞说道。

电视里的白痴早就不知道跑哪儿去了，估计这些'大师'也要赶快回家，给孩子辅导小学数学吧。

14.7.2 经济师——袖内的乾坤

我想了又想，但总觉得逸飞说的似乎对，但好像又似乎不是很对，好像很多事情他是混在一起说的。"不对吧。"我犹犹豫豫地说道，"还有很多模型是可以分析市场的，就算分析师是利益的口舌，可是这些模型是固定的啊，大家都会知道啊。"我想了想，还是只能这样表达自己的疑惑。

"那我问你大师，你说什么是模型？"逸飞说着，自己跑到厨房，拿了罐冰镇啤酒。

"模型就是尽力来模拟现实的情况吧。"我犹豫地说道。但是说实话，这个连我自己都很难说服。起码我就知道术数的模型构建异常的简单，但是变化却异常的繁复。但是也和经济学的数学模型大多不太相同。

"嗯，任何经济模型可以说都是对于复杂的经济问题进行有意简化。而这个过程就产生了两个根本的问题。"逸飞边喝啤酒边说道，"首先，简化掉哪些，这就可以深刻讨论了。要知道简化掉的因素很能就会改变整个事情的结果。而可能模型设计者的目的就是有意的掩盖真相。而用复杂的数学模型来忽悠人。要知道当数学到了微积分、拓扑、多元线性回归、云轨函数可不是一般人敢于叫嚣和质疑的。这样就可以漫天过海了。"

"你这还是阴谋论的老路。"我不屑道，"那第二个问题呢？"

"第二个问题是，简化的模型往往包含很多现实中根本达不到的前提条件，而其通过一系列推导之后，就成为跟事实完全不相关的东西了。"逸飞解释道，"给你举个专业一些的例子吧。CAPM模型听过没有，这个是用来解决有价证券，价格到底应该是多少才合理的核心工具。其他的模型大多是以他为基础的。”

“你编吧，我没听过，就当相声来听好了。”我鄙视道，看来这个白痴真准备忽悠我了。唉，算了，技不如人，还是听他吹先。

“这模型有几个前提，其一就是市场里信息完全流通，就是上市公司有个什么事情，大家都能知道。而这个模型得到的主要结论就是，只要市场的无风险报酬率，你可以看成是利率，这个报酬率定下来了，整个证券的价格就是一定的了。大师看出这里面的问题了吗？”

“这不符合现实。”我说道，如果银行利率一定，那股市还动什么。

“当然，大家都知道。但是我要说是这个模型最大的问题之一就是说投资者的偏好不影响证券价格。记住大师，咱们现在可不是讨论价值，而是价格。是受到市场供需关系影响的东西。可就是这个竟然不受人的影响。”逸飞接着解释道，“为了解决这个问题，有的人有提出风险中性理论。嗯，我想想怎么说你能明白，说白了就是人们对于资产的风险没有感觉。就是说你现在拿着明天就退市的东西也不会感到什么焦虑。这就是模型所推导的。

“这就是模型在具体构建时会发生的无奈。往往和事实大量脱节。而就是这样的结果，像CAPM这样的东西，还得到了诺贝尔奖了。人们虽然发现他不是很好使，但是大家还是认为这是有一定意义的东西。这只能说咱们太可怜了，在这之前，连这种不是东西的东西都没有。

“而里面的问题还不止这一样，你还记得我和你讲过的银行以抵押物来扩大信贷的形式吗？这里就实际应用了这种理论方法，而将人的因素全部去掉。他们用了一种逻辑就是‘过去是什么，现在是什么、未来就会是什么’。这种很难说有合理依据的东西，行话就叫‘计量回归分析’，只不过现在经过复杂的数学包装，使得谁也看不清楚这里面是个什么。所以你不要小看银行抵押担保扩张信贷的过程，人家可是有诺贝尔理论依据的。”

“但是历史会重演，这可是技术分析的前提条件啊。”我奇道，这如果不合理，那不是我的技术分析就白学了。

“大师，我再来问你，技术分析的理论基础在哪里？”逸飞问道。

“这……技术分析还有理论基础吗？”我更疑惑了，不是理论的东西应该只在学院里吗，难道这种民间的东西也有理论基础。

“当然有了，要知道理论是为事实服务的，有事实，就会有相应的理论诞生。”逸飞接着解释道，“技术分析的理论基础与金融数学不同，是行为金融学要研究的。具体说吧，就是研究人类行为的。只不过这种行为在金融市场方面的表现，就成为了行为金融学。所以历史会重复可不是说什么一根K线会出来，而是说人类的心理基础相似，在面对相似情况的时候，就会采取相似的应对活动，这才是技术分析所说的历史会重复的实意所在。

懂了吧。"

"我懂了。"我忽然想到了什么，兴奋地叫道，"金融数学里面忽略了人的因素，而行为金融学正好可以用来弥补这方面的不足，如果把两个方面结合起来，那我不就是另一个诺贝尔奖了。"想到这里我不禁高兴道，我就知道天生我才必有用，想不到老夫终于找到自己定位了。

"呵呵，大师，你认为就你的智力都能想到的事情，别人会一无所知。"逸飞笑道，我心情立刻就沉了下来。只听逸飞接着说道，"要是那么好结合，大家早就做出来了，不用等你再费什么力气了。其实和你说实话，这些可不是咱们能想出来的。咱们批判别人往往简单，可是如果想要创造可就难了。你看索罗斯，巴菲特，他们提出了什么模型没有。反正我没听说，但是这阻碍了他们理解世界了吗？也没有。正是对世界的正确理解，使得他们成为了他们今天的样子，索罗斯也说道，发现一种理论，然后再现实中认识他是一件快乐的事。同样咱们只要理解世界就好了，不要迷信什么模型，那是人们认识世界的手段，是人们的行为要符合现实，而不是现实要符合人们的理论。而很多人都把这一点搞反了，而且还一再引用江恩的那句'依据我的理论计算，今天一定会到……'。这就把整个世界反过来了。"

"嗯，知道了。"我不禁心灰意冷地说道。

"其实大师，不仅现在这些理论要重新思考其意义。就是古典经济学也要这样。"逸飞接着说道，"那时还很少使用数学工具来认识世界。古典经济学可与今天高深的经济学相差很大，那更似于一种推论。而今天我们却用数学来阐述这些事情，事实上是有好处的，毕竟这简化了表述形式，其缺点是'简单化'了问题。数学的基本方法，加就是两个概念相和，而减就是刨除。可是不论数学模型多么复杂，我们都能看的清。那就是他所包含的基本因素，知道哪些因素他包括了，而那些他没有考虑。至于那些复杂的数学运算不过是对这些因素进行逻辑上的加减改变而已。但是没有就是没有，一开始就没有考虑的因素，不会在后来就突然有了。所以理解现代的经济学其实并不难。"

"听你这样讲，我还觉得可以理解。本来嘛，什么事情都不可能难到没法理解，要不咱们根本就讲不了那些复杂的经济危机了。"我说道，我就一直觉得愤愤不平，为什么那些，只懂得专有名词的白痴就那么不可一世的小看别人的智力呢。原来他们研究的东西也不过如此而已。不过想来古代巫师就是用一大堆东西来使得世人不敢思考宗教的事情，现在想来这和现在这些经济学家有什么不同呢。"这些经济学家也太无耻了，别人觉得奇怪就不和人解释，而人家要研究，又没有他那些奇怪的东西，所以让人产生恐惧，不敢一看究竟。只能听他一个人瞎说。"

"这不能怪人家，人家就这点儿本事，你们都知道了还怎么忽悠你们啊。"逸飞笑道，"其实我们经常听，据某某人分析，下半年会如何如何。这些都是他们猜测的，这就对错都有可能了。因为经济师所做的往往不是如何改变世界的运行方式，而是更好地理解经济的运行。要知道，社会关系难以分析在于，人有‘选择权’。人能分析云气天体运行，因为其中每个因素都没有‘选择权’，不是主动地参与行为，而是被推动的结果。而现实社会不同，每个人都有独立的选择权，有把握时机的能力，很少有被推动的非做不可的时候，因此，很难把握。

“而政府就很深刻的理解这些学者的意见，例如政府通常不会让经济学家直接做什么事情，而宁可挑选有经验的人来做，然后让经济学家只要给予建议就好了。当然最后的决策还不在他们手中。”

“恩，对的，怪不得这些人一般都是某某顾问什么的。”我说道，“但是还是有人直接上手的吧。”

“也有的，但是这也要看经济学家的个人能力了。”逸飞说的，“对了，把现实交给模型的事情不是没有发生过。说到这里，我给你讲个故事吧，还真有国家敢不经思考的把经济学家的理论当成治国方略的。大师想听吗？”

“等下。”我叫道。随后我旋风一般的冲进厨房，记得我刚买了好多薯片的，正好可以听相声用。

14.7.3 实践是检验真理的标准

“大师，准备好了？”逸飞无奈地看着我满幅武装的‘设备’说道。

我巡视了下，薯片和茶都在位置了，应该不会再缺什么了，于是我用空灵的声音说道，“爱卿曰吧。”

“……”逸飞开始了一个很长很长的故事……

“大师，咱们今天讲的就是拉美的故事，记得1994年墨西哥债券危机这些事情吗？拉美就是美国的后院，直到今天美国还是在拉美有举足轻重的影响。而整个事情的过程就是分外的漫长。

“自从拉美取得独立之后，拉美各国仍然继续原来的那种低级产品换发达国家工业品的那种经济布局。结果1929年的美国金融危机，使得国内的消费严重不足。这样就使得这些原来被剪刀差剥削的国家现在连被剥削的机会都没有了。经济整个趋于崩溃。于是他们就开始思考决定再也不能这样活了，于是要想出了一条道路。如何能真的摆脱这个落后的样子。他们想出来的办法就是经济转型。

“当时他们认为，要走独立自主的发展道路就一定要有走工业化道路，而这就需要进口外国的发达设备,引进技术。这条道路后来被系统整理为拉美经济学家,普雷维什的‘中心——外围’论。这个理论认为世界上有两大国家群体，中心的发达国家和外围的落后国家。于是中心国家利用经济优势蹂躏外围国家。要打破这个趋势就要使得外围变成中心国家。而主要方法就是一种叫作‘发展主义’的道路。所谓的发展主义主要的方法就

是吸引外资，然后利用外资发展自己。

"于是他们想出了一个办法，要进口技术、设备，发展工业化就需要外币。而要得到外币或是吸引外资就要靠方法手段。其实我们今天想起来，要吸引得到外币有几种方式，大师？"

"要么印钱去换，要么就出口然后换得外币。"

"当时拉美回忆起来过去剪刀差的痛苦经历，所以打死也不再靠出口创汇了。要说拉美人还是很有创造性的，他们使用了多种手段并行来达到目的。首先，使用了提高利率的方法，他们想这样可以吸引外资进入。其次，不断地提高汇率，希望用升值来吸引外汇。再者，大量地向国外借债，直接借到外币。最后，就是利用政策手段，给予外资种种好处，例如外资可以全资拥有国内企业，而且还可以免税。还别说，这些手段当时就产生了结果。从 60 到 70 年代，整个拉美的直接外汇投资就从 3 亿多美元涨到了近 40 亿美元。而拉美各国同时还借了近 800 亿的外债。一切看起来都是很好，似乎经济理论很好地指导了实践。

"现在大师，咱们静下心来好好看看他们所使用的这些方法和理论。第一就是借用外资来发展自己。这个咱们太熟悉了，咱们从上世纪就开始喊这个口号了，像'外资能带来先进的管理技术和高精尖技术'。大师知道为什么现在大多不像两年前那样喊了吗？因为我们得到了2万亿美元外汇了。咱们突然发现咱们得到的多了。但是大师，咱们发现怎么样？咱们虽然发展很快，但根本上看，还是很落后。这个理论到底有什么问题没有？问题就在于首先咱们讲过，货币投放有几种方式，一种是央行印刷，而另一种是财政投放，当然也有一种就是外汇兑换。用外汇来增加货币供应只不过是一种货币投放方法而已。所以一个国家如果真的需要钱的话自己印就好了，根本没必要借什么外币。而且外币提供货币还会使得货币供应被外币所左右。如果哪天他们想出去了，就是一个动荡。好了，我们再来看其次，'外资'真的能带来管理技术和高科技吗？这个真的匪夷所思，要知道，想学管理，你招聘个职业经理人就学到了。实在不行，咱们从美国 MBA 课堂上直接请一个老师回来，在国内教这个课程，再雇一个学生来实践，也比要引进外资的成本低啊。而外资不过是钱或是实物而已，你引进，人家就会把高科技给你吗？好像不会吧。为什么？咱们说过，高科技那是不可替代性优势，人家打死都不会给你的，给的一定是落后的。

"再来就是有人叫嚣外资可以带入产业升级。可是咱们看广州、深圳这些地方出现了产业升级吗？没有，二十年前人家生产袜子，而现在只不过是生产袜子的同时生产些电脑。我是在深圳真的看过来的。这不是真正的产业升级，产业升级一定是旧的产业退出，新的产业进入成为主体。而且一定不是你们现在这样由于劳动力的大量迁移所出现的产业改变。因为什么，在全世界任何国家，最容易移动的永远是资本和机器，而不是人。所以很难看到其他国家像这个国家这样，人围着资本跑的，哪里发达就往哪里跑。要知道，贵州、广西这些地方，当地的劳动力要明显便宜过广州这些地方，可是为什么不去呢？因为人为限制在这里了。

“再来就是外资进不进入一个国家，根本不在你对不对其开放，或是引进不引进。因为什么？因为资本是逐利的，这资本的唯一使命。马克思说‘这种东西到了哪里，除了吸取，根本就没有其他’。这是就是根本的实质。所以可以肯定，只要外资进入了，肯定就是你这里有利可图。你像印度比咱们更早地对外资开放了。可是外资根本就不进去，知道为什么吗？因为人家即吸引外资，也扶住内资。所以外资宁可挑选中国这样的选手也不会去什么有内资竞争很强的地方。

“当然我们今天看到这些，我们可以分析，是因为我们知道他的结果了。但是很多现在正在进行的事情就不是很好看的清楚了。因为什么，材料不够，经验不够。当时拉美国家就是这样，他们制定了这样的套路，但是很快他们就享受到了他们的结果了。在几个生产周期过后，后果开始显现。

“首先，外资开始大规模的并购国内企业，而没有并购的就踢出市场。这样就可以产生垄断了。而垄断才是巨大的利益。讲到这里在讲个咱们身边的例子。但是你知道亚马逊吗？

“丛林？”

“不是，是一个网络营销机构。他们前两年就想收购中国的当当网。道理和外资收购建行股票一样。希望利用已经建立好的网络来迅速垄断国内市场。但是当时当当没有答应。于是亚马逊收购了当时在国内实力远不如当当网的卓越。现在卓越就叫做卓越·亚马逊了。这些都是网络营销公司。不过亚马逊正用国外获利来弥补中国的亏损，以支持卓越和当当网的竞争。只要这场竞争胜利，那中国的网络营销就垄断了。拉美当时就是这样。而另一方面，原来拉美国家所预期的技术转移，根本就没有发生。人家保有大量技术没有转移给拉美。所以拉美还是要自己发展自己有独立知识产权的技术。

“其次，拉美给自己当时定下的是工业化道路，但是拉美忽略了收入分配的问题。怎么跟你说呢？这样，工业化进程会使得很多人失业下岗，因为这些机器就够了，根本用不到人。于是大量人的失业，政府没有很有计划的解决。于是这些贫困人口进一步限制了拉美需求市场的扩大。而且你别忘了，当初拉美为了吸引外资可是使用提高利率的方法，这就使得整个经济运行成本进一步加大。还有就是外资的进入加大了通货膨胀，对于固定收入的穷人来说，这就是变相抽离财产，所以富人越来越富，而穷人也越来越穷。

“但是这样复杂的事情还不是最关键的，最关键的是当时整个拉美的金融市场是开放的，也就是外国可以随时把自己在本地的获利输出回到国外去。要知道，外资通过垄断市场获得了大量的利润，而这些利润就大量地流出拉美，这样就进一步减少了拉美的外汇。所以现在看来，中国的管理者还是很厉害的，起码没有打开国门，使得敌人的有生力量大量出逃，当然留在里面，能否消化还要另说。

“咱们还是看拉美，随着国外资本的获利外流，拉美面对问题激化了。因为你别忘了，

他还有巨额外债呢。如果外汇不够，连还款都不知道能不能做到。可以说到这里，所谓的'发展主义'算是彻底的崩溃了。第一、国外资本现在已经设计出了一个循环，国内的垄断使得每年都可以获得巨额的利润，然后不断地流出国外就可以收紧拉美的外汇储备。第二、拉美自己用高利息把经济的运营成本提高到了没法和人家竞争的地步。第三、人民日益匮乏，贫富差距巨大，社会矛盾不断。

"而就在这个岌岌可危的时候，拉美又创造性的想出了一招，就是在60到70年代，看到了外资的无耻，他们把外资的企业强行收归国有了。"

"牛！"

"还不止如此，他们还把过去的外资优惠取消了，对外资在国内筹资进行限制。外国资本一看，什么都不说了，有多远跑多远。于是拉美经过近40年的努力，国内经济进一步恶化，外汇还是不足，技术也没学到，而且还背上了800亿的外债，这些钱每年的利息能不能付都是问题。这就是发展主义的理论实践成果。"

"太牛了！也真有人敢让他这样玩。"

"大师，这才是拉美苦难的刚刚开始。后面的才叫'绝户计'呢。这就是伟大的'新自由主义'的伟大践行。这是由一群美国学者推动的，或是说美国教授弄的。而这个主角就是芝加哥学派。从1960开始，美国便开始支持芝加哥大学和拉美主要国家的友好往来，拉美的青年才俊都曾去芝加哥大学求过学，而后成为了拉美的经济主要领导人，像总统财长这些要职他们都霸占着。而当年他们学的经济学也就从象牙塔里来到了实践。

"这就要了解芝加哥学派教的都是什么东西了。要知道人家教的都是伟大的东西，有20多个的诺贝尔学者都是这里出来的。像哈耶克、舒尔茨这样重量级的选手都是这个学派的支柱。他们当年宣传的就是所谓的'新自由主义'。你可以简单地理解为'新自由主义'就是自由经济，反对政府干预。当年求学回国的那帮小青年，如今都已经身居要位了，他们有了决策权了，现在正是实践自己所学的时代了。于是他们面对拉美复杂的经济形势给了这几个处方。

第一、归还曾经非法收归的外资企业，同时把原来国有的企业也拍卖给了外资。

第二、着重发展自然资源优势，出口创汇。而且外资也可以投资自然资源。

第三、敞开国内市场，原来敞开国内市场的时候，拉美还设置了行业保护，只吸引那些国家没有的产业，而现在不是了，全部自由竞争去吧。

第四、大举借外债。

"这就是他们做的，其实现在就算你让我讲，我都没法说，这简直就是匪夷所思。可就是这些东西都是符合科学的经济学理论的。要知道，诺贝尔奖都支持，别人有什么资格怀疑。但这无疑把国家毁了，反正咱们这样说吧，企业还回去了，人家这次不得把你吸干啊，而且原来国有的都卖了，整个国家还是你的吗。再来自然资源都是人家的了，卖一点儿就少一点儿，任谁都知道的事情。亚马逊的雨林，这些年吵得沸沸扬扬，都是那个时代的结果。而且敞开的国内市场，外资简单就可以把民族工业挤黄。最后你知道他们外债到了多少？到了 1982 年从原来的 800 亿到了 3000 亿。这可是 1980 年附近，这可是美元。结果就是每年政府赚的税收都要大部分还债。拉美彻底被卖了。拉美一点儿招都没有了，他们倒是想了办法，于是试着降低些汇率，可是马上发现这无疑是给自己提高了负债，因为他们当初的负债可都是外债，而且为了能够融资，还跟人家签的是浮动利率债券。就这样拉美风雨飘摇的踏上了卖国之旅。农产品、石油、矿石、土地你能想到的资源外资都玩了个够。

“最激烈的体现是 1994 年的墨西哥，别忘了人家这个时候，经历了这些年的蹂躏，还是保持高汇率。于是当年一次美国加息，人家美国本土到时没什么感觉，倒使得墨西哥股市崩盘了。接着墨西哥比索市场遭到狙击，在外汇储备打光了之后，墨西哥宣布自由浮动汇率，而之后几天之内汇率继续下跌了40%。这里面谁获利了多少，咱们想都不敢想。反正爽到死都不为过吧。对了，为了挽救墨西哥，美国出于邻国考虑，于是贷款给他，挽救国内经济，于是墨西哥又借了 500 亿美元，这样就总共达到了 1500 亿美元的外债了。而剩下的只有是漫长的还债日子了。”

“好凄美。”

“于是，咱们广大的第三世界拉美兄弟，就被几个经济学家玩死了。”

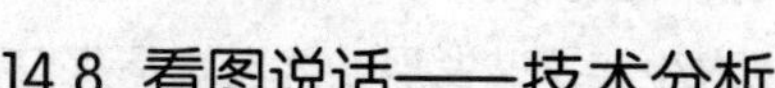

14.8 看图说话——技术分析

已有的事，后必再有；已行的事，后必再行。日光之下，并无新事。岂有一件事人能指着说这是新的？

——圣经 旧约 传道书

凡所有相，皆是虚妄，见相非相，即见如来。

——《金刚经》

14.8.1 听其言——信息

人们常说股市就是炒预期。可是什么样的预期才能被炒起来。到底应该怎么炒起来却言之不详。

一天跟逸飞在公园散步，逸飞很有闲情地哼着歌，忽然问道："大师，股票为什么会涨？"

"买的人多了就涨了。"我慵懒地回答道。

"那是因为什么，是因为人数多吗？"逸飞踱着步问道。

"当然不是，而是钱多，在资本市场里谁有钱谁才有力量。"我答道。

"嗯……大师认为资本世界只看到钱，这一点上来看，也对也不对吧。算了，你以后知道的越多就越知道自己的错。实力、权力、智力这才是一切背后的推动力。"逸飞轻轻地叹口气说道，"那这样大师，问你，谁才是市场里最有钱的？"

"首先当然是国家了，其次是机构像基金这样的投资机构吧，再来就是其他的小机构吧，什么的。"我想想说道。

"大师说的不错嘛。那大师，机构为什么买？"逸飞显露惊讶地看着我问道。

"因为他相信将来有更高的价格，这样他可以高价卖出。"我简单答道。

"那是什么使得他们这样以为呢？"逸飞边欣赏着呼啸而去的春风边问道。

"他们当然是受到了信息的影响啊。"我回答道，"如果是基金应该就受到基本面信息的影响吧，如果是技术分析应该就是受到价格信息方面的影响了。"

"那大师，这些信息又来自于哪里呢？"逸飞不依不饶地问道，语气既不放松，也不显得紧张，反倒像和我自然地分析问题一般。

"信息来自于市场啊。"反正我不认为这是我能回答的问题，所以干脆回答了一个最浅显的答案。

"呵呵，大师回答的倒真的是标准的正确答案啊。"逸飞笑道。

“废话，老夫是天才，这老夫知道，你敢说些我不知道的吗？”我笑道，“交易说白了就是运行的时间与价格之间的交换。明白了谁是市场的老大，顺着老大的意图行动，也就是所谓的顺势而为才可以求生存，谋发展。这也就是我们一直所说的‘时代的潮流’。所以说市场无‘常道’，无‘常是’，无‘常非’。想要生存下来唯有‘借运’、‘借势’、‘借股’。”我很自然的借用了《大时代》里，那段精彩的描述，与其盲目地相信自己微薄的力量，不如借助强者的势力，借助强者的时机，借助强者的交易领域，这样才能壮大自己。政治上我们一直强调要占到正确的政治队伍，其实股市里又何尝不是呢！

“呵呵，那大师讲讲，信息有来自于哪里呢？”逸飞笑道，自然的表达中透着浓浓的笑意。

“摁……”还真让“白痴”问到了，我想了想试探的说道，“软件上都有啊，看一下就知道了。小道消息可不算啊。”

“呵呵，大师讲的已经很好了，只是，就差了一点点，呵呵。”逸飞笑得和朵花似地，估计这个“白痴”又想过当老师瘾了。果然只听他说道，“先要知道信息是谁发出的，给谁看的，才能知道这个信息是哪里来的。”

“还有这么复杂？”我疑惑地问道。

“当然，最常用的市场信息就是交易所公布的上市公司的信息。要知道所有的上市公司都是要对他的股东负责的，不论股份的多少。所以交易所对公司信息披露进行了格式化的规定。像年报、季报这些报表就是一种通用的语言，这个咱们讲过了。只是他们如果有重大信息就要通过交易所的公布系统进行公布，这是信息的最主要来源。这些信息都是已经公布的，也就是死信息了。但却是最权威的信息。可是我们股市却关系到整个国家的经济，所以政府机构的信息也要关注。”

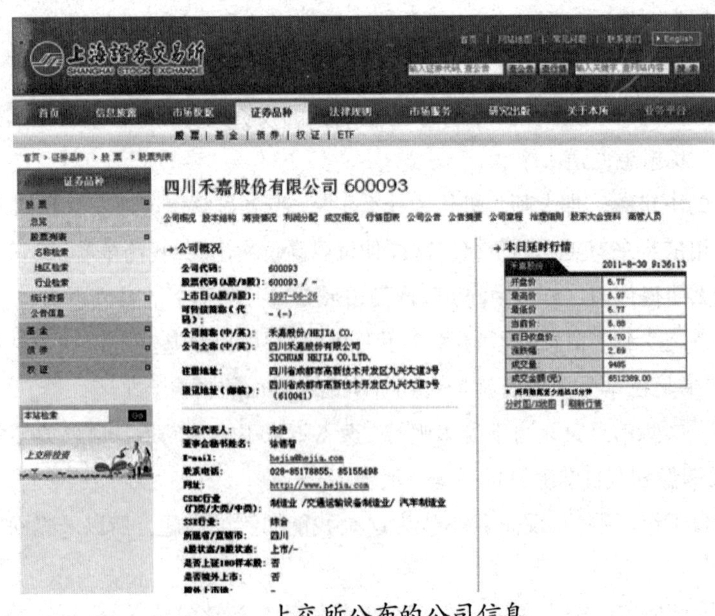

上交所公布的公司信息

“这太大了吧。”我有些抱怨道。

“没办法,政策是中国经济的指挥棒,所有的机会都是要顺从历史的洪流。”逸飞笑道,“你像国务院的文件就是最直接的政府态度，这不能不知道吧。证监会也是监控市场的直接力量。这虽然在别的国家很荒谬，但在中国市场就是这样，如果不同意这个前提，那就不要参加这个游戏。如果扩大看，我们还要关注国资委，国改委、商务部、人民银行等等。这些对于全国经济来说都是最直接的影响政策机构。他们的信息都要去他的官方网站去最后确认。这些信息都是最晚的，但也是最权威的了。往往一个政策就会影响很多公司的命运。除了这些，各种券商投资机构也会给出各自的研究报告，不过这些都是二手资料了，要理性分别。至于软件上的资料就更要注意了。”

“这些信息不都是券商给的吗?还要注意什么。”我有些困惑。

“当然了，大师，要知道券商最大的业务是代理你进行交易，执行你的下单命令，当然也会写一些报告，进行所谓的投资指导。但他们不生产软件，不搜集信息。现在券商都把交易软件这块‘外包’了。就是交给专业的软件公司来做。像你熟悉的大智慧、同花顺、通达信等等。”

“好像还有钱龙、分析师这样的软件吧。”我提醒道。

“不错,但是这些软件都败给了这个时代最大的营销策略,那就是‘免费’。”逸飞解释道,“我们今天很少见到这些软件了，因为这些软件当初就定位在收费软件，以为给别人一些分析可以迅速获利。其实这就是眼界问题了，当年百度也开发了收费和免费两块业务，可是后来发现免费的业务扩大和收入要远远大于收费业务。于是他们后来就专门做免费业务了。其实这才是最赚钱的业务。”

“为什么免费反倒更赚钱呢?”我疑惑地问道。

“是这样的大师，其实软件除了像客户收费还可以收取广告费用，也可以收券商的使用费用。毕竟他是把这些软件给券商的客户用了。但这些都是大家知道的还有大家不知道的，那才是最赚钱的地方。”逸飞神秘地笑道，“大师，你作为专业人士，每天看到软件上的分析报告自然不会当真，可是如果一般的投资者呢?他们看到软件上的提示可能就是当成指导了，这种暗示作用才是最可怕的。这些免费的软件使用的可不是一两个人，还记得那个带头大哥的故事吗?”逸飞问道。

“知道啊,这个可是牛人啊。”我答道,“他好厉害的,手法高巧,简单来讲创办3个QQ群，第一天告诉高级群去买一只股票，第二天告诉中级群去接那只股票，第三天，在告诉低级群买进一只股票。然后通知高级群抛售。完全是一个小庄了。简直就是一个大黑嘴。”

“呵呵，大师，这你就错了。大师总是不看事情背后的东西。带头大哥777是大专学历。”看到我一脸的不屑之后逸飞补充道，“但是人家可是在1992年上的大专。而且人家是一边在建行工作一边在夜校学习。可以说相当努力了。而他也确实十分熟悉交易的技术分析。所以他才会指导别人，别人那样信服他。”

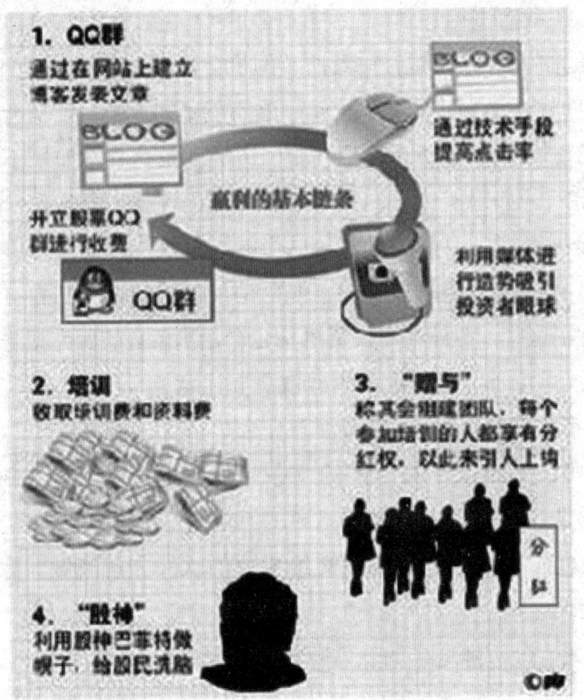

带头大哥 777 的运作手法（引自 百度百科）

“他不过是赶上了 2006 年以来的那轮大牛市罢了。”我不屑地说道。

“不错，人家是赶上了，但这有错吗，大师，呵呵。”逸飞笑道，“只要行情好的时候，股神就一定超多。因为简单一个新闻就能成为股价上涨的因素。而带头大哥被捕的真正原因并不在此。”

“他不是不当敛财吗。”我说道。

“他被捕是因为突然赶上了市场的低潮。”逸飞解释道，“‘530 惨案’个股大多难于幸免，50% 的跌幅不是好玩的。要知道，人家可都是千万资金级在跟带头大哥混呢。于是，跌了几百万，人家说钱我不要，我要弄死你。就这样，带头大哥就进去了。”

“不会吧。”我很意外。

“他是 2007 年 7 月被捕的。人家给了他两个月的逃跑期，他没在意。于是进去了。”逸飞笑道，“其实带头大哥所做的事情现在的咨询公司都在做。你看看咱们平时习惯的软件，通过在软件上发布信息，就可以诱使人们跟风，从而推高股价，这些比坐庄都赚。这种方法获利要远远大于在使用客户身上所赚的钱。只是当时这些软件公司没有找到长期投资人，所以没有办法把这些想法用在实践之中而慢慢的被市场所遗忘了。这也正应了那句话：天下没有免费的午餐。越是免费，越是赚得多。这就是道理。”

交易软件上的报告信息

听了逸飞简单的讲解，我一时间就陷入了沉思，浅浅的话语渗透了深深的道理。免费最可怕的在于培养起了客户的一种习惯，而正是这种习惯的产生，也就是一种垄断的方法。只是这种手段太过于隐秘，而使人无法察觉，但就算人们察觉了，又有几个人愿意放弃呢？我沉吟一下，旋即问道，“但大智慧，同花顺好像也有收费版的。这又是什么道理呢？”

“这也是满足人们好奇的心理，资本市场是一个专业的市场。缺乏专业的知识，在这个市场里的结果就只能有限了。于是更多的人就认为，只有掌握了别人不知道的信息就能获利，他们将这些神秘的东西作为自己的代表。”逸飞边看着远处散步的人群便解释道。“其实就拿大智慧来说，收费版和免费版区别主要在于能够看到上下十笔的挂单，除非你非常了解盘口语言。否则，这个差距就真的有限。但其实就算你了解盘口语言，专业挂单的人也了解这些信息，也尽量不会留下痕迹。至于行情的速度，则两款软件差不多，测试的话也就是 0.1 秒的区别。在交易层次上基本可以忽略不计了。当然如果你做短线或是所谓的日内交易，光有这些还远远不够，至少也要有几个监视器，同时看盘。起码要三个左右吧，一个看个股，一个看整个市场的异动，再有一个随时查看市场信息。这些都还是最基础的。”

“好像有些难吧，这连接几个显示器太难了。”我嘟囔道。

“呵呵，这些都是技术上的，百度下就解决了，有什么难的。”逸飞笑道，“要是这些推理和所谓的思维方式也能百度下就得到，那才是轻松呢。”

“那逸飞，这些软件，大智慧、同花顺、通达信这些除了速度、风格以外还有什么区别？”我问道。

“资讯来源本身就不同。”逸飞想想道，“大师，现在的软件公司只懂得软件的维护等，但财经资讯可不是他们的强项。他们会把自己软件的财经信息外包给别的公司做。像我们平时看到的有：万得资讯、万国评测、维赛特资讯、港澳资讯等等。这些公司的财经资讯各有不同与偏重，但也很难说谁更好一些。像万得资讯就比港澳资讯多一些，里面的分析也要多些。这些都很少影响投资者使用。大家现在选择软件，更多的还是从软件的页面风格来看的。”

“嗯，我就看通达信熟悉些，也更习惯用这种软件。”我答道。

“所以这种习惯的养成才是最关键的。当其他都是一样的之后，就看哪些软件能更好地培养客户的习惯。而这些软件也才能在将来的竞争中，更加脱颖而出了。”逸飞叹道……

回到家里，我回房换了寝服，出来的时候逸飞正品着一根烟发呆，看了一会儿外汇盘，给我讲他最近的判断。我将股票界面打开，指着页面说道：“看，还是通达信看起来清楚明了。”

“呵呵，大师就是看的习惯了。看来将来你就是通达信的稳定客户群了，呵呵。”逸飞笑道，狠狠地吸了最后的一口烟，将烟熄灭，指着屏幕道，“这个页面就是我们平时分析的工具，可是要注意，除了这一栏中的报价、股本、净值最高最低等等是数据外，其他的都是指标。”

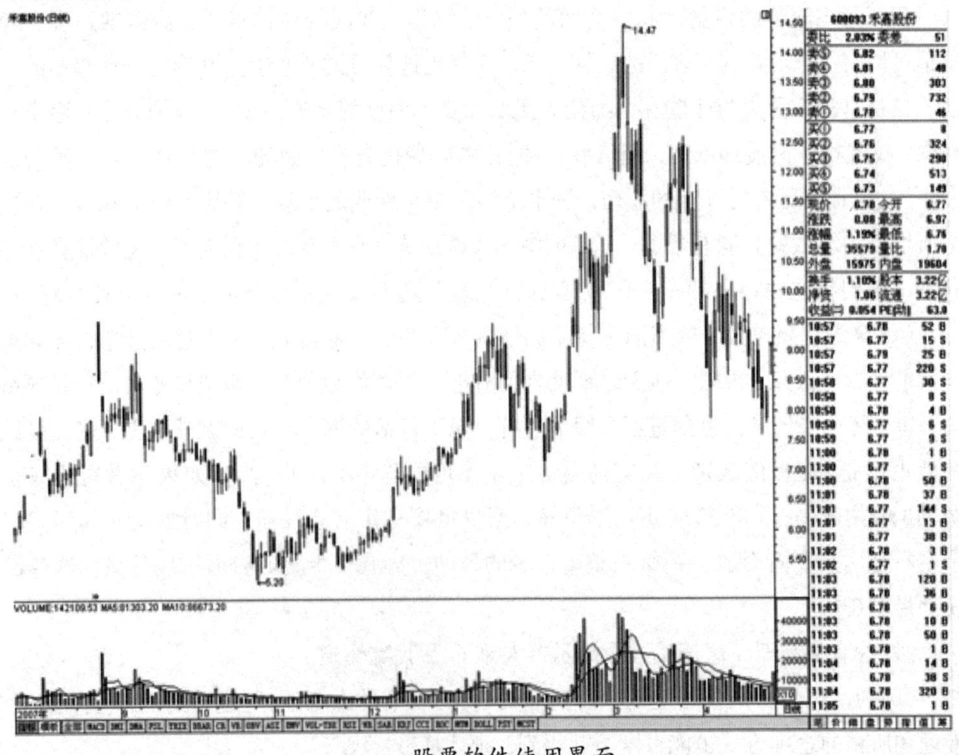

股票软件使用界面

“数据和指标有什么不同吗？”我疑惑道。

“这样讲吧，数据讲的往往是对于已经发生的事情的客观描述。是实实在在的用于判断的基础。”逸飞解释道，“而指标就是指导和标示。是用来做指引的，其中本身有判断的成分在里面。所以数据往往比较准确。而指标就是经过加工过的信息。自然其可信度就要打问号了，只能作为一种观点而已。”

“什么，那你说除了你刚才指的那些，其他都是加工过的东西！”我震惊道。难道我一直以来相信东西竟然是别人已经判读过的材料？怪不得我越操作越亏损，敢情是这些小坏蛋在诱导我呢。要知道逸飞现在指的这个页面可不是什么特殊的页面，而是最简单的 K 线图页面。“可是大哥，你现在还在指的成交量呢？难道这也是指标？”

“当然了，这就是指标。”逸飞看着我，了有深意地笑道，“大师，咱们最容易犯的错误就是想当然。要学习这些专业知识，你首先要做的就是怀疑一切。就拿成交量来说，这个其实叫作‘模拟成交量指标’。成交量虽然交易所每分钟都会公布，但是直到一天最后的结算时间之前，这些数量都是不定的。所以这个指标也是可以修正的。和这个类似的这一侧的筹码分布也是指标。”

“这个筹码分布也是！”我吃惊地问道。“大哥，不是玩笑吧，这个以前可是很重要的一种投资依据，有的人就是‘筹码分析’很出名的。这种东西我都认为就是数据的，你现在说是指标！”我吃惊地看着逸飞。

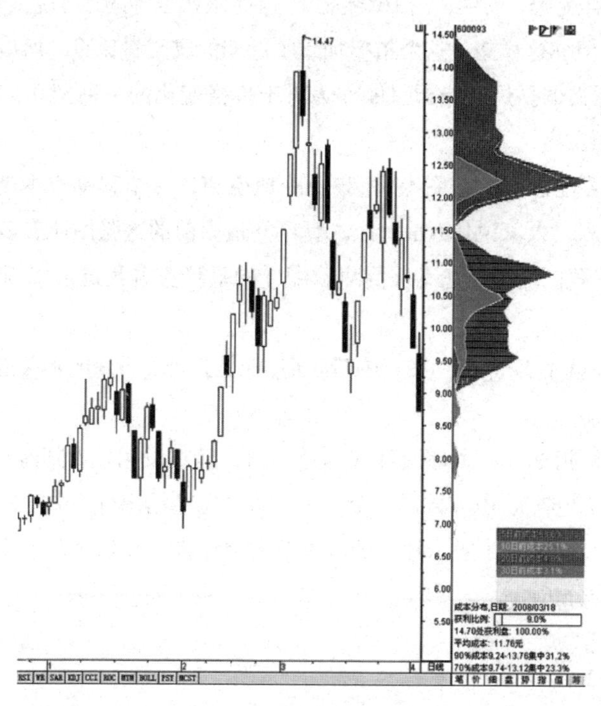

筹码分布分析

这个指标所表示的故事是上面有很多筹码被套牢了，而下面根本就没有筹码。简单地理解就是没有人是以低于下面的价格成本持有股票的。这本来以为是交易所给出的数据。但事实却是一种计算方法出现的结果。和实际一点儿关系都没有。

“这个指标的画法很简单，就是选定一个基准日，然后根据一天的成交量，然后在该天的最高点和最低点之间来平均分布成交量占总流通股比例中的份额而已。”逸飞指着移动成本指标说道，“这种计算方法中很明显加大了现在最近的天数的权重。因为总体的筹码数量是有限的，而根据某一日的总成交量占在成交量的份额来确定当日的筹码移动。这样慢慢地前面的筹码就自然的被换到了后面来了。这和实际的情况完全不同。要知道现实中有所谓的锁仓现象，有的人买入了之后，一年都没有动过，这个我们看报表就可以知道。但是移动筹码的图标上却一点儿也没有体现。”

“靠！怪不得当整个筹码都是亏损的时候也会出现抛售的情况。”我吃惊地叹道，“那岂不是根据这个东西来买卖就是拿自己的生命冒险吗？我以前……”我真的失去了思考的能力。

“呵呵，所以大师，不要什么都轻易相信，要自己看看清楚。”逸飞笑道。

“靠！我还以为这是交易所给的数据呢，没想到竟然就是人自己画了骗人的。”我愤然道，“这种东西就该明确的表示出来，告诉别人这个东西不是真的。”

“大师不要这样忿怒，呵呵。”白痴笑道，“这些东西很多的，再说人家也没让你当真，是你自己信的啊。但你这样想，这个指标加重了近期的成交量比重，所以在分析近期的问题上还是有一定意义的。这些指标只能作为对于价格变化的一种翻译，除此之外的一切都是你自己分析的结果。”

“还有什么我要注意的这张图上。”我冷冷地说道，一个移动成本就骗了我三年，想想自己的脑袋真是驴，人家说什么信什么。真不知道眼前的这张图还有多少我不知道的。

没有直接回答我的问题，逸飞反倒睁着嘲弄的眼睛看着我道：“大师，你还有什么相信的？”

“你敢问，老夫就不客气了。”我心中暗叫道，于是打开右下角的相关数值一项问道，“这是什么东西？”

“嗯，多空平衡指标，一个理论计算的计算值，基本没用。大师有兴趣可以百度下他的公式。”逸飞想了想补充道，“除了这个，一些软件还会给出什么中度控盘，持股待涨等等的建议，还有什么叫作‘千股千评’的。可是大师你真的相信这些人真的有兴趣给你每个股票每个股票的分析吗？”

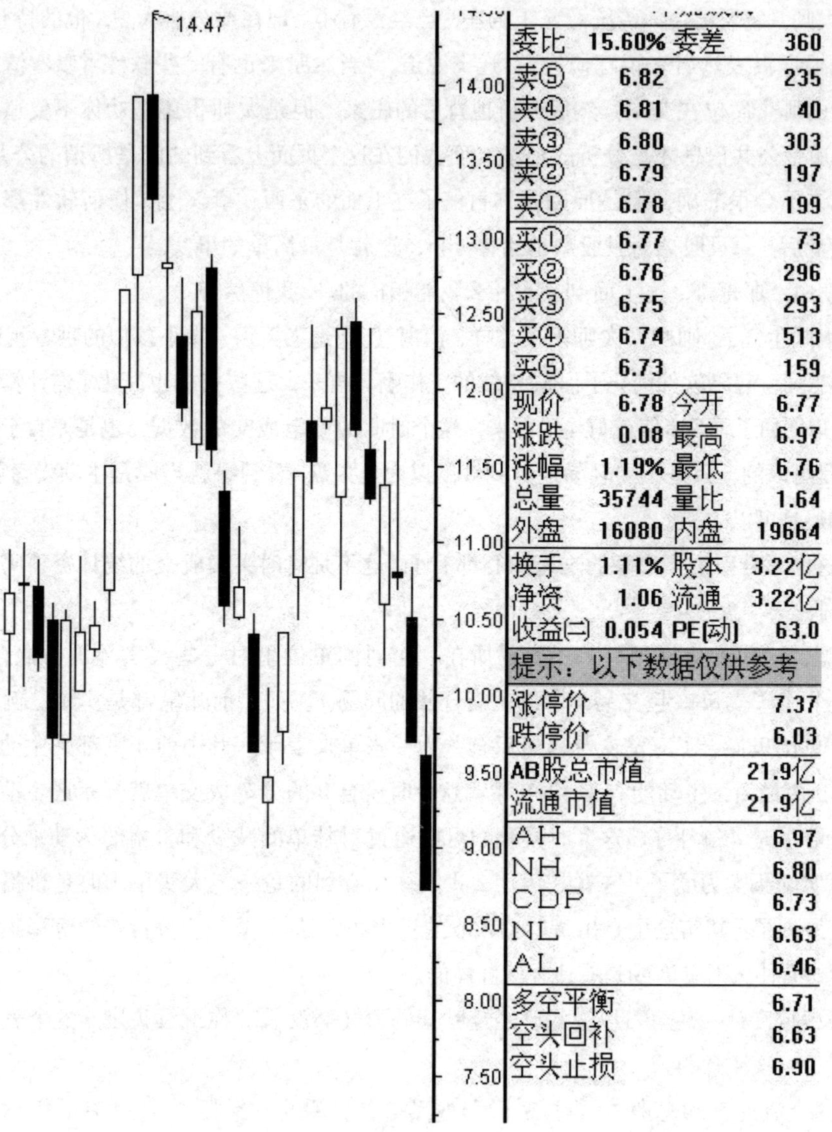

多空平衡分析

“那主力控盘，持股成本这些怎么分析啊？”我问道。

“这不是这些软件能知道的，其实网上现在已经开始有了。”逸飞打开一个网站，“现在很简单地就能知道个股的资金流量情况，股票上涨的原因就是资金推动，所以知道资金的动向也就知道市场对于个股的预期了。”

我简单的把网页收藏一下继续问道，“但这只能知道个股的资金动向，怎么能知道主力的动向呢？”

“大师一定要记住，传统意义上的庄，已经没有了。现在要分析大户，他的持仓成本，一般是根据报表然后来跟踪研究。”逸飞说道，“当然原来也有一些软件可以看清到底是交易所的哪个席位在交易，然后分析他背后的庄家。但是大师我还是劝你不要追求这种软件，还是公共信息才是分析的根本。而我们在这个页面上看到的就是所谓的公共信息，虽然也许不会很准确，但是原因是你盲信了这上面的东西。事实上，任何软件都不会每天在收盘后，每只股票每只股票地给你分析，这就是最简单的事实。”

“明白，那哥哥，这上面到底有什么我能相信的。”我愤然道。

“大师生气了，呵呵。大师不要这样，消消气。”逸飞笑道，哄小孩似的哄着我道，“大师，你想啊，起码软件简化了你画 K 线的工作啊。再来，这些指标也简化了你计算的功夫啊。所以明白了，不迷信就好了。再来，这个时时的单笔成交的数据，也是来自于交易所的，还是可以的。只是不要轻易地看到红就以为是买盘，看到绿就当成是主动卖盘就好了。其他的还是可以的。”

“这也不准！！！”我真的吃人的心都有了，这不是时时买卖成交的统计资料吗，难道这也有假?

“嗯，这和成交规则有关。交易所在一个时间单位里对一些买卖单进行撮合交易。由于是几个买卖单一起交易，所以就有合并的问题了。如果前几笔都是卖单，例如一共在一个单位里撮合了五笔交易，然后合并为一张单来表示。其中前 4 笔都是主动卖出的 100 手，而最后又主动的有买入 50 手。这个时候合并的分笔成交单就显示成主动的买单成交，数量是 450 手了。这个时候我们可以通过对挂单的减少和价格的运动来分析，就知道真实的买卖力度了。这就是为什么我们往往看到的是一笔大买单，但是价格却往下运动的原因了。其实这也是出货麻痹人心的一个小办法。”逸飞十分自然的解释道，完全不认为这有什么不应该或是有什么该奇怪的。

我懒得废话，甚至可以说我已经连吵架的力气都没了，“你继续说吧，这个表里还有什么是我应该注意的。”

“这个流通盘和总股本要注意下。”逸飞指着右侧的资料栏说道，“有的机构在建仓的时候，有三种股票是不买的，第一，流通盘少于 3000 万的小盘股。第二，ST 类的亏损股票也是不选的。第三，就是最近一年股价刚刚经过爆炒的也不选。这个流通盘和总股本还是可以信的。起码是根据报表来的，就算滞后也没法滞后太久。这两点都很重要，例如总股本往往会影响到指数，像中石油在沪指中的权重就占到 10% 左右，所以基本和指数同动。可是问题是沪指的计算依据是按总股本计算的，所以有很大的不合理性。要知道相对应总股本，流通股实在太少了，股价很容易被人操纵。所以股指期货就采用了沪深 300，那个指数的统计就要科学一些了。而我们现在看一个股票的流通股，就可以看出这个股票在未来多大程度上容易被人操纵。我还是那句话，只有操纵才有机会，也才有中国股市的价值。”

“你好好讲讲。”我语气强硬，两眼烁烁放光地说道，“老夫很兴奋。”

“好，大师想听，咱就好好讲讲。”逸飞笑道，“这样大师，先排除非流通股这些条件。一个股，他的流通股越少，就越容易被操纵。例如一个股票他的流通股一个 5000 万股，每股 3 元。这样我只要有近 1.5 亿我就可以全部控制他的流通股。当然我们这里只讲道理，法律法规这些我们将来再说。等我全部控制了流通股之后，任何人都没有股票了，所以只要有人买，价格就可以完全我来定，剩下的就看哪个小傻子愿意上当了。而现实条件往往比这还要简单，因为股票是分层的。一只股票他的流通股往往可以根据其流通性来分出不同的层次。其中 10% 的股份往往相当于死筹，这些持股人不关心股市变动，越是老的股票这种现象越明显，很多老人死了，家里人才知道老人有某某公司的股票。剩下有近 20% 的股票在大股东手里，这些人持有股票不是为了交易，而是为了在公司里获得一定的地位或权利。这些股票抵押贷款也好，质押融资也好，起码不会直接拿到市场里来直接卖掉。再来 30% 股票，如果这家公司是不错的公司，就会有基金或是类似的长期机构来持有，这些人的目标远大，往往不会轻易改动，但其实中国的基金往往比散户还要激动，2008 年的平均换手率都在 300% 左右，也就是说中国的基金自己说什么价值投资，到头来往往是自己买了就跑，不过这是另一个问题，咱们将来再说。这 30% 的股票流通性显然强于前两部分，但是也表现出来相对的粘性，而一个股票真正交易的就是剩下的 40%，这才是我们平时看到的在交易的股票，这些才是流通股中真正的流通起来的。也是交易最为活跃的股票。所以我控制这部分交易，我只要控制其中的 20%，就可以简单地控制日常交易，在通过滚动拉升等手法，就可以很灵活的把一只股票搞活。5000 万的股票我只要控制了 1000 万基本上就可以影响股价了。当年我在深圳的时候，楼上就有四个哥们儿，都是二三十岁的年轻人，他们筹资了近两个亿，然后又融些资金过来。你知道他们混的是那支股票吗？”说道这里逸飞神秘的笑了笑。

“曰。”我直接用文言回答道。

“工商银行。”逸飞笑道。

“工商银行！”我吃惊地重复道。

“咱们想可能有多难，其实真的做起来就没什么了。”逸飞笑道，“先开一些拖拉机账户。大师可能不知道，所谓‘拖拉机账户’，就是借用别人的身份证来开股票账户，然后利用其逃避监管。我当年就给他们开过这样的账户，虽然现在证监会要求每个人必须本人开户并留影做底，但当年就是 06 年，这种拖拉机账户的方法还是可以做的。这样他们就控制了一批账户，然后再使用一些专业的下单软件，一个软件可以最多控制 100 个左右的账户同时交易。只是数额往往固定，所以有些不自然罢了。现在这些手段要用起来就有些难了，但不是完全用不了。”

“嗯？还能怎么用？”我问道，“现在开户都要本人亲自去，如果不是本人根本就不给开户好吧。”

“很简单，呵呵。”逸飞笑道，“大师总把目光锁定到了一些大券商，这些券商为了自己将来的发展，一定会遵守规则。但是除此之外还有很多小的券商，什么江上证券这样的公司，只要开一个小口还是能开出户的。但是也不安全，以前我们看到公司报表里的大股东很可能自己只不过是山东的一个农民，或是很早就不在人世了，但这些人的身份被人利用了，来完成对某些人的保护。现在将证券账户和银行卡关联之后，只要是身份证的合法持有人就可以声明对资金的所有了。所以现在要借用别人的身份就要多一份慎重而已。但也只是要谨慎一些，可还是有方法的。”

“例如说？”我问道。

“我以前就和你讲过啊大师，只要我自己设立一个私募投资机构，然后控制一个券商，再控制一个银行，像地区性银行这样的金融机构，你认为又会如何呢？”说到这儿，逸飞神秘地一笑。

“哥，手笔稍微有点儿大好吧！”我叹道，但如果要是这样运作，真的可以瞒天过海了。

“所以，只有你想不到，没有人家做不到。你没有想是因为你还没有这样的条件、位置。等到了那个时候，自然就知道道路不是只有一条了。别忘了，中国还很年轻，不成熟就是充满了机会。这机会是上天给你的，你没必要拒绝。”逸飞笑道，“这样大师，咱们如果运作股票考虑到非流通股那情况就要复杂更多了。因为未流通股关系到总股本，更重要的是关系到指数。指数作为整个社会的关注焦点，于是必然会加大运作的监管风险。再来非流通股如果改为了流通股，这个时候我将股价做高了五倍，人家一卖我就彻底套牢了。所以要运转这类的股票，还要和大股东协商利益等等。所以挑选股票时要站在运作者的角度来设身处地的为他思考。这样才能和他有同样的目光，选择一样的股票。再来，私募机构和基金不同，例如基金的规定就是 ST 类个股根本就不能碰，而私募就可以，这都要从交易者自身的条件来思考。”

“也就是说，越容易操纵就越有机会吧。”我想了想说道。

“不错，而操纵这些东西的时候，就要注意信息的发布了。”逸飞笑道。

“那你也没办法塞天下悠悠之口吧。”我愤然道。

“大师你到底懂不懂法律啊？”“白痴”摇头晃脑道，“在中国要操纵信息远没有想象的那样难。就拿上市公司的研究报告吧，这些报告都是要先通过上市公司审核才能发布的。”

“什么！”我惊呼，“那我还能不能说真话了，如果我不该他们看我会有什么下场？”

“嗯，也不是很严重。市场认可的报告是分析师出具的报告。而分析师的资格是受到证券业协会的监管的。如果你违法出具报告，最严重的话你的分析生涯就结束了。”逸飞笑道。

“别说了，我懂了。”我无奈地堵住逸飞的嘴，在这样一个规则的市场里，当真连辩解都懒得废话。因此规则创造一切。

14.8.2 观其形——形态

14.8.2.1 酒田战法

由于是阳历的二月，东北连春天的动静还没有，只不过风开始变得越来越大了。看了半天的书，脑子已经木到不知道自己在看什么了，窗外的景色很是简单，对面就是楼，只有中间一小棵树，看着也不大轻快，树还在冬眠，只是已经开始有了苞芽。看来往往在绝望中就知道希望已经临近了，估计再过不久樱花也应该开了，然后盛夏的丁香也就不会远了，到那时一片闹哄哄的香气就真的是美丽时节了。

在听逸飞讲完信息的故事之后我基本已经绝望了。没想到连平时最习以为常的东西竟然都是加工过的信息，那就是这些东西还有被操纵的可能，那我以后还有什么可以相信的呢。

一天午饭后散布的时候，我将这个问题直接丢给了逸飞。逸飞想都没想就答道："那有什么，其实这些本来就不需要特别的关注，你只要关心价格的变化就好了。因为这才是买卖的关键啊。"

"那不就是走技术分析的老路吗？"我不屑道，以前我就很怀疑这种东西的可信程度，怎么可能出现什么形状就出现一定会出现什么走势呢。

"技术分析有什么不对呢。市场不论如何的变化，最根本的只有一点：多空搏杀。而技术所分析的就是多空双方的力量变化。"逸飞解释道，"就像我们长见的K线，它标出了一天的最高价、最低价、开始价和结束价这最重要的四个信息。有了这些你还有什么不知道的呢？"

"我能知道什么啊。"我鄙视道，"哥们，你能不能拿科学来说事儿，讲讲为什么这红道道绿道道能解释这些现象。你有科学的依据吗！"

"那不妨请问大师，K线图使用多久了？对于他的研究是从什么时候开始的？"逸飞没有生气，反倒超然地抛出了这样的问题。

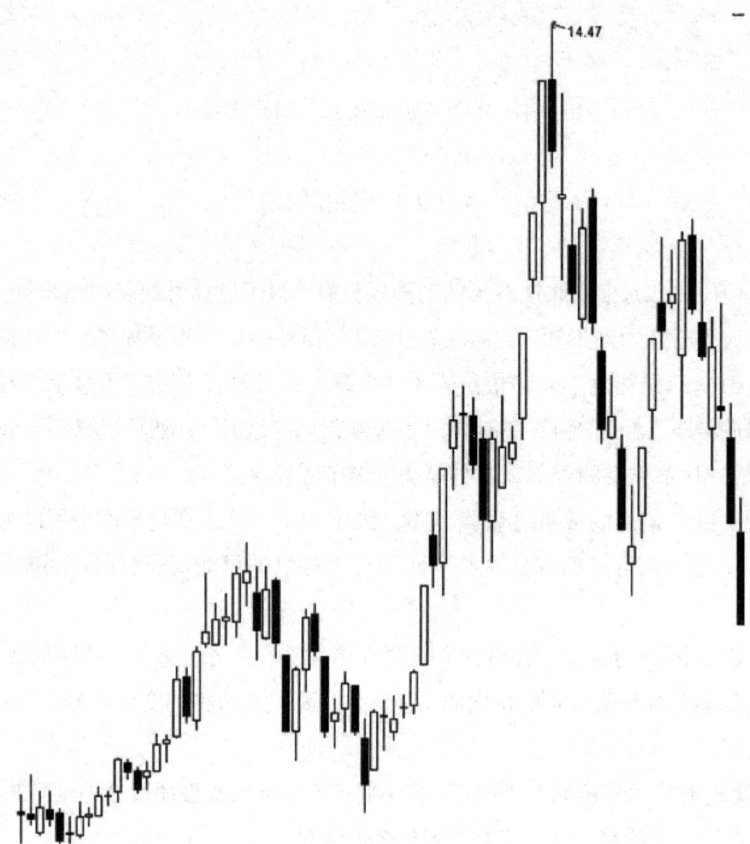

K 线图

中国千百万的职业交易者每天就是在猜测这种东西的下一步而度日的。据说其乐无穷。

“……”虽然心虚，但我还是不能示弱，怎么也不能让人看扁了吧，于是我说道，“哥哥，讲讲吧。还真没注意，呵呵。”我决定先以退为进再说。

“大师就是态度好，呵呵。”“白痴”笑道，“其实 K 线图最早是用来描述日本的大米市场的变化。距今有 400 年的历史了。而最早系统分析他的东西也有近 250 多年的历史了。”

“啊！”我吃惊道。

“嗯，所以这种东西绝对不要轻视。而且第一个研究 K 线成文的资料的是一个叫本间宗久的哥们。”逸飞接着讲道，“他写成了第一部比较成型的分析书籍就是《酒田战法》。”

“这哥们儿不是像江恩一样没钱了才开始写书的。”我不屑地鄙视道。

“呵呵，恰恰相反。人家是太有钱了才写书的。”逸飞笑道，“人家跟你可不一样，人

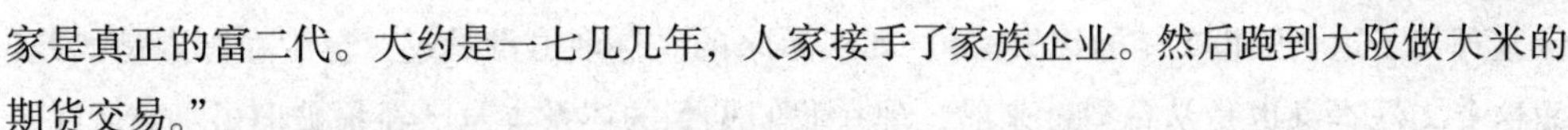

家是真正的富二代。大约是一七几几年，人家接手了家族企业。然后跑到大阪做大米的期货交易。”

“那个时候就有期货了？”我奇道。

“据传说在古希腊就有期货概念了。当然最终成熟还是在近代。”逸飞笑道，“本间宗久通过在长期的交易中研究市场走势到达了富可敌国的地步。最后晚年无聊就把自己的东西总结出来留给世人作为纪念。而这份纪念主要就包含在《酒田战法》中。不过由于我不懂日文，所以没法考证这个东西是不是真的是他写的。但大多数研究 K 线的理论都能追溯到这份文献之中。”

“这玩意真的准吗？”我不禁疑惑道。

“历史上传说本间宗九曾经有过一百次使人震惊的获利交易记录。而就我几年的实践看来 K 线还是十分重要的。”逸飞接着讲道，“其实我也问过你问过的问题。但后来我渐渐地有了新的认识。这种技术分析手段之所以准确，一方面是他很准确个概括了行情运动的大体方向。另一方面也是因为我们逐渐的接受了这种理论的结果。”

“此话怎讲？”我进一步问道。

“这样，例如我们看到一种 K 线的组合形态。理论上判断应该是上涨。因此我们就会买入。而不光我一个懂这种理论啊。一群人都知道这个理论，于是买的人多了，价格就真的上涨了。这也算是一种自我实现吧。做空也是一样的道理。当懂得这种语言的人全部做空市场的时候，市场就算会上涨，也是真的空了。”逸飞淡淡地说道。

“啊哈，那也就是说这种东西还是人说的算呗？”我有些鄙视道。

“那大师要不要学呢？”逸飞只是简单地反问了一句。就把我弄得哑口无言了。只听他接着讲道，“不论是真的上涨也好，还是自我实习也罢。反正价格是上涨了。这个时候原因就没必要分析了。反正你不会，你在市场里就只能迷糊……算了以后再跟你解释吧。现在你还什么都听不懂。”（面对这种挑衅言辞，老夫提出严正交涉……）

逸飞也很守信用，人家说教我交易的知识就真的教了。而他教的方法更简单，他直接给了我一份文件，名字就是《酒田战法 78 式图解》，我一看就是网上下的，逸飞交给我的时候只说了一句话：“大师，你先把这个背下来，然后再说别的。”于是我把它打印出来，正在细细参详。可是这份文件真的不是一般的无耻。完全没有什么体系，更谈不上有什么记忆的诀窍。我不禁想起了跟师父一起学习术数时期的背诵。想不到事隔多时，我现在还是在背东西，而且难度日盛。

小《酒田》，你不要以为你很难，再难的东西老夫都有办法驯服它，你不信是不是，你真的不信啊，好。那不要怪老夫辣手摧花，我嘴角不动声色地流露出了一丝诡笑。然后看着小《酒田》在瑟瑟的发抖。老夫上了。

于是我首先对于现有的《酒田》体系进行肢解。《酒田战法》据说源自于日本的本见宗久，主要就是讲解 K 线图的，他将 K 线图的一些组合进行了介绍，后人根据他的语录整理出了这个所谓的《酒田战法》。其实原来的文件谁也没见过，至少在国内是如此，而这个文件本身也是从台湾过来的，现在我们见到的体系本身已经很破旧了，于是逸飞将它做了新的整理，他现在给我看的就是他自己加工过的一段记录。当然，很多东西，他也没有说全，反正我身边有他也就不会在乎了。他说："大师，你必须将这里的所有组合背完全，包括他们的下标，这样咱们才能进行分析。"可是就这个文件真的太过于零散，估计我不肢解也没什么体系。于是现在我就将所有的《酒田战法》中的标准组合名字抄了下来，用裁好的小纸片铺了满满一桌子。然后真正进行重新组合排列。

有这样几个思路，我可以先排列出"酒田"体系的主线条，然后按复杂结构进行分类，最后发现基本的组合就几种，这样分类显然不是很好控制他的数量级，由于首先要做的就是背全所有的组合，所以最后我退而求其次的找到了另一种方法，就是按主要字进行分类，将学习的内容进行分类，这是记忆最好的方式。最后我总结出了"总决部"和"分解部"，而这两个部类竟然还十分押韵，就像诗词一般。

于是我很快地在笔记上总结道：

心法部：

其疾如风，其徐如林，侵略如火，不动如山

总决：

大三浪破空，（三个大浪来临，破空而行）

上吊切腹底。（等股民都上吊和切腹了，股市的底就来了）

星怀孕低落，（星星怀孕了，兴致就低落了）

酒田战法全。

分解部：

1. 大：大阳线、大阴线

2. 三：三连线、红三兵、黑三兵、上空黑三兵、三兵前阻线

3. 浪：浪高线、反打前三、大阳前阻线、上升前阻型

4. 破：破档上跳空、破档下跳空、破档三阳收十字、牛皮破档并列红

5. 空：跳空、跳空双连阴、长黑回补型

6. 上：上舍子线、下舍子线、上升三法、下降三法

7. 吊：吊首线、下阻线、探底线、逆袭线。

8. 切：切入线、插入线、反拖线、连续线、交错线、

迫切线、入首线、川字三黑、倒川字三黑。

9. 腹：覆盖线、破前覆盖线、回落覆盖线

10. 底：U 型底、锅底、擎天一柱底、三川、三山、三空、半圆天井

11. 星：二星、三星、下落二（三）星、极短线、晨星、夜星、十字夜明星

12. 怀：怀抱线、上升最后怀抱线、下降最后怀抱线

13. 孕：孕出线、外孕十字星、阳包阳、阴包阴

14. 低：低档小跳空、低档转化线、低档五连阳、低档五连阴

15. 落：落底无力型、回落再涨型、下档跳双阴、下落变化底

补充：平底（顶）、圆底（顶）、塔形底（顶）、多方（空房）尖兵、两红夹一黑、镊子线、下探上涨型、高开出逃型。

最后的补充部分由于是逸飞文件中后来添加的，并指明的说这个不是酒田体系的，于是我就分类记了下来。别说这样分完类之后，就真的很清楚了，对于整个酒田战法就有了明确的把握，而将来的内容补充也就可以自己慢慢添加了。看到这个成果我无限欣喜。等晚上逸飞回来我一定给他看看，保证震惊他。想到这里我不禁有些喜形于色了。

逸飞在我搬来的第三天就开始不定期的在我家晚餐了，他的理由很简单，便于指导我学习。他补充道，自己做的不好吃，以前要么对付自己，要么下楼到订餐。而在我请他吃过一餐之后，他在大赞我手艺的同时，将做晚饭这个任务给了我。

当逸飞回来的时候已经是四点多了。我收拾好东西就开始晚膳了。

“今天在家做单了？”吃饭地时候我简单的问道，毕竟他白天还是习惯在自己家做做东西。

“没有，上午和朋友出去玩了，他又拜托我给他做单，现在股票还是很低迷，他也在想自己的办法。”逸飞简单地说道。

“嗯，对了我把酒田背下来了，呵呵呵。”吃着饭我差点儿喷出来。

“哦！那好啊，回头我们考考，”说完逸飞露出了一丝奸笑，看着他这个样子我真的很不服气，“想和老夫斗，呵呵。”我心里想道。

“大师，你手艺真好，做的汤真好喝。”

“是吗，呵呵，”听到这儿我很高兴，“没办法，家里教育的好，毕竟家里知道我一个人在外怕吃不习惯，只能自己做了。只是他们没想到我真的能做的很好，呵呵呵呵”

晚饭后我开始和逸飞散步了。由于还是已经入春，傍晚也冷的有限，但我还是穿好了厚厚的衣物，记得家里从小的教育就是“春捂秋冻，不生杂病”。尤其像东北这样的地方，如果稍不注意，认为春天来了，贸然更衣，那换来的往往就是一年的感冒。逸飞走在前面，我紧紧地跟着。

“喂,你慢点儿。”我喊道,看着他健步如飞地往前冲,看来他是吃晚饭不要命啊。接着,我叹了口气说道:“为什么你总是跟不上我的节奏呢。”

逸飞看看我,没有争辩,乖乖的放慢了步伐。到了江边我才看到,一点都没有开江的意思,天也黑的还是很早,看来冬天真的没走。于是我们开始有一搭没一搭地聊起天来。

“飞,我今天把酒田都背下来了,呵呵,我太佩服我自己了,我把它分类整理了一下就背下来了。”我不无高兴地说道。

“大师真是天才。”逸飞应和道,“都是这样过来的,我当年背它的时候也是做分类,估计你的和我的不同,所以我没把自己的告诉你。”

“看来这小子是存心耽误我几天时间啊,”我心里暗骂。

“大师,背下来了,你有什么感觉没有啊。”逸飞启发地问道。

“感觉?你想问什么?”

“就是你怎么看这个“酒田”这个东西。”

“嗯”我想了想说道。“这个酒田真的很难说,它很不稳定,形态与形态之间可以相互转换,例如二星,过一会儿就成了三星,一个看涨的机会,马上因为下一根K线的出现就成为了下跌的行情了。”我边想边说道。

“这就是了,正是因为这些形态彼此之间很是相似,所以如果没有扎实的基本功就会认错,所以我叫你背下来,”逸飞解释道,“但是大师,你更要看到这些K线形态背后的故事。只有这样才能知道他们的真正含义。”

“背后的故事?你指的是……”我疑惑地问道。

“这样,大师你知道K线表现的是什么吗?”逸飞再次启发道。

“真拿我当无知弱童啊,”我心中鄙视道,嘴上却说道,“K线是记录价格的,因为有开盘收盘价,所以他自身就保护了时间的因素,同时他也反映的是买卖双方的力量,争夺战斗的结果。”老夫再怎么笨这个也知道的很清楚,我不无骄傲地看着逸飞。

只见逸飞很赞赏地点点头看着我说,“大师就是大师,知道的就是多,那什么一个‘酒田’背了一周。”说道这里他笑了笑,(我忍了)。他接着说道,“《酒田战法》只所以要背下来的原因就是,这些东西就像是单词,只有把基本的单词背会了,才有以后的分析基础。在市场里,对话的方式只有一种,那就是盘面,而k线图就是通用的语言,所以一定要懂他们说的话。不懂这些基本的单词,你就没有办法和他们对话了。”

“和谁对话啊?”我不禁问道。

“当然是市场力里你的对手方了,其实你可以简单的将市场里的人分为两类,一类是你自己,剩下的一切就是你的对手。所以根本就没有散户和庄家的分别,只有你与市场的对立。”看着我若有所思的样子看来他很满意。“大师,接着咱们来讲一下具体的东西。我刚才说了。每个k线组合背后是有故事的,就拿红三兵和黑三兵来讲吧,你说说他们有什么应该注意的?”

“红三兵、黑三兵……”听到这个名词我还真的反映了一段时间才想起来说道。“红三兵就是看涨形态啊。没记得有什么应该注意的啊。”

逸飞露出了一副早知如此的表情，看着我说道，“呵呵，所以我说你应该好好学学，（听到这句话，我，还是忍了。）大师，只有全部的背下来才会融化贯通（‘老夫背下来了’我心里抗议道，嘴上没说什么。）红三兵和黑三兵有一个关键点就是第三根 k 线一定不能是最短的那一条，不然这个形态就是败了，就不是一个看涨形态了，可能就是三兵前阻型了。所以一定要细致的分析。在举例来说，你说说二星和三星的区别。”

“二星和三星……”我又有些迷惑了,“二星就是可能会继续涨,而三星就是看跌形态了,其他的没什么了！”我搜寻着记忆说道。

“大师真的没有什么了吗？”逸飞提醒道。“能讲讲为什么吗？”

“为什么？”我开始思考了。“星线本身是反转形态的一种。”

逸飞打断我说道：“谁说的，遇到星线就一定是反转？”

“不是，星线是表示市场的多空力量对比很接近，”我马上更正道，看来和他在一起稍不注意就有灭顶之灾啊，我继续说道，“所以星线表示的是市场在争夺了一段时间之后先以平手休息，真正的胜负要等以后来分。但是为什么二星和三星……”

看着我疑惑的表情，逸飞接着解释道：“这个思路就对了，星线是表示现在势均力敌，当平衡被打破之后就会有新的方向了。拿二星来讲，市场向上，但是空方不同意，于是两个人打起来了，但是多方力量很强，于是迅速的突破，最后就留下了两个星线，于是这个时候我们知道现在是二星了，如果第三天没有向上突破，或是再次收了星线，就要注意。因为市场可能有了新的思考。而三星本身并不是指一定有三颗星，他是指市场在突破后，没有选择迅速上行，而是在此地停留了下来，出现了盘横，于是就有了这样一句话‘久盘必跌，’所以你要看明白，二星和三星的根本区别就是他们背后体现出来的市场动能，就是上涨的力度。从这个观点你才可能真正的理解其中的故事。”

听完逸飞的话，我陷入了深思，“如果这样思考，那像晨星这样的形态一定是在走出来之后才能知晓，一定不是在事先就能猜的出来的了。”我提出了自己的思考。

“大师说的太对了，呵呵。”逸飞笑着鼓励道，（真受不了他这种态度，）“所以一定要等 K 线走完了，你才能说出这个是什么，而更多的时候往往他走了几天你才能认出他讲的是什么。记得等待形态确认好了再进行交易，这就是传说中的右侧交易，而如果总是提前判断，抢着下单，就是传说中的左侧下单了。”

“那左侧下单不是死得很惨！”我不禁感叹道。

“呵呵，大都数情形是这样的，但是如果做的好人家就说这个人是走在 k 线前面的人了。”逸飞笑了笑继续说道，“只不过很少人看到，人家是走在年 K 线前面的人，呵呵。”

我也不禁一笑，“但是飞，酒田真的实用吗？我是说真的能在市场里用到吗？他有很多很奇怪的形态啊，这个在市场里能全见到吗？”

逸飞没有看我，但是看着远处的树，出神地谈了口气说道："不是没有，而是大家不认识罢了。你现在比较关心股市，那我就以股市为例吧，你记得上证最低到了多少吗？"

"当老夫是看盘软件啊。"我心里骂道，嘴上说道，"好像是1664吧。"

"哪一天到的？"

"……不知道了。"我有些不好意思。

"算了，呵呵，在08年10月28号的1664最低点，之前的最低点是，9月18号到的1802，后来就一直上扬，大家认为这是触底反弹，当时出现了很多跳空，大家一片看好，可我当时就知道一定会跌。"说道这儿，他看着我神秘地一笑。

"这个白痴真不简单，怪不得他脑子不好使，都用在记这些无聊的东西了。"但我嘴上还是乖巧的说道，"为什么呢？"

"呵呵，"逸飞得意地笑道，"因为在10月6号那一天出现了一个阴线，连着前面的行情看就是跳空双连阴。这个形态大师知道吧。"

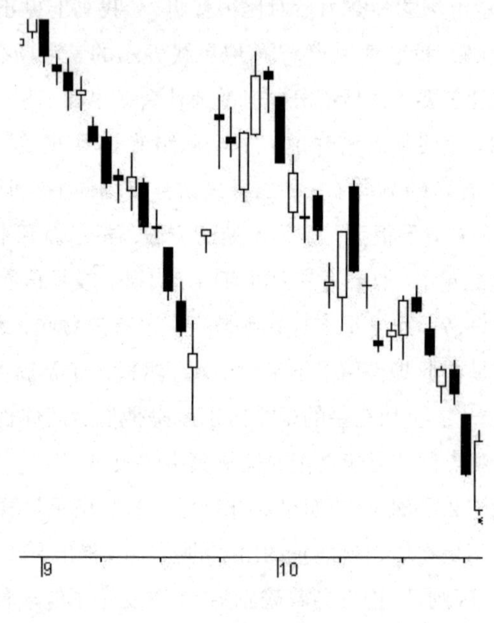

跳空双连阴

据说是非常难出现的技术形态，但是上证还是演绎出来了。随后便是一路下跌。

"不会吧，这样的形态也出来了。"我不禁一叹，看来自己真的是不用心啊。

"但是当时别人还以为这是上涨中的正常调整，这只能说他们不懂知识了。呵呵"逸飞得意得笑了笑，"后来大盘的走势也十分标准，大师可以回去后好好看看，记得我当年学习的时候就是把大盘慢慢地看了一遍，别说还真的找出了一些有趣的形态。"

"嗯，我回去有空看看。"我敷衍道。

"一定要好好的看。"逸飞强调道。

"那像三山这样的顶和底的形态也是一定的吗？"我又想起了自己原来的一个问题。

逸飞看着我答道："这个不好说，三山这样的顶和底一般要半年左右的时间才会走明白，像沪指从07年10月的6124走出来的就是一个双山的结构，那个结构真正的时间周期也就3个月，所以这些很难教条的一概而论。"

"哦……"我听得若有所思。

逸飞和我并肩走在晚上的公园里，远处的路灯昏暗，看着远处的江边逸飞说道："大师,从今天开始你算是真的入门了,但是能走多远就看你自己的了。"说完他转向我说道,"如果是别人，只要懂得交易就好了，但你要在市场里真正的活下去，要懂得就要更多，这个市场就是一个抢钱的地方，你要做的只是比别人更好。"

看着他的眼睛，天很冷，一阵冷风吹过……

14.8.2.2 形态规则

自从逸飞说完我算是入门了之后，这两天还是给了我一份文件，可是要比以前简单很多，就是些图形什么的，简单的看起来就是形态知识，这种东西我很久以前就知道了，但是逸飞的要求还是一样，背下来。于是我也懒得再争辩。将这份资料简单的分完类，于是我在笔记上总结道：

技术形态一览

反转

顶：倒置V形顶、尖顶、头肩顶、双顶、顶部岛型反转、圆顶

底：倒置V形底、尖底、头肩底、双底、底部岛型反转、圆底、底部三角形

整理

三角形：上升三角形、下降三角形、扩散三角形、收敛三角形

旗形：上升旗形、下降旗形

楔形：上升楔形、下降楔形

矩形

基本上这些图形将所有的能够涉及到的形态都收入在了里面，但是我看了一天之后还是发现了这里面的缺点，显然这个形态里面没有"菱形"这样的形态。

于是我在吃饭的时候和逸飞就这个问题展开了讨论。

逸飞看着我的问题放下了筷子说道："大师，'菱形'是什么样的图形？"

估计他不是有疑而问，于是我答道："'菱形'就是指K线首先开始震荡，然后幅度先变大在收敛，最后成为了一个图形上看起来像'菱形'的图形，也叫纺锤体。"

"那这种形态出来之后有什么样的结果呢？"

"就是如果向下就会有一定跌幅啊，如果上就是向上啊。"我答道。

"大师，那你把这个图形合并起来看，你看到了什么？"逸飞提醒道。

我想了想，如果把整个图形合起来看最后就是开盘在中间，然后有一个最高和最低点，最后收在了看盘附近，"啊，我明白了，是星线！"

"对！是星线。"逸飞满意地答道，"其实你所说的'菱形'就是一个整理形态，把他算上也没什么，只是大家还是习惯以上的一些图形，其中很多的图形有其他的名字，例如扩散三角形，有的人就喜欢叫做喇叭口形态，其实最后就是殊途同归的一个名称罢了，真正需要关心的是最后图形改变的背后的故事，就是力量的变化，这才是根本。"

听完这些我若有所思地点点头。"那也就是说这些图形也只不过是对话时应该懂得的一些单词？"我问出了自己的问题。

"嗯，只不过这些是长单词罢了，大师只要背好就好了，反正这些东西使用起来就一定要用到切线理论的一些东西。"

"切线理论？"

"嗯，就是切线理论。其实大师以前一定玩过，就是当时不知道这是属于切线派的东西。"

"这里面还有门派！"

"当然，有切线派还有波浪派，例如大师你经常用的趋势线，压力支撑线就是切线派的东东。切线派顾名思义，就是用线条来诠释市场。所以以后只要看到以线来解构市场的方法就知道了，这就是切线派的理论。"

"那他们的理论基础在哪里？"我不禁问道。

"关于市场中的各种理论咱们回头再慢慢的细说，但是切线派的理论其实说起来很简单。"说道这里，逸飞看着我笑道，"大师，你先讲讲什么叫支撑，什么叫压力吧。"

"想难住老夫，老夫虽然很看不起程老师，但是老夫还是很佩服他的压力支撑的讲解的。"我心里喊道，嘴上安静的说道，"压力和支撑顾名思义（刚跟逸飞学的新词），就是说当价格到达这里往往会形成阻力，他们会阻止价格向一个方向继续运动。常见的压力和支撑共有九种，分别是：趋势线、通道线、颈线、均线、前期高低点、整数位。盘整区、黄金分割线、和缺口。其实这些地方之所以有所谓的压力和支撑，大多还是仰仗于人们的心里预期。如果大家认为价格在这里不能再跌了，往往就是支持位，而如果认为价格在这里一定涨不上去了就会成为压力。"说完我得意地看着逸飞。

逸飞瞪大了眼睛，（没见过美男啊！）"大师你太聪明了，记得很全面啊。"

"呵呵，没什么，以前听别人讲过罢了。"我口头上应和着，心里喊道，"废话，要不

我能是大师吗?呵呵呵呵……”

“大师如果有这样的基础，那咱们就一切都好说了，如果把压力和支撑弄明白，那么形态你就会真的了解了。首先我们看到。不论什么形态。大多是有个形状的，而这形状的背后就是压力和支撑在起作用。”

看着他看我的眼神，我不禁有些后悔自己表现的有些太过了，早知道就不吹牛了，显然他现在是高估了我的水平了。“那就是说……”我启发他说得再简单一些。

逸飞果然心领神会地给我讲道：“比如咱们就举三角形为例，三角形一定有一个边，而这个边就是压力和支撑,可是为什么有这个边呢?”看我没有反应,于是他自顾自地说道，“所有的压力和支撑一定是大家认为这个地方应该有压力和支撑，拿支撑来讲，大家认为这个地方价格已经很好了，不可能再进一步调整了，于是多头开始发力，那股票来说，很多空仓的人就开始入场了。于是这成为了升力,可是光有升力是不够的,还要有空头的配合，于是持有股票的人也认为这个地方安全，不能再跌了，于是就不再出卖股票了，在双方合力的作用下，股价就真的回去了，于是这个地方的支撑就有效了。大师还记得压力与支撑是如何转换的吗?”

“压力和支撑的转换在于有效的突破。”看着逸飞的目光我鼓起勇气继续说道，“例如一个地方本来有支撑，但是大家没来得及入场于是价格就破掉了，这个时候空方就开始恐慌，害怕价格继续下跌，于是卖出股票，同时多方持币者也不敢入场，就这样于是出现了更多的卖力，或者可以说成是更少的买力，于是股票就只能下跌了，直到一个位置买卖重新达到平衡位置。这个时候多方开始发力，于是价格上涨到了前期的那个位置，原本这里是支撑，但是现在就成了压力，因为原来没有来得及平仓的人认为好不容易有机会了，于是纷纷卖出。这个时候由于持币者也不认为这里价格会真的涨上去，于是也就开始观望。这两方面的心里因素就使得这里真的成了压力位了。于是支撑和压力就成功的转换了。”

“大师太聪明了，这就对了，于是我们看到，当颈线位这样的支撑被破了之后，其结果就往往是一段时间的单边了。这样就解释了例如旗形或是三角形的各个边的作用了。矩形也是如此，记住大师，一条线的意义大小往往包括这条线存在的时间长短，和这条线被测试的次数多少。这都可以证明这条线的真正作用。这也就是这些奇怪图形出现的根本原因了。但现在我们举的例子往往是整理形态,而反转形态相比较起来就“复杂”一些。但像头肩顶这样的形态还是很好解释的，这就解释了他的颈线位的突破和确认的问题了，但是像圆顶、V 型反转这些就有些难了，因为这涉及到了趋势的转换。还是等你真正了解什么是趋势之后再来理解这个问题吧。呵呵”逸飞看着我笑道。

“看着本帅哥眼晕啊，说话还留一半儿。”我心里暗骂道。

“大师，你今天做的这是什么汤?很不错啊。看着不是上回的鸡汤啊。”逸飞叫道。

“呵呵，是鸡汤，只不过换了些作料，今天有些发辣吧，这样可以发发汗，一会散步也可以抵寒气。”我笑着说道。看来这小子还能注意我的厨艺的。

“大师就是好，什么都计划好了，呵呵。”这个小子真聪明，不想说就转移话题，还转到了我很喜欢的话题上——夸我。

“没什么，就是一般的小小展示下，我是大师嘛，呵呵呵呵。”

14.8.2.3 趋势

春天说是来了，却怎么也不见踪影，反正我早上买菜的时候是没发现有什么痕迹，天还是很冷，菜还是很贵。

逸飞答应教我趋势已经是昨天的事情了，但是这一次他并没有给我现成的文章，只是叫我打开外汇的盘面，尽心的观察，从 1989 年以来的外汇盘面，然后向他汇报我的感受，真是不怕我累着，但是我还是很安心的慢慢看了半天，结果最后也没什么感觉。于是没有办法，我就把以前周老师的笔记开始翻了一下，但看了半天才发现，自己竟然看不懂以前自己记得东西了。原来当时认为自己懂得了，可现在一看才发现，这些全是废话，根本就没有触及到实质。没有办法我就跑的书房，开始翻自己这几年攒的藏书。找到一本道氏理论，看了一会儿，总算有了些自信，估计下午应该能应付一阵了。

晚饭的时候，饿狼传说开始上演，不过显然他今天心情很好。

“怎么，今天泡小妹得手了？”我打趣道。

“得手了还能想到你。呵呵，大师说别的，今天看的怎么样了？”逸飞丝毫没有放过我的意思。

“还好，”我冷静地应对道。

“那说吧，还等什么啊。”逸飞一脸坏笑地说道。

“你就不能温柔点儿，”我怒目看着他，他歉然一笑然后做了一个继续是手势于是我开始说道，“简单地说，趋势就是价格的波动方向，或者说是市场运动的方向。趋势的方向有三个：a. 上升方向；b.下降方向；c. 水平方向，也就是无趋势方向。按道氏理论的分类，趋势又分为三个类型：主要趋势、次要趋势和短暂趋势。”

“停、停、停……”逸飞打断我，“大师，我让你看盘，你给我掉书袋是什么意思啊？我问你的是你认为什么是趋势，你怎么上来就给我讲课了。”

看着他这样咄咄逼人的态度老夫再也忍不下去了。“没看懂，看了一下午没看懂。”我老实的说道。

“那你这样说就可以了，这样你就讲讲你看了一下午就看到什么就好了。”

“嗯……我看到行情，从 1989 年以来的行情，我是先用月线看的，后来改用周线，因为我发现如果用大的图标看起来就看不清楚，例如我一移动行情周期，整个画面就跟着改变了，坐标也变了。于是很不直观，后来我把盘面调成最大，然后又将 K 线缩成最小，

将尽量多的行情放在一个画面里才发现原来这些行情真的是有方向的。而所谓的趋势我发现大多是要么向上，要不向下，中间盘整的时间最少，而更多的时间是有一个方向的，这些时间各不相同，最短的也就是 9 个周期，而最长的可以有 117 个周期左右。一个大的方向里往往还包含一些小的方向，和他不同的方向，再来就是真的方向很猛，大级别的一下就 4——5 千点。”

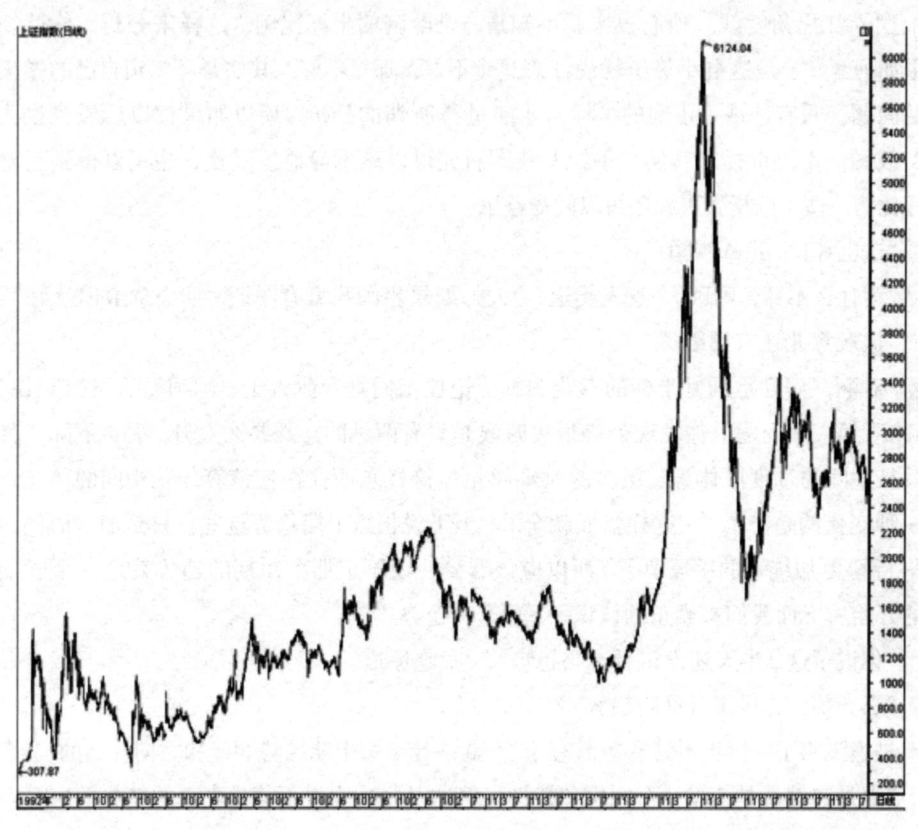

上证指数的日线趋势

单个 K 线很难看出什么来，但是放到一起再一看，原来方向是如此的清晰。这就是趋势。

“嗯，大师这才像人话，（看来这小子在暗示我前面说了很多……）你第一次说的是人家的观点，虽然正确，但是和你无关。记住真正在市场里的只有你自己，所以你只要重视一个人的判断，那就是你自己的。你第二次讲的其实就包含了第一次里的很多东西，这才是真货。首先我们来看你面对的问题。第一就是坐标。大师，你知道为什么当你在放大的情况下虽然看清了单个 K 线，但是反倒看不清行情了吗？这就是因为你选错了坐标系。

我们现在所使用的软件虽然看盘方便，但是却因为其自动调节的能力，所以你根本就没有办法看清很多东西，例如股票的图上，如果没有行情，就是一个盘整，这个时候，一个4个点的涨幅你在软件上看到的可能就是一根大阳线。但是当真正有行情的时候，再回头看就是极短线了。所以不要太迷信在电脑上看到的一切，因为坐标的不同，所以很多东西你是看不清的。其实再往深的地方讲，很多人迷信江恩的分析，于是也在自己的电脑上摆弄江恩角度线。他们根本就不知道自己电脑的坐标比例，这样来分析，你就知道后果如何了。于是这群小傻子就说江恩这个不好，那个不好。其实是不知道自己的做坐标系的问题。只有选取了正确的坐标，才能进行所谓的分析。所以如果你以后看到别人手绘k线图，不要奇怪。其实，手绘k线图首先可以熟悉盘感。其次，也可以得到正确的坐标比例，便于分析。再来还可以健身益脑。”

“这也算！”我鄙视道。

“为什么不算，呵呵。”逸飞笑道，“大师如果想画我家有图纸，回头拿给你就好了。”

“这玩意儿还有图纸。”

“对啊，而且是画好坐标的专业图纸，记住咱们是专业人士。呵呵”逸飞接着说道，“再来看第二个问题，你发现趋势很多时候是只有两种的，既要么上升，要么下降。其他都只是中间的过度或休息。更多的时候像箱体这样东西往往应该算作是中间的休息，只是一种变化的趋势罢了。这样盘面就全了。至于说长短中期趋势这些，只是加入时间因素使得行情更加统一的手段罢了。所以应该看到，说不定那个短期的趋势就是一个长期趋势的开始。下面我们来真正的认识一下什么叫趋势。”

“你说了这么半天还没讲什么叫趋势？”我吃惊道。

“那大师，你讲讲什么叫趋势。”

被逸飞将了一句我不禁有些愠怒：“不就是什么短中期趋势啊，和方向什么的吗？”

“那是趋势所具有的一下性质和特性，但这从根本上讲不算是真正的趋势的定义。还是先从汉语的角度来说吧，大师，你知道什么叫‘趋’而什么又叫作‘势’

吗？”看到我摇了摇头，他继续说道，“‘趋’就是指奔跑，于是有个成语叫‘趋之如骛’后来引申为追赶，追求等含义。至于‘势’本身就是指力量，例如我最喜欢的‘孙子兵法’里的一句话就是‘激水之疾，至于漂石者，势也；’就是说流水本来柔弱，但因为有了流动的力量，甚至可以使石块像漂浮一样。这两个词合起来就应该是指奔跑和力量，这你能想到什么？”

“惯性……”我试探地说道，毕竟快速地奔跑就只有这个东西了。

“大师，你是天才啊！（我隐藏的这样好，这小子还是看出来了）就是惯性，所以趋势和在一起就解释为‘事’和‘物’发展的“动向”。但他往往伴随的就是惯性。就是因为有这种惯性存在，所以才使得反复后仍按照原来的方向运动，直到摩擦使得这种惯性被削弱殆尽。于是才有什么波浪这样的理论来论述。现在我们来定义一下什么叫趋势。”

“价格有惯性的运动方向？”我试探地说道。

“对了，其实就像物理一样，物理中事物的运动依靠的是力，而现实的市场中，推动事物运动的是人们的希望，说白了就是心理。正是人们的预期产生了最初的动能和最后的摩擦。而趋势就是这其中的规矩。知道了什么是‘趋势’，那么下一步就只剩下丈量趋势。大师知道什么方法？”

“趋势线。”我想都没想就答道。

“除此之外呢？”逸飞显然还有期望。

“算了，你说吧。”

“懒大师，连动脑都不愿意。”看着我愠怒的眼神，他继续说道，“算了，我怕你好吧。其实方法很多，可以说所有切线派的东西都是用来丈量趋势的，除此之外一些指标也有这样的功能。例如均线，就被称为移动的趋势线。”

“切线派？你上回没说全吗？”我不禁问道。

“当然不全了，切线派有好多的，例如压力支撑线、趋势线、轨道线、黄金分割线和百分比线、扇形原理、速度线、甘氏线等。”

“不会吧这样多，你慢慢说说。”我好奇地问道。

“大师，你不是想累死我吧。”逸飞警觉地说道。

“没有，反正就当饭后相声了。”我揶揄地笑道。

逸飞抽了下泣说道："看来我这辈子就这命了……好吧，我慢慢讲讲。要记住，所有的线都是测算趋势的一个方面，例如咱们经常讲的趋势线，你有空可以听听鹿西武的课，我认为他讲的还是不错的。上次他来哈尔滨办班儿，后来倒闭了，呵呵，我们和他吃饭的时候他也讲得很好。趋势线就可以很好很直观地告诉你现在趋势的方向，其实用眼睛一看就清楚了。这是丈量方向的，如果有效地突破了，那就是说一个结果，既这个趋势线上的这个级别的趋势改变了。其实趋势线也有几个分类。例如长期趋势线，短期趋势线，突破趋势线和新趋势线的形成。至于什么叫有效突破，我个人认为，在外汇中破了就是破了，尤其实小时图级别以上。而股市中则一般相信33法，即要么三天没有收回，要么破的幅度超过3%。所以趋势线是丈量方向的。

“另一个就是黄金分割比和百分比线了，这个是丈量趋势回调幅度的，要知道虽然趋势有惯性，但是中间也会反复。有其是越到后来，摩擦越大的时候。其实黄金和百分很相似，只是推崇的人不同罢了。如果是波浪派的一般会偏向于使用黄金分割，而江恩一派就比较喜欢百分比了。事实上二者真的很相近，例如都是在50%有强支撑。另一个就是百分位，看到1/3、2/3，而黄金则看到0.382、0.618。这几个数字本身就很接近了。他们都是用来丈量摩擦可能对于趋势所做的改变，如果幅度过大，就表示这个趋势很可能已经被摩擦摩的逆转了，所以要小心。

“最有趣的就是速度线和甘氏线，其实二者的区别和黄金和百分很相似，就拿甘氏线为例吧，甘氏线将一个坐标分为角度，然后在各个角度内丈量趋势的力度。如果超过45° 就是快速的。反之就是慢速的。这个理论是江恩发明的，因为江恩的大名当年是台湾传过来的，当时人家在台湾就叫甘氏理论，到了大陆才改叫江恩这个、江恩那个的。但这里就涉及了一个问题，由于江恩的分析方法大多要考虑不同的坐标系，所以如果真的有人在电脑上傻傻的画甘氏线就真的丢人丢大了。当然不是不能画，但需要很高的技巧，这个等我将来专门和你侃江恩的时候再说。但你要记住，这个就是丈量趋势动能速度的。如果动能减弱，也就是说趋势往往要改变了。而扇形原理则不能简单的说是什么测量动能的，他更像是趋势线的变形。这个你看看就好了。这个讲起来很累，但看任何一张图形就懂了。回头给你个图。

“以上就基本上将能丈量趋势的方式介绍了一些，你还有什么问题吗？”

“嗯，那就是说掌握这些方法，趋势就掌握了？”

“可以这样说，因为你可能会想到基本面的东西。的确，趋势讲的最好的应该还是道氏理论，其中就涉及到了基本面的东西。但是一切的一起从根本上讲，最终都要归结到盘面。都会在盘面上表示，一只有内幕的和没有内幕的股票一样，一但启动最终都是价格的变化，出现趋势的改变。所以只要关心基本的盘面分析一切就尽在掌握了。记住技术分析的第一个的前提，那就是：价格包含一切。”

14.8.2.4 字、词、句

吃完晚饭，逸飞还是拉着我散步。我将桌子简单的收拾了一下，就穿上厚厚的冬装和他闯江边了。开春时节，北方的风总是很大，很暴力。江边更是如此，可是在寂静无人的夜晚，彼此的声音却顺着风飘得更远。脚下是踩得吱吱响的积雪，我们漫步在初春的顾乡公园。

“大师，这里真安静啊！”他发了个感叹。

“废话，谁大晚上的脑袋和你一样抽风啊！”我心里暗骂道，嘴上说道，“越是这样狂躁的风，就越是衬托出了这里的安静，其实并不是这里安静，应该是阁下的心静了。”

“嗯……确实是忙乱的一天，只有这个时候，和大师在一起才心里感到宁静。”逸飞神色放松地说道。

“其实只用自己静了，才能看清很多东西。很多东西不是没有，而是你根本没有用心去看。这个时候的心眼才是睁开的。”我继续和他侃着无聊的东西。

“嗯，这倒是。大师，明白趋势了吗？”逸飞问道。

“有一些，趋势就是人力也无法改变的东西。因为它是人心人性的体现，而改变人心人性是最难的，所以改变趋势也是最难的了。”我淡淡的说道。

“大师太智慧了，如果看透了这点就能读懂市场的文章了。”

“市场的文章？就是消息面呗？”

“不是的，市场的文章指的是市场本身。其实一个盘面就是一首深沉的叙事诗。”逸飞感性的说道，“一个K线是一个字，说得是涨跌和争夺。一个形态是一个词，说的是顶低，盘整和方向，是盘面中的一个规则片段。一段走势是一句话，是用不同的手法描写价格中枢，是盘面暂时要表达的意图，也就是一句话的主题思想。一段趋势是一篇文章，是从句子走向篇的过程和结果。段与篇的关系是部分与整体的关系。是为了阐述主题思想的而必须存在的一个单独的故事片段。盘面在一段时间内主体的走向。”

“这么说整个盘面就是这样连成一体了。”我沉思道。

逸飞接着说道：“趋势就是一篇文章，用多个不同道理的事情融合到一起讲述一个主题思想，或者说是，已经发生和将要发生的故事。上涨，回调，再回调，突破，盘整等等。其中的一个字就具备独立阐述的能力。这受到文章主题思想的影响及小，甚至可以忽略其影响。所以单独一根K线是可以独立考虑的，通过其中渗透出来的含义推断一整个词的意图。各种行为的强弱。所以一根K线也有自己的价值。

“在一个词中，说明的是盘面的一个规则片段。在文章中，词有千千万。但盘面中词只有固定的几种。而在实际盘面中发现和总结词汇，从而思考应对处理的方法。再实践以发现，并且熟练的处理词汇，这就可以操作了。而其他词汇，也要继续探索发现。像‘酒田战法’就是提供了这样的思路。

“而在一句话中，常常用几个词的连接来，以说明一句话的整体意思。再词语中一种是用规则词语明确的表达出意图，一种则是无规则的词语，只是凌乱的多空争夺。对于第一种，确定各种词汇的运用方法，处理方法，从而操作。但一定要仔细分析确定各种盘面力量的强弱之后再做处理。对于第二种词汇，只有观看热闹的份了。因为这种句子语意不通，所以根本就读不懂他要说什么。

“再来，在一篇文章中，段落的用意很多。主要分为两种，一种是为了最好的表达文章意图所必须存在的，用来表达阶段性意图的段落。直接作用于主题思想。一种是作为那些阶段性意图段落的过度，起衔接作用的段落。与主要意图不直接相关。我们所要做的就是用自己独立的办法，将第一种段落连接起来。从而达到让第一种段落清楚的阐述主题思想。使其成为一种必然的‘存在’。”

“哥，你这个口语有些难懂！”我说道（连‘存在’这个词他都用了，不是讲哲学呢吧。）

逸飞想了想说道：“这样说吧，第一种段落就是小级别的趋势。由于直接与盘面的表达意图相关，所以时刻受到趋势的影响。而第二种段落由于需要用自己的衔接手法将第一种段落连接到一起。所以，跟趋势的表达意图无直接或强烈的联系。可以走出自己的特点。所以在应对第一种段落的时候，必须通过盘面的蛛丝马迹判断核实考虑当时情况下，趋势对其影响的强弱程度，再衡量各种盘面行为，盘面意图的强弱程度。这样就知道这个段落要表达的方式了。而在应对第二种情况的时候，则可忽略趋势的影响，但其他因素不可忽略。例如一些价格外的因素。”

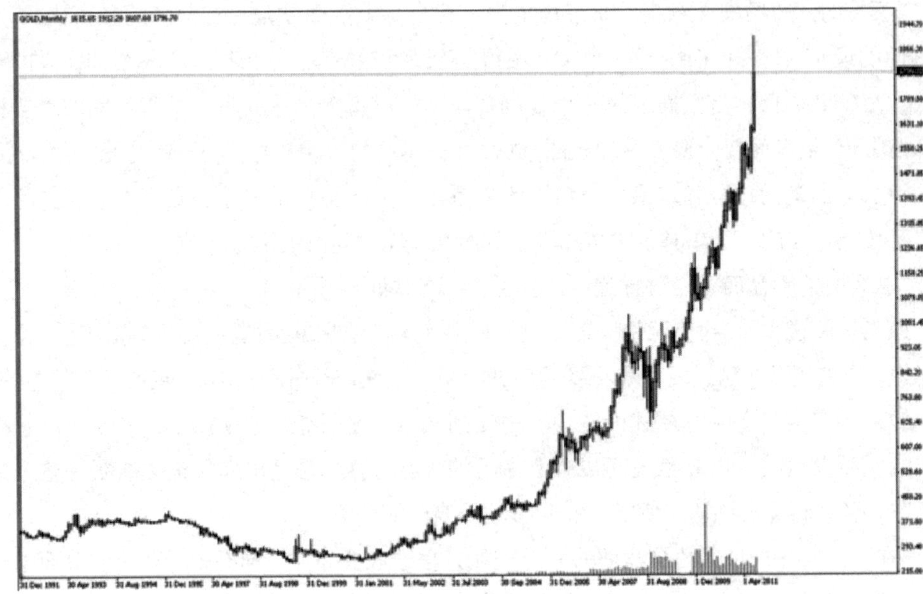

1991 年至今的黄金趋势图

1991 年世界上黄金终于可以自由交易了(理论上)。于是行情就这样发展，但是近几年却超快速地往上跑。和当年上证指数奔 6000 点去的速度出奇的一致。

听到他这样讲我有些明白了,“你这不就是道氏理论的另一种表达方式吗？”

逸飞笑道：“呵呵，是，也不是。它确实包含了道氏理论，但你不了解道氏理论所以才会这样说。“字”、“词”、“句”的结构,包含了单根 K 线到复杂图形乃至趋势的形成分析原理。这个道理要深一些。你将来真正地看完道氏理论再说它吧，呵呵。(明显的欺负我。)要知道，大师，这里面所包含的更多的是价格因素，因为不论什么反应，都逃不过最终价格的体现。所以说，如果你抓住了价格，你就抓住了最终的一切。所谓的‘事实’，其实只不过是人们的猜测,要知道谁也不知道‘事实’,大家都在猜测。因为大家永远看不到正确的事实,看到的更多的只能是他们想要看到的。所以读懂盘面这个文章是最基本的，也是一定要会的。不然你在市场里就是一个盲人和聋子。不要把自己当作海伦凯勒啊，呵呵。(没心没肺的混蛋，提到海伦凯勒竟然还笑得出来。)因为你根本就读不懂这里的语言，所以根本就没办法跟别人对话，所有你看到的、听到的就像是瞎子摸象，永远是迷惑的。现在你基本上就理解了什么是市场里的文章了，和这个文章是如何写成的了吧。”

“嗯，有些了,”我若有所思的答道，“我大学里是学语言的，可是当我学了几年之后才发现，自己学习的根本就不是俄语，而是语言学，就是所有语言的根本学问。就是从那个时候开始我发现所有的语言根本就没法翻译，翻译的就一定是误解。因为每个具体的环境不同，而人类的语言在形容物质世界的时候往往简单易懂，但是精神世界就有些难了，例如'我很高兴'这个句子，这个'高兴'就很难理解，可能是见到母亲的欣喜，也可能是在做成一件事情的满足。精神世界的语言往往就是误解，这个时候就需要用环境来叙述了。而物质世界也并不是没有歧义的，例如苹果，中国人的苹果和美国人的苹果，往往就是不一样的，毕竟这里面还有地区和品种的差异。"

"太对了大师，"逸飞赞赏道，"的确，市场里的 k 线图就是一门外语，你要做的不是翻译，只能是理解，只有这样你才能理解文章的含义。记住：趋势是最难形成的，也是最难改变的。是供求关系,市场预期,宏观经济基本面共同作用的产物。改变它往往很难，而理解他就变得容易很多了。"

看着他，我笑道:"那就是说我一定要先认完字母，再学好单词，最后看明白文章了。"

"大师，真聪明，呵呵……"

（废话,还用你说,要不老夫是大师。哈哈……)冬天的风很大,但今天貌似暖和了不少。

14.8.2.5 再见大头

靠近三月的一个下午，我正在家和鸡翅做着奋斗，个人来讲我是想做麻辣鸡翅的，但前几天以来我一直想实践一下炸鸡翅这个新品种。正当我犹豫不决的时候，突然接到一个电话，大头的电话。

"大师，你最近如何啊？"大头的声音有些消沉。很久没有听到这熟悉的声音了。其实无论如何听到他的声音我还是有些开心的。但我现在显然还没有将他欢迎至家门的兴趣。

"我最近还不是忙着论文吗？"我敷衍道。

"你现在在哪里啊，方便见一面吗？"大头有些请求的说道。

看来该面对的总要面对，既然他主动来了，我还是欠他一个'明白'的。于是我说道："我在'黑大'。这样我一个小时后有时间，咱们'黑大'见。"

"好，大师，不见不散啊。"大头有些开心地说道。

"好，不见不散。"我重复道。

放下了鸡翅我立刻开始更衣前往"黑大"。可就是当初为了远离"黑大"，我特意跑到了这儿租住，这段路真的太远了。打了车，当我赶到的时候，远远地就看到大头在学校门口等我了，我从偏门进入学校，从学校里面的正门向他迎了过去。

我看着他亲切地笑道："怎么样啊。好久不见了。"

大头虽然也看起来很开心，但还是意志消沉。"大师，我有很多事情，想要和你谈谈。"

"这样！不要着急，咱们找个地方慢慢聊。"我安慰道。

坐在“黑大”里面一个简单的咖啡厅里还是很惬意的。由于才刚刚下午,所以人还不多。我不禁暗叹道，学校里真的是好啊，物价总是脱钩的够意思。这个绝对是一个花小钱就可以办大事的地方，我还是一杯奶茶，大头要了一杯咖啡。大头在征询我的意见之后点燃了一根香烟。袅袅的烟雾慢慢地飘荡，咖啡店里更显曼妙了许多。

我看着大头，慢慢神色凝重了起来，显然他现在来找我肯定不可能是有什么好事情，一定是真的没有人可以倾诉了。虽然我不是他可以最信赖的朋友，但我相信他还是很看着我的分析的。“说吧，最近公司怎么样了。”我开诚布公地开头道。

大头先是还有些吃惊地看看我，随即平静道：“李总把大羊和志超给赶出去了。”

我心想，不出所料，想要铲除大头一定要先从大羊和大傻着手，看来李总真的下了这步棋了。

“他怎么说的。”我启发大头道。我还真的想知道，李总是如何下手的。

“他找到我和大羊说，要么他把我和大羊手里的股份买过来，要么大羊离开公司。”大头说道。我心说道，看来李总选择了很蛮横的办法了。

“大羊怎么反应的。”我又问道。

“大羊决定离开公司吧，临走的时候他跟我说，能捞回一些是一些，所以他让我在公司一定要做下去。”大头伤心地说道。

“你怎样看？”我问大头道。

“我不知道啊，我就不明白，他就说大羊现在在公司没有什么可做的，但那就让他在公司待着不也行嘛。他说待着也不能给大羊工资，但是为什么他就一定让大羊走呢。”大头说道。

我没有选择告诉大头答案，也许现在还是不合适吧。“你们一共公司出了多少钱了？”我选择了另一个问题问道，毕竟我还是很关心他们的损失的。

大头说道：“前前后后差不多有4万块了，我和大羊各两万左右。”

“你们回来多少了。”我进一步说道。

大头狠狠地吸了一口烟，摇摇头道，“没多少。也就三四千吧。”

“你们到底知道公司赚了多少钱没有。”我进一步启发道。

大头摇摇头：“李总不让看，我们一要看账户他就急眼，说什么不信任他了。啥的，然后就开始整事儿。我们就想啊，你说代理平台要花钱，可他连个凭证都没有拿出来，你说你拿个发票什么的也好啊，这都没有。就是不让我们看着账户，一要看就急。”

看着大头这样的回答，看来李总做的比我想的还要不够谨慎啊。我慢慢地跟大头说道：“你知道公司赚得什么钱吗？”大头摇了摇头。我继续说道：“其一是你们知道的客户交易的佣金，这一部分钱是全部返给你们公司的，但是估计李总没有把全部的数额给你们，然后还有一部分你不知道的收入，就是客户交易的三个点差，这里也有公司的提成，咱们平台是1手50美金。”我淡淡的说道。

看着大头睁大的眼睛，他显然不知道这个事情。相信凭借简单是计算他就知道这里的厉害了。我轻轻地喝了口奶茶。大头看着我，神色坚定的说道："大师，你能不能告诉我，到底咱们的平台代理花了多少钱。"

我直视大头的目光，淡定地说道"一分钱都不花。"随着这个答案，大头愣在了那里。我又慢慢地曳了口奶茶，甜甜的奶茶今天竟然有了些苦涩。

"大师，真的一分钱不花吗？"大头看着我问道。

我自然知道，他不是需要这个答案。我说道："我也是在公司成立之后才知道这个事情的，当时我已经决定离开公司了。于是像你辞行的时候说了那些话。"我慢慢的顿了顿，接着说道，"当时我知道这个事情之后，想了很久。最后发现你们在公司的最后立足之地都不安稳了。可以说你们的公司至始至终都是人家的。如果你要仔细看注册文件，相信你们根本就找不到你们的名字。我想了很久，如果你们当时就发作，公司固然办不成，你们的钱也就就此成了水漂。所以我才会跟你说当时的那番话，希望你们有所准备。"

大头看看我，点点头说道："其实当时我们也觉得有问题了，我也听出来你可能是让我注意一些问题，只是我真的……大师说实话我真的不知道能不能信到你。说实在的，现在我们在这里谈话，也不知你是否会告诉李哥。"

我苦笑的说道；"现在这一切都是过去的浮云了，对我来说。"

大头也苦笑道:"大师，你说我们现在把他赶出去，我们做可以吗？反正他也没拿过钱。我们找程老师一起做，接着开户招学员不也行嘛。"

看着大头这个幼稚的想法我劝道："孩子，首先公司注册就没有你们，所以公司根本就不是你们的。再来，平台是李总代理的，于是过去开的所有户都是李总的客户。最后，你认为程老师这样的老江湖是你们能够对付的吗？"我笑着说道。

大头看着我说道："我们给他工资不也一样吗。"

我问道："李老师去哪里了。"

大头吸口烟，说道："他和刘娜走了，好像也开公司去了。"

我不禁想到，李老师真的不是开公司的料，他的手法还是很嫩的。整理思绪，我接着说道："这样，李老师也许能帮你们，但是程老师这样的老江湖不会，李老师可以不拿工资，但是程老师不会，这里面的水太浅的话，公司就是他的了，你们能使用动他。"我不禁笑笑，接着说道，"李总他自己是哈尔滨的土著，人家从小就是个混混，跟这样的人你能讲明白道理，让他和平的走吗。你真的还不了解他吗。"

相信这样的答案大头是知道的，但是他还是抱着最后的希望努力道:"但我还是不懂，他为什么要大羊离开呢。"

我没有和他直说，这是要请走他的前奏，而是反问道："那你想让他没有工资在公司待着？"

大头激动地答道："那他起码有个工作啊，现在我一个人在公司里，你不知道我心里得多难受啊。大羊开公司的这两万快全是问朋友借的，他们家里都不知道这个事情，你知道他们家不像我家，你说人家一下为了你就背上了两万的债，这得是啥样的交情啊。说真的我真想他留下我走。”

看来大头真的是一个重哥们情意的人啊，但是商界里就是一个“虚”字。获利是商人的天分。我正视他说道：“大头，你看错了一样东西，你真的没有把大羊当做家里人。什么是家里人！你知道吗。我在外面不论发生任何的事情我都不会害怕。只要我没有犯下不可弥补的错误，赵氏家族永远会在我的身后。他们只有一个选择，就是支持我。他们甚至不会关心我正确或是错误。盲目的支持，与义无反顾的奉献，这就是家里人。而大羊就是你的家里人，如你真的觉得对不起朋友，回家要钱，帮大羊还上。大家就还是一家人。再说，咱家这些钱真的很在乎吗？你看错了家里人，你必须知道，现在谁是外人。是谁造成了今天的局面。如果看不清这一点，而真的陷入自责之中，接下来的事情就没办法运作了。你真的认为大羊留在这里就能真的解决问题吗。”

大头有些茫然地说道：“那我现在能怎样做呢。”

我看着他笑笑说道：“听李哥的话，能回来一些是一些吧。”我真的希望他能听懂话外之音，只有他真的配合，才可能依靠李总心中所有的最后一丝道德将钱还回来。当然他能认赔止损出局，结算公司，也是一个不错的办法，只是他能有这样的觉悟吗，我不禁感叹。

大头看看我，也麻木地一笑，只是这一笑中充满了浓浓的苦涩。今天的奶茶真的难喝啊。咖啡馆还是音乐婆娑。我不禁想起了那个冬季的夜，和李哥坐在咖啡厅里，只是那个时候谁又能想到今天这个结局呢。也许李哥早就想到了吧……

14.8.3 查其实——指标

14.8.3.1 KDJ

临近三月，股票好像开始有触底反弹的迹象了，但同时又出现了回落行情，一时间市场没有了方向，大家似乎还是坚定的看空，我问过逸飞的意见，他认为从技术上讲现在只是一个单底，就是V型反转，但是一个底往往难以稳定，所以做双底也是可能的，但只要没走出来就不要妄自猜测。

三月的一天我正在家看股票挂着QQ。结果遇到了一个之前的网友：积极向上。已经好久没遇到这小子了。记得这小子也是做股票的。于是便吹上牛了。

“小鸡好，最近没去公司吗？”

“呵呵，哥们儿，你也在啊，公司那种地方我早不去了，股票好了我就要开始上班了，专门做股票，自己给自己打工。”

“那最近收获不错吧。”

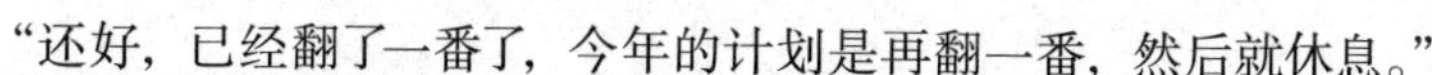

“还好，已经翻了一番了，今年的计划是再翻一番，然后就休息。”

“哇……好厉害啊，呵呵，还是用原来和我吹的方法吗？”

“呵呵，哥们儿，那个太基础了，是很简单地介绍别人的方法，你知道吗？市场里最根本的就是价格，而价格涨多了就会跌，跌多了就会涨。现在我把这些都量化了。”

“不会吧！这也能量化？”

“呵呵，我给你看个图好了。”

说着他发给我个图片，我看到他的盘面上有很多的小箭头，上红下绿的。旁边还有标注“满仓”或“跑”的字样。但是我细细地看了一下却发现这些位置显然我靠K线也能知道。

“这个很不简单啊，但是这些位置靠K分析也差不多啊。”我已经不是两个月前的我了，于是自信满满地说道。

“呵呵，这些就是做起来自己看着方便的东西。哥们儿，如果你能做出一样的箭头和文字，我叫你老师。呵呵。”

“这些东西有这么难吗？”

“还好啦，记得今天早上指标还显示要‘跑’，现在没了。真的很有趣的。”

“那你对未来有什么判断呢？”

“判断？没有。只要跟着做就好了，反正我只知道价格就是不断的变化，涨多了就要跌。跌多了就要涨……”

结束和积极向上的对话我陷入了深思，指标自己以前不是没有学过。可貌似只靠指标赚钱似乎很难，于是我迷迷糊糊地拨通了逸飞的电话。

“白痴，你在哪呢？”我不客气是说道。

“大师，怎么了？想我了？我现在正要去看朋友，他回哈尔滨几天，今天我要看看他。”逸飞今天明显情绪不错。

“那你晚上记得过来给我讲讲指标。”

“我让你看KDJ，你看的怎么样了？”

“老夫看了一个月了也没啥感触。”

“那就更应该好好看啊。要循序渐进。”逸飞劝道。

“算了，就这样定了，晚上给我讲啊，别废话……”挂完电话我有一丝愠怒，太难为老夫了。逸飞在和我聊过几次之后就告诉我要好好研究下KDJ指标。其实，我也一直在看了。只是一直看着都没有感觉。逸飞一直讲，所有的指标都是大同小异的。只要明白了一个，其他的也就都迎刃而解了，只是这一个就很难，倒不是难在别的地方，就是一般理论来说都很少能超过周老师教笔记上面的那些。都是说如果KD到了80就是超买，随时可能向下。而到了20就是超卖随时可能反弹。但更多的时间是出现了钝化。如果真的只靠他买卖，那一定会异常迷惑的。靠这种东西积极向上真的能赚钱？

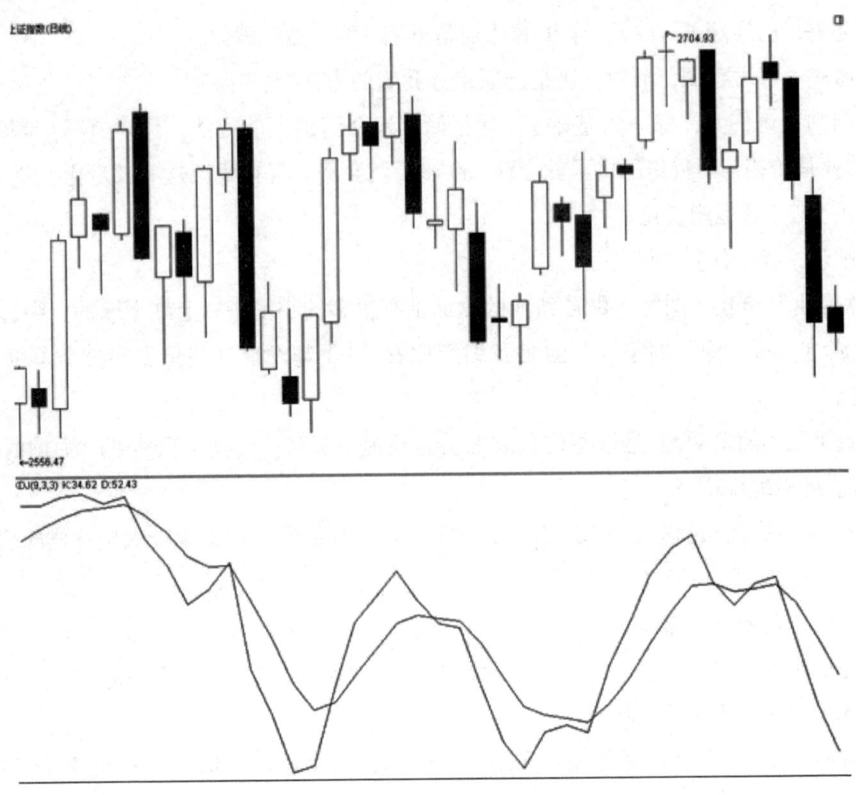

股市里最为常用的经典技术指标 KDJ

晚上逸飞和朋友小聚归来。看的出，他喝了些，但没有醉。说实话，我还真的是一次也没看他喝醉过。逸飞说他那个朋友原来就是一个推销空调的，可没想到几年下来现在是区域经理了。原来那个朋友是真的不行,可现在就真的行了。看得出逸飞今天心情也不错。

“那你还过来做什么？”

“想大师了，晚上过来聊聊天。喝完酒我是不看盘的。”逸飞嘴里叼了根烟，看起来相当的自在。

“那你给我讲讲指标吧。”我试探道。

“好啊，”逸飞显然很开心，“不过，大师，不妨先讲讲你最近看 KDJ 的心得。”（靠！看来“酒能乱性”是真的，这小子今天就已经开始不讲原则了。平时总是强调要循序渐进的，没想到今天就松口了。）但我是不会放过这个机会的，“有机不乘，惘为君子”。

“我看了很久，但还是很多的不了解。KDJ 是一个震荡指标，还有个一名称叫作随机指标。这个指标最好使用在箱体的行情中，其中涉及到三个值 K、D、J。然后根据他们的不同取值，分析行情进行买卖。但是一定要在箱体之中，不然钝化就没有作用了。”

我说完了，看着逸飞一副果然如此的表情，看来这小子真的有时很讨厌。“大师，你

说的都对，这都是很经典的解释，但是你并没有讲明白什么是 KDJ 指标。至少你还不清楚这一点。”看着我不服气，逸飞问道，“KDJ 的公式是什么？”

“公式？”我不禁迷糊了。虽然这个指标我看了很久，但还真没注意到什么公式。

逸飞微笑道：“大师，把股票盘打开。”然后他搬了椅子和我并坐在电脑旁。大屏幕的显示器就是好，看到很清楚。只见逸飞将 KDJ 指标调了出来，找到编辑公式一项，然后看到如下的内容：

RSV :=(CLOSE−LLV (LOW, N))/ (HHV (HIGH, N)−LLV (LOW, N))×100;
K: SMA (RSV, M1, 1);
D: SMA (K, M2, 1);
J: 3×K−2×D;

RSV 赋值 :(收盘价 −N 日内最低价的最低值)/(N 日内最高价的最高值 −N 日内最低价的最低值)×100
输出 K:RSV 的 M1 日 [1 日权重] 移动平均
输出 D:K 的 M2 日 [1 日权重] 移动平均
输出 J:3×K−2×D

逸飞看着我说道：“大师，计算机语言你懂吗？”

(明目张胆地藐视我，)“老夫大二的时候就过了全国计算机等级测试三级，”我冷冷地说道，“只不过现在忘记了一些。”

“大师真是天才啊，没关系，有基础就好了。”逸飞笑道。

“现在我们看到的就是 KDJ 的公式。以后研究任何指标一定要记住第一步就是看明白他的公式，只有这样，你才能看懂它背后的故事。不然就只能雾里看花了。就像你刚才讲的那些，那些只是 KDJ 指标的性质和使用的规则，但那不是指标本身。只有明白指标本身的假设和前提，才能彻底明白他的适用范围。像我们现在看到的这个公式，第一步就是要明确，他所包含的基本变量，也就是基本因素。其实往深了讲就是这个指标的参照系。现在我们看明白了，这个指标一共有四个基本因素：第一，是定义一个时间周期，第二，是考察这个周期内最近的收盘价。第三是定义了周期内的最高价，最后就是定义了周期里的最低价。可以说这四个因素决定了他的变化。

下面我们来找出这里面他所定义的基本公式，你看这个 RSV，这个东西叫作随机变量，其实他就是其他值得基础值，其他像 K、D、J 三个指标的值都是根据他的变化变出来的。下面我们来好好认识下这个东西。他的公式就是讲了这样一个故事，一段时间周期内的收盘价减去最低价，然后比上这个周期内最高值和最低值的差，最后在乘上一个百分比，最后将结果变成为百分数。但其实他的意义在于，你把最高值和最低值这之间的位置看作一个空间，就像一张白纸的上下两个边。而这个比值就是描述收盘价在这个空间里的相对位置。就像一个苹果在镜子里，如果苹果在上沿，那么比值就是 80% 或是 90%。而如果是在下沿，则表示为 20% 或 10%。其实说白了就是这个东西。”

“那这种东西眼睛就能看出了，还要什么指标啊！”我不禁问道。

“大师真厉害，呵呵，谁说不是呢！”逸飞看着我笑道，嘴里淡淡的烟草味，“下面我们就要来看 K 值了，这个 K 值的‘K’和 K 线的‘K’字母一样，但是没有什么关系，就是一个代数罢了。我们已经通过几个因素算出来随机指标，就是 RSV 的值。但是下面的计算就要涉及到加权计算了，大师知道什么叫加权计算吗？”

（靠！这简直是对老夫智力的公然侮辱，拿中学数学来考我。）“所谓加权就是在计算的时候加上这个因数的比重来计算，”我冷冷地答道，“这往往和算术平均相对，例如我期中考了 50，期末考了 68。按照算术平均计算就是 (50+68)/2=59。这样我就不及格了，但是如果老师说期中的成绩只算 20%，而期末的成绩要算到 80%，这样加权计算的结果就是 50×20%+68×80=64.4 这样算下来我就及格了。所以所谓的加权就是算上这个因数的权重罢了。像什么权重股的概念大体相似。”

逸飞看着我眨眨眼间说道：“大师，太帅了，（呵呵，这小子终于看到事实了。）这种加权的办法，他们叫这个是‘平滑处理’。好，明白这一点咱们接下来就好解释了。K 值的计算就是用今天的随机值乘以你设的数字的比例，再加上剩下的余数乘以昨天的 K 值，最后所得到的和。例如现在这个软件设置的参数就是 9、3、3。这就是说 9 是时间周期数，而第一个 3 就是计算第一个 K 值用的，所以这里的 K 值计算就是 K= 今天的 RSV×1/3(就是 3 比 9)+ 昨天的 K 值 ×2/3（剩下的余数比例）。所以这里可以看出，这个 K 值是一个被加权计算过了的数字，而其中比例占得比较大的是昨天的 K 值。今天的随机值占得分量要相对少一些，但是这也就决定了他的一些特性。

“而 D 值也是同样的道理，只不过这一次 K 值替代了随机值（RSV）成为了基数。现在你明白了这些基本的东西吧。”

“但不是还有个 J 值吗？”我问道。

“呵呵，大师你到细心，对的 J 值的公式就是 J=3×K–2×D。看明白了吧就是 K 值和 D 值的差。但由于 K 与 D 的差值可能不是很大，因此为了使 J 值看起来更加明显，设计指标的人乘了一个倍数。这样就使 J 值更灵敏、更清晰可见了。所以你经常会看到 J 值超出范围，而 K 和 D 则不会。以上我们就全部知道了这个指标的实质。他到底是什么。大师，你再看这个指标，他到底表达的是什么意思呢？”

“嗯……”我沉思了一会儿说道，“这个是指标是用来表示规定的时间和规定的空间之中，收盘价的相对高低位置的指标。”

“太对了，但是你能看着这个指标告诉我在 9、3、3 这个参数条件下所包含的时间周

期吗？”

“嗯……应该就是9天为周期吧！”我想了想。

逸飞显然是看热闹不要命的，“呵呵，没关系，估计你也看不出来（这句话和找死没什么两样了，等你讲完的，小子。我心里暗暗许诺道。)，这里还有一个K值要考虑的，K的计算要占去前一个周期的K值这就要向前一位但是由于加权这个前一天的占两天的权重，所以实际上是向前推了2位，这样就是9+2=11天的周期了，同样的道理，D值也要算两天的权重这样就是11+2=13个周期了,所以这个公式最远只能追述到13根K线周期。出了这个周期，就出了他的考虑范围，也就再也没有关系了，所以我们可以说KDJ每天都是全新的。因为他每一次都要忽略掉前面的一个周期的东西，这样我们看到的就是一个横周期是13天。竖的空间则是时间里最高价和最低价之间所包括的一个箱体，这里的值就是表示现在的收盘价处于整个箱体的相对位置了。这样你就理解了钝化的现象了吧，如果这个不是箱体，而是一个趋势，那么指标就会一直显示现在的收盘价在整个区间的上部，根本就不是原来简单的那种超买超卖了，呵呵。只有真正的假设行情会待在一个区间里，靠着上下的支持，才会有所谓的高低点。怎么样大师明白了吗？”

“等下我有点儿晕。”我说道。

“那大师你慢慢看，这次你只观察五分钟的外汇K线图，然后和KDJ相对比，然后就真的理解了。”说完这些，逸飞去冰箱里拿了两听啤酒，“大师你要吗？”逸飞喊道。

“别打扰老夫！”我不屑地说道。

自从老夫减肥以来，家里就没了可乐这样的东西，后来，索性连健怡这样替代品都舍了。现在就是一些简单的冰镇啤酒，没事喝着玩。但今天显然逸飞的心情很好。撇去他的事情，我专心的看盘。别说，受到这一阵点拨我真的看懂了不少，原来整个KDJ就是考虑一段时间内价格的相对位置啊。而且什么都不考虑，就是周期、收盘、最高、和最低。显然随着收盘价的上下不定起伏，KDJ也在变化。直到收盘价定了下来，KDJ才最终成型，这个时候就要开始下一根K线了。

“大师，看的如何了？”显然喝了些冰镇他的心情更加好了。

“飞，我发现这样下来之后，我竟然不用看指标也能知道KDJ现在运动到哪里了。”我疑惑地说道。

“所以啊，本来就知道在哪里了。根本就没有看KDJ指标的必要啊。”逸飞不以为然地继续说道，“只有你才关心这些东西。你看啊，这个KDJ指标。看这里，你不用管他什么是不是影线什么的，只要他是出现的最高价，那就是会影响指标的因素。说白了，这东西就是形容收盘价的相对位置的。这一下就了解了这些东西有多无聊了吧！这个指标假设的前提是箱体，所以到了高点就应该空。可是行情如果是趋势呢。那么当KDJ到高点时，不仅不是一个平仓信号，反而是加仓的信号呢，不懂这个道理，KDJ就是没学过。其实这个东西绝对不应该叫什么随机指标，他一点都不随机。我记得有另一个名字能更好的形容他，好像是，周期空间定位加权移动平均指标。就是说这是一个描述一定时间和空间内部行情的指标。”

“周期空间定位加权移动平均指标”，我默默的念道，真的能很贴切的形容这个东西，“那是不是所有指标都是可以这样学习的呢？”我问道。

“当然了，”逸飞咽了口啤酒，笑着说道，“不信你可以举例。呵呵。”

14.8.3.2 MACD

“好，”这个小子敢这样的叫嚣我还能放过他。

于是我简单的调出了MACD指标。逸飞看了一眼笑了笑，“大师，你不能找些更奇怪的东西啊。呵呵，那种废物很多的。”

“咱们一个一个来说，”我安慰他道，看着他吃惊的表情我真的很开心，“智力上不能取胜，咱们就在体力上压死你。让你讲到虚脱，呵呵。”我心里很高兴。

“算了，这回你自己来，我听你说。”逸飞叹息道。（这个小子果然不一般，这么简单就看破了我的计谋。）“大师，你先把公式弄出来。”‘白痴’叫唤道。

于是我打开了公式，看到：

DIF:EMA(CLOSE,SHORT)−EMA(CLOSE,LONG);

DEA:EMA(DIF,MID);

MACD:(DIF−DEA)×2,COLORSTICK;

输出DIF:收盘价的SHORT日指数移动平均－收盘价的LONG日指数移动平均

输出DEA:DIF的MID日指数移动平均

输出平滑异同平均:(DIF−DEA)×2,COLORSTICK

逸飞做了一个简单的请的动作说道：“大师，你讲吧。”

“嗯……这个指标叫做MACD，中文学名叫做平滑异同移动平均线。我还知道他英文名，叫Moving Average Convergence and Divergence。”显然逸飞很喜欢我这种没事找事儿的态度，我继续道，“看着他这个公式，一共就涉及到了一个价格就是收盘价，而周期是无限。”逸飞看着我点了点头，鼓励我继续说下去。

“他有两个基础的变量。一个是短周期的均线，另一个就是长周期的变量，后来的东西就他们的差的体现。”我把头转向逸飞问道，“没了？”

“没了，你还要什么啊？”逸飞笑道。

“那我看他做什么啊，我还不如直接看两根均线来的方便呢？”我惊问道。

“你要喜欢也不是不可以。”逸飞笑道，看到我快要发飙了，他简单地说道，“这样好吧，你说说你还想知道什么？”

“不是啊，这个指标不是有很多用途吗？像什么穿越啊，什么红住变长啊的吗？什么背离啊。”我问道。

“确实有啊，大师，这是真的，但是你要看到他背后的道理。就像你讲的，如果短期的穿过长期的，那么就是表示……”

“表示向上啊，金叉啊，”我抢答道。

“呵呵，均线里讲的金叉可不同于指标的金叉。指标往往两根线插在一起就叫金叉了，但是均线的所谓金叉一定是发生在一个上升的趋势中，不然就只是简单的相交，而算不上是金叉了。其实MACD表示的是两个均线的差值计算，然后对这个差在进行一次平滑处理，这样就有了两条线。再在对着两条线求差，其实说白了，最终体现的还是差值。只不过，现在他可以很好的体现整个行情的动能了，所以这个指标被称为趋势指标之一。大师你看，从这里这个行情开始，首先是由于K线的反复震荡，于是均线开始粘合了，这个时候会发生什么呢？”

“MACD指标开始在0轴附近？”我答道。

“对，这就是所现在市场处于一个多空平衡的阶段，而其后由于行情的快速上涨，短期与长期均线的差越来越大，这个时候MACD也就现实出来这个样子，但由于MACD本身的计算结构就是一个用均线计算的。而又由于均线本身就滞后，所以这个指标就更滞后了，但他还是可以表现出两个均线的差值在逐渐扩大。当行情发展到一定阶段之后。开始出现调整了。这个时候短期与长期均线开始再次粘合，于是MACD的差值变小了。这也就是他能提前体现下跌的原因，但是这不能说行情一定会跌，因为这只是均线进行粘合，是对行情进行修正，很可能后来又会发动一轮上涨，只不过，随着行情的深入，人们的意愿开始动摇。例如以前的一波可以涨100个点，但是第二波上涨可能就只涨了60个，最后涨了40个，这个时候就会发生什么呢？”

“什么？”我跟着他思考道。

“这样，均线之间的差就会越来越小了，于是MACD的红柱就越来越短了，指标不会管你的价格变化的原因，是上是下，人家只知道短期和长期均线的差值正在一次比一次越来越小。这样我们就看到了尽管行情还是向上走，可是MACD却越来越短了，这个时候就是你经常说的背离了。”

“背离是这样产生的？”我惊叹道。

“那你以为呢？”逸飞笑道，“呵呵，其实很简单的，我之所以会说他能检测动能的原因就在这里，毕竟一个行情如果总是涨停的方式拉，你想想，那MACD不得成什么样啊，反之也是一样的道理。”

“原来这些东西这样的简单？这不是唬人玩吗！”我感叹道。

“呵呵，大师又骄傲了，你别看不起指标，人家毕竟是简单的反映了价格变动的一个侧面。虽然不是全面，但是有指标玩的好的，人家照样赚钱，请问大师呢？”

“去死，”我不禁恼羞成怒，逸飞最近封了我的外汇账户，禁止我进行交易，原因很简单，照我现在这个风格做下去，最后就是死路一条。在我做爆了几个模拟账户之后，我安安心心地听他安排了。

“那是不是其他的也是如此呢？”我不甘心地问道。

“大师还是不死心啊。但是话不能说绝对了，我现在学奸了，呵呵。”逸飞笑道，“但大多数还是可以这样分析的，大多技术指标就是反映价格的一个侧面，其背后往往都有一些理论基础，像咱们分析的 KDJ 其中就包含了，箱体运动、压力支撑、平滑、平均等等知识。这些在当年都是了不起的成绩了。只是现在华尔街往往不看这些了，人家返璞归真了。呵呵。”

“那他们看什么了？”我问道。

“大师想知道？”逸飞又吊起我胃口，一脸坏笑地说道。

14.8.3.3 指标通论

看着他这一脸坏笑我犹豫地问道，“你告诉我这些我会付出什么代价？”

“只要大师想听，这些不要钱。呵呵。”逸飞答道。

“那哪些收费呢？”我冷冷地问道。

“现在酬宾，呵呵，都免费，你想听我就讲给你好了。”逸飞笑道。

“好，你说吧，老夫听着呢。”我说道。

“大师想听什么？”逸飞一脸无知地问道。

（这小子存心逗我玩啊，）我忍了下说道：“就些指标到底是什么？”

“大师，你说这个市场里什么是一手的资料，什么是二手的资料呢？”逸飞引导道。

“一手的资料，那就是 K 线了。价格为先嘛。”我思考了下回答道。

“好，可是为什么 K 线本身就作为一种分析手段呢？如果他是分析的手段，他又怎么可能是一手的呢？”逸飞问道。

“这……”被他一问我还真愣住了。他想说什么呢？

“其实，大师，这个市场里真正存在的只有一个东西，那就是价格。就是你从交易大厅的板子上看到的东西，这个东西是交易所公布的，反映的是这个时间内买卖双方可以接受的价格，除此之外的一切都是分析手段，都是二手资料了，再有一个勉强可以算是一手的就是成交量了。只不过在分析时这个资料由于很难有具体指向，一般作为辅助手段。而其他的东西既然都是二手资料，那又哪有什么高下之别呢？就好像 K 线本身就将价格的很多东西排除在外，只关心四个基础的变量，这样就是简单的市场进行分析了，其实除

了K线以外，均线也能在一定程度上执行K线的职能，如果你把收盘价连接起来就是一个没有进行过平滑处理的均线系统。而其他的分析指标，虽然在价格指示上可能不如K线，但也可以体现价格现在所处的相对位置。而这就是指标的实质，指标就是对价格的翻译。

“所以，如果你想读懂指标的故事，你就必须首先理解这个指标对于价格进行了怎样的编码，才有可能进行解码。我自己也创设了一个指标。是用来弄权证的。当年一个小子用这个指标，一个月4万块的账户打出来2000万的交易量，而这还是很一般的。呵呵，哪天有空给你看看，其实知道这些，你自己就可以编指标玩了，不懂的人还以为很神奇呢。其实就是价格再现，哪有什么神奇的呢！

“大师，价格就是人们心里预期的体现。等将来给你讲‘什么是金钱’的时候你就了解了，所有的钱都是数字，只不过大家对这个数字有些期望罢了。所以分析的根本只有价格。这也就是现在华尔街玩的东西了。呵呵。大师神奇吗？”

“有点儿深！”我迷迷糊糊地答道。

“还好吧，呵呵，就是听着玩好了，其实你学会了这些不一定会一定赚钱，但起码你会不再不迷信什么东西了。”逸飞说道。

“对了，飞，我老师说市场里只有价格，而价格涨多了就会跌，跌多了就会涨，他已经把这些量化了。这是真的吗？”我想到了和积极向上的对话。

“你哪个老师？”逸飞问道。

“积极向上，就是我特崇拜的那个。”我骄傲地说道。

“啊……不能算错。但是量化市场是很危险的事情，毕竟在市场里唯一不变的就是变化。在指标中有很多就是量化市场的指标，像乖离率这种的东西，就是假设有个价值中枢，然后价格先对波动，也是很不错的。我之所以说这个想法有些危险是因为，如果要量化处理，那么首先就要有大量的数据，而现在的中国股市变化太快。说来惭愧，我还没法做到。（看来这个小子还没‘狂’到没有边儿的地步。）对了，大师关于这个问题，你可以看看一本书叫作《亚当理论》我回头传给你，百度上不一定有这样好的版本了。”

“好，”我说道。

简单的讲了这些，就已经是午夜了，逸飞直接不客气的占领了我的床，更衣就要睡了，看来今晚我又要去睡书房了。毕竟现在到我安寝的时间还尚早。但逸飞却只是先刷了牙，然后让我和他一起看电视。

“大师，帮我抓脑袋。”

“你不是有虱子吧。”

“不是，就是抓脑袋睡觉很舒服。你高兴吧，以前这个任务都是我女友的，现在轮到你了。”

“老夫照顾你是你三生有幸，你是不想说这是我的幸运啊！”

“别废话，快！”……

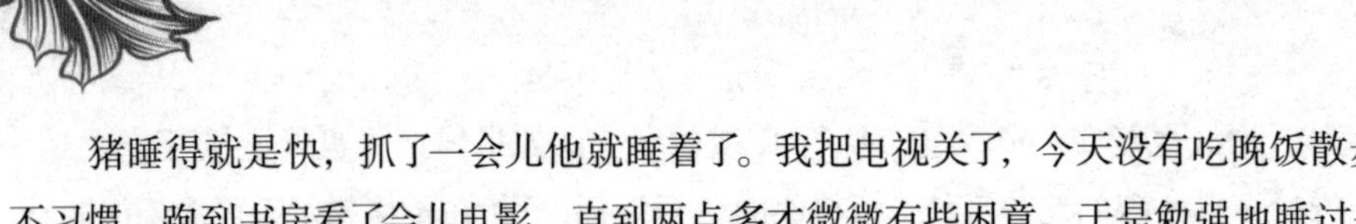

猪睡得就是快，抓了一会儿他就睡着了。我把电视关了，今天没有吃晚饭散步还真是不习惯。跑到书房看了会儿电影，直到两点多才微微有些困意。于是勉强地睡过去了。

第二天早上起来，逸飞已经跑了，也不知他吃过早饭没有，估计他应该不会注意到我冰箱里的牛奶和鸡蛋。反正他有我家的钥匙我也不怕他落下什么东西给他开门。等我起来的时候已经是日上三竿了，简单地用了下早午膳，我就开始思考晚上做什么晚饭，毕竟这才是一天的重点。

大约中午看盘的时候我看到了逸飞发给我的邮件，就是传说中的《亚当理论》。逸飞说这个版本好，真是对的，起码这个不是什么网上流传的本子，而是正规的出版物的影印本。于是我一下午就在家安心看书了，别说这个书还真的有些意思。

亚当理论的作者是韦尔德，韦尔德是一个指标发明家，1978 年他出版了《技术性买卖系统的新概念》一书，发明了一系列技术辅助指标：相对强弱指数（RSI）、抛物线（PAR）、摇摆指数（SI）、转向分析（DM）、动力指标（MOM）、变异率（VOL）等等。上述技术指标，尤其是其中的相对强弱指标大行其道，这哥们儿赢得了一堆粉丝。韦尔德很快就举世闻名了。但是最后他经过多年反省检讨，认识到每一种指标都有其缺陷与误区，最终悟到“顺势而为”的重要性，明白了“无招胜有招”的真谛。于是把自己发明的指标统统抛弃，推出了亚当理论：无需技术指标。

看完这部书我发现一个故事就可以很清楚的说明一切。这是一个经常被引用的故事：

“从前，有个叫市场乐园的迷人的地方。人们从早到晚玩一种叫做市场（The Market）游戏，这个游戏是这样的：每天他都会上涨或下跌，玩游戏的人去赌结果。这是一场很简单的游戏，但这也有复杂的地方。主要是因为市场乐园里玩游戏的每一个人，对于市场走向都有自己的意见。而且他们不只是有意见而已。玩游戏的人还弄出了一大堆系统、方法、证据和分析，用来证明自己的意见是对的。他们有所谓的达克底尔数列、普东提夫波浪、詹东直线和齐格达和声。他们有欧伯特和卡尼恩与老师傅流传下来的锦囊妙计。他们还有所谓的存货、盈余、货币流量、星象图以及四度空间等利器。所有东西都叫人着迷。没错，玩游戏的人，有许多教人叹为观止的法宝。

不过问题出在，有时他们用自己的方法研判市场会往某个方向走。而事实上，市场的走势却恰恰相反。这种事情从来不会叫身处其中的每一个人清醒，他们会花很长的时间讨论，何以市场会有这种“违背常理”的走法。但是他们通常会同意，这只是市场暂时的脱轨现象。他们所用的方法，所做的分析，完好如昔。

有一天下午，有个叫“求是”先生的玩家碰到一件怪事。从此之后，他整个人都变了。“求是”先生曾经花了很多时间，深入研究所谓的阿哲霍夫数字，而且成为市场乐园中这方面公认的行家。现在阿哲霍夫数字显示，市场非涨不可。所以，“求是”先生买进了不少股票，建立了不小的多头。

不幸得很，这位求是先生买入后不久市场就开始下跌。这件事情并没有叫求是先生太过忧虑,因为他很笃定,相信市场终究会上涨。然而市场却不理他那一套(正是造化弄人)，一跌再跌又跌。求是先生十分焦虑和消极(这种事情不难理解，因为我们都经历过这种时候)。但是他还是认为事情很快就会好转，市场很快就会反转，走他应该走的路。

既然所有的神话故事都有小孩子，这里也不例外。求是先生居然有一个叫作“眼前”的五岁的漂亮女孩。正当他为自己悲惨的命运仰天长叹时，“眼前”走了进来。她发现气氛有点儿不对劲，开口就问到底发生了什么事情。

“哦，没什么，小宝贝，这种事情你不会懂的。简单的说，市场本该上涨，结果没有。”

“爸爸，这就是你说的市场吗? 是不是银幕上这根线”

“对”

小“眼前”走过来，专著的看着银幕上那条歪来歪去的线。过了一阵子，他说：

“喂，爸爸，我根本不知道市场是什么，但从这根线来看，似乎只跌不涨啊。”

“小宝贝，这就是你不懂的地方，你看，阿哲霍夫数字说，市场铁定要涨到这里。”

“我知道，爸爸，但现在看起来就是往下走嘛”

“宝贝，不止这样，连墨林沙频率都一口咬定，市场非涨到这里不可”

“我知道，但现在看起来就是往下走嘛”

“你不懂的，宝贝，当阿哲霍夫数字和墨林沙频率吻合时，市场就非得往那个方向走不可”

小眼前一脸糊涂，她又走过去，仔细看着银幕。

“你说的东西,我全不懂,爸爸,我也不了解市场。但现在看起来就是往下走嘛。你看,不是吗? ”

求是先生一时语塞，眼睁睁的看着女儿：

“眼前，你再说一遍好吗? ”

“爸爸，就是现在，市场看起来就是往下走。我说错了吗? ”

就在这时，某种灵感迅速闪入求是先生脑中。那些年来苦研阿哲霍夫数字和墨林沙频率，以及其他种种都历历浮现眼前。他看了看女儿，拿起电话来把所有的多头仓平掉。而且，不止如此，他还大肆放空。

现在，求是先生已经不是以前的求是先生了。以前的他，一有时间就钻研阿哲霍夫数字和墨林沙频率，还有其他理论。现在，一有时间他就去打高尔夫，而且腾出很多时间跟家人共享天伦。朋友们都认为，他变得很奇怪，因为他不再对那些与市场有关的迷人系统、方法、统计数字感兴趣了。但是求是先生一点都不在乎，因为他正大赚其钱，而且钱多得不像话。

这个故事中，“眼前”小姐的眼中只有一条看不见的线，那就是趋势线。于是亚当理

论更提出观点认为：要在市场上获得真正的成功，我们必须用五岁孩子的眼光来看它们。于是“顺势而为”，“趋势为友”，成了他最好的口号。他提出问题“市场中那些事才重要？1、价格。每件事都包含在价格之中。价格才是真实的。2、趋势。趋势是价格反映的一切。而何谓趋势？一再重复的事 。

亚当理论的精髓实质就是在投机市场中没有任何技术分析指标可以相当准确地推测后市的趋向。每一套技术分析工具都有其固有的内在缺陷。依赖这些并不完善，也无法完善的技术分析指标和工具去推测去向不定、变化莫测的后市趋向，显然将出现许多失误。

亚当理论的主要思想是指导投资者摒弃所有的主观分析，不管这些指标或技术工具是定性还是定量地给出定义，都应该坚决地放弃迷信技术指标或工具的做法。及时认清身处的市势趋向，并顺势而为。即认为在升势中逆势沽空或跌势中持相反理论的做多，常常因为情况和条件不同，而导致失败。因为没有人能够准确地预料到市场涨、跌何时结束。盲目地、主观地逃顶或抄底都在事后证明不是逃得过晚就是抄得过早，只有认清市场趋向并顺势而为，才能将风险减到最低限度。

亚当理论的内涵有以下几条：

1. 在介入某个投机市场前一定要认清该市场的趋势是升还是跌，确认了市势后，才具体行动。即升市中主要以做多为主，在跌市中则以沽空为主。切记买卖方向不要做错。即在升市做空、跌市买涨，这都是最愚蠢而且相当危险的。

2. 买入后遇跌，沽出后却升，就应该警惕是否看错大势。看错就要认错，及早投降，不要和大势为敌。不要固执己见，要承认自己看错方向，及早认识错误则可将损失减到较少的程度。建议在未买卖之前就设法订立止损位，并且不随意更改既定的止损位。切忌寻找各种借口为自己的错误看法辩护。因为那样只会使自己深陷泥潭，损失更大。在投机市场中，不要把面子看得太重，看重脸面则要以损失钞票为代价。

3. 抛弃迷信技术分析指标或工具的做法。各种技术分析、技术指标均有缺陷，过于依赖这些技术分析指标的所谓买卖信号，有可能使资金遭遇被套的危险。

系统或者什么神奇指标软件，而是顺势而为。根据市场自己走出来的趋势，做出相应的对策，投资成绩也较往昔飞速进展，生活变得更加惬意起来。“根据市场自己走出来的趋势，做出相应的对策”这就是亚当理论里顺势而为的全部精华。

不要做趋势的预测者，要做趋势的追随者！看完全书我不禁想到最近和逸飞讨论的关于趋势的问题。显然这份文献，已经对趋势采取了迷信的态度。也许这就是逸飞给我这份文献的原因吧。所有的指标都只一种语言的表达。而语言会一种，能用明白，就很了不起了。值得注意的倒是《亚当理论》最后提出了所谓“心像”这样的东西。说白了就是

自己想什么就可以在现实中实现什么。这个和“成功学”里的东西很像，不知道逸飞怎么看。等有时间和他好好交流下这个东西，毕竟在大学之中，这个东西我学了两年。

14.8.3.4 均线——移动的趋势线

“大师，《亚当理论》看的感觉如何？”逸飞放下手中的烤大肥腰，看着我问道。看来他真的打算和我在烤肉店里讨论高深的学术问题了。

“人家对于趋势简直就是开始迷信了。”我没工夫搭理他，毕竟这样的美味如果凉了就真的很难吃了。但是还是没忍住问道，“《亚当理论》之中包含了一种‘对称理论’的东西，这个你有研究没？”

逸飞侧头想了一下说道：“没太求证过，我看了一下，但当时我很喜欢波浪理论，就没有太深入的求证，所以不敢说什么。但是这种理论很多的，你如果想求证可以试试。毕竟《亚当理论》本身不仅包括了一段思考，也有一个交易的技巧。”逸飞坦然地说道。

“那如果我学会《亚当理论》真的就不用学别的什么了吗？”我再次摆脱美食说道。

“那是当然的了，只要你真正学会一个赚钱理论，并安心实践，这就够了，我自己的方法也很简单。其他的东西只不过是没事儿闲的罢了。”逸飞淡淡地说道。

“那你还要我学！”我吃惊道。

“别瞎说，是你自己要学的。你自己想想，给你一个简单的东西你真的能做到吗？”逸飞不以为然地说道。

“嗯……”这到是很对，估计我茂盛的求知欲一定没有办法满足的。想想到现在，真的一直是我想学这个想学哪个才跑来跑去的。逸飞倒是一直在我身边，省去了我很多麻烦。“那我接下来应该学什么呢？”

“其实说实话，你真的不用学，但是我也拦不住你，你想学什么自己说就好了。我随时奉陪。”逸飞一脸无奈地说道。

“那就学跟趋势相关的吧，再来认识下趋势。”我想了想说道。

“呵呵，”‘白痴’又笑了，“大师，其实什么最后的归宿大多都是趋势，不过你要想学，那就好好研究下均线吧。你认为什么是均线呢？”

“均线不就是强阻力和支撑吗？在不就是‘葛蓝必八法’什么的。”我想了想说道。

“那看来你还是好好看看书吧，回头给你个文件好好背下来。记住均线还有个名字就是：移动的趋势线。……”

……

回到家里和这份文件较劲已经是几个小时的事情了。逸飞给的文件就是厉害，海阔天空，还就是什么也看不懂。我细致的将文件进行了一个总结，最后慢慢地发现竟然只包括两个部分：

均线的十二个法则

1，均线回补　2，均线收敛　3，均线修复　4，均线发散
5，均线平行　6，均线脉冲　7，均线背离　8，均线助推。
9，均线扭转　10，均线服从　11，均线穿越　12，均线角度。

均线的二十四定式

多头排列：

黄金交叉、黄金山谷、首次粘合向上、再次粘合向上
首次交叉向上、再次交叉向上、快速上涨、加速上涨、
上山爬坡、逐浪上升、烘云托月、蛟龙出海

空头排列：

死亡交叉、死亡谷、首次粘合向下、再次粘合向下、
首次交叉向下、再次交叉向下、快速下跌、加速下跌、
下山滑坡、逐浪下降、乌云密布、断头铡刀、

我真的很佩服他，竟然能将很多不相干的东西愣是粘贴在了一起，看来这个‘白痴’真的很有时间。反复研究了半天，我宣布了邀请他今晚散步的计划。下午的江风似乎还不是很冷，我还是遵循着‘春捂秋冻’的训诫，穿着很厚的棉衣和逸飞走在江边，逸飞今天还是一如既往的很闲，于是就答应我下午出来散散步。很久没在阳光下散步了，愣是感到春风竟然也有了气息。

“逸飞，你给我的均线的东西怎么看着有些难呢？”我想了一下，还是没有好的问题，就这样提起了他的注意力。

“谁让你看懂了！背下来就好了。”逸飞态度坦然地说道，仿佛一切本该如此一般。

“不是吧，这种东西也要背下来？”我吃惊地问道。

“对啊，这种东西和K线一样也是一种语言。可以说这是唯一一个靠近K线甚至能取代K线的东西了。”逸飞说道，“只有先背下来，才可以考虑将来的什么孰能生巧的事情。如果背不下来,将来看到也不认识啊。所以我给你总结了那些定式。那些都是公认的形态，你一定要熟悉的，不然将来听到‘断头铡刀’都不知道什么意思。”

“你们交易真的很难啊。”我感叹道。

“大师，你错了，做交易的真的很简单，只是忽悠人的人，才要知道这些东西的。你知道在深圳真的有操盘手培训机构，人家培训的小孩只教有用的，其余的没有用的，一概不知。只不过是你自己非要学这些东西，那我就尽量教给你好了。”

“看来我真是自己给自己找麻烦啊。”我感叹道。

“也不能这样说，我更喜欢说你是好奇心旺盛。呵呵。”逸飞打趣道，“像均线要学习本身就要知道他的一些特性。他是技术指标这不用说了，他所表达的就是价格，尤其是收盘价的平滑处理。所以不要太以为这有什么的。但是像均线金叉和指标的金叉就有截然不同的含义，还记得上一次那个‘第一财经’的小傻子吗？看到一个股票重底部上来，然后就是底部已经金叉，但是均线还处在下降趋势，所以从根本上讲，这还不能算什么金叉。还有一次一个‘浙江卫视’的小傻子指着一个上升形态说这就是‘断头铡刀’结果看图大家都知道那是一个上升趋势，早就不是盘整了，均线也没粘合，他就楞说那是断头。这都是丢人的人。所以大师最起码将来不能太丢人了。呵呵。”

“那倒是，但是我记得有八法则，为什么你不说呢？”我问道。

逸飞笑道：“你都知道我还讲什么，呵呵。要讲自然说你不知道的啊。其实和八法则很像的，就是和均线配合使用的一个指标就是叫乖离率。”

“你上次好像说过，这个是量化指标啊。”我问道。

“嗯，他就是假设一个均线是价值中枢，然后运作，配合八法则使用还是不错的。例如可以把十日均线作为价值中枢，这样算出来就是相对十日线的偏离了。然后你可以定义什么时候算是远的要回归，什么时候要涨就好了。这没什么难的。”

“那均线的十二法则呢？也是这样吗？”我问道。

“大师，均线的十二法则是讲他可能出现的变化的。而定式就是要记好的形态，这之间没有什么疑问的。说白了，定式就是均线说明现在市场处于什么样的状态的文字。而均线法则，则是用均线的语言，来简单解释出现这些现象的原因。我们知道趋势只有公认的三种，上升、下降和盘整。而同时又有短、中、长的区别。就是这些使得均线出现了不同的形态。如果只有一根均线，显然就没有这些形态了。而是直接回答，现在的趋势到底是上是下的问题。只有出现了不同周期的多个均线之后，才出现了相对位置的这些形态。说白了就是描述，短期价格变化与长期价格变化直接的相对关系。出举例来说，当出现了盘整的趋势的时候就会出现所谓的均线修复、均线平行、均线收敛。这些状态。而这些只不过是盘整的时候是在底部，还是头部，亦或是中间所以出现了种种的分别。再来看，如果出现了一个有方向的趋势就会首先注意到均线发散了。而他的速度就是所谓的均线角度，既时间和空间比。然后就是均线脉冲这个东西的考虑。再来如何有短时间的小回调，这个时候就会出现所谓的均线助推。你还要知道啊，这个均线可能不是一条吧，所以在涨了一段时间之后就会出现回调的走势，于是出现了均线的短期和长期的一些形态组合，于是有了均线服从、均线穿越、均线回补这样的相对形态。最后当趋势扭转的时候就会出现均线的扭转了。”

“这简直和趋势是一个东西啊，简单的说就是切线派经常出现的东西嘛！”我不无感叹的说道。

“你以为有什么神奇的呢？说白了就是一段行情是简化形式。其实如果不将价格进行平滑处理就是一个个点的行情用线穿起来罢了。这和K线的实质，也就是价格并没有什么本质的不同罢了,自然就是趋势所展现的样子啊。呵呵”逸飞露出了早该知道的表情。“其实，之所以说他有些重要这不过将点串连起来的价格进行平滑之后就会避免很多‘毛刺’。这个在判读上可以提供一些便利的。例如前些年就有人总结了很多关于均线的东西，最后出了一个‘一线买卖’的东东。就是殷保华。大师听过没？”

“老夫总混东北，这个名字还是有些陌生的。”我谦虚地说道。

“呵呵，大师真厉害，炒股这样久了，知道的还是这样不多。”看着我看他的眼神，他稍稍地收敛了一些。“大师，其实这些东西很简单的，例如要根据一条线进行买卖确实可以赚钱的，例如当年他就一直强调所谓的‘线上阴线买，线下阳线抛’的策略。同样的有很多人也根据均线提出了‘牛熊分界’线的不同思路。以后你看的多了就会发现,很多‘牛熊分界线’是不同的。其实这没什么奇怪的,很可能一个市场对一个人来说已经是熊市了,但另一个人可能就要再等待明确的指示而已。”

“但是真的可以只依靠一种简单的东西就能获利吗。”我不无奇怪地问道。

“当然可以了，呵呵”逸飞看着我笑道，“其实只要坚持一个东西好好进行交易就不会错的太多了。但是人们很难坚持住的。根据均线来进行交易就一定要使用均线的相关知识，可是我们看到的却是，很多人根据均线入场了，然后就开始根据别的指标出来了。最后均线也没有坚持用好，又或者是根据别的指标入场，然后再根据均线出场了。最后就是亏损，这些人就会说我没有错啊。我这是综合评判了很多之后才做出的决定。呵呵，想想就可笑。大师,你还记得我跟你讲过坐标系的东西吧。你知道他们错在了哪一点吗？”

“嗯……他们换了战法？”我试探地说道。

“呵呵，大师说的总是这样有启发。其实是他们没有坚持好自己的交易策略。要知道如果你在一开始就将均线作为自己策略的一个部分，并了解其使用的范围，然后将它和其他的指标或判断一起使用，那还可以说是综合评断。但是如果一开始就没有这样的考虑,只不过是中途改换了其他的策略,那就决定不是均线的错,而是在交易前和交易后换了‘坐标系’。于是事情就有了新的定位。大师，你要记住，判断任何事都会引入一个坐标系的概念，这个‘坐标系’，就是我们用来判断的标准。如果这个‘坐标系’错了，那再多的分析也就是浪费粮食。用均线来作为交易策略就一定要坚持始终。如果中途改变，那么整个交易就是没有亏损可是也已经失败了。就拿均线本身来说吧，其中不只有一个均线，多条均线共同构成了一个整体，当然，如果孤立地只看一根也可以，但意义一定要明白。长周期的均线就是用来看长期的趋势的，这是长期判断的基础。如果看短周期的行情，就是短期均线的任务。些在整个均线系统中，都有自己的位置。拿这些已经很明确的东西，和一些其他的东西，胡乱的没有测量的组合在一起，这种结果就是必然的不可测定的了。要知道，我们现在介绍的东西都是市场已经检验并有一定效果的东西。说白了就是前人用钱堆出来的。如果不相信，就只能自己拿钱去堆了。最后也许真的会成功吧……”逸飞

又开始没心没肺地瞎笑了起来。

我懒得理他，反倒是天气真的很好，阳光很暖和。看起来真正的春天也许真的不会太远了吧。反倒觉得身上有些热了，不觉想要脱下衣服了。突然想到，我穿上衣服是因为知道春风刺骨这个事实。可现在却因为一时的喜好就想脱下衣服，这算不算是凭自己一时的喜好变换了自己决策的坐标系呢？现在想想，也许自己以前的交易真的有些太随意了吧……

阳光看起来很灿烂，春天也似乎真的来了，但我到底脱不脱呢？

“嗯，认识，就是一个分析行情的东西。”我回答道，“有两条线一条叫K线，一条叫D线。如果KD到了80就是超买，随时可能向下。而到了20就是超卖随时可能反弹。但平时怎么用怎么不准确。”

“呵呵，那是因为大师根本没看明白这个指标是做什么用的。”逸飞笑道，“这个指标是用来看盘整航期的。如果价格固定在一个区间震荡，那么这个指标就大显神威了。而如果股价快速上涨或是快速下跌的时候，这个指标就歇菜了。”

“啊，这样用的。那怎么没人告诉我啊。”我郁闷道。记得以前看股市入门的书籍的时候好像也没有讲这种事情啊。这种东西还有使用区间啊。

“这是基本功啊大师。”“白痴”灿烂地说道，“呵呵，其实大师别人不知道这些也是正常的。因此他们没研究过。而研究过的人又不会轻易将自己的研究成果公示于人。于是大家都就迷糊了。这就是所谓的‘知者不言，言者不知’的道理了。没办法，谁让金融是一个博弈的市场能，如果大家都变聪明了，那结果就是你的智慧相对于平均降低了。”

“那所有的指标都是这样吗？”我干脆跳出那个问题，直接找实质性问题问到。

“当然了。所有的指标都是分时间、分情况使用的。因为他们是对价格语言的一种翻译。而价格的语言不是一种。”逸飞接着解释道，“虽然我们一直讲行情就是一片文章。但这种文章并不是用一种语言写成的。有的时候他使用的是英文，有的时候使用的俄文，有时候又变成了汉语。你能期待一种软件能翻译所有的语言吗。所有每个指标也就有了自己的使用区间。我们能做的就是更加熟悉自己是武器，然后更好的利用它。”

“等等，那就是说他只是一种翻译的语言。”我继续问道，“那我还有了解他的必要吗？”

“呵呵，当然有必要。”逸飞笑道，“首先，这可以使你防骗，要知道使用指标忽悠人的不再少数。智力简单就要被骗，其次，可以减少你分析的难度，起码只要使用条件正确的话，你就能简单的判断行情。这对于初学者是很难的。”

我懒得理他，反倒是天气真的很好，阳光很暖和。看起来真正的春天也许真的不会太远了吧。反倒觉得身上有些热了，不觉想要脱下衣服了。突然想到，我穿上衣服是因为知道春风刺骨这个事实。可现在却因为一时的喜好就想脱下衣服，这算不算是凭自己一时的喜好变换了自己决策的坐标系呢？现在想想，也许自己以前的交易真的有些太随意了吧……

阳光看起来很灿烂，春天也似乎真的来了，但我到底脱不脱呢？

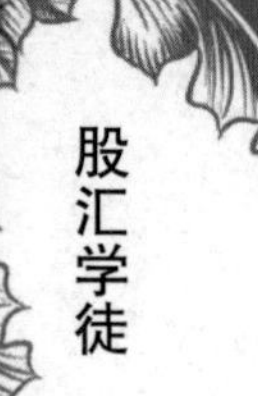

14.9 交易理论

道可道，非恒道。名可名，非恒名。无，名天地之始；有，名万物之母。

——《老子》

14. 9.1 道氏理论

逸飞已经明确的告诉我，现在我已经不用再费心思学什么技术了。因为他已经将技术分析最基础的东西教完了。就像我平时做菜一样，食材已近准备好了，只要真的将那些东西背得滚瓜烂熟就好了。这样做也就算是及格了，剩下的就是菜谱和手法了。其实光是用这些去交易，还远远不够。就像菜虽然可以生吃，但吃的久了肯定会有问题的道理一样。于是就要将这些，真正的组成一个交易策略。可逸飞却强调，就算是现在将策略真的给我，我也很难真正的全面使用。因为虽然我眼前没有什么可想的，但将来也一定会迷茫。于是他开始给我讲解真正的基础，就是一切技术分析的基础。交易的根本理论。

其实理论这些东西我一早就接触过的，过去我曾经听过很多类似的课程并记录了相应的笔记。但是逸飞简单的看过我的笔记之后，就给我讲了一个一手和二手的问题。

“大师，首先你们老师这样讲是情有可原的。毕竟如果你开发客户，你是希望他赶快交易，然后给你带来佣金呢? 还是希望给他办个简单的为期半年的学院让他好好的将交易理论全部的看一遍呢? ”

“嗯……明白了”（老夫毕竟是开过公司的人。）

接着逸飞说道：“大师，其实整个市场的分析基础就是这些以前的大师们构筑的。现在虽然新的理论日新月异。但根本还是在于以前的那些先辈们的努力上，如果你不看他们的原著，你就真的不可能知道他们在说些什么。而进人的很多理解也是牵强附会的，很可能他们连过去的东西都没认识就自立门派了。他们都对市场有自己的理解，于是在引用的时候也难免会断章取义。于是本来正确的东西，到了这里就会变得似是而非了。其实我希望你去看原著，就是英文的。但咱们手头现在没有。所以，如果连汉译本的都没看过，就真的不可能理解他们在说什么了。最后被骗了也就只能说自己无知了，要知道那些东西往往是这些人一生成就才能流传下来的，远不是现在人们拍个脑袋就能写出来的。”

于是就在他郑重的建议下，我挑选了书房里以前买的书，开始看起来。说实话，这些东西买的时候我似乎还是满心期待要读的，可是后来买回来就放起来了。多亏我没把这些东西搬回老家，要不估计这辈子也不会读了。在我开始读这些东西的时候，逸飞特别强调，要我好好的结合当时的历史时代背景和作者的生平来读。看他的意思，似乎这比

理论本身来的还要重要。于是人家的一句话，就成了困住我的大魔咒。

三月，应该是春天的季节。不是有阳春三月这样的说法吗？后来我才反应过来我现在用的是阳历，而人家用的是阴历，那就怪不得现在还冷的直打颤呢。我安静的跑到书房里，开始学习我的第一个要精读的理论，技术分析的基石——"道氏理论"。我身边有一部《道氏理论——市场分析的基石》是由中国经济出版社出的，由陈东编著的。我个人的感觉是人家既然是编著的，应该就是抱着国内的统一态度，就是对国外资料的总结性汇编。但是逸飞向我推荐的是《股市晴雨表》，是1922年由威廉·彼得·汉密尔顿著的吴全昊译本，国内一共对于这部书有两次翻译，但是还是这个本子看起来不是很费力。当然《道氏理论》的另一个本子是罗伯特.雷亚1932写的，但是国内似乎没有翻译本，这本书在国外也已经绝版了。所以只有看些网上的文字了。当然"道氏理论"的书籍远不止这些，例如1948年出版的由约翰·迈吉、罗伯特·D·爱德华所著《股市趋势技术分析》，（这本书继承并发扬了查理斯·道及理查德·夏巴克的思想，现在已被认为是有关趋势和形态识别分析的权威著作）。反正我应该不会在这一根绳儿上吊死，只作为了解的手段，这些暂时还是足够的。

于是我最先开始阅读的是《股市晴雨表》。这部书真的是非常的精彩，如果不看说明，我很难相信这是一部90年前写的书，其中包含的内容十分宽泛，像什么是市场、为什么股市是一个必然、成交量的表现，失败的交易的原因、保证金、卖空方法等等都有十分有趣的论述。而这一切都归根为一句话就是：周期运动。

人家一开始就引用了拜伦在《恰尔德·哈罗德游记》中的"米特拉之塔"周期：

"人类所有的故事都表明同一个主题
不过是过去的再现而已；
首先是自由和荣誉；
当这些消失之后，
财富、罪恶、腐败和野蛮终于到来，
而历史虽然其容量无边无际，
内容却如出一辙。"

正是在这种理论的指导之下，其将股市的周期看做是来自上帝的命令，并将这作为第一定律。于是文中说道："股市的运动从来不是偶然的，而且我记得自己曾经指出，歪曲股市的运动以进行欺骗是不会有任何好处的。这一切必然是受某种定律所控制的，我们现在的目的正是要看看自己能否有效地把它归纳出来。乔治·W·凯布尔在多年以前曾说过："我们所说的机会或许就是某种定律的机理，这种定律如此浩渺，以至于我们一生中只能一两次触摸到它的轨迹。"这样精彩的论述在文中比比皆是。但是越看到后来我越是发现，这绝对不是将"道氏理论"作为一种技术分析的方法来进行介绍的。而是上升为一种哲学上的思考，是关于循环周期的一种理论。经济存在循环，这循环被“晴雨表”表示着，而这“晴雨表”简单的可理解为股市，测量股市用到的是综合类指数。

于是，在这种简单的思考之下，他提出了相关问题思考的结果。市场里获利的，一定是了解这种周期趋势的专家，交易量就是在变相的介绍现在是何种趋势。既到底是熊市还是牛市。（显然人家那个时候就有这样的概念了，而现在很多人还不知道牛市、熊市、鹿市的区别。）关于保证金人家自从一开始就明确：过高的杠杆比例绝对是十分危险的。汉密尔顿在这里直接就引用了查尔斯·H·道的原话，在1901年7月11日《华尔街日报》的社论中，查尔斯·H·道写道：

“一个人无论资本是多是少，如果他希望在股票交易中得到的回报是每年12%而不是每周50%，那么从长期来看他的结果要好得多。每个人在个人经历中都明白这个道理，但是那些在经营商店、工厂或房地产时小心谨慎的人却似乎认为，在股票交易中应该采用完全不同的方法。世上没有比这更荒唐的想法了。

“一个人能够保持清醒头脑的条件就是将交易限制在与资本相比较为合理的水平上。”

纵观这本书很难说是将“道氏理论”和盘托出。但是又确实是在将“道氏理论”进行彻彻底底的介绍。只不过这个介绍，对于现在简单化的理解来说，要更加的深刻和富于启发意义。这是一种哲学上的对于“循环”的理解。是对于经济整个环境的思考，而进一步的将这个理论降低为一种明确提法的是雷亚的著作《道氏理论》。最后将其彻彻底底的作为一种可以被用来交易的方法的，还是咱们中国人的汇编本。

在雷亚的本子中将道氏理论系统的进行了概括式的梳理，于是提出了“三大假设”和“五个定理”。

道氏理论有极其重要的三个假设

假设1：指数或证券每天、每星期的波动可能受到人为操作，次级折返走势也可能到这方面有限的影响，比如常见的调整走势，但主要趋势不会受到人为的操作。

假设2：市场指数会反映每一条信息。

假设3：道氏理论是客观化的分析理论——成功利用它协助投机或投资行为，需要深入研究，并客观判断。当主观使用它时，就会不断犯错，不断亏损。

道氏理论由五个“定理”组成：

定理1——道氏的三种走势（短期，中期，长期趋势）

定理2——主要走势（空头或多头市场），因为驱动市场价格走势的心理性因素基本上仍相同

定理3——主要的空头市场（包含三个主要的阶段）1. 不期待上涨、2、不利因素涌现、3、绝望的抛压，急于兑现。

定理4——主要的多头市场(也有三个主要的阶段)1. 人们恢复信心、2. 利好不断、3. 投机热潮转炽，而股价明显膨涨。

定理5——次级折返走势(也称“修正走势”，多头市场中的下跌走势，或空头市场中上涨走势)。中级走势不是逆转，这需要成交量的观察。

于是至此我们终于看到了近代对于“道氏理论”理解的来源。而国内的汇编本也十分优秀的将原本是一种关于经济、市场思考的哲学理论，变为了事实上可以被操作的一种交易工具。全书分为两大部分：理论与实践。我更加倾向的翻译为：心法和剑法部。先是对“道氏理论”进行了原理上的介绍，然后就开始综合趋势线、通道线、移动均线和形态等等手段来和“道氏理论”相互印证。其更加好的是将这种理论严格的翻译为了操作层面的东西。对于那些玄而又玄的东西进行了操作的量化理解。这本书可以说更加像中国的教科书。例如国外对于数学的原著往往是很高深的思考，但到了国内就成为了一个个考试用的公式本本。对于这种努力我是很喜欢的，毕竟我还是喜欢有答案的考试。这大大的降低了理解上的难度。我特别喜欢其中的三句话，这是技术分析三大假设的另一种表述：

1. 道氏理论是经济周期的晴雨表——市场行为包容一切
2. 基本运动不能被人为操纵原理——市场按趋势方向演变
3. 道氏的时间周期——历史会重演呢

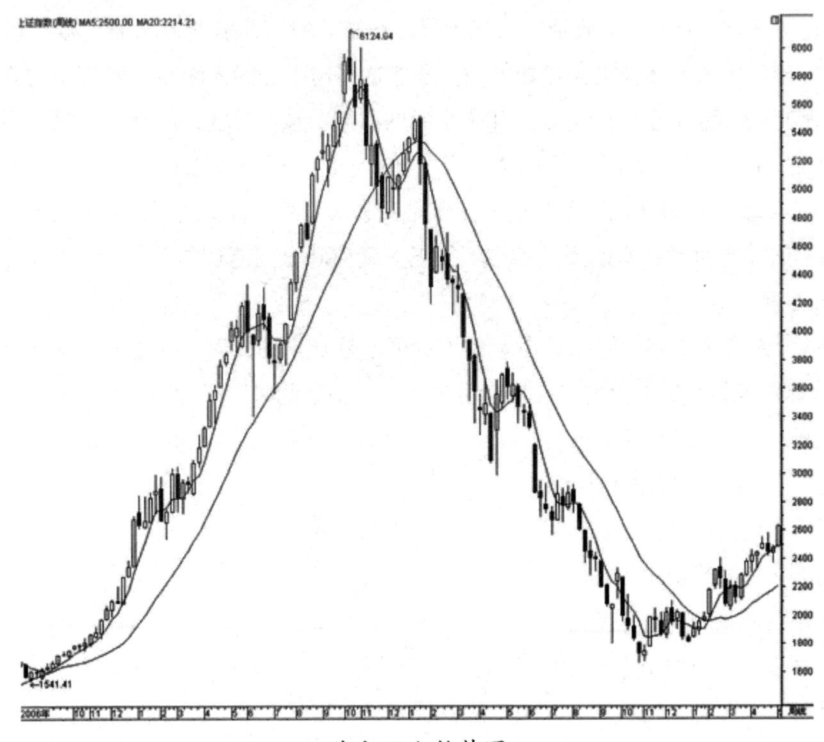

道氏理论趋势图

方向很难变的就是长期趋势，有点颤动的就是相对短期的趋势。道氏就是在这种情况下看出方向的。

看来真是同样的话语通过一千个人的表述就会有一千个含义，这句话真的不是没有道理。于是我们清楚地看到了道氏理论称为市场分析的基石的原因。正当我被这种伟大理论征服而激动不已的时候突然传来了敲门声。虽然我的书房是小屋，但是平时我也会关上门不被打扰，而现在的敲门人我不用算也知道是哪个白痴。

“进”我平静地大声说道。

逸飞先是头钻进来，看着我然后露出了一脸的媚笑 ：“呵呵，大师在呢！”

“曰。”我自然知道他不是进来看我在不在这样简单。

逸飞笑得更加礼貌了，“呵呵，大师，你说你，用什么文言啊，我就是想你来看看你。”

“无事献殷勤，非奸即盗。你做完单了？”

“嗯，做完了，正等着和大师吃晚饭呢。”

“有何计划？”

“出去吃大骨吧。”

“善。”（看来这小子知道我今天累坏了没工夫做东西了，算这小子识相。）

……

在我们家附近有一家大骨店，口味十分的地道。每一次我想吃大骨时候，这里都很少让人失望。有的人喜欢吃大骨炖的肉，虽然这些肉十分的入味儿，但真正的吃骨头就是吃大骨里的骨髓。这些骨髓经过几个小时的熬制，唯美鲜香，用吸管一吸，当真是齿颊留香。这时再配上一些清淡的小菜，当真是不错的享受。看来我损失的脑细胞应该有些补偿了。当然，这种东西不是白吃的。于是我和逸飞酒足饭饱之后，就开始了夜晚对于公园的巡查，（有时候我真的想，实在不行老夫就应聘公园巡逻的兼职，当然这首先得人家有这个工种。）

晚风可能有些微凉，但能量厚重的大骨可不是吃素的，简单的吃了些就已经满面春风了。徐徐的晚风打在身上愣是觉得十分的惬意，似乎此时已经开始了夏日的散步。

“大师……”逸飞叫道。

“嗯？”吃饱了我也懒得回答。

“没事，就是叫叫。”逸飞笑道。

“哥……”我模仿道。

“小坏蛋叫谁？”逸飞接道。

“小坏蛋叫……你把老夫当白痴啊。”我怒道。

“呵呵，大师怎么是白痴，大师反应真快。呵呵呵呵”逸飞开心地笑道。

“废话，要不老夫能叫大师嘛，呵呵”

“那大师今天看书如何啊？”

“那有什么看的，其实这些我早就知道了，道氏理论不就是讲趋势和周期的吗。我们早就认为天道循环。这种思想，咱们中国古代早就有了。佛家讲轮回，咱们的阴历历法就是六十花甲子，每六十年就是一个循环，历史就是这个样子的。虽然后来又有了“元、会、运、世”的方法，但是真正的循环的思想却一直没有断过。”我简单地说道。

“元、会、运、世？”显然逸飞被我唬人的名词吸引住了。

“嗯，就是宋代的邵康节自己的分法，简单说就是一个就是算时间的法子。没什么特殊的，只不过按照他的理论又会有各自的变化罢了。”我简单地说道。

“邵康节就是‘梅花易数’的邵康节？”逸飞问道。

我吃惊地看着他，“哇，你素养不低啊，这都知道？”

“呵呵，我是大学生。”逸飞笑道。

“嗯，就是他，只不过世人大都认为他是一个卜士，就是术数界人士，但他真正的身份是一个当时的儒学家，就是当时的哲学家，呵呵。”我简单地介绍道。“其实这种循环的思想我们早就知道了，天地万物皆会经历成、住、坏、灭这四个阶段。简单地说就是生成、保持、毁坏到最后的彻底灭亡。万物周而复始，春夏交替，天地变迁，而人世又哪有什么特殊的呢？”

“大师能这样理解，那确实就是简单多了。那大师所谓的趋势又是什么呢？”逸飞问道。

“跟你这个级别的人交流真是费劲，呵呵。”我先挫挫他的锐气，然后接着说道，“打个比方，人都要经历生、老、病、死吧，其实这就可以认为是一个简单的趋势了。例如一个小孩开始成长，虽然从教里上来说一个人生下来就只有一件事，就是变老。但显然为了便于理解，还是说成长的阶段应该算作是生成为成人吧。于是这个阶段的主要趋势就是长大，也许这期间他会生病，也许也会碰伤，但这并不会阻止他成为一个体健貌端的美丽男孩。同样，一个年近耄耋（就是八九十岁）之年的老爷爷，也许会返老还童的长出新牙，但并不会掩盖他正走向永恒的安静的趋势。这就是趋势的本意了。”

看到‘白痴’若有所思的样子，看来他真的听懂了什么似地。“嗯，大师你真厉害，什么东西你一讲，就跟哲理似地。”

“呵呵呵呵，老夫本来就是哲人嘛。”我开心的笑道。

“你不要折磨人才好。”逸飞接道，“算了咱们还是聊‘道氏理论’吧，你对他的创始人查尔斯·道有什么了解？”

“查尔斯·道出生于新英格兰。死于1902。他是一位新闻记者，曾经在股票交易所大厅里工作过一段时间。后来，又开始从新从事报纸事业。后来，他设立了道琼斯公司，出版‘华尔街日报 ’，报道有关金融的消息。我们现在能够看到的他的关于股票市场的文字，都是在1900年到1902年，他当编辑的时候，写的许多社论，讨论股票投机的方法。事实上，他当时写的更多的是类似于散文的东西，而‘道氏理论’的正式出名，那是别人在三十年后不断总结的结果了。”我简单的回忆了下我一天看的东西。

“大师记性真好，这里你一定要注意到作者的背景，往往他有什么样的背景，就使得他的理论更偏向哪一面。例如道氏的新闻背景就使得他的观察更多的像是社论，于是从消息和市场两个角度来考察，最后总结出了自己的看法。他本身可能在市场之外，于是关心的角度就不同了。其实以后如果你阅读原著，你就越会发现往往是这些理论的创始人，就真的不是把这种东西作为交易理论。当然我没包括江恩啊。他们大多是认为自己发现了市场里或是经济运动的轨迹。于是提出了自己的看法，这些思考的角度往往是更加好的思考方式，但是这本身不能直接的用于交易。因为还太粗糙了。于是需要后人的加工。可是在这些加工之中难免就会将原来本来不可削减的东西给忽略了，所以一定要从原著下手。这样你才能知道自己的思考的角度是正确的。虽然这不能保证你获利，但却往往能保证你生存下去。”

“嗯,我也发现了。原来我以为‘道氏理论’就是简单的趋势理论,就是一直个股的行情，上升就是主要趋势啦什么的。但是看完‘晴雨表’我才发现，人家最先想到的竟然是指数和个股，我们今天习以为常的东西，原来以前根本就没有。”

逸飞接道：“不错，大师。像指数其实就是当时的市场趋势，是很多股票所综合起来看到的市场的根本运动。所以才重要，这可比简单个股的趋势重要的多。正所谓‘个股难敌大盘’就是说，如果经济整体不好的时候，单个行情往往是有限的。这就是单个个股包括系统性风险和非系统性风险的道理（系统性风险简单的就是认为大盘风险，其实就是整个市场的风险，而非系统的分析就是个股的自身风险）。但是大师，我让你看这本书的另一个原因是因为这本书的年代是 1929 年以前的。现在人们一谈投资往往就大讲巴菲特什么的，于是价值投资就横行于世了。但是你知道吗，这群小傻子在引用数据的时候往往忽略 1929 年的危机，而是只截取这之后的东西。理由很多，例如他们会说什么那个时候市场不健全，不成熟，或是太远，没有样本价值等等，全是唬人。要知道，市场就是市场，而市场永远是对的。他们之所以这样统计，就是因为他们的理论往往只在一段时期内好使，于是他们就为了证明自己的东西而故意的无视历史现实。”

“统计这样危险吗？太不要脸了。”我愤然道。

“呵呵，有一本《统计陷阱》，是一个叫达莱尔·哈夫的人写的，你有空可以看看。看完你就知道统计是骗人的东西了。呵呵。”逸飞笑道，“但我并不是说这些数据没有用，毕竟这些东西最后会直接作用于大家的心里，然后对市场产生影响。所以数据的价值不容小觑。既然说到这里，我们就来继续理解什么叫趋势吧。大师你记不得的道氏理论在我给你的资料中，对于空头和多头市场的三个阶段的分析？”

“嗯，空头就是首先人们不看好，于是利空传来，再就是人们恐慌性抛售。而多头就是首先人们恢复信心，然后利好传来，最后人们追涨开始。”我得意的看着他，（想考老夫，下辈子吧！）

“嗯，但是大师你发现没，如果是空头市场往往就是利空消息，如果是牛市就是利好不断，这又是什么原因呢？”逸飞神秘的笑道。

“这……”我一时语塞。

“我管这种现象叫作：必然的偶然性信息。”逸飞答道，“例如说在牛市之中，人们认为这个时候不论出现什么样的消息，一定是支撑市场上行的，于是这个时候不论什么样的信息来到市场就真的只能算是利好了。道理是这样的，如果传来的消息是不好的，人们就会认为这是利空出尽。如果这样的坏消息都出来了，还能有比这更坏的消息吗？那么接下来一定会更好。于是我们看到牛市中提高存款准备金率就成了利好了，因为人们相信这样的坏消息已经过去了。于是这种利空就不叫利空了，反倒是人们心中的利好了。同样的道理，在市场很悲观的时候，再好的消息往往就是一般坏消息，因为人们认为这是利好兑现。股市是炒预期的，你都没有预期了你还说什么。于是这个时候不论什么都成了利空了。信息虽然是偶然发生的。但当它传到了市场里面的时候，就真的成为了必然要出现的东西了。于是就成了‘必然的偶然性信息’。这也就解释了为什么同样的信息，但是市场的表现却截然不同的原因了。像现在传来的创业板要开市的消息，你知道这个消息传了十年了，你知道为什么十年都不批，现在突然要开始在传吗？”

“创业板，不就是中国的纳斯达克吗？据说是对市场有好处的说，可以更好的融资啊。”我简单地将自己收集到的信息说了一下。

逸飞笑道：“这是因为你还不了解咱们中国的股票市场，中国股市现在已经接近18年的历史了，当然我说的是真的有交易所开始啊，但是咱们的市场很多规矩还不一样。并不是一个平衡的有效市场。所以局部的失衡是一定的，可以毫不夸张的说，创业板的上市对于一般的股民来讲绝对不是什么好事。十年前之所以不让上市是因为咱们的朱总理看到，很多创业板的公司是在当时的‘权二代’手中，这些股票一旦上市，就会迅速圈钱，最后受伤的一定是不明就里的人。只不过知道这段历史的人不是太多罢了。其实咱们的中国股市就是政府的喉舌，近两年中国股市这样的例子很多的，但真正明显的是在99年左右。”

“99年的事情你都知道？”我冷冷的问道，“不是拿书本来忽悠我吧。”

“呵呵，我是专业人士，”逸飞笑道，“当时我也刚刚上大学，但学的就是金融，当时炒股很热的，后来我南下深圳就是想当红马甲（就是交易所场内下单员），要不也不会离家出走。”看来这个“白痴”又开始缅怀自己的光荣历史了，“大师，当年的99年市场经过几次震荡虽然看起来是下跌趋势明显，但显然是整齐的下跌，同时也出现了收敛的走势。最后一跌是采取了竭尽掉空的走势的。然后就开始了收敛上升，当年你知道的就是高科技概念开始活动的日子了。你知道吗。当时最有趣的是行情进行了一半的时候，《人民日报》发表了关于股市的特约评论员文章，题目我现在还记得，‘坚定信心，规范发展’。题目真好，股市就是信心的地方，而我们股市就是要‘规范’才会发展。当时一下就记住了。过了几天电视上就是中央台也开始新闻指出这是中国股市的机会。于是行情就真是一路高歌了。但其实如果从技术的角度着眼，就会知道这些都是行情的必然。”说到这儿，逸飞似乎开始有回忆般的笑容了。“大师你还记得历史上的各次井喷事件吗？”

“624 井喷，这个我是听说过的。但具体的就不知道了。”我头一次的老老实实答道。

“是这样的大师，当年 2002 年 6 月 24 日，国务院正式叫停国有股减持，于是大家认为，这是管理层的救市政策，政策底马上要得到确认了，另外，传出来美国次级债问题当时有了缓解，世界的金融市场趋于稳定和上扬，于是当天上证综指跳空高开 140 多点，涨幅达 9%左右，几乎所有的 A 股均涨停，那个时候可真是满盘红啊。但是如果你观察就会知道当时是一个下降趋势，于是没过两天就从哪里来的回哪里去了。从此便绵绵阴跌到 2005 年的 998 点。其实历史上的井喷并不算少，但没有一次是改变趋势的，要么是利空，要么是利好，没有别的。信息就是这样作用于市场的。”

“嗯，所以趋势之中，没有意外。”我若有所思的说道，“飞，但是在应用道氏理论时往往似乎很滞后啊。”

“的确是这样的，因为很难分清到底是一个中级趋势的调整，亦或是整个大趋势的反转，所以道氏理论要等到确认日。但近来道氏理论的发展提出了所谓的‘123 法则’虽然不能说很好的解决了这个问题，但从操作上却真正的简单了不少，再来就是配合‘2b 法则’就很好了。”

“讲明白了。”我不耐烦地说道。

“这样，所谓的‘123 法则’就是同时具备三个条件吗，我说三句话，你背下来就好了。第一、破趋势线。第二、上升趋势不在创新高，或下降趋势不在创新低。第三、上升趋势，价格破前低，上升中价格破前高。其实这就是对于道氏理论’中关于趋势的浓缩版。你看，首先是破了趋势线，要知道很多情形是行情到了头部可能会盘整，但不论如何会被动的打破原来的趋势线，然后就是盘整或者不再出现新的高点了。最后就是如果下跌，就会破前期调整的低点。这就可以简单的判断短期内趋势可能转变了，简单的例子就是 M 头破颈线位的时候就看出来了。”

“那所谓的‘2b 法则’呢？”我问道。

“也是一句话，上升趋势中，破了前高，但是没有持续，然后跌破了前高。下降趋势也是一样，这就是了。这其实‘2b’就是‘123’中的那个‘2’的条件延伸，虽然创了新高，但没有延续新高。要知道任何行情的结束大多数是急上急下的。懂了两个法则就能很简单的判断反转了。虽然不准确，但是毕竟是一种不错的方法。”逸飞接着说道，“大师如果有兴趣就回家玩玩，我给你份资料好了。”

于是我和逸飞散完步就回到家里，我沏了些普洱，说是能刮脂的东东。然后逸飞将 08 年的头部开始给我用“123 法则”分析。

“大师，你看，在 07 年，10 月 16 号出现了6124 的最高点，然后在 10 月 26 号出现了

5462 的低点，这首先破了趋势线了吧。我说的是从 07 年 7 月 10 号到 10 月的这个趋势线，然后就是反弹到 11 月 1 号的 6005 点，然后就向下了，这就是不能继续创新高了，于是‘12’都有了，最后在 11 月 8 号这天最低是 5328，这就破了前面的最低点 5462 了。于是‘123’全有了，这个时候就是考虑出来了。”

“这不就是简单的破颈线位吗？”我问道。

“那你以为是什么！呵呵，都是一样的东西只不过殊途同归罢了。所这些所有的理论什么的，都是一样的。因为就是表达一个市场里的事情，所以没什么可以例外的。”逸飞简单地答道。

也已经深了，慢慢的屋里开始飘荡起了普洱茶的味道，想来减肥似乎也是这样的道理，“如果坚持喝应该会有效果吧，”我不禁想到。

14.9.2 江恩理论

阅读江恩的东西事实上我是十分不情愿的。但是逸飞却强调，江恩的东西经常被市场人士们所引用，如果真的不加注意学习，只是知道一些二手的东西，将来就真的只有被人忽悠的份儿了。于是，我学习江恩理论的第一个原因不是为了赚钱，反倒是为了将来不被人骗。但是不论如何，我还是心情沉重的打开了江恩的书籍。

威廉·江恩，一个人们十分熟悉的名字，相信任何一个炒股的人来说，这个哥们都可以算是如雷贯耳一般。人家的事迹大概是这样的：威廉·江恩是 20 世纪伟大的投机（投资）家，年轻的时候曾经在 25 个交易日内操作 286 次，264 次赚钱，仅有 22 次亏钱，总获利率高达 92.3%。江恩经历了 1929 — 1933 年的经济危机与大萧条，经历了第一次世界大战和第二次世界大战一系列动荡不安的非常年代，此间的道．琼斯指数大体是在 41 点—381 点之间震荡。因为世界政治经济大局势的糟糕，股市小环境也不好（李费佛的《股票作手回忆录》中有对那个年代美国股市黑暗的详细描写。），做投资肯定困难重重，所以江恩以技术分析起家，以投机为主。但是到了晚年，经济政治和股市的环境都已经有了深刻变化，江恩也从一个投机者渐渐转变为投资家。最终当他离开华尔街 53 年投机（投机）生涯时，赚到了五千万美元，功成身退。

这就是江恩爷爷光辉璀璨的一生，但是显然他开始交易以后的事情却并不是最好的着眼点，一个人的少年，乃至他的童年经历往往更加能够表述他终身的轨迹，这也就是了解一个人的基础。于是我开始先了解江爷爷一生的开始，也就是整个故事的开头。1878 年 6 月 15 日，威廉·戴尔伯特·江恩出生于德克萨斯州的小镇卢浮金 (Lufkin 也有翻译为拉夫金的）。父母是爱尔兰裔移民。是虔诚的基督教徒，所以江恩自幼就熟读《圣经》。他的今后的很多分析也深受《圣经》的影响。他是 5 个兄弟和 2 个姐妹中最年长的一个。一家人在德克萨斯州的松树林中过着简朴的生活。江恩的父亲在学校教书，也做马牛的买卖。在江恩16岁开始接触外面的世界之前，家乡就是他的全部。德克萨斯州位于美国南部，这里气候在今天看来似乎还干燥的。但江恩家的附近却又一个不错的大湖，我们不难想象，作为长子的他一定很早就要肩负起帮助父母照顾家庭的责任，但这儿并不表示江恩没有一个浪漫的童年。也许他也会在夜晚仰望群星，在没有路灯影响的天空上，一切都是那么明净。他也会幻想是否有天使在注视着世界，恒星的运行似乎也会影响人间的一切，日子一天天过去，每一天不一定会有日历，但是天主教的背景一定使大家知道每天都会有圣徒的名字来纪念，于是每一天都是不同的了。由于父亲是老师，虽然我们不能相信这会对江恩一家产生多么高的敬仰，但是知识却往往是吸引人的。相信江恩可能也会幻想将来成为一个绅士一般以“动脑子为生”的人。于是我们看到文献表示他们一家人都对知识有着极高的热忱，一份杂志都能读的十分起劲儿。但是生活的重担，家庭的压力使得早熟的江恩16岁就开始在火车上谋了个工作。也开始慢慢的走出了家乡，离开了‘家’。

今天我们知道江恩的技术分析手段是驳杂的。他运用天文学、数学、几何学等方面的知识创立了独特的技术分析理论。其中包括波动法则、周期理论、江恩角度线、江恩四方形、江恩六角形等等。其中的集大成者就是所谓的“金融占星术”，(第一次看到反正我心里是震撼半天，我立刻想到的就是紫微斗数和太乙神术。)其名号直追现在流传的索罗斯的《金融炼金术》。其复杂程度往往超人想象，运用起来更是令人费解。(反正这么些年我都没弄明白，毕竟没有星学的背景。)但是我们退回来想想，这些理论似乎又是江恩选择的必然。他深厚的《圣经》功底就决定他对事物的一种规则的看法，很多神奇的数字也源于此。同时他的父亲是一位老师，但相信应该不是在学校里教授微积分和云轨函数这样的玄乎其玄的东西。而江恩很早就放弃了学习这些高深学问的机会。因此，江恩的眼中世界就更应该是贴近于自然。于是用在自然中观察得到的图形知识，产生了几何分析的方法，将世界中的行情在天空中寻找依据。也许江恩终其一生也没有摆脱那个德克萨斯男孩的背景，骨子里透露的就是森林中的自然之气。在人与自然的搏斗中，最终胜利的只能是自然，人们所能做的仅仅是安心的学习什么是“自然”。也正是因此才给了他更加客观的双眼，能够直观的看清什么才是趋势。

1902年江恩开始买卖棉花期货，有兴趣的可以找找当时背景的书籍，这些交易员当年与其说是交易员，不如说和牛仔有一拼。每天买卖完，就是在酒吧交换信息的。和那个时代的人一样，江恩23岁就结了婚，然后26岁就离婚了，后来又再婚。我不禁想到逸飞和我说的，“大多数的操盘手婚姻是不幸的。”他给我看了一段文字：“一个职业的证券投资者必须像一个僧侣。在一年又一年的风险生涯里，在一次又一次的诱惑中，他总是需要极力地克制着人类那与生俱来的恐惧与贪婪，以防稍有不慎，便铸成大错。而为了追求精神或宗教意义上那个最终的和永恒的完美境界，他又不惜以终生的粗茶淡饭，破衣烂衫来折磨自己的肉体以净化自己的灵魂。更有甚者，既使作为一个成功的证券投资者，

他却也许一生也不会有一次成功的婚姻经历。因为婚姻是现实和市俗的，他所爱的人也许并不能承受那种巨大的精神和金钱的压力。”这是不是事实我很难认证，反正江恩爷爷第一次婚姻失败的时候已经有了两个孩子。江恩在一生的交易经理之中也曾数次失败，但最后他都以写书度过了难关。先后有《股票行情的真谛》、《华尔街股票选择器》和《新股票趋势探测器》等等。他一生中最有名的著作，就是他在晚年写下的《华尔街四十五年》。在这本书中，江恩走下神坛，说道："我写这本《华尔街四十五年》，它记载了我的经验和新发现，以协助他人渡过难关。我现在已经 72 岁了，功名对我来说已毫无意义。我的收入远比我的开支多，因此我写这本书的唯一目的是要给他人最珍贵的礼物——知识！如果有一些读者能够发现进行安全投资的方法，那么我的目的就达到了，而且以这种方法投资的读者必将得到报偿。”短短数语，道尽了他从投机到投资历程的转变，也一语道破自己早年著作为何多隐晦多神秘的原因。

所以我的教材也就是选择了这部江老爷爷最后的珍贵礼物。书是从逸飞家里抢的，反正他家的藏书也不算少数，而且书里一般还会有些有趣的批注。我的教辅选择的是地震出版社出的，由(美)詹姆斯·A·海尔齐格写的《恩精髓(形态价格和时间)》，没办法这是我当时手边儿就有的唯一的关于江恩的书，也是我当年买了准备落灰用的。

书的开篇就是一个诱人的开始，江老爷爷开始就强调现在绝对不是一个无利可图的时代，而获得更大利润的方法就是保证金。至于保证金的比例人家没有深度剖析，但是接下来“交易股票的规则”中就一再强调的就是止损单。稍微数了下似乎有 22 次之多。

这里江老爷爷公布了一生的经验结果就是所谓的 12 条股票交易规则和 24 条常胜规则(即江恩 24 铁则)。

十二条股票交易规则包括

规则 1　研判趋势——个股与大势的方向

规则 2　在单底、双底和三重底买入——安全的买卖点

规则 3　按百分比买卖——准确的中级趋势买卖点

规则 4　按三周上涨或下跌买卖——中级趋势的调整时间

规则 5　市场分段运动——市场是分段进行的，不要以为会一下到底

规则 6　按 5 至 7 点运动买卖——通过空间了解趋势的方法

规则 7　成交量——辅助研判趋势

规则 8　时间周期——通过时间了解趋势的方法

规则 9　在高低点上移时买人——亲自画图了解趋势，高点就是“高点儿”。

规则 10　牛市中趋势的变化——监视趋势变化的重要时间周期

规则 11　最安全的买卖点——在强势中买股，在弱势中卖股。

规则 12　快速运动中的利润——最后的疯狂

看了半天这就是全书的主干和线路。但细致的分析下来，只不过是在对趋势进行另

一种表述。在谈到必须了解趋势的时候，江老强调："你可以根据市场评论操作，并像其他许多人那样或是输钱或是打平。因为市场评论推荐了太多的股票供你买卖，而且你选择了错误的一只并因此输钱。一个聪明人不可能盲目地跟随他人，即使他们是正确的，因为当你自己也不知道这些建议是以什么为根据的时候，就不可能有信心，并依此进行操作。当你自己可以看出并且知道股票为什么要上涨或下跌的时候，就能够满怀信心地操作并从中获利。

"这就是你为什么应当研究我所有的规则，并亲手绘制个股走势图以及平均指数走势图的原因。如果你这样做，那就得难备好以独立于他人建议的方式进行操作，因为你会从经时间验证的规则 (Time—Tested Rules) 中得知市场应有的趋势。"

逸飞早就把专业的绘图纸给我带来了，真难为他什么都有。看着这一张张的大纸上，红色的坐标线条均匀的纵横交错。逸飞一直强调我必须亲手画 K 线图。越是在有电脑的时代，越是在这种工具迷惑了人们视野的时代，就越是需要亲手绘制。我倒是在他家见过他亲手绘制的图。股票的虽不算多，最多的也不是外汇的，反倒是期货的图是最多的。结合今天看到的，我似乎已经看到了我每日辛勤绘图的身影。似乎印证着这个未来。我看到江恩爷爷写道：

"我要给你加深这样一个强烈的印象，如果你希望在股票市场上取得成功，你就必须花大量的时间进行学习，因为你花的时间越多，得到的知识也就越多，今后获得的利润也就越多。对这些规则长达 45 午的探索与实践，已经向我证明你成功的必要条件是什么。我已经给了你有效的规则；下面就看你的了；你必须学习这些规则，适时运用，并付诸实施。"

对于买卖，就是最关键的赚钱步骤，江老爷爷讲的十分简单，就是要在单底、双底和三重底，也就是这些最安全的买卖点，买入就要知道止损点位。显然人家买股票就是要知道一个原则，现在的价格真的跌不下去了。于是强调，在确定的转势形成之后买股票总是最安全的。同样的道理，就是不要在明确的转势出现前平仓。这样就可以做到真正的获利了。看来江爷爷显然是要做到万无一失地跟着趋势走了。

江恩一直强调要顺势而为。在市场里唯一的敌人就是主观：

"永远不要有已经通晓一切的固执想法。如果这样，你就不会取得任何进步，时间和环境在变，你应当学会随之改变。人的本性不会变，这就是历史一再重复，以及股市在某些条件下年复一年，和在不同时间循环下运行极为相似的原因。

"当你开始研究股票市场时，不要有什么成见，也不要凭希望或恐惧买卖。你要研究这三种重要的因素：时间、价格或成交量。研究我的规则并付话实践。当规则表明市场正在转势时，你应难备随机应变。让市场的活动自我表白，并按规则得出的确定迹象进行交易，这样你就可以获利。

"交易者赚钱的时候。会褒奖自己，认为自己的判断是正确的，而且全凭自已的本事。

而当他赔钱的时候，就会采取一种截然不同的态度，他很少会责怪自己，或是在从自己身上找出失败的原因。他会找借口，安慰自己是因为发生了意外，再就是如果他没有听信别人的建议，本该是可以赚钱的。他会找出许多“如果”、“而且”和“但是”，而且认为这都不是他的过错。这是为什么他会再次犯错误并招致损失的原因。

“投资者和交易者必须设法自救，并从自己而不是他人的身上寻找损失的原因，因为他如果不这样做，就永远不会克服自身的弱点。毕竟，是你自己的行动造成了你的损失，因为是你在进行的买卖。你必须寻找内在的原因，并加以改正。这样，你才会取得成功，而且别无它路。

“交易者造成损失的主要原因之一是，他们从不自己思考，而是让别人替他们思考.或是听从别人的建议，而这些人的建议或判断并不比他们自己的好。要获得成功，你就必须自己进行调查研究。除非你从一只“羊羔”变成一名思想者，并渴求知识，否则你会重蹈所有那些羊羔的覆辙——在保证金催缴者的利斧下割肉。只有在你帮助自已的时候，别人才能帮助你，或是告诉你如何帮助自己。

“我能给你世上最好的规则，以及研判股票位置的最佳方法.但你还是会因为人的因素，也就是你最大的弱点，而输掉帐户上的钱。你没能遵守规则。你凭希望和恐惧，而不是事实行事。你犹豫迟疑。你失去耐心。你仓促行动。你延误时机。你因此用人性的弱点欺骗自己,然后将损失归咎于市场。永远记住,是你自己的过错,而不是市场的行为,或市场操纵者的行为导致了你的损失，因此，你要努力遵守规则，或避免注定使你失败的投机”

于是江恩爷爷说出了他的交易规则，这被后人称为江恩 24 铁则。所谓的铁则就是必须如同钢铁一般的要遵守的：

1. 资金的使用量：将你的资金分成十等份，永不在一次交易中使用超过十分之一的资金。

2. 用止蚀单。永远在离你成交价的 3 至 5 点处设置止蚀单以保护投资。

3. 永不过度交易。这会搞破你的资金使用规则。

4. 永不让盈利变成损失。一旦你获得了 3 点或更多的利润，请立即使用止蚀单，这样你就不会有资本的损失。

5. 不要逆势而为。如果你根据走势图，无法确定趋势何去何从，就不要买卖。

6. 看不准行情的时候就退出，也不要在看不准行情的时候入市。

7. 仅交易活跃的股票。避免介入那些运动缓慢、成交稀少的股票。

8. 平均分摊风险。如果可能的话，交易 4 只或 5 只股票。避免把所有的资金投到一只股票上。

9. 不要限制委托条件，或固定买卖价格。用市价委托。

10. 若没有好的理由，就不要平仓。用止蚀单保护你的利润。

11. 累积盈余。如果你进行了一系列成功的交易，请把部分资金划入盈余帐户，以备在紧急情况之下，或市场出现恐慌之时使用。

12. 永不为了获得一次分红而买进股票。

13. 永不平均分配损失。这是交易者犯下的最糟糕的错误之一。

14.. 永不因为失去耐心而出市，也不要因为急不可耐而入市。

15. 避免赢小利而亏大钱。

16. 不要在进行交易的时候撤消你已经设置的止蚀单。

17. 避免出入市过于频繁。

18. 愿卖的同时也要愿买。让你的目的与趋势保持一致并从中获利。

19. 永不因为股价低而买人. 或因为股份高而卖出。

20. 小心在错误的时候加码。等股票活跃并冲破阻力位后再加码买入，等股票跌破主力派发区域后再加码放空。

21. 挑选小盘股做多，挑选大盘股放空。

22. 永不对冲 (Hedge)。如果你做多一只股票、而它开始下跌，就不要卖出另一只股票来补仓。你应当离场，认赔，并等待另一个机会。

23 若没有好的理由，就永不在市场中变换多空位置。在你进行文易时，必须有某种好的理由，或依照某种明确的汁划；然后，不要在市场未出现明确的转势迹象前离场。

24. 避免在长期的成功或赢利后增加交易。

在《华尔街四十五年》中，江恩公布了 12 条股票交易规则和 24 条常胜规则。这部书是作为他最后礼物而流传下来的，可以说这些是江恩毕生心血和功力的体现。但是后人每每提到江恩时，却对这些精华的东西却不怎么感兴趣，更喜欢陶醉在江恩年轻时候为了生活和探索成功而故弄玄虚的著作中，用复杂的理论开启一个个时间之窗，而且越开越多。特别是一些靠写股评混饭吃的人，在一段时间上密密麻麻开上天窗，反正每个时间窗口的背后都有对应的理论，这样也就理解了，毕竟窗子和神奇数字越多，蒙对的机会也就越多。于是越是相对于全书后面的复杂统计数据，繁多的时间窗口，前面的清晰的规则就越显得珍贵。

早在江恩的时代，就有复杂的交易工具了，像期权权证种种交易产品江恩都有所论述。同时他也总结了非常清晰的市场规律。例如“小盘股 在过去的几年巾,当牛市出现时,流通盘小的股票往往涨幅惊人，远还超过那些流通盘人的股票。支配小盘股的供需要求的资金量相对较少. 因此，当它们的供给减少时，不需要太大购买力，就可以推动股价上扬。”而对于历次经济危机，他也有深刻的认识，“历史上，每次萧条过后，总会有某种新发现或新发明刺激经济发展和社会进步，并带来另一次繁荣兴旺。富尔顿发明的蒸汽机和威特尼发明的轧棉机迎来丁发展的新时代。”看到这样的论述我不禁想到中国的古话：福兮祸之所倚，祸兮福之所伏。

有了广阔的市场，就会有各种各样的投机人士。江恩举了几个同时代的例子，杰西⊠利文摩尔 (Jesse L.Livermore) 就是和江恩同一时代的华尔街的风云人物，两个人的私交不错，江恩曾经借钱给利文摩尔炒股，也帮助过东山再起。但是最后利文摩尔还是破产自杀了，而江恩幸存了下来。江恩在评价利文摩尔的时候指出，导致利文摩尔最终失败的原因之一是“利文摩尔的弱点之一是他除了学习如何赚钱以外，什么都不学。”同时期失败的例子不在少数，江恩的结论是这些人都没有办法在得到财富的同时保住财富，他们都是按自己的希望在看待事物。于是江恩告诉别人的意见就是尊重规则，遵守纪律。“在生活中，每个人投入多少就能收获多少。种瓜得瓜，种豆得豆。为知识花费时间和金钱，并不断学习，永不以为自己无所不知，而是意识到学无止境，只有这样的人才能在投机或投资中获得成功。”这是江恩对于后人的劝告。

在全书的最后我注意到这样一段文字 :“《华尔街四十五午》就此结束。我在华尔街的实际经历可以追溯至1902年——47年前。这些年已经让我明白我最宝贵的财富是时间。我对暇日最好的利用是获取知识，知识远比金钱可贵。

在这本书中，我已经揭示了一些我最重要的规则和以前从未出版的秘密发现，希望他人能够努力学习并运用这些规则。如果他们这样做，那么投机和投资将不再是赌博，而是种有利可图的职业。”

一再强调的就是规则这两个字。众所周知，江恩在年轻的时候喜欢炒短线，所以得到短线大王的称呼。但是到了老年却坚决屏弃这种方法。这样做并不是因为他年老体弱、反应迟钝，而是因为时代变了，游戏规则也随之变化。而江恩就是遵循着自己的规则，安心的学习市场的变化，最后才得以在华尔街功成身退。

值得注意的是同时代的很多人没有办法安享晚年，也许真的是他们“除了学习如何赚钱以外，什么都不学。”但话有问回来，我们交易的实质到底是什么呢？我们更好的交易，不就是为了更好的生活吗。而如果生活最后简单的就剩下交易了，那这样的生活还是我们开始所期许的吗？也许从迈出脚步的第一天开始，生活就真的已经变了。不会真的像逸飞一再强调的那样，操盘手难以善终吧。

……

天还不算黑，但我的心情还是有些沉重，今天也就没什么太大的胃口了。于是自己做了些简单的沙拉。吃的也不算饱，但慢慢的咀嚼中也就不再饿了。江边的晚风似乎越来越暖和了。每一次看这种老人写的书，似乎总能从书里嗅出老人的殷殷期盼。似乎人老了就真的有无限的关心可以播撒。逸飞还是一如既往的趾高气扬的环视周围，看着他清俊的面庞，一切似乎真的只能存在于一瞬。

“白痴，想什么呢？”我戏谑道。

“小白痴叫谁？”

“小白痴叫你……”我没动脑的答道，“真把老夫当白痴啊。”

“哈哈哈哈，今天咋了？这么没兴致。”逸飞笑道。

看着他混不吝的样子我还真没什么可说的了。我想了想说道，“今天在看江恩老爷爷的书。有些小感触。”

“嗯，然后呢？”逸飞懒懒地问道。

“在市场里活下来真的很难吗？”我问道。

“嗯，可以这样讲，我当年在深圳看到的破产的也是有的，有真的借钱然后代客理财的。你知道吧，就是一般如果信誉不高的，就需要先保证客户的资金安全，所以要提供一些保证金，例如接300万的盘子，就要准备30万的安全资金作为安全垫儿，如果赔了就从这里面出。如果获利就可以分享提成儿。很多操盘手就真的死在这顶上了，操作了几年的攒点钱，本想一夜致富，结果就真的从头再来。但也有做的好的，当年我就看到就是五个孩子就真的在操盘工商银行的股票，手里就2亿多些，做的也是不错的。”逸飞简单地说道，“在这一行走的长的见到什么也不奇怪了。反正就要记住：你赚钱了，别人不会为你开心，你赔钱了，别人也不会在意，就这么简单。”

“那我是不是该去大厅交易，看看氛围什么的呢？看看别人的反应。”我问道。

“呵呵，大师，你要去大厅看看也好，就当玩了。但是有一点你要知道，千万不要听大厅里面人的话。可以说如果在这一行混了这么多年，连大户室都没进过，你能相信这些人给的意见吗？在这一行最不能信的就是自己，可是话说回来，真正可靠的也只有自己。所以你要清楚你自己的交易。”逸飞肯定的说道。

“嗯，江老爷爷也是这样说的。”

“那大师，你看了一天有什么感触没有，有没有想画图的冲动呢？”

“有些了，但是还是很累，现在有电脑了，在上面分析起来不是更简单迅速吗！”

“呵呵，大师不会真的想在电脑上应用江恩的东西吧。”逸飞了有兴趣地看着我继续说道，“现在人们看待江恩的东西往往就是一些简单的曲线和时间窗口什么的，却忽略了，江恩所有的分析，尤其是几何、角度线方面的必须使用他所规定的坐标系。那上面有他自己的和谐比例，而任何其他不是按照这个原理设置的东西根本就没法使用。江恩图标分析是有专门的软件的，现在已经有人做了。”

“这么厉害！”

“当然了，大师。简单能使用的像角度线，就是规定一个45°角运动的东西，如果在你现在用的软件上你知道多难用吗？首先你必须找到一个看似均衡运动的趋势，然后将他的角度定义为45°，在将别的行情和他进行比较才能在一定程度上看出来，而且还没办法精确计算。所以这也难怪现在大家迷恋江恩的金融占星术了，因为江恩的应该其他手段在现在的图表上都基本用不了。还有大师，你认为江恩对于行情上下是如何研判的呢？”

“嗯，我看他经常提到所谓的3日线。但是看了半天也不甚了解。应该不是简单地把

3天行情合并起来的意思。”

“废话，当然不是。这涉及到江恩对于行情上下的根本判断，记住大师，江恩对于行情判断就是八个字：上就是上，下就是下。”

“上就是上，下就是下。”我喃喃地说道。

“对，我们现在判断行情用的是K线，但是记录行情的工具不是只用一种，近来还有所谓的‘乾坤图’什么的。现在大家应用的K线分析是上世纪80年，美国人从日本引进的。之前他们有自己的分析线，就是你知道的竹节线什么的，江恩有自己记录行情的曲线。虽然和我们今天的K线图一样只记录四个价格，就是开盘、收盘、最高、最低。但是图形却不同，他上下最高价使用的看的最清楚的横线表示，而收盘价开盘只用两个点代替。这就表达了和今天K线完全不同的思考。你知道，咱们今天的K线更加注意的是开盘和收盘，于是用明显的柱状来表示，而最高，和最低价就成了一根细线。现在人们还在争论什么时候这细线应该作为毛刺，给予忽略，什么时候则不行。还有，大师，你知道吗，K线除了这些，还有第五的维度，表示第五条信息，那就是‘阴阳’。如果收盘高于开盘就是阳线，反之就是阴线。”看着我若有所思地点点头，逸飞继续说道，“而在江恩的记录体系中，根本就没有阴阳分别。行情的最高点和最低点，往往是更加重要的。以至于必须用明显的线条来表示。跟上一根线相比，如果今天的线的最高点高于昨天的最高点，而低点没有超过昨天的最低点，那么行情就是上升。反之如果今天的最低点低过了昨天，但是最高点则没有高过昨天，那就是下降趋势。所以在江恩的分析中行情的涨跌甚至可以简单的归比为两天的比较中。当然，你可能提到孕线或是怀抱线那种，就是要么高点和低点都没超过昨天，或是都超过的时候，对吧。（我点点头，）那就是表示现在没有方向，有人会说这个时候看看盘收盘的相对来说，但是江恩似乎没有说过相同的话。记住，他的线里没有所谓的阴阳观念。也就是涨就是涨，只要高点破了昨天的高点，不论是不是阴线，都是上涨行情。这就是他对行情的判断方式了。所以千万别再自己加上什么条件，如果你尊重一个理论本身，你就要首先接受他的全部，再慢慢分析。”

听到逸飞这样的讲解，我不禁想到今天一天分析的江恩的背景。看来简单分析就是这样简单，一定是用眼睛能够直接看的清楚的。“那三日线呢？”

“大师别急啊，就是要先理解江恩对于行情的判读基础，然后才能画图的。简单的3日线就是连续的3日走势，首先你找到一个基点，当然是现在已知的最低点了，也就是行情的开端。然后当你看的连续的三日向上不断创新高的行情，就是今天比昨天高的时候，当连续3天，你就可以将其算作是一个有效地行情并加以记录了，这样你就绘制出了第一根线。然后你再等，如果出现这样的连续3天的线，你就记录第二根。依次类推，如果只创了两天新高，然后就没有了，那就不记录在你的3日线里面，等到有连续的3天一致的行情出现，就画下来。当画出这样的图之后，你就会看出如果3日线的高低点不断上移，那简单就是行情在上升中，如果不断下移就是下跌了，这个很简单，和看单日是一样的道理了。怎么样简单吧。”

“不会这样不用智力吧。”我无奈地答道，这样也太简单了。

“就是这样不用智力，要知道，在市场里用脑过度最后的下场只有一个，就是死，呵呵。一个人是这样，更多的人下场也好不到哪去。等有空给你讲讲美国长期资本管理公司在 98 年倒闭的事，那才有意思呢。人家成员包括美国诺贝尔奖得主，财政部的大臣，最好的计算机程序员。最后倒闭的时候差点儿引起美国动荡，呵呵。越是这种机关算尽的，到最后就越是坎坷。还是简单些最好。如果行情在强势中，江恩就建议甚至可以使用 2 日图，但我认为这本身有违他原来的本意。你要知道，3 日图的画法本身就是要将市场里不连续的行情剔除掉，说白了就是要剔除对行情趋势观察有影响的因素，但是 2 日图无疑就真的增加了所谓的毛刺，所以还是不要的好。要知道，江恩对于安全买卖点的原则就是 1. 跌无可跌，涨无可涨。2 趋势明朗。如果违背这两个原则，那就可以看作是违背了他给的 24 个规则，如果违背规则，你认为你还是听他的话吗？哈哈哈。所以，规则是相互牵制的，而‘根本’却不能忘记。”

“嗯，看来老夫也有忽略的。”我暂时地安分一点问道，“但是他的时间窗口真的很多啊。”

逸飞听完反问了一句：“什么是时间窗口？时间还有窗户吗？”

“废话，不就是他说行情可能反转的日子吗？”

“那你说什么是窗口呢？现在中国 A 股的时间窗口，在哪里呢？”逸飞笑道，“其实江恩在‘四十五’里也表示过，这些规则不能盲目瞎用。要知道，他总结的平均指数重要涨跌的时间跨度，是从 1912 到 1949 年之间的数据。他也只说是可能。相对于时间来说，价格往往更加直观，毕竟每一天都是不同的，而‘金融占星术’中，水星和金星似乎总有时间来影响其他的星体。如果这样看起来，哪天都可能反转，呵呵。当然大师可以预测，但我不是说过吗，人们往往不是提前说，因为今天是哪个伟人的日子，所以市场才会有所表现云云。更多的是，市场变化了，于是人们发现，原来若干年前，一个伟人去世了等等。你忘记了我曾经说过的‘必然的偶然性信息’吗。你看江恩也说了，如果看到重大消息，他首先看的不是消息会对市场有什么影响，而是市场现在处于什么样的趋势中，然后才用消息看看市场的反应。大师不会连这都忽略了吧。哈哈哈……”

看着我尴尬的表情他笑得十分开心，看来这个小子真是准备把我当两百五十了。“但是江恩说道，如果一个人，他除了赚钱什么都不学，不是最后难免身败名裂的下场吗？是不是交易员到最后都没有好的下场呢？”

逸飞看看我，坏笑地说道：“我怎么知道。”

“你不知道？”

“废话，中国股市才有了近 20 年，刨除刚刚的头十年，现在也才刚刚开始，虽然以前会死得很惨，但并不好说是大多数。反倒是我见过的老股民真的赚钱的也不少。大师

你知道的，股市赚的钱就是后来人的钱，只要市场不断的扩大，问题应该就不会使老股民赔钱。所以很难说真的难有善终。美国的事情我不了解。反正我没去过，将来有机会和你去。至于学什么来讲，我是很关心学习赚钱的，但我身边不是有一个除了赚钱什么都学的大师嘛，呵呵，那我还怕什么啊。”

看着他自我陶醉的样子，看来我真的是在他心中不学无术了。晚风轻轻扬起，催动少年的心，江边一个傻子正在哈哈地傻笑，夜很静，天很清。

14. 9.3 波浪理论

天气不错,看来应该是个做户外运动的好时节,春天已经呼之欲出了,就是安心地等待,大家都出门享受春天的日子了。我正在家安安心心的准备晚饭，今天就是简单的做个热呼呼的鸭汤，上次剩下的多半只烤鸭，今天终于有了用途。准备好了一切慢慢地开始熬炖了,我也就回到房间继续看书。

这次要学习的是波浪理论。逸飞简单地推荐了两本书给我，让我安心的看完。一本是机械工业出的《艾略特名著集》、另一本作为教辅，也是机械工业出的《应用艾略特波浪理论获利》。还是先从原著本身入手避免过多的信息干扰。

波浪理论的创始人是拉尔夫·纳尔逊·艾略特。1871 年 7 月 28 日出生在美国密苏里州堪萨斯市的玛丽斯维利镇。不像其他的理论发现者，艾略特开始股票生涯的时间实在太晚了。他是在 61 岁的时候，开始这段神奇之旅的，其坎坷经历直追肯德基大爷。下面我就简单地回忆下他的一生。

1891 年，也就是艾略特 20 岁的时候，他离家在墨西哥的铁路公司工作。大约在 1896 年，25 岁的时候，艾略特开始了他的会计职业生涯。在随后的 30 年里，艾略特在许多公司(主要是铁路公司)任职。这些公司遍布墨西哥、中美洲和南美州。期间他的事业取得了一定成功，他甚至一度担任尼加拉瓜总会计师职务。就在艾爷爷 53 岁的时候，他还有兴趣为餐馆和茶室担任业务顾问，从财务的角度来分析当时这些地方的运营技巧。有证据显示他在 1926 年还出了一本专著名为《茶室和自助餐厅的管理》。

但后来在 1927 年，他在危地马拉大病一场。开始是严重的消化道疾病，于是他开始退休休养，但后来到 29 年就成了恶性贫血的地步，全身衰弱无力。于是他在便在洛杉矶定居并休养了 12 年。与此同时，1929——1932 年的美国股市暴跌中，艾略特损失惨重，积蓄几乎消耗殆尽。于是艾老爷爷又开始带病，于 1932 年关注股市，研究“道氏理论”(那个时代正是‘道氏理论’开始扬名的时代)。这个时候，艾略特已经 61 岁了，患有重病，同时财政几乎倒闭，用“风烛残年”来形容一点儿不为过。但是漫长的休养同时也给了他很多时间用来思考，于是他就真的想出了什么。就在 1934 年，艾略特就开始向外推销自己这些年的感悟，与道氏理论不同的一点在于，艾略特从一开始就有了非常清晰的思路，他的波浪理论当时已经基本成形性。理论本身就是来预测价格的走势的,针对性极强。(但说实话，现在看来波浪理论更多的有些像太极拳法，例如二者都是老爷爷发明的，同时，都只有这两个老爷爷本人能用好，真的打起仗来，太极拳远不像张无忌用起来那样，可以得心应手。而波浪也是如此，理解起来很是简单，用起来就浑身使不上力了。看来老爷爷弄出来的东西都没有省事的,在想想老子写的《道德经》。任谁都得感到无力,不过和《老子》这样的比起来，波浪似乎就不再是最难的了。

艾略特的理论是出来了,但是推销还有一个漫长的过程,他很不幸,他的东西不是‘啃的鸡’。他不能像肯德基大爷那样推小车去上门直销，而估计他也没有张三丰的地位，有一帮徒子徒孙拥护，可以直接搞传销。更不像老子那样幸运，有人求着写东西。他就是一个洛杉矶的老头，一个久在病榻的穷老头子，自己拥有一个莫名的理论，没有人知道这个理论的价值，除了这个老爷爷自己。但是他要推销出去这个理论，他必须推销出去。而他选择的目标顾客群只有一个人，一个当时股票界的名人，查尔斯 •J• 柯林斯。

查尔斯 •J• 柯林斯是艾略特看股票咨询的通讯(通讯就是报纸一类的东西)的编辑。于是艾略特就开始给他写信，柯林斯每天要接到很多信，像这样宣称自己发现市场规律的不在少数。于是一开始也没有注意。但别忘了，艾略特老爷爷是做财务的，他没有肯德基大爷的推车，没有张爷爷的徒子徒孙，也没有李爷爷的粉丝支持，但是他有耐心，面对枯燥事物的简单耐心。于是从 1934 年开始，艾略特就开始给柯林斯寄去了潮水般的信件。这些信件中饱含了很多他对市场的预测和判断，后来被验证大多是对的。艾略特在推行自己理论的时候直言不讳自己现在的财务状况困难，甚至加上了“非常”这样的形容词。他急于想要赶快将这个理论变现。但是柯林斯却一直将信将疑。于是双方就开始了长期的通信。

至今为止，我们知道艾略特老爷爷的成名一役是在 1935 年的春天，和现在一样，也是一个春暖花开的季节。

1935 年初道琼斯平均指数一直在下跌，投资顾问变得消极，人们重燃了 1929 年崩盘的记忆，而就在 1935 年 3 月 13 日星期三就在交易结束之后(道琼斯平均指数几乎以全天最低收盘)，艾略特给柯林斯发去了他最为著名的电报，直接了当地说了下面的一段话:“尽管有看跌的推论，但所有的平均指数正在构筑最后的底部。”柯林斯读到这封电报时是第二天的早晨，也就是 1935 年 3 月 14 日星期四。这一天记录下了当年道琼斯工业股指数的收盘最低点。发电报的前一天，也就是 3 月 12 日星期二，记录下了道琼斯铁路股指数的收盘最低点。道琼斯工业指数精确地小时最低点出现在接下来的星期一上午 11 点，也就是艾略特的电报发出 13 个交易小时之后。开盘时的抛售将工业股指数刚好推到了星期四的最低点之下，离艾略特的 96 点目标仅一发之差。13 个月的调整浪过去后，市场立刻开始反弹向上，经此一役，艾略特重新抬头。他不仅看到了股市的调整结束，同时也开始结束了 8 年的低谷期，而开始了 13 年的上升期。

到了1938年，柯林斯终于被他深深地折服了，于是帮助艾略特开始了他的华尔街生涯，这个时候艾略特已经67岁了。当年他就出版了《波浪理论》一书。这也就是至今为止最为详细介绍这个理论的文字,后来柯林斯举荐艾略特担任了《金融世界》杂志的编辑。于是艾略特又开始继续撰文丰富自己的理论。1939年，艾略特在这份杂志上一边发表12篇文章精心制作宣传自己的理论。1946年，也就是艾略特去世前两年，他完成了关于波浪理论的集大成之作《自然法则——宇宙的奥秘》。这部书不仅展示了波浪理论，更加将之推广为整个人类的乃至宇宙的发展规律。艾略特提出社会、人类的行为在某种意义上呈可以被认知的型态。利用道琼斯工业平均作为研究工具，艾略特发现断变化的股价结构性型态反映了自然和谐之美。根据这一发现他提出的不仅是一套相关的市场分析理论，而是可以分析整个社会的发展理论。1996年5月18日，美国市场技术协会颁发奖章给已故的艾略特，以表彰他对技术分析领域做出的杰出贡献。就这样，艾略特成了一个可以和肯德基大叔相媲美的一个传奇的美国老爷爷。

与'道氏理论'不同的是艾略特的东西原文我们手头都有资料,这被很好的收入在《艾略特原著集》里面。于是我们也能很好的从原著认识这个理论。

波浪形成的基本概念可总结如下：

1)、一个运动之后必有相反运动发生；

2)、主趋势上的推进波与主趋势方向相同，通常可分为更低一级的五个波；调整波与主趋势方向相反，或上升或下降. 通常可分为更低一级的三个波。

3)、八个波浪运动(五个上升，三个下降)构成一个循环，自然又形成上级波动的两个分支。

4)、市场形态并不随时间改变。波浪时而伸展时而压缩，但其基本形态不变。

在实践中,每一个波浪并不是相等的，它可以压缩，可以延长，可以简单，可以复杂。总之，一切以型态为准。

由于是对趋势分析的结果，行情被分为不同的循环级别，这些循环级别牛市、熊市完整循环包括：

循环波(Cycle Waves)

基本波(Primary Waves)

中型波(Intermediate Waves)

小型波(Minor Waves)

同时浪也分成不同的等级，艾略特选用了下述九个术语来记述波浪等级：

特大超级循环级 (Grand Superrcycle)

超级循环级 (Supercycle)

循环级 (Cycle)

基本级(Primary)

中型级（Intermediate）

小型级（Minor）

细级（Minute）

微级（Minuette）

次微级（subminuette）

只有同级别和同级别来进行比较，而一个级别一般都会概括成，8 浪结构，5 浪上涨，3 浪下跌。主要趋势的方向一定可以分解成 5 个长的周期和与之相反的 3 个短周期。这 5 个浪的形成原因可以概括成如下的故事：

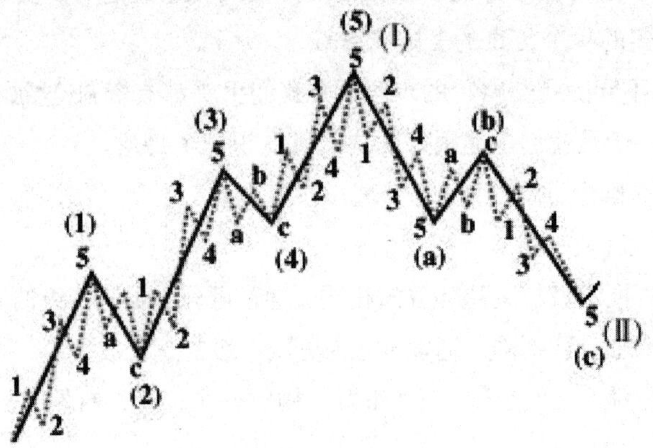

波浪理论图解

波浪可以无限下分下去，每一个长一些的浪都可以找到更小的细浪来具体分析。于是数浪就成了技术分析中很难的任务，却是每个人都热衷于做的事情。

第 1 浪通常只是由一小部分交易者参与的微弱的波动。大多数人还不相信这个是新趋势的开始，大家认为，“不可能，经济还在向淡，哪个白痴有胆量在这个时候找死啊。还是静等着看白痴的笑话吧。”

一旦浪 1 结束，交易者们将在浪 2 卖出。这个时候大家开始有一定的获利回吐。早期的参与者中还不确信行情的人，会在这个时候卖出，同时原来空仓等待的人也不会贸然进去，大家心里一般会想：“哈哈哈，想骗老夫，下辈子吧，白痴，老夫早就用残差分析、logit 模型，协整方程、格兰杰因果检验、卢卡斯批判最优化理论、动态规划测算出市场的方向了，哈哈哈，白痴！市场只有一个方向，现在远不是底。”但是浪 2 的虽然卖出是

十分凶恶的，可最后浪 2 在不创新低的情况下，市场开始转向下一浪波动。这个时候 3 浪开始。

浪 3 波动的初始阶段是缓慢的，并且它将到达前一次波动的顶部（浪 1 的顶部）。大家现在都是观望，心里想："不会真的破了吧，靠老夫计算的不可能错，小傻子们在这里看双头吧，哈哈哈。"但是浪 3 的波动，获得了资金的支持，而市场上资金就是动力。于是浪 1 的高点破了，市场终于看到了方向，于是趋势交易者会这样，"现在是上升趋势了。我们要开始交易了。"而懂得技术的人会想："真的给老子破了。老夫跟。兄弟们都跟我上，冲啊！"而另一些后知后觉的人则会想："不会吧，市场不是要跌的吗？哼哼，看你能涨到哪里去，等你跌我就进。"于是在合力的推动下，行情一路高歌，交易量在这个时候放的最大，大家开始活跃。股票是好的东西，大家都喜欢了。但是慢慢的大家开始想到应该差不多到目标位了，今年也赚了一套房子了，还是先拿出些钱吧。于是越来越多的人看到行情调整就开始退了出来，于是 4 浪开始。

浪 4 是 3 浪的调整浪，来源于对市场速率的修复，这个时候市场开始盘整，换手率开始增加，里面的人想出去，外面的人想进去。大家会想："嗯，老夫已经赚了不少了，孩子的奶粉钱都够了，算了先出来，等等吧。"但是还有一些人，他们错过了行情最好的机会，于是他们等待的调整终于来了。"同志们，上啊，机会来了，哈哈哈，等了好久终于等到今天，梦了好久终于把梦实现。"于是最后的 5 浪来临。

浪 5 是最后一浪，而这个时候往往伴随着人们的疯狂。大家心里只有一个目的，就是看到账面的盈利，"股票就是好东西，做股票就是做预期，什么价值投资，统统见鬼去吧，大家成本都很高，谁会赔钱卖股票啊。我们在市场里就是一个字，我掏、我掏、我掏掏掏。"但是毫无根据支撑的价格就是在疯狂中演绎最后的进行曲。成交量开始不可避免地缩小了，因为现在每个人手里都有股票，但手里有闲钱来买股票的却越来越少了，没有买力支撑的市场方向只有一个。于是行情开始跌了。浪 a 开始。

浪 a 是整个行情调整的第 1 浪，是大行情调整的开始。这个时候大家还不相信调整开始，大家还在认为是上涨中的正常调整，也许是因为调整太急的道理，大家一时还不习惯，但是随着破了前面的低点事实的来临趋势交易者会退出来。于是这更推进了调整。大家会想："不可能，大家成本都这样高，开玩笑呢，谁会做亏本的买卖。大盘怎么了这是，不是吃了泻药吧。"还有些有仓位剩余的人会看到个股下跌的过于快速，"呵呵，跌吧，老子就在下面等你。兄弟们反弹来了，抢反弹啊。"于是大家的买力又使得市场开始向上运动，这就是 b 浪。

浪 b 是下跌的调整浪，可能会很高，甚至创出新高，但反弹就反弹，获利的人会出现获利回吐。"呵呵，兄弟们做对了。咱们撤，今年就做到这儿，回去抱孩子去。"但有的人就不会，于是这样想："老大不会这样不识时务吧，现在明显就是上涨，一定会成为 5 浪的，我才不走呢，谁爱走谁走，我是保定青山不放松。老大一定是老糊涂了。"结果资金早已撤出，更好的上涨只不过是给了大家更好的平仓位。于是大家开始纷纷出逃。合力之下，就成为了大 c 浪。

浪 c 是调整的最后一浪，但也是力量最强的一次。在这个调整里面任何的利好转头就成为幻想。行情只有一个字：我套、我套、我套套套。于是有的人就是想："老大是对的，赶紧卖，晚了一分钟，就少了孩子一年的学费。卖！必须卖。你下不了手我来。股市真不是人待的地方，老夫每天看盘 20 个小时还是一样的下场，人家说的真对，'远离毒品，远离中国股市'。前面的让开点儿，别挡道，跳楼的不止你一个。麻溜儿的，快点儿。"正是在恐慌的最后一跳的背后，新的一轮正在悄然升起。

这就是一轮简单的行情，然后同样的故事会一而再，再而三的进行下去。这就是艾略特心中的循环。正如伟大的革命导师指出的一般，历史是螺旋形上升的。艾略特出于仔细观察的考虑，将浪又进行了延长的处理，像 3 浪、5 浪很可能不是一蹴而就的走完，可能反复到自己成为一个可以观察的浪形。出现延长浪，他说道："所谓浪的延伸，是指浪的运动发生放大或拉长的现象。"

而调整浪也不是很简单的走完的，而是可能发展为三角形，楔形这个的变化形态。但是股市长期的方向就是上涨，而历次的下跌只有一个名字，那就是：调整。他说道："大萧条'是一个在股票市场范围内常见的一个表达错误的词。股票市场从来没有'萧条'，它只是调整了先前的上升行情。一轮循环是作用与反作用的。"

在他一生的集大成者《大自然的规律》一书中，艾略特对于自己的理论给了集中的展示。他真正地将神奇数列成熟的运用在自己的周期考虑之中了。不仅如此，神奇数列更成为表述浪与浪之间的比率的工具。这个数列是如此的神奇，以至于它不是被简单用来描述市场的，而是描述整个人类活动的，在解释人类活动中他说道："人类活动的特色，所有人类活动都包括三个特征——模式、时间、比率，所有这些都能观察到斐波纳奇数列。"

神奇数列又叫斐波纳奇数列。构成它的基础非常简单，由 1，2，3 开始，产生无限数字系列，1，2，3，5，8，13，21，34，55，89，144，233，377，610，987，1597……直至无限。其实简单观察就会发现，不过就是前两个数之和成为了第三个数。这个数字估计看过《达芬奇密码》的不会陌生。他的神奇之处在于这样进行下去数字之间的比例会越来越接近黄金分割比，例如 3/5=0.6 、8/13=0.618、21/34=0.618。这个比例是如此的和谐。而黄金分割比是一个和谐的比例，是美的象征。例如古代就有哲学家毕达哥拉斯，（学哲学的应该听过这个哥们儿，没听过也不丢人。）他就说："美在于数字间的和谐比例。"当人们让他证明美的时候，这个哥们儿直接在地上画了个圆。正圆形的美震惊了在场的每一人。你可千万别以为"我也能画，这没什么了不起的"。人家当年是拿个树枝就在地上画了，同时忘了用圆规。和谐的美，就这样被展示出来了。艾略特在《规律》里就将这个哥们儿挺了出来，用以证明自己的观点。

艾略特的《规律》是倾注其心血的一部著作，他在其中对于很多东西进行了定义上

的描述。提出了著名的替换定律,这个方法现在很少看到中国的波浪学者们引用,但是《应用……获利》中却时时注意的。艾略特是这样说的:

"交替:两件事或一系列事件依次出现或作用。交替是一种自然规则。其中比较重要的是浪 2 和浪 4 是调整浪,这两个浪在模式上交替。如果浪 2 是'简单的',那么浪 4 就会是'复杂的'反之亦然,较小的浪级中'简单的'调整浪由一个向下的浪组成,'复杂的'调整浪有三个向下或向一边的浪组成。"

在应用什么图形进行分析上,艾爷爷更是直接说明不用什么特殊的:"刻度:不是采用对数刻度就是采用算术刻度,别无他法。以此作为一般惯例是错误的,而且从学者那里剥夺了它们的价值和效用。应当总是采用算术刻度,除非而且直到需要对数刻度的时候。"

行情也会发展的过了头,例如最后的疯狂等等,艾爷爷管这叫作膨胀,他解释道:"膨胀:'膨胀'这个词在字典中被定义为'延伸出自然的极限'。牛市一般不会超出'自然的极限'。一系列牛市——一个之上接一个,会'超出自然的极限'。一个牛市不会在'另一个之上'、如果他不是因为介于期间的寻常的熊市。"所以行情绝对不会膨胀,一定符合严谨的比例。

我突然看到另一端有趣的文字,那就是他在评论消息价值时说的:"消息的价值:华尔街有一句格言,'消息适应市场'。这意味着不是消息'造就市场'而是市场预测并评价了后来可能成为消息的内在力量的重要性。充其量消息是对已经作用了一段时间的各种力量的迟缓认识,它只会使那些对趋势毫无意识的人大吃一惊。"使我吃惊的是逸飞说什么必然的偶然性信息,看来这小子肯定没好好看书,一样的话,人家早就说过了,而且说的多标准,还有一种格言的美感。

波浪理论是用来预测的,最后总要落到交易的层面上。虽然艾老爷爷没有什么出色的交易记录,估计他没有逸飞那样漫长的获利单,也没有江恩爷爷那样震惊世界的交易记录,但他还是谈到交易了。首先就是时机的选择上:"投资时机:时机是宇宙中的主要元素之一。我们将一年的各个时期分为四季:春、夏、秋、冬。我们认识到白天使活动的时间,而晚上是放松和休息的时间。自然法则包括了所有元素中最重要的东西,时机。"只有选对了时机才有可能有好的结果,但更重要的就是:"交易的头等因素就是本金的保值与增值。"记得原来就讲到过,方法固然重要,但最重要的是保证本金不流失。一旦本金损失的十分严重,将来再好的方法也回天无力。而更可怕的是,激发了人们的想要一夜回本的赌性。

艾略特将自己的波浪理论扩大到整个世界,他将循环看做是一种必然,于是我们可以预测整个人类社会:"'循环'字典里的词定义为几个:'一段时间'、'一次完整的旋转或者循环'、'一个自我重复的系列'。……动态对称是一种自然法则,因此是所有活动形态的基础。……人类的情绪,血液等等无不在循环之中。……用波浪理论一切人类活动都可以分析，就算是‘专利’这种人类客观的活动。”一句话，波浪理论，暗含于一切之中。全书的最后，艾略特例举了很多，像黄金的行情、道琼斯工业指数等等。

这本书是艾略特逝世前两年发表的，全书没有向江恩爷爷那样的殷殷嘱咐，这可能和他主要不是从事交易分不开关系。但全书中却暗暗的透露着一种自豪感，一种发现事实“本来”的自傲感，毕竟这份自傲是值得期许的，因为这位风烛残年的老爷爷真的只用了三年就从道琼斯指数中悟出了这个理论。这个理论如此迷人，以至于几十年后读起来也想一份探险经历般引人入圣。

“对了，我看完艾略特的著作了。”我说道晚饭的时候，我对着逸飞说道。

“然后呢？”逸飞问道。

“废话，接下来就该你的活儿了，给我好好地解释清楚。”

“大师，好像是你求我帮你吧，怎么我现在一直有种被逼迫的感觉呢？”逸飞说道。

“当然是你帮我了，但老夫将来一定会报答你的，将来等你做的爆仓了，破产了，老夫就用你教我的东西，助你一臂之力。呵呵呵呵”

“……”逸飞语塞了一会儿，看着我说道，“大师真滑头，连借我资金东山再起的话都不说。”

“那是当然的了，相对于愚蠢的金钱来说我的头脑才是最宝贵的。有了我的智力支持，什么都不在话下。”

“那大师的大脑袋今天都看懂什么了？”

“还不是波浪理论的那一套。但怎么说呢。虽然看完了，但是真的用来预测就真的没法做。就是感到无从下手。反倒是用来回顾过去的行情倒是十分清楚。”

“嗯，这就是波浪的问题所在，但是波浪仍然是十分重要的分析方法。用得好的确实可以获利。因为，它至今仍然是最好的，也是唯一的预测方法。”

“不会吧，怎么说是唯一的呢？不是有很多方法吗，江恩不就是有很多方法吗。好像都很准确的说。”

“呵呵，大师不知道。在波浪之前，根本就没有一种可以准确预测市场的理论。江恩虽然预测对了些东西，但是你不妨想想，江恩也很难抓的准，要不就不会开出这样多的时间窗口了。要知道，江恩开始琢磨交易的时候是 20 年代，而波浪真正出现是在 30 年代末期。所以，他的出现才这样重要。虽然后来这个理论也经历过没落期，但是仍然在 70 年代后大放异彩。”

“所以，波浪真的可以用来预测行情？”我疑惑地问道。

“当然可以，但首先你要全部接受他的理论，反复在市场里实践，真的像《应用波浪理论获利》的那个哥们儿一样，仔细的做交易计划，长时间的努力才可以有一定的收获。要知道，这些年就不断有人自称能应用波浪准确的预测了。但是毕竟波浪的级别太多，迷惑的事情太多。所以，会出现“千人千浪”的现象。最难得就是数浪。但只要遵照他上

面说的还是可以判断的。例如浪 1 的最高点不能高过浪 4 的最低点，浪 3 的成交量往往是最大的等等。把握住这些，就相对容易判断了。”

“那这么说，只有记住并应用，就真的有用了？可为什么很多人都不会使用呢？”

“你也不看看他们有几个人真的看书。现在人都贪图快速，于是看了一份简介就真的以为自己懂了波浪理论了。不想想，如果这样简单人家还用写本书来做什么。他们不会这样考虑，反正知道了就以为明白了。你说这样的人来用这些方法，你说成功率可能高吗？”

“嗯，这倒是。哎，没办法，这就是人的惰性吧。”

“哪有，我们大师就很好，总是很听话。”（这小子夸人都这样中听）“其实波浪理论最重要的一点也可以不用来预测，你知道为什么波浪的节奏是 5—3—5 这样的吗？”

“不太了解。”

“这就是说，主要趋势的节奏一定是最长的。如果是上涨，则上涨的节奏就是最长的，而如果下跌时主要的趋势节奏就是 5。这就是通过节奏来判断市场的方向。这也就解释了为什么艾略特认为历史是上升的，因为上涨的节奏总是强于下跌的。所以最重要的就是这种思考模式。”

“嗯。”

“大师就知道嗯，呵呵。”逸飞笑道，“大师，你有没有发现，江恩会强调使用的回调周期是 1/3 、1/2、2/3，而黄金分割比却强调 0.382、0.5 和 0.618 这几个位置。其实这几个位置都是相近的，这也证明了行情的运动往往符合自然的规律。这也就是艾略特最后将理论放大到整个人类的原因，因为这本身就是相通的。”

“嗯，这就是《道德经》上说的‘人法地、地法天、天法道、道法自然’吧。”

“大师翻译一下。”

“意思是说，人们总是向有形的万物学习，顺应它，而有形但却模仿向虚无的天，而天虽是看起来空的，但毕竟还能看到。于是它就像更高的道去学习，顺应它的法则，而就是是无形的道，最后却只能顺应自然。这里的“自然”，就是“自然而然”。本来如此的“自然实相”。是毫不做作的运动，甚至也动了也没有动的状态。说的低一些，就是规律罢了。”看着逸飞的游离的目光，他似乎真的听了。

14. 9.4 理论的核心

“大师，你真的很棒。”逸飞由衷的夸道，“这些玄奥的东西，你讲起来都不动脑啊。”逸飞听到我对“道法自然”的解释之后，想了半天。到最后说了这么一句。

春天已经来了，晚上的寒气也慢慢地退去了，吹面的风也似乎没什么感觉。反倒清爽了不少。我悠闲地踱着步。“吃饱了撑的”这句话真是至理名言，人只有吃饱了才能体味生活的美好。

“我当然还懂点儿东西了，要不怎么忽悠你啊。对了这样我就算基本看完了主要的理论吧。”

“算是吧，大师。但还有几个东西你应该知道，省的以后说没听过丢人。太怪的东西你可以不知道,但这些你就要懂的。像‘空中楼阁理论’你不能不知道吧。‘反向意见理论’也挺有名的，‘随机行走理论’这你更不能没听过。”

“曰。”

“大师就是大师，说话都这样直接。呵呵。好吧，就先说空中楼阁理论吧，发明他的是另一个大师，叫凯恩斯。”看着我吃惊的表情，他继续说道，“对就是那个凯恩斯。经济学家里面真正靠自己理论赚钱的就两个人，一个是熊彼得，另一个就是他。他的这个理论又叫‘天下头号大傻瓜理论’。”

“这么大气的名字!”

“嗯，这个理论就是说，大师，你股票买的多高不要紧。关键是你能找到另一个更大的傻瓜愿意以更高的价格来购买你持有的股票。所以你不用费劲巴力地计算股票的内在现金流贴现问题，直接找比你傻的傻瓜就好了。”

“你不是暗示我很傻吧。”

“哪有，我们大师最聪明了。呵呵，这个理论的前提条件就是，股票的价值并不是决定于内在,而是决定于人们的心里揣测。其道理就和选美游戏一样。所以这个理论又叫‘选美理论’。在选美比赛中有这样一个事情，不仅上面的美女在比，而且下面的观众也在比。大家都在预测那位小姐会成为冠军，看谁猜得准确。于是聪明的人就会放弃自己的观念，不再理会自己心中的美女，而更加关注大家的意见，根据别人的审美观点来选择。这样就服从了大家的选美偏好。到了股市里面，就引申为，要追逐大众追逐的股票。于是我们也就看到，涨得股票往往还能涨得更多，而跌的股票就很难不再继续下跌。”

“那不就是追涨杀跌嘛。”

“这至少给了追涨杀跌一个理论支持，要知道涨得原因只有一个，就是更多的傻子愿意为它付更多的价钱。同时这样的傻子还很好找。要知道，股票涨的原因只有一个，就是买力大于卖力。人数不重要，重要的是资金额度。”

“但不是说大多数人的意见都是错的吗？”

“嗯，这得两说，呵呵，这就是所谓的相反意见理论了。大师知道这个东西吗？”

“不太了解，你说吧。”

“说出另一名字,你就一定听过,叫‘逆向思维方式’。呵呵,大师听到过吧(我点点头)，这是一个心理学理论。提出他的是一个美国投资家叫尼尔的，他在50年代出了一本书就是《逆向思维的艺术》。这里他就强调了两点，一、社会资源有限的，你要胜利就要与众不同,二、人类的习性像恐惧、贪婪、冲动、急躁会相互传播,所以跟着大家就会失去理性。对了大师，我给你的庞勒的《乌合之众》你看了吗？”

“你拿老夫当复印机啊，看书不用脑袋。”

“呵呵，哪有，我们大师脑袋最好使了。这部书很有趣的。看完了你就知道如何成为领导，如何进行公众演讲，如何渲染大众情绪了。反正如果你好好学习，忽悠一两千人不成问题。”（这小子太能诱惑人了,看了今晚回家就要把这部书吃透。)逸飞看着我继续说道，“逆向思维的主要观点有三个，我给你三句话，你要记牢。第一、当所有人都想得一样的时候，每个人就都可能错了。第二、太多的人说出一个预言，预言就不会应验。第三、在一个预言上层层加码，预言就会不攻自破。”

“预言他们也敢乱说，呵呵，这个领域我是专业。”

“那他说的有错了？”逸飞问道。

“错到没有，的确能看透历史轨迹的人往往是少数，而这些人是如此的不多，以至于和人们相比简直就是稀少。”

“所以这个理论一定要注意一个前提，那就是‘大多数人’、‘所有人’这样的前提。大师还记得不，在市场的哪个阶段人们的意见最容易统一？”

“疯狂的阶段。”

“太对了，不论是顶部的最后的疯狂，还是底部的最后的恐慌。这些时候大都有一个共同的特征,就是大家意见一致了。主流的意见并不难检测到。像报纸、电视、股评家的嘴，这些地方往往反映的就是现时的大众主流意见。如果一片高歌，那问题就一定有了。”

“我要逆向思维，就要和大家不同，而我要找大傻子，就要和大家相同，这样的话股票还怎么做啊。”

“所以根本就不用你做啊，这就是著名的‘随机理论’。这个理论是一个美国人叫库特纳提出的，他早在30年代就提出来了，当时还写了本书，名字就叫《股票市场的随机行走特点》。你还记得著名的撇飞镖选股的故事吧，就是一个小傻子撇飞镖选了20只股票，结果和大师们选的股票结果一样，甚至远远好于一些专家的选择。这个理论一经提出就获得很多人支持，更有很多人用统计学来证明这个理论。说大部分股票的涨跌幅是在10%——30%，呈统计学上的常态分布，而涨得最凶悍的都是极少数的。反正就是个股的价格围绕价值，做无规则随机运动。说白了就是和电子围绕原子做无规则运动一样。后来就结合有效市场理论了，而‘大放异彩’。”

“什么是有效市场理论？”

逸飞故作吃惊地看着我，“大师，你连这个都没听过。呵呵，宝贝，你真是一张白纸。幸好你身边有我。”（当真是‘是可忍孰不可忍’！但不忍也得忍。）

……此处删去350字暴力描写。

“好，大师不要生气，我说、我说。”逸飞求道，“所谓有效市场理论，你要知道这根本就是象牙塔里面的小傻子们宣扬的东东，他们说市场里的信息是完全公开的，而且每个参与者都是拥有巴菲特、索罗斯那样的头脑的、聪明的分析人士，能对一切迅速地做出反应。这就是它的两个前提，现在人们动不动应用这个理论，却完全不注意他前提就错的离谱，这也就是那群白痴总是错的原因，因为他们从来不学习，从来不思考。就在这两个不可能存在的前提下，他们提出了‘三级市场分布’，分别是弱有效市场，半强有效市场、强有效市场。意思是说在弱有效市场里面，技术分析没用，因为现在的股价已经反映了过去的证券价格信息。而在半强有效市场里面，就把基本分析给枪毙了，因为股价已经反映了一切公司以公开的信息。而在强有效市场里面，将最后的内幕交易就给枪毙了,因为这个时候股价已经放映了一切信息包括没有公布的。但是就拿技术分析来讲,大师，你认为技术分析是什么呢？”

“技术分析就是研究价格走势的，是价格的再翻译。”

“不错，技术分析就是研究价格变动及其规律的东西。也就是说现在的价格和过去的价格不一定有关系，我们不是因为他昨天 5 块于是就认为今天一定要 10 块钱这样的分析,我们只是说如果价格向上往往会表现出一定的趋势，如果向下运动则也保持着一定的惯性，仅仅是对价格变化进行监控。这和‘反应不反应’并没有直接关系。不懂得这个实质就会说，今天的价格是根据过去的价格出来的，但我们的假设前提就说明白了，价格按一定规律运动，和历史会重演。可没说价格相互反应，股价是昨天的必然。重演的仅仅是运动的规律。所以不论什么样的市场，只要有变化、只要有运动就一定有跟踪的方式和手段。

“再来看中国的股市，毕竟美国我没去过，也不是很了解他们的市场规则，但是我知道一件事，就是两个公司的老总如果有合作意向一般不会直接当这个想法还在脑中就公布的。因为如果合作不成，监管层就会认为这是联合操作股价。相信这个任何市场都能接受的事实，从而也就使得内幕交易总是有利可图的。在股市中信息的传播史分层进行的，首先可能是管理层的一个想法，然后就会将这消息传播到家里人周围，当接触明朗的时候也会告知一些利益相关的人，像是某个给予支撑的领导，然后就要上报给相关的部门，这个时候最先审查这些文件的人就知道了。当股评家知道的时候开始造势的时候，普通的群众才有可能知道这些信息。所以从根本上讲，这些信息是层层递进的。现代传媒学也说明了这就是信息的‘阻尼效应’。

“而有效市场的所谓。这些理论，往往还是存在于象牙塔那样的小傻子的脑袋里比较好。当然也不能说他们是错的，因为市场是循环运动的，往往从哪里开始最终的归宿也相差不远，所以单从结果的角度讲他们也许是对的，但就是简单的过程之中却异彩纷呈。这才是机会诞生的摇篮。与其说市场的随机，不如直接承认自己的无能，根本没有办法有力的识别价格的非系统性变化。不过这样也符合市场注定是少数人获利的地方，这个基本的事实。”

“这听起来都觉得可怜，丢人还可以这样丢啊。”我喃喃地说道。

“呵呵，大师真有眼光，但这还不是最丢人的，还有比这个更丢人的，想不想知道？”

逸飞诱惑道。

“曰。”

“呵呵，你看现在很多人他们开口大师，闭口大师的，好像自己每个理论都是大师说出来的，一切都有根据一样，可是大师说的话他们真的听了吗？于是在市场里被套就成了巴菲特，赚了点儿钱就成了索罗斯。大师的话他们不去学，不去做，看了两张纸就以为自己懂了。真是痴人说梦，笨想想也知道，市场不是一两个公司可以表达的，而一个大师往往一生的心血才能写成一部书。可他们连看都不看就说自己懂了。然后用错了就说是大师的东西老了，听起来就可笑。”

“嗯，真的是这样，人欺骗别人可耻，但欺骗自己就是可怜了。”

“呵呵，大师真智慧，就像咱们这两天聊得吧，没看过书是聊不下去的，因为根本就不知道在说什么。可是看了书没有理解也是看了白看，你必须将自己深深地融入到作者的年代，然后从作者的角度去理解问题。这样讲吧，这就是我让你看作者背景的原因。要知道这才是打开每一本书的钥匙，书不是写给别人的，而是最先写给自己的。”

“书不是写给别人的，而是写给自己的。”我重复道。

“对，我们现在开始回忆，道氏理论的创始人是谁？是做什么的？”

“查尔斯·道，职业记者，曾做过一段股票。”

“这就对了，但要注意，查尔斯他本身是一个记者，记者的工作就是记录，但那个时代的记者往往还要弄社论的，就是从现实的生活中窥探人生的道理，查尔斯也不例外，于是他忠实的记录观察，最后总结出来一定的规律才上升为股市之‘道’的。如果抛开了他的背景，就会对他说的话为什么采用这样的方式而疑惑不解。这就是查尔斯说话总有哲理的原因。而艾略特的本职是一个财务会计，这项工作不仅需要细致和耐心，还需要从一个个冷的图纸数字背后看出鲜活生动的故事，等以后我会教你财务报表的看法，其实读起来就是一部故事书一样的东西，但要看懂这些，你要先学会解码，就是他们通用的语言。艾略特的背景决定了他对事情较真的细致，于是你会发现，波浪理论中没有一个东西是简单呈现的，变化的局势十分的细致，可能出现的各种形态，艾略特都尽力进行描述和观察。当然我不是说他没有遗漏的地方,毕竟人家可是 61 岁的高龄,还满身是病。能做的这样就算不错了。而江恩本身就是一个投机人士，他不仅赚自己的钱，同时还成立了咨询公司，你看看人家那些年就知道了，‘知讯者生存’的道理，现在的人们反倒堵起耳朵，闭上眼睛了，呵呵。他的职业就要求他，既要有一定的准确度，同时还不能把话说满，同时还要让别人觉得他的理论高深莫测，难以理解。于是最后你只能买他的咨询，因为你相信他是有很高深的背景知识的，而最重要的是，江恩要保证自己在市场里生存。于是忽悠别人的时候，江恩开了许许多多的天窗，在保护自己的时候，应用了规则。这就是为什么他最后的晚年一再强调止损单的原因，因为他真的要说出保证自己安全的不二方法了。于是你会发现，江恩的东西是真正应用最强的市场生存的方法。这样看来市场这些年追随他的人也是有原因的了。”

“至于其他理论也是一样吗？”

“大体如此，就像凯恩斯来说，他当年就宣传要政府救市，可是你知道吗？金融危机的时候，他就持有股票。这个哥们儿可是牛津最牛的高材生，也许正是金融危机使得他认识了什么才是真正的傻子。呵呵。其他的理论开拓者也都是从自身的角度来看待身边的事物的，于是提出了自己能够理解市场的方法。现在很多人都错的离谱，他们强调，市场现在一定要反转，原因很简单，因为大师的理论指出这里是大浪C的总结，或者大师说了现在是价值投资的时代，也许还会说什么现在江恩的时间窗口已经出现在即，更厉害的就是干脆说水星的角度决定了现在必须涨等等等等。他们全部都弄错了一个前提，那就是所有的理论都是用来描述市场的，而不是市场一定要遵循某个理论。”

“理论是用来描述市场的，不是市场一定要遵循某个理论。”我喃喃地重复道。

“对的，这就是理论的实质，也就是核心。要知道，理论仅仅是一时一地一个人的思考方式，是他对事物的理解方式。在原来有股市有庄家的时代，也没听那个庄家看这水星和地球的角度来决定哪天吃货，哪天放货。一切都是根据市场当时的状态和自身的操盘计划动态微调而已。就算是外汇，没有庄家，但其中也饱含了国家的政治博弈。估计决定的权力也不知波浪理论家的手中。我们说一个理论好使，那是他发现了一个有效地监控方式，是一个很好的理解市场的手段。但绝不是说市场要一定如何如何，以后你再听到这些白痴这样议论，你就可以知道这些人不学无术了。他们的老师都不会这样说，你什么时候看到，江恩说市场一定会如何，人家也最多就是说，‘如果今天不到某某价格我的理路就错了’。要知道江恩深知交易和分析是两码事，所以他经常做预测，但很少按照分析的来交易。反观现在的那些资深人士，丢人不是一星半点儿的了。”

“嗯，这些人也不按他们分析的来交易吧。”

“当然，你以为他们真的交易吗？他们根本就不交易，这些分析师们，他们给出的意见你知道吗？他们本身连开户的资格都没有，因为中国证监会就是这样规定的。当然立意是好的，但结果就是指导人们交易的人根本就没做过交易。想想就觉得可笑吧。而他们的听众想想就更是可笑了。这就像中世纪的禁欲牧师却教导夫妻如何怀孕一样。反正就是猜呗。”

“这样跟着他们太危险了。”

“这是当然的了，大师，你要知道，我培训你的这个方法不是培训别人的方法，以前我也培训过很多人。当年我的客户可不是一般的多，但我从来很少和他们解释原因，他们也根本就不需要我来解释。但你必须要知道、了解这些东西。原因很简单，一般的交易，会下单就好，但是如果真的想下明白这个棋局，就必须有专业的设备，没有一个专业投机人士不是这样过来的，所以你要做到更专业，可能这不会很快的赚钱，但却能使你少被人骗。股市和一切的金融工具从根本上说就近似于明目张胆地到大街上抢钱。要知道，整个市场不能创造一分钱的账面价值，所以这是一个财富转移的平台，如果在能抢到的时候不多抢一些，反倒在被人抢的时候无常奉献，最后的结果只能是成为‘血牛’。所以了解这些真相，你才可能自救，在股市里谁都不可以相信，包括我在内。”

“放心，我本来就不相信。哈哈哈……”

“大师，真的很幸运，当年我可没你这样的智慧。也没有你这样直接找一个看的好的人同居这样的魄力。记得当年我也是通读证券类的书籍，但是当时很有限的这些资料，所以没有办法，我只能细读。就这在这些阅读里面反倒得到了些启迪，所以不用懂得太多。在市场里学会交易就足够了。但要防骗则太难了。记得当时有一件事对我触动很深。你还知道在99年的时候，行情运动的很有变化，现在看来没有什么了，但当时却不知道路在何方。于是我看到报刊杂志上最著名的股评和特约博士还在争论："二浪？C浪？"，有一天我突然省悟，无论是二浪还是C浪，它们的共同点都是下跌！分歧只是下跌幅度的长短而已。既然结局注定是一样的，还有什么必要为多跌几个点少跌几个点争论不休呢？这一天开始我才真正发现这些人是多么无聊。后来我跟这些分析人士有了直接的接触，我自己也成了这其中的一员，我才从他们的角度出发，了解这个事情的实质。他们嘴上说的各种理论，但真正的操作，用家人的账户做交易也只是靠着内幕。但是当时我还不懂，说实话当时别人就是说我也不信，我能做的就是好好学习，好好的做好自己的交易记录。你在我家看到的是很少的一部分，当时我烧了不少。后来从深圳回来自己搬不动别的，就带回了几本日记，里面大都是交易记录。这是一生的财富。所以当我再听到小傻子说什么理论不好使，我在心里就知道这个哥们儿没看过书。当然我并不是说看书的就一定懂交易。大师，你知道吗，我曾经听过这样一个人，他真的看书，研究股市，手绘的K线图早就不知道几千份了，但最后还是穷的一贫如洗，在市场里就是活不下去的人也是有的。当时他是找我的同事，后来我同事把这件事告诉了我，虽然我知道这件事了，但我至今也没法理解，毕竟我没有和他接触过，而我身边接触到的大多数‘不学无术’。”

“没办法，当时你身边有没有我，哈哈哈……你以为本大师哪里都有啊。”

“呵呵，是这样。在我自己摸索的时候，也很少听身边的人的意见，因为我知道他们赔钱往往比我还狠。我能学习的只有书本里的成功人士。虽然时代变了，虽然市场不同，但有一样是不变的，那就是思维方法。两个时代市场的基石没有改变，那就是人们的共同心理：恐惧与贪婪。所以要想真正在市场里获利，不要说大师们给的东西错了，扪心自问，大师说的我都做到了吗？巴菲特的价值投资人家一买就是以十年为单位算时间的，咱们中国股市才20年，有几个是能做到的。至于索罗斯，他的视角和视野，外行人根本就看不懂的。以后我再和你讲这些人的真实故事。连大师都不信，只相信从来不做交易的分析师，和混了十几年也没进大户室的人，结果也就差不多了。”

“嗯，明白。尽信书不如无书，但这些东西远不是没看书可以说的。”

“对啊，预测从来就是在刀尖淌路，要小心异常。”逸飞深沉地总结道。

“呵呵，年轻人，想要谈预测，老夫才是专家。”既然谈到我的专业了，那我也就不要客气了。

14. 9.5 预测

“啊，对了，大师就是大师。呵呵”逸飞笑道。

靠看到这个白痴一副轻松的样子真是一点办法没有。人家做大师，我也做大师，只不过差距些许有些大了。人家就万人敬仰，我就只能给白痴当笑话了。想想就感到悲哀。我甩甩头将这些东西都甩掉，

“白痴，真的想知道关于预测的东西吗？”我无力地问道，看着他任谁都会感到无力。

“嗯。”

“别嗯，要求我。态度端正些。”还要指导他的态度。

“嗯，大师，求你给我讲讲预测算命啥的吧，我真的很感兴趣。”逸飞说道。

“要说自己一定要知道，要狠狠地求我，态度真诚些。不要光想，要真的去做。”我无力地说道，这个白痴不是一般的难教。

逸飞正色道：“大师，我真的想知道，请您一定要指导我。”

嗯，他总算进入角色了，于是我说道：“好，既然你这样，老夫也没有办法。本座为你的诚意所感，现在就像你开示这些亘古的智慧，你要好好记住，切勿轻传。说是。”

逸飞答道：“是。”

“呵呵，乖。”我安心地说道。“在我跟你讲之前你说说什么预测。”

“我从不预测，因为我只看现在是什么就是什么。”逸飞简单的答道，“我做的工作就是‘看图说话’，没有什么可以预测的。所以将预测的话，应该就是对未来进行构想吧。”

“嗯，差不多。”我点点头道，“这样，宝贝，预测说白了就是对未来有所把握得学问。所以不论什手段，只要是通过运用一些方法从而看到未来事物的发展轨迹，就是预测。可在中国一提‘预测’往往就和‘算命’连在了一起。其实这是小看了‘算命’了。要知道，‘算命’可是很高级的预测。我们常说算命算命，可是你知道我们算的是什么‘命’，我们总说命运‘命运’，可是什么是‘命’，什么又是‘运’呢。”

“哇，大师真牛，说起来都是昏的。没几句能听懂的。你还是慢慢解释吧。”逸飞干脆不抵抗地接受我洗脑了。

看到弟子这样没有求知欲，我也懒得激发他热情。但想了想，还是小小的激发一下的好。“宝贝，只要你用心分清这几个问题，可以说你就真的会算命了。到时候，人家几年学习的结果可能都赶不上你的感悟。你不仅对人生的疑问少了很多，甚至可以窥测国家、世界的趋势。”

“有这么神奇？”逸飞疑惑地问道。

看来小鱼上钩了，于是我继续道："先来说'命'吧。古代对于命一般有两种观点，一种是认为'天命'思想，就是上天有意志，可以按照上天的喜好直接赏罚世人。西方的上帝有很重的这样的意味，还有一种是'时命论'，就是说这个不是人力可以左右的，例如《论语》中就说'生死有命，富贵在天。'这样的话。其实现在想来，'命'更多的是本然之性。如果拿人来讲，就是人作为人，就一定会具有的一些秉性，是一个人的本质，很难改变的。算了，你的智力我再给你讲的降低些难度好了。例如我们说一个人是人，那他就一定受到几个条件的束缚。例如他一定是受生的，就是有母亲这样的存在，他会变老，然后死亡。这是人作为人所必有的。这就是'命'。但'命'又是不同的，这就是说每个人的这些具体条件不同，例如，受生之处不同，就是母亲不同，变老的速度不同，再来就是死亡的时间、地点也大多不同。这是'命'的最原始的表达。如果推而广之，国家和国家也有自己不同的'命'，这就是这些'集团'本然所具有的秉性不同。'命'既然是一种秉性，那就是一种本然的趋势。而这种趋势是绝对难以改变的，所以我们经常听到说，人不要和'命'斗，这就是说这种特性不是人力可以改变的。孔子就说自己'三十而立，四十不惑，五十而知天命'这个天命就是不可以这种趋势的意思。这个还不够明显，《论语》上还记载，又一次孔子的一个弟子病了，于是孔子探望的时候就说道：'人去世，这都是命啊。'可以看到这个命就是这种本然的趋势。"

"哇，大师真牛，可以用趋势来解释。理解了一些，呵呵。"逸飞笑道。

"别打扰为师兴致，呵呵。但是我们也听到过荀子所说的'制天命而用之'这个话吧，（我满意地看到逸飞点点头，看来他没有打断我的意思。）但是这句话原话是什么知道吗？（估计这个白痴也不知道。）荀子的原话是'与其尊崇天而思慕它，哪里比得上把天当作物一样蓄养起来，而控制着它呢？与其顺从天而赞美它，哪里比得上控制自然的变化规律而利用它呢？'"

"大师，你背的也不是原文吧。"逸飞说道。

"那你背个看看，"我藐视他道，"听人家解释还挑肥拣瘦，不知好歹。要知道荀子的意思已经说白了，就要顺应规律的发展，然后利用它。所以'命'说白了就是事物的秉性。也可以说是物质的属性，就好比咱们学化学时学到的，纯的金属钠，就具有和水发生激烈反应的化学属性，说白了，这就是金属钠的'命'。现在懂了吧。所以一般人所说的算命，算的更多的不是'命'，而是算的运。'运'就是时命论中的机遇。还是那个例子，金属钠有和水反应的属性，但如果它遇不到水，就不会反应。这个条件的产生就是'运'。所以我们听人讲运气不佳就是这个道理了。孔子就说到'遇不遇，时也。'讲的就是'运'。所以我们现在才能知道什么是'命'，而什么是'运'了吧。"

"虽然有些绕，但基本理解了。命就是属性，运就是机遇。大师就不能讲的再通俗些吗？"逸飞不耐烦地说道。

"不能，安心听着。现在我来讲'算命'。所以所谓的算命其实说白了，就是通过观察，从而了解事物的属性。如果是人，就是通过观察，了解这个人的秉性。给你讲个故事吧。《韩非子》知道吧，这上面记载了一个故事。有一天商纣王让人给自己做了一双象牙筷子，他的大臣箕子就感到很可怕。别人问箕子为什么，箕子就讲到‘用象牙筷子吃饭就一定不肯用粗碗具，必将犀玉杯盘、山珍海味，进而穿绫着缎、建高阔殿宇楼台，如此下去将一发不可收拾。’后来的结果你是知道的，《封神榜》里那个大王就是了。这个哥们儿最后让周武王给灭了。这就是最简单的通关观察，然后明晰了未来发展的趋势。一旦有了这样的趋势，未来只要条件合适就会结出果实。这就是简单命运了。

“再来讲讲什么叫‘术数’，所谓的术数可以说是很大的范围，可以说一切的宗教，什么道教，佛教，基督什么的都是其中的一部分。因为术数本身就是这样一个概念，它不固属某个宗教。对这个词进行过解释的是《汉志》，可以认为中国古代数术（应该说，秦汉以后更为滋繁）是将天文、地理、历史等各种知识，纳入一定的逻辑框架，预测、捕捉‘既定安排’的人生穷达祸福、世事兴衰更替之命运。不同的‘术’，有不同的逻辑框架知识和经验内容，每种逻辑框架内的逻辑秩序和推演规则都可称之为‘数’。可以毫不客气地说我们每个人从小学习的数学就是一种‘术数’。只不过是此术非彼术也。现实中我们就是根据这种方式来进行推算的。首先给人定义出一套规则，然后根据规则处理得到的信息，最后得到所要的结果。翻译成你能理解的话，就是八字、六爻、风鉴，也就是面相什么的。”

“可是大师，这些东西真的准么？它到底根据什么原理呢？”逸飞疑惑地问道。

“你问我我问谁啊，反正不知道原理，只知到使用。”我遗憾地说道，“例如我们在给人预测的时候，如果说七件事情说准了5件。要知道如果对错的概率是50%对50%的话，都说对的概率是多少？这是指同时存立的事情，所以应该是50%的五次方吧。可是算准确的例子，竟然比比皆是。就算七件事情全部说准也正常。所以我不知道这些方法的原理在哪里，只是好使罢了。”

“不会吧，这样神奇。”逸飞问道。

“恩，就好像你曾经向我问过你会如何。要知道你从18岁之后就开始心想事成了，到了23大学毕业之后，更是迅速成长。钱财、女友、想要什么都很快的实现了。只不过你不懂得涵养的智慧，所以在27岁前后与人在经济上发生很大的争斗，相信这才是你回到北方的原因吧。”我淡淡地说道，一切仿佛是自己的梦呓。

“原来你早就知道了。”逸飞叹了口气说道，我从来没有问逸飞他过去的事情，也没有问他回东北的原因，这些都是我长久希望和他避免的话题，但是今天却因为要讲解非常重要的东西，所以讲了出来。

我接着说道：“这两年，你安心的在家休息是对的。虽然你也赚钱，但和你两年前比简直就是烛光与太阳的差距。不过你不用担心，今年6月，你过生日前后就会有转机来到，到时你将会有两年不错的财运。你关心的婚姻也可以有机会解决。”

“就两年财运啊。”逸飞失望的说道，（看来这小子还真是贪得无厌啊。）

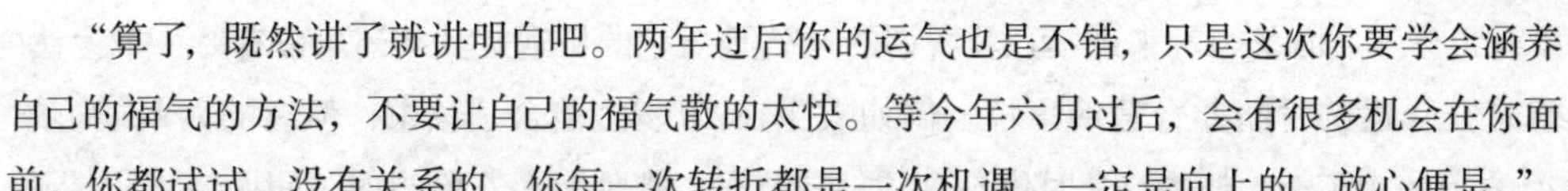

“算了，既然讲了就讲明白吧。两年过后你的运气也是不错，只是这次你要学会涵养自己的福气的方法，不要让自己的福气散的太快。等今年六月过后，会有很多机会在你面前。你都试试，没有关系的，你每一次转折都是一次机遇，一定是向上的，放心便是。”

“真的，呵呵。这还不错。”逸飞笑道，“可是大师，你所谓的涵养福气的方法到底是什么呢？”

“我现在就跟你开示万古的命运之密，你要好好聆听。”我神秘地说道，看来这个白痴已经深深的被吸引了。“人的一生祸福不过五件事，一命二运三风水，四靠诗书五用功。下面我来给你分项讲解啊。首先看什么是‘命’。喂，什么是‘命’白痴，你说。”

“‘命’就是人的属性。”逸飞很乖的说道。

“恩，对。用咱们的话讲就是性格决定命运。一般命可以分为：贫、贱、寿、夭。所谓‘贫’就是指缺少钱财，但你可不要以为这一定是不好。贫只是说没有财产，但并不是说没有地位。例如很多清廉的高官，虽然地位不低，但是却不一定有什么钱财。在例如古时皇宫的嫔妃，地位都是不低，可真的不一定有多少钱。同样，贫也不是代表没有寿命，可能也会活很久。下面就是‘贵’，‘贵’讲的就是地位。但并不是说有‘贵’就一定好，如果没有什么钱财，再短寿，也不能说是好。‘寿’和‘夭’主要指的就是寿命，就是在这个世界上的时间。你说是没有名声钱财的长寿开心呢，还是一声轰轰烈烈的爱一场，然后四十就离开人世，快乐呢？”

逸飞想了想：“真的不好说。”

“所以说，这些就是‘命’的不同特性。但没有一种可以独立说是‘好’的。例如在古代，如果一个人有财，有地位，也很长寿。但是却终日觉得自己身边全是阿谀奉承的人而觉得很烦，这个人也不能说是好。原因很简单。他虽然拥有这些，但却不一定有所谓的‘福’。你认为什么是‘福’”

“平安是福。”逸飞调皮地说道。

“那你明天就买中国平安的股票吧，呵呵。要知道自古以来福气分为两种，一种是清福，一种是洪福。所谓的清福就是安静的福气。例如僧侣们所过的生活，‘松涧边携杖独行，立处云生破衲’，就是这样的生活。而相对的洪福指的就是名利双全，像‘洪福永享，寿与天齐’。就是这样的福气了。所以人要知道自己的命更加倾向于选择哪一种福气，再去向之努力。所以‘命’就是人的自然秉性。例如有的人天生就安稳，有的人就要毛躁很多。算命经常从八字分析。可是一个人八字已经定下来了，根本就改变不了。”

“那是不是说人的一生，只要生下来就改变不了了呢。”逸飞问道。

“我还没说完啊，人的一生有五个方面，这五方面共同影响一生。命只是其中一个方面。虽然重要，但也只是一个方面罢了。要改变‘命’除非重新出生，要不，是不可能的。当然道家有所谓的玄门奇术，说是可以移星换斗，改变本‘命’，但这些我只是听说罢了，没有实践过。但如果‘命’人的先天秉性，虽然难以改变，但和其他方向相配合，也不是没有机会。下面我们就来讲‘运’。所谓的运就是人生的机遇。其实还可以有另一个说法。就是在合适的时间办合适的事情。例如人生在 20 岁之前合适读书，但有的人就非喜欢 20 岁前跑去工作。如果这个时代不合适他这样做，那他就是在恰当的时间做错误事情了。其实人生，每个时期都有恰当的事情可以去做。所以预测出来的结果就是这两年合适做什么。我在 23 岁的时候的运程表示我应该读书。现在有这样两种态度，一种是，这个时候我却跑到路边给人修自行车去了，于是后来发展的也就很一般。而另一种是，我顺应时势，跑去一门心思苦读，后来过了几个国际考试，然后得到了一堆资格证。在我将来工作的时候，这些证件又被重点利用了一下，你说哪个结果更好一些呢？”

“当然是第二种了。”逸飞答道。

“就是这样，一段时间合适做什么事情就是指做什么容易有成果。但并没有具体限制成果的多少。所以本来可以有 8 分的成绩，我努力就可能得到 7 分半。可是不努力就可能只会有 5 分了。这就是顺应时势的结果。古人还有一句话就是说‘顺时如有神助，逆时如遭鬼欺’,讲的就是这个道理了。现在懂了吧。所以运的方面就是要顺应时势,不逆势而为。这样人生就可以有不一样的结果了。明白没。”

“嗯。就是我这两年休息是对的呗？”逸飞说道。

“瞎说,你这两年是学习呢。所以这样来讲也可以说是不错的选择。再来看第三个方面，就是风水。其实我们现在叫‘风水’。以前的理解就是环境。这个环境不仅包括你生活的客观环境。同时还包括你的人际环境。所以风水包括阴宅和阳宅啊。所谓的阴宅就是你的祖上。例如我们可以看到两个八字相同的人却不一定有一样的命运。原因最简单的就是环境不同。一个生长欣欣向荣的家庭之中，一个却生日薄西山之地。基础不同，导致日后发展的起步点就不同。我们不能说这其中的一个一定强于另一个。但我们可以坚定说一个可以得到更好的支持去达到自己的目标。这就是人的人际环境。我们总是在讲‘贫门出贤士’。一个出生在贫贱家庭的孩子通过自身的不懈努力最后取得了成功。但不说大家也知道,’贫门千千万，贤士出几人’。当贫家的孩子还在上初中的时候，每天啃着书本的时候，有地位的孩子已经被送到精心设计的学校，由高明的老师指点了。当贫门家的孩子终于有机会大城市见世面的时候，有地位的孩子已经开始彼此找寻门当户对的家族开始结交了，形成自己的小圈子。这个圈子可以在将来最大限度的调度资源，加以利用。而这个时候贫门家的孩子还在为学校的考试而忧心忡忡呢。这就是现实。虽然我们鄙视富二代、权二代,但谁可以否认这之中包含的除了仇富就是羡慕呢。这些是现实存在的问题，所以与其视而不见，不如正视，然后尽量的借助现有的条件发挥长处。这些与生俱来的人际环境，固然有先天的优势，但也可以加以培养，只不过要付出的成本不同而已。

“下面我再来讲讲阳宅风水，所谓的阳宅风水就是现在的居住环境。例如居住在发达城市地区的人，往往就要比居住的闭塞地区的人掌握更多的机会。所以首先如果选的是洪福，就可以选择要去这样的地方，以开拓视野。再来看城市布局，城市之中，分为不

同的功能区。其中的人员构成也是不同的。正所谓‘福人居福地，福地福人居’。如果找到这样环境居住，接触到贵人的机会也多，这样视角不仅更开阔，每天谈话的内容也可以开阔心胸。如果和一些悲观的人经常交流，慢慢的视角也会变得偏激，看到的更多的是世间的不公与失衡。

“另一方面，好的风水也直接制约人的身体健，好的环境可以是人身心安泰。身体是革命的本钱，有健康的身体才可以更好的享受财富，这也就是为什么人们对于风水好的地方要趋之若鹜的原因了。”

“那是不是可以通过风水布局来改变啊。”逸飞兴奋地问道，看来这小子对于这种歪门邪道还真是情有独钟啊。

“所谓的布局化煞当然会有作用。但试想，如果你居住在阿富汗、塔利班这样的地方，到底什么能保你平安呢？所以要先选好大的环境，在改变小的环境。当然，现实中我们也看到很多情况下没有办法立刻就改变自己的大环境。那就要先从小环境慢慢的着手。但目标是明确的，就是‘去不善之地，离不祥之乡’。等有能力就一定要走，这样才有更好的结果。例如一个房子久住会使人身体发病，这是由于该处湿气较重的原因引起的。所以用风水技巧可以简单地抵制一时，但是如果不赶紧离去的话，毛病还是会再次发作。这就是风水的奥秘了。怎么样复杂吧。”

“复杂是复杂，但是大师讲的却好像很有道理。”逸飞看着我说道。

“废话，老夫是大师嘛，呵呵。好了，下面就要讲读书了。”听到逸飞的赞美，我还是很开心的。于是继续说道，“你认为书是什么呢？算了，你不用回答，还是我来说吧。阅读一本书，就是和作者在对话。这是我在图书馆里看到的一句话。其实我们人类是可悲的，因为我们的‘经验’是由学习积累而得到的，而不是一生下来就可以有的。于是很多的时候如果我们要思考一些问题就要和别人交流以产生灵感。这就是阅读书籍的乐趣。读书可以开阔眼界，更好的认识世界。加深对事物认识的广度和深度。还有一些书籍可以教给我们一些技能，这样我们可以更加熟练的操作某个事物。但读书也有一点是要注意的。就是你读什么样的书，就会造就什么样的你。说到这里，我又想起一个故事，你知道古时读书比较牛的是哪个吗？不是头悬梁，锥刺股的那个，而是梁武帝萧衍的儿子，也就是后来的梁简文帝。这个哥们据传说看书可以一目十行，看完之后过目不忘。些文章歌赋不动大脑就可以完成，更牛的是人家睡觉的时候都要旁边有人夜间读书，伴着书声睡觉。一夜不断，如果读书的人倦惰，错读了一段，这个哥们就会从睡中惊醒，然后给予指正。这个哥们儿牛吧。”

“嗯，牛。”逸飞附和道。

“其实梁武帝也是一个喜欢读书的皇帝。这对儿父子真的是读万卷书。可是最后国破身亡。一个被饿死，一个被毒死。原因很简单，他们读的都是哲学书。另一件有趣的是，当面毛爷爷和蒋爷爷在庐山开会的时候，一天早晨，蒋爷爷去散晨步，遇到了毛爷爷。两个爷爷都手里拿了一本书，一看竟然都是《资治通鉴》。这才是当帝王应该读的专业书。

这就是选错专业读物的下场。所以，我们说读书改变命运，这句话并没有错。但绝对不是要求要谁看的书多谁就命运更好，而是谁真的看对了专业知识，真正的懂得更多，才会有所变化。还记得当年，你的启蒙读物是什么？”

“不记得了，应该是童话吧，后来我就喜欢看伟人传，像一些牛人的历史。”逸飞缅怀道。

“可是哥哥，你知道我的启蒙读物是什么吗？《金刚经》。对，别诧异，就是那一本。我小时候大约10岁开始就读这样的东西。结果我们家人希望我可以在学校取得傲人成绩。多亏后来我迷途知返，放弃了那部经书，要不中考我都有问题。记得当年我读那部书的时候，感悟到了世界与人生都非现实的思想。例如你看我这只手。”我举起一个手臂，说道，“三十年前，这个手臂不存在，而三百年后，这只手臂又会到哪里呢？于是人们抓住现在的‘有’以为是真实的，却忘记了万事万物本然为‘空’的奥义。当年我就是悟破了‘当下有，毕竟空’的思想。结果念念俱灰，连举起笔要写什么字都不会。后来我长大了，学的多了才知道自己那个时候是入了一个错误的修法，那叫做‘大昏沉无想定’。所以读书绝对不可以瞎读。如果求洪福，就找着方面的专业书，如果求清福就找那个专业的书籍。这才是正道。这也才是‘书籍改变命运’的真正原因，如果哪个白痴说为什么我读了这么多年书，硕士、博士都读完了还是一个卖猪肉的下场。这只能说他并不懂什么叫读书罢了。明白了？”

“嗯。”逸飞坚定地答道。

“好了，最后一点就是用功。要知道如果一个人下定决心，并坚持的努力去做，那么不成功的可能简直就是没有。这就是俗语所谓的‘精诚所至，金石为开’的道理。每次谈到这个话题我都会想起大长今。要知道这是一个十分励志的电影。但能将这种力量延续下去，就一定可以有所成就。要知道这样的例子古今中外不胜枚举。只要一个人设定一个目标，然后抱着必死的决心去完成它。一个人如果为了一件事连死都不怕了，这件事还有不成的吗。”

“嗯，估计是没有了。”逸飞说道。

“所以，用功的角度说白了就是把自己当成一个傻子，一个只看到自己想看到，一个只听到自己想听到事情的人。这样‘一心’‘唯一’的坚持目标，就一定能达到。这是没有办法阻止的。只要功夫到了，自然水到渠成了。以上就是人生所涉及的根本的五个层次。正是这五个方面共同制约了一个人的一生。但如果想要改变一生，这还是很难的，这需要从这五个方面找寻突破点，但其实真正可以采用的突破点就是用功和读有用的书，明白应该明白的道理。我跟你说要学习会涵养福气，这其实很难具体说明白。例如‘喜不自夸，悲不自叹’。就是最简单的涵养福气的方法了。还有如何能不身边的人眼红等等，以防范小人，这都是人生的智慧。要知道这些在我看来都是常识，但是还有很多人就要慢慢地学习。这也是没有办法的事情。”

“嗯，我开始有些理解你所说的意思了。”逸飞点点头，若有所思地说道。

“不急，你慢慢体会，‘插科打诨’都是开示。‘在万物中体验天道，在生活中体察无

为’。这就是人的智慧。”我慢慢讲道。“这几方面共同影响作用了一个人的一生祸福。所以我们将预测，就是根据现在已经表现的，来猜测未来可能的事情，从这五个方面看人，一个人可能的轨迹就出来了。而一个国家呢，只要深切的理解它的‘命’也就是它的属性，他在一些条件下肯定会表现出的特性，再分析它所要面临的机遇，也就是‘运’，那么还有什么不可以推测出来的呢。通过细细观察事物存在所表现出的特征，有什么样的原因，就一定有什么样的结果。这就是预测所做的。这就是‘因果定律’了。”

“大师讲的是佛教的因果观吗？”逸飞接着问道，“以前我看这个是很有疑问的，例如善有善，报恶有恶报，可是很多凶险之徒都看起来很平安啊，所以这个因果还是有些不大懂的。大师好好讲讲这个吧。”

“好吧，要知道，因果是预测的基础。如果没有因果，那么一切也就没有办法预测了。”我慢慢地整理思路，想想如何把这个问题整理到他这个层次能理解的水平上来。“这样，我们现在要讲的叫作因果定律。现在我们一谈因果，很多人就会想到佛教中的因果律。要知道在中国有些‘伪经’，所谓‘伪经’就是指不是真的佛说的经典。要知道佛教的定义是很明确的，就像你叫我‘大师’，但我心里知道我根本就不配，现在这个世界上配叫‘大师’的没几个。因为‘大师’是佛教中的名词，他的对应词是：如来、应供、正等觉、明行足、善逝、世间解无上士、调御丈夫、天人师、佛、世尊（老夫《地藏经》不是白背的）。所以，只有释迦摩尼这样的才有资格称为‘大师’。但是现在人们对这个名词已经熟悉了，反倒不知道他原来的含义了。像总统，以前也就是一个僧官的职位。所以大家乱叫也就乱叫好了。但是我们自己心里是要了解这样的名称的含义的。你见过哪个大师自己说自己是大师的？”

“那你还说自己是大师。”逸飞笑道。

“你想不想活了，别打扰我。”我怒目，“所以说我们引用一个名词一定要了解这个名词真正的含义。讲完这个，就该讲因果了，这些伪经并不是佛说的，只有佛说的才有资格叫作‘经’，这些书是后人写的，目的虽是教人向善，但却乱了很多道理，《因果经》就是这样。像其中有这样的句子，“今生坐轿为何因，前世修桥补路人。”于是人们根据这句经文以为自己这辈子坐轿车就是因为前世给人修桥补路的原因。但佛教本身的因果定律却根本不是这样。例如我们今天之所以有路可走，那是因为在我们之前的前辈给我们铺好了。我们夏天热了有树可以乘凉，也是因为前人栽树。所以因果定律就是这样简单，有因必有果，有果必有因。可不是什么我载了这棵树，下辈子我就回到这颗树来乘凉。至于其他的因果，像前世今生之果报，这种幽冥因果，恕老夫没有亲证，所以不敢瞎说。

“正是因果律的存在，使得任何事情都不是独立的，而是彼此相互牵动的，动一发而动全身。凡事都在普遍联系之中，任何一个事情的改变，都会有复杂的结果。蝴蝶效应就是比较典型的例子，下面我再举一个简单的例子吧，一个哥们，今天非要打飞机去一个地方唱歌，老夫算到今天不可以出行，于是他本来是应该今天发生车祸，安心离世的。

可现在因为有了我的提醒而躲过了一劫。他感谢我，给我买了些礼物。大师长大师短的和我忽悠了半天。大家看起来是皆大欢喜。但是这个哥们今年才二十多岁，于是后来他却开车把另一个人送上了西天。再后来他自己也有了儿子。你说说，就因为当初的一句话，却引来了这后来的‘无边因果’。这就是因果的力量。一件小事情的改变，整个因果链彻底就改变了。所以说凡人都只害怕事情的结果，只有真正有智慧的才畏惧事情的原因（凡夫畏果，佛菩萨畏因）。

“要知道，因果定律是宇宙中的根本规律之一，就算是有大智慧神通也没有办法改变。最多就像佛菩萨那样做到不为因果所迷惑（不昧因果）。而不迷就是智慧，看清整个事情的脉络才知道前因后果。而凡人看到的只是结果，但是真正应该畏惧的是原因。

“正是因为明白这样的道理，才会知道预测的责任，谨言慎行。其实很多事情就是相互连接的，例如中国的古话，‘淫人妻女妻女淫’。就是说如果和别的女子发生不正当的关系，自己的妻女也可能会这样。这很好理解，你想，他自身的态度就是这样，又能期待别人能比他做到更好吗，再说家庭教育对子女影响也是很大的。再如果，这是当时某地的社会风气，那么就不言而喻了。所以简单想想这些事情都是彼此相通的，也就理解了。

“现在我们再来讲你说的善恶，你能说的清什么是善什么是恶吗？”我问逸飞道。

“对人好就是善啊，注重己利就是恶吧。”逸飞答道。

“算了，看你这智商也就是这水平了。”我淡淡地说道，“问你两个问题，《白蛇传》里法海阻止妖入人世，是善是恶。母亲溺爱子女，而使子女无知妄为是善是恶。”

“……”逸飞显然一时语塞。

“这个现象我以前就注意到了，很多领域的杰出人士，尤其是什么金融领域的哥们，反倒并不一定具有崇高的道德标准。可能一个扫大街的大妈都要比他们亲切可敬。可是他们却享人世洪福。后来我慢慢开始有所领悟了。如果是人为了自己的利益就是恶，那显然忽略了一个事实，就是每个人为了自己的获得更好的生活，就会去努力工作，这样另一方面，就一定会推动国家乃至社会的进步。如果说他们的主观是恶的，可是结出的果却是利益他人的。所以善恶绝对不是人们用眼睛可以简单判断的。但可以肯定的是，他们有什么样的造作就一定有什么样的结果与之相随。对人冷漠，别人就很难亲近他。就是这样的道理。所以预测其实没什么难，坚持观察，冷静的分析，结果就一定会出现在眼前。”

“嗯，这样讲大师好像又说出了所以预测理论的实质了。”逸飞淡淡地说道。

“那是？”我看着问道，真不知道这个白痴到底悟到了什么。

“就是所有的预测都是基于当下，客观的看待当下，才有可能看到未来。”逸飞总结性地说道。

“恩，当下……未来……”我喃喃地重复到。

一阵微风拂过，远处的明月早已高挂枝头，秦人不见今时月，今月曾经照古人。相信未来的人也可以享受到这宁静的月光吧，但不知那时是否会有人思及今日呢。

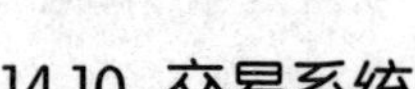

14.10 交易系统

君子藏器于身，待时而动，何不利只有？动而不括，是以出而有获。语藏器而动者也。

——《周易·系辞下传》

14. 10.1 心　法

屋里虽然并没有燃上淡淡的檀香，但是竟然使人觉得竟然有一种庄严肃穆的感觉，淡雅的阳光，从窗外打进来，真的看上去屋里好像有云雾的样子（不排除可能有逸飞刚刚吸过的烟草的影响）。逸飞在我对面正襟危坐，目光深邃地看着我。这一切的原因都是上次我和他谈话时表现得太正式的原因，他非要学学那种感觉（也许是这小子真的受压迫坏了），反正他今天是一反常态的庄严肃穆。

逸飞还是穿着简单的居家服，但是挺拔的身姿坐起来竟和站着的时候一样，只见他双目平视地看着我，缓缓的说道："来，夕源，这里有一份文件是，我为你准备的，一直给你留着，今天准备尽数传给你。不是很难，你现在就先把他背下来吧。"说着一页纸向我缓缓飘落。

我接过来，仔细观瞧，抬头七个大字的题目是"正确的思维模式"。这是一张图片，上面分为 8 个项目分别是：观望、到支撑或破阻力了吗？、买入、止损触发了吗？、到阻力位了吗？、是单边势吗？、获利了结、止盈触发。这八个项目，彼此之间用"yes"和"no"连接起来。旁边写着："如果……就……、而不是我要……"看着这个东西，我慢慢地背了起来。由于总共就 8 项，不是很难，所以三分钟以后我就自信的吧图片交给逸飞，让他可以尽情地考我了。

"大师真是神速啊，"逸飞由衷地赞叹道。"这样，如果止损触发了吗？出发回答的答案是'是'应该如何做呢？"

"平仓观望。"我简单地回答道。

"很好，"逸飞激动地说道，"大师，从今天开始，你就要接触到交易最本质的东西了。可以说你前面，甚至过去所学的一切，都是为了今天所做的准备。如果你今天的课程学习不好，那你以前的一切都等于零了。而如果你今天学好了，真正地做到融会贯通，那么你也就真的出师了。以后也就再也没有什么需要学习的了。今天，老夫就将交易最核心的，赚钱最本质的东西传授给你。"

我听到这样激动人心的演讲，激动地半天说不出话来，最后颤颤巍巍地说道："老师请讲。”

“记住，交易的核心，赚钱的本质就是——高抛低吸。”

“嗯，”我表示赞同，然后热忱的看着他半天，等待下文。结果我的沉默换来的只有更加真挚的目光，和更长的沉默。我小心地问道：“老师，然后呢？”

“什么然后，没了啊。这就是实质。”

“耍老夫玩呢，以为老夫今天没吃太多，就没力气是吧。”

“真的没了啊大师。你说什么是成功的交易？”

“赚钱啊。”

“那怎么赚钱呢？”

“……高抛低吸。靠、就怎么简单！”我激动地说道。

“你以为多难啊，大师。”逸飞肯定地说道，“不论你做多做空，都是一样，在价格高的时候卖出去，再在低的时候买回来。这就是赚钱的不二法门。其他任何的东西都是为了辅助，以达到这样的目标。所以要清楚，任何东西只是手段，而绝对不是目的，这就是我们交易要明确的。”

“嗯，懂，继续。”这个小子如果敢在给我弄出个高抛低吸的答案，老夫就让他看不到明天的月亮。

“所以啊，今天传给你终极杀手武器，交易系统，名字大气吧。”逸飞看着我眨眨眼睛。

“一般般，”我不以为意地说道。

“那你喜欢什么名字啊？”逸飞看着我说道。

“算了，你说吧。”我懒得废话。

“好，咱们先从买卖的本质着手，慢慢地将图画展现在你的心里，你要记住，今天过完，这张表格就将一生留在你的心中，你要你还有一口气，这个东西就在你脑中不可磨灭。”

看他说得这样严重，我的兴趣又被提起来了。不由自主地说道：“老师请曰。”

“交易包括什么？”逸飞诱导地问道。

“嗯，高抛低吸，也就是‘买’和‘卖’。”

“很好，所以一切的开始都是从这两个动作开始的，一切的工具都只不过是这两个动作的中间过程。‘买’和‘卖’既是一切的开始，也是一切的归宿。人生也是一样，不过是开始和结束的中间过程。如果只是‘买’，而没有全部‘卖’完，就不是结束。只有真正的结束，这个过程才算完成。也只有完成之后才有所谓的是非成败。而什么是‘买’什么是‘卖’呢？”逸飞有一次诱问道。

“‘买’就是用钱换东西，‘卖’就是用东西换钱。”

“看来大师还不知道什么是钱。算了，这不要紧。大师要记住，‘买’就是以己物换他物，而‘卖’就是以物换物。换回来的是更加适合你所需要的。所以从根本上讲，‘买卖’就是事物的时间空间上的交换。这是买卖的实质。而大师具体到市场里的交易，就是钱

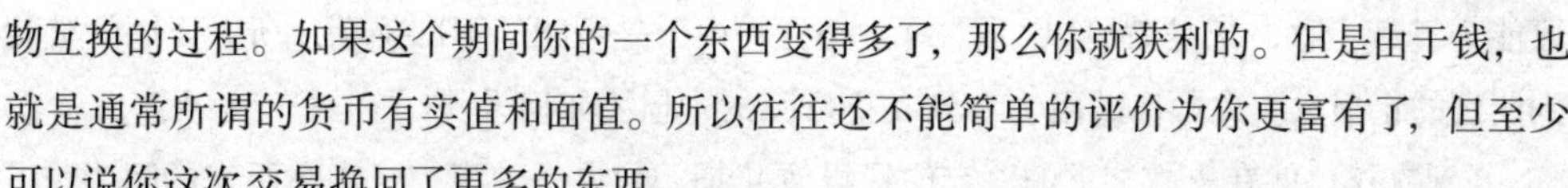

物互换的过程。如果这个期间你的一个东西变得多了，那么你就获利的。但是由于钱，也就是通常所谓的货币有实值和面值。所以往往还不能简单的评价为你更富有了，但至少可以说你这次交易换回了更多的东西。

“好了，先明白这一点，然后我们来分析，买分为主动买和被动买，卖也分为主动卖和被动卖。”

“还有主动买卖和被动之分？”我不禁问道。

“当然有了，不是有所谓的‘强买’‘强卖’吗，这就是典型的被动买卖了。像当年国民党就强迫人们用实值货币如金银等，换不足值的货币，也就是当时的法币。后来，国民党来了一个简单的通货膨胀，党国的所有交易对手方就都是巨额亏损了。这就是被动买卖的典型。好了具体到我们的市场，本质上应该都是主动买卖的，毕竟玩不玩，开不开仓的选择权在你的手里。于是一般认为是主动买卖的。但权证这里就有所谓的被动买卖，将来我再和你细说。大多数交易的市场都是人们主动买卖的。卖是一个关键的行为，但在这个市场里这个名词有些不合适。因为如果做空，那卖就是开始，所以现在咱们用开仓和平仓这样的名词。开仓就是持有外物，平仓就是换回原来的物。平仓的结果无外乎三种，要么获利，要么亏损，要么就是没有账面波动，但没有账面波动也是亏损的一种，因为这里还有时间成本。人们为了保护自己，于是发明了所谓的止损，这是自己给自己设计了一个所谓的保护伞,用小的亏损来避免更大的损失的方法。这也可以看着是被动平仓，虽然主动权在自己手里。所以我们从这里可以看到,交易的环节最少应该包括,开仓、平仓、以及保护自己的止损。这就是所有交易系统里必须具备的三个基本要素了。”

“嗯，明白，系统可能有错，所以就更需要保护性的止损。”

“太对了大师，咱们接着说，现在假设你开始交易了，那么交易的第一步是什么？”

“买。”我简单地的回答道。

“笨蛋,来到市场里你不看,不观察,买个什么啊！”逸飞诘责道,“所以第一步是观望。”

“这也算答案。”我不服气地说道。

“那你给个标准的！第一步当然就是观察了，同时也是十分重要的观察。一切的决策都是建立在正确的观察的基础上的。这是一个只输时间不输钱的游戏。要知道机会随时都有，但如果错误了就很严重了。而更多的人所玩的游戏是只输金钱不输时间的游戏。话说道这里，你知道要观察什么吗？”

“观察市场的趋势。”

“贴近了，观察是为了将来的开仓，简单的以看涨交易为主，就是指‘买’入。但是买入要有标准啊，于是我们就要挑选保证他一定，或是买进就一定能赚钱的位置。”

“还有这样的位置？”我吃惊地问道。

“当然了，阻力和支撑就是价格运动的转折点啊。虽然因为不是百分之一万的，但起码概率多一些嘛。于是当价格运动到支撑点，或是突破了压力位这个时候，就表示价格可能会继续上移，于是就可以‘买’了。但是可由于是可能的不准确啊，所以要同时就找到明确的止损点。大师，破阻力和到支撑反弹的止损要如何设呢？”

“到支撑，就在支撑之下的一定位置设置止损，如果是破阻力，就在原来的阻力位下一定位置设止损。位置的确定根据具体市场的特性，和平均有效突破来确定。而后随着行情的推进就可以使用动态止损法啦，但一定不能低过第一次设置止损的位置。”我简单地答道。

“非常好，大师，你没白吃粮食。好，这样我们就入场并且设好止损了，将来如果行情随时破了止损位，就被动平仓。当然如果是动态止损，可能就是获利出局了。但如果行情一直发展下去，而没有破止损，那应该如何做呢？”

“一至持有啊，这不就是让获利奔跑吗？”

“对,这就是成功交易的前提,输小赢大。但是行情可能不像你想的那样一帆风顺，其中途总会有阻力位，这个时候你就要判断这个阻力位是否有效，还记得阻力位有什么吗？”

“和支撑位一样，一共有九个，分别是:趋势线、通道线、颈线、均线、前期高低点、整数位、盘整区、黄金分割线、缺口这九个。”

“好样的大师，这里一共有九个，必有一款适合你，呵呵。如果到了阻力位就要选择了，首先是观望，看他是否有效，如果是有效地，那也就可以选择获利了结，出来了。如果是无效的，那就表示现在是单边市场。根本不用担心，继续跟踪趋势，一直等到触发了你的移动止损，或是如果在你心里有的目标位，也就是传说中的止盈位，碰到了你的目标位的时候平仓。只有在最后这个时候，真正的平仓时，这笔交易才算真正的结束了。你也就要开始新的一轮交易了。于是就还是开始观察，进而买入，同时设置止损，然后就是根据三种情况平仓。要么是止损破了，要么是看风头不对获利了结，要么是到了自己心中的高位了结平仓。这就是一轮交易的完整的心图。大师记住没有。”

“懂了，就是以观望为出发点，看到安全的买卖点，于是开始买入，同时设置止损，然后观察是否触及。如果触及了，就止损出局。如果一直没有就一直跟着，到了重要的阻力位就要小心观察，看是否能继续发展为单边趋势，如果答案是否定的，那就获利出局。如果是肯定的，就一路高歌。如果自己设立止盈，就按计划平仓，如果没有就安心等待碰了止损平仓。在这个过程之后就开始新的等待，等待新的安全位。”

“大师太正确了，这就是整个交易的根本心法，‘买入’和‘卖出’，这就是整个过程的开始和结束。成功的关键就是‘高抛低吸’，顺利的完成财富的转移。现在老夫把这个传给你了，你要用心记住，永不忘怀。”

“嗯，老夫知道了。”我无奈的答道，心想“都自称老夫了，看来大家都想变老啊。”

“夕源，这里有两份文件，你先收好。”说着，只见另两份东西向我落下，看来这个小子家里的打印机真不是摆设。只听他继续说道，“大师，这两份文件是两个成熟的交易系

统，你要先用心揣摩揣摩，等咱们在一起吃过 3 顿饭后，我们在来慢慢参详一番（看来这小子现在的计时单位已经改为和我吃饭的次数了，真难为他这样身材还不走形。如果算上早饭，那也就是明天的某个时间了，毕竟今天的晚饭我还没做呢。）你要用心注意，这两份东西给你绝不是要你照搬他们的东西，只不过是让你理解什么是系统。毕竟跟你这样说你可能感到不是很直观。与其和你说一套成体系的买卖规则，不如让你清楚的看见，来的合适。你在看的时候要始终记住，交易就是'买''卖'两个步骤，其他的都是注解。以这样的心法来运转一切招式，都可以一目了然了。切忌、切忌。"看着他双目微闭的样子，估计这个白痴是想成仙啊。

"喂，你是不想让我答道'徒儿知道了'？"我戏谑地问道。

"乖，徒儿。"

（是可忍熟不可忍……）

……此处删节 400 字暴力描写，预知后事如何，请看下回分解。

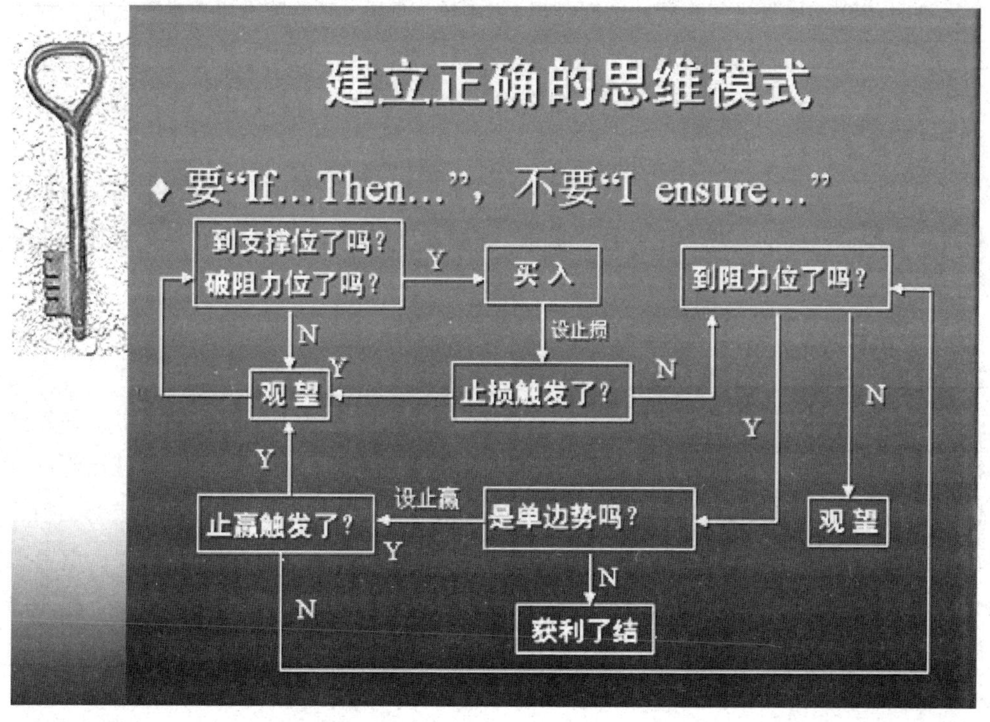

14.10.2 剑 法

一个好的交易员，一个真正从市场里获利的人，到底是天生如此，还是通过自身后来不断努力而终获成功。一直以来大家就对这两个问题开始了无尽的思考。有的人通过自身的一段时间的努力开始相信好的交易之道与自己无缘，因为自己天生可能就不适合交易，于是他们放弃了继续再学习，而是将目光转移到交易之外，或是靠交易佣金，或是靠出卖"交易赚钱的方法"赚钱。他们离开了市场本身，离开了交易。而真正相信交易可以通过培养和训练成功的则留在了市场，最后这些人有的成功安享晚年，有的则终身贫困潦倒。但毕竟是留在了市场里。一个问题，两种答案，交易之途就此分开。

也许是一时兴起，也许真的是长时间的苦思最终落到了生活。于是真的有人给这个问题花上了圆满的句号。

1983 年年中，美国著名的商品投机家理查德·丹尼斯与他的老友比尔·埃克哈特进行了一场辩论。这场辩论是关于伟大的交易员是天生造就还是后天培养的。理查德相信，他可以教会人们成为伟大的交易员。比尔则认为遗传和天性才是决定因素。

为了解决这一问题，理查德建议招募并培训一些交易员，给他们提供真实的帐户进行交易，看看两个人中谁是正确的。于是他们很快在各大报刊招募实验的小白鼠。经过《纽约时报》等报刊的宣传，当时一共有 1000 多人报名参加。最后他选出来 13 个人，这些人被邀请到芝加哥进行两周的培训。到 1984 年 1 月初，开始用小帐户进行交易。到了 2 月初，在白鼠们证明了自己的能力之后，丹尼斯给他们中的大多数人提供了 50 万至 200 万美元的资金帐户。这成为交易史上最著名的实验，因为在随后的四年中这群小白鼠们取得了年均复利 80% 的收益。

丹尼斯证明了交易可以被传授。他证明了用一套简单的法则，他可以使仅有很少或根本没有交易经验的人成为优秀的交易员。这就是历史上著名的海龟交易实验。而实验的结果就是流传了下来海龟交易系统。

逸飞给我的一份文件就是这个系统的介绍性文字。现在这种东西在网上随处可见了。我按照逸飞的指导，安安心心的开始剽窃前人的智慧。

海归交易系统，顾名思义就是一个有海龟耐心的战法。安心的等待整个市场条件都符合系统的要求，才进行交易（这里我没有使用原来的典故，请各位明白）。开篇明意就说明了，海龟交易法则是一套机械化了的系统交易法。他完全包含了成功的交易所必须的每项决策。海龟交易法则实际上包括了交易的各个方面而没有给交易员留下一点点主观想象决策的余地。看到这段文字我一直不明白，这样机械化了的东西为什么不干脆使用电脑来自动交易，还用人来交易什么？反正据我所知这样的东西不难编程。但我还是安下心了按照逸飞的要求，好好的通读了这段文献。海龟交易法则包括了一下几个基础的东西：

市场——买卖什么

头寸规模——买卖多少

入市——何时买卖

止损——何时退出亏损的头寸

离市——何时退出赢利的头寸

策略——如何买卖

可见这个东西中确实包括了交易很多必须的条件。反正它不仅包含了最原始的，开仓、平仓、止损。还包括了对于交易品种的规定，对资金管理的规定和操作的一些细节规定。

在市场的选择上，海龟选择了期货市场。他们买卖芝加哥期货交易所的美国长期、中期国债，纽约交易所的咖啡、原糖，芝加哥商品交易所的货币和标普指数和纽约商品期货交易所黄金和白银。

在头寸的规模上也就是所谓的资金管理上，海龟使用的是动态调整，根据市场的波动性的常数百分比，来做计算标准，以美元计价进行头寸调整。但却规定了最大的头寸规模，即单一市场，每个市场最大为 4 个单位。用以避免过大的风险。这之中明确地提到关于资金管理的方法。资金管理是机械交易系统最重要的方面。控制风险使交易者能够在不可避免的不利时期继续交易，并生存下来。实现良好系统的赢利潜力是基本的问题。然而，入市信号、离市和资金管理之间的相互影响通常是非直观的。学习和研究最先进的资金管理技术才会有巨大的回报。

入市的时候安心等待趋势的有效突破。

在止损的上他们使用了动态的调整方法。有所谓的 10 日和 20 日之分。举 10 日为例。丈量十天内的最高价与最低价。如果破了最低有了新低，则考虑平仓事宜。对于止损，人家认识的十分清楚。小的亏损如果没有有效地控制住，就会成巨额的亏损，甚至无法控制。

在剩下的策略中，包含了他们对于市场的认识的小知识。正像他们所说的那样，这是海龟其余指导方针的集锦。是可能造成盈利差异的细节。像在设置入市指令的时候，并不需要直接就给出止损单。虽然心中有止损的意识，但单子暂时还不要下而要尽量观察。在面对快速波动的市场的时候，不要轻易下单，而要等待市场稳定等等等等。都是这样的一条条小智慧。其中明确的写到，除非出现明显的入市信号，不然他们很会多天中除了监控交易头寸，便无所事事。一切都安心等待信号为止，直到头寸到达规定的界限。在整个文章的最后引用了丹尼斯的一段话："我总是说你们可以在报纸上发表我的交易法则，没有人会遵循它们。关键在于连续性和纪律。几乎任何人都能够罗列一张交易法则的清单，其中的 80% 与我们教授给我们的学员的一样。他们所不能做的是带给他们自信，甚至在情况恶化时仍坚持那些法则。"

整个交易系统看下来，值得注意到词语就是一个，坚持，坚持还是坚持。另一个一再坚持用到的单词就是：不用脑，千万别用自己的大脑。真不明白，这种不用脑就能成功的东西为什么世界首富不是他。算了，将这些烦恼甩出去。我开始看逸飞给我的另一份资料。

这份资料也是一个交易者写成的，但不知道这个交易者不会也是在市场上赚不到钱，然后开始卖资料的吧。不论如何我开始做功课，逸飞给我的第二份资料是一本书的片段节选，介绍的就是著名的'三重过滤系统'。他的作者是一个俄国人，名字叫作亚历山大·埃尔德。

亚历山大·埃尔德16岁时人家努力奋斗的进入了大学。由于是医科专业，22岁才从医学院毕业。毕业之后人家就到船上当起了医生，照顾船员的身体健康。23岁那年的一天，当他所服务的轮船行驶到非洲时，他跳离了轮船，闯过非洲港口的乌烟瘴气。在同船“同志”的追逐下，跑到了当地的美国大使馆。当时应该还是苏联时期，于是这个哥们儿安心地背离了社会主义，投向了资本世界的大门，人家叛国了。但美国方面对这次“投诚”一时没有反应过来，自投罗网的还真的不多，后来人家弄明白他的“真心实意”之后，将他送上了前往纽约的飞机，前往一个“安全”的所在。1974年二月的一天，这位哥哥乘机降落在甘亚迪机场（看人家这待遇，当年就坐飞机往来了）。下了机这位哥哥才认识到了事实：背包内是非洲的夏天衣物，口袋里仅有25美元，只会说一点英文，在这个国度内没有一个熟人。于是人家就在号称美国最大的丛林纽约，开始了全新的梦幻之旅。首先要活着，幸运的是他找到了一份在纽约当精神病医生的工作。糊口算是不成问题了，但要活得好显然还要等很久。1976年，他在从纽约前往加州的途中，随身带了一本从他律师朋友那里抢来的股市书籍——《如何购买股票》。类似于咱们今天街头巷尾可见的“如何挑选牛股”或是“过个十年你就是亿万富翁”那样的书。于是这个哥们儿，受到大师的启发，终于明白了自己现在身在一个可以进行资本运作的地方，买卖股票并不犯法（在苏联当时禁止这样的东西出现，用原书的话说就是“在苏联，只要持有几张这种玩意儿，就足以让你在西伯利亚待上三年。”西西伯利亚至今都不是俄罗斯的繁华所在，因为自古以来就是政治犯的归宿。这是我学俄语时积累的认识。）于是人家为了打开财富的大门，安安心心地从事起了获得财富最快的活动：到市场里去抢钱。

凭着对投资的执着追求、不懈努力（估计主要是穷疯了的想法），凭着人家当医生时受到的训练，使得他真的做到了严格的自我约束，最后再加上一点点悟，亚历山大最终成为了一名成功的交易员。涉足金融交易后，他发表了数十篇文章、书评，制作了软件，做过许多演讲。1988年，他还创办了专门为交易者提供培训的金融交易培训公司。凡是赚钱的，他是一样不落，他所宣传的就是三重滤网交易系统。而他最著名的代表作便是逸飞给我节选的那本《以交易为生》。同时人家也真正的做到了安全投机，在人家奋斗股海的时代，人家还坚持医科的工作，甚至高升为全美最大精神专业报纸的编辑。人家真正的给自己找了个交易失败的安全阀。带着安全气垫儿，开始了成功的投机生涯。

看完他一生的简介我不禁感叹道，这才是真正的“三弦开花”啊。人家的一生就是投机的一生。跳船的魄力，一定要去见“山姆大叔”的决心。面对快速赚钱方法的当机立断，同时人家在股海里游泳还不忘记带上游泳圈，抱住了自己的本职工作。这样的男人，不成功还有道理吗。于是我安安心心的开始剽窃他的思想体系：三重过滤交易系统。

亚历山大的交易培训中主要包括了三个部分：心里、方法和资金管理。逸飞答应我资金管理以后会慢慢的细说。同时心里的方面这个东西锻炼起来很难，虽然我也有过自己的训练。而“三重过滤系统”就是在亚历山大所谓是方法里面。因此，这里他没有过多的讲解市场啊，头寸规模这些东西，而是直接说明了一种交易系统本身。

所谓的“三重过滤系统”，就是说任何一次的下单要经过三个关口的审查。不是什么三个指标系统什么的，而是三个时间周期段。例如我是一个日内交易者，以日线图来进行分析，那么我必须要配合其他的两张图来进行交易。分别是周线图和小时图。用亚历山大规定的就是主要的参考周期乘以五倍，得到了上一级的参考周期，而除以五则得到了下一个参考周期。

这三个周期缺一不可。大的周期是用来做战略部署的，而小的周期则是用来给定战术的。说白了就是用长周期的时间结构决定，到底是应看多或看空，然后再回到主要的交易图上来做出战术的决定：买点和卖点的选择。而最后的入场就交给最小的周期来选择。

也许今天很多人已经熟知这样的方法了，大家都知道看大势来做小单。但是这在当时还是创举，毕竟人家靠这个理论忽悠了一帮人，而且他的三重过滤系统也在交易史上很有名气的。看过海龟交易系统不难发现，他是一个单层结构系统，就是说他的决策指令是建立在一个时间图形分析的基础上的。但是由于时间周期的选择不同，所用的和所观察的图表就会不相同。因此在观察大势的时候，只是使用形态和价格波动来看待市场。当然这不是说这种方式不好，能赚钱的就是好方法。三重过滤系统只不过提供了一个更加简单的判断方法，这三个周期的使用可以减小毛刺的东西，在长时间的图标上，很多震荡就消失了。只剩下“上”“下”的趋势关系。

说白了这个系统的结构就是：

第一层要求——使用三个时间的图表

第二层要求——判断每个图标现在的多空走势

使用的工具主要是指标：

①趋势指标帮助确定趋势。移动平均线，MACD 线，方向性系统，和其他市场上升便上升，市场下降就下降的指标。并且当市场进入交易范围内便可发出执行命令的指标

②震荡指标通过超买超卖来捕捉反转点，例如随机指标、威廉指标等等

在谈到“三重过滤系统”的原理时是这样解释的：

“三重过滤系统解决了指标与时间结构的冲突，它在长周期时间结构内运用趋势指标做出战略的决定，这是第一层！它用震荡指标继续作出战术决定（在中间时间结构图中的买点和卖点），这是第二层！第三层提供了许多方法（改变买卖的次序或其他），我们可能用指标执行或者使用短周期图形都有可能。”

三重过滤系统强调所有的交易必须都要经过三个图表的过滤分析。要多就是全是多，如果空就是三个图表都显示为空。因此许多机会看起来不错，但是结果却被“三重滤网”的某一层过滤掉了。若任何交易经过了“三重滤网”的测试成功机会就会大大提高。如

果三个周期的信号不一致，交易者就要考虑是否真的要进行交易，毕竟在“道氏理论”中一再强调三种趋势（短中长）的关系就像是潮汐、波浪与涟漪。这也就是‘三重滤网’的三个图形所表示的。

第一层滤网：利用顺势指标辨识周线图上的趋势，完全顺着趋势方向进行交易。

第二层滤网：运用日线图上的摆荡指标，在周线的上升趋势中，利用日线的跌势寻找买进机会。在周线的下降趋势中，利用日线的涨势寻找放空机会。

第三层滤网：不需采用走势图或指标，它是在第一层与第二层滤网发出买进或放空讯号之后，用来设定进场点的技巧。

最后，交易者再配合上合适的资金管理，就是止损，这个系统就介绍结束了。入场和出场原则并没有进行很好的解释。但我们不难发现，进场的道理懂了，出场的道理难道还有什么不同吗？毕竟进场如果是做多的话，那做空的道路也是一样的，而这一多一空之间整个交易过程就算结束了。

我用一个上午的时间慢慢地看完了这些资料。总的来说，虽然我们和他们是两个市场的人，他们在交易策略中所使用的很多对于点位的思考，可能不适合用在我们这个市场，但是像市场波动的比率还是可以适合使用的。同时“三重滤网”中提到的在进出场时使用的那个追踪型停止买进的技巧也很有趣。这个方法是说，如果周线的趋势向上，等待日线的摆荡指标下降而发出买进讯号。这个时候就直接做多显然是不合适的。应该采用另一种方法。就是等待主要分析周期，即日线上，前一波的高点被突破的时候买进。只有这个时候才能说三个周期是方向相同了，都是多了。如果没有破前高，而是继续掉头向下，这个时候设在高点的买单显然没有被触及，所以就要将买单下移到最近形成的次高点的位置，这个时候如果被破了，就持有多单了，如果没有被触及，就在继续等下一次高点的形成，然后再下移买单。反正就是一点，大趋势是多，那做单方向就是一个就是多。一切都是在给我们更好的做多的机会。这就是“追踪型停止买进”的技巧。反之，就是卖出的技巧了。这种方法显然不错，等有机会好好试试。那现在做什么呢。看完资料就有些无所事事了。“对了找‘倒霉蛋’聊天去。”于是我拨通了卓逸飞的手机。

逸飞回来后，看到我神情安详，吃惊的问道，“大师，今天怎么还是这样神采奕奕，看资料应该看的脑袋都大了吧。”

“这点东西没什么，慢慢看就好了。”我故作谦虚地答道。

“那有什么感觉没有？”

“感觉……有一些。”

“这个一定有。”逸飞打趣道。

“呵呵，这个真的有，呵呵。看起来就是一个方法吧，就是用来交易的呗，是个不错的交易方法。”

逸飞看着我简单的问道：“大师，什么是交易技巧，什么是交易方法，什么是交易系

统能分清吗？”

“……”一时还真的没想过这个答案。“算了，你解释吧。”

“一个交易技巧，就是说买卖的简单技巧。例如一根K线出现了一个形态，就说下降前阻型吧，这时候你就知道是坚决的要空了。这就是技巧。但是交易方法就要宽泛很多了，这更加近似于一种交易哲学，像顺势而为、右侧下单、仔细观察再做决定等等。这不能简单的用于交易，但却是交易的必须。也可以看做是交易的理念的直接体现，这就是方法。但这个东西也有不全面的地方，太过于笼统了。如果包含了很多种情况，发生和应对的策略，考虑到交易中涉及的方法面面，像市场类型，市场规则、交易品种偏重哪些，买入的具体条件、卖出的条件安排、主要交易时段、主要获利区间、在加上科学有效地资金管理。这样这个时候就是交易系统了。所以说交易系统是理性的理性，也是最终的交易形式，是概率的统计结果，是高胜算的游戏。”

“回答的不错。”我高兴的说道，“这样，咱们下面我边做菜咱们一边讲解这些东西，反正收拾哪些豆角我也不用动脑子。”在听他说的时候我突然发现，自己心里想的却是今晚的料理。

14.10.3 心法与剑法的合璧

春天炖豆角并不是很合适，但是我主要考虑的是将它和排骨这个食材一起炖。这个时候是冬春交替，如果没有一定的热量支撑，很容易就会出现免疫力的下降。虽然我身材也发出了不应该继续多仓的警告，但我相信马上空头就会来临，到那个时候我积攒一冬的热量就可以挥发干净了。只要再等几天，天气真的暖和的时候，春天现身的日子。那个时候就真的应该买些猪肝来做料理了。春天五行属木，五脏属肝，是护理肝脏的好时机。那个时候在进补这些食材，可以增加身体机能。当然，这些和坐在我身边，边看我剥豆角，边宣讲交易系统的“白痴”是说不明白的。

只听他继续说道：“大师，交易是什么？”

我看都不用看就回道：“交易就是‘买’和‘卖’。”

“获利的交易呢？”

“高抛低吸。”

“很好，明白了这些，就知道所有的其他东西，都是工具的一种。目的就是更好的完成这个任务。下面我们说说一些交易中常见的东西。大师，你说在交易中最可能产生交易亏损的原因是什么。”

“人啊！就是交易者自己。”我想都不想就把这个江恩的答案给了出去。交易中只有两个主体：人和市场。而逸飞给我的一再教训就是市场永远是对的，那么错的就是剩下一个了。这个二选一的问题不难回答。

“那再来，交易者范错误的原因大多是什么呢？大师”

“不好好学习，没有经验就杀入自己不了解的市场。进入市场之后就开始随意下单，先根据一种技术入场，可入场之后就把自己入场的原因抛到了脑后，然后凭借了另一种技术出场了。前后使用了不同的坐标系。没有高胜算的方法，或者有了一个方法，但没有坚持执行。没有好的纪律，或是躺下来想了一堆纪律，坐起来就忘得一干二净。再不就是被感情牵着鼻子走，于是被贪婪和恐惧所控制。”不用动脑这些东西就自然地出来了，成天听，背也背熟了。

“不错，大师说的太对了。要知道这些凭着经验交易，凭着感觉走，用自己情绪和一时的兴致所选用交易方法的人，往往是输得比较多。当年我做股票经纪指导客户的时候大多数人都是这样。一个个老大妈也没工夫学什么知识，或是看着谁说的好，就跟了。而且总是保持着惊人的宽容度。听风进场，听风离场太多见了，这些跟着感觉走的所有交易，就被叫作‘感觉交易’。而如果将所有的感觉全都摒除掉这个时候，没有半点儿人的感情存在的时候，就是‘系统交易’了。可以说系统交易室感情交易的系统化，机械化。人们一直强调系统交易是对正确的感觉交易的总结和体系化。但并不是说你有了个系统就一定能赚钱。”

“全部排除了人的因素，到头来却还不能赚钱？”我吃惊地问道。

“宝贝，笨想想也知道啊。如果一个简单的没有人参与的系统，电脑就能完成。还用人做什么啊。你听说过哪个电脑比巴菲特有钱的？”

“额……这个没听说过。”

“那是，要知道，市场是人的市场。行情本身就是人类心理活动的体现。总体可能有客观的规律，但越是到了微小的层面，偶然的影响因素也就越大。所以不可能真的将人的因素完全的排除干净。要知道应用系统本身包含了三个元素：人、市场、系统。人和市场再有了系统之后，系统就成了他们之中对话的工具。但是大师就算系统用的好了，也不一定能赚钱。因为这里包含了资金管理。”

“资金管理不是在系统里面吗？海龟就是这样啊。”

“的确，大家都会将资金管理作为系统里的一个因素来关注。但是资金管理实在是太重要了，可以说一个人一生交易的成功与失败，都由资金管理决定的，所以我回头再跟你细致分析这个东西。我甚至将他作为交易的独立的第四个因素予以考虑的。咱们现在只说关于交易中的‘系统’的问题。其实系统的问题说白了就是高胜算的问题。”

“高胜算？”我重复一下。

“对，高胜算就是高获胜率。说白了就是在一段时间内，最终盈利而不是亏损的可能性。这个可能性多余半数就是高胜率了。”逸飞接着解释道，“应用系统包括了三个要素：人、市场、系统。这之间是用系统来连接人和市场的。人和市场的对话也是通过系统。明白了这个道理，就可以简单的将这个过程分为两个东西了。一个是系统和市场的匹配度，在

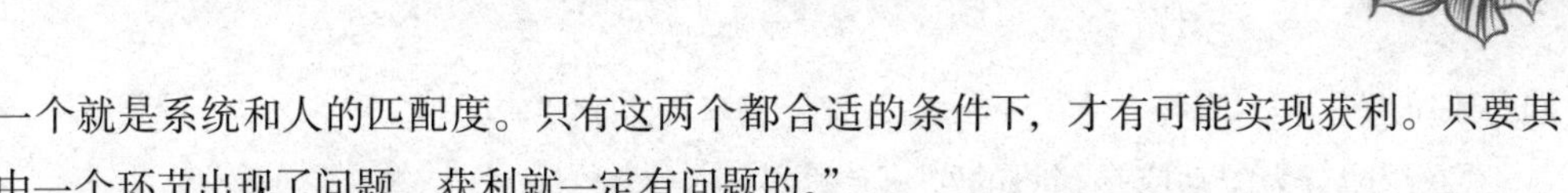

一个就是系统和人的匹配度。只有这两个都合适的条件下，才有可能实现获利。只要其中一个环节出现了问题，获利就一定有问题的。”

“嗯，就是说如果有问题，第一是系统和市场不吻合，第二就是系统和人不协调对吧。”我简单的总结了下。豆角也忘在了一边了。

“对，大体就是这样了。现在咱们先谈系统本身的问题，然后再看人和系统的结合关系。（我真怀疑这个小子是大学老师，不是受他妈影响吧，难道职业也能遗传？讲东西都是分点进行的。）大师，什么是系统。”

“系统就是用来交易的工具啊。”估计这个答案他不一定能满意，我接着说道，“其中要包括市场出现各种可能事件的处理办法。就是预测后来的事情。”

“这样说就不对了，大师。系统永远只处理一件事情，就是现在市场的问题，系统从不预测。他只说事实，喜欢预测的是人。系统不会和你讨论明天会出现五浪五的最后走势。除非你这样设置。但是就算你设置了，人家也不和你讨论。系统就表现现在当下的行情。出现这种情况之后，会出现何种情况以及对应方法。这里就涉及到了机械化系统的开发问题。在开发机械交易系统时，必须根据历史研究的统计来。实际上，这意味着要学会计算机编程以便模拟交易系统的性能。不过大师应该没有问题吧这一点，呵呵”

“哥，这个能力真没有。”我尴尬的说道。手头的工作早都停下来了。

“呵呵，没有也没关系，不会电脑就要自己数次数，算概率了。虽然这样收集信息有点困难。但只要抱持怀疑的心态，保持开放的心胸，你的研究就会成功。每天你要下载交易数据，做收盘作业，然后根据你的设计和行情之间做曲线拟合、过度优化、交易统计以及在网络上或书本中进行方法检验的反复检验，这样你才能得到正确的信息并有效地检验你的系统。如果你的统计正确，这个时候你会发现，你的系统对行情有了新的翻译，越能够清楚的表达市场的信息，你的系统就和市场的贴合度越高。”

“那我还统计个什么劲儿啊，直接用k线图多好，这肯定和市场最贴近。”

“未尝不可啊，使用k线图本身就可以进入到你的系统中，但有很多人会使用复杂的指标什么的，而且还是好几个指标同时使用，他们管这个叫共振。但咱们这样想，一个指标出现的概率是80%，但是另一个指标出现的概率是50%，再来一个70%的吧，这些指标共振的概率多大？”

“80%乘以50%乘以70%？”我答道。

“呵呵，错了宝贝，这样会发现没有发生的概率了，呵呵。其实有个算法，但是很复杂，你简单知道这个概率一定不可能高于他们中的最低概率就好了，也就是50%。这样却是可以排除过多的风险，但也会错过很多的机会。指标和指标间很多时候是不同步的。MACD和KDJ的设计原理咱们就知道。一个注定是比一个慢的。所以，同时金叉的概率不是很大。还有这两个指标，一个是趋势指标，另一个是震荡指标。简单的说吧，如果一个系统是以这些指标中的一个为主，那就是说这个系统更多的偏向于是震动系统或是趋势系统。”

“系统也分为震动或是趋势的？”

“废话，大师什么是系统，系统包含的三个根本因素是什么？”

“买、卖、止损。”我回答道。

“不错，这些是最基本的。所以，所有的系统都是在讨论这个时候可不可以买，这个时候可不可以卖。如果是买，原因只有一个，那就是还会有更高的价格出现在后面，如果卖就表示后面还有地板价。但是行情本身分为三种趋势，明显的单边趋势，上或下，再不就是没有趋势的盘整中。不同的系统对于这些东西就要做出不同的分析。例如今天你看的‘海龟’和‘三重’，这两个系统，本身就是趋势系统。只有有明显趋势的时候‘才会出现获利。但是在盘整的时候就会失灵的。你看三重滤网如果没有明显的趋势，大时间周期的图上的指标就会失灵。所以说这个系统是趋势性的系统。大师，事实上趋势性的系统要远多过震荡性的系统，你知道原因是什么吗？”

“因为有趋势更好赚钱。”

“这算一个原因，更大的原因是趋势往往更多于震荡。要知道，能看出来这是震荡行情的时候一定是已经走出了一个简单箱体。这个时候才能观察到‘啊！这儿是个箱体啊！’但是走不出来就不知道这一点。这个时候趋势性指标已经失灵了，就没有办法告诉你该怎么做了。这个时候你能说是你的系统不好使吗？”

“系统这个时候本身就不好使了啊。”我接道。

“那他还有好使的时候呢！”

“这……”

“所以，第一要清楚的知道自己系统的设计原理。明白‘尺有所长，寸有所短’的道理，当自己系统失灵的时候明白不是系统的问题。第二，要确保在系统好使的时候，自己系统和市场的贴合度。能完成这样两点，这个系统虽然不能说是就此完成，但至少是一个高胜算的东西了。

“所以设计系统的第一步就是找到自己系统的应用区间，包括时间和空间两个方面。时间就是你这个系统的主交易时段在哪里。如果外汇做的是长期趋势，就要使用周期长一些的小时图以上的进行分析。其后，要明白你是准备在趋势的时候获利还是准备在箱体里抓震荡。这样就算明白了这个系统的使用范围。这就是第一步。

第二步剩下的就是要做出明显的入市信号。例如我设计了一个箱体的系统，用k线图来作为信号。我规定如果到了箱体下沿我就开始做多单。这个时候，当k线接近的时候就给了我一个信号，我就进行买入。当到了箱体上沿，我就卖出。所以k线到了上沿，就是我的卖出信号。这样我就简单的定义了我的信号。

“第三，设置止损。如果我设计的是震荡系统，这个时候我最怕的是什么？就是我做了多单的时候，人家破了箱体，然后发展为了下降趋势行情。这个时候止损就是告诉我，

我的系统不再能应用于这个了。我需要使用其他工具了。”

“所以，止损对于普通人来说是为了避免过大的损失，对于交易者是强制修改思路。”我说道，记得原来听过这样的观点。

“大师太智慧了，说的太好了。以上就是一个简单的系统设计了，后面就是做模拟。看看这个系统和行情的贴合度怎么样，能不能保证在适合使用的时候保证高胜算。其实，系统是很多的，你上网随便就能发现很多系统。在你真正接受这个系统之前你要做的工作也很简单，就是以上这几步。首先，了解这个系统的设计思路和使用范围。很简单，你看他的主要指标选择选择的趋势指标还是震荡指标，就是决定现在的大方向的指标。如果是震荡的指标，那就知道这个系统的使用范围是箱体运动了。下面就要看这个系统设计的是否有明确的信号。毕竟不能连判断的标准都没有啊。接下来就是看这个系统的风险控制比。这个和资金管理在一起。最后你找到他合适的行情,模拟交易一段时间。看看能不能操作下来。因为有很多问题不操作就不知道。只有在这个时候才知道系统有没有可操作性，毕竟看上去很美的东西太多。还有最后一点，任何系统都不可能有百分百的胜率，只要有一定到高胜率就好了，毕竟这个世界没有‘圣杯’。”

“不会就是基督用最后用的杯子吧，那个有啊。”我忽然反应道。

“那大师你拿出来，呵呵……”逸飞笑道，看起来别样地开心。

“……”

“好了，大师。咱们上面讲完了系统和市场的匹配关系了，下面咱们来说系统和人的配合关系。大师认为什么是系统和人的匹配？”

“天人合一。”老夫淡定地答道。

“大师正经点儿。”逸飞不耐烦地说道。

“本来就是，‘天人合一’讲的是什么，就是主观和客观的统一啊。要知道，自然中最大最高广的就是天了,如果在虚幻到无限的概念,反正一定不是人可控制的。而人是卑微、渺小、懦弱的。这样的人只有经过不断的努力才能达到和自然的统一。最高的境界，自然就是天人合一了。老师问我匹配的道理，我没有选择，只能合盘托出自己心中的思考。天人的合一不在于天的降低，乃在于人自身的提高。”

“啊……”逸飞吃惊地看着我，“大师真牛，什么话到你嘴里总是有这样高玄的解释。”

“嗯，具体到人世。其实很多人相处不来，总会将原因归于他人。这是因为‘人’确实不喜欢承担责任，但是更主要的原因在于他们没有认识到。人都是好人，大家只不过遵循着自己的道路。这本身没有错，只不过彼此的习惯信念格格不入罢了，如果强求，那么结果就只能有一个了，这也就没什么可以意外的了。”

“大师再讲讲。”逸飞了有兴趣地问道。

“就像两个人在一起吧。一个男人，一个女人，在一起相处，本来都结婚了，这才发现彼此不合适。这样的例子太多了。彼此之间总有过多的借口留给自己，而责任总是他人，他们忽略了一个事实，最初在一起的决定是他们共同做出的，结果怎能只有一个人呢。但这个时候人已经不会这样看问题了。反倒是痛痛快快的发泄，是最好的方式。还有经常有人向我问他的姻缘，他和这个女孩、那个女孩如何如何。连相处的自信都没有半分。这样的事情，不用分析都知道结果如何。后来我也就知道了，人们找到我，并不是想看事实，而是希望我说出他们心里的话。不仅不想看清事实，而且就是看清了，也不在乎。夫妻尚且如此，其他的就更不多说了。这就是人和人。”

“呵呵，大师讲的太悲观了。”逸飞笑道，“但别说，人和系统之间还真的是这样，有时人和系统像一对夫妻，非常相信，可有的时候就真的丢弃在一边。然后认为系统不好使了。其实我一直认为系统就是一个搭档。不仅仅是工具这样简单。很多人说系统就是工具，不会像人一样给人解释，他只给人结果。行就是行，不行就是不行。人家不会争辩。但如果人对自己的系统，没有对伴侣一样的忠诚，结果也不会很好。这也是一种使用系统的能力。大师，你说为什么一个同样的系统两个人使用会有不同的结果呢？”

“这个难说，这样咱们抛开系统是伴侣这个条件不说，只是简单的作为工具。可就是作为工具来说，并不是每个人都能得到一样的结果。就拿笔来说，我小的时候总是喜欢看父亲写字，他写的字总是很挺拔。可是后来我用父亲的笔写字，怎么也写的不好看，我到现在字也写得不好看。再比如，我年轻的时候，不要笑（白痴笑得很开心），我是说比现在年轻的时候，每次逛街看到商场里的衣服就没法抑制自己的冲动。看着人家穿的这样好看，可是，穿着自己身上就不知道为什么怎么看怎么别扭。后来我才想明白，人们买衣服往往希望自己能通过衣服像模特一样美丽，但是结果却是美丽和衣服没有关系。身材好的穿什么都高挑。不是说你，别得瑟。（逸飞又在看镜中的自己了，人怎么有点资本就这样臭美呢。等老夫身材好了的，把自己的照片弄成一个屋子。）所以说，关键的并不是工具的问题，应该还是人的问题。应该是人的差异使得同样的事情有了不同的结果。”我最后得出结论道。

“确实是这样的。人和系统的关系，首先人必须知道自己是什么样的人，有什么样的风格，才可以选择什么样的系统。如果说系统是兵器，那么人必须知道自己是善于使用威风凛凛的大刀，还是适合使用轻便灵活的剑。自己是短线交易者，选用的一定就是短线的工具。这样的工具重在次数和时间的积累，从而以小搏大。如果是趋势交易的人，就要选择长时间的系统，这样才能保证，半年不开张、开张吃半年的结果。当然现实中我们经常看到的例子是，大家为了一把绝世好剑而相互争夺，假设就是倚天剑吧。于是，不论自己修炼的是不是剑法，反正别人有了它就是天下第一，于是群起而争。得到了就把自己过去的武功尽数废了。为了这把剑强改自己的武功套路。最后的结果可能就是，没有成为天下第一剑，到成了天下第一贱人。”

“呵呵，比喻得很贴切嘛。”

“那是，我是大学生，我看书的，呵呵。大师，所以人和系统的关系就是首先看到自

己适合做什么样的交易，面对的是什么样的敌人，再选择什么样的武器，来进行交易。你也可以使用刀剑合璧，但前提是你自己有这个本事。钱是赚不完的，但是绝对可以亏完。看清了自己，就可以去兵器库里找家伙了。当然刚选完的武器还不能直接去削人。要开印、要磨合。只用当自己有自信做到，拿着这把剑不会回手把自己砍了的程度，就可以颤颤巍巍地去先打点儿小仗了。等自己本事越来越大了之后，才可以去挑动群雄。这是自然的道理。这个过程之中，没听说哪个哥们儿，见到一个兵器就换一样的。要知道在江湖上混，稍不留意就是要命的事情。哪个小傻子会把宝压在自己生疏的武器上。从来听说一人一剑的，这个剑就是自己人生事业的伴侣，忠诚的陪伴自己，而自己也要对武器忠诚。”

“这么说你已经做到了人剑合一的境界了？剑人。呵呵”

“大师！调皮。呵呵，差不多了，我除了有剑还有飞镖，你现在成天看我用的就是小飞镖，这组成了我的钢铁系统。名字叫作‘钢铁’意思就是说必须用钢铁一般的意志来执行。反正就是这样，没有自己系统的人是不屑一顾，但是有自己系统的人却是欲罢不能。这其中的滋味只有自己能够体会，呵呵。”

“你是说我现在还体会不到是吧。”

“差不多吧。你要做到很简单的。要每日看完行情，根据自己的系统，写下次日的交易计划，观察你通过系统交易之后的帐户内的资金情况，并且每日跟踪市场的走向。如果你可以这样几个月，没有一天跳过。

“每一次交易都做到四步，计划、执行、过程中随时检查、过程后检讨改进。在整个投资——操作——收回投资的过程中坚持领悟，融合自己的工具，同时不断地认识自我。

“那么你可能会养成在市场上所谓的交易纪律了。这个时候你也就真的开始和自己的工具磨合了。而一些人以娱乐为目的而模拟交易，是不可能达到这地步的，因为这需要认真的态度。现在大师知道了系统和市场，系统和人的知识了吧。”

“知。”我简单地答道，但转念又一想，“这不就是两面观察嘛，因为交易系统将人和市场连接起来了，所以第一看系统是不适合某一段的市场。再来，看系统适不适合被这个人使用。就是这两个问题决定了交易系统的应用。”

“大师真是天才。”

“废话，这我知道，你敢说点儿我不知道的吗。”

“呵呵……”

真不该打扰他，和他说了一个下午，豆角还没剥完……

14.10.4 再看战法（1987 的投机交易系统）

豆角已经炖上了，幸好排骨我早上就开始化了，所以做得还算顺利。逸飞边看我工作，边有一搭没一搭地，和我聊天。他自己宣传自己今天没有外汇交易的计划。原因很简单，下午数据太多，市场波动很频繁。虽然也可以提供波动获利的机会，但还是不做的好。

“怎么，你的系统告诉你不做的？”

“嗯，他今天罢工休息了。呵呵。”逸飞打趣道。

“呵呵，你的系统挺有个性的啊。”

“那倒不是。要知道，最有个性的往往是人，而最终失败的最可能的也是人。要知道，技术分析的目的，就是判断现在的市场。是为了确认市场和股票的大趋势是上升还是下跌。但是人的贪欲和执着、现在社会的快节奏、快速梦想的野心，这些使人们已经放弃了凭借中长期趋势慢慢积累财富的耐心，而开始执着于如何精确地预测下一月，下一周，下一天，甚至下一小时，下一分钟的具体走势和价位了。并因此发明了许许多多眼花缭乱的新技术、新方法，希望能判定海潮中某一瞬间的一朵朵小浪花的飘向及波动幅度，过分注重技巧的使用而忽略趋势，将原本并不深奥的投资弄得复杂异常，这就是技术分析派走入末路的悲哀。最终也逃不过失败的命运。而这一切反观，又是人性的必然。”

“又开始抒发哲理了，呵呵。”我应和道。

“不是哲理，是真理。大师你看看现在，好多人根本就不看书。可是开口就是江恩、闭口就是艾略特。说对了一次就到处炫耀，沾沾自喜。可是如果亏大了才发现自己学艺不精，回家看会儿书。可是看不了多久，又是寂寞难耐地出来和别人到处争论，钱包是越来越扁，底气却越来越足。还到处说自己闭门苦读，终于发现所以的理论都是骗人的，告诉别人不要再相信这些，真不知道这些小傻子们自己真的学过吗！赔钱的道理很简单。他们连基本的牛熊市都分不清楚。根本不注意技术分析的根本就是认清趋势这个前期。这样的人，赔钱又有什么意外的。结果，就算看盘看的再精，数字弄得无比神奇，最终也逃不了失败的命运，最终套牢的还是他。所以，在这个市场里，对市场的判断，不要相信任何人，因为任何人都会错，只有规则不会，因为规则创造一切。”

“规则创造一切。”我喃喃地重复道。

“对啊大师，只有尊重规则，尊重现实才能有好的下场。讲到这里给你讲个故事吧。杰西·利文摩尔（Jesse L.Livermore）大师知道吧。”

“不太清楚。”

“就是江恩在写《四十五年》的时候，在大投机家那一章写过的，上次你还跟我争论来着，江恩不是说他‘除了学习如何赚钱以外，什么都不学’吗。就是那个哥们的故事。”

“啊，想起来了。但是当时江恩说的太笼统了，这个人我就记住了这句话。其他的不太了解。”我承认道。

“呵呵，大师，这个哥们儿可是个名人。现代人们一聊天就是开口巴菲特，闭口索罗斯的。但是在当时那个时代利文摩尔可是家喻户晓的名人。你知道有一本书叫作《股票作手回忆录》。写的就是这个哥们儿的故事，这本书现在还是被比喻为交易圣经。你一定要看。翻译的本子也不错。每一次读都有收获的。好了，下面我就给你讲讲他的故事吧。

咱们先听一个时间表。他 14 岁怀揣 5 美元闯荡江湖，15 岁赚得 1000 美元，20 岁赚到 10000 美元，30 岁时已是百万身家，确切的说是 300 万，到 1929 年 52 岁时赶上股市大崩盘获利超过 1 亿美元。”

“这哥们儿是人吗，太能赚钱了。”我不禁感叹道。

“不仅如此，这个哥们儿穷奢极欲。在获得了财富之后任意挥霍。一生拥有无数的女人。不过怎么说呢，这好像也是投资家的共性，你看摩根就在美国欧洲各有情妇，而且还公开露面。格雷厄姆，宝贝听过没。”

“好像是巴菲特的老师吧。”

“对了，你知道他为什么创立了证券投资的价值投资吗？呵呵。”

“曰。”看来这小子是越说越兴奋了。

“他创立价值投资就是因为这样赔不死他，呵呵。当年他的母亲就是一个股民，结果拿着家里的钱炒股，最后赔到家里揭不开锅。所以后来格雷厄姆就走上了这条路。你别看他的理论很高深似的，这个哥们也是挥霍无度，和情人到处调情。好像搞投机的都是这样的人。但是也可以理解，毕竟这个职业的压力太大，财富来的太猛太迅速，很难让人控制住。咱们还是接着说利文摩尔的故事。这个哥们虽然拥有无数的情人，却连一个知心的都没有，个性很是怪癖。”

“江恩说这个哥们后来不是自杀了吗。好像死的时候已经破产了。”

“对，他在 1940 年 11 月自杀了。离他在 1932 年到达顶峰，仅仅相隔 7 年。下面咱们就来讲讲这个哥们儿的故事。”逸飞神秘的说道。我看了看锅里的豆角，豆角一定要炖熟，如果炖的不好，是有食用危险的。看来还要慢慢地等着，这个时候逸飞的故事也开始了。

“在 1877 利文摩尔出生在一个乡下的小镇里面，他是一对穷困农民的独子。可以说他的童年除了穷什么都没有，没有什么良好的教育，没有什么背景。慢慢的人也变得分外的敏感孤僻。他是一个十分自负的人。可是大师你也知道，人的过度自负往往背后就是深深的自卑，这个就是利文摩尔的性格特点，他的一生都在这种情绪之中，无法自拔。

“十五岁的时候他也忍不住了，就跑到一家证券公司给人做行情记录员，大师你记得咱们前两天我一直给你放的《大时代》吗？在深圳创业的人都会看两部电视剧一个是《大时代》，另一个就是《创世纪》。《大时代》里方展博在证券公司里最先做的就是这种在黑板上写报价的角色。因为当时还没有电脑，图表除了自己画，根本没有。可就是这样，锻炼出了这个哥们儿对于行情惊人的判断力。利文摩尔没有受过高等教育，可是却比现在的大学废物强多了。他记忆力惊人，对数字有本然的敏感。他在这块板子前一站就是几年。慢慢地就懂得了其中变化的一些规律。到他 25 岁的时候他就开始玩起证券了。人家年轻时代就得到了‘少年作手’的绰号。看看你自己，呵呵。你要是肯花时间好好的画 k 线图，也能有所成就的。后来这个哥们儿胆子大了，跑到华尔街想要一展锋芒。估计就和今天的穷小子进城，想要一夜暴富一样。而利文摩尔的结果是破产了。这促使他思考自己交易

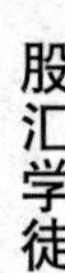

中存在的问题。他开始意识到一个人就算具有优秀的数学能力，也具有精确观察的罕见力量，却仍会在投机上失败，除非他还拥有经验和记忆。

“所以大师，直到现在我还是跟你强调：记住每次成功的交易，不断的复制，记住每一次失败的交易，一定要避免。成功投资很简单，就是不断复制成功的模式。

“利文摩尔当时就认识到，灵感和神秘的看盘能力，跟成功没有太大的关系。交易者的经验往往是重要的，这可以使他下单的时候速度极快，但是背后却有丰富的经验支撑，遵照经验也许会出错，但不遵重经验，最后必然是个傻瓜。大师什么是经验？”

“经验是对过去的总结。”我简单地答道。

“不错，交易系统和这一样。就是总结经验教训。现在利文摩尔通过十年的实践慢慢的开始转变了自己的思路，他开始注重概率的发生，认为交易者不能赌不合理的预期的事件，交易者可以根据的就是概率，根据未来的可能性来操作。这是他第一次破产时的感悟。他一生爆过三次仓，但人家貌似中良的品行使得人家一直被人信任，江恩就借过钱帮他翻本。

“他爆仓之后发现如果再坚持短线交易，就像自己原来那样，就算对数字很敏感也会丧失主动性。于是他改为专研其股票背后的故事了，毕竟这个市场背后是有基本面支持的。于是他开始重视趋势交易。重视对于大方向的判断。他第一次大显身手的时候是在 1907 年。当时 10 月，美国股市崩盘，利文摩尔大举做空。一举获利 300 万。要不是摩根当时出面挽救股市，他能赚的更多。要知道，当时美国的第一、第二联邦银行都宣告失败了，摩根基本上就是美国的中央银行。利文摩尔赚了很多钱，但是股市从来不创造新的财富，股市只是财富重新分配的平台，有人赚钱就有人赔钱，而往往赔钱的是大多数。于是大多数人们开始仇视他。他也从此叫作‘华尔街巨熊’。其实很多时代都是这样，这些英才往往被社会仇视，像当年的古尔德，就因为做空黄金套利被人家仇视。但利文摩尔不在乎这些，他继续过着没羞没耻的奢侈淫荡的生活。

“但他马上就迎来了人生的第二个转折。就在 1908 年，也就是那一年他和江恩第一次相遇，沉浸在上一年份放空股市一夜暴富的利文摩尔，开始迷信基本面分析，而基本面分析最好的就是专家。他选择了一个棉花专家，听从了专家的判断，他开始做多大量棉花期货合约。最终赔光了身家，并因此沉寂了若干年。这件事对他的影响也很大，他后来就说一个投机客有一大堆敌人，其中最可怕的就是有说服力的人。在这几年的低谷期，他不断接受专家的建议，不断的折钱，我记得他说过的一句话就是‘没有强迫，但有时比有人拿着一把枪指着你的头还难以抗拒’。反正这小子是至此不信专家了，但他也承认，他自己不可能不受专家的误导。因为毕竟任何人不可能随时都清醒。后来他开始努力的引导自己的弱点。培养自己完全自信、独立思考的能力。并且认为这是一个优秀交易员必须具备的生存素质！大师你看人家说的是生存素质。”

“老夫知道，接着说。”

“他带给世人最大的礼物就是在这个时候，根据他访谈录总结出版的《股票作手回忆录》，这是 1922 年左右，当时他就说盈利最大的头寸往往就是一进场就赚钱的头寸。这样的交易是贡献最大的。后来到了1929 年，就是那次最狠的经济危机。这一次还是他，人家还是做空。这次赚了一个亿。于是他成了全民公敌，仇富的心里将他淹没了。但他的成功却永远写在了财富史上，他一直被称为伟大的投机家。赚钱之后他更加穷奢极欲，穷人家的孩子翻身了，但他翻得有些大气，有点儿像李自成了。

“江恩后来是这样评价他，说他贪心. 有权力欲，所以当他赚了一大笔钱以后，就不再稳妥地进行交易。他试图让市场跟着他的意愿走，而不是等待市场自然地转势。这样的结果最后一般就一个结果，他爆仓了。财富从哪里来就回到了哪里去了，他自己也以 63 岁的高龄自我了结了。

“像他这样牛的人都如此结果，你说别人还有指望吗，呵呵。”

“不是还有巴菲特吗？”我叫嚣道。

“大师，你真的以为巴菲特的钱都是在股票上赚的啊！他很多钱是股票上赚的，同时他也是最大的基金管理人之一。他有时甚至跟银行一样给人贷款。但反过来说，你怎么知道巴老爷子没有尊重自己的系统呢？巴菲特可是坦然承认自己的方法是从不外泄的。呵呵，大师……”

“你真的总有道理啊。”我愤然道。

“那是我的专业。你看看，世界几百年的证券史，那些可歌可泣的英雄故事，最后纷纷以失败而告终的原因，归根结底都是因为人的认识发生偏差。这些人欲望膨胀，失去平衡，妄图超越时间，最后总会棋差一着，折了。这就是现实。你知道杰西·利文摩尔说过的一句名言吗。那就是：‘在华尔街，没有什么事是新奇的。投机就像山岳那般古老。股市上今天发生的事过去也发生过，而且将来会再次发生’。绝对的真理很简单，就是：‘不要与趋势相对抗。’意思就是在股票投资中要顺势而为，看大势，赚大钱。牛市中要坚持以持股为主，少作空；熊市则以空仓为主，少作多。”

“说白了就是墙倒众人推，鼓破众人捶呗。”我总结道。

“对啊，呵呵。但你不要做最后推的那个人，也不要是最后捶破那面鼓的就好了。”逸飞笑道，“其实很多人都要在市场里找到一个平坦大道。可是他们不知道这个游戏就像是原始丛林探险，每个人都要自己去拼，也可以组成团队。但绝对没有现成的供每个人都走的大道。如果有人说他发现了一条在丛林里铺满黄金的庄康大道，如果有的话，那就往往是一条死路。”

豆角慢慢好了，我又收拾了别的一些小吃，米饭也已经好了。随便拎了两瓶啤酒，就开始安心晚饭了。逸飞显然兴致很高。接着和我讨论刚才的话题。

“大师，你能想象一个大家都赚钱的市场是什么样吗？”

“貌似没有吧，但是像趋势交易者这样，只要懂技术不是应该都能赚到钱的吗？毕竟这样大家的合力做多行情就很快了，做空也是这呀。我记得不是说如果一个理论往往越多人知道，越多人来按照理论做，理论不就越来越正确吗。”

“对啊，但是可能只是理论是正确的，但并不能保证每个人都赚钱啊。大师……呵呵。”逸飞神秘的笑道，“大师你对 1987 年，美国股灾了解多少？”

“1987 年，美国还有股灾？不是只有 29 年一次吗，后来就是牛市啊，这是很多老师一直说的啊。”我诧异地说道。

“呵呵，长期来看市场是上涨的啊，但局部的调整一定有的，87 年的那次就很黑，很暴力。最后成为了历史上著名的‘黑色星期一’。当年在 1987 年 10 月的一个星期一，纽约股市一开盘道指就重挫了 23%，这是历史上最狠的单日跌幅之一。许多投资人一瞬之间就破产了，数百万美元说没就没了。这些人提着枪，你知道美国是有平民武装的国家。这些有火力的跑到他们的股票经纪那里，那个时候他们的交易不是通过计算机网络，而是通过经纪人来买卖的。他们不理解自己早上起来还是百万富翁，怎么一下就破产了。于是他们找到经纪人，来了个同归于尽。”

“神那，太悲壮了吧。”我感叹道，“来慢慢说。”

逸飞喝了口啤酒说道，“这个事情要从很早很早以前说起，自从 1929 年的危机之后，美国股市发展了五十年，期间二战的胜利等等原因。你也知道美元成了世界货币等等，这都表示美国经济的向好。于是在 80 年代开始的出现的高科技泡沫，这个你看巴老爷子的东东应该知道。股市一片大好。同时计算机开始应用在了交易之中。当时允许程序交易，就是计算机自动开始进行买卖交易，当股票涨了的时候，计算机就增加你的仓位，当下跌的时候就自动减少仓位。光是股票还不够，机构投资者的计算机还会自动进行股指期货的买卖。就是简单的‘对冲’。大师了解什么是‘对冲’吗？。”

“对冲就是将风险转移掉，就像咱们外汇做的锁仓，只要同时即做多有做空就可以了。但是我一直有个疑问，这样不是赚不了钱了吗？”

“算了，给你简单地解释一下吧，对冲分为完全对冲和不完全对冲也叫有限对冲。如果你想对冲，你必须找到两个能够对冲掉风险的东西，比如大盘和个股，如果看好了一个个股。你认为它会涨得比大盘快。当然，他下跌也会比大盘慢，就是说大盘涨五他就涨十，而大盘跌十他才跌五。他们虽然同向，但速率不同，这个时候你就可以做多个股的同时，卖空股指期货。因为股指期货和大盘是同向的东西。所以理论上是速率相当的。这样不论大盘上涨还是下跌你都可以稳赚个股超过大盘走势的那部分价格了。道理很简单，比如大盘涨了 5 快，个股涨了 10 快，这样你虽然个股上赚了 10 块钱，但是你期货上是做空的啊，这个时候你就赔了 5 块左右。这样你的总获利就是 10–5=5 块多些了。同样的道理，如果下跌，个股跌了 5 块，但是大盘跌了 10 块钱，这个时候你做空的期货就赚了 10 块钱左右，你的总获利就是 10–5=5 块钱。这就是简单的套利对冲。但前提是你必须判断准确。如果不准确，你就可能赔钱。这也是不完全对冲。完全对冲就像咱们锁

仓那样，等额等数量等品种的反向操作。但真实的情况会是，我在英镑上做空，在欧元上做多，虽然可能有损失，但也可能有获利。对冲的目的只有一个就是投资者宁可放弃收益的代价，也要将不可控制的风险去掉，从而留下自己通过特殊信息可以把握的可承担的风险收益。”

“那不如当初少建些仓多好，那就不会这样的麻烦了。”我不禁问道。

“的确是这样，呵呵。但是大师你忽略了一个问题，就是这些机构买卖股票的同时会对市场产生动能冲量，也叫市场冲量。这个时候股价往往会瞬时调整到高价位从而增加建仓成本啊。平仓也是这样，而股指期货本身是保证金交易，首先所需的资金量不多，同时短时间不会对现货市场造成明显影响。这样也是一个不错的选择，所以基金们会选择这样的方法来规避风险。而选择这种方法的基金就叫‘对冲基金’。

“现在我们再来接着讲，87 年美国的那些基金，他们的计算机指令会告诉他们如果市场上涨，就减少股指期货的空头，增加股票的持仓。反之也是一样。而 87 年八月开始，股市就开始疯狂的追逐概念股票，同时当年格林斯潘刚上台，大师知道这个哥们儿吧。”

“知道，就是每天早上在澡盆里让助手给他写备忘录的哥们儿。”我不禁想起当年学宏观经济学的时候老师讲的笑话了。

“呵呵，对，就是这个哥们儿。当年他刚刚上台。而格林斯潘的前任沃尔克一直过度放松银根，于是格林斯潘不得不提高利率来抑制通膨。可是别忘了股市已经涨了 50 年了，这个时候正疯狂地追逐概念跑呢。正在最疯狂的时候。这个时候加息，结果只有一个泡沫破裂，股市崩盘。

“当年 10 月星期一的前一个交易日也就是星期五，股市就开始下跌了，而当时的计算机是使用滞后一日计算数据的方式，结果星期一一开盘，所有计算机一起发出卖出股票的指令。要知道，计算机是最听话的了，人家根本不动脑。人家设定的就是，当股票价格跌至某一设定的水平时，计算机会自动卖出一揽子股票，同时增加空仓的期货比例。一秒钟内，一台计算机可完成 60 项交易。于是整个市场里面全是卖单，根本没有人买入。于是价格便只有一个方向了。

“人们受到惊吓同时竞相抛售，市场几乎不能处理如此庞大而集中的卖出指令，大多数人因无买者而根本卖不出手中的股票。这个时候更精彩的事情发生了，一个政府官员公开表示可能考虑关闭交易所。如果真的这样，人们手中的股票就成了没有市值的东西。说白了，很多股票就和白纸一样了。于是一发不可控制。当个体投资者听说巨大的股灾发生时，他们纷纷慌乱地给经纪人打电话，众多的顾客电话让经纪人无法应对，最终导致大批指令无法成交。许多人瞬间损失数百万。大多数投资者甚至不知道自己为什么要抛售股票,唯一的理由就是‘别人都在卖’。一天之内,5000 亿美元从道琼斯指数中蒸发掉了。这就是著名的 1987 年股灾。”

“后来呢？”我问道。

“政府买单了，格林斯潘宣布无限量地提供货币。你们随便借吧，老子就是有钱，这样股市才稳住。后来大家都赞扬格里斯潘的魄力，人家就一夜成名了。呵呵。”

“这小子真是用国家的钱，赚自己的面子啊，开始的是他，出名的还是他。”我不禁感叹道。

“呵呵，大师别忘了，还有一件事。你知道我们经常说股市，期货市场什么的瞬时蒸发了多少钱什么的，可是你知道吗。钱是物质，而物质不会消失，只会转移，因为……”

“因为股市是财富转移的平台。”我接道。

“呵呵，大师太聪明了，不错。有人陪就一定有人赚钱。当时就是这样，股票跌得狠，期货跌得更凶。而计算机加码的卖出。很多机构最后竟然还赚钱。你说说吧，呵呵。真正赔钱的是那些爆仓的小倒霉蛋，要知道期货交易最简单的一点就是爆仓，你是像期货公司是以保证金交易的。如果你的保证金不足，期货公司就会主动把你的仓给平掉。所以期货战争中，获胜方并不需要把你怎么样，只有给你挤爆仓就算赢了。这就是战争的规则。接着讲，当时美国可是内幕交易盛行的时代啊。消息总有风声的。别的不敢多说，反正一夜成名的大有人在。做了两天一辈子就可以不工作的度假了。呵呵。而真正的倒霉蛋儿就只能跑到股票经纪那里，寻死觅活的了。”

“那这么说，交易系统还是有用的啊，至少这些公司活下来了。”我感叹道。

“活下来是活下来了，但是后来这个事件有一个调查组专门被成立了起来，他们调查的结果将元凶归为两个，一个是程序交易，另一个就是股指期货。所以在国外人家是恐惧股指期货的，只有中国这片土地，来者不惧。当然这也有咱们自己的国情。好了，咱们接着说。并不是靠着一个交易系统就一定能保证自己生存下来的。给你讲个经典案例，这是我当年给别人培训的时候经常要讲的例子，就是美国长期资本管理公司的事情。这个可是一个荡气回肠的故事啊。”

“呵呵，快说，这比听相声还有趣。”我笑道。

“喂，大师，你就这样看待我的劳动成果啊。”逸飞边吃边说道，反正他平时一顿饭也吃得不多，今天看着像是就吃饱了。只听他继续说道：“还是给你讲讲他们的光辉战绩吧。这个公司的发起人叫约翰•梅里维瑟，这个哥们是所罗门基金的著名交易师，当时被誉为能点石成金的华尔街债券套利之父。但是梅里维瑟一辈子最出名的就是在 1993 年，发起了长期资本公司。他的合伙人还包括，前所罗门兄弟投资公司的债券部主管罗森菲尔德。这个公司老有名了当时。他们做债券保证金交易。在业内是一霸，后来倒闭了。后来他们公司来了两个诺贝尔经济学家梅伦•斯科尔斯和罗伯特•莫顿。他们都是那个年代号称期权定价的专业人士。莫顿的老师就是大名鼎鼎的萨缪尔森，而他自己研究的领域就是期权定价模型，斯科尔斯后来和菲切布莱克根据他当年的研究的基础上提出了期权定价公式，这就是后来著名的布莱克•斯科尔斯公式。这个公式至今都还在应用。等以后有时间在给你讲这个公式的荒谬之处。他们更把前财政部副部长及联储副主席莫里斯落下

了水。整个公司可以被称为梦幻组合。更不要说同时期他们身边的那些一流的华尔街交易员和世界上第一流的电脑程序人员，这群人绞尽脑汁、机关算尽，设计出世界上第一流的证券套利策略和交易系统。它的业绩辉煌而诱人，以成立初期的12.5亿美元资产净值迅速上升到1997年12月的48亿美元。当时和老虎基金、量子基金、欧米伽基金并称为四大基金，牛吧。可是最后在1998年金融动荡中，到九月底的短短150天中，仅剩下5亿美元，亏损达90%。这还只是当时的账面价值，若出售资产清偿债务，只有破产一条路。后来美联储出面让摩根和花旗给他接手了。这就是他流星一般的5年命运。他们最后机关算尽，把自己算计到了倒闭的境地。”

“不会吧，看来真是能人背后有人弄啊。快讲讲他们倒闭的故事。”我急不可耐地问道。

“呵呵，大师不要着急，听我给你慢慢的讲啊。当时他们的主要人员都是来自债券部门的。你不知道吧，美国的债券有所谓的‘垃圾债券’和‘高贵债券’。当年垃圾债券真的火了一把，那时有一个被称为‘垃圾债券之王’的哥儿们，叫作密尔肯。他的理论就是你买了垃圾债券，反正花不了多少钱，但如果真的一个债券的信用提高了就是数倍的获利。这就是当年风靡一时的垃圾债券理论。而像国债这样信用特别好的，一般市场看为是无风险的债券，甚至作为同期的市场无风险收益。当然这是信用特别好的政府，像拉美国家的债券问题就很大了。当年长期资本就投资于这种信用极高的高贵债券。这种债券理论上的价格变动是非常小的，所以第一步就是放大收益。于是他们十分安心的使用保证金交易。应用很大的杠杆比例，同时使用很多衍生产品来进一步放大比例。只有这样，才能保证在很小的市场波动中有一定的利润。他们的信用评级非常高，所以银行都乐于将钱带给他。你知道银行是做什么的吗？”

“银行是盈利性的组织啊，但是好像和货币联系到一起就很复杂了。”我简单的说道。反正估计也不是逸飞要听的答案，我就住嘴了。

“这样，商业银行是盈利性的机构，他的获利方法很简单就是存贷差。通过这样的贷款利息来获利，这就是他的本质。当然央行的角色就完全不同了，央行的主要目标是平稳经济。这就保证了他们本质上的不同，所以绝对不可以弄混了。商业银行一旦看好一个投资机构，就会给他很高的融资，这样他不仅能赚取利息，也可以获得交易的佣金，很多银行是可以代理进行债券、期货交易的。同时银行要获得利润也要有更多的钱可以放贷，这就需要吸收存款。像咱们现在的商业银行与券商、基金的合作，就是想从他们的客户那里吸收存款。所以银行很欢迎像长期管理公司这样的公司。当年，这个公司资产不过50亿可是他的融资额却达到了1250亿。杠杆比率达到26倍。”

“太大气上档次了。”我不禁赞道。

“好了现在有弹药了，下面就是目标了。他们的目标就是市场。他们的投资理念是不同市场证券间不合理价差的生灭自然性。拥有众多超级明星的长期资本管理公司，却喜欢短期交易，最重要的一条投资策略叫‘比较价值投资’，他们利用经济学家，数学家和计算机程序员共同建立了一套复杂的计算机程序，来捕捉金融工具及其衍生品种价格之间的细微差别。当差别被发现后，他们就买入被‘低估’的金融产品，同时卖空被‘高估’的金融产品。一个最典型的例子就是新发行债券间的利差。这两种债券是同种类相同期限的。新发行债券是刚刚发行的债券，由于交易较为活跃，因此，与早期发行的债券相比，它们的交易价格往往会包括一定的溢价，就是会高一些。但随着时间的推移，溢价会逐渐消失。因此，交易者会先卖空新发行债券，然后用卖空收入买进已发行债券。到清仓的时候，价格通常会趋于一致，这样，用旧的债券就可以平仓了，交易者就可以实现少许利润。这种套利策略一般都较为安全。只要两者的价格运动逐渐靠拢，并最终趋于一致，无论债券的市场价格是涨是跌，结果上没有任何区别。

“大师，斯尔科斯和莫顿这两个大师将金融市场历史交易资料、已有的市场理论、学术研究报告和市场信息有机结合在一起，形成了一套较完整的电脑数学自动投资模型。然后利用历史数据找到现在市场中交易品种存在的价格差，之后就进行高杠杆放大投资。希望这样能够获利。但是，历史数据的统计过程，往往会忽略一些概率很小的事件。这些事件随着时间的积累和环境的变化，发生的机会可能并不像统计数据反映的那样小。如果一旦发生，将会改变整个系统的风险，造成致命打击，这在统计学上称为“胖尾”现象。而这个现象就发生在了1998年。

“当时长期资本做空德国债券，同时买入意大利债券。因为当时欧盟正在进行货币一体化进程，这就表示德意两国的债券收息差会收窄，当二者息差收窄时，价差就会收窄。当时德国的债券高于意大利等国的债券，所以当价差收窄的时候就可以平仓获利了。这也是他们精确计算大量历史数据的结果，概率表示一切都没问题。

“同时1998年中旬，市场开始变得极为动荡不安，就是索罗斯大举进攻亚洲货币体系的时候。俄罗斯也开始在外债清偿上频频出现问题，这个俄罗斯经济本身所发展的必然。因此它的国库券和同期的风险债券相比，利差开始加大。这个时候长期资本公司认为机会到了，无论是他们的系统，还是他们的数据，都相信这是千载难逢的机会。于是在这两种债券之间做起了价差收益。做空高风险债券的同时，买进同期国债希望将来平仓获利。这个时候索罗斯横扫亚洲之后，缓过神来，发现自己弄了一圈，俄罗斯还没有搞过，就开发表文章说俄国的汇率有问题，应该贬值。国际炒家闻风而动，迅速将资金撤离，使得俄国根本没有足够的外汇来还国债。到了这个时候，卢布不想贬值也只能贬值了。投资者们纷纷出售俄国国债。面对这个结果，叶利钦很生气，后果很严重。后来在10月份的时候，俄国干脆宣布自己的主权债券，也就是国债，不还了，永远的不还了。世界的投资者惊了，因为这表示他们的国债连基本的作为纸张价值都没了。美国对于俄罗斯的债券评级最后成为了BBB级，比垃圾还垃圾的评级。

“可是别忘了这个时候长期资本可持有大量的俄国国债呢。这可是巨额保证金的交易，他们根本就连平仓的机会都没有，因为他们买的实在太多了。同时投资者们面对俄国的

态度很生气，大家纷纷卖出信用不高的国家债券买入信用高的。而德国就是少数几个信用高的国家，意大利则不是。最后他们直接的价差没有缩小，反倒巨额的放大了。而这个交易是长期资本的核心交易之一，核心的意义就是在这上面的损失是巨额的。同期长期资本也做空了美国的国债，可是现在投资者的热情使得国债上涨。一切都来得太突然了。这个过程中，面对巨额的亏损，原来那个战无不胜，攻无不克长期资本彻底的没完蛋了。这个公司最后没有消失的原因仅仅是他们欠银行太多钱了，银行没法放过他，所以干脆占领了。呵呵大师这就是长期资本的故事。现在你还真的相信有战无不胜的交易系统吗？"

"额……真是引人遐想的故事。"

"没错，就在两个月前大家看到了亏损，认为这简直是灾难。但是他们当时还能解决，可是两个月后再来看，那个时候已经是最好的时候了。后来出了很多相关的报道，大家赞同的同时，也更多的是对交易系统的失败而丧失信心。要知道，那可是那个时代智慧的结晶，可最后的下场却出奇的悲惨。"逸飞总结道。

"可是我认为，这也不能说全是交易系统的事情。毕竟这是小概率事件，可是他们却在上面投入了全部的交易，那最后的结果也就是正常的了。"我若有所思的说道。一顿饭的功夫，我们就讲黄了美国历史上最牛的投资公司。

"呵呵，也可以这样说，如果他们控制好自己的交易，说不定今天也能活着呢，但是他们的交易太大，根本控制不了。"逸飞笑道。

"嗯，如果是我，说不定限制一下，就能活下去的。哎……可惜了。"

"呵呵，如果是你也不一定能玩懂这个游戏，只有当时游戏中的人能懂。十年过去了。我们现在看来，他当时更大的问题就是出现在了头寸设计上。说白了就是资金管理上的事情。这可是一切根本，也是关键的关键。如果错了，根本没有机会。"

"资金管理？"我思考道。

14.10.5 重中之重的最后：资金管理（再议保证金）
——其疾如风，其徐如林，侵略如火，不动如山重中

"大师，你知道资金管理最好的是什么人吗？"真是吃饱了就不放过我，逸飞显然今天滔滔不绝的讲了一个下午，也没有感到疲倦。反而边看我收拾东西，边和我讨论这些问题。

"职业交易者中的精英？"我试探地问道。

"呵呵，贴近。最懂得资金管理的是职业赌徒。"逸飞答道。

"不会吧！"我惊叹道，随后有些理解了逸飞的意思说道，"你接着讲。"

"大师，你知道什么是职业赌徒吗？"逸飞先是诱导地问道。

"就是在赌场里赌博的吧，就是每天在里面生活的人……也不全面，应该是把赌博作为自己的主要职业的人吧。"我思考着说道。

“不错，大师，要知道这些所谓的职业赌徒，也许他们并不是真的喜欢赌博，但是他们却是以赌博为生的。他们唯一要做的就是在赌桌上生存下来，孩子的奶粉钱，妻子的化妆品都要从这个赌台上拿到，而且是用几十年的时间，这就是以睹为生的人。所以他们真的知道自己不是在赌博，而是一门生存的技术。

“但是大师，世界上没有一个人能预知未来的牌面，而现实却是赢得人总是在赢钱，输的人却总是在输钱，没有一种运气能总是照顾身在赌场的人。赢者与输者最本质的不同就在于他们的‘下注方式’。职业赌徒知道，自己在赌台不可能一夜暴富，他们首先要做的是保证自己的生存。这就要保证他们不会一次将全部的筹码抛出，求得一时的快感。他们要做到的就是在抽到不好的牌面的时候，不跟。这样可以尽量的减少损失。而抽到好的牌面的时候，尽量的诱使大家跟风，自己加码，从而扩大获利。而输得人却总是在找预测牌面的神奇方法，或者总是在赌‘下一张应该是好牌’。至于概率有多大，筹码应该压多少，他们没有时间考虑。完全沉浸在了赌博的快感之中。”

“和股市里的人很像啊，呵呵。”我打趣地说道。

“不错，但人家更专业些。他们会保证自己本金的安全，毕竟他们知道，如果他们真的输光了，就要离开赌台，再也没有翻本的机会。所以他们清楚地知道，只要自己的资金安排合理，就是他的平均胜率只有51%那么他也能成为最后的赢家。输钱总是难免的，但资金的计算方法合理，赢钱就是必然的。只有严格的遵守自己的法则，他们才能使自己随时有资本重新回到赌台前，去迎接下一次机会。这就是职业赌徒。所以大师，如果你真的想学好资金管理，首先就要认识到自己是一个职业赌徒。你和赌徒唯一的不同在于，赌徒往往没人打扰，而你比人家更加容易激动。因为你在市场里总是有各种各样的声音围绕着你。”

“这就是说我连赌博都不如呗。”

“本身是一样的，你们参加的游戏都是‘负和博弈’，这个过程本身不会对市场创造新的价值。反倒是别人，像公司、政府、庄家会从市场里往外圈钱，所以必须明白自己的位置。要知道许多人都以为，只要自己增加胜率，或是能够判断准确市场的趋势，就一定能富有。但他们忽略了这只是交易其中的一项，交易包括的还有很多的其他。大师，交易是什么？”

“交易就是‘买’和‘卖’。”我清楚地答道。

“不错，但交易更涉及了三个方面，这就是交易品种、交易时机和交易数量。其中交易品种就是市场的选择，不同的市场，不同的交易规则本身就决定了交易的基础手段。可以说市场是各不相同的。正因如此，每个市场才会有不同的交易手法。要知道，规则创造一切。所以如果手法好，你就可以轻松地实现跨品种、跨地域、跨周期的交易，使你的获利扩大。

“而平时我们讨论的交易技术，往往就是交易时机的把握。这决定了我们何时进出

市场进行交易。找到最佳合适的进出点。而就这简单的一个方面，却使得所有人倾注了太多的心力。正是对这个问题的过分的深入，使得很多人根本无暇顾及交易的其他两个方面。而少了任何一个方面的功课，交易的成功，就必然归功于侥幸。

“最后就是交易的数量，也就是我们买卖多少。这就是我们头寸的选择，大师不要小看这个问题。你知道海龟交易系统的创始人丹尼斯，开始的时候有多少启动资金吗？400 美金，就是 400 美金，可是人家最后却做到了 2 亿美元。人家说过，他的交易中 95% 的交易来源于 5% 的交易。而美国最著名的期货比赛常胜冠军舒华兹坦然承认，他一年 250 个交易日中有 200 个交易日是小的亏损，可是在剩下的 50 个交易日却获得巨额盈利。就连你最喜欢的索罗斯，人家也说过，看对看错不要紧，最重要的是你看对的时候赚了多少钱，看错的时候赔了多少钱。这些大师们的话都证明了一个事实，只要资金管理的好，就算你的获胜率不高，你也能最终胜利，就像专业的赌徒只要能有 51% 的胜率，就是最后的赢家。”

“不会吧，这样岂不是说，我们并不需要很高很准确的分析也能赚钱？”我怀疑地问道。

“本来就是啊！”逸飞睁大着眼睛看着我，好像一个小孩子刚刚知道地球是圆的一样。“算了大师，我这样跟你解释吧，咱们算一笔账。”说着，逸飞随意的拿起了我的笔和我的打印纸，比比画画的说道，“这样大师，咱们假设你的交易每一笔都可以保证 3：1 的报酬风险比吧。这样……”

“等等，你停一下，解释什么叫报酬风险比。”我打断道。

“嗯……大师真的很少知，呵呵。所谓报酬就是你一定可以获得的收益，比如一个白痴疯狂地爱上你了，保证今年送你五十万块钱。除非他死，这个事情应该就不会变了，最后他矢志不渝地坚持给了你五十万卢布，这就是收益。而如果这个年轻人突然清醒了，决定不给你这部分钱了。这时你就不会得到这部分收益了。我们管这种‘可能’的存在，叫作‘风险’。具体到报酬风险比，就是说你的报酬和可能存在的风险的比值。如果是 3：1，就是说你如果赚了，就会赚到 3 块钱，如果赔了就会赔了 1 块钱，这就是报酬风险比的内容。

“而现在咱们假设你有十万吧，这个时候你开始进行满仓交易。报酬风险比是 3：1，你满仓交易了十次，同时你设置的止损是 3%，这样你的获利就应该是 9%。现在咱们就拿笔算啊。

0 胜时： 亏 3 万

1 胜 9 负时：亏 1.8 万，

2 胜 8 负时：亏 0.5 万，

3 胜 7 负时：赚 0.6 万

4 胜 6 负时：赚 1.8 万

5 胜 5 负时：赚 3 万，

6 胜 4 负时：赚 4.24 万

7 胜 3 负时：赚 5.4 万

8 胜 2 负时：赚 6.6 万

9 胜 1 负时：赚 7.8 万

10 胜时：赚 9 万”

“看明白没，大师，只要你保证自己做到 30% 的获胜率，你就成功了。但前提是，你要保证你的报酬风险比要这样。其实这个方法很简单，只要你的报酬率越高，你所需要的获胜率就越低。这个报酬并必不是股票可能的极值，只要是股票的正常波动就可以了。而这里的风险就是你一般可以接受的亏损幅度。可见 100% 的获胜率并不是一定的。同时，还有的人经过细致地实验发现，获利与否与资金本身的投入量也有很大的关系，除非人能保证自己的获胜率是 100%，不然就不能保证他应该动用仓位的 100% 来交易，正确的做法是降低使用仓位。这样才能保证自己的获利合适。”

“这样岂不是说，满仓大多是错的了？”我不禁问道。

“不是，呵呵，满仓在有的时候不仅不是错误，而且最好可以透支交易，就是使用保证金交易。但更多数的时候，100% 的仓位就意味着连赌徒都不如的博傻。”

“不至于这样吧。”

“呵呵，这样也没什么不对的，大师如果不懂资金管理，出局就是早晚的事情。”

“资金管理……”我喃喃的重复了一遍，“你给老夫仔细地讲讲。”

“额……大师说话从来都这么硬气，呵呵。好吧，资金管理说起来很简单，就是关于资金的学问，资金的运作只有四步，建仓、加仓、平仓、空仓。这四步就像《孙子兵法·军争篇》里所说的那样，要疾如风、徐如林、侵略如火、不动如山。

“在建仓的时候往往要徐如林，缓慢的进行，而加仓的时候就要侵略如火，好像放火烧山一样顺势上攻，平仓的时候要疾如风，正所谓当断不断反受其乱。最后空仓的时候，就要保证做到不动如山。不论是建仓前的观察，还是平仓后的总结，都不可以再感情用事的入场。这就是四句真言。

“算了，就你这智商我还是讲简单一些吧（我怒目而视他）。先讲建仓，这是一个十分专业的问题。在建仓的时候，通常有两个方法，第一种是先确定自己的头寸，再决定自己可以承受的亏损额度。例如在下单之前就先想好第一单要动用的仓位。这样，你还是有 10 万块钱，开始建仓。明智的办法是将资金分为 3：4：3 这样的三份。这样你第一次下单最好就使用 30% 的仓位。要记住：小单试场、顺势加仓、势明满仓。这样你第一次的投入额，就是 3 万。加入你这次的报酬比是 3：1. 也就是说，你能承担的瞬时就界定为 10%，也是你的止损值。这样当市场你运行 10% 后，你平仓出来，只损失 3000。这也就是你这次损失的极值了。

“另一种方法是先确定止损额度，再考虑资金投入的方法。还是讲例子，赵总，你现在有 10 万，投资。但是你这一次的最高损失额度 5000，这样，你在分析之后，将市

场行情可能出现的反向运动幅度定在 10%。这样这一笔交易中，你能用到的资金就是 5000/10%=50000。所以，你首次建仓就一定要小于 50000。这样你也可以在同一时间确定你的入场资金、止损幅度等等。

“这两种方法都是建仓的资金管理方法，但第一种方法要求你有一定的经验和智商，第二种方法适合于没有经验的人。像第一种方法，如果不懂的人直接就是满仓，市场出现反向运动的 3%，他的 3000 就没了，而且市场反向运动 3% 太常见了。这样损失就极大了。

“人们总是想，自己一入场就买到最低价，如果你每次都能保证做到，你保证自己有 100% 的成功率，那 100% 仓位就适合你，满仓进出决定是最好的。但如果没有这样的自信，哪怕有 99% 的胜率，那你的仓位也不应该是 100%。而是应该将资金分比例进场。最先进入 30%，而剩下的现金就等待，择机而动。要永远记住，刚入场的时候只用适当的筹码，只因行情真的如期而至之后才会增持筹码。这也就涉及到了第二步，加仓的知识。”

“加仓真的是很难的，我记得我很多次的爆仓就是从加仓开始的。从一开始开仓的时候，就开始有了亏损，而且损失很大，于是我就会选择增加仓位。毕竟我相信自己的判断一定是正确的。可是我心里却清楚地知道，我这样做更多的是因为受不了损失，希望用很小的波动，用巨大的比例可以扳回损失。只要市场动一点点，我就不仅又能赢回一局，甚至能获利。只不过大多数当我这样想的时候，我才发现，这往往就是我爆仓的时候了。”我沉浸在过去的回忆中，缓缓地说道。这其中包含了多少故事，只有自己知道。因为每一次都是这样真实，但总结起来却只能是这样泛泛。

“嗯，这样的经历不算少数。最著名的就要数巴林银行倒闭的故事了，当时一个交易员为了弥补错误的交易，逐步的放大自己的交易，最后整个银行都赔进去了。这个故事你知道吧。”逸飞简单地说道，显然他是想让我知道，还有哥们儿更狠。

“知道，当年我读过《我是如何搞垮巴林银行的》那本书，但我并不认为那是尼克里森的错误，他做了大多数人都会做的事情，保护自己。只不过他赔进去整个银行的钱。他的失误就在于银行把不应该给他的事情交给了他。他赚钱了，大家都开心，但是没有一个人明白这背后的风险，就好像长期资产管理公司一样，大家都信任他，看到他骄人的成绩，却没看到他背后的风险。”我回忆道。

“所以，加仓的第一个条件就是有仓可加。说白了，赚钱的交易一定是刚进去就赚钱的交易，而加仓一定是在获利的基础之上。道理是这样的，你入场的时候已经规定了最高的损失值，假如还是 10 万，进了 3 万的仓位，这时市场逆运行 3%，也就是说如果再运行 7% 你就必须平仓了，这个时候你加仓，比如加仓 5 万吧。由于单笔交易能承受的损失是 3000，这个时候你账面已经损失了 900，只有 2100 的损失可以出现了。这个时候加仓之后你的仓位就是 8 万了，2100/80000=0.026。也就是说只要市场再逆运行 2.6%，你就必须平仓了。于是，你加仓的结果不是更好的挽回损失，而是加速了自己被迫平仓的速度，急不可耐地将账面亏损变为实际亏损。”

“那我重新设定自己的止损额不就好了，原来 3 万我的止损额是 3000，但如果我是 8 万，我 3000 的止损数量显然就不合适了。我应该修改自己的止损数量。”

“可是大师，你一开始的报酬比就是保证自己的损失和获利有一定的比例。你在胜率不变的条件下，增加了自己的损失额度，将来想要回到自己原来的额度，就要进行翻倍的速度。这显然不是你能控制的了的。就像树苗的生长一样，你的胜率并不是你主观上可以马上提高的。同样，你的报酬也不是你可以每次都保证的。如果你希望下一次就能马上改正，这就和赌徒希望下一幅一定是好牌的心里一样，结果就是只能越加越赔。而只要你赔了 50%，你下一次想要回到当前的额度，就要做到 100% 的获利。无论你过去曾经，有过多少个 100%的优秀业绩，现在只要损失一个 100%，你就一无所有了。所以说，交易之道，守不败之地，攻可赢之敌。100 万亏损 50%就成了 50 万，50 万增值到 100 万却要盈利 100%才行。每一次的成功，只会使你迈出一小步。但每一次失败，却会使你向后倒退一大步。从帝国大厦的第一层走到顶楼，要一个小时。但是从楼顶纵身跳下，只要 30 秒，就可以回到楼底。逆市，在亏损的条件下加仓，就是相当于，给自己跳楼的时候背一个书柜，就算你不被撞死也会被书架压死。”

“但是我们看到股市里有人就呼吁加仓啊，如果赔了加仓往往可以迅速地转回损失啊。”我困惑到。

“宝贝，那是因为这些人不是专业的交易人员，他们的资金是自有资金，本身没有压力，所以深套了也不怕。大不了等着就好了。他们完全不懂要如何增加资金的使用效率。同时咱们现阶段中国的股市是 100% 的保证金交易，杠杆的比例只有 1：1。所以，就算加仓，风险度也不大。但是如果是保证金交易，你就必须知道如果你赔到了一定位置，就算你不平仓，也会有人给你强制平仓。到那时，你的损失就真的是百分之百了。过去中国股市可以融资融券，说白了就是可以贷款炒股，但发现人们爆仓的实在太厉害，以至于不得不叫停。可是经过十年，融资融券现在又要开始放宽界限了。相信不久的将来，股市中跳楼的又要一波一波了。这就是现实。”

“那国家为什么还要弄这些东西呢？”我不禁问道。

“因为人的贪念是无限的，每个人都不相信自己是输家。咱们中国的股市，交易佣金太高。只要有交易就有印花税，这样也可以增加国家收入。没有办法，我们能做的就是利用规则，保护自己。其实保证金本身确实是致富的迅速途径，而他的作用就在于加仓，而不是建仓的时候。

“大师，所谓加仓，就是扩大战果。当行情确实如你判断的一般，开始运动，这个时候，你的建仓成本就开始有获利了，这就增加了你的可使用资金的额度。这时候，就要像野火烧山般迅速上山。要做到欲火焚身般的疯狂。抓住机会绝不放过。只有这样，你才可以迅速的获利。像我一千美金的账户，如果正常做，1000 点的行情我只能有 1000 块的获利，但如果加仓合适，正常的情况下一定就会有 10 倍的获利，这就是加仓的艺术。”

“别打哑谜，清楚的讲明白。”我催促道，对于赚钱我总是有很高的热情，伟大的革命导师说过，资本家为了300%的获利面对冰冷的绞刑架，也可以展现出飞蛾扑火般的热情。如果是1000%呢?别的我不敢说，但我相信，我一定能表现出的更多。

“呵呵，大师不要着急(老夫确实很急)。咱们慢慢地讲”逸飞一副轻松地样子，慢悠悠地说道，“大师，其实加仓的方法说白了，一共就三种。一种是递增加码法，一种是递减加码法，最后一种就是平均加码法。这三种方法各有使用之处，但也可以说是万变不离其宗。咱们先来看递减加码法。像股市里就很常用这种方法，股市里在不可以融资的条件下，使用百分百的保证金交易。这个时候，你的资金总量是有数目的，也就是说如果你不卖出一部分股票，你根本就没有新的资金。而虽然市场里的钱你是获利了，但那只是账面获利，你不卖出就没有资金，你能使用的只有自有资金，当你开始建仓之后，行情开始按你的预期发展下去。这样，你就可以开始进行加仓了。而由于成本越低，获利越高的道理，所以在行情确定发展的时候，就可以再开40%的仓位。这个时候你就拥有了70%的仓位。等行情发展的中期，你最多也就可以将剩下的资金慢慢入场。这样就可以保证比较高的收益了。”

“了解。”我简单地答应道，“下一项。”

“下一项，就是递增加码法，这个方法适合用在有保证金的交易中，最好是有杠杆比例的那种。这之中有个不同，就是像外汇这种交易。这个时候，你账面的获利可以为你增加融资。也就是说，就算你不兑现获利，也可以获得更多的钱，这个时候，虽然你也是按照一定安全的比例入市，但你相对于原来的资金来说就是逐渐增加的了。

“这种加仓的方法也使用在股票市场中，但如果没有保证金的杠杆效应，用起来效果就不会理想了。要知道，如果递增加仓，首先你得有仓可加，也就是你以前建仓的时候就留有充足的后备。那还不如一开始就逐渐加仓，这样成本也低。但如果行情已经发展一段时间，一个简单的回调也不是没有可能，这样就会出现递增加仓加的是更高的风险，从而减少收益的情况。当然这不是说不能用。假设这样一种情况。大师，你是一个机构，你就可以用你已经赚钱的股票去融资。用已经赚钱的股票作为抵押物，从别人那里借钱。这样借来的新资金入市，就相当于递增加仓了。如果，将来融资融券出来，这种手法也就更加常见了。”

“了解，继续。”我接道，“就剩下平均加仓法了吧。”

“嗯，这种手法的典型使用是在股票或基金市场。其实它有一个更好的名字，叫作‘定投’，即‘定额投资’。原理是这样的，股票市场总是在波动之中，但不是上就是下，如果价格偏低，那么你就能买到更多的股票，如果价格涨了，那你买到的份额虽然少了，但你原来的却也赚了。这就是著名的定投原理。巴菲特和彼得林奇都十分推崇这种方法，所以这更多的是作为一种理财方法。如果长期坚持，像是20年，结果往往出奇的好。但具体用在交易操作中却还不好说，只能说介于递增和递减之间。这样做保证金似乎也失去了意义。只是在建仓的时候将资金简单的分成5到6份，便于操作罢了。

“以上就是加仓的方法了。但是加仓的原则和建仓是一样的，因为加仓从本质上来说，就是另一个建仓行为。只有当值得加仓，或者到了加仓的好位置才可以加仓。要将加仓步骤单独的作为战术来考虑，当然要和整体的战略相配合。绝对不要因为你持有这个股票，就加仓它。你同样可以最初买入股票A，但是未来在A获利的基础上买入股票B。这也叫加仓，因为你的持仓比例增加了。这样你也就可以更好的理解了加仓的意义了。上一个交易可以影响下一个交易，但不应该成为下一个交易的依据。明白了，大师。”

“明，”看来这个白痴很享受指导我的感觉。算了，技不如人就没有话语权，而我俩之中，显然我更弱一些，我无力的说道，“你再继续。”

“大师领悟能力就是快。要知道方法就是方法。每一种方法都有自身的特色，你的任务只是熟悉他们的使用领域，从而发挥方法的长处，如果有错，就一定不是方法的错，而是人使用的失误。将人的错误归于方法，是最无能的表现。好了，讲完了加仓，下一个就是平仓了。说白了就是卖的艺术。要知道这可以说是交易中最难的了。从来就有‘会买的是徒弟，会卖的是师傅’的说法。大师知道这句话吗。”

“嗯，记得当年我刚刚接触股票的时候，就是这个卖的事情，很难学的。不光教的人少，要不就是教的言之不详。”我淡淡地回忆道。

“所以我来给你讲清楚啊，（看来这个小子言下之意就是自己是师傅了。）要知道，交易包括买和卖，这是一切的核心。建仓大多是主动性的，但平仓却大多数是被动性的。在被动性的平仓中，也可以分为：主动性的被动平仓和被动性的被动平仓。主动性的被动平仓往往指的是止盈或止损，被动性的被动平仓就是指强制平仓。如果出现了被动性的被动平仓，也就是强制平仓。这就是说这个交易彻底失败了。不仅没有获利，而且还有不小的损失。主动性的平仓也有，但更多的是感觉交易的结果。例如有人做了一个梦，醒了就平仓了，这不是说这种方法一定错了，但是显然我们能够讨论的更多的还是主动性的被动平仓，也就是止损和止盈。”

“止损这个我们成天讨论，止盈讨论的还是不多的，以前也只是听说而已没有真正的学习使用过，还是重点讨论止盈的方法吧。”我建议道。

“听大师的语气看来大师已经很了解止损了，那大师就来讲讲好了。”逸飞奸笑道，看来我丢人是要丢到家了。

算了，输人不输阵，我强打精神道：“止损对于普通人来说是为了避免更大的损失，但对于交易员来说就是强制交易员修正思路。”

“大师再讲得明确些，止损的具体用法什么的，例如什么情况下使用什么的。”逸飞一脸坏笑的说道，显然看我笑话的意味更浓了。他进一步启发道，“大师，你再讲讲你平时都如何止损什么的。”

“额……止损一般会在一个交易系统里。例如我的系统告诉我现在的行情与我预期

不同的时候，我就会止损出局。平时大家都会使用技术分析来止损，像形态走坏的时候，或是指标表示行情已经进行到了一定的阶段，也可以止损出局。还有就是我平时会使用均线止损，如果到了某一条均线，我一般就会平仓出局了。”我简单地回忆了一下止损的东西。

“嗯。大师讲的已经很优秀了，真不愧是大师，呵呵。（这小子真的变得越来越会说话了。）”逸飞笑道，“但是，现在大师讲的些许的有些凌乱。可以允许我来进行一个简单的梳理吗。”逸飞很绅士的故作深沉地说道。

“算了，胳膊拧不过大腿。”我心中暗自安慰道。看着逸飞我说道，“你想说就说吧。”一边跟他聊天，我一边洗碗说道。

只听逸飞从容的说道：“大师要知道，其实所谓的止损和止盈其实是一回事。止盈就是指已达到了自己的投资目标，而放弃了将来获得更多利润的可能。所以除此之外都是止损。止损，是指停止已经出现的亏损和避免可能出现的亏损。要知道止损，除了当已经出现了损失，为了避免进一步损失而采取的行动，还有一种情况。那就是为了避免已经到手的利润缩水，从而保证胜利果实。所以，如果你所谓的止盈是为了保证胜利果实，那这个时候的止盈就是止损。所以不要因为名称而认为这有什么不同。要明白，你的行动是因目的而定义的，而不是因为定义而行动。

“所以我们之所以说止损是主动性的被动平仓，是因为交易者给自己设定了规则，于是到了条件就必须平仓。从这一点上说,这是被动性的。但止损是交易者自己主动做出的，规则也是交易者自己制定出来的，所以是主动的被动平仓。从这一点上要明确的是，不可以因为这个行为有主动的成分在里面，就任意的改变。要知道止损的规则都是在交易开始前就定好的，而不是交易后才出现的。所以不可以随便的在交易中更改。但是这个行为从根本上讲却是被动的，因为如果达到条件就一定要平仓，根本就没有可考虑的余地。这就是被动平仓的根本含义。这是我们在讨论止损之前一定要明白的。

“刚才大师已经讲了止损的意义。但是还不全面。可以把止损比喻成保险丝，它也许会多次断掉，也许有时根本没有危险，但只要它阻止了一次危险，那止损就有它的意义。不可以轻易改变止损规则，这就好像你不能和保险丝讨论让它改变使用条件一样。主动的止损是唯一可以保证你不会出现100%亏损情况的工具。如果是保证金交易，止损就更是不可或缺的。不然一旦出现了真正的被动性平仓，也就是强制性平仓。那个时候你才能真正理解什么是辛辛苦苦爬到帝国大厦的顶端，然后纵身一跃了。现在大师理解什么是止损了吗？”

“嗯，有些。止损就是指或是为了避免进一步损失，或是为了保住现有获利而采取的行动。这是在交易开始之前就预设好的，要强制执行的行为。”我简单地总结道。

逸飞看着我，吃惊地睁着眼睛道：“大师就是大师，大师简直是天才中的天才。”

我舒心的笑道：“呵呵，你也不是一无是处，起码你能看出真相。我隐藏的这么深，你都看出来了，呵呵。”

逸飞接着说道：“那是，怎么说我也是大学生啊，呵呵。好了，既然大师已经明白了什么是止损，下面我们再来谈止损的手法。止损的方法很多，但真的归结起来无外乎三个方面，要么是从交易者自身的承受能力出发，于是便有了固定止损法，要么从价格变化出发，于是有了技术止损法，要么从标的物角度出发，于是有了基本面止损法。”

“不会吧，这么复杂。”我吃惊道，光听听就知道这些大的方面肯定还有许多细分。“我一直还以为就我学习的那些就够了。”

“的确够了，其实这些方法很多大师你是知道的，只是没有进行细分罢了。将市场的元素进行分离，然后进行考虑是学习的真正方法。下面我就简单地给你讲讲这些方面的各种方法。”逸飞侃侃而谈道。“首先我们看固定止损法，这种方法是资深交易者才会使用的方法。因为其中包含了很深的技术分析的成分。在建仓的时候就已经看到现在是建仓的机会。所以，行情超出预期应该在一定的范围内，而超出太多就是自己错了，需要重新认识。于是有的人就选用固定比例法，例如当他买入后行情反方向发展超过了10%，他就会平仓等待。这种方法一定是根据不同市场而定的。还有会使用固定价格法，例如当买入后价格破了某一个价位他就平仓出局，这种方法的好处是，操盘的主力往往是技术分析的高手，如果采用固定的价格，就可以避免中圈套出局。这种方法结合交易者自身的承受能力，可以很好的控制自身的风险。如果要将损失一定限制在某个范围之中，这个方法就很优秀了。”

“嗯，固定一定的比例。这个我听人常用的。”我思考道，“但我平时一般很少使用，总感觉这样好像很容易就止损了。”

逸飞笑道：“所以这个方法要求交易者本身就有一定的经验。例如买就买在不可再跌之处，或是买在迅速上升之时。这样才能保证不会是逆势建仓，从而减少损失啊。下面再来看技术止损。这种止损一定是根据趋势来的。只有真正能够认定趋势已经改变了，才会使用止损出局。不然就要一直坚定持有，只有这样才能扩大获利。技术是测定趋势的。所以所有的分析手段都可以成为止损的依据。尤其是建仓时使用的技术手段，就是止损出局时的主要参照标准。这样大体可以分为几种。首先就是趋势线止损，例如当行情破了长期趋势线，表示行情有变，就可以出局了。这样还有一条特殊的趋势线，就是均线。因为均线又叫作移动的趋势线。所以如果分析认为哪一条均线代表了行情发展转折的信号，可以在破了均线的同时出局。其次，可以采用指标止损。每个指标都有自己的使用范围。因为指标就是价格的再翻译。所以，当某个指标表示在其使用区间中行情已经有所转变，就可以出局了。像很多人发明了以指标作为交易主体的交易系统。如果指标出现共振或其他表示系统不再工作的时候所采用的止损。这就是指标止损了。但这里有一问题。就是系统建仓与平仓的时候有什么要注意的，大师。”

“恩……就是前后要一致的问题。就是不可以用一个指标建仓，然后任意的修改自己

出局的信号。如果用均线入场，就应使用均线相关的东西出局，而不是看其他的东西修改自己的判断标准。”我简单的说道，这个问题以前就重点强调过，回答不难。

“不错，”逸飞接道，“所以这是使用指标应该注意的问题。再来就是技术止损的最后一种方法了。就是时间止损。”

“还有时间止损？时间怎么止损。”我吃惊的问道。

“呵呵，不错。”逸飞笑道，“大师，一个行情的收发是有一定的规律的。除了涨跌的空间规律外，还有一个时间规律，我们一般将其称之为周期。你还记得我给你讲星线（一种K线形态）的时候曾经说过，为什么三星表示有跌的可能，而两星则表示可能行情会继续吗？”

“因为两星代表行情在短暂的停顿后就会继续运动，而三星则表示相应比较长的时间周期的停顿。所以会表示行情可能变向。”我回忆道。

“大师记性不错。”逸飞称赞道，“这样，大师。之所以这样说，就是因为一个行情如果错过了他应该发展的时间，就表示他可能正在进入一个新的循环周期。于是如果在建仓后发现，预定的时间周期内，行情没有如同预期的发展，这就表示预期可能是错的。当然这要看各个市场的不同。例如A股可以用20作为一个小周期，这样一个月的交易日。而外汇可以在小时图上选13根K线。这样来计算周期。总之这是根据市场的不同而定的，需要观察总结才能发现的。但这也是一种止损的方法。大师明白了吗。”

“恩，懂了。记得听说过有的交易员就看13根K线的行情。超出就平仓。现在我理解了，就是周期的不同判断而已。”这个说法我真的听过，只是以前没有听懂，现在终于懂了。

“好，那接下来我就给大师讲讲最后一种止损的方法，就是基本面止损。”逸飞讲道，“但这个方法你首先得具备分析基本面的能力。可是别忘了，《期货交易技术》中约翰墨菲重点指出的就是，基于基本面的判断通常是错误的。所以要使用这个方法，除非大师你有内幕消息，或者你真的能看懂宏观经济才有办法试试。例如你上街看到卖报纸的都开始炒股了，你就知道大盘快到顶了。再例如你买了一个公司的股票，可是公司的产品你在市场上根本看不到，而公司的财报还是很好，你就要小心被骗等等。这些从生活中发现真相的方法，都可以是止损的方法。但这不是说如果一个公司财报不好，就表示这个时候你要止损了。要知道消息这种东西往往太过于主观，不要通过消息交易，这是我一直跟你强调的。”

“恩，知道。那这样止损的方法就算全了吧。”我问道。

“嗯，全了。”逸飞肯定的答道。“但这不表示你就会止损了。明白了止损的重要性，你就可以从我以上所说的方面来设计自己的止损了。如果刚刚开始，可以使用技术止损，还可以具体到技术止损中的根据趋势线来止损。等慢慢熟悉市场的波动之后，更加理解自己的承受能力后，就可以开始使用固定止损法了。当然在学习这些东西的时候，还要注意的就是在生活中发现事实的真相，而不是从消息中希望得到机会。这样就算是了解止损的使用方法了。最后，还有一个要介绍的就是止盈。”

“止盈不是很止损一样吗？”我问道。“我记得，不是说避免利润的缩水不就是一种止盈吗。”

“不一样，其实有一种才是真正的止盈，那就是你在行情发展的开始就设定了目标，只要达到了目标就收手。甚至放弃可能出现的明确的机会。这要求交易者有非常明确的目标和胆识。例如在赌场里，交易者知道这是一个长期注定失败的游戏，于是规定赚了500万就收手。但是更多的时候往往是赚了500万会想接下来的2000万。于是失败就此开始了。所以真正的止盈，需要的不是技术，而是勇气。除此之外的保存利润的方法都是止损，这只要参照止损的方法就可以了。”

“嗯，这也是不是说平仓的环节就讲完了呢。”我试探地问道。

“当然不是，大师。还有一个要涉及的话题，那就是减仓。”逸飞接着说道，“当平仓来临时，由于不好做判断是否需要全部出局，于是就会采用减仓的方式。这个时候的主要目的不是出局，而是将可能出现的损失控制在自己可以承受或是接受的范围之中。从根本上说，这是一种平仓行为。因为只有认为改变来临，才会选择这个方法。所以可能是主动的平仓，也可能是被动的平仓，这要看自己具体的规则设置。但方法上来说和加仓是一样的。可以是递减减仓，也可是递加减仓。这两个方法的不同在于，递减减仓一开始就平掉了比较大的仓位。所以如果真的行情改变，这样可以保证更多的利润。而递加减仓则一开始只平掉比例相对较小的仓位，这样慢慢地控制风险。如果将来行情没有转向，而是继续发展，则可以保证更多的获利。所以要根据你判断的肯定程度而调整方法的使用。现在咱们已经讲过了什么是主动性平仓，也就是自己一有感觉就平仓的方法。还有就是被动性平仓，一种情况是止损，一种情况是止盈，还有一种情况就是彻底的被动性平仓，也就是强制性平仓，也就是爆仓。我们还讲了，阶段性平仓的方法，也就是减仓的方法。这样就算是简单的讲完了平仓了。”

“嗯，有点晕。”我说道，“听起来不是很难，但是用起来又如何呢。好像很难吧。”

“那是，”逸飞强调道，“大师，别忘了，会卖的才是师父。所以卖出，也就是平仓，是一种艺术，甚至是存亡的关键。就连索罗斯也会懊悔过早的丢失了自己的头寸。但是我们讲的却是所有平仓方法中不变的规则。有了这个规则，你再去自己设定自己的平仓细则就会明白很多。而不像原来那样凭感觉平仓了，或是爆仓的一塌糊涂了。建仓要有理有据，平仓也要做到明明白白。最好是获利的止损出局，而不是其他的出局方式。”

“嗯，理解了。但我也许会更多的使用彻底平仓，而不会使用阶段性平仓的技巧吧。”我感叹道。

“这没问题，这要根据自己情况而定的。只有当你到了阶段平仓所要求的条件的时候，你才会使用这种方法。所以不要着急，慢慢来。”逸飞安慰我道，“最后就要记住空仓的原则和方法。大师，还记得我之前跟你说的四句口诀吗。”

“嗯，在建仓的时候要徐如林，缓慢的进行，而加仓的时候就要侵略如火，顺势上攻，平仓的时候要疾如风，果断清晰。最后空仓的时候，就要保证做到不动如山。”我答道。

“哇，大师总是给人不尽的惊喜，呵呵。”逸飞笑道，“不错，最后的空仓其实没有什么可以讲得，就是要安稳的犹如山岳一般就好了。这个时候不论你是刚刚获胜归来，还是刚刚九死一生。反正你已经不可以在进行交易了。就算有再百分百肯定的事情，也不可以在进入市场。原因很简单，市场是死的，你是活得。市场可以不休息，你不可以。要知道，如果一个团队运作一次交易成功之后，迎来的就是马上解散的命运。再一次的合作，往往要等半年或是数年之后，而更多的也许就是再也没有机会携手了。专业的团队尚且如此，何况个人呢。所以我往往会选择出去旅游，如果像外汇这样的市场，我就会选择一天开始休息。有的时候我可以 5 天不下一单，只是安静的休息。反正跟自己没有关系。因为人们空仓才能真正的开始新的思考。如果没有这个缓冲，立刻开始新的交易，用的可能就是老的思想。这个时候亏损的可能就极大了。所以频繁交易，往往就是失败的开始。在应该交易的时候交易，在应该休息的时候休息。只有这样真正的做到空仓时不被外物所动，做到稳如山岳，那就是真的保护住了自己的资金。”

“在应该交易的时候交易，在应该休息的时候休息。”我喃喃地重复道，“只活在当下，这还真的是使身心清净的最好方法了。但是真的能忍住吗？”

“所以才说难啊。许多人都是没有办法享受空仓的快乐，最后满仓被套牢了。”逸飞接道，“其实要赚钱，首先要做到的就是不赔钱。因为赔钱在于自己的冲动，而赚钱在于市场的错误。《孙子兵法》中曾经说过，‘先为己之不可胜，以待敌之可胜。不可胜在己，可胜在敌。’所以能控制自己，就是获利的第一步。其实我们讲了这么半天的资金管理，讲的更多的就是人的控制。资金管理就是对于交易数量的控制。这其中涉及到保证金的使用。要知道有了保证金，就有了爆仓的基础。但同时如果利用得当，保证金也是快速制胜的工具。工具的使用就在于人的正确理解。现在你懂得什么是资金管理了吗。”

“若有若无吧，这样资金管理就是从建仓开始就设置出一切的可能，包括对于现阶段行情的判断，入场的比例，将来行情可能发展的情况等等，并由此设计加仓的细节。当然还要一开始就设计好止损，也就是出局的条件。这样说来交易岂不是全都计划好了，从一开始。”我疑惑地问道。

“当然了，要不你以为交易多随意呢。所以从今天开始，你就已经学完了交易当中的全部知识了。从交易的角度来讲，已经没有什么可以学习的了。你已经学习了交易时机的选择，交易数量的把握，剩下的就是交易品种了。只是这个是根据不同市场而决定的，只有你了解了交易品种的特性，你就可以马上进行交易了。只要你知道交易品种的历史波动，你就可以选择相对明确的交易时机了。理解市场是否允许保证金以及保证金的比例，你就可以控制资金数量。明确交易佣金等交易成本，你就可以设计出合适自己风格的交易手法。反正交易的其他两个方面原则就是这些，剩下的就是根据不同市场和品种进行微调了。”逸飞肯定地说道。

“呵呵，那老夫岂不是出师了。”我兴奋地叫道。

逸飞瞥了一眼我，淡淡地说道：“想出师，还早得很。你只是知道这些，但你还没有学会怎么用这些东西。从今天开始，你再交易就可以写交易计划了。”

14.10.6 修行

“不会吧，我还要写交易计划。”听到交易计划这几个字，我脑袋当时就是一疼，“可是我看周老师写了很多了，交易日志什么的。但貌似帮助并不大啊。”我争辩道。

“你不写，就不知道怎么使用。教了你这么久，就是等今天。教完你资金管理，你也才开始学会如何写交易日志。不然你写出来的，最多也就是一团乱麻。你们小周写的那些东西之所以帮助不大，那是因为他当年学的时候就没学明白。于是写的就是日志。以后你要写的计划要复杂的多。”逸飞冷冷地说道。

“飞哥，有没有点提示什么的”我用期盼的目光看着逸飞，人在屋檐下不得不低头，看来为今之计还是虚与委蛇来的划算。

逸飞显然理解我的意思，“呵呵，好吧，既然大师这样……那我就小小的讲讲。交易计划首先要有日期吧，这样你以后回顾方便很多。然后交易计划要有市场和品种吧。最好简单定义下这个品种的特性。你有没有交易系统呢？没有就要马上开始着手开发一个自己的出来吧。这样你就不能避免要记入你每次建仓的仓位问题了吧。但这个时候你还没有建仓，因为你还没写行情可能判断失误所能接受的止损额度。好了现在你已经想到了这些，下面就要写下将来行情可能发展成的几种情况。例如是否市场中可以使用保证金，以及保证金的比例。于是你要计划加仓的不同策略。这之后你还要关心交易佣金的问题，你不要小看这个问题，不同市场这个问题的重要性就不同。例如外汇公司的佣金一般是3个点，如果你开0.1手，就意味着你3美元的亏损，如果你一单只赚25美金，你看看佣金占了多少交易成本。所以在交易之前，就要明确佣金对于你的影响。有时候甚至会影响你的交易手法。当加仓也设计好了，这个时候就剩下平仓策略了。可以是一个简单的移动止损。这样一个计划基本就全了。看看是不是以前所学的全用上了。”逸飞笑呵呵地看着我说道。

我目光有些呆滞：“您能告诉我，我之前学的有哪些是没有用到吗？”

逸飞装着努力思考的样子说道：“似乎没了，呵呵。还好大师学得用心，要不想要综合使用还是有一定难度的，不过这些难度对于大师又算得了什么呢。我们大师可是天才啊，呵呵。”

“……”我自我安慰道，同时一种无力感涌上心头。

……

晚上的豆角炖的不错，淡淡的有些发甜，看来如果我将来算命没有名气，股票再度受挫，人生和事业都到了低谷的时候，当厨子真的可能成为一条出路。简单地收拾下了桌子，歇息了一下养了些精神。今天，听逸飞讲了一天，晚饭后我又收到了写交易计划的感召，想到我将来还要练习手绘K线图，想想就感到乏力。拽上逸飞，安安稳稳的出去散散步，消化消化今天囤积的过多的“营养”。

江边也就是刚刚入夜，风也不是很冷，也算是开春了，能冷到那里。可是不深的傍晚，天上的星星却显得分外的明亮。趁着宁静的夜，分外的使人冷静。我和逸飞走在公园里，远处依稀的路灯装扮着公园宽大的道路。地上的雪已经化了，走在上面也没留什么奇怪的感觉。

逸飞还是习惯性地慢慢踱步，点了一根香烟，淡淡的吸着。我则左顾右盼地注视着夜里身边的一切，观察不同的角度，使得树影发生不同的变化。

“大师，今天我算是把交易该教的都教完了，剩下的要看你了。”逸飞吸了口烟，故作深沉地说道。真没想到，才这把年纪就玩深沉。呵呵，看来他真把我当年轻人了。

没有回答他的问题，我反而问了他一个问题：“飞，你知道以前一个剃头的师父要多少年出徒吗？”

逸飞一愣，显然他没想到我会问这样高难度的问题。

趁着他一走神的空当，我自问自答道：“七年。”

“什么！一个剃头要学七年！”逸飞吃惊道，显然他已经被我的话题吸引了。

“呵呵，不错。虽然现在一个美发店的小弟儿学两天就出来了，但是以前一个剃头的学徒要七年才能出徒。”我淡淡地说道，“就拿我学的术数来说，你认为几年能出徒呢？”

“这……不好说，不是说要天分的吗。好像不是谁想学就学的，有天分的学的要快些吧。”逸飞答道，

“呵呵，现在易学界比较出名的是邵伟华先生，但人们都只注意到他现在的名气，可是对于他闭门几年读书的事情却知道的不多。再来刘大钧也是很出名的人，他是山东大学的教授，他著名的地方就是在于周易的了解。可是大家都不知道他在文革的时候，顶住压力，每天就是背诵《周易》。这本书他从小他祖父就教他，可是文革他还是背了十年的书。”想到这些曾经听说的故事，真的有如眼见一般，我继续说道，“就拿你比较喜欢的风水来说吧，这个东西要想学的小有所通。首先要背一年的口诀吧，这个要求不算高吧，起码要先把古代的一些典籍看一遍吧。一年读懂个两部不算少吧。”

“那种东西很难吗？”逸飞问道。

“那倒不是，只是其中很多东西有密码，不琢磨是不懂的。再来就是其中很多是要背诵下来的，也就是烂熟于胸。”我解释道，“一年过了之后，总算背了一本书，但这个并不是风水，因为风水是实地的活儿。于是第二年就要实地考察。例如龙、脉、沙、穴、水你得亲眼看看、尝尝吧。算了，和你还是说白话吧，风水不光要简单的看山体的走势，你

还要进一步实地考察。例如看一个地方的好坏，你就要亲口尝这个地方的水和泥土是什么味道。还有选定的地方，土质是什么样的，也要亲口尝下。再来就是要感受下当地的风，是否有不合适的氛围。这些没有几年的积累是分别不出的，只有以前背过东西这个时候才可以认识书中的些许道理，这样的积累给个两年不算多吧。这样之后，到了第四年上下就可以看看身边的房子了，也就是简单看看谁家会好一些，谁家会差一些，只有当自己真的预测和现实差的不远的时候，这个时候也是不敢轻易说的。这还是快的。如果有老师的话要更晚一些。原因很简单，跟老师学速度是快很多，少有弯路。但是师傅更怕学生傲慢成性。要知道，这些知识，使用不当，就是人命关天的大事。所以只有真正看到学生有能力驾驭这些东西的时候才会让他开始出去。这之前的学习时间，都是按年计算的。呵呵，怎么样，厉害吧。”

“嗯，大师不会夸张吧，你好像很快就出来了。”逸飞接道。

“呵呵，所以我根本就不会风水之术啊。”我笑道，“我老师可没有什么时间跟我慢慢磨。他只是简单的告诉我一些风水上的禁忌。就是说无论如何也不可动的几个情况，然后就是结束了。”

“不会吧，你老师这样啊。”逸飞问道。

“呵呵，其实说白了，我和老师学的东西真的很有限。要知道总共就一年左右的时间。为了在最短的时间内学会这些，我每天就是背口诀，当刚学完八字的排法之后，师父就留下作业要每天简要批改 20 个八字。哥哥，那可是 20 个，每个没有几十分钟根本就看不出个什么。就这样慢慢的训练，然后分析，训练，再分析。如果完不成作业就根本没有下一课。看到我现在用的草纸了吗，很多就是那个时候留下的。等后来学习六爻的时候就更是了。每天就是口诀。根本没什么可以讲解的。然后就是装卦。就这样一年就学了这点儿东西。所以我跟老师学的东西虽然不多，但入门是老师领的。如果没有他带着，说实话至今连看书都很难看懂的。跟老师学习东西的时候，不想学随时可以走。老师不会留你。你知道要学习就要拜老师，可你知道拜老师多苦。家里要备好礼品，还要看老师有没有意愿，多去几次，表达诚意。这个时候不可以耍小聪明，要知道如果你的老师连你都看不透，那你拜他当老师也就是浪费时间了。老师看透了你的个性，觉得可以接这个学生，才会有所表示。怎么样，听到我这样讲觉得有些难吧。”

“还好吧，大师。但这也不算是太难啊。”逸飞犹豫地说道，“如果和只身在外地奋斗的比起来，这个只能算上一般吧。”

“恩，确实。如果和这样的比起来，也就真的不算什么了。飞，你知道我为什么很少争辩吗。我给你讲讲拜老师的故事吧。在古代要想找老师学本事，首先就要选择一个老师。这个老师是你的引路人，说白了就是你的‘重生之父母，再造之爹娘’。于是你要彻底服从你的上师，每天服侍老师，给老师做饭，烧水洗脸，种菜。可以说既是菜农，又是厨师，还有学习木匠活修补家具，还要学习针线，给老师缝补，反正除了不像个学生，什么都像了。

这样跟老师混了3—5年老师开始熟悉你的品性了，也才开始教你。当然如果你真的没有缘分，老师也会告诉你，当然也会教给你合适你的方法作为告别。跟老师学习，就是要听老师的话，所有老师讲的就要全盘接收，不能有半点儿含糊，这就是学习。所以我从来不会和你争辩什么东西，反正你说什么就是什么。可以毫不犹豫地说，我比你还相信你说的那些呢。”

“怪不得大师态度这样好。”逸飞感叹道。

“你敢态度不好吗，现在人们的态度，面对‘能人’往往要求其展露一手。如果不能，就认为人家是假的。但你不想想为什么要去让别人相信你呢。要知道，本事是自身的，他不会因为别人相信就多了一些，别人不相信就少了一些。本事是自己的，何必与人炫耀。你真的认为那些有本事的人会跑出来没事瞎喊我要‘白日飞升’了吗？估计能这样喊的，应该也不会轻易的被放出来。中国有句古话：‘善查隐匿者不详’。就是说如果什么秘密都知道的人，他的日子也就到了尽头了。树因成材被伐，鹅因无卵而亡，这样的道理是很深沉的。要知道过多的本事带来的往往不是什么福气，而更可能是无边的麻烦。既然已经知道这样的结果，你认为还会有人没事张扬吗！事实上，很多时候学习的机会只有一次，我找老师，先要父母开始送礼品，然后就安心诚意的跟老师学习，如果没有达到标准，根本就没有下一课。如果今后我要出外参访，你认为我跑到名山大川，看到修行的人就喊，‘你给老夫显现一手，老夫就跟你混’，你认为结果会是如何？估计我也就到尽头了，呵呵。正是明白这些道理，所以我从来不争辩。老师看好了就安心的跟随，因为机会只有一次，真正的高人是不会一而再的给人机会的。真正能学习的机会太少了。有就要珍重。”

听到我这样的解释，逸飞显得兴奋好多，他笑道，“看来以后我教你东西要抬高身价了，哈哈哈。”

我冷冷地挤出几个字：“你敢，老夫灭了你。”

“大师不要动气，你瞧瞧，一说话就认真，不过我也够可怜的了，一天天被你看得死死的。”

“别瞎说，呵呵。本来嘛，知识就是给值得托付的人，你还记得西游记的故事吗。给唐僧经书时，有小弟要收受贿赂，如来佛祖知道却不怪罪。先前不给钱所以给了无字的经书，然后如来出面，收了礼金才给了有字的经书。你知道原因吗。”

“曰。”逸飞简短地说道（靠这小子学的真快）。

“其实佛法本来就没有文字，所以经书就没文字了，你看自然天道，哪里给了明确的文字说明了。所谓的文字就是人类自己能够把握的理解。所以这个社会被称为‘文明’。当时就是这样，所以无字的经书才是真经，但后来如来却收钱才给了有字的书。有字的本来就不是正法了，但是也有正法的影子。而如果白白的给世人，世人就不会去珍惜。你知道的，‘容易的往往不珍惜，珍惜的往往不容易’。所以这些传人方法的人就会想尽各种办法来刁难别人。目的只有一个，就是为了更好的传法。你知道吗？西藏的密宗就是这样。

一个简单的法门随便开示一下就要十几万。这不是难为你，如果你身上只有10快，你都给他，他也会传的。因为这个法门就是‘信心’，只有有‘信心’，坚定地信心才能学习这个法门，相信这个方法，才能有所成就。不然你有百万只给十万，觉得来的简单而不珍惜，与其浪费时间，不如大家没事歇息会儿。”

“大师，你真厉害！”

“何出此言？”忽然我看到逸飞的眼中满是崇敬，“呵呵，别这样崇拜的看我，我只不过多看了些书罢了，呵呵。”

“你说出了一切理论的核心啊，那就是学习者的信心，忠实的学习，运用。”

我接着说道：“恩，确实是这样的。要知道良师难遇，善法难求。如果连最基本的尊师重道都做不到，这样的人谁会教导。真正学没学到自己慢慢体会，反正本事在自己身上，没必要非得把谁批得无可辩驳才算胜利。老师很重要，没有老师的指导，成功又何谈容易。现实中，我们常常看到很多人，大道理一套接着一套的，可是一到细节就支支吾吾，言之不详。这种人和废物真的没什么两样。我可以指着哈尔滨的任何一条街道说这条道可以通到北京，事实上我说的是对的，只要七拐八拐的上了省道再上国道，就一定能到。我甚至可以说这条道可以直通罗马，这也没错。但是真正的从路上走过去，却又是另一个问题了。所以，光知道这样或那样的大道理是没有用的，如何践行它，这才是关键，这些问题的解决都要明师的指导。”

“大师真是尊师重道啊。”逸飞看我说得很激动，迎合一下。

“就是这样，但这样的老师出现往往又是可与不可求的。这些年的学习使我认识到一个事实，那就是这个世界上，没有巧合。一切事情都可以归结出一个目的和结果。而他们又往往是你期待的。当你见到你的老师，你就知道是他，当你和他相遇的时候，当你向他走去，你的步伐就会轻快，当你离开的时候，你的步伐就会沉重。你知道你的上师，同时他也知道你。这种感觉很奇妙，但我可以说很多次我就是这样鬼使神差的有很多巧遇。这也许是我当年学过成功学的原因吧。反正只要人们保持一定的信仰。真实的全身心的相信一件事，就可以出现一些有趣的结果。这就是信仰的力量。”

“没看出来，大师，你还是一个唯心主义者啊。”逸飞感叹道。

“老夫唯心不是一天两天了。但宝贝，我保证你根本就不知道唯心和唯物到底是什么意思。”我看着他奸笑道，“好了，你说下什么是唯心什么是唯物吧。”

“……算了，你直接说吧。”逸飞笑道，“反正你骗我，我也不一定看得清。”

“这样，唯心和唯物是咱们一直学习的马克思哲学所强调的。现在我们普遍把鬼神什么的等超自然的力量放在唯心的范畴里。于是大家对于唯心一听就认为是神话一类的。这样，我先不说这些，我先给你讲讲中国古代的唯心唯物思想到底是什么样子的吧。中国古代先秦时期一直强调世界是唯物的，原因很简单，因为咱们一直认为‘天一生水’，或者是‘道生一，一生二，二生三，三生万物。’等等。这些说法，其实质上是说一回事。就

是世界是由物质所客观组成的，然后按照各自的规律发展，相互交融，形成了纷繁复杂的大千世界，这是我们一直就知道的事实。所以说，咱们古人其实是最唯物的了。呵呵，现在一谈思想就说咱们经常唯心什么的，可以说是忘记了咱们的根本。”

“那大师，按你所说，那中国岂不是没有唯心的了吗？可是像算卦，相面，鬼神什么的不是唯心吗。”逸飞思考着问了这样的问题。

我笑道："呵呵，我上次不就给你解释过什么是算命吗。算命不过就是分析人的自身特性和环境以及自身思想行动，所可能产生的结果的方式。这里面有什么难以理解的吗？所谓的‘唯心’是指，以自己的主观来看待事物，你看看咱们的分析之中，哪里有什么主观的成分呢。至于鬼神，这样，我们首先假设这种东西真的存在，如果他们按照自己的规律在发展运行。如果将它作为客观存在的话，又哪里有臆测的成分呢。其实你刚才讲的根本不是唯心和唯物的根本区别。我接着给你讲中国的唯心思想到底是怎么个唯心法吧。唯心和唯物真正成为人们争论大约是在宋代。那个时候，一个学者朱熹把古代一个叫做《大学》的文章，专门抽了出来，作为一部书来强调。同时也把《中庸》独立地作为一部书，以和《论语》、《孟子》并列起来。后人把这并成为四书。其中《大学》主要就是讨论人如何能够成为真正的‘人’这个话题的。”

“人真正为‘人’。”逸飞问道。

“不错，就是说，人现在之所以成为‘人’，不是因为你身体发育成熟，有人的相貌你就是人了。而要你的品行能够与‘人’所应该具备的德行相符。只有这样你才能是道德的人。之所以这样说，原因很简单，因为人与动物不同。《大学》说白了就是‘大人之学’。顺便说一句，中国古代还有本书叫《小学》，那本书就是教人识字的。所以现在我们听到大学、小学就想到学校，却根本不知道这些东西名称的由来，这就是无知。好了接着讲‘大人之学’。大人之学就是讲人能成为‘大人’即真正的人的学问。其中强调有‘致知在格物’这句。这就强调人如果想要成为真正的君子，根本点在于先认识客观的事物。由此才可以使自己的内心端正，意志坚定。从而协调好身边的人和社会。看起来和今天我们学习科学知识报效祖国是不是很像。”

逸飞笑了笑，点点头："这么说我们的教育竟然一直是跟着先人的理念啊。呵呵，以前还以为咱们要超过古代很多呢。"

我叹了口气接着说到："可以毫不夸张的说，在认识上我们不如古代的太多了，以后再跟你细细的谈吧。只说一样，中国古代每个读书人都会医术，同时也会骑马，说白了就是今天的开车。你看今天哪个学生中学毕业会这些。好了，接着讲唯心的事情，但是后来人们实践中发现这样真的能够成为道德的人吗？发现有很多人，事物是认识的很清楚，但连最基本的道德都忘记的。于是跟朱熹同时代的陆九渊就强调，人们能够在生活中实现真正的‘人’的途径不在于外物的思考，而在于对自己内心的认知。到了后来王阳明就更是强调这一点，他们强调人们的‘心’中，本来一切的道德都已经具备了，只不过被外物影响，通过后天自私贪婪等种种侵袭，终于被遮蔽了。于是实现道德的途径不在于外物的追索，而在于内心的回归。他们管这个回归的努力过程叫‘做功夫’。这个思考发展下去，他们更提出了‘心外无物’的思想。这就是被现代人使劲批判的唯心主义了。”

“啊。原来这才是唯心啊，就是说人们认为自己的心创造力世界呗，呵呵。”逸飞似乎明白了一样。

看着这个浅薄的白痴，我继续道：“哥哥，我冒昧的问一句，你认为人好骗吗？”

“很难说吧，因人而异。”逸飞回答道。

“算了，我直接给你讲吧。”我无力和他争论，“要知道，在古代乃至于现代，思考这些问题的人，没有几个不是智商超群的。他们受过的专业训练简直到了分辨真假根本就不用过大脑的程度。连你都唬不住的理论，能骗得了人家吗。现在一些白痴动不动就说什么，古代的思想没有亮点。要知道，王阳明在讲学的时候，听他讲道理的人没有不受感染的。要么对于以往的生活痛哭流涕，要么自责的汗流浃背。看看当今中国学术界，哪个人能做到这一点。所以不要小看他的思想。我现在就给你具体开示他的世界，你要仔细思考。王阳明讲到的心外无物是指，一个物体，就好象一朵鲜花，正因为进到了我的心里，它才有意义。如果没有进入我的心中，那它再美，又有什么意义。于是推论出，这些东西如果没有被人感知，那么存在其实也就是不存在了。相反，有些东西，虽然不在现实之中，就好象天上的苍龙，但如果我心中在思考，那它便存在了。是不是很像那句话，‘有的人活着，但他已经死了，有的人死了，但他还是活着’。就是这个道理。其实王阳明这个时候讨论的不是世界到底是否‘存在’的问题，而是现实世界对人到底有多大的束缚。例如到底有没有外星人这个问题，只要我没看到，那他存在对于我来说也跟没有是一样的。因为他对我的生活起不到能主观影响我心智的意义。进一步推论是人类的道德在于自身的觉醒，而不能光强调对于事物的认知上。其实中国古人更加关注的是人类道德能在社会生活中如何的使人们更加和谐相处的这件事情上。王阳明就是强调这个问题的实现，首先要正视自己的内心，不欺骗自己做不道德的事情。因为人们要骗人，首先就是要骗自己。你想想，如果人们认识到自己所做的事不好，然后对自己不欺骗，是不是就不会直接把这个事情做在别人的身上了。王阳明就是强调这一点，从而实现人的道德自律。明白了？”

“恩。要过自己这一关确实……如果人们能够自律，世界就会……”逸飞思考着说道。

“所以，之所以说阳明的学问是‘唯心’，是指他将这个问题角度，放到了‘直指人心’的这个角度上，这和白痴们所说的‘迷信’有什么关系。要知道，心的重要，甚至能将假的变成为真的。例如我们常听的一个故事，一个老人被医生确诊为胃癌，已经晚期了，于是他真的就浑身无力，四肢冰冷，被家人扶着去了大医院去复诊，眼看就是有进气没出气了。可是复诊的结果却是什么病也没有。同样的例子还有很多，例如革命先烈为了新中国而献身，可是你认为他们当时真的亲眼看到了新中国吗？没有，他们只是‘心’中有了这个构想而已，可以毫不客气的说，当时的人谁也不可能想到今天的MP3，笔记本这些东西。所以心外无物，并不是没有什么道理的，反而是大有道理的。因为相信，所以存在。你曾一直跟我强调市场是人们欲望造就的，其实说白了不也是‘心’里所想的吗？那你说咱俩谁更唯心呢？”说到这里我得意的看看了逸飞。

“恩……大师，你说的不错，正是人们的‘心’造成了整个市场。但是今天听大师你一解释，我忽然发现，人们的‘心’不仅创造了股市，更创造了整个经济，整个社会。”逸飞说到这里眼睛放出了光彩。“等将来有时间，我要系统地跟大师讲讲现代经济是什么，大师就能有更多的体悟了。”

“恩，就算你不跟我解释，其实也可以大体了解。因为社会都是深受人类自己的‘心’所影响，那其他也大体相通罢了。你看看我们身边的社会，整个社会很多的伦理体系就是人们认为应该出现，所以才出现的。人们认为如此，结果便真的这样。例如人们认为股票要跌，于是人们便开始卖出，结果卖的多了，就真的跌了。这样反倒加强了人们的信心，于是周而复始，这就是现实。怎么样，这样看起来，你是不是比我更加唯心了，呵呵。”我淡定地说道。

“大师不愧是大师。看待问题就是这样的透彻。”逸飞迎合道。

“呵呵，知道了这些，以后在遇到类似的事情，你就不会简单的说什么唯心唯物了吧。因为无知，所以将事物进行简单地区分。但过去你的很多认识都是来源于别人的定义，而别人之所以这样定义，完全是出于自己的目的。他们这样分别东西就是为了更好的批判。但是如果我们在人云亦云，那欺骗的就是自己了。你认为道教最不靠谱的事情是什么？”

逸飞想了想，答道“画符吧，大师，你说这个符咒东西真的灵验吗？”

“好吧，既然是我让你问的，就给你讲讲吧。”我愉快的说到，“这个问题我其实也思考了很久，因为我是跟我师父简单的学过的。但是我认为他画的不如法，所以我没有传承。所谓的不如法，就是与这个东西应该出现的体系不规范。在跟师傅之前，我就接触过符咒，所以有一定的了解。其实现在所讲的‘符’和‘咒’其实是两个东西，‘符’就是人们画出来的东西，也可以是雕刻的。‘咒语’一般是念诵的。这个东西我只能从自身的角度来讲说很有一点儿的作用。我是见过一些有力的实例的，所以很是相信。我们现在一般看得符一般是道家的符，上面乱哄哄的写了很多字，有认识的有不认识的，还有很多符号。但其实这种东西你看的多了就会发现更多有趣的实例。例如原始宗教的符，像是纳西族他们的符就是一些原始的图画，有小人，刀什么的。还有马来西亚地区的一些僧侣，他们画的符，就是像叙事画一样。西方的符，这一般就是几何图案，他们叫作魔法阵什么的。日本神道教的符看起来就是模仿中国的道家符，上面是汉字。如果说符有一个固定的图案的话，为什么这些如此不同，各具特色的形式都叫符呢？而且这些符都有一个共同的特色，那就是都有效力。而且很多符的作用都是立竿见影的。你说这是为什么？”

“嗯？如果不是符的原因，那就是人了。”逸飞冷静地分析道。

“不错，我后来也是这样总结的，于是我假设了这样的道理。如果符只是一个表象，或是所谓的载体，而真正的重要的是制造这些符的人。只有当这个人有了某种特殊的东西，才会使得他所画的东西拥有不同的力量。如果是这样的话，那只要是这种人，只要他想要达到什么目的，那他就可以通过符来表达。这也就解释了为什么能够画符的一般是修行的人，还有就是为什么符的形式差别如此之大。要知道符所做的就是将某种力量表达出来。这样也就做到了，这个载体和它所代表的力量相符。事实上也是如此的，例如这个符是表达‘风’的相关信息，中国的符就会使用汉字来表示，而原始宗教可能就是图画，或者有的宗教会使用图形，但有一点是根本不变的。那就是这个符号体系一定是画符者本身所能熟知，并且可以把握的。这也就解释清楚了为什么不同的画符者虽然符号不同，但是作用却相似的原因了。这样也就可以解释一个错误，就是例如有的人会说这个体系的符，比那个体系的符灵验，或者东方一定比西方的符好使等等。但是明白这个道理之后我们就明白了，这和体系无关和，也就是符号体系无关，而是和画符的人有关。”

“啊，所以画的符好不好使完全看人了。”逸飞说道。

“应该这样说吧。”我想了想答道。

“那大师不是也可以画了。”逸飞问道。

“宝贝，我们都知道原子弹的原理，E=MC2，这个公式谁都知道，但是你能根据这个公式做出原子弹吗？”我轻松地问道，这个人可真是听过孙悟空，就敢说自己看过《西游记》啊。

“……”逸飞语塞。

“认识原理能够使我们更好的应用工具，但离真正使用起来，可就差了十万八千里呢。法术也是一样，道理都是这样的道理，但是具体的施法方式可就复杂了。我一直说自己不能画符是有原因的。我本身不是玄坛弟子，而道家的符是有体系传承的，只有被允许的人才可以使用。例如中国能够使用道家体系的人，尤其是正一道。对了，你还不知道正一道和全真道的区别吧。简单讲一下，正一道是讲画符驱鬼的，而全真道则是强调修炼身体的。能够画道家符的都是要跟师傅学习的。要老师开坛焚表，跟上天说这个弟子是我们承认的。也就是从这个时刻开始，你所接触的就不再是常人能够理解的事情了。如果不能全盘接受他们的理论，又怎么可能使用他们的力量呢？”我简单地解释道。

“但是不是只要人有一定修为就可以吗？既然符是因人而灵的，那真的需要那样学习吗？”逸飞疑惑地问道。看来他真的是不死心啊。

“的确，我也有这样的疑问。但是你要学习这种力量，如果连门路都没有，你又如何施展呢？作为一个中国人，我比较熟悉的就是道家的画符体系了。可饶是如此，这个体系也是十分复杂的。”我整理下思绪，开始给逸飞介绍道，“像我学习交易一样，你总认为我可能吃不了这样的苦。可是能够掌握超自然的力量，你就认为反倒简单了？要学画符，首先要修炼符功。所谓‘符功’，就是施展画符的功力。每天要跟上天表白自己学这个是

为了救度全世界的人类，然后要将香引自门口。自己在家里进行一套仪式，这个过程要大约一百天左右吧。然后为了使自己力量更大，就要自己修炼自己的身心，方法一般是打坐，默想。这个过程就是以十年为单位的。而且再由于在学习的一开始就强调是为了全人类的幸福，所以画符者很少给自己画符的。说白了，这就是你获得力量所答应放弃的。这是对人的要求。你认为简单吗？”

“嗯……有点儿压力。”逸飞迎合道。

“再来讲符。道家的符，首先讲基本的图案，这些图案，也就是文字，简单来讲就有三千多种，还好你不用全部学会，只要学几种常用的就可以了。可是就这几种，你在真正画之前，也要先联系千遍。直到可以没有阻滞的话出为止。如果配合口诀，就要联系相互配合。符中还有一些符号，就是所说的符头符尾，每种都有不同的作用。到这里都是你可以自学的。但这样，你画的东西也不好使。因为少了最重要的一个东西，这就是许字。”

“许字？”逸飞问道。

“不错，所谓的‘许字’，就是你这个符不是靠你自身的力量，而是要得到上面的神仙许可的。例如今年的值岁星君，大约有六十个星君。他们的许字各不相同，如果没有他们的允许，你的东西也没有力量。而这些东西都是道教的师傅口口相传的。外人根本就不得而知，再有画符的规矩，有些字要叠着写的。这也是秘密。最后画符者要留下自己的名字，证明这个符的力量。一般你会看到红印就是了。所以有些小白痴，认为看两本书就可以照着写了。但他们根本不知道，这些书并不是写给他们看的。不是各中人不明各中事，所以他们根本看不懂。可就算我明白这些，也不代表我可以画这些东西，因为没有得到师傅的传承。但知道这些起码可以防骗。很多骗人的术士，就是利用人们的无知而行骗的。我告诉你这些，起码以后第一，你不会轻视这些东西。第二，不会轻易被别人忽悠。现在街上有很多人卖符，一看却是印刷的，明白了我跟你讲的这些道理，你还会认为那些真的有用吗？”我简单地答道。

“啊，明白了。那这样想要借助这些力量，去哪里找这样的人呢？”逸飞问道。

“其实说实话，你根本找不到。这些人都是可遇不可求得。”我叹了口气，“逸飞，讲句不好听的话吧。你认为怎样才能拥有非人的力量呢？”

“……经过严格的训练。”逸飞说道。

“你还是把修炼看浅了，要想拥有非人的力量，首先就要不是人。也就是放弃普通人所拥有的执着、散漫，而这要付出极大的代价。还记得我跟你讲的‘命运’的知识吧。突破点在于用功，你首先要找到一个真正值得托付的老师，然后就是刻苦的修炼，西藏的密宗，进门就要在一年内磕满三万个大头，你还记得你在五台山那里见过的一步一跪的人吧。就是那样的大头，一年三百多天，你每天要一千个。还有别的训练，日本的和尚修炼就是每天越野长跑，每天三十公里，跑三年，冬夏不变，随身带一把刀子，如果完成不了，就直接死了吧。这是我们知道的修炼，至于我们不知道的还不知道多苦。这就是为了拥有‘非人’的力量所要付出的代价。而这种力量，你一旦拥有了，还不可以跟人炫耀，因为到了那个层次，心中还会在乎别人的看法吗？一入玄门，永无归途。你一旦进去了，再想出来就难了。覆水难收，根本就没法回到原来的状态。所以这些东西千万不可以因为好奇而参与。

“也有些人认为学习这些就可以发财致富。现实他们也看到一些人靠这个富有。我再给你讲个事情吧。例如学道术，要受戒的，有的选择贫戒，有的选择‘破’戒等等。所谓‘破’就是指身边的东西没有一个是完整的，买了新衣服要烫一个孔，买了电视要敲破一个角。但这还是好的，例如选了‘贫’戒，那一生身边都不能留隔夜财的。像香港很多师傅算东西很准的，但穿的破破烂烂的。这些人，你就是今天给他们十万，到了第二天你再看他们，也是一贫如洗。因为人家不会把钱留在身边，得到了就散掉了，或是捐掉。不会留财产过夜的。因为人家当年就选择了本事。所以这些人，你根本就不可以因为外表而分辨。我就是因为清楚的知道这些才会驻足不前的。

“所以我一直跟你说，我无知，所以无所畏，我懦弱，所以无所求。就是这样的道理。”

“那大师你又是如何知道这些的呢？”逸飞不解地问道。“如果你没有入门，这些东西又从何而知，如果已经入门，又怎么出来的呢？”

“因为我会观察，我会思考。”我答道，“大千世界，纷繁复杂。但大多不会超出人的理解能力，你细细的观察所接触到的人和事，慢慢的体悟，自然就有所把握了。如果你有不理解的就从动机开始思考。其实这些孔子早就说过‘听其言，观其行，察其所从由，人焉瘦哉。’意思就是说你要细细的琢磨一个人的言语，不同的言语表现出不同的修养、背景、癖好，同时也可以表现他的兴趣点如何。不要看一个人说的，要看一个人做的。语言往往会掩盖，但想要做的，却一定会有所表现。明明是在争夺，口中却表现得毫无野心。当遇到困惑的时候，就要思考他的动机了，于是知道他是在麻痹对手，使对方放松警惕，从而下手。如果从这几个方面观察，这个人还哪里能够隐藏呢？通过这些，我们可以了解一个人，通过人，可以慢慢的了解事。我虽然没有经历，但却因此而有了一定的理解。”

逸飞愣愣地看着我：“大师，你真可怕。”

“家教如此，其实这些都不是我编的，古人早就写在书里给你看了。但是却没人注意。‘见人只说三分话，未可全托一片心’这都是《增广贤文》里写的，这在古代是作为少儿读物的。”

逸飞吃惊的说：“古代的少儿读物就有这些东西！”

“还有更露骨的，‘富在深山有人理，贫在闹市无人知’这都是古代的儿童启蒙书籍，是从小要背诵的。这在我们来讲叫做常识。所谓常识就是从小就知道的，已经习以为常了。好像现在的于丹热，我记得我见过一个大学老师，她就跟我说，‘于丹太好了，她说的话是我至今为止都没有发现有语病的。’你想想，怎么可能没有语病呢？其实她就是太喜欢于丹所讲的道理了，所以蒙蔽了。其实这些人越喜欢于丹，越觉得她讲得好。这其实

就越说明我们的文化消失的太多了。这本来应该作为常识的东西,竟然还觉得第一次听过。在我看来这些道理，太普通了。因为从小就一直背的。可是我认为于丹也很了不起。像于丹这样的人，我们称为‘善知识’，因为她教导给别人的道理是与人为善，清净身心的。从这一点上来说还是值得尊敬的。但是那些道理，应该都是常识。”

逸飞接道：“但大师，这些东西我们都闻所未闻啊。”

“哥，你不能拿你的无知来怪罪我。我跟你说过，环境和读书可以也决定着一个人的特质。算了,传你两个秘法吧,这样你心里就平衡了,这个可不是常识哦。”我神秘的说道,“你不是经常看电脑时间长了就头闷吗？你可以将嘴闭紧，舌头抵住上腭。用双手掌根将耳朵堵住,然后用其余四指来敲击后脑勺。做个 30 次。每天早晚一次。这个方法古代叫作‘敲天鼓’。记住了？”

看着逸飞正确地做了几次，我打断他说道：“还有，你这两天说经常觉得气闷，你可以每天早上起来之后，找到一个僻静的地方，双手有节奏的拍掌，要用力击掌，同时从丹田用力喊叫，发‘啊’的音。可以配合击掌，每四次喊叫出来，然后停四次，等气恢复后在引丹田气发声。做个半分钟，一分钟就可以了。”

“你让我大早晨瞎叫，吓唬人啊。”逸飞问道。

“你现在试试，看看如何？”我也懒得和他犟嘴。逸飞就试着击掌，叫喊了几声，“发‘啊’。气力要给足，从丹田喷出，直冲胸前、喉部而出。吸气涵养。再次发声。”随着拍掌声，寂静的江边回荡着，啪、啪、啪、啪、“啊”“啊”“啊”“啊”、啪、啪、啪、……大约喊了半分钟。

“如何？”我问道。

逸飞感到很神奇，“神清气爽。”

“怎么样。这就是秘法，立竿见影。”我骄傲地说道。

“太神奇了，大师还知道什么。”逸飞像好奇的孩子一样。“你再给我讲讲。”

“宝贝，这种东西太多了。怎么说呢，在我看来都是常识。你要我教你，怎么教啊。就像思考一样，关于如何能得到感悟启迪什么的其实古人早就给出了方法，这些都是从小就要知道的。”

“感悟，不是事事留心什么的吧。”逸飞问道。

“不是啊,虽然那也是一种。《大学》中,对于得到感悟有一整套步骤的。‘知止而后有定，定而后能安，安而后能虑，虑而后能得。’这个就是思考的一个步骤。”

“听不大明白。”逸飞不耐烦地说道。

算了，自来没打算和这种人能有什么共鸣，我耐心地解释道。“人在动乱烦躁之中是没有办法思考的。所以首先要知道‘停止’。从大方面来讲要知可为与不可为，在小方面来说就是要停止动作。这样之后人才会稳定，也可以说身体不再乱动，定住形态，然后人才会看到安全，身心也就可以放松，安稳。这个时候人才会静静地思虑。所谓‘思虑’

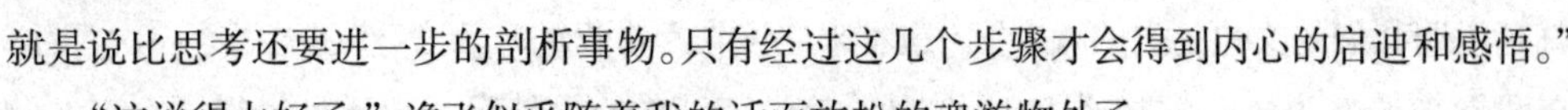

就是说比思考还要进一步的剖析事物。只有经过这几个步骤才会得到内心的启迪和感悟。”

“这说得太好了。”逸飞似乎随着我的话而放松的魂游物外了。

“其实，打坐道理也是一样的。都是在烦躁中寻得安静，在稳定中思虑，最后得到启迪。只有放下才能看得更清晰，只有思虑才会想得更清楚。就是在这份宁静中，得到启迪。”我淡淡的说道。

“大师，我之前还怕你坚持不下来，但如果你有这样的觉悟，那什么你还学不会呢。”逸飞称赞道。

“呵呵，八岁小孩知道的道理，八十岁的未必能做到。所谓的修行，就是动心忍性，真实的相信自己的所学，切实的践行自己的所知，知为行体，行为知端。信就要深信，行就要力行。其实所以事情都是相通的。这也就是用功的关键所在。”

“那好，大师以后就好好的写交易日志吧。”逸飞笑道。

“知道了，谢谢你。”我笑道。既然已经选择了，又哪有退缩的余地，如果连最基本的相信都没有，又哪里来的结果呢。其实修行是往往是一种习惯，一切都是修行的一个方面，一旦懂得了就要真实的践行。只是做过的人是欲罢不能，没做过的却诸多借口。

不觉间，夜已经黑透，明月也高挂当空。斗转星移，万物繁复，其实想想日月真的没有什么特殊，只是安静的规规矩矩的做着自己该做的事。万物也坚定的遵循着自己的规律，正是这个简单的坚持，于是便开始了这个大千世界。

14.11 财　富

14. 11.1 个人的财富

“企业所得税同步下降 21.6%，这不是直接说企业利润比预期要差得多吗。”我愤愤说道，晚上吃完晚饭我和逸飞一起看 CCTV2 的群口相声，却听到了财政部发布的 1 到 2 月财政收入数据。

“你没看个人收入同比增长了 8.1% 吗。”逸飞笑道，“这就是说企业的利润虽然不好但是只要大家有钱，最后需求还是会带动投资的。”

“老夫的收入就一点儿没涨，真不知道他们个人收入怎么算的。”我还是打趣道。

“对了，大师，你什么时候毕业？”逸飞问道。

“今年 6 月吧，再不 7 月。反正领个证儿的事情。”我答道，“怎么？”

“就是说，现在开始又要出现一波就业热潮啊。等你们毕业了，宏观经济数据应该进一步恶化才对。理由就是就业不足，从而带动需求不旺。”逸飞和我猜谜道。

“但是像百分之八点儿的增长还是不错的，毕竟大家都开始有钱了。这样就富了。”我答道。

逸飞坐起身子问道：“大师，你认为财富是什么？”

“财富……知识就是财富。”我简单地套用伟人的话来回答道。

“那这样说，越有知识的人，就越富有了。”逸飞笑道。

“我没这样说。”我囧道，真没想到，闲聊都话里有扣儿，“个人的最求不同，所以每个人对于财富的认识是不同的。”

“哦，大师讲讲。”逸飞笑道。

“你只认为家有千金就是财富吗，岂不闻‘门前有马不算贵，家中有人不算贫。’”我嘲弄道。

“门前有马不算贵，家中有人不算贫。”逸飞楠楠重复道。

“不错，正所谓‘昔时贤文，诲汝谆谆。集韵增广，多见多闻。观今宜鉴古，无古不成之今’。”我朗朗念道，毕竟家里从小没少灌输这些废话，忽悠起人来还是很有自信的，“多少人生的至理真言就包含在古人的诗词歌赋之中。那‘笑处风声破衲’的气概岂是尔等能够明白的。财富不如财福，人生在世，福气分成两种，既有清福，亦有洪福。唯君所愿，毫无相违。”

“愿闻其详。”逸飞也很配合地听我开始胡吹了。

“所谓洪福，家族昌盛，车马成群，出了门就是前呼后拥，名利双收。但是世人多认

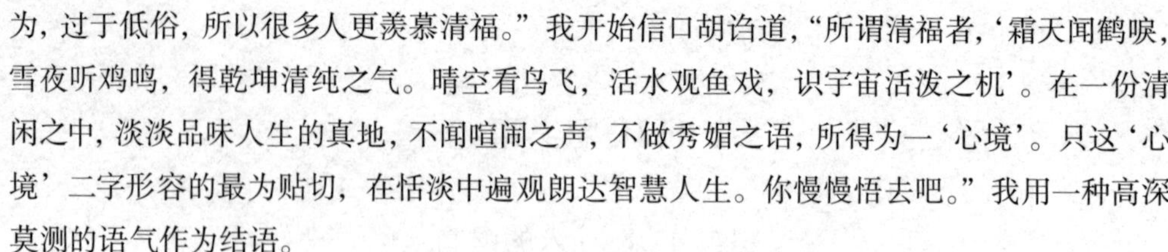

为，过于低俗，所以很多人更羡慕清福。”我开始信口胡诌道，“所谓清福者，‘霜天闻鹤唳，雪夜听鸡鸣，得乾坤清纯之气。晴空看鸟飞，活水观鱼戏，识宇宙活泼之机’。在一份清闲之中，淡淡品味人生的真地，不闻喧闹之声，不做秀媚之语，所得为一‘心境’。只这‘心境’二字形容的最为贴切，在恬淡中遍观朗达智慧人生。你慢慢悟去吧。”我用一种高深莫测的语气作为结语。

“看大师，这份气度应该是追求清福了。”逸飞羡慕地说道。

“甘地说‘贫穷是罪恶’。我不想犯罪。”我干脆的引了一个名人名言作为开始，看着逸飞吃惊睁大的双眼，我很满意的开始了下面的信口胡邹，“要知道，就算真的做到无欲无求也不一定是圣人，也可能是懒人，或是庸人。懒人懒得动弹，而庸人就算想追求富贵也追不到，所以就不如不追了。这些人看起来无欲无求，过着平静的生活，可是内心的不净，又岂是常人可以理解的。要知道，就算真的想追求什么清福也没有什么可使人佩服的。你看那些求仙学佛的，他们倒是不贪图地上的财富，而是追求更大的回报，这份贪心又岂是平常那些追求名利之辈所可以望其脊背的！其实追寻解脱心境的人，与爱好钱财追求获利，这二者都是追求，又哪有高下之分。”

“那按大师这样说，追求的目标没有高下之分吗？”逸飞问道。

“和我玩偷换概念。宝贝儿，老夫指导苍生辩论的时候，你还不知在哪儿让人忽悠呢。”我心中冷笑道，嘴上说道，“不是这样的，我刚才说的是追求‘清福’和追求‘洪福’的人。所谓修仙学佛本身就是要无欲无求，放弃世界时间等等大千世界。这有这样才能得到‘清福’。而如果为了追求而追求，这本身就落于下乘了。追求不到还好，而如果做足了表面功夫，误导世人，那就更不足道了。这才是我刚才说的。所以那些所谓看不起什么富翁的，要看他们是出于何种目的，如果只是单单的仇富，还是不要丢人现眼了。”

“那大师这样讲，岂不是只有老子、庄子这些人才是真的享有清福的了？”逸飞笑道。

“宝贝儿，让你平时多看看书，就是不看。唉……罢了，老夫今天就给你讲讲这些‘无耻文人’的故事吧。”我故作悲天悯人状，苍茫的双眼中饱含了对人世沧桑的感叹，“谁丫的和你说老子是无欲无求的了。这个哥们儿可是指导政治的。只不过后来在政治斗争中失败的失败者罢了。这个哥们儿当年在春秋的宋国做国家图书馆馆长，自认为看了很多书就了不起，于是写了一部书来教导君主应该如何统治国家，所以《老子》这部书其实更多的层面是讲政治管理的。当然，你要读不懂，将来老夫再给你慢慢讲这些。可是后来宋国国君去世了，留下两个儿子，大儿子和二儿子，‘老子’支持大儿子，而有实力的贵族支持二儿子。最后二子战胜了，成为了宋国的国君，由于站错了政治队伍，‘老子’败走函谷关，‘老无所依’就是这样了。而更惨的是据《史记》来讲，老子最后不知所踪了，那就是连葬身之地都不知在哪儿了。不过在后人的想象之中，这就成了一个光辉之旅了。如果说老子在斗争中失败可怜，庄子就更可怜了。庄子也是宋国人，不过他是战国时期了。他可不简单，他是宋国的王族，可是后来下层贵族叛乱，他和他的家族就没落了。他的朋友

可怜他，给了他个位置，让他去看守果园，这样他才能勉强度日。曹雪芹家破之后写出了幽谈人世幻变的《石头记》来寄托哀思。人家庄子更加无耻，来了个‘齐物论’把天地万物均看为下乘，以此来解释自己身世坎坷，命运无偿。这就是他们的故事。”看着逸飞睁大的双眼，我心中很满意，就这白痴的智力估计也就是被人骗的水准了。“蜜饯黄莲终需苦，强摘瓜果不能甜；好事总得善人做，哪有凡人做神仙！你们啊，一说到什么世事感叹就患得患失的，总认为大师好做，我问你，是做富翁好做还是神仙好当。如果连这个都不懂，也就只能被人忽悠了。”

“大师等会儿，我有点儿晕。”逸飞定了定精神说道，过了两分钟，逸飞强稳住精神问道：“那大师，你认为怎么才能追求的洪福？”

“八个字，‘因果循环，等价交换’。”我朗声道，从小朗诵的时候，我就是震人的选手，而今天说的这些都是大义凌然的话，那自然更是站着说话不腰疼了。“所谓因果循环，就是讲这个世界，一切的事物都在因果链条之中，一件事情的发生一定是另一件事情的结果。整个世界彼此纷繁复杂的相互交融，形成复杂的因果链条，这就是世界的真相。要说明白的是，这个不是现在人们所谓那种我偷了一个橘子，将来就会被人偷一块钱这种因果报应。要知道，早期佛教在开示这个法门的时候可是很简单的，但却是很深奥的。”看着白痴已经听得如痴如醉了，我继续解释道，“如果有一天，我回家的路上被一个强盗拉住抢了两块钱，你说说，这是我的责任吗？”

“不算吧。”逸飞答道。

“白痴了吧，你这就没看清因果的道路。要知道我被抢劫，这就是我的责任。因为我在下班之后挑选了这条路回家，而这个选择的这个‘原因’就是事件发生的结果，当然‘原因’可不止有这一个。如果不是因为 2008 年金融危机，那个强盗也不会失业，弄的身无分文。正是很多很多的复杂原因，使得他在那天，那个时候，出现在那个地方。我也通过无意的选择而挑选了在那个时间、出现在那个阴暗的地方。这就是因果。”

“所以，明白了因果就知道什么事情无非是另一个事情的结果。想要追求什么就要学习能够达到结果的条件，并有意识的利用。‘物有本末，事有始终，知所先后，则近道也’。”我朗声说道，“当然做与不做，这全是人的选择，只要认为自己承担的起结果，就可以去用这个‘因’去换那个‘果’。明白了。”

逸飞点点头，我继续说道：“再来看等价交换。所谓等价交换去，其实是因果能成功的条件，所以这个‘等价’可不是‘五块钱，十块钱’的等价。而是要做到‘因果’的‘等价’。举个例子吧，邵伟华知道吗？”

“不太了解。”逸飞木讷地答道。

“我就知道你不知道。”我心里笑道，嘴上说道：“那是一位在易学界很受人尊敬的前辈，大家都认为他是大师级了。可是谁注意到了他为了研究学习周易，几年不曾出过家门一步的艰辛学习历史。这就是用‘等价’的‘因’换来了‘果’。所以如果事情没有什么意外的话，人们得到了一个不满意的结果，那不妨问问自己，我所花费的‘因’真的不值这个‘果’吗。这才是自知之明。正所谓‘知人者智，自知者明’。这就是这个世界的游戏规则。反正等价交换可以说是宗教里的规则，其实它也是人生的真理。从你生下来的那一刻游戏就已经开始了，无论是游戏玩你，还是你玩游戏，你就已经生活在了这个等价交换的游戏之中了。

“像有的哥们儿上来就叫嚣着给我十块钱，然后让我告诉他前世今生的一切。我听了，跟听笑话一样，以前还会婉言谢绝，现在直接就说，我预测要800，当然对错，可没法保证。这还要我有时间，如果喜欢就先留下钱，等哪天再说好了。”

“哇，大师，那这样还有谁让你预测啊。”逸飞奇道。

“宝贝儿，你真的以为给我800、1000的，老夫就会真的玩吗？”我笑道，“等价交换就是这样，得我有意愿再说。像要把工作做好，或是在公司里赚到自己的那份钱，就要先问自己，我的价值到底在哪。哪是我能做而别人做不了的？如果没有办法回答这个问题，你做的是个人都能做，那给你平均社会工资也就值了。所以，咱们那天说证券经纪也是这样啊，证券经纪能赚到一个月那些钱，就是因为能带来哪些交易量。好的中医一定是看一次就价值上千的，因为中医从来就不是穷人看得起的。他是一种私人性很强的服务，每个人体质不同，所以调养的方法就会有差别，这可不是一时半会儿，或是看两本医术就自以为能懂的。而是一门很高深的专业技术。为什么伟人们即抽烟又喝酒还能在九十几岁才离开了我们？而你抽烟喝酒，两年就成了糟老头了。有几个人看到皇帝身边的御医，和这些御医的优厚待遇了。这就是等价交换。”

“大师，视野真是开阔。”逸飞笑道。

“哥，别逗了，这些都是闲聊，我说说，你听听，别往心里去。”我笑道，想来这些话，我是经常对人说的，可是真的有几个人真的懂了。算了，也累了，也懒得解释了。

“那大师，做好工作就能致富吗？”逸飞笑道。

“当然不能了，只做工作，大多数时候是会把人做死的。”我答道，“老夫年轻时代曾经阅读过一部奇书，名字是《穷爸爸·富爸爸》，这本书就描绘了一幅图景。如果一个人只是努力工作来换得报酬，那一生也就无法跑出一条老鼠跑道。二十岁的时候开始找到女友，约会的钱和工资差不多。总算有了些存款，于是两个人决定结婚。于是因此背上了巨额的房贷，于是这个人更加努力的工作，为了能还款努力挣扎。总算看到能在未来20年内还完了，这个时候他们决定要孩子了。就这样，父亲的努力工作来背负整个家族的运转。如果只是依靠工作，最后也就是能勉强满足生活需要的工作。于是作者给出了一条解决之道就是开自己的企业，运转自己的事业。当然后来又开始考虑投资和公司上市等等了。”

“说的不错，但是大师还没把这个事情说透。”逸飞接道，“大师，你还没看清中国的形式。在中国如果安心的在一条跑道奔跑，结果往往会不尽如人意的。而这个原因固然很多，最根本还是两个。第一就是国家的转型，第二就是货币的因素。”

"恩！这个新鲜，讲讲，哥。"我来了兴致，以前我也认为这个解释的好像不是很具体，难得逸飞竟然在这个问题上思考过，正好看看'小人物的大智慧'。

"在中国开始转型之前，咱们工资就算只有40到50也够了，为什么呢？"逸飞解释道，"一方面是货币原因，而更重要的是当时咱们的社会保障体系十分健全，医疗、住房、教育、养老都没有问题。甚至连粮食都不用花钱，所以只有很少的工资也能活的很好。而现在就算有了几千块工资也不能算是什么活得好。咱们想吧，在哈尔滨，大学生毕业，往往连2000都拿不到。"

"我能拿5000，哥。"我笑道。

"你那是特殊的专业和背景。"逸飞接着说道，"我说的是平均工资，2009年的数据，全年城镇居民人均生活费收入为17000多块，平均每个月就是1400多吧。现在咱们一样样说，现在中国的全国平均房价超过4000元/平米，户型一般是80平，也就是要不吃不喝近220个月的工资，这就是说要18年。可是咱们知道，一个月真的1400，也就连400都存不下来的。再来看医疗，现在是个手术就要上万。一有病，一年白做了。至于教育，是不花钱，可是简单的每个月补课费可不算少，当然如果不想孩子受高等教育就另当别论。养老就更不敢想了。这就是社会转型的代价。而这个过程我们已经走了近20年了。可是另一方面却是高收入阶层的收入不断增加。所以咱们今天看到的个人收入同比增长了8.1%，这一定不是低收入人群。因为如果这样增长，不会出现这样的平均收入。"

"恩，也就是社会转型使得人们的实际可支配收入大为减少吧。"我说道，"因为如果把原来的医药、教育、住房这些加上，人们的工资也不算少。"

"所以不能相信工资的幻觉。"逸飞接着说道，"好了，咱们再来看货币。中国1995年的M2也就6万亿左右，而GDP也是6万亿。"

"哥，什么是GDP。"我答道，我现在不敢跟他装博知，如果不把基本概念统一，估计一会儿就听不懂了。

"可以变相理解为整个社会的实物财富吧。"逸飞答道，"当然这里有信贷周期等概念，但是我要说的和那个无关。咱们可以变相理解为，货币和实物是1比1的关系。可是到了2009年，M2变成了近60万亿，而GDP只有30万亿左右。怎么样。"

"通货膨胀啊。"我想都不想地答道。

"不错，就是货币相对实物贬值，这一贬值不要紧，可是贬值了一倍。"逸飞接着讲道，"而同期收入1995年大约是4000快年收入，到了2009年变成了17000块年收入了。怎么样，货币涨了10背，可是工资只涨了4倍吧。大师要是这样算你就丢人了。你这样算的还只是名义值，还不是实际的。GDP涨了5倍，货币涨了10倍。所以收入的实际增长不足2倍。"

"哥，可是这和现实好像有很大差距啊，很多人好像很有钱的啊，这不就是说……"我若有所思地说道。

"不错，这就是说一个结果，贫富差距继续加大了。"逸飞说道，"按理说这样的平均收入连生存都成问题，怎么大师身边的人还能过得很好。这就是必然还有很多极端贫困的占了一定比例才会出现这样的情况。其实社会可以简单分成两级，穷人和富人。随着货币的增加，富人的钱越来越多，这样物价就涨了，而先对于贫困的人来说，其货币增加赶不上物价，就要花实际上更多的钱，这样的通胀就是将财富从穷困的人那里进一步抽离出来。这就进一步加大了贫富差距。社会的财富本来是一种均衡，富人更富，本来就是来源于穷人更穷。”

“那怎么办。”我说道。

“大师，咱们不是讨论过了吗，这是现实，除非有人把这个问题解决，否则这个事实就会一直继续下去。而面对事实，咱们只一再讲应该怎么怎么样，这没有用。关键是利用现实。”逸飞开始解释道，“所以正所谓‘马无夜草不肥’，作为这个时代的人就要努力思考，自己的夜草在哪里。”

“你找到了吗？”我问道。

“我想到的是‘复利’，通过这个可以增加财富数量。当然只是数量啊。”逸飞解释道，“这就像杠杆一样，需要一个支点和木棍。木棍就是时间，而支点就是方法。只要有 10000 块，如果能做的每年百分之十的复利增长就是……等等，大师，我记得电脑里有这个东西。”说着逸飞跑到桌前开始找文档。“在这里，你看下。”

我看到文档里写着：

时间————单利计算————复利计算
0 年———— 10000 元———— 10000 元
5 年———— 15000 元———— 16105 元
10 年———— 20000 元———— 25937 元
15 年———— 25000 元———— 41772 元
20 年———— 30000 元———— 67275 元
25 年———— 35000 元———— 108347 元
30 年———— 40000 元———— 174494 元
35 年———— 45000 元———— 281024 元
40 年———— 50000 元———— 452592 元
45 年———— 55000 元———— 728904 元
50 年———— 60000 元———— 1173908 元

“所以如果能做到复利增长，或是进行固定额度投资，也许会有不错的收益当然这只是理论计算，能不能好使还要另说。”逸飞说道，“你看这个 50 年才涨了 100 背左右，可是中国货币，15 年就涨了 10 倍，如果算实际的话应该就是 20 倍了。另一方面就是要保证稳定获利，那可就难了。”

“哥，你到底有解决方法没有啊。”我心灰意冷地问道。

“你刚才不说了吗，开公司也是一条致富道路，开自己的公司，然后做大做强。”逸飞看着我道，“当然能够上市就更好了。”

“嗯，成功学到是经常讲这些，如果想要致富，就要找到一个就要找到自己的导师，说白了就是那个方面的成功人士，可以给他做秘书或是通过其他的方式学习他的方法，最后来运用到实际中。”

“这个方法也不错，起码咱们在一起已经明白了，货币不是真的财富。”逸飞解释道。

“等会儿，哥，货币不是真的财富！”我疑惑道，“那什么是？”可是话一出口就发现自己说错话了。货币当然不是，现在的货币更是一种货币符号，所以只是一些会有价值波动的纸券而已。我忽然醒悟，说道：“资源，资源才是真的财富。人脉算不算，实物算不算，其实资源说白了就是能起到作用的东西。所以知识也是其中之一。个人要追求财富就一定要尊重知识，明白致富的道理。我就特别推崇‘有很多钱的人，能够投机；有一点钱的人，不能投机；没有钱的人，一定要投机。’这个‘机’可不是单指‘机会’，‘时机’、‘危机’这些都是可以把握的机会。当然我也可以考虑什么都不做，虽然得的钱少一些，但是起码不累。这种就是我刚才说的那种追求心境的方法，其实这也是一种选择。要知道，道路是没有对错，关键是自己想要什么。毕竟如果无所事事的人，在将来金融危机到来之后，失去了经济上的自由，那也是无可辩驳的，因为这就是自己的选择。当然，这些人也可以宣称自己的心境是那些有钱人一生可能也没办法理解的。但个人的世界没有对错。有的只有欲望，知道自己真正想要的到底是什么。”

“不错，大师能想明白这些，就能理解什么是个人的财富了。”逸飞说道。想不到原来社会是如此复杂的一个过程，而个人在这个过程中，竟如此的无力。我不禁陷入沉思。

14. 11.2 国家的财富

“哥，那咱们去投机吧。”我兴奋地说道。

“大师，投什么机。”逸飞故作惊诧地问道。

“哥哥，当然是‘机会’了。”我着重强调了“机会”两个字。

“那大师，什么叫作‘机会’。”逸飞开始不慌不忙地玩起概念来了。

“机者枢纽也，会者合聚也。”我想了想说道，“按照你的智力能够理解的水平，机会就是关键的环节相互汇合的时候。”

“大师，你概念解释的真好。”逸飞赞道，“那什么机会最大呢？”

“废话，当然是国运了。”我回答道，夏朝嘉的一生很好地解释了这个问题。

“很好，所以大师要理解这个问题，就要先明白国运的发展。”逸飞解释道。

“哥，这个问题些微的有些难，你真的懂吗？”我试探地问道。

“不懂。”逸飞十分干脆地回答道，“你懂吗？”

“我也不懂。”我木讷地答道，“不是，哥哥，咱俩都不懂，那谈什么。”

“废话，懂了我还和你谈。”逸飞说道，“懂了，我现在就中南海了。”

“那算了，我听，你编吧。”我叹口气说道。还是不较劲儿了。就当是晚饭后的口腔锻炼了。不过我忽然发现我最近好像锻炼了好多，不是四小时徒步拉练，就是五小时口头报告的。我的生活这是怎么了。

完全没有照顾我的胡思乱想，逸飞开口就问道：“大师，什么是国家财富？”

“《国家宝藏》是美国大片。”我打趣道，“但是，估计应该不是什么地下宝藏。国家财富，那首先就是政府强有力度，而人民富足吧。”我其实还想引用洪武爷的话说，“贤才，国之宝也”，但是估计这小子要小爆发。所以暂时忍了，说了些比较靠谱的答案。

“看，大师胡涂了吧。”逸飞笑道，“要解释好这个问题，首先必须明白两个东西。国家和政府。”

“国家，还和政府？”我奇道。

“不错，大师，什么是国家？”逸飞问道。

“国家是指经济上占统治地位的阶级进行阶级统治的政治权力机构。阶级性是国家的根本属性。”我运用熟练的高中政治侃侃而谈道。

“看，这个定义就有意识地模糊了国家的概念。”逸飞说道，“所谓国家，应该是一定范围内的人群所形成的共同体形式。如果只看到统治阶级这些，那广大的被统治阶级算什么？又或者可以是刨除了这些人，然后再有个国家？这显然是错误的。正是统治阶级和被统治阶级。一个地区内的男人和女人、穷人和富人等等的一切构成了所谓的国家。那再来问大师，什么是政府？”

“国家的社会权利机构？”我疑惑道。但看他刚才的思考角度，估计这样回答我也要被批斗的。

果然只听逸飞说道：“政府有狭义广义之分，但其实我们平时所说的政府，更多的表达的是一个国家里的行政机构的统称。除此之外还有立法和司法其他两个权力存在的。”

“恩，明白了。”我答道，“不过，哥，这有什么作用吗？”

“当然有用了，要了解国家，首先就要区分这两者的不同。”逸飞进一步解释道，“如果把这两个概念混淆，根本就没法看清国家财富的意义。大师，要知道，政府是一个机构，这个机构是有自身利益的，有可能这些利益并不和整个国家相一致。如果真的永远一致的话，那就不可能有什么新的政权推翻旧的政权了。好了，咱们不讲这些，咱们先看政府的利益所在。既然是机构，政府也有经营的东西，也有所谓的利润表和资产负责表。只不过这些东西容易被人忽视。要知道，国家和政府是经常容易混淆起来的。咱们举个极端的例子，你还记得路易十四的名言吗？‘朕即国家’。那时虽然是君主制，但是对于

理解政府具有很好的作用。咱们慢慢说。”

“哥，你等一下。”我兴奋道，没想到今天可以听这么多故事。于是我飞快的冲到厨房，大声问道，“哥，你喝啤酒还是茶？”

“啤酒。”逸飞喊道。

我自己拿了袋儿牛奶，给逸飞拿了罐啤酒回到座位上，开始听逸飞信口胡诌起来。“大师，欧洲经济最有趣的时候是中世纪，因为欧洲一直处于封建制度下，就是国王虽然也组织公共事业，也组建军队保护人民，可是国王和平民之间的经济地位是对等的。那就是，国王想要富有，就一定要和平民一样，要拥有大量的货币，那个时候就是金币。因为什么知道吗？因为，整个大陆当时通用金银币。可是不论是在怎么厉害的君主，也没办法创造黄金。因为币材是有限的啊，那怎么办？于是黄金多的时候就用黄金，而白银多的时候就用白银，两种本位货币并行，这在历史上就叫作复本位制。咱们说过，只要有两种货币形式，那就会出现良币和劣币的相互驱逐。所以，他们的历史可以简单的说就是良币、劣币相互驱逐的历史。

“现在，我们再来看那个时候的君主。他们想要富有，因为他们也要养宫殿和美女啊。可是黄金是有限的，于是他们就只能希望真的有炼金术存在了。可是炼金术弄好久，就是成功不了，那怎么办？不错，就是和人民去争。所以你看到欧洲历史很有趣的一点，就是他们的国王，经常为钱而发愁，想尽办法要从平民那里得到这些货币。当然平民也要过日子啊，所以两方面就闹起来了。两方面都在思考怎么才能把钱弄过来。这就是西方经济学诞生的基础。”

“这也太丢人了吧。”真没想到，今天散发着闪闪光芒的经济学，竟然是让国王缺钱给憋出来的。“那中国怎么没有？要是这样的话中国也应该有自己的经济学啊。”

“怎么没有，汉朝之前，中国君主也是这样的，只不过从汉朝之后，中国采用信用货币体系，所以没把君主憋到。”逸飞解释道，“虽然中国那时金银有限，可别忘了铜钱，事实上中国后期铜钱由政府来做，这就使得铜钱脱离了铜，就像今天的人民币虽然是纸，但已经不简单是纸了。一样的道理，所以中国的经济学更多的就是通胀和通缩的问题了，君主也是利用这些来赚钱的。好了咱们接着说，过去的君主就相当于现在的政府，现在的政府和君主一样，也需要钱，只不过他们将过去的财政大臣，就是君主的私人会计变成了财政部了。而政府维持自身发展和促进公共事业，这些就是政府的盈利性所在。好了，明白了这些我们来看国家财富，那现在大师再来说说，什么是国家财富。”

“那不用说了，国家财富就是国家中每个人的富足。”我笑道，明白了他要说什么，那自然就好编了，“所以国家中每个人的富足，自然包括了君主富足，当然也包含了平民的富足。等下，还要说明的一定是，咱们说过财富不是货币，所以那这种富足也应该不仅仅是货币。对了，应该叫做个人欲望的容易满足。就好像，人想有书看，那就容易得到书，想要看电影，就容易有电影看。”

“大师，太聪明了。”逸飞笑道，“马歇尔说过一句话‘经济学是一门研究财富的学问，同时也是一门研究人的学问。世界的历史是由宗教和经济的力量所形成的’。”

“等下，他说过‘世界的历史是由宗教和经济的力量所形成的’？”我兴奋道，看来早就有人看到了‘金融加巫术，谁也挡不住’的客观事实了。呵呵，原来我成为大师加大款的道路也是有理论依据的。“等下哥，我把这句话记下来。好了，你继续曰。”

“嗯，所以国家财富是国家中每个人的财富。”逸飞接着说道，“但是国家没有办法自己做什么，这要有表现形式。所以这个表现形式就是政府。其实从另一方面来讲，只有国家中每个人民都有了更多的资源，政府也才能有更多的收入，所以政府和国家在利益上也是有一致的地方。当然，政府和人民争利的这一点也要看到。将国家财富和政府财富混淆起来的看待问题是错的，可是完全分裂的看待问题也是错误的，只有在统一的前提下看到分别，从而整体的把握，这才是正确的方法。”

“哥，你真厉害，连佛教的中观思想都把握的这样好。”我赞道。

“哪里，和大师在一起时间长了，人也变得知道的多了而已。”逸飞谦虚道。

“油嘴滑舌，继续说吧。”这小子真是进步神速连哄人都哄得这样开心。如果他能做到哄人的时候，自己也认为是真的。那这小子的前途还能限量！

“所以，在谈到国家财富的时候，大家一定要知道，不是虚无的货币。而且现在的货币都是国家自己定义的，就好像自己拿了个树叶然后写了100，如果自己把这个真的当财富，那就骗自己玩了。”逸飞开始解释道，“货币更多的是执行流通和支付价值的作用，而实物才可以使人们过上幸福丰足的生活。所以咱们就了解了，国家所做的应该就是明白金钱是没有价值的，而要通过货币，通过对价格的操纵来达到目的。在金钱的面纱下来实现实物财富的增加，所以在衡量国家财富时，是以实物财富及其生产能力为准的。而国家能否使得整个生产消费过程稳定进步才是他要做的。”

“稳定进步的目的是什么啊？就是使人填饱肚子？”我疑惑道，如果这就是目标，这目标也有些太低级了。

“还是先填饱肚子吧，如果连这个都做不到，那这个政府也就完了。”逸飞笑道，“其实只要坚持国家经济整体进步，就可以带动科技的进步，而科技进步创新就会开始，人们的生活也才能日新月异，说白了就是推动整个人类历史的进步。”

“哇，哥，你说得真大气。”我赞道。

“所以啊，国家要稳定进步就要明白这里的关键。实物的流通过程就是生产和消费的过程，所谓的投资储蓄这些就是为了将来生产做准备的。而国家就是要利用货币来调控使得二者达到平衡。同时也注意到金融和实体经济的相互关系。这是现在的本事和末事，古代的本事和末事是农业和商业，而现代的本事和末事却是金融和实体经济。要知道，如果实体经济发达，金融业就一定发达，如果金融不发达，缺乏资源的调配，那么实体也不会发达。这个明白吗？”

“明白了，所以能通过这些手段达到目的，也是国家财富的一种形式吧。”我说道。

“嗯，除此之外还要看人口。”逸飞说道。

“咱们不是计划生育了吗现在都。”我答道。

“这个咱们另说，那是因为当年国家养不起那些人。现在情况不同了，而是父母养不起孩子了。”逸飞说道，“人口才是消费的动力，如果人口有限就会制约消费的进步。”

“哥哥，美国才 2 亿人，可是人家仍然消费得起。”我冷冷道。

“美国具有特殊性，他更像是‘世界国家’。而且他用科技弥补了自己的不足。”逸飞简单说道，“要知道，有人就有需求，这也才是世界看好中国的地方。而人不仅能消费，也能创造。这就是人的宝贵。大师，咱们还是那句话，政府机构有钱除了用于建设，也可以改善公务员的生活。而国家的财富则是国家中每个公民所共有的。例如美国今天的国民可以去外地‘落地签’，就是想到世界哪个国家，就可以去，到了就得到签证。不用像中国要等半年办个签证。而在世界上任何一个地方，花美元都可以。别的国家都会要这种钱。这种生活的便利不是财富吗？”

“所以咱们是从财富是人的财富，而推动财富的也是人这个角度来看的。”逸飞笑道，“对了，还有一点，那就是‘人才’。这也是人口重要的原因。我现在再来问你，什么是人才。”

“嗯，哥，你今天问道竟是一些大问题。”我无奈地答道，“人才嘛，就是人中有能力的人。等下，不对，人才应该是能解决问题的人。恩，对，人才是能解决问题的人，问题可以是各种问题，所以能解决问题的人也可以是各种人。”

“嗯，大师，能先看到问题，而不再专注于能力这点很重要。”逸飞说道，“其实，现实中有能力的人很多，但是他们的能力不是解决当前最紧迫问题的能力，所以他们还算不上人才。有人才有什么好处，创新那不必说了，社会进步这些也不必说了，更重要的是很好的解决问题。这是关键。而人才往往是根据人口基数来的，就是说 100 个人可能有 5 个人才，这个意思。也就是说，如果一个国家人口多，往往智力比较高的人就多些。”

“可是不对啊，印度人口多，好像人才不是很多吧。还有就是美国，好像全是精英。”我疑惑道。

“大师，你去过印度吗？那你怎么能说印度人才少呢。其实培养人才，先天智力重要，环境也很重要。对了，你不是跟我讲过，‘条件’这个东西嘛！怎么说的来着？”

“就是说，人是处于各种关系之中的，而正是各种关系造成了人的不同。人的身体关系，和人的社会生活关系等等。”我简单重复道。

“不错，环境也是创造人才的条件之一。例如做会计，一个好的会计就是很熟练操作会计事物的人，可是如果一个人成天在专业的会计公司做各种业务，那么他就是很一般，也会比学习过，但是没有这种氛围的人强很多。而美国就有这种先进的环境。其实不仅这些，大师你举美国的例子其实并不好，因为美国不同于一般国家，他是世界发达国家。这个国家最可怕的一点在于他吸引人才的能力很强，这样就形成了正反馈。因为他财富多，所以人们希望去那里生活，而他就吸收了大量的人才，而这些人才就更加促进国家财富的进步。现实也是这样，我同期的同学，只要有点儿能力的大多都选择去美国或是欧洲了。像我这样回到东北的还真是太少。"

"嗯，等着吧，孩子，你不知未来如何书写。"我神秘地说道，"那咱们留住人才不就好了。"

"难啊，你没看国家这两年努力的吸引国外人才吗。可是人家根本就不会回来，而回来的更多的是混不下去，或是没法在那个地方立足的。要知道，有了美国身份，世界旅行可不是难题，那么看望亲友这些要求，人家早就能自己解决了。而对于中国本国的知识人才，咱们国家的投入却完全不能和发达国家相比。你去看看现在的读书人，一个比一个穷，这就是现实。你说这样的国家你能走，会留下吗？"

"嗯……却是，但是我家人还是喜欢孩子在身边。"我想了想说道。

"所以，人才的大量流失就会使得许多亟待解决的问题没法解决。"逸飞说道，"咱们完全可以看到未来的发展方向。其实不难的，只要面对现实，运用自己的智慧和分析，就能知道这个未来的发展方向。由于某些地方，不得人心。于是就不会留住人才。而人才的离开就使得地区变得落后，于是面对问题的的时候，就没有人能恰当的解决问题，不是把矛盾激化，就是把问题进行延期递延。而递延的结果就是使得矛盾孕育出大变革，就好像沼气池的那些东西，说不定哪天一点儿明火就是整个动荡。因为什么，问题没有恰当解决就会出现不平衡。而不平衡最后发展就是出现动荡，这种极端的解决形式，像经济危机这些，其实就是社会重新洗牌的过程，而这就是获利的机会。所以往往说最大的危机才是最大的机会。"

"嗯，明白了。"我似有所悟地说道，"就像咱们现在是医疗卫生改革、教育改革、住房改革、贫富分化日益严重这些问题吧。这些东西都是发展了近 20 年了，这些虽然不应该成为经济的重要组成部分，可是现在已经组成了。这是现实，如果手段过于激烈，那后果就不堪设想。"

"所以，咱们先了解了什么是国家财富，再看到其中的问题，利用其可能发展的趋势，这才是咱们应该做的。而不是无谓的叫嚣什么政府应该这样，那个应该那样等等。要知道，这些都不是咱们改的了的。而是在那个位置的人要做的事情，他们拿自己工资就是要解决这个问题的。当然，解决不解决的了，那就要看他的能力了。"

"嗯，所以说，个人的财富包括两个方面，一方面是钱，另一方面是知识。那国家财富应该也是这样了，一方面是实物，另一方面就是智力了。"我简单地总结道，"所以，国家如果真的出现什么所谓的问题，就一定要看现实中有什么不平衡出现，而他们又是以怎样的智力来解决问题的，这又会带来相应的结果吧。"

"差不多。"逸飞点点头，喝了口啤酒说道。

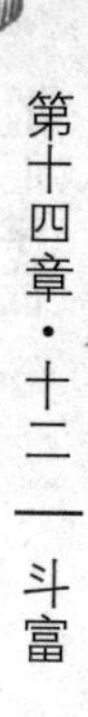

14.12 斗 富

14. 12.1 斗富的基础："贫""富"

"大师，一会儿准备去哪儿玩？"一天逸飞从传说中的单位回来后，和我有一搭没一搭的聊着天说道。

"不愿意动。春困秋乏。我现在只想躺着。"我慵懒地说道。

"大师，动动吧，要不这样我陪你散步好了。现在才 7 点多，要是不走走人都闷住了。"逸飞说道。

我看了看自己的肚子，想起来是应该出去散散步，虽然一天没少往外跑，可是能有一个闲工夫好好散步也是不错的休闲。想到这儿，我说道："好的，你等下，我去换个衣服。"

半晚的街边还是有些喧嚣，走到江边就好了很多，站在江畔，被江风呼啸的吹过，似乎整个人都通透了许多。路还是那条小路，路灯还是那样淡淡的光，可是照着整个人却显得分外的清爽。

"今天英镑怎么做了，你？"我开始有话没话地说道。

"继续空，整个英国经济都快垮了，当然空了。"逸飞说道。

"嗯，哎，当年索罗斯大战英镑的时代，为何老夫没有在场。"我感叹道。

"呵呵，当年你在呢，你当年都能打酱油了。"逸飞笑道。

"对了，哥，讲讲当年怎会回事儿吧，这些年经常听到英国狙击战。可到底怎么回事儿，到现在我也不懂。"人精神了，兴趣也广泛了。

逸飞没有回答，反倒是了有趣味的盯着我看了一会儿说道："知道那做什么。怎么狙击的那只是战术问题，如何狙击，狙击什么这才是战略问题。"

"你不会也不知道吧。"我冷冷道，看这小子转移话题的风格，应该是想把我诱惑到他熟悉的领域，然后蹂躏我的精神。

出乎我意料的是逸飞竟然说道："我确实不知道，说实在的，除了当时的那些当事人，知道当时历史原貌的，少之又少。大家只是从自己的角度对当时的事情进行理解，我也有自己的理解。可是这不重要，重要的是要从中学到经验，然后面对将来的事情，能够发现机会。这才是历史的意义。所以我倒是喜欢研究整个事件背后的道理。"

"什么道理？"我的兴趣又开始被勾起了。现在想来，自己真的智力不是很够用，人家怎么勾引我就怎么上套儿。但我当时还是很被逸飞所描绘的图景吸引的。英镑狙击的背后到底是怎样的故事呢，而这小子又从中学到了什么呢？

"那就是'贫''富'是产生一切斗争的基础。"逸飞郑重地说道。

“哥，你这不是废话吗？”我冷冷道，本来希望这个白痴能说出什么气震山河的壮语，没想到说出的竟然是这样的废话。

“那你说好了。”逸飞来个反客为主说道，“大师，你就解释一下，如何利用贫富差异进行战略博弈好了。”

“这……”我一时语塞，“哥，你瞧你，怎么这样就生气了，今天天气多好啊，给我讲讲故事，让弟儿开开眼好了。一会儿弟儿请你吃大骨头汤去。”我乖顺的说道。和他继续抗衡不如先虚以为蛇，大师从来就不相信什么‘硬碰硬’那一说。开玩笑，跟人家学习智慧还骂着人家。这样能学到什么就怪了。

看我态度转好，逸飞继续说道：“咱们上次说到了国家财富，大师还记得什么是国家财富吗？”

“实物和智力。”我干净利落地答道，准备得到老师表扬。

老师没理我，继续说道：“不错，实物和智力。但这只是对内。在对外过程之中，这个问题就变得更加复杂了。确切的说，是更多的占领别人的东西，然后为己所利用。这就是利益之争。其实，人和人在一起，所要争夺的就是利益，而国家和国家之间，在对外的问题上也是一样就是利益之争。而所利用的就是贫富差距。”

“嗯”我开始被吸引了。

“这样说吧，大师。”逸飞开始解释道，“并不是世界上每个国家都是一样的，有的国家可以很好的满足自己的欲望，而有的国家则相对的差一些，前者看起来就是“富有”，而另一方面后者则看起来就是“贫穷”。但这个东西从来就是相对而论的，可能一个阿拉伯的“穷国”要比南方的“富国”还要富有，但是这不是按钱的多少，也不是按照人才的多少来看的，毕竟这里除了数量还有质量。而一个全是哲学家的国家和一个全是经济学家的国家表现出来的形式就是完全不同的。这就是差异。举个最简单的例子吧，对了比较优势理论大师听过没有？”

“就是要素禀赋理论吧。”我回忆起来，“大学里国际贸易的课程学过的。比较优势理论说的是，在国际产业布局中，每个国家都有自己具有优势的产业，所以国家如果能专注于自己有优势的行业的话，就能达到整个国际产业布局的效率最高。”

“大师相信这个吗？”逸飞笑道。

“当然了，要知道，就像香烟厂生产香烟是最有效率的，而房地产开发商生产出来的房子也往往是质量比较好的啊。这样就可以很好的实现整个社会的财富啊。”我一头雾水的说道。怎么这么简单的问题都有疑问吗。他到底是不是著名学校金融系的毕业生啊，藐视。

“大师，要是在国际竞争中相信这种理论，你就能被玩死，呵呵。”逸飞笑道，“的确，比较优势是事实。可是，这个理论却忽略了一点，用整体的效用掩盖了个体的效用。例如说你们国家生产拖鞋是效率高的，那按照这种理论，你是不是就要去生产拖鞋呢？”

“当然不会只生产拖鞋了，我只不过会更加专注一些罢了。”我答道。

“那，如果我生产电脑的效率高，是不是我就应该生产电脑呢？”逸飞说道。

“嗯。”我答道。

“你认为咱们这样的合作就可以最大效率的增加整个社会的财富了吧。我穿上你的拖鞋，你用上我的电脑。”逸飞笑道，“但我问你个问题，你多少双拖鞋可以换我一台电脑？”

“剪刀差。”我喃喃地说道，这显然就是初中教科书里说的，用低级产品来换高级产品，而出现的财富转移现象。这样的结果只能是我穷全国之力生产出来的鞋，才能换几台电脑。而人家只要一年生产几台电脑就可以休息了。

“不错，就是剪刀差。但这还只是其中的一个方面。”逸飞意味深长地继续说道，“要知道，拖鞋是很好生产的，我不生产并不代表我不会生产，只不过我认为不值得罢了，也许我的生产能力反倒比你还强呢。而你呢，你根本就生产不了电脑。这会造成怎样的结果？不错，那就是如果哪天我自己生产拖鞋了，你就想换电脑都换不到了。这样我就通过比较优势的理论控制了你的经济命脉。”

“不错，是这样的。”我惊醒道。记得我曾经读过这样的例子，管仲是春秋时期的大谋士，当时管仲辅佐的齐国旁边有莱国和莒国两个国家，齐国就想怎样才能做到全资收购。于是管仲就观察莱、莒两国的经济结构，发现这两家公司主要经营两种行业，一种是砍柴，一种是种粮（想来春秋真好，砍柴都能成为公司主业）。于是管仲就给齐国 CEO 制定战略，要齐国士兵先去炼出很多铜币，然后提高对柴薪的收购价格。这件事莱国的 CEO 知道了，他就来了个将计就计，他认为，钱币那可是到哪都能受人重视的东西，而柴薪又是莱国的特产，所以他准备用柴薪来反收购齐国。于是放弃农业，而专攻砍柴。管仲看到这样，就让铸币的士兵回去安心种地了。只过了两年时间，也就是两个生产周期之后吧。等莱国经济完全转型成功之后，齐国突然停止了对于柴薪的收购。而且大幅拉高粮食价格。当时涨幅到了3700%。而莱国交通不便利，国家与齐国接壤。员工们一看，得，不用做了，估计企业要倒闭了。于是大举迁移到齐国。史书上记载，过了28个月，莱国和莒就主动申请成为齐国的控股子公司了。

今天听逸飞一讲，没想到比较优势原来竟是和当年出奇的相似。而且人家还没有提高价格，还是有剪刀差的剥削。只听逸飞说道：“其实道理用在人的身上也是一样的。我擅长制定战略，联系客户，而你擅长复印扫描这些。咱们在一起工作，确实，公司是效率最高的。可是你做的事情具有可替代性，说白了就是是个人都能做。而我做的事情，则具有技术垄断性。这样，你就只能拿到复印员的平均工资了，而我就可以拿到这个项目的钱。再来，就是公司裁员的时候，你一定第一时间被踢出去，而我最后也不会离开公司。怎么样，这就是比较优势的道理。所以这个理论告诉我们唯一的东西就是，要掌握住技术垄断的优势，而让别人相信去做他们生产效率高、可替代性强的产业，从而不断的隐形的掌握更多是资源实物。”

“真可怕。现在还有很多省市，要这样做呢。要利用区位比较优势，来发展特色经济呢。”我痴痴说道。

“这个还不相同，毕竟区位比较优势这些和产业优势不同，而且都是一个整体里的，问题不是很大。但是如果分成两个个体，有了争利，那要考虑的就完全不同了。”逸飞继续说道，“所以，有些理论用在微观好使，用在宏观上就能把人玩死。这就是一种利用‘贫’‘富’差距来争利的现象。其实斗富的基础就是差异的存在。这种差异是方方面面的。人与人之间是不平等的，国家与国家之间也是不平等的。这种差异是客观存在的，当然别人可以否认，甚至来进行辩论什么的。但是，大师，咱们要记住一句话，走自己的路，想说谁说谁去吧。只要这种差异存在就一定有‘斗’的机会。国家与国家和人与人之间争夺的东西都是相同的，就是利益。这利益很难具体定形的，可能是一个贸易权，可能是一个港口的使用权。而这种争斗最简单的表达形式就是金钱。”

“赚取更多的金钱？”我奇怪道，毕竟这之前我和逸飞对于金钱的批判不是一般的猛烈地，怎么他会在这儿提到钱呢？

“咱们在来讲过例子吧。”逸飞笑道，“大师，现在的世界货币是什么？”

“美元。”

“那美元之前呢？”逸飞问道。

“英镑吧。”我回答道。

“大师，知道问什么英镑成为世界货币吗？”逸飞继续问道。

“自从第一次工业革命之后，英国生产力大幅提升，于是英国开始大量出口，成为世界主要出口国。自然他的货币就成为了世界的主要货币了。”我回忆了下高中历史教材，没想到我的基础教育还真是不错，竟能一次又一次地回忆起来。

“那大师，今天中国对外出口日益增大，也是世界主要出口国，怎么人民币连区域性货币都当不上呢？”逸飞看着我笑道，“当然这固然是时间短，我们改革开放才三十年。但是相信就算再过三十年也不一定。大师，知道为什么吗？”

事到如今，我只能思路跟着他跑了，我很自然地摇摇头。

“那就是结算制度变了。”逸飞继续解释道，“当年你还记得西班牙、葡萄牙的地理大发现吧。这些国家从殖民地掠夺了大量的黄金。但是这些黄金只是经过葡萄牙转手就交给了英国。因为英国出口大量货品。而当时欧洲是黄金白银复本位制度，因为黄金总不够用。但是英国慢慢发现自己的黄金已经可以保证自己经济运行了。因为当时整个世界的金币都在流向英国，而白银产量当时出现波动，英国人发现，这种金属可能会随着技术进步而增加，所以相对于黄金，白银的价格就会下降或是波动。而现在既然黄金够用，所以就用良币驱逐了劣币。于是英国顺势用黄金作为本位货币，并以黄金为担保发行货币。这就是英镑。要知道黄金是足值货币，而英镑是不足值货币，所以英国可以根据自己需要调节英镑供应。后来，果然白银产量提升，欧洲开始感到白银的不稳定，而英镑开始吸引人了，

因为这可是跟黄金挂钩的。而到了1850年前后世界上加利福尼亚和澳大利亚等地开发出大量黄金，于是整个欧洲经济都可以使用黄金作为本位货币了。而那个时候，欧洲也早就接受了英镑作为黄金替代，这样英镑成了世界货币。"

"这也太幸运了吧。如果英国没有率先使用金本位，那他就不一定成为世界货币。"我说道。

"也许吧，但是今天大家都用美元结算，而美元是美国印刷出来的银行券。所以，人民币在怎么牛，也没法用美元担保发行人民币。因为这样吸引不了别人。"逸飞说道。

"那回到金本位不就好了？"我疑惑的，记得《货币战争》一直就呼吁这样呢。

"你认为美国会同意吗？你知道美国怎么成为世界货币的吗？"逸飞说道。

"二战之后，美国经济发达，于是布莱顿森林体系确立了美元的世界霸权地位。"我说道，怎么现在历史书上写明白的事情，逸飞还要问呢。

"你这样说，可以说连事实都不清楚。事实上，当时欧洲，尤其是英国接受美元是世界货币是无奈之举。"逸飞说道，"因为当时美国据说有了整个世界上三分一的黄金。其实还要更多，因为从二战之前，美国就开始有意识的收集黄金了。而如今黄金在美国更是只准进不准出了。当年凯恩斯还活着的时候就试图说服美国放弃黄金，可是美国还是将黄金锁在自己的金库里。因为美国人知道，是金子总会发光的道理。所以这些学者呼唤什么金本位，没关系，可以金本位，但前提是美国要首先实现金本位，如果不这样做的话，那就是痴人说梦，因为你们的黄金根本就不够流通的量。知道英国为什么要争夺'世界货币'的位置吗？"

"这样就可以提供英国的影响力了。"我说道。

"大师，什么是影响力呢？"逸飞再次笑道。"什么影响力，综合国力这些，都是忽悠人的话，真正的原因是英国发现了世界货币的铸币税。"

"铸币税？"我问道。

"不错，要知道，咱们现代的货币都是信用货币，也就是说是人做的。愿意做多少就做多少，而铸币税的概念就是依附在这样的概念上。因为发币人可以发行货币，而持币人只能被动持有，所以发行人可以改变货币量，使得货币贬值，这样就变形得到了财富。美元是印出来的，那就应该是一文不值，可是美元有价值，这是现实。"

"哥，你说话有个准儿没有。"我冷冷道。这样空口变来变去到底还要不要脸了。

"说美元没有价值是说美元的实质。而说美元有价值，这说的是现实。大师怎么连这个都分不清。"逸飞狡辩道。

"……算了，哥，接着讲铸币税的事情吧。"我无奈地说道，"只要掌握了世界货币，就可以变相从人兜里拿钱。这太厉害了，这不是说，只要拿着这种货币，就是要注定被人玩的吗？"

"当然不是，如果你玩的好，你用他发行的货币也能玩死他。举个简单的例子，现在中国外汇储备有2万亿，这都超过美国整个M1了。所以这个时候，中国有点儿魄力，把这些钱都投到美国去买房地产，你说美国会如何？这样就会引起美元快速贬值，而美元快速贬值的结果就是其他国家也出于货币贬值的考虑而抛出美元，这样就会造成世界范围内的美元泛滥，而美元的世界货币体系也就跟着结束了。”逸飞说道，“所以关键是方法，而不是工具。英磅曾经作为世界货币，于是他可以用他发行的纸换取世界的财富。咱们说过，国家财富很大一部分就是实物。这就是为什么英国常年逆差，按照经济理论来讲应该是越来越贫困啊。可是事实是英国却越来越富有。现在的美国也是一样，常年的逆差使得美国成功世界上物质财富最丰富的国家。要知道他们的人口就限制了他们的生产能力。不论再怎么牛的科技，这是一定的。但是美国却完全不是那样，消费能力极强。这就是世界货币的力量。其实古典的顺逆差并没有错，只是现在是货币时代，也就是信用经济时代了，所以很多理论就要重新思考。你看英国看起来是逆差，就是说国外的货物大量流进英国，套取英国的货币，可是现实是，外国到了英国只是套走了英镑，就是英国人印的纸，纸不够了怎么样？再印就是了。可是大师你要知道，其实这些英镑还是有用的，因为这些英镑其实就是英国写的欠条。只要这些英镑回到英国，就可以套取英国的财富。只不过世界没有坚持到那一步，就进行了两次世界大战，这就使得英国可以用很低廉的价格回收前期发出去的欠条。其实就算他们把欠条还到英国，英国也可以蓄意来场通货膨胀，货币贬值，这样就可以使得前期的欠款大幅缩水。而这就是今天美国做的一切。”

“嗯，就是用自己的欠条，先向世界国家赊购物品，从而促进本国的进步，这一招确实牛。”我感叹道。

“大师，这样看就落后了。”逸飞笑道，“我们经济运行的目的在哪里？为人们提供好的生活，毕竟我们现在真的不想回忆没有卫生纸的年代了。而另一方面正是科技的进步从而更加推动人们的生活。两千年前的生活发展很慢，但今天生活发展很快，这就是经济两千年来推动的结果。美国就是在其作为世界货币换取世界财富的这个过程之中推动了科技的进步。这就使得美国掌握了别人所不能替代的科技垄断地位。而这一地位更加推动了所谓剪刀差这些东西，然后使得实物财富进一步流进美国。而成为一个正循环。而你知道这个事情的原因在哪里吗？”

“你不说了吗。是作为世界货币啊。”我答道。

“是智力水平。”逸飞叹道，“这就是人家在发展中所得到的东西，不在那个环境里，是没法理解那种生产力提高所带来的方方面面的进步的。而国家的财富是什么？就是这方方面面的一切。而正是方方面面的不对等的差异，使得斗富成为可能。”

“都这样了，还需要斗富吗？”我奇道。这样发达的物质文明还需要玩这些东西吗？

“当然需要。”逸飞坚定地说道，“还记得咱们说过的吗，在一个稳定的社会里，穷人越穷的，就往往伴随着富人越富的事实。国际也是如此，如果这些国家出了一两个‘智力高超’之士，就可能会缩短美国正循环寿命。所以一定要进行防范。而其他国家也在找寻

自己的道路。这就是斗富。其实纵观历史上这些战争，根本原因就是一个，是要进行贫富的重新再分配。只不过原来我们是靠流血的战争来均贫富。而今天我们靠财富的战争来均贫富。原因很简单，战争不能打了，再打人类就没了。而经济不一样，货币和实物的双循环，已经成为了每个国家的现实，所以只要有不平衡，就会有机会。而有时甚至会有人帮你制造机会，使得你提前进行调整。这就是现代的国际金融危机的实质。”

“就是帮我搞乱国内经济？”我奇怪道，这也太不符合常理了，难道不知道，我的地盘我做主的道理吗？怎么可能这样插手内部呢？

“国际狙击经常挑选的是货币的国外循环，要知道货币除了在国内循环，还要参加国外的对外交往活动，这之中的不平衡的机会就太多了。当然内部经济不平衡往往也会伴随产生。因为内外往往相互制约，所以所要做的就是动用一切手段，得到我想要的。这就是战争的目的。”逸飞解释道。

14. 12.2 斗富的工具：金融衍生产品

“所以大师，任何国家都包含了实物和货币的两个循环过程，而且实物和货币的循环方面还要和国外保持一定的和谐，这就使得不平衡的几率大大加强了。只要抓住这样的调整，就是机会。”逸飞言之凿凿地说道。

“可是，哥，你这个给的范围太宽泛了。要知道，这些很大层面上是宏观方面的，这样的机会，就算发生难道你还能用什么手段抓住吗？”我冷冷说道，废话，不平衡每个月都会发生，可是这样微乎其微的东西怎么抓到住啊。

“就你这水平抓不住才是正常的，你每天只是看看股票，听听新闻，看看外汇。要知道世界上的交易品种多的难以想象。首先，要有的不是别的，而是对于工具的正确认识。就是眼界要开阔。”逸飞答道，“我现在就问你，你一共知道几种交易市场？”

“和老夫叫嚣学识，年轻人……”我心中忿忿道，“这样……”我清清嗓子说道，“交易品种虽然很多，但是交易市场就那么几种，像股票、期货、债券这就是几种主要的交易市场了。”

“那大师，什么是基础性，或是叫做原生性的金融产品，而什么是衍生性的金融产品。”逸飞目视前方，休闲的拿出根烟，点着，开始吸起来。

“这个咱们不是讲过吗？”我回答道，“像债券、股票这些就是原生性的金融工具。而期货、期权这些就是衍生性金融工具。”

“那为什么这些叫做原生性的，而那些叫作衍生性的。”逸飞淡淡地问道。

“这……没有原生性的金融产品就没有衍生性的金融产品……”说着说着就连我自己都开始变得不自信起来，什么叫做没有原生就没有衍生性的。糊涂，难道没有股票就没有期货了吗？很多期货根本就跟股票债券无关。“哥，你讲讲吧，为什么呢？”

"看，大师自己绕糊涂了吧。其实，所谓原生衍生就是要看这种产品是否是现在的。"逸飞笑道，"你看股票、债券这些，他们和生猪、煤炭是一样的，只要发行，就可以在当前进行交易。你像你买了股票，你当时就得到了对应的股权。而债券呢，你立刻就得到了债权。而衍生性的产品，固然其是对基础资产进行某种结合，但是最根本在于其跨期性。"

"跨期性。"我喃喃道。

"不错，跨期性，也就是要以时间作为桥梁。"逸飞解释道，"其实你刚才说的不完全，这种跨期的衍生工具很多，但是可以分成基本的四种，期权、期货、远期合约、掉期合约。但归根到底其实都是一种人们对于未来的对赌协约。"

"对赌协议？"我疑惑地重复道。

"不错，对赌。一方的获利，往往就是一方的亏损。"逸飞道，"期货，就是在未来某一时间就某一产品的交易，所签订的标准化合约。期权和期货的区别在于把标的物变成了一种权利。而远期合同和期货的区别在于，远期合同没有第三者的参与，不像期货那样由交易所在其中进行担保，并硬性规定出交易合约的产品数量、产品质量、交割时间等等，而是完全由交易双方自由签订，这就是远期合同。而掉期合约则只对未来某一时间要交易的品种、数量做了规定的合同，但是其中也没有第三方作为担保。看到没有，这就是他们共同存在的特点，就是时间跨度。"

"嗯，看到了，那这有什么？"我疑惑道，这小子要说什么到底。

"所以啊，这些合同都可以使用一种工具，那就是现在整个金融市场繁荣的基础，保证金交易，也就是杠杆。"逸飞微笑，吸了口烟，微笑道，"还记得阿基米德的那句话吗？'给我一根足够长的棍子和一个支点，我可以举起地球'。在金融市场里这个棍子就是时间，而支点就是对赌合约。国际炒家们就是依靠这个搅动整个世界的。"

"嗯，因为存在保证金，所以可以进行杠杆式的操作，以小博大。甚至做到四两拨千斤。"我若有所思地说道，看着逸飞赞赏的目光，我继续说道，"国家内部、国家与国家之间总会产生种种的不和谐，可是这些波动往往太小了，而且不易利用。但是只要经过杠杆的效用，就可以把小的波动扩展成为一轮有利可图的大行情。就好像外汇这样，其实外汇的现时波动，连千分之一都不到，可是就是杠杆使得这一切的波动成为了可以获利的巨大空间。那没有保证金呢。"

"不可能的。"逸飞挥挥手说道，"大师，这个必须有。你看到了，现在股票、外汇、债券都有了保证金交易，他们也许可以回到过去没有保证金交易的时代，但是跨期交易则不然，其必须存在保证金。原因就在于违约风险的存在。你像咱们进行实物买卖，你没有保证金可以。就是你买房子可以现款支付，也可以贷款支付。但是只要有时间的合约一般就要求只要先交一部分定金，合约就可以成了。因为双方都不能百分百地做到信任对方，所以定金必须存在。买方怕卖方有问题是，所以不会全部缴费，而卖方怕买方撤单，所以要收取现金。这就是保证金存在的基础。这个基础不会消失，所以保证金就更不会

消失。而且经过了一百几十年的发展，现在人们对于保证金交易的手法已经相当熟悉甚至精通了。而这就更加成为了，人们依赖的工具。”

“所以，就可以利用放大经济波动的效果来获利了吧。”我犹豫地说道。

“你看，这就是大师目光短浅的道理。你只能看到眼前看到的这些。”逸飞笑道，（我怒目……此处删去115个字。）“大师，虽然是人发明了工具，但是工具到最后反倒会成为作用于人的主体。马克思管这个叫作‘异化’。像货币、宗教、政治无不是这种情况。现代人们对于金融工具的熟悉，早就超过了刚刚发明时期的蒙昧。你知道期货的结算制度吗？”

“保证金交易啊。”我疑惑道。

“你这是交易制度。算了，还是我说吧。”逸飞叹道，（我心里鄙视道：“做作”）。“期货结算制度最核心的内容就是逐日盯市制度，也叫每日无负债制度。什么意思呢，期货可是有巨大风险的东西，如果亏损方亏的太多就不会愿意履行原来签订的协约。为了保证安全，控制风险，交易所规定，每天都要对交易的账户进行结算。例如，要求保证金为百分之十的比例，就是说100块的交易要有10块钱，一天内价格的最大波动是8%吧，这样就要保证，你的账户每天必须能够承受这样的波动。如果，你的亏损已经超过了一定比例，使得你账户上的保证金低于要求的10块钱，交易所就会通知你赶紧过来交钱，这就是追加保证金。如果你不交钱，交易所就会强行给你进行对冲平仓。这样你的交易就结束了，而亏损就成为了实际亏损，以后不论价格在怎样波动，你也回不了本了，这也就是咱们所谓的爆仓。这就是现代的规则。”

“嗯，那怎么了？”我疑惑道。

“还记得咱们曾经说过的吗，规则创造一切。所以现代的金融战争的方法，很重要的一点就是我不需要永远的操纵价格，我只要保证你爆仓，你的亏损就成为了我的获利。”逸飞说道。

“对了，这个你说过的。”我忽然想起，逸飞以前和我讲过一样的话。

“讲过你还不知道，哎……”‘白痴’叹道，“现在人们的交易视野正在扩大，像股票指数、天气指数，什么飓风、霜冻等等，这些现在都成为了期货交易的品种。现在的期货已经超出了实物交割的范围，而进入了现金对赌的状态。在这种时代，可以说，只要你想的到的品种，都可以成为人们‘决斗’的工具。而经济波动展现在方方面面，通过杠杆的作用，大家就可在多个领域一绝高低了。”

“哇，真的像小说里一样，飞花草木，皆可为伤人啊。”我叹道。

“伤人还算是简单的，要知道，这些工具不仅仅是在自己的领域里玩，而且通过彼此复杂的联系，关系到了整个宏观经济。就是说从微观的角度看，这些工具的健康，并不就等于整体层面上的安全。举个例子来讲吧，这一次的次级债闹得够厉害的吧，但是如果每笔每笔的看，风险还是可以控制的。可是当他真的爆发的时候，人们才发现，没法控制。

因为出现了银行以一揽子资产作为担保的正反馈作用，而这个作用是宏观的。微观出现的问题，在引起宏观的大问题，然后再作用在微观。这个过程可以说整个经济的方方面面的影响是无限的。配合上人们开阔的交易视野……”

“那不是说，这次金融危机完成了巨量的财富转移?”我惊叹道，在金融领域中，资产不会消失，只会转移，一个人的亏损往往是另一个人的获利，只要配合媒体的作用，使我们的视野只局限于亏损的一方面，那我们就只能看到亏损了。可是如果视野移开呢，那就是繁荣的整个世界。我不禁陷入思考之中。“这些大家都知道吗?”我心中思潮起伏，但是到了嘴边只剩下这几个字了。

“这是行内常识。”逸飞没有说什么，只是淡淡地回道。寂静的夜里，唯有香烟的火光在微风下，忽显忽现。

14.12.3 斗富的选手：对冲基金

“一定有方法破解。”我忽然好像想明白了什么，可是却一时说不明白。

“大师，说什么?”逸飞显然也被我突然的跳跃性思路所弄的找不到方向。

“我是说，经济会出现波动，然后大家就可以借机获利。像日本那样的危机，应该有方法可以破解的。”我还是在整理思路，但是到了嘴边却变成了这样前言不搭后语的东西。

逸飞却好像很理解我的思路说道：“嗯，我明白你的意思了，你是说像日本80年代泡沫危机这样的事情，使得日本发生了巨大的动荡，应该存在可以使得日本就算发生了危机，也可以全身自保的方法吧。”

我感激地点点头，当真有“知己”的感觉。这小子现在越来越善解朕意了，真是想不夸奖他都不行。

“当然有方法了。”逸飞说道，“这些都是工具，别人能用，我为什么不能用。其实方法也很简单。就是利用对冲啊。”

“对冲。”我疑惑地重复道。

“不错，例如股票、房地产市场的上涨可是使得财富出现增加的迹象。因为这表示实物更加值钱了。”逸飞开始说道，“而且在外人看来，他们也想要到这样的地方去投资，这就使得本国看起来富有了不少，对吧。所以这个时候，政府就可以去玩对冲来平复国家可能出现的动荡。例如当资本市场繁荣的时候，很多国际炒家就会利用机会做空市场，其实在这个时候，本国的金融企业就可以在使足力气推动本国金融市场的同时去和一些国外机构签订做空的期权期货协议。这些协议本身是做空市场的，但是所使用的资金量不会很大。”

“期权和期货吗?”我问道。

“那有什么意思。”逸飞轻蔑地笑道，“当然是以卖空期权作为标的物的期货协议了。

当然没有这样的品种，可以设计出期权远期合约嘛。反正期权本身就是一个杠杆的东西，所以不会占用很多资金，而远期合同更是一个保证金交易品种。这就相当于做了有保证金的保证金交易。从而成倍的缩小了资金成本。而用这么小的成本，保护了大多数资产的安全。当然政府也可以这样做。例如资本市场的繁荣对于政府来说更多的是好事情。因为国际地位提高了，你看中国前两年叫嚣的，就是这个意思。所以对于政府来说，唯一要担心的就是本国经济成为国际炒家狙击的对象从而出现动荡。这个时候，政府基金就可以用小部分钱，去和国外机构做交易来放空本国经济的对赌合同，通过期权期货，或是远期交易等等手段，成倍的缩小交易成本，这样就可以做到对冲了。国家最怕的就是盲目自大地认为自己可以操纵本国市场，所以不会出现动荡。遍观历史，日本倒了、美国折了、越南老挝柬埔寨没有一个幸免，你凭什么就这样自信。所以国家出不出现动荡，不在国家自己，而在国际炒家。而通过签订这样的协议，可以保证，就是出现了动荡危机，政府可以保证本国被国际炒家拿出去的，咱们可以同样从国外拿回来。从而保证本国财富没有出现净损失。当然会有很多的倒霉蛋儿倾家荡产。但是政府可以通过财政手段来补贴，实在不行发钱就好了。反正这些钱说到底也是从国家自己手里拿出去的。这样还可以提高政府威信，何乐而不为呢。”

“哥，你真牛。”我不禁愣住了，连自认为在权谋术术方面小有成就的老夫，也不能不承认这种手段的高明之处、危机使得国内空前团结。政府再肯花钱，一定能买到一群小弟歌功颂德，而且参加这种博弈的大多是富人，国家在对穷人补贴，就可以做到缩小贫富差距，缓和国内矛盾等作用，真是一举数得。“怎么才能做到呢。”我忍不住问道。

“这就要靠金融工程学了和谋略手段了。”逸飞说道，“把这些资产，通过复杂的工序化流程，进行切割组合，使得表面上看起来，是一种风险极小的，收益稳定的轻松的理财工具,甚至可以使用手段,使人们看到这个产品的设计者自己都对自己设计的这个‘肯定’有损自己的产品表示不满。从而使得猎物上钩。聪明的鱼不上没关系，咱们多下钩，以数量换质量。这样就可以用极少的钱，来控制巨大的风险了。

“当然，咱们只是设想。这些事情的具体还要找那些在‘位置’的人去做。我能做的就是和你在这儿进行战略构想，具体战术要那些人自己努力去。咱们能做的是利用自己的手段来构画自己的战术。所以，我说过，没有百分百注定要成功或是失败的工具，工具就是工具，具体在人。使用的好，就可以转嫁与无形。”

不错，逸飞说的方法并不是不能做到，只要利用现有的工具就可以做到这些事情，想起来，国际炒家不就是哄骗国内企业来做这样事情，从而在国家动荡中获利的吗，别人能忽悠我，我为什么忽悠不了别人。毕竟，上涨对于我来说是注定的好事，所以我能考虑的就是如何让他在下跌的时候，也有利于我，不就对了。想到这里我喃喃地说道:“对冲真可怕。”

“所以，还是问大师，对冲是什么？”逸飞笑道。

“对冲，是把风险控制在自己可以控制的范围之内。”我似有所悟的说道，“这就是对冲基金做的事情吧。”我忽然联想到这里。

“其实，现在的对冲基金已经突破了原来的含义。”逸飞若有所思地说道，“其实现代的对冲基金是一个泛指概念，就是指对一切进行投机的基金。这些基金有几个特点。首先就是他们做的交易都是有杠杆的，高风险高收益的交易。其次，他们资金都十分庞大，而操作具有极强的隐秘性和灵活性。他们的操作都是自己说的算，别人不知道，也管不了。为了避免监管，就包装成为离岸形式。”

“等下，什么叫离岸形式。”我问道。

“说白了就是，一个公司在百慕大这样的地方成立，然后专门投资于百慕大之外的地区。这个公司有几个好处，就是可以最大限度的保证自己的隐秘性。在国内看来这是国外公司，所以要查起来不是那么方便，可是你到注册地一看，除了几张纸，整个公司就一无所有了。你也无从查起。而你真的发飙了，想要收拾他了，他要么直接破产，要么立刻解散，然后通过其他方式，重新注册以另一种形式回来。这就是咱们通常意义上能理解的离岸形式。当然现实要很专业和复杂的。”逸飞解释道，“庞大的国际基金就是以这种形式来在国际上和人斗殴的。而且人家通常不会单挑，而是群殴。

“这种基金可以像政府基金、投资银行这样有明确目的性的，也可以是像量子基金，这样唯利是图的基金企业。面对这样的对手，你除了知道他们的存在，其他的一无所知。”

“那这种东西不是真的防不胜防啊。”我叹道。

“但是，大师，如果要去工作，最好去这种公司。”逸飞郑重地说道，“这种公司，不仅实力强大，而且往往和政府基金有千丝万缕的联系，而且还可以培养国际化的视角。你像美国的私募，或多或少都有摩根斯坦利、高盛的身影。他们的人都是那里来的。利用的也是原来的途径和套路来募集资金。而且还可以有组织有配合的集体行动。这样胜利的概率往往会加大。也只有这样的公司才能成就人才。”

“那这些公司一定和政府有关系吗。”我不禁疑惑道，这个世界应该还不是一个只有阴谋的世界吧。我很不喜欢人们动不动就说这是美国的阴谋什么什么的，这完全是夸大了敌人的实力，而贬低了自己。我们应该学习的是“一切反动势力都是纸老虎”的魄力。

“当然不能说有直接关系了，他们也会做空本国经济，因为在对冲基金的世界里一切都只有一个目的，那就是获利。那个世界异常的简单，谁赚钱了，谁就是老大。当然国家就会有目的对其进行利用，还记得在国家的眼中，这些投机商人都是什么吗？这些投机商人在国家的眼中，只不过是几个为了糖果就会争的头破血流的小孩子。”逸飞接着说道，“举几个例子吧。1960 年前后，在美国出现了一家名叫‘投资者海外服务’的公司，正是由这家公司，一手缔造了所谓的‘世纪骗局’。这家公司是在 1956 年，由一个叫伯尼的人创立，他一生最高的成就就是在心理学方面。他找了一群帅哥美女，然后去募集资金。然后再投资在美国的股市。由于得益于美国 60 年代的股市繁荣，他竟然获利。这样他就在世界范

围内尽量的募集资金，客户遍及美国、法国、德国、卢森堡等。而伯尼更是给经纪公司极高的佣金，让其帮助开发客户，这就使得整个公司迅速扩张。对了，咱们今天说的‘基金中的基金’就是由这家公司率先提出的。他们将募集到客户资金的基金公司的钱，再募集到自己的口袋里来壮大自己。然后用这些钱继续推高自己的股票，这样就成了一个正反馈。只要他有钱，他的股票就涨，而他股票的上涨就进一步能吸引到更多的钱。但是这个公司有个根本的问题，就是内部混乱。率先发现这个问题的不是别人，正是美国证监会。但是你知道美国证监会做了什么事情吗？他和伯尼达成协议，那就是‘海外服务公司’不能将他们的基金卖给美国人。他们从60年代中期就达成协议了，一直到了70年代，由于华尔街发生了一次动荡，结果‘海外服务’彻底倒了。大师能看出来这里到底是谁获利了吗？”

“太阴险了。”我叹道，“美国证监会真牛，这样就很好的保护了美国的投资人了，这样也算是完成他自己的使命了。看看人家的证监会才是证监会。”

“你这就是小农视野了。”白痴说道，“人家看的比你要深。要知道，当时‘海外服务’主要投资市场在美国，而且还不向美国公众募集资金，这就是变相的把国外的钱拿到美国，通过资本市场，然后美国公司可以利用这些钱去国外换东西，效果还不止于此。后来股市崩盘，使得‘海外服务’倒闭，这就变相的把海外投资者的钱通过证券市场留在了美国，要知道这些公司有了钱是要获利的，如果继续分红出去就会把钱还给投资者。而通过一次调整使得公司不用把钱还给国外的投资者，而是还给了，通过危机低价得到股票，成为新股东的美国人。这就是国家和投资基金的利益相一致。基金完成了他的历史使命，国家完成了财富转移。”

“真是一丘之貉。”我叹道。

“其实二者的利益是深深相关的。”逸飞进一步说道，“例如美国要保住世界霸权地位就要利用别国的危机。而对冲基金，为了获利，一定会绞尽脑汁寻找获利的机会。所以不仅要有不平衡的事情存在，而且还要有，有资格玩这个游戏的选手，咱们投资的范围也就是几个国内市场，但是人家这些选手，他们的规则可不一样，人家甚至能创造规则。这才是牛人。这些选手可能是任何人，而更能是任何力量在其背后，咱们能做的就是要注意这些力量，然后选择队伍。”

“哥，讲讲这次的次贷危机吧。”我立刻兴奋道。听着就让人觉得热血沸腾。

“你对十年文革了解吗？”逸飞了有趣味地看着我道。

“不了解。怎么了。”我不禁一愣。

“为什么不了解，因为材料不够。”逸飞说的，“一样的道理，咱们现在看到的次贷危机更多的是表面，还没有系统的资料能够分析，所以只能猜测会是怎样。但其实只要道理理解了，你再看待一切材料，立刻就能明白他背后是故事了。”

“那，哥，再讲讲一些能够猜测的比较清晰的东西吧，像是英镑狙击战、日本泡沫等等。”我央求道。

“……”逸飞看着天，深深的吸了口烟。

14.12.4 金融战争1：欧盟货币保卫战

“大师，我发现了一个事情。”逸飞无奈地说道，“我发现我成为你的点唱机了。”

“哥，别瞎说，点唱机哪有你声情并茂啊。”我笑道。

“……”逸飞顿了一下说道，“算了，我还是想想怎么和你这种智力水平的把这件事说清楚吧。”

“你说事实是说事实，骂街的不行。”我鄙视道。

“其实，大师你现在要听的这个英镑狙击其实不是一个事情。而是一场系列的战役。”逸飞说道。

“战役？”我问道。

“不错，当期还有意大利里拉、法郎、爱尔兰镑等等战斗。”逸飞说道，“这其实应该叫做欧盟货币体系保卫战，只不过这个保卫战随后失败了。”

“可是那时还没有欧元啊。”我问道。

“第二次世界大战之后，欧洲人认识到不能再打了，再打欧洲就没了。而且当时美国、苏联成为了世界的一级，欧洲慢慢靠边站了。于是为了求生存，谋发展，欧洲就一直有一体化进程的需要。于是开始建立联盟体。先是煤钢联营，进一步原子能联营。他们的构想是在做到货币先统一，进而政治一体化。”逸飞说道，“其实说实话，欧盟想和平的意愿是好的，但是他们忘了，那就是这个世界并不是只有他们，还有其他的人日夜思考着怎样保持现在的位置，他们有眼睛可以看，有头脑可以思考。欧洲的力量变强了自然就有人不高兴了，于是选手有了。而其内部本身就有不平等的差异性。只要这个存在，就有狙击的机会了。当然只有有实力订立规则的选手才有资格玩这个游戏。”

“美国呗！”我说道。

“还应该是国际炒家。”逸飞接着说道，“欧盟为了建立统一的欧洲货币体系，他们做了两件事情，第一件事是成立统一的央行，这央行是按照股份制设立的，各国以出资额享受获利。第二件事就是固定汇率。因为虽然想统一货币，但是各国还有政府，还有各自的主权货币，所以他们为了同一货币做准备，他们就学起了曹操，做了‘铁索连舟’。将各国的货币汇率限制在一定范围内。这种管制现在叫做‘半固定汇率制度’。这个制度规定，如果某一成员国货币汇率超出此范围，其他各国中央银行将采取行动出面干预。

“但是就是这个规定，却出现了两个根本的关键问题。首先，这个货币体系使得货币和主权失去了对应关系。要知道现在是主权货币时代，国家根据自己需要发行货币。政府为了促进经济进步，就会使用财政政策，不够的钱的话，就向央行去借。而央行得到

的政府债券，并不会有利息负担。因为根据央行的体制规定，获利部分要重新还给政府，这样就完成了政府的无利息负债对冲。但是欧洲货币体系使得政府没有办法完全对冲自己的负债了。所以未来欧洲一体化进程就一定要快速做到政治一体化，不然政府债券问题将会爆发出来。再来，就是固定的汇率制度，这使得各国在外汇调整方面的问题暴露出来。因为这会跟现实相违背，如果世界上只有欧盟还好吧，但是还有美国这样的国家存在，就会使得汇率集中爆发。

“这是欧洲货币体系的两个关键性问题。现在已经有欧元了，但是大家还是对欧元能走多久而担心。其实可以肯定地告诉大师，只要事情想要成功，那就会成功，关键看人们如何运作。好了咱们现在还是来看，各国还有各自货币的时代吧。

“好了，为了统一货币，于是欧洲各国先固定了汇率。但是汇率固定，却使得各国往往没法根据实际情况来操作货币了。就是说，有时明明一种货币比另一种货币疲软，但是为了稳定汇率，各国也只能大量买进。”

“嗯，明白，就是各国把整体利益放到了自己各自利益至上了呗。”我说道。

“不错，但是只要和现实相违背，不平衡就会出现。”逸飞接着说道，“一个历史的偶然事件。1989 年，东西德国统一了，统一之后，西德为了促进东德，而采用了扩张性的财政政策，咱们知道这其实就是一种变相的货币投放方式，只是当时人未必知道的像今天这样清楚。政府投入货币,货币就会增多,于是为了回收货币,这就要求央行进行提高利息。而当时欧洲其他各国，像意大利、法国、英国这些都处于经济衰退时期，他们可没有德国这样需要帮扶的小弟，于是他们采取的都是通过降低利率来促进经济进步的办法。

“这就使得德国马克和欧洲其他货币之间的利率差扩大，从而扩大汇率差。但是汇率是固定的啊，怎么办，没办法，各国都只能硬挺。国际炒家们看到机会，因为欧洲货币体系中，马克的利率明显高于其他国家，所以国际资金就大幅涌入德国，这就更加剧了德国的通货膨胀，于是央行只能继续加息，这就成了一个正循环。可是别忘了还有美元呢。你马克利率高，必然相对美元升值。而英镑利率低就必然贬值。现在英镑为了整体利益，于是就考虑还是先保证汇率吧，于是他就做出了违背经济趋势的提高利率的决定。其实当年英国也是坚定地推动欧洲一体化的，他们希望提高利率可以带动汇率来维持欧盟的固定汇率制度。

“可是，这个时候，他们忽略了他们下调利率的根本原因，也没有理解德国利率升高的原因所在。为什么降低利率可以促进经济，因为利率低，大家就会向央行借钱去生产，然后雇佣更多的工人。而这些人有了工资，才敢去消费。这样就拉动经济了。可是现在利率高了就必然会使得经济进一步转冷。国际炒家正是看清了这一点，于是就更加疯狂的放空英镑，因为高利率在怎么高，你高不到天上去，而高利率只有一个下场就是下跌，而且现实经济在那儿摆着呢。你必须跌，于是这就吸引更多的人来空英镑。首当其冲的就是索罗斯。而且人家不是在幕后，而是在明面和英国政府唱对台戏。于是这两个方面就开始PK，一方是购进马克卖出英镑，而另一方是购入英镑卖出马克。据说当时就只是索罗斯一个人就动用了100亿美元。再加上跟风而上的国家炒家。于是，英镑扛不住了。在耗尽了马克之后，英国宣布英镑脱离欧洲货币体系，汇率自由浮动。

“就在英国宣布的当天，意大利里拉也宣布开始自由汇率了。因为根本受不住。于是这些胜利的国际炒家程胜利余威横扫了整个欧洲货币体系。这就是欧洲货币保卫战的大概了。”

“真是千里之堤毁于蚁穴，整个欧洲货币体系就因为一个国家的货币投放政策就产生了这样的动摇。”我感叹道。

“大师这样说是不全面的。”逸飞说道。“因为德国不是一个一般的国家，而是欧洲一体化进程的骨干。他和法国一直是整个进程的轴心。而且德国的金融市场也十分发达，这就扩大了其影响力度。这件事情集中体现在外汇上，但是股票、股指期货市场都先后受到影响。而国际炒家就是从多个方面来布局绞杀的。说道这里，这件事值得一提的就是这件事的结尾”

“结尾?不是已经结束了吗?”我疑惑道。

“还没有，大师。”逸飞笑道。“咱们现在讲，国家要进行博弈，首先就是要有国家间的差异，其次就是要货币能够自由出入，不然进的去，出不来，那就死了。例如5万亿美金进入中国，在股市很捞了一笔，变成了10万亿美元，结果要回美国的时候，中国说不行，不能出去，然后将汇率调一下，50人民币兑换1美元。这样，就是神也只能流泪了。所以任何手段都可以被人使用。

“同样的道理，国际炒家大多是用美元兑换的马克，现在已经该战斗的战斗完了，最后就应该是换回美元的时候了。而如果这个时候，马克顺势贬值，那么就可大幅截留这些逃逸资金。要知道这些资金很多还是借贷资金，到时候一定要还回去的。所以只要这样做,就一定可以降低德国的损失。率先看到这个趋势的正是索罗斯,于是他开始在英国《泰晤士报》发表社论，人家不仅分析，而且还实践的，于是他开始卖空马克，同时在股票市场上操作，汇率降低，那么进口企业股价要跌的，而出口企业股价会上升。索罗斯就这样做了。结果，德国就是死活也没有调低汇率。最后这件事就以索罗斯就投机失利告终了。但是索罗斯还是在狙击英镑之中获利达到15亿美元以上。这也就是英镑狙击战出名的原因，而这还是在美国的国政听证会上才知道的事情。

“其实，关于德国最后没有降低汇率这个事情咱们现在想起来也还是个谜。因为，德国这样做应该是可以减少损失的，也应该是正确的。但是德国却死活没做，有人说是因为欧洲各国恨疯了索罗斯，所以需要他的失败来为欧洲民族报仇，以他的损失来为欧洲洗刷耻辱。也有人认为，德国并没有看出这里面的关键，所以没这样做。还有一种看法，说德国是惧怕索罗斯的分析，于是干脆来个敌人想让我做的，我就打死不做。

“反正这件事情已经发生了，他的后果是很明显的，那就是英国打死也不再参加欧洲

货币一体化了，所以至今我们还能看到英镑和欧元并行。而欧元也是到了《马约》规定的1999年1月1日才执行。这些都是那场战役所导致的。”

14.12.5 金融战争2：美日国债赎回战

“嗯，哥，那日本泡沫呢？”我又问道。

“大师，我管你叫哥，你让我歇会儿行吧。”逸飞苦着脸说道。

“我请你喝骨头汤去。”我诱惑道。正所谓“人为财死，我为食亡”，就不信有谁能免得了诱惑。

“我请你吃大串。”逸飞叫嚣道。

“好，讲完再去。”我说道。

“……”逸飞陷入了沉思，一口一口的吸着刚刚重新点起的香烟。

俗话说“流氓一思考，谁也好不了”，看着他思考的摸样我还真有些担心。“怎么了，说话啊。”我试探地说道。

“我整理思路呢，大师。”‘白痴’叫嚷道，“这些事情都是很难一两句话说的清楚的。时间总要想的差不多吧。等下……”

“大师，这样，我们知道美元的本质是美国印的信用券儿。”逸飞思考了一会儿，开口说道，“但是这些信用券，总有一天会回到美国，从而重新换取美国的国内财富，对吧。这就是美元的一个简单循环过程。所以对于美国最有利的就是低价回收，不仅使这些东西低于当时花出去时的价值，更加要低于当时的合理价值，低的越多，美国越有利。”

“嗯，理解。”

“好，所以美元想要赎回最好的办法就是叫嚣自己没有实力了，美元要贬值了，大家赶紧低价抛美元吧。”逸飞接着说道，“所以美国对他国所做的事情，就是既要放出美元得到实物，同时也要注意利用机会，低价收回美元。而日本泡沫就很好的体现了这些”

逸飞接着说道：“大约是1980年代的一次石油危机作为契机吧，反正那个时候开始，没有开始贬值了。于是大家开始低价抛美元。而当时最大的庄家就是日本。原因很简单，他有太多的美国信用券儿了。日本当时是世界主要出口国，随着60年代到80年代积累了大量美元。于是日本为了解决大量的外汇储备，就把这些钱重新投入到美国，这样就减少了美元在日本本国的货币量，从而减少了日本的通货膨胀，而这些钱回到美国也可以换回相应的实物财富。而美国货币增加，为了经济稳定，于是美国在1980~1984年间开始提高了利率。而由于利率的提高，更加吸引了外汇流入，这样就提高了汇率，于是出口进一步受到打击，进口增加，这样就有更多的美元流到国外，而其中最主要就是日本。

“就这样，整个过程就成了，日本把美元还到美国，美国货币增加。为了应对通胀，美国提高利率，而利率上涨进而带动汇率上升，这样就更多的美元通过外贸进入日本，而一本进一步把美元还到美国的正循环。

“其实这个时候，美日都出现了通货膨胀，日本是外汇供应的通货膨胀，而美国是印钱印多了出现的通胀。根本原因在于一个是世界货币发行国，而另一个是最大的出口国。”

“到真是针尖对麦芒。”我叹道。“那这样这个问题岂不是没法解决了？只有他们达到某种平衡吧。”

“这样就要看这个过程中是美国获利还是日本获利了。”逸飞进一步解释道，“显然日本似乎更占优势一点儿。因为日本投资美国的实体经济，就是变相用自己的出口和美国交换物质财富。而且经过60到80年代近二十年的积累，日本拥有大量的美元，完全有能力使得这个循环继续下去。简单地说就算日本只投资房地产就能赚发了。”

“嗯，然后呢？”

“于是美国开始思考如何能够打破这个循环了。”逸飞接着讲道，“美国设想，美元之所以这样回到美国，首先就是因为日本有太多的美元了。如果可以把这些美元重新拿回到美国，就可以缓解这个循环，至少是减弱循环作用。最好的情形是美国拿出一美元，然后交换成为日元，然后如愿来个日元汇率上调，比如上升一倍吧，这样就可以把原来的一美元换回两美元回到美国。而这部分钱是美国自己平白无故得到的，所以可以使用内部消化手段，实在不行就自己买自己的债券。这样就可以使这部分钱退出流通领域。这样做不仅削弱了循环，同时也减缓了美国的货币压力，而且还把日本过去20年的积累化为烟云。”

“手段太毒辣了！”我叹道。

“呵呵，大师，这还只是战略设想，要知道通过战术和具体操作，这个结果能更加完美呢。别忘了还有一群看到糖就往前冲的小孩子呢。”逸飞坏笑道，“于是定下了这个战略之后，美国做了两件事。第一件事情打开日本的资本自由流通的市场。第二件事情就是迫使日本人为提高利率。

“1984年好像是2月开始，日本开使全面放开了资本市场。反正从那之后，美元可以随意投资日本的任何金融领域，自由进出了。而1985年9月，英、法、德、美、日五国财长在纽约的广岛饭店通过协议，逼迫日本提高汇率。当然，人家是有手腕的。开放日本金融市场，美国的理由是日本是世界大国，世界大国就应该像英国、美国这样有健全、开放、自由、美好的金融市场。而提高汇率的理由是，你看看我从战后就开始帮你援建，你小子有了今天也有老大哥我一份力，现在大哥苦啊，由于汇率太高使得老哥现在只能进口，根本就没法出口，国内经济就快崩溃了。看着往日的情面，你看看今天我把你英哥、德哥、法哥都请来了啦，你是不是帮帮老哥，抬抬手，把日本汇率提高上去。放心，老哥保证，就是一两年的事儿，等老哥喘过这口气儿的。

“而日本果然真的听了。从85年到87年，美元对日元从原来的一美元兑换250日元涨到了1美元兑换120日元。怎么样，美国人美了，他们的目的达到了。而且他们发现另一个是他们兴奋的事实，那就是随着日元对美元的升值过程，那些小弟儿果然没有让老大失望，大量的国际热钱涌进了日本，不断推高日本的金融市场。而且日本竟然也没有注意到，商业银行的以一揽子担保物进行的信用扩张的规模扩大了。过程就是人们抵押物品获得贷款，但是随着通货膨胀使得抵押物进一步升值，于是人们可以抵押出更多的钱，这就进一步推动通货膨胀了。事实上，到现在也很难估计那时流入日本的热情到底有多少。反正日本人发了，人家真的成了'国际大国'了。"

"那也就差不多了吧，'上帝欲使其灭亡，必先使其疯狂'。"我笑道。

"美国人是该动手了。可是就算到了87年汇率翻了一倍的时候，美国人也没动手。"逸飞接着讲道，"这可不是心软了，而是当时美国发生了股灾。大师，还记得1987年那次调整吧，咱们说过的。当时格林斯潘刚上台，这小伙一看美国经济这样哪行。于是大笔一挥，加息。结果1987年，历史就记住了这一年。

"现在看来，有人说日本人傻，这是毫无根据的。要知道日本是近代亚洲史上唯一真的获得独立发展的国家。人家是才真正的资本主义国家。当时日本人就看准机会，大举收购美国股票。这带来了几个后果，第一，日本低价的取得了美国的财富。第二、利用了日元升值所带来的货币利益。第三、是日本挽救的市场，这使得日本的国际形象出奇得好。"

"反客为主了，看来。"我说道。

"所以直到这儿，如果说日本和美国在下棋的话，这两个人真是棋逢对手了。"逸飞接着说道，"这样看起来，美国也没有获得太多的好处。虽然整个事情是美国设计的，但是工具只是工具，任何人都可以利用。这是金融工具的实质。而现在美国只有一个武器了，先机。要知道美国的每一步都是设计好的，而日本的大多数路数都是人家设计好的，这样美国就可以在日本的金融市场中获得先机了。而咱们知道，金融市场争的就是这个先机。所以说日本的失败是必然的也不是没有道理。

"美国通过一年的休整之后，重新审视日本。现在日本的商业银行以一揽子资产的信用扩张已经根深蒂固了。而这个循环有个死穴，那就是每一笔贷款必然对应着一份债务。只要大量债务到期没法偿还，就会出现银行为了保证安全而抛售抵押物的现象，而抵押物的抛售会加大更多的银行抵押风险，从而推动抛售。这样就会成倍地造成信用萎缩。这种放大萎缩的循环可以说商业银行抵押所根深蒂固的。所以现在奥巴马救世，不用做别的，第一就是还债，阻止进一步萎缩。而当时日本的信用扩张就带来了股市、楼市奇高无比的现状，而且他的市场是敞开的，这就更相当于连门都没有了。

"所以要打击日本太简单了，因为他现在货币和实物循环出现的不平衡不是一般的大。这个时候，要么我将一些货币藏起来，使其成为失业货币，就会有信贷无法偿还，从而造成银行扩张萎缩。要么我也可以在某一天，约好一群哥们，狠狠的做空日本股市。好了，当时的日本股市奇高。于是在1989年底，以日本的一次加息为契机，国际炒家大举做空股市，这样银行开始小心了，所以要催贷了。这样企业面对资金压力，首先做的就是把资本市场的钱拿回来，这样更加深了日本股市下跌，从最高的3万8，最后留了个零头，剩下8千。要知道我只说了几个主要市场，还有期货呢，别忘了，还有期权，这些复杂的保证金交易市场，就好像一根根细丝一样，牵一发而动全身，所以带来的结果就是提前知道信息的人大量的掠夺别人的财富。

"这一切都是一个过程，但这个过程却无外乎达到主要三个作用。首先就是银行信贷紧缩，出现正反馈的过程。其次，金融市场的失利，使得大量企业面临无法偿还贷款从而倒闭的风险,所以不得不低价处理在美国当初买的东西。而最后就是国际炒家大丰收。于是现在只剩下一步了。那就是胜利归国。"

"那这个时候日本应该调节汇率。"我想起了德国当时的事情。

"嗯，大师这样想是很难实现的，要知道当时做空股市虽然激烈，但是日本还是有时间反应的，而日本做出的反应是绝不降低汇率。因为他们突然注意到，他们大量的金融企业和国外机构签订了做空日元的协议。如果现在下调汇率，虽然能截留一些资金，但是那些金融企业就要面临进一步亏损了。"逸飞继续解释道,"咱们现在安下心来好好想想,在股票和期货市场大量的获利资金已经成为了现实。这部分资金，不论日本再怎么操作也不会使其消失。而且这些钱在国内完全可以在未来发动更多的行动，所以把这些钱锁在国门之内的策略更多的是一种想法，不一定是最有利选择。而如果当时出现日元贬值，则会马上出现进一步增加国际炒家们在外汇市场的获利。这是新增的、现实的获利。所以宁可不做，也不能做错就成了当时的选择。于是日元坚持坚挺，直到1995年前后，在影响已经慢慢淡去,主要应该是哪些协议慢慢过期之后,日本才突然降低利率。经此一役,日本倒了。"

这个故事发人深省，我慢慢品味了半天只说道："哥，走，吃大串儿去。"

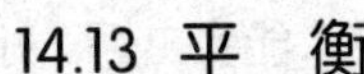

14.13 平 衡

14. 13.1 平衡真的有过吗

逸飞说得很有趣，但是我却听得有些黯然伤神。逸飞总是说，其实不平衡一定存在，有些是自然发生的，有些是人为放大的。但归根到底，不平衡一定会有。我不禁陷入思考难道平衡和物理上的静止一样，只能存在于人们的相对观察之中？还是所谓的平衡永远只是运动中的平衡，而不可能有静态的平衡。

夜已经深了，可是这个问题却在脑海里怎么也散不去，于是我打开本本开始阅读自己以前的笔记……

1531　交易所游戏开始

1531年在安特卫普出现第一个真正意义上的交易所。这是一个位于干草旁边的一个广场，人们每天就是在那里交换信息。不论是贵重金属、各国债券、或是商品都可在那找的买主和卖家。而后随着阿姆斯特丹成为国际金融中心，而那里的‘证券交易所’成为了大家角逐的场所。最早的股票书籍《混沌中的混沌》于1688年在阿姆斯特丹问世。这部书里是这样描述这个市场的：

一个人一旦踏入了交易所的圈子里，他就永远不会再安静下来。他像是蹲在一个监狱里，而这个监狱的钥匙沉在大海里，监狱的门闩永远不能打开。

失望的玩家宣布说是一个疯狂的国王创建了交易所，因为交易所用一句话概括就是暴躁，恶心再恶心，惶恐再惶恐。

1602　东印度公司

第一家真正意义上的上市股票公司，就是这家东印度公司。在这个公司之前，大家都是一次投资，然后弄一条船，航行出去卖东西，然后回来分钱解散。但是东印度公司却第一个做出了永续经营的许诺。也就是股票只要发行了，就永远不再收回来了。每年大家按照获利分红。而他开始推动上市交易。他的股票很快就遍布交易所。

至今回忆他的历史还是激动人心的。他从成立的那一天开始，在一百年里累积分红是原资本的1482%，他的股票持续了一百年的升势。就是它使得整个世界知道，股票可以赚钱。

当然对于它的投机也是最为激烈的。由于当时信息不变，推迟到达的信息给予了投资者无尽的想象。无论是新船的下水、货物的回航。这些都可以被人编成一曲悲壮的史诗。

而伴着史诗而来的，还有人们的贪婪和恐惧。

当貌似不好的消息传来‘几天之内，东印度公司的股票几乎就无法卖出去，证券行情直线下滑，人们简直是乞求着把股票才能卖出去，好像人们在向买主要求救济。交易所里出现了一片恐慌，一种不可阐释的动荡，好像整个世界要灭亡，地球要坠落，天空要塌陷一样。交易所里最结实的支柱也就像一根最脆弱的木条一样断裂了’——《混沌中的混沌》

想不到我们今天的剧本竟然早在几百年前就写好了。也许早在人类诞生之初，这剧本就已经存在了。

1634　郁金香热

这是历史上第一次著名的有详尽记载的投机狂潮。早期，贵族们觉得这种东方的花卉很合适在宴会上或是花园里作为品味的装饰，于是人们开始接受这种高品味了。没人知道这是怎么开始的，突然一个富姐就开始和另一个富姐就品味攀比了起来，于是大家的目光注视到这娇艳的花朵。从 1634 年的一个下午，人们便开始频繁地进行郁金香球茎的买卖，高换手率哄抬了整个价格，人们用称量黄金的小秤来称量这种花卉的球茎。而早就运作股票运作到出神入化的操盘手们将操作的手法用在了这种花朵上，于是整个荷兰疯狂了。

那个时代，不论是、农民、商人、市民、海员、女佣甚至贵族都沉醉在郁金香的投机热潮中。他们确实应该这样，因为只要那个时代你拥有一个球茎，再随手抛掉的话，你未来两年的工作都不用做了。一个荷兰的小镇到了 1637 年投入到资金到了 1000 万古尔登币，这相当于同时期整个东印度公司的股票市值。人们疯了，这是后来的评价。但是如果我们身处那时的荷兰，相信我们就要反问了，我们怎么能不疯，辛辛苦苦三十年，不如一个小买卖赚的划算。

泡沫破裂源于一个问题的提出，一个哥们儿突然想到，如果卖不出去不是就没法收回成本了吗？于是他开始实践猜测，卖出了几个球茎。而整个市场就是这样轰然倒台的，抛售如潮水一般。有一两个花卉商和贵族决定以悲天悯人的情怀去救市。于是他们成为了历史的浪花。整个荷兰经济在那场投机中崩溃了，财富完成了再次转移。中小商人们辛辛苦苦三十年的努力，换回了这可爱的不能吃的东方小花卉。

而今天郁金香成为了荷兰的国花，春去春来，郁金香依旧绚丽地绽放。

1672　债券投机热

战争是人类贫富重新分配的平台，当然现在这种方式已经由原来单纯的掠夺战利品，而复杂到债券等金融市场的博弈。

1672 年荷兰和法国发生资本主义战争。今天的伟大社会主义者一定会鄙视这些落后

的发达国家间的不和平、非正义战争。战争打了八年，从 1672 到 1678 年。人家这八年奋战所取得的结果是荷兰债券的伴随着一封封战报而在交易所里跌宕起伏。

1672 年 5 月债券发行，

1672 年 6 月这些债券就一分不值了。

1672 年 9 月这些债券又到达了原来的 60% 价值。

1672 年 10 月进步上扬到了 80%。

1672 年 12 月这些债券就价值原来的 52%。

到了最后 1678 年战争结束，整个债券又回到原来的 80% 价值。

整个债券的历史，充分证明了战争是最大的投机。只不过我们今天的战争由原来的血肉战争，变成了财富战争。但只要斗争存在，就可以投机。

1717　法国密西西比公司

1716 年，宣扬“朕即国家”的法国太阳王路易十四去世，这个伟大的皇帝留给自己政府的，却是巨额负债，政府的年收入 56% 要归还他的债券。而他的新开销更要增加了新的负债，整个法国政府所面临的未来就是资不抵债的境地。这个时候，那个时代伟大的金融天才约翰・劳被由英国引渡到了法国。之所以称其为“引渡”，是因为他在英国把情敌给弄死了。于是这位个人作风出奇放荡的金融学家,在 18 世纪的法国实践了自己的天赋，他使得整个世界认识到什么才是资金融通。

面对法国复杂的形式，约翰的第一步就是以政府信用成立银行。银行以政府债券和其他一些像黄金、白银这些东西为抵押，发行货币。由于人们觉得这种纸币很安全，于是更多的人去银行用黄金白银换取纸币。这种做法的战略构想就是在人们慢慢熟悉法币的时候，通过金匠法则，大幅扩张纸币供应，造成通货膨胀。从而使政府可以从中牟利。

而计划的进一步实践是约翰在 1717 年得到了北美密西西比河流域和路易斯安那州的垄断开发特权。于是他成立“西方公司（Company Occident）”（民间称为密西西比公司）。这个公司发行的股票有个特点，就是人们只能用政府发行的债券去换购。同时为了公司造势，约翰招了一群无耻文人学者，召开各大学术会议，出版专著用来论证密西西比当地充满黄金的事实。于是新股票发行的出奇地顺利，股票从原来的 550 元（咱们这么理解，他们叫利弗尔）开始上升，而民众由于造富效应的带领，前赴后继的参加到股票的认购中。伟大的金融师不断的发行新股，而且也发行货币。这样两者的后果就是股价上了天。整个过程中唯一的不同是，民众用自己的真金白银、政府的债券换得了一个密西西比的美梦。到了 1720 年，公司的股票到了 8000 元。

泡沫的破灭是来自一位伟大的法国王子。可是法国王子的初衷并不是源于对民族的热爱，或是想要揭发密西西比公司根本就没有盈利的事实，亦或是想告诉大家约翰一直以来所许诺的高回报都是谎言。王子发怒的原因是他没买到密西西比公司新发行的股票，王子觉得自己当王子当的有点儿憋屈。于是盛怒之下的王子跑到约翰的银行用银行的钱提走了三驾马车的财物。雪山顷刻间蹦了，于是大规模的挤兑和抛售股票发生，股价由8000一年内到了150元。整个法国完成了一次财富转移。

通过这场危机，法国政府轻轻松松的摆脱了财政负担，而密西西比公司在风雨飘摇中坚持了50年。直到1772年退出了人们视野的公司，被秘密注销掉了。而这件事情的结尾是法国人民是被欺骗了。但是他们没认为这是政府的问题，这一切的过错都是英国人约翰造成的，大家一致要求将他处死。而这个时候，这个英国的喜好赌博的金融师在政府的秘密保护下，被引渡出了法国。1729年，这位18世纪最伟大的金融师在威尼斯、在赌博和投机生涯中、在疾病中过早的离开了我们，享年48岁。巴黎人们知道这个事情之后为他撰写了18世纪最真实的墓志铭："这里安息的是一个著名的苏格兰人，他是独一无二的算术家，并且用自己的代数法则使法国人民倾家荡产"。

1717　南海投机泡沫

作为伟大金融师培养地的英国，也以一次伟大的群民投机活动而永载史册。在1711年，牛津的一个伯爵成立了南海公司。但是公司一直不温不火，也没怎么发展。直到历史转机的来临。在1719年，自认为理解了同胞约翰·劳在解决法国政府财政问题上的高妙手段之后，英国人突然发现，应该把政府债券交给公司。而这个幸运儿就是南海公司。一时间南海公司成为了人们关注的对象。这个时候，大家才发现，原来公司拥有南海贸易垄断权和南美金银矿藏开采权。这一伟大的'发现'在人们心中无异于新大陆的发现。人们清楚的知道，在英吉利海峡的另一面，一个和自己公司一样的密西西比公司正在法国以1301倍的市盈率圈钱。人们自问，诞生伟大金融师的英国哪点赶不上落后的法国了。于是一时间股票飞涨。而同时带动的是英国各类公司股票的诞生。反正公司赚不赚钱不要紧，只要有股票就是钱。于是整个英国疯狂了。

泡沫的破灭不是来自于外人的察觉，而是南海公司自己的高管突然间有了自知之明，他们了解到自己在有生之年也没办法使公司完成既定的利润率。原因很简单，他们所宣称拥有的南海贸易垄断权和南美金银矿藏开采权一直都在海上霸主西班牙手里，也就是公司根本不赚钱。而且1720年正是密西西比股崩的年代，例子就在眼前。要说英国是一个伟大的金融国度，人家才是金融界的祖师。认清事实的高管们没有慌张，他们以1000%的溢价发行了500万新股之后开始了雪崩式的抛售自己公司的股票。数量极多的以抵押物为担保，贷款给别人的银行倒闭，英格兰银行陷入困境。英国经济陷入低谷。

几乎我们现在所知道的那个时代的英国名人，都无一幸免的或多或少的参加了那次投机。像英国的王室贵族、外交官、知识分子（像《鲁宾逊漂流记》的作者笛福）都榜上有名。而这里面最出名的就是伟大的牛顿。在泡沫破裂后，时年77岁的，忠实天主教徒牛顿心肠皆断地说道："我能计算天体的运动，却无法计算人群的疯狂行为。"

1789　法国货币革命

至今我们回忆起法国大革命开端的"攻占巴士地狱"事件，一些文人认为这是资产阶级冒着极大风险对于传统地主阶级的宣战。可是事实是，攻占的当天，整个小监狱里只有七名犯人，而就这有限的几个中，还是大多被家人送进里面的精神病患者。就在攻占当天，驻防部队甚至认为这只是浪漫的法国人一次喧嚣的集会，大家在一起骂一骂就会散了。反正不论如何，法国大革命是以这次活动作为开端的。而一次伟大的金融危机，也就是在（约翰逝世50年后）这个时候拉开了序幕。

还是在那时的法国，还是一样的宫廷，还是一样的负债。就在英国金融师创造性的解决法国的财政负担后的50年后，这座国家的政府又背上了沉重的债务包袱。光整个凡尔赛宫殿的维护，每年就要花去政府财政的10%。这就必然使再浪漫的法国人也要静下心来看看法国到底是怎么了？同时期，还是一个英国人发现了问题的关键，今天这个结论被很好的总结为'帕金森定律'。这个定律讲的是官僚主义的本质，就是政府官员无所事事，效率低下。为了在明年得到更多的财政补助，于是就要在今年尽力的花钱，而且会到处招小弟，这样可以提升官员的个人威望。而随着机构的庞大，内部勾心斗角就越严重。这就很好的明白了法国债务变大的根本原因了。好了，现在要解决了。夕源必须再次强调，在历史上任何阶段都会出现很多很多理论，这些理论都是问题一个分析，如何做才是关键，人们的侧重点的不同，就会导致结果不同。面对这一问题可以有很多解决方式，要么发动国内金融危机、也可以转嫁国内矛盾进行对外战争、再不济就是来个债务重组（这个概念提前了点儿），反正方法没有一定的，但是每个方法都有相应的结果。

面对这一问题，法国波旁王朝给出的答案是加重税收，可这里面的问题是，在法国，贵族、僧侣、高官是不交税的，这就激化了社会矛盾。凡是人民不喜欢的，人民就要改变。当时有实力的是资产阶级商人，于是才上演了那出革命闹剧。

1789年，新的政权上台了，这是资产阶级开始掌权的第一步。但是这里有个问题一定要注意，那就是世界历史上的各国政变，往往就是政权的交变。政府机关的工作人员一般是不会改变的（而像一些伟大社会主义国家，什么都打破的才是凤毛菱角）。因为这些政府职员都是专业人员，如果没有这些人，新政权连税收都不知道要怎么计算。所以政府和政权是完全不同的两个概念。现在好了，新上台的资产阶级，完全背负上了波旁王朝时期的政府债务。怎么才能有钱，也成为了他们的主要任务。可以说到这儿为止，新政权和旧政权在经济上没有本质的不同。

为了解决这个问题，新政权采取的手段也特别有创造性，他们把他们从贵族、僧侣、教会手中没收到的土地作担保，像50年前的伟大金融师学习，发行了一种货币。这种货币可以去购买那些抵押的土地。但是法国是不幸的，历史没有给新政权学习修改的机会。

首先，就在1792年普奥联军开始对法宣战，要复辟波旁王朝。众所周知，打仗就是打钱。于是新政府为了战争支出，只能去印钱。

其次，是这种货币没法对冲。本来新政权的设想是人们拿着这些货币去买占领的贵族土地。但是人们不信任新政权，要知道人家贵族如果回来，我就没有土地了。所以没有人去对冲货币，这种货币只能越来越多。

就这样，通货膨胀不可避免的来了。据 1795 年统计，新政权发行了 75 亿法郎，而当初最开始的 1792 年，只发行了 4 亿。3 年 18 倍的成长，人民很不高兴，于是人们不喜欢用货币交易。而同时新政权认为通货膨胀所引起的物价上涨是不法商人做的结果。于是强制人民使用货币，将不服的人都砍头了。这就是著名的法国革命。法国革命已经陷入了怪圈，那就是不论哪个政权上来都要在货币上做文章，可是这种严重缺乏信用的货币，只能造成不断地贬值和国内矛盾的激化。最后拿破仑创造性的解决了这一问题，他通过对外战争掠取了大量财富，用以偿还政府债务，对内进行一系列改革，减少财政支出。这才使得整个法国革命没有成为一出农民起义的闹剧。

好了，现在来讲结果，整个法国革命的过程中，大量的商人利用货币贬值，从而获利。具体方法是利用货币价值较高时向别人借钱，买入实物资产。再在货币贬值之后，把不值钱的货币换回去，这就是典型的“借牛还羊”的故事了。这这个过程中，迅速崛起的就是被马克思称为‘资本主义灵魂’的罗斯柴尔德家族。而他们最辉煌的胜利就是那次著名的在英法战争期间，对英国债券的投机。

1869　操纵黄金

这又是一次伟大的投机活动，这个活动造就了“华尔街恶魔天才”这个名词。而这一殊荣被授予了杰伊·古尔德，这一伟大的犹太投机商人。今天我们再次打开杰伊古尔德的画像时，相信大多数人都会被他 20 岁时的俊朗外表所吸引。而且读过他的传记，你就会发现他是一个家庭感极强的好男人。但是俊美的外表下却是一个冷静的大脑，这就使得他没法很好的打开外交局面，反倒是他的合伙人，看上去胖乎乎傻乎乎的吉姆（不是吉姆·罗吉斯而是吉姆·菲克斯）深受大家欢迎。他个人作风极其不检点。而他最后也是被情敌，断送了性命。今天这一对儿天作之合被并称为“金融界前所未有的最无耻的恶棍”（但显然，某个人根本就配不起这项殊荣）。

好了，在 1969 年古尔德已经在同时期的火车投机中，拥有了庞大的资本。但是资本还要更大才好，于是通过对华尔街历年黄金储备的数据研究，古尔德发现整个华尔街的储备黄金不过 2000 万美元，而大量的黄金被财政部保存着，大约有 7000 万美金。这就是说，只要把握得当，就可进行黄金投机交易，而且还可以进行期货保证金这样的投机，因为期货是跟着现货走的。

有了战略计划，古尔德开始进行战略部署，整个投机机器在别人还没有察觉的时候，就开始高速的运转起来了。古尔德主要进行了三步走的计划。第一步，暗度陈仓的小量吸纳黄金进行建仓。第二步官商勾结，政府掌握着垄断资源，垄断就是力量。投机一定要

有后台，古尔德给自己找的后台是美国总统。他说服总统把能够管理纽约黄金金库钥匙的财政总管助理职位，交给了一位古尔德的支持者。而且还说服“诚实的近乎天真”的总统在给秘书的心中承诺“没有总统允许，财政部不得出售黄金”。第三步，古尔德找到了很多无耻文人，在各大报纸发表预测，认为黄金价格可能变动。而且他还找了当时出名的社会评论家来预测黄金可能会在政府的默许下上涨。准备就绪。

1869 年 9 月 8 日，黄金到达 138 美元。古尔德开始跳出来，大举逼空黄金。第二天就涨到了 143 美元。懂得期货交易的都知道，期货就是对赌，而现在的目的不需要保持总是天价，只要把对方挤爆仓就可以了。于是大量的空方开始爆仓，但这还刚刚开始。就在 9 月 22 日，金价到了 141 美元，一切看起来都十分顺意，但是就在这天，古尔德通过总统妹夫知道了，总统似乎对他的事情很不满，联邦政府要采取行动了。于是古尔德第二天也就是 9 月 23 号开始就让经纪开始把自己囤积的黄金经过复杂的渠道慢慢抛出。而表面上吉姆还是跑到交易大厅里继续推动金价，于是更多的投机商由空转多，这一天金价以 143 美元收盘。9 月 24 号，那一天被称为“黑色星期五”，古尔德集团迅速推高金价，而且吉姆·菲克斯大量下达‘口头订单’,要经纪们买入黄金。金价疯狂的到达了 162 美元。空方爆仓无数，无数的人支撑到了这里就倾家荡产了。但是还没有结束。就在上午 11 点古尔德得知了联邦调查员进驻了支持他的银行，政府马上就有活动了。于是古尔德在当天下午开始大幅抛售黄金，金价重新回到了 135 美元。当天就有 14 个经纪公司和几家银行破产了。而事后吉姆更是矢口否认当天所下的一切口头订单，这就使得经纪公司损失惨重。这就是当年那个著名的“黄金阴谋”。

最后的结果是无数的财富进行了交换，无数的投机商破产，而古尔德从此和恶魔画上了等号。

1919　德国通货膨胀

第一次世界战争结束了，德国败了，败得极为彻底。就连最后的《凡尔赛合约》德国都没有权利参加讨论，最后的决议是德国必须为这次帝国之间的混战承担成本。因为打仗就是打钱，各国都为“一战”背上了沉重的负担，法国政府事实上早就破产了，所以必须要要钱。而失败者是没有借口的。

于是，整个德国的货币体系崩溃了。

1918 年德国现金流是 33106 百万马克。

1920 年德国现金流是 81570 百万马克。

1921 年德国现金流是 122913 百万马克。

1922 年德国现金流是 1294748 百万马克。

1923 年德国现金流是 4965855346 万亿马克。

这就是传说中著名的通货膨胀。而这些钱是支付给外国作为战争赔款的，这就使得这些钱回流到德国，使得物价急剧上涨。而任何时代，不论何种理由产生的通货膨胀的最大损失者一定是储蓄者和固定收入者。因为他们的收入和存款是不会随通货膨胀而上涨的。如果想活下去，很可能就要回到原来的物物交换时代。德国当时就是这样，什么都在涨，而股票涨到了天上。报纸根本就写不下报价，直接告诉投资者在价格后面加上 9 个 0 就好了（真不知道什么时候，中国也能这样就好了，那就发了，呵呵。）

好了，利用马克发财的大有人在，还是传统的借牛还羊的故事。而且这次他们更加想出了其他的方法，就是利用外汇。因为本币贬值直接带动的就是汇率提升，于是很多人创造性的使用了这些方法。要么先用马克大举借贷，然后买入的外国企业，这样可以保证将来得到外汇收入，然后用这些外汇换取大量不值钱的马克，然后偿还贷款。要么就是在国外迅速买些企业，赚了些外汇，在马克贬值的时候买入马克计价的资产，控制资源。在非常时期，只有投机才能活下来，而那个时代就有一批这样的投机者。

1919　俄国卢布“革命”

十月革命一声炮响改变了世界，但是和法国革命相类似，这个革命在一开始也是十分乌龙的事件。十月革命的事情是在 11 月，俄国临时政府正在进行对外军事部署，整个彼得堡军力空虚到了极致。因为没有任何人会想到有什么革命起义。可是起义还是来了。“革命军”兵不血刃的占领了冬宫，俘虏了当时的临时政府。与法国不同的是，当时俄国有“铁血”的列宁。

于是面对巨大的战争财政赤字俄国极有魄力的废除了一切对外债务。整个世界震惊了，这就意味着俄罗斯自己把自己从国际名单上除名了。一个没有信用的国家等于永远的关上了向外国融资的大门。但是这没法解决俄国的问题，在伟大的社会主义政权用铁血证明了一切反动派都是纸老虎的时候，他们用战争说明了，俄罗斯永不复辟的事实。结果是整个俄罗斯的财政玩完了。巨额的战争费用把俄罗斯的财政托向了破产的深渊。只能印卢布了，于是在国际上卢布巨幅贬值。任何持有卢布的人都在被剥夺着资产。而与此同时伟大的苏联废除了一切金融产品。

今天我们实在很难说俄国计划经济的原因到底是什么，也许可能只是卢布连支付的功能都有限了吧。在通货膨胀里永恒不灭的事实，就是，持有者的财富化为了烟云。而这也可以使我们理解了为什么当时的苏联是疯狂的时代，因为任何理智都会把一个对人民不负责任的政府推翻，而只有高度的精神控制，才可以使人们在面临任何恐惧的时候都无所畏惧。失去了思考能力的苏联就是这样逆着经济原理成为了世界上的强国。

1926　法郎之战

值得一提的是，一战后和德国深切相连的法国。因为还是这个浪漫的国度，还是债务使得整个国家又出现了极端激化的矛盾。虽然取得了德国的大量赔款，可是令人奇怪

的是不到 3 年的时间里这个国家的债务就使得整个政府不得不考虑像参议院提起申请，要求得到防止破产的特别保护。而人们对于政府也越来越不相信了，他们忽然发现到他们身边的物价正在悄悄上涨。于是投机家们闻风而动，大家看出了法郎必然贬值的趋势。大家受到了马克的教育，认为法郎一定就是下一个马克。于是外汇市场上空法郎的交易越来越多。也许正是应和着投机家的预测，法国在 25 个月里换了 11 届政府，而在 1926 年的 10 个月中换了 8 个财长，一切都在等待，等待法郎贬值的开始。

在投机的市场里最怕的就是机械的看待问题，同样是一个现象而原因不同的大有人在。这次法郎的通胀的根本原因在于马克的流入，而不是印钞票所导致的。马克的通胀是要偿还赔款所不能不做的事情，而法郎是因为得到赔款所带来的由于外汇增加本国货币的情况，是有根本的主动权的。而且法国债务的历史原因就在于政府的庞大和支出的无效率，只有理解了这些，才能看破危局。

于是一个新的财长来了。他做了三件事：第一，将短期负债展期到了未来，这就可以缓解短期压力。第二、调高了利率。这有几个作用，收缩了信贷，缓解了通胀压力，而且带动了汇率提高，于是随随便便就把一批的投机者挤爆仓了。第三、缩减了政府支持，裁减了政府机构。于是一场法郎狙击战，就这样消失于无形了。

1929　华尔街崩盘

1929 年美国经济的大萧条，改变了整个世界。不仅打倒了一批经济学权威，铸就了无数的财富神话，更加重要的是使美国有能力取得二战的果实。而这一切都是由一次崩盘开始的。

第一次世界大战，欧洲各国举债捍卫自己的权益。而最大的债主就是美国，钱回来了，于是美国经济蒸蒸日上，生产力高度发达，股市飞了。大家都很乐观，你买股票了吗？一时大家所想的就全是这种财富的天使。这就爆发了著名的那个擦鞋童和基金经理的故事。其实那个时代疯狂的不仅仅是擦鞋童，女佣、厨师、汽车司机、保安员、退休工人都参加到了那次投机。组织群体和郁金香热出奇的相似，这是一次全民运动。而这次投资不能和郁金香比的就是规模。

通过美国貌似强悍的信用体系，抵押物担保融资炒股成了大家的常识。于是商业银行以一揽子担保物信用扩张的正反馈开始了，这是一座血肉磨坊，任何人都没法逃脱的。过程大家很清楚了，近几十年这是一个说烂了的故事。1929 年 10 月 28 日，纽约股市爆发著名的“黑色星期二”，股指创下当日下跌 12.82% 的历史记录，拉开了特大经济危机的序幕。

值得注意的是，世界著名的经济学家、教授们说：“股价没有反映出它们的真实价格，还应该再涨上去。”股市用下跌来回应。胡佛总统站出来说:“国家的经济基本面是健康的，繁荣的。”，股市依然用下跌来回应。

今天我们熟悉的《股票作手回忆录》的李文摩尔、改写了经济学课本的凯恩斯、一个做着轮椅的美国巨人罗斯福，都是这个时代的产物。当然，也包括今天的整个世界。这是一个值得我们用整个人类史来学习案例。

1970　世纪骗局

一个不学无数的金融大师，心里学研究者，玩了一个庞氏骗局，帮助美国从欧洲转移了巨额财富之后，消失在人们的视野。这个事情最出彩的地方是使世界认识了美国证监会的实质。证监会那个阻止该基金像美国民众发售的决定，清楚的告诉了世界，证监会就是维护中小投资者利益的，就是维护本国利益的。至于其他的，那是要他国证监会去做的。

1980　操纵白银

美国是对世界深深影响的国家，无数家族借助美国的优势创造了无数的财富，亦或是美国依赖这些伟大的家族才真正的有了今天。在这无数的家族之中，亨特家族注定以1980年的白银操纵而永留史册。这其实应该称为一个石油家族，但是这个家族在海外石油资源收归国有之后，就只能寻找新的市场了。这一次他们选择了白银市场。

唯一值得记录的是亨特家族这一次创造性的使用了期货市场。期货是对于未来价格波动用来对冲价格风险的市场。这是每一个稍有点金融知识就知道的。但是随着近代期货市场的发展，绝大部分人不会选择实际交割，而是博弈于保证金交易所产生的价差收益。亨特家族的掌门人纳尔逊·亨特发现，相对于黄金这种当时不允许交易的品种，白银是更好的投机品种。他的想法很简单，就是在期货市场逼空白银。不过人家可与现在中国一般的那些期货逼空不一样，现在的那些人大多只要取得价差就满意了。可是人家亨特是拿着合约坚持要实物交割的。要知道有多单就有空单，只要没法在交割日前对冲平仓，就要由交易所强制交割的，于是亨特通过这种方式大举得到了白银现货。

他不是一个人。亨特家族深知人多力量大，于是他找了几个沙特的大亨级的老板，他们在百慕大注册了一个离岸公司，然后就席卷市场了。他们的操作很成功，银价从1974年的每盎司2.5美元到了1976年到了30美元每盎司。于是选手来了，大家都认为这是在玩火。要知道银价涨不到天上是事实，于是很多人开始和他玩对赌，很多人开始做空白银。于是双方卯上了。双方PK的结果是银价由1974年的2.5美元每盎司到了1980年1月的50美元每盎司。

任何故事大多有个结尾，亨特的结尾只不过太过于凄惨了些。亨特太牛了，他牛到了人神共愤的程度。要知道白银不仅是商品，更是工业品，他的推高白银最终造成了工厂的成本推高。于是1980年1月初，纽约商品期货交易所管理委员会有史以来第一次规定了大户限仓制度，要知道这在资本主义国家发生的概率和“地月接吻”的概率差不多?可是

亨特还是通过各种手段玩火。最终,纽约商品期货交易所管理委员会在1980年1月20日,下达了有史以来的最牛的规定，期货交易所只准卖出白银，不准买入白银。于是市场崩溃了。第二天银价就回到了30美元每盎司，过了几天就到了10美元每盎司。

亨特家族确实是大佬级的人物，他们家族白银投机失败连带着美国股市的剧烈波动，而从此亨特家族也就慢慢的淡出了人们的视野。他们的失败可以说完全是咎由自取，因为就像是古尔德这样的天才也只敢短期操纵市场，可是他们竟然想要在缺少绝对力量的前提下长期改变经济。这无疑是堂吉歌德和风车PK。失败也就在所难免了。

1987 美股投机泡沫

美国是世界的中央银行，这个认识正在得到大多数人的赞同。上世纪80年代开始，美国发给全世界的货币开始慢慢的回到美国，而美国也就开始调高利率来应战通胀的压力。可是股市还是一帆风顺地涨了起来。而且随着所谓雅皮士（Young Urban Professional 年轻的拉皮条人士）的兴起和计算机技术的进步。美国股市的交易人士看起来好像越来越专业了。

于是一这次股灾就被认为是计算机自动交易系统的错误了。

1992 巴林银行倒闭

这是一家曾为英国女皇理财的高专业银行，可是却被一个交易员在新加坡的期货交易市场给输掉了。从此两个名字留在了大学宏观经济学的课本里：巴林银行和尼克·里森。

尼克里森是一个出色的结算人员，于是当他在负责了期货结算交易几年之后，巴黎银行把他送到了新加坡去主管期货交易。于是里森给自己找了一群小弟。可是没有管理过人的里森，显然没有办法管理整个团队。一天他团队里的一个交易员犯下了巨大的交易失误。相信在任何银行体系中，这个问题应该会被处理的。但是里森却由于担心自己在新加坡交易所的地位，而故意帮着隐瞒起来了。而且他还允许这样的人继续留在团队，历史证明了他的英明。这个交易员在后来更是犯下了无数的失误。而这时里森却骑虎难下了，因为他的隐瞒错误额度太高了。于是他继续带着小弟打拼，并且亲自参加交易活动。曾经一度他们回本了，而且小小的赚了些。可是这个时候的里森已经被巨大的利益冲昏了头脑。他继续着巨额的交易。甚至在交易后期，希望自己可以控制日经指数期货。而历史用8.6亿的亏损告诉了他，他在玩火。

爆仓的那天，里森像往常一样回到家，看着自己心爱的妻子，他什么也没有说，只和老婆说要去度度假，于是两个人就推了计划，出去度周末去了。就在他们度周末的时候，英国各大银行的老大在一起开了个会，讨论要不要救巴林银行，据说气氛相当压抑。而最后的结果是谁也想不出怎样救。于是这个英国的资深银行就失败在了没有对自己员工进行监管上。当然，这是他们最后的结论。

尼克里森几天后就被捕了，狱中不久他就出狱了，因为得了绝症。于是他靠着记忆写了一部《我是如何搞垮巴林银行的》用以追忆那个放浪形骸的时代。。

1992　英镑狙击

欧盟的一体化进程，人为的造成了不平衡，国际炒家用放大镜，动用了整个美国的财富把英镑狙击了。索罗斯一役成名，至今为世人称道。

2001　911

这个事情大家都清楚，我们甚至在电视里亲眼看到了飞机的英姿。但是时至今日我们才知道，当时美国股市大震，保险股全线崩盘。可是最后大家却发现，美国的保险公司并没有损失太大，反而是几家叫作“再保险公司”（简单的说就是给保险公司提供保险服务的公司）的损失巨大。

当时有人在卖空股票上大举获利。同时，期货市场上获利的人就更多了。而这些钱据说也是成为了反美的资金。至今真相不明。

2008　次级债危机

中国的外汇储备。
美国的经济滞涨。
一揽子担保。
美债贬值。

……

合卷长叹，看来只要有人就是有故事。而在资本市场里只有三种武器：资金、谣言、政策。除了这三样工具，更要靠智慧而正是前人的智慧，有了我们今天的生活。我再次审视笔记，不仅问道：“难道我们今天的机会真的少了吗？”

1531　交易所游戏开始
1602　东印度公司
1672　债券投机热
1643　郁金香投机
1717　法国西方公司
1717　南海投机泡沫

1789 法国货币革命

1830 铁路投机

1869 操纵黄金

1888 操纵咖啡

1873 维也纳经济崩溃

1919 德国债务升级

1919 俄国卢布危机

1926 法郎之战

1925 操纵谷物

1929 华尔街崩盘

1970 世纪骗局

1980 操纵白银

1987 美股投机泡沫

1989 阿根廷危机.

1989 日本泡沫

1992 巴林银行倒闭

1992 英镑狙击

1997 东南亚金融危机

1999 巴西危机

2000 科技泡沫

2001 911

2007 次级债危机

2009 优质债危机

2009 越南泡沫

这些事例有国内发生的，也有国与国之间发生的，而近代发生的越来越频繁。看来以土地和人口的战争退出了人们的视野之后，这种金钱的战争渐渐的来到了历史的舞台。那么平衡真的存在吗？我扪心自问，还是平衡和所谓的大同世界只是人们做了千百年的美梦。人们就真的喜欢平衡吗？在绝对的平衡之中，是不会有投机的机会的。换句话说，只要没有到了那个世界，这个世界就充满了机会。而我们缺少的似乎只是发觉的眼光。

也许平衡就像静止一样，绝对的静止很难找到，而相对的静止却是很多。世界总是在经历一次又一次的洗礼之中，而阳光却在洗礼之后显现，然后世人们好好的享受一会儿灿烂的阳光，以接着迎来下一次洗礼。

14. 13.2 人“性”

“飞。”我念道，但随即闭上了嘴，不知如何说下一句话，亦或是我根本就没有想好要怎么说。

“嗯？大师说什么？”逸飞平静地问道，在春日明媚的阳光里，看起来格外清爽。江边人还是很少，我跟他在下午的江畔慢慢地踱着步。

“没什么，不知怎么说。”我喃喃地说不出话来。

“大师，今天怎吞吞吐吐的。”逸飞道，“你尽量说呗，我尽量理解好了。”

看到他平实的态度，我的心也安稳了很多。于是说道，“昨天你走后，我一夜看了些资料。就是以前写的那些历次危机动荡的简单回忆。我发现很多东西好像真的注定要发生。所以有些感叹。”

“感叹什么。”逸飞还是很平静地问道，“既然知道注定要发生，那就顺势而为就好了。这些也是没有办法的事。”

“我感叹的不是这些。”我冷冷道，看来这个小子几句话就小看我了，“我感叹的是人世变幻无常啊。”我吸口气，深深吐气道。无限的无奈饱含在一声叹息里。

“恩，所以说世界上唯一不变的就是变化。”逸飞总结道。

“恩，也许这些就是人性所深深包含的吧。”我无力地说道，“只要有人在，这样的事情就会一直存在下去。”

“大师，又在感叹了。”逸飞笑道，“等到了真正的大同世界一切就都好了，现在别着急。”

“恩，对了你看了电影《英雄》吗？”我问道。“那里面提出了一个问题，那就是什么是天下。”

“那大师怎么看呢？”逸飞道。

“所谓天下，乃天下人之天下。等将来真的到了，‘普天之下莫非天下’也许才能真的到什么所谓的天下大同吧。”我笑道，“可是只要有人的地方就有江湖，所以这很难成真，也许这就是人性吧。”

“那大师讲讲你认为什么是人性好了。”逸飞笑道。

“性者质也，故所谓人性者，人本身所俱之质。”我也懒得解释，反而随口说道，好像这些话似乎只是说给自己的，也许我是被这些问题困扰太久了而没法表述，而亦或是这个问题是应该好好思考的时候了。“其实中国人对于这个问题早就解释过了，‘饮食男女，人之大欲’，所谓饮食就是生存的本能，而男女就是性欲。这是人的根本属性，很难摆脱。而能够摆脱，那就是因为人有自由意志，可以选择。所以我所看的人性就是‘饮食男女，老子开心’。”

“呵呵，大师说得蛮是形象的。”逸飞笑道。

“这也不是我说的，人家早就说明白了。只是我一直没梳理过，脑子乱哄哄的。”我说道，“你像‘食色性也’这很好懂，可是‘意愿’就难了。当年我系统研究成功学的思想。它就深深了解人的两种本质意愿。那就是快乐和痛苦。”

“快乐和痛苦？”逸飞重复道。

“不错，所有人的活动大体都可以看成是两种活动，第一、追求快乐，第二、躲避痛苦。”我说道，“而人们发现，人们躲避痛苦的决心要远远大于追求快乐。因为追求快乐可能并不会得到。但是痛苦不躲避就一定会受到痛苦。所以人就是根据快乐和痛苦的理解来做出选择的。最后选择慢慢固定成一种信仰了。”

“大师，什么是快乐和痛苦呢？”逸飞开始关心起来了。

“这个很多的，其实一些词汇就可以表示这两种感情，像痛苦或是负面的词就是贪婪欺骗、无奈孤独、疑惑脆弱、嫉妒气忿这些。而快乐也就是正面的词往往就是善良、博爱、真诚、宽容等等。”我说道，“所以人的行为，趋利避害。而人喜欢追求那些光明的词汇。但是事实却是痛苦往往更能抓住人的心。人就是在这二者中进行选择的。正是因为人有自由意志，说白了就是有钱难买爷愿意。就是这个道理。所以为了信仰，人甚至可以奉献一切。可能连本能都不顾及了。这就是人性吧。”

“嗯。”逸飞深表认同地点点头。

“而只要人的信仰一旦确定，那整个世界对他的意义就不同了。这等于说人从此给了自己一个视角，而一切都会从这里出发。”我进一步说道，“正是因为有了信仰，所以人根本看不到事情的本来样子，而是看到他想看的样子。你像在股市里，人如果认为自己被骗了，就会小心谨慎。可是小心谨慎就会丢失机会。而自己用眼睛去看，看到的又只是自己心中所想见的，因为不想见的已经过滤了。这也就是大多数人所面对的吧。如果他们是追求快乐的，那么他们就会盲目自信自己的理论，而无视现实。而如果他们是躲避痛苦，于是深深的自卑又会使他们极度的不自信，从而盲从于别人的指挥，因为他们已经失去了自我了。也许这就是市场里的怪圈吧。”我喃喃说道。

“那大师你为什么喜欢市场呢？”逸飞问道。

“我是因为成熟信仰确立的太早了。像佛教一直讲的就是要戒三毒，贪、嗔、痴。进而破执着而见智慧。”我答道，“可是我对这个问题又进行了思考，执着真的可怕吗？在我看来，人如果想留在世间，那么执念就不可怕，而没有执念才真正的可怕。因为那意味着和世间的人和物都断了依恋，假如因为害怕执念而放弃了依恋，活着也很无趣了。所以只要喜欢这个世界，就没法达到佛法所宣扬的涅槃寂静。佛教宣传断执着，就要先看破世界是苦，从而想要‘离开’这个世界。但也有一种玩法，那就是‘自然观照，不生痴心’。就好像一面镜子，物体来了，镜子里就有影像，但是物体没了，镜中的影像也就没了。而整个过程里，镜子可没有死死抓住‘物’不放。这样就可以做到‘自然’了。你像投机市场其实就是财富重新分配的平台，而在这里人性得到最好的展现，贪婪与恐惧，交织上演，简直比看西洋镜还有趣。所以我很喜欢。只不过这种喜欢是物来而迎，物去则散，而没有一丝留恋的滞堵。”

“我听不大懂。”逸飞笑道，“但是大师刚才讲的还只是人的个性，而股市这样的地方，往往人们会成为群体，这样人性也就不同了吧。”

“不错，而且很不一样呢。我前两天看《乌合之众》大有启发。”我答道。

“大师也看了《乌合之众》！太好了，这样，大师讲讲你对群体的理解吧，咱们聊聊。”逸飞道。

“我看的角度可能和你不同。这样，我就说说，你就听听好了。”我谦虚道，做大师还是谦虚点儿好。“我看看怎么说呢。这样，先讲什么叫做群体。其实这个问题荀子讲的很好。正所谓‘物以类聚,人以群分’。所以所谓的人群一定是有相似性的一群人。这个‘相似’可以是任何一种东西，反正只要这个标签可以把人和另一些人区分开就好了。而只要人们承认到自己的这种标签，那他就会主动成为群体的一员。这个时候群体就形成了。”

“那不如说是有共同的意识活动呢。”逸飞说道。

“你这样就说把这个给定死了，但现实中群体是无处不在。也许是地域、亦或是利益。反正能成为‘群’，一定是要有跟别人相区分的东西。”我继续说道，“而人一旦到了群体里，就会慢慢地把自己忘掉，就在群体里隐身了，而失去了‘自我’的特殊标签。在股市里，人们的能成为群体的基础就是趋利避害的本能。”

“嗯，那大师，人失去自我而成为群体的一颗沙子了。那整个群体又是什么样呢，有什么‘群性’没有。”逸飞进一步问道。

“不错，但是这个问题不好回答。个人所有的那种趋利避害的本能群体也是包含的。但是群体还有自己的特性，那就是更加专注于信仰了。”我解释道，“怎么说呢？群体里首先是一个统一的东西。因为每个人在里面都忘记了自己的个性，而尊重群体的群性，这样就产生了统一。另一方面就是失去了思辨的能力，极容易受到暗示和传染。而在传染下产生极强的能动性。就像历次革命那些东西，个人不相同的东西，但是群体传染就都相同了。因为统一，所以群体可以产生合力，人多力量大。而因为没有思考的能力，所以容易煽动。只要站在群体的利益点振臂一呼,往往就汹涌澎湃了。股市历次的股灾就是这样。因为大家都在抛，所以自己一定要跟上。而这就产生了巨大的力量。还有就是像寡头政治这些，如果一个国家只有一个声音，那么往往力量也是无穷的。”

“那大师怎么看待这些性质。”逸飞道。

“这其实就是想作为领袖呗。”我笑道，“咱们先讲存在群体的时候如何做事情。如果在群体之外，那么就要考虑如果想做事情，就一定要针对个人，千万不能针对群体。群体你是没有办法以一人之力抗衡的。也就是说能抗衡群体的一定是另一个群体。可是你现在没有群体却要做成事情怎么办呢。首先就要分化，把个人从集体中刨除，来攻击。这样他少了群体的靠山那就可以对付了。你像我在学校里要做事情。我要做什么事情，就一

定不会找什么学校，而是找到负责人。然后和他个人谈，要知道这个是时候他不是群体了，而是一个孤零零的个人，如果他不做事情，我就可以对他个人进行攻击，说是他个人不作为、失职，从而给学校整体带来不好影响。而千万不会直接把他一个人当成学校的代表。要知道，像学校里这样的地方，也是有内部利益的，这些职位都是有需求的，大家都等着看谁不行了，然后自己的人就可以顶替了。所以针对个人我就可以提供这样的机会，然后让他利用矛盾了。这样我的事情也就好办了。可要是真的将整体当对手那就完了，没有办法的。”

“大师，你真牛。”逸飞吃惊地看着我道。

“还有呢，像股市里也是这样。你要说某件事对了，像股市上涨了，或是赚了钱了，一定要归功于群体，因为这个时候，群体里每个人都会主动把功劳算在自己头上。但是你要将责任归给别人，就一定不能是群体，而一定是个人，这样群体就会把这个人分化出去，然后你就可以为所欲为了。看看历次危机往往都能归责于某个人，而历次上涨都说是宏观经济。”我详细剖析道，“下面来说在群体里作为领袖。要知道，这个领袖一定是群体里的一员，所以他不能有太容易使人把他从群体里分离出去的东西。说白了就是这个领袖往往要很普通，而群体所认同领袖，往往不需要更高智能，而更需要偶然的机会。你像老子就说，领袖一定要做到‘我有三宝，持而保之：一曰慈，二曰俭，三曰不敢为天下先。’说白了就是在群体里不要排斥群体内部，不要张扬个性，更不能太出众。这就是‘木秀于林风必摧之’的道理。历史上多少自认为看的比群体里的人更智慧的人，都倒在了群众的前面。原因是他不了解，领袖就一定普通，而不普通是领袖在选出来之后才披上的面纱。而要成为领袖，首先就要理解自己所在的群体，你像‘老子’也讲过‘圣人无常心，以百姓心为心’。说白了，做领袖连自己的意见最好都不要有，而是全盘接收群体的意见。”

“大师，这样说就不对了吧，要知道很多领袖都是很有见地的啊。”逸飞说道。

“所以就要学习，如果把自己的意志变为群体的意志。并且还要让群体自动自觉的去接受去遵守。这才是牛人，宝贝儿。”我继续说道，“你看一堆人有了共同的标签，自认为是一个集体。但是这个最开始的集体往往没有思想。所以这个群体在状态上是期待的，期待有人给这个群体一个大脑。而群体在性质上是轻信，因为整个群体都没有思考的能力了。所以群体在结果上是激动，因为相信了自己的利益所在。”

“大师，你讲的具体点儿。”逸飞说道，“这样太理论化了。”

“就拿一个房间的散户来说吧。他们现在是一个群体。地域、目的是限定的。他们就是想在股市里发展。”我说道，“好了，这个群体有了，但是他们这样还没有大脑，也就是观点。这个时候一位老师来了。老师的第一句话一定是我也是各位中的一个普通人。因为这样就可以把自己和群体连起来了。而后他演讲自己的理论，大家则被动的接受。等讲完了，估计老师让大家做什么大家就会去做，因为相信，所以冲动。这就是一个简单的过程。”

“大师，这样讲也不是很现实。”逸飞辩道，“你看，像这样的咨询会多了，怎么不是每个都能取得好的效果呢。”

“所以一定要根据群体去采用方法。而很多人做的正好相反，他们做的是让群体来理解自己。而不是他去感动群体。”我说道，“因为知道群体有哪些特性，所以就要合理使用传染和暗示。具体说就是对失去思考能力的群体要断言、重复和形象化。要知道谎言重复千遍也会成为真理，就在于群体接受了。还有一定要形象化，要使群体能‘看’见你所说的。你像马丁路德金的《我有一个梦想》，从头到尾，连他家要生几个孩子，孩子怎么上学都给你讲‘看见’了，这才成为了经典演讲。所以形象的语言，才是群众的兴奋剂，形象的比喻甚至可以使的一切差别都变得轻重无别了。这就是语言的力量，所以说语言和刀剑一样可以有力量。哪次战士们上战场不是要讲一些故事啊。激情可歌可泣的传说，是唯一可以激发群众的激情的。你像财富故事的带动效果，报纸可没少使用。这些都是这个的实践。当然不是说不能推理，但是推理一定要简化到只有两步到三步。因为群体只接受直观的推理方式。你像咱们最近听到的，‘因为中国是政策市，而现在政府想要股市好,所以股市一定好’的信心言论。都是这样。所以领袖的责任就是要激发人们的想象，然后去激动做事，因为虽然幻想会消失，但是结果不会，因为行为已经产生了。”

“大师，你不去忽悠人真可惜了。”逸飞笑道。

“我不行的，我太理性了，思辨能力太强。哎……你们凡人哪能理解做大师的无奈啊。”我故作伤心状地叹道。

“呵呵，大师谦虚了，像大师讲的，做到了这些是不是群众就跟你走了。”逸飞道。

“当然不是了，一切都要再批上正义、科学和神圣的面纱才可以。因为什么，群体喜欢这样的词汇，他们喜欢道德、正义。”我说道，“其实咱们来理性的分析下，我问你这个世界，什么是善什么是恶，什么是美什么是丑？真的有吗！其实基督教很好的回答了，人家从来不说世间有真的‘恶’。因为这样会有人问‘恶’的由来。人家会说所谓的‘恶’其实是‘善’的缺乏。所以这个世界就不存在‘恶’了。其实还有另一种看法，你像老子还说了‘天下皆知美之为美，斯恶矣；皆知善之为善，斯不善已’。这句话说的是什么？就是告诉你，你所谓的善恶是你自己定义的，只要你定义的就不可能是真的善。你像咱们开始灭鼠运动，对你是‘善’了，但是对无辜的小老鼠呢。再来这是一次解放人民的战争，可是只要是战争就要杀人，那问你，杀人是善吗！所以不要非说什么善恶，因为根本就没有。但是这是我们的理性思辨，对于群体千万不可以这样。

“群体一定要有善恶是非的标准，而且一定要少而明确。你看老子怎么说的，‘少则得，多则惑。是以圣人抱一为天下式’。所以你看好的领袖一定只有一个观点，而且永远是正确的观点。如果有了多个观点，那群体就乱了。正所谓‘五色令人目盲，五音令人耳聋’。所以群体需要一种信仰，而这种信仰排斥一切讨论。其实这本身就可以使你达到一切的目的了。因为什么，因为语言是‘神’。‘太初有言，这言与神同在’（In the beginning there

was Word, and the Word was with God.)。这可是《圣经》里的句子。像你用语言，你可以把贪婪说成是进取、把欺骗说成是善意、把无奈说成是宽容、把孤独说成是冷静、把疑惑说成是谨慎、把嫉妒气忿说成是疾恶如仇。这就是语言的力量。也是你在群体里要做的事情。"

"大师，把你放出去真的会带来灾难啊。"逸飞冷冷道。

"六亲不和有孝慈；国家昏乱有忠臣。什么事情都要向相反的方向看下。如果不知道群体的特性，自己就会成为群体的一员。而成为了一员就容易被忽悠。"我淡淡地说道，"要知道，在股市中作为投资家，与其他所有在股市中投资的人一样，都有共同的意识，就是想赚钱。也正因为如此，他就与其他股民一道，都是一个群体中的人。这样就会智能水平是低下。那他要想超越大家，就得经常与大众思想不一致，而群体中的优秀个体，是孤独的。可是只有孤独的个人才具有主宰自己的反应的能力。这也就是投资家要做的。"

"恩，大师你说的很好，我都深受启发。"逸飞若有所思地说道。

"但其实也要利用这些群体。"我接着说道，"其实激进的群体也不会长久。你看历史上有多少激进的群体长时间的存在了。正所谓'飘风不终朝，骤雨不终日。天地尚不能久，而况于人乎'。所以一定要利用这样的群体。因为什么，他们的幻想会消失，目的可能达不到，但是结果会存在，因为行为已经发生了。整个因果定律的过程被启动了。这是整个世界的根本定律，是任何人也没法阻止的。而咱们看到的一切不都是这样的吗?

"但其实说白了，人性是很难说得清的，其中包含的卑鄙龌龊远不是人们语言可以形容的。但是有的人高尚的也到了一大糊涂的地步。所以还是那句话，人性要求理解。因为'道可道，非常道。名可名，非常名'。这些不是有限的语言能描述的清楚的。但是咱们今天说的已经不算少了。"说着我微微一笑，貌似一直困扰我的问题解决了，因为任何人的人生不都是最后成为了一句话吗，"饮食男女，老子愿意"。江边吹来了温暖的春风，春天到了。

14. 13.3 个人的平衡

"大师，你说得真好。"逸飞由衷地说道。

"不是吧，哥，你一天到底思考什么啊，这都没玩过？"我鄙视道。

"当然是怎么赚钱了。"逸飞笑道，"但是我也想很多的。例如我也想过宇宙是什么，什么是永生这样的东西。"

"你也考虑过永生？"我惊奇道，"那你想出了什么没有？"

"还没有，其实很乱的。"逸飞谦虚道。

他谦虚我就不客气了，"这个我早就思考过了。"我叫嚣道，"其实想要永生方法也就那么几个。"

“哦？大师讲讲。”逸飞显然来了兴致，看来生命对于人真的有永恒的吸引力。

“要做到永生首先就要思考什么是永生。”我开始讲道。“如果追求的是不死。那么也就是道家所讲的‘存形于世’了。这是追求肉体的长存。就是保持自己的身体在世间。这个方法就有几种了。”

“还有几种？”逸飞吃惊道。

“废话，我们脑子里成天就想这些，当然思考的深度不是你能比的了。”我再次鄙视道，“你像最普通的永生方法就是器官移植。哪个不好就换哪个零件。但这个方法不是很好，因为毕竟是别人的东西嘛。要是克隆也有些残忍。

“还有就是求仙修炼,但这也很难。你像这就要做到‘若要长生,胃里常空。若要不死,肠里无屎’。说白了就是连吃的都没了。而且还要禁欲。这不是说你成了仙就能随便‘玩’了。宝贝你要成了仙，就不玩这些东西了。那你说这样的人生，吃没得吃，玩没得玩，和知了一样每天吸风饮露，还有什么趣味儿。

“还有就是吃药，像西方就希望把老作为一种病来医治。而中国自古就有吃丹药的习惯，结果吃死的不计其数，吃的大便连肠子都出来，全身脱皮，痛苦而死的大有人在，你看下古代文献里有的是。所以没法实践了。至于灵魂搬家这些我没听过怎么做，这实在有些科幻。”

“还有其他方法吗？”逸飞问道。

“没了。”我干脆道，“既然难以做到存形于世就只能要了然承认，人是要死的。只是要考虑这死了之后如何‘长生’的问题。其实死亡并不可怕，死亡也可以解释为，‘对于好人来说是彻底的休息，而对于坏人来说是阻止其再去作恶’。关键是怎样理解。如果真的有死后世界，那么死就是一个闭眼的过程。这也要分开说的。但主要是两大类。

“一种是不在乎死后的世界。就是说我死了，整个世界就相对于我来说全都死了。因为我都不在了,整个世界还能影响到我什么。于是针对这种思想就会出现彻底的享乐主义,把自己想要做的事情全部玩完，然后安心离开。当然安不安心那再另说。

“另一种就是说死后,这个世界还会对我产生影响,我还关心这个世界。这也要分开讲。像第一种就是相信有天堂地狱。那就要严格的按照宗教的要求来做了，如果承认有天堂地狱，还任意妄为，说白了就是自欺欺人了。那就必然得到他所理解的地域果报。

“第二种就是我死后就人死如灯灭了，也没有什么死后世界。但是我还关心那些仍然活在这个世界上的人。于是我做事情就要为他们考虑了。在离开的时候，为他们做好准备。其实中国的传统思想就类似于这样。不管怎么样,一定要重视子孙。给子孙积德造福。这样也是一种永生的方法,那就是认为子孙就是你的一部分,你的基因留在了他们的身上,而更重要的就是他们传承了你的思想，于是你永生了。要知道，人就是多种条件混合的产物，而身体和思想是最明显的。你亲手将你的孩子带大，无形间就把自己的思考留在了他的心中。他以后也会按你的套路出牌，这样你就变相的活了下来。其实这样看那些帮

孩子带孙子的老人就理解了。他们把自己的孩子永远的作为了自己生命的延续。

“这个问题古人早就思考过了，而且人家看得更远。老子就说：“死而不亡曰寿”。具体就是说，人死了但是仍然没有消失才叫做长寿。显然这里不是肉体的腐烂长存，而是思想的源流。你像早期佛教讲的就是法身常在。什么叫法身，就是佛法思想的常存。说白了就是和‘毛泽东思想永垂不朽’、‘马列主义永放光辉’一样。这样就做到了生命的延续。因为思想的传播，受到别人的理解，而精神的永存。这难道不是永生吗？”

“但这有些玄了。很难说什么实在意义。”逸飞插口道。

“先听完再说。”我怒目道，“当然你也可以是真的为人牟利，真的为人做事。这样别人也就记得你了。这样你也活在人的心中。像诺贝尔，就留下了诺贝尔奖，大家都记住了这个名字，反倒不知道他是做什么的了。

“其实这些方法都是承认消失的。在思考消失的问题上，有这样一句话，叫做‘死有轻于鸿毛，亦有重于泰山’。这虽然有些忽悠人的味道，但道理还真不一定错。因为人是选择他自己的心中的信念的。这样的死对于自己也算是尽责了。你说呢。”

“但还是听起来有些……”逸飞说道，“知道了这些要怎么做呢。”

“知道了这些，生命的意义也就开始打开了。”我说道，“很多人就是按照自己的观念在实践呢。算了还是给你讲个例子吧。冯友兰知道吧？”

“恩，很出名的哲学家吧。”逸飞说道。

“恩，他可是中国当时算的上出众的几个学者之一了，而且被称为新儒家的代表人物。但是现在人们只要一讲到他就说他这个人太无耻了，完全没有做文人或是哲学家应该有的风骨。”我开始解释道，“因为什么，因为不论谁在中国掌权，他就一定去依附谁。你像蒋介石当政时期，他是每次请吃饭一定要去的。可是到了1948年国民党撤退的时候，冯友兰在专机上是有座位给他留的。当时胡适什么的都走了。但是他留了下来。而且在中国成立之后，就迅速向主席靠拢。当然后来没有很受待见。而在文革时期，他就积极向江青靠拢，在诗里说江青是凤凰和赞为可比华夏千古一女皇。于是人们都说他是无耻文人的代表。

“其实，这就是不理解冯友兰的终身追求了。他是新儒家的代表，那就要先理解什么是儒家。儒家与其他学派不同，他是入世之学。讲的那一套就是如果匡扶社稷的。而且最高追求就是辅佐明君的。这样看来，冯友兰绝对对得起“儒生”二字。因为儒家追求的就是要做帝王的老师。儒家可没说谁是君主。因为什么，君主是一个名称，是一个和事实要相符的名称。所以谁有主导天下的权利，谁就是君主。而绝不是固定的名词，说某一个人是什么君主。这样看来，冯友兰正是真正追寻了君主的道路。只要中国谁真的拥有了控制天下苍生的能力，谁就是君主，他就要辅佐他。当然人家不听，那他没有办法，但是他能做到的是如果人家想听，他就可以讲出来。其次，他的整个哲学体系的最高追求就是一种超越普通道德伦理观的东西，他自己管那个叫‘天地境界’。说白了就是遵循自然。老子曾经解释过：‘天地不仁，以万物为刍狗。圣人不仁，以百姓为刍狗’。说的就是在天地的眼中根本就没有人们通常意义上的道德，你像地震、泥石流这些都是老天自然而然就来的。可不是说这里有人，这里老天就不震了。这就是那个层次上的道德。

“所以现在看冯友兰先生的一生，就是用自己的一生来实践自己的思考。而认识就是对人有这样的作用。你现在明白了解生命含义的意义了？”

“有点儿了，大师。”逸飞若有所思地说道。

“再例如，大家一听到投机家，就想到是社会的蛀虫，但是期货市场一个常识就是，投机者是期货得以发展的基础，是风险的承担者。所以身为投机家就要明白自己的定位。”我继续解释道，“你像安德烈·科斯托拉尼，他一生就以投机家自称。在他看来，投机家就是在人类社会中看着世事变迁的一种人。这种人能生存，自然就有自身的道理。大家对现实都有不同的认识，于是就有不同的手段。当然投机家也做自己的判断，只不过这些判断很多时候并没有办法阻止事件的发生。因为事件发生，是整个因果链循环的结果。是多重因果同时启动了关键而触发的变化。这可不是什么人可以简单改变的。认识到这些的人，恰恰是成为了投机家的人。也可以这样说，投机家才是历史真相的发现者。只有站在了这样的高度，才能给自己定位。这就是这位老人所带给世界的最后礼物。而我也学习了这种思想，所以可以说他还活着吧。更不要说他所留下的那些慈善事业，使得每一个受益的人都对他有一份记忆了。

“当然为了照顾群体的习惯，咱们也自称为‘投资家’吧。反正大家喜欢这个词。那咱就用，毕竟咱们是活在这个世界里的。”

“大师，你真牛。这些你都怎么想到的。”逸飞看着我赞赏地说道。

“瞎想的。”我回道，“其实天道虚幻，运数难寻。遵循自然的天理，遵循自身的人性，认识生命是什么，从而确定自己的目标，亦或是再到具体的标准。而在过程之中，与他人相互利，从而达到大家的目标，获得社会的一份纪念。这不也是一种终极目标吗？而达到这样的目标算不算得到了人生的平衡呢。

也许这样的一种平衡也算是一种完美吧。”

春天慢慢来了，想来我和逸飞就是在那个春天，那个江岸谈了很多很多。而这些都慢慢的成为了一份记忆，一种遗留下来的痕迹。这也许应该也算是把瞬间变为一种长存了吧。清风拂面，万物更新。

第十五章　云　散

15.1 成　绩

考研成绩是在三月份就开始出来了。但是由于我报考的是一所很好的学校，于是好学校就要有好学校的样子，人家的分数就是下得比别的学校晚。就这样，当大家都在为自己今年的分数而或是高兴，或是悲伤地时候，我却还是一无所知。

从小白和小黑回馈的消息看来，兄弟姊妹们的分数是普遍不高的。小白只考了270多分，小黑更是好不到哪里去，只有280多一些。他们都很担心自己真的上不了学。其实根据历年的分数线来看，不用说，他们肯定上不了他们报考的学校了。于是他们寄希望于国家线今年能有很大的调动。

更有一个姐妹很是有趣，她考了342分，但她哭了，哭得很是伤心。一问才知道，人家不是认为自己分数考低了，而是认为自己的学校报低了。这样的分数，可以“进京”了。她们家也在安慰她，可惜了这样的分数。就在分数下来的那一天，他男友找到她做下了一生不离不弃的诺言。当初这个姐妹就是因为男友才报考了“黑大”，而如今在她男友看来，自己的女朋友真是最美的人，竟然为了爱情做了这样大的牺牲。这下她哭得更凶了，因为大家所不知道的是，她之所以报“黑大”，真的是因为当时心里没有底儿，完全不敢想自己会有这样出色的表现。还有一个姐妹，她成绩下来的第一时间里就叫嚣着，谁也别想知道她的成绩，她要成为历史系的三大未解之谜（我到现在不知道另两个是什么），但最后大家还是知道了她的分数。低！真的很低！

反正不论如何，考研成绩下来的那段时间，当真的是妍媸必现。大家都在展现着自己不同的一面。在这个时刻里，似乎大家都心情复杂，如果朋友分数高了，心中难免有些小嫉妒，而如果朋友分数低了，就心中难免有些小鄙视。没想到在大学里孕育了四年生活的智慧，大家竟然还在为这些分数而内心纠结。但转念又一想，心有多大，舞台就有多大。这句话当真是金玉良言了。分数就是分数，它只是一个条件，和人、知识、能力、修养又有什么关系呢。

考研就是这样的事情，有的人用考试证明自己还活着，有的人则激动地迷离了自己的双眼。大家都在一个规则之下，最大限度的利用自己的优势来达到目的。有保研条件就会计算得失，有加分优势就会考虑能否更上层楼。但规则是死的，而人是活的。也许这其中所谓的输赢，也就是能否在固定的条件下更好的保护自己吧。

时间总会过去，最后我的成绩下来了：341。想到自己原来的努力来看，这个份数还是可以接受的。没想到的是政治我竟然只考了46分。不过想来自己的思想觉悟水平，也就释然了。这样的分数只能算一般，但是政治根本就没过线，因为仲仙大学今年的分数线虽然没有下来，但往年没有低过50的情况。我现在早就不会再寄希望于分数线下调的可能。唯一让我觉得欣慰的是自己的预测水平当真是突飞猛进啊。就这样的分数想上仲仙，那当真如痴人说梦一般。但想要上其他学校，那还是极好运作的。毕竟那个342的女孩就认为这个分数，足可以藐视群雄了。反正我早就知道自己上不了仲仙大学了，于是我立刻大气上档次开始了考研后的运作，调剂“黑大”，这是我现在的首要选择。这样想来我也就可以在哈尔滨继续逗留下去，学到更多的东西了。

想到这里，我先是来到了“黑大”的哲学院。“黑大”是一所很有特色的大学，人家不会保持什么所谓的含情脉脉的面纱，规矩和方法是十分明确的。只要能付出相应的代价，一切都有可能。记得我见到过的事情，一个男孩和我讲，他是因为作文好，所以大一的时候从佳木斯大学调学到“黑大”的。大学调学！这简直是闻所未闻的事情，而在“黑大”这片神奇的土地上一切皆有可能。也许真的是这个原因，我爱“黑大”。

我爱“黑大”！不错的，那是一所使人难忘的大学。最初你可能反感她，但慢慢的你会熟悉她，你会发现人家真的遵守基本的商业道德，言而有信，而最后你会爱上她，因为她真的来者不拒，‘枝迎南北鸟，叶送往来风’（唐代名妓薛涛的诗句）。当我站到“黑大”哲学系的门口时，我已经知道自己应该扮演的角色了。找到系里的主要老师，看起来已经是年过半百了，数十年的教学生涯，为其披上了一层神圣的光晕。看着老师头顶那稀疏的头发，想想他还要为我操心，真的很是于心不忍，但是不忍也得忍。

“老师，您好！”我表现的怯弱了许多。真的，不是老夫不敢叫嚣，主要是底气不足，现在是求人，就要有求人的态度，博取同情。

“你好，什么事啊！”老师很亲切地说道，使人有如沐春风的感觉。

“老师，我是咱们学校的学生，今年考研，考的是仲仙大学的宗教学专业，但是成绩不是很理想，估计是不能上线了。所以想来咱们学校看看有没有调剂过来的可能。”我简单地介绍道。

“啊，这样你考了多少分啊。”显然一年一次的调剂创收机会，老师是早就谙熟于胸的。

“这样，我考了341分，　其中政治考了46分、……”我坦然地说道。

“这样的分数不错啊，但是仲仙好像你的政治差了一些，不过不要紧。全国线没有什么问题的，这样你先不要急，咱们先等等全国线再说，这样你才能去招生办去办理调剂手续。”看着老师这样坚定地态度，我心中很是感动，同时我也深深为能替赵氏家族节省些钱财，而激动不已。接着老师说道：“我看你很是面熟啊，你是不是那个俄语系的……。”

不会吧，我些许的薄名老师也听过？我不禁心中一颤，看来价格还能更低，心中喊道："正是老夫。"口中说道："是啊，老师，我是在俄语系，在学校里做过些事情。"

老师看着我笑道："啊，那你放心吧。你，咱们学校肯定要了。你放心，就算是宗教学今年招满了，我也能给你弄到逻辑学去。"我心中一颤，看来这辈子是和冷门学科卯上了我。

但口头上的功夫还要做足："谢谢老师，太好了，老师你不知道……"

当我从哲学学院出来的时候已经是半个小时后了。赞叹了老师半天，弄得我差点儿就当真了。出来之后，看着宽广的走廊，我有些发呆。心想："这里以后就是要工作和奋斗的地方了，只是这里真的比我原来的俄语系要好吗？还是我真的学上了逻辑学就心里开心了呢，夕源，你到底是怎么想的呢！"人真是奇怪的动物……

但是我还没时间感叹，毕竟我还要去招生办去打探道路，毕竟一切的手续只有经过这里，才具有最终的法律效果。没想到我一到招生办才发现，那里当真是人山人海，大家都在询问调剂的事情，什么去年的分数线啊，你们专业今年报考的多不多啊等等，当真是不一而足。招生办的老师更是硬气，只见人家用刚强有力的声音喊道："你们不要吵，等国家线下来在说，我们现在什么都不做的！""这些你们去各个学院问去，我们上哪给你打听去。""我刚才说的你没听见啊，不知道，就是不知道。别问我。"

看着"教师"（叫狮）一声雄喝，当真是气势豪迈，而再看看同学们表现的更像只温驯的绵羊，一只真的在大学里迷途的羔羊。走出这个嘈杂的市场，我漫步在了久违的校园里。我突然觉得不着急回家了，还是看看这个我曾经战斗过四年的地方吧。"黑大"里满是丁香树，丁香也是哈尔滨的市花，每年一到四五月份，满树的丁香花一时尽开，一捧一捧的，看着犹如霞朵，满校园内都是丁香的味道，甜甜的，闹哄哄的，很是繁杂。丁香的味道很是霸道，从来不会隐藏，来就是来了。很香、很暴力，这一点上和北方人的感情一样，奔放、直白。虽然现在还只是三月，连树上的叶子的影子都没有，但是我决定今年的五月一定要回来，不为别的，只想在嗅嗅这满园的丁香。

远处三三两两的学生慢慢从身边走过，"黑大"的学生素质绝对堪称翘楚。这里没有含羞待放的花苞，该开的早就开了，再不就是过了季也没开的，估计开放的日子还得慢慢等待，可越是这种无人问津的花朵竟然还越是自视甚高，看来注定是有价无市了。看着一个个略显青涩的少年，我竟然有一种感觉，这些全是未被开发的客户，全是待宰的羔羊。只要他们走出校园，会在第一时间里成为灰太狼的目标，只是不知道他们能不能每次都像喜羊羊那样幸运。

春天已经过去，但注定有些花儿不会开放。

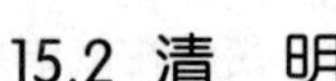

15.2 清　明

清明时节雨纷纷，路上行人欲断魂。那是南方的清明，北方清明节来的时候，正是气候开始一天天向好的日子。古时有寒食节和清明节，后来也许是从节约成本的角度，干脆就合并为一个节了。至于这个节原来是做什么的，大家也早就没有兴趣知道了。就像端午节的粽子，知道吃就好了，何必问那么多呢。

今年的清明节，父亲发来严令，要回乡祭祖。说是祭祖，大约也就是简单看望下族内的老人们。于是和逸飞简单地告别一下，我就踏上了回乡的列车。我是从来不在东北坐什么汽车的，传说危险率很高。

晃动，有节奏的晃动，伴着铁轨的撞击声使人昏昏欲睡。我正在一看着一本简单的小说，以打发四个小时无聊的时光。忽然手机竟然响了起来。

看着是陌生的号码，想想还是接了。

“喂，您好。”我简单地问候道。

“你好啊，请问是荣博投资公司吗？”那个声音说道，听起来竟然有些南方口音，让人猜不出年纪。

听到“荣博投资”，我忽然清醒了不少。想想原来的那一切，似乎恍若隔世。没想到时隔这么久，我当初的宣传还能有这样的威力。但我还是说道：“是的，请问能有什么为您效劳的？”

他说道：“这样，我想请问，咱们公司对于经纪这一块是怎么规定的。”

面对这个问题我忽然有些迷惑了，竟不知怎么回答，但想都没想便说道：“当然还是底薪和提成了，这都没什么可说的。请问，能说说你的情况吗？”在不知道对方目的的前提下，当然只能这样处理了。

他说道：“那这样，如果我现在能拉来十万美金的账户，咱们公司是怎样给的？”

十万美金！我情绪稳定地说道：“这还是不错的，但也要看要不要委托理财什么的。不过至于经纪这一块儿可以放心，如果是十万的账户，那点差不仅好说，而且佣金也大部分可以提成的。请问你的情况大体是？”废话，十万美金，就算把佣金全部给经纪又如何，跟逸飞处了两个月，我早就知道所谓软件的连点差公司都是可以分到一部分的，就是把佣金全给经纪，还是有的赚。

他说道：“我就是身边有几个朋友，他们都有些闲钱，应该很好谈的。”

我说道：“那不错啊，如果能投资外汇交易这一块儿也会有不错的收益的。那你现在在哪儿呢？”

他说道：“我现在深圳。”

我道：“嗯，那是有点儿远。不过没关系，这些都好办。这样这是我的电话。如果有

兴趣可以在继续联系。可以说不论是委托理财与否，作为经纪来说提成还是不错的，可以说就算佣金 80% 金都反给你也没问题的。”

他说道 :“好，那我再回头看看好了。”

废话，十万美金的账户，别说我现在不在荣博投资了，就是在，他们也吃不下这些钱。人家怎么可能随便就拉来这样的客户。我跟逸飞相处已经有一段时间了，自然知道他也有代理的 IB。这样他自己的交易也能将点差中的钱返给自己一部分，而且这还不算他其他的那些所谓的客户们。想到这里，我随手就把刚才的电话号码发给了逸飞，当然只是跟他说这个人似乎想要拉客户做外汇交易。至于能不能谈成，怎么谈，人家是不是诚心的这些，我也就不在乎了。反正逸飞只要打个电话，他也就都知道了。这些事还是交给他们去处理吧。窗外的夜色很浓，任谁也很难看清黑暗里到底都是些什么。

回到家里，一切还是那样，平静但不失繁华。父亲已经做好了回家的准备，随着节日的临近，一家人也就踏上了归程，前往赵氏家族的根本所在。

远方的游子总是思念自己的故乡。说实在的，在赵氏家族本族看来，我们算是跑的太远了。随着时间的流逝，我们也慢慢的快要淡出五服的范围了。不论是父亲还是我，都没在这里成长过太久，只是由于祖先的墓地还在，而我的姑奶也还健在，所以陌生中反倒有一份熟悉。祖母的遗骨也早在去年就运了回来，现在和祖父算是团圆安息了。

挑了一个还算清朗的日子，一家人在族人的陪同下，开车走了十几公里终于到了赵氏家族的墓地。望着远方排排的杨柳，感触着此处的宁静。赵氏家族的祖先确实给自己找了一个好的安身所在。远处的农田还没来的及耕种，此时也正是初春。想来这里也应该是我将来的休息所在了。

墓地上新长了一株矮矮的小树，几年了也就不再长了，只是慢慢的开始盘旋，犹如伞盖一般，慢慢地将祖父的墓头蓄养在树荫之下，一片和谐安宁。想来祖先虽是已经远去，但仍然以各种方式庇护着后人。

我不禁又想起了和逸飞聊起的那个话题，说起来像是闲谈一般，但却是事实的道理。看着眼前这一方方墓碑，每一块都是赵氏家族曾经的故事。而这由远及近的墓碑，正是整个家族源远流长的证明。如果不是祖父几十年前远赴外乡，又怎么会结识祖母，而如果不是二十今年前那所谓的意外，又怎么会使父母有了今天的家庭。

有时想想，其实我就是整个赵氏家族的活生生的全部。甚至可以说从天地之初的那一刻开始，便就有了今天的我。正是有了我，才知道必然有了我的父母，而父亲却也必然有祖父母，祖先也必然还有祖先。极致到最原始的地步，就是整个宇宙的开始。正是从那一刻开始，一切都产生了变化。变化彼此相连，相互推衍。正所谓“道生一,一生二,二生三,三生万物。”虽然还不知道这些是怎么生的，但一切都是因果。有了今天的果，就必然有过去的因。而我过去的因，却是在这一方矮矮的坟墓。

一个人到底是什么? 首先不就是可见的身体吗，而这身体就是父母所养，借由父母的帮助才来到人世。再来，一个人不能没有思想，而思想正是成为了所谓的灵魂。人就是这么两个东西。

只要有身体，就必然有血缘，有了血缘也就有了理不断的关系，而正是这不断的关系，不断紧密的将人层层缠绕，成为一个整体。

思想，也不是什么干净的东西，一个刚刚生下来的婴孩很难说有什么思想，而人的思想往往是从外界一件件具体的事件中慢慢体悟到的。首先是体味，经历，其次才是感悟，升华。这么说来，思想又哪里有什么“精纯”可讲。不也是为一层层“关系”所不断影响缠绕而成的吗。

人只有有了这两个东西，才能成为一个“活人”。而正是这两种东西上不同的关系，造成了人们彼此的差异。可以说我现在之所以说还一个“我”，就是因为“我”现在不论是身体，还是思想上都有与人不同的“关系”。

脚下这一方矮矮的坟墓是与别人的不同，而“我”的思想也与别人不同。“我”就是“我”的全部。而发挥“我”的全部，自然就是发挥与“我”有“关系”的全部。

想到这里，人真的很难不去“感恩”，因为根本就没有一个单纯的“我”。而“我”的一切，都是他人所“给”与的。当然方式什么的那已经是什么重要的了。因为我的“存”在，这本身不就是对于他们的最好证明吗。

当真怪不得人们说，真正“存在”的只有“关系”，而“人”不过是一个代指。只有先正视了这纷繁复杂的“关系”，人也才能真正的看见“人”、看见“事”看见“物”。

事物是缘起性空的。缘在，事物就在，缘灭，事物就灭。但更重要的是“在”就是在，“灭”才是灭。这是任何人或空谈，都无法改变的。

正视身边的“缘”，正视身边的“在”，也只有这样才能看清这个所谓的“世”、所谓的“界”。

15.3 通　知

从老家回来的时候，已经是 3 天以后了。终于全国的分数线也下来了。国家线今年异常的低，英语三十多就算过线了，这无疑挽救了大批的绝望之士。但是小白和小黑显然没有上线，他们已经绝望到尽头了，最近我轻易都不敢打扰他们。

而那个喜极而泣的姐妹，哭得更凶了，因为她今年确实可以进京了。她找了个餐馆约我出来，看着我说道：“夕源，我现在男友很自责，说我为他付出太多了。可是哥，你是知道我的，我真的当时是觉得自己准备的不充分，我真的是……要知道能这个分数，全国大学我估计可以挑了，你……”

看着她懊悔的双眼，我安慰道：“姊妹，不要这样。随着时间的流逝，几年之后你再

看今天，就全都明白了。”看着我坚定的目光，她开始慢慢地镇定了些，我继续道，“在多年之后，当你成功的那天，人们询问你是否会为当年选择‘黑大’读书感到有些许遗憾的时候，你可以这样跟他们说。‘我毕竟是一个女人，不论外表再如何成功，在我的内心仍是一个女子，有自己憧憬的小幸福，也许在外人看来，有些许的遗憾。但从我自己看来，我不过是做了一个女人该做的事情，追寻自己的幸福。’”

随着我的话语，她开始慢慢地兴奋起来了，似乎已经看到了和别人分享人生阅历的时刻，完全沉浸在未来的幸福之中了。

“但夕源，我真的不是为了……”她还有些郁结地说道。

“姐妹，你是学习历史的，这些年的学习你还没认识到吗？所有的历史全是人类史，历史是人类所创造的。相信一个女人为了‘爱’而选择的理由，可是说服世界上所有的人，毕竟‘爱’是这个世界的主题啊。”我启发她道，“作为一个女人，你只不过是做了自己该做的。这么些年来，你全是依靠理智。理智的学习，理智的规划，难道作为女人，为了‘爱’而任性一次，就真的不可以被原谅吗。”

听到我这样劝她，她愣愣的看着我，更加伤感的说道：“哥，我发现作为女人，我不如你啊”。我无语凝噎了。

仲仙大学的分数也下来了，不用想，我也知道自己落榜了。于是安心的等待，调剂的申请。由于是信息时代，什么东西都是开始使用网络完成了。调剂是这样的，从 4 月 8 日至 5 月 15 日，教育部在“中国研究生招生信息网”上开通“全国硕士研究生招生调剂服务系统”，于是所有的考生的调剂信息都要登入系统。那上面有所有可以调剂的学校的信息，同学们要向学校申请调剂，然后学校经过一番思考之后，想想是否招收这样的学生，于是发出复试的通知。他们管这叫双向选择。其实这个我认为还是很好的办法，起码避免了以前那些很多的所谓暗箱操作的嫌疑。因为以前的学生如果想要调剂，只能自己去打听，而面对他们的更多的就是像“黑大”招生办的那些“老狮”。

好不容易终于等到了4 月 8 号的凌晨，这一天的这个时刻，全国数百万的调剂学生，就要通过这个系统进行申请了。当我颤颤巍巍地输入自己信息，登入系统，准备选择“黑大”的时候，却发现根本没有“黑大”的宗教学专业。我不禁一愣。心中安慰自己道：“夕源，不要着急，没事的，可能“黑大”的信息还没有上线。不急，慢慢来。”于是我就又在电脑前，慢慢等了半个小时。果然有更新，但是还是没有“黑大”的踪影。我不禁心中暗自焦急，莫不是“黑大”还留有暗箱的可能。那我的母校真是最牛的学校了。反正连哲学系的主管老师都已经答应我了，我还有什么可担心的。算了，慢慢等吧，大不了今晚不睡了。百无聊赖的时候我就真的将这些学校看了个遍。

以前我以为这里待选的学校一定是老弱病残那种（事实上大多数还真是这样），但看下来我还真的发现有些有意思的事情。内蒙古大学和西藏大学今年的宗教学就没招满。他们的要求里注明了，要求学生最好有蒙语或藏语的基础。我不禁心中闪过了一幅画面。

宽阔的寺庙大堂中，微风卷扶着头上一片片经幡，大堂里座无虚席，同学们都穿着红色的袈裟，围在身上。做着喇嘛的打扮，席地而坐。彼此相互连接，大家前面都放着藏经，彼此读着一种有韵律的经文，经文说些什么已经不是很懂的了，只是这些文字随着大家的吟诵，被传的很远很远。声音虽然从来就不大，但还是很远很远，慢慢的飘去，就如同那永不停歇的微风。

说实话，这副场景在我幼小的心灵中，以前总是占有重要的位置，但是当此刻机会真的就在眼前的时候，我咬了咬牙，还真的没有勇气。还是记住那句话吧，“不是你的，就别再勉强。”

再往下看，竟然还有另一个不错的大学，华侨大学。他们也有宗教学？我不禁自问道。光从这一点上看，我就没有什么坚贞的学术信仰，竟然一点也不了解行内的事情。但是记得当年我们高考的时候，大家就很有兴趣要报考那里，可还是由于在我们东北的招生分数过高而放弃了。这所学校据说一直是很好的大学，是中国华侨教育的窗口，地处泉州。泉州古代就是重要的港口，是当时通商的重要所在，而靠近厦门的地理环境，无疑使得这里很是合适进行妈祖信仰的研究。

再往下竟然还有一所上海的大学。不会吧，这么火热的地方竟然还有大学留下来？以中国考生的火热激情来说，宗教学也是一块敲门砖啊。如果连这都不能吸引这些考生，可见宗教学的寒冷程度。

这所大学的名字更是别有宗教含义：“上师”大学。上师是指：西藏佛教对具有高德胜行、堪为世人轨范者之尊称，又作金刚上师。西藏人称为喇嘛，喇嘛意指上德之人。看到这个名字真的是不能不使人肃然起敬。想想这个学校里的老师都是“上师”，这里是“上师”的大学。当真想想就激动不已。当然，我激动了半天还是不禁问自己这样一个问题，为啥这样的好学校会落单呢？也许真的是曲高和寡的无奈吧。我上网查了一下，他们的官方网站对于学校的宣传真是一片大好（当时，我还不明白为什么那个叫“官方”），看的好像中国只要有这所大学，就可以屹立在世界民族之林了。而什么北大清华的崛起，只不过是“上师”大学没用注意人才流失，才出现的小小失误的。看到这里我不禁更加肃然起敬了。

接着看下去，值得一提的学校就少了。像什么福建师范大学、福州大学……正当我的眼睛麻木的时候才发现，已经是早上 6 点了，而反复更新之后还是没有发现“黑大”的踪影。我终于在 7 点的时候拨通了哲学院老师的电话。

“喂，老师您早。”我抱歉地说道，“不好意思，老师今天这么早吵醒您。”

但老师好像已经清醒了，只听他说道：“没关系，我已经起来了，你是哪位？”

“我是赵夕源啊。”我自报家门道，“老师，咱们今天开始网上调剂了，怎么咱们学校的信息我还没有看到啊。”

“哦，是这个样子的，咱们学校今年招满了。”老师不无歉意地说道。

"什么！"我不敢相信自己的耳朵，"黑大"哲学系历年没有招满过，而宗教学更是冷宫中的正宫娘娘，但我还是抱着一丝小怯弱问道，"连咱们逻辑学都满了吗？"

老师肯定的说道："满了，都满了。今年的分数太低了，报的就上了。"

挂上老师的电话，我愣愣地站了两秒钟，立刻冲向了电脑，一个学生可以申请两所学校，我想都没想的报了华侨大学和"上师"大学。接下来我能做的事情只有一件，等待。

经过几天的等待，说实话我真的没有抱着太大的希望，毕竟当时我想到的是，这两个学校也都是不错的学校，应该不至于轮到我。至于逸飞，我也没和他说，原因很简单，不知道如何开口，其实也没必要开口，但是华侨大学复试的通知还是到了。想不到我的南下，就这样成了定局，学校要我在 4 月 16 号参加复试，于是我只简单地和逸飞说我要南下去复试。

逸飞很是吃惊，"那么大师，你现在就要离开哈尔滨了吗。"

"不会，"我简单的答道："就算学校真的入取我了，我也会在哈尔滨待到开学。"我说着背过了头去，心里有些不知如何面对即将到分别。

"那你票订好了吗？"逸飞问道，"有人接待吗！"

"没事，我自己能行，我反正还要去厦门看同学，正好一趟就走完了。"我简单地说道。

订好了 14 号下午哈尔滨飞厦门的机票，同时定了从厦门回哈尔滨的返程机票。在厦门的同学，她要接待我全程在厦门玩一玩。所以我决定去看看鼓浪屿这样的名胜古迹。当做好这一切之后，我开始联系当地的地接人员，同时在网上找同行的同学，看看有没有同伴，结果真的联系到了一个华侨大学的同专业同学，同学很是热情地进行了专业的介绍，将华侨大学的当地安排住宿的地方也介绍的很清楚。有同学可以接待，当然也可以选择小的日租屋，条件都很好的。只是学校是四个人一间。最后我还是选择了住在外面，同时谢绝了同学接站的邀请。这样我的泉州之旅就算做了一个简单的准备。

14 号早上我开始收拾南下的东西，行程路线已经准备好了，全部东西就是一个简单的背包。毕竟这样的场合，背个三四斤的笔记本有些太累了。逸飞一天都显得心不在焉，一个上午都显得无聊地上网聊天。正当我进行第 N+1 次检查的时候，忽然电话响起了。

"喂，您好。"我说道。

电话的那头显然停顿了一下，似乎有些不太适应，然后试探地问道："你好，是赵夕源同学吗。"

"是，请问您是哪位。"我依然热情的问道。

"这里是'上师'大学啊，你不是调剂到我们学校了吗？我们现在想问问，你现在有兴趣调剂伊斯兰教吗？"电话的那一头说道。

"我想调道教方向，其他宗教没有什么考虑。"我简单地答道。开玩笑，真的以为我是随便改变追求的年轻无知少年吗。

"那你真的不准备改了吗。"电话那头有些商榷的口气说道。

“不改了。”我微笑着说道。看来不是自己的，还是不要勉强的好。

“那好，再见。”电话那头说道。

“再见。”我微笑道。本来我是没放在心上这个电话，可是不到五分钟后，手机上来了一天短信，内容是“上师”大学已经给了我发了复试通知，要我注意查收。

我很意外。

15.4 处处是教

但意外只是一瞬间的事情，毕竟现在不是考虑要不要参加的事情，而是如何参加的事情。于是我立刻，定了一张 21 号中午由厦门到达上海的机票。这样我的南下之路就算最后确定了。当我最后看看我的小屋之后，就和逸飞走出了房间。逸飞答应我会在我不在的时候，来照顾下房间。

分别也没有更多的话语，反正我答应他，好好在家等着我给他带吃的。坐上飞机，从空中最后鸟瞰这座城市的时候，我不禁心中仍有一丝陌生的感情，我在这个城市居住了 4 年，留下了很多的回忆，也有属于自己的感情，但是这一切都不能使得人感到些许的熟悉，反而当离开的时候却显得分外陌生。我熟悉这里的大多数街道。每天半夜的游荡，使得这座城市白天的躁动和夜晚的疯狂尽收眼底。但是当离开的时候来临，我才些许发现自己真的不曾真正地来过这个城市。广袤的天际，向远处尽情的延伸。云海真是像海一样看不到尽头，如果说“天若有情天亦老”的话，这样的天又哪里容得下这些无聊的俗世情感呢。

下了飞机就要转成去泉州的大客了，幸好自己带的东西不多，要不自己就真的沦陷在异乡之地了。大客在福建多山的公路上飞快的行驶，看着窗外福建美丽的土地，终于知道高中地理一直介绍的红壤是什么意思了。看着这片土地只能在心中涌起五个字：很红，很暴力。

到了当地，打了几个电话，问了些问题，不一会儿就到了租住的地方。好好地洗了个澡，就跑到华侨大学里进行踩点的工作了。怎么说老夫年轻的时候也憧憬过导游的工作，而华侨大学最好的一点是，人家校内竟然有电瓶车，可以带着你逛。看着泉州广袤的植被，一栋栋红色的砖楼错落有致的分布在丛林中的各个角落。看着一个个年轻娇艳的花朵，迈着优雅的步伐，很难不知道这个城市的节奏真的有些太慢了，闷热的天气使得一切似乎都成了慢动作，

不一会儿接到电话，说是有另一女同学也到了，但是还没找个住的地方。自然是想麻烦我了。于是我主动承担下了这个光荣的任务，她的房间就在我房间的旁边，出门在外最主要的就是要有朋友帮助，而我起不来床也不是一天两天的了。最后实践证明了我的正确，

如果不是她，我的整个复试就真的很有问题了。这个女孩叫做贾静，她的主要方向是基督教。别看她年轻，她已经能够讲解很多经文和给人布道了。为人很是热心。

第二天是 15 号。离复试还有一天，贾静一大早就很准时的来叫我了。吃完早饭，反正也是无所事事，于是我邀请她一起去逛泉州的开元寺。这也是我跟华侨大学老师打听到的当地名胜的时候，老师重点推荐的。在去之前我先和贾静去了一趟当地的关帝庙。

中国人有所谓的入乡随俗的习惯，但却不知，如果要去一个地方真正的旅居的话，首先要去拜会当地的神祈。例如当地的土地庙等等。这样的目的很是简单，就像报道一样告诉大家，我来了，请各位多多照顾。于是要开始敬奉香花等等。这样可以保护自己在当地不受邪祟的侵袭。但是我今天只是来简单地看看当地的文化。毕竟泉州关帝庙还是国内有名的地方。

当地关帝庙的由来是这样的，当年明太祖朱元璋信服关羽，于是下令泉州七个城门要建七座关帝庙。但当时泉州还远不是后来的国际化大都市，于是就将当地的一座水神庙也就是原来的通淮庙，改为了关帝庙。

中国民间自古就信奉关羽，也叫关圣帝君。其实传说很多，但是更多的是相信关帝除了战斗力超强，是三国时期的著名将领，更加为人称道的是他的忠心义胆。于是佛教道教都将他作为护法神，加以尊重。而贫民百姓就将关帝作为财神。这是有一定道理的，自古中国的财神体系就很复杂，有文财神，武财神之分。例如文财神就将范蠡作为典范。范蠡除了和西施的美丽传说外就是他三次经商，三次巨富，然后将财产散于天下的故事。人们心中，这份魄力成为了文财神的标准。于是我们看到文财神笑面相迎，和气生财，将财源带入家中。于是文财神一般冲向家中的位置。

但是做生意的哪能只是一个脾气呢。有很多生意是要有一份正气的，于是武财神就受人尊敬，武财神其实不止一位，像赵公明这个老赵家的能人，也是武财神的代表，他和关公一样，将邪祟镇于生意之外。所以大家会将武财神的神位冲向门外，来避免外邪的入侵。当然还有很多有意思的财神，像三条腿的蛤蟆，避邪等等就太多了，当然他们的背后也各自有自己的故事。

其实这就是中国人对于后人的教育方式，用这些来移风易俗。重视商人的两种文化，对内要和气生财，对外要勇武敢为。现在想来，所谓的投机又何尝不是呢。如果没有范蠡的修养，是看不到财富的本质的，但如果少了赵公明的那份勇猛，又如何在这个世界上生存呢。

今天我们去的泉州的关帝庙，600 年来都香火兴盛。而随着时代的变迁，现今仅剩下了几座，而香火最盛的依然是这座通淮庙。自古这样的庙宇经常还要负责人们的祈福、消灾等等需求。不仅门外的卦摊生意不错，而且里面的签词也深受欢迎，与其它寺庙相比，关帝庙的这部签诗文字更文雅，内容更丰富，这无疑也吸引了更多的人的喜爱。

我和贾静来的时候已经是下午了。但是人还是很多。香火依旧，我自己请了香。（人家可是有信仰的，能陪着来我就感天谢地了，可不敢让她做什么封建迷信活动。）在拜会庙宇这样的地方最忌讳用别人的东西来请香。所以我便开始大肆从事封建迷信活动，将庙里的神灵一一拜过。

拜完各位神明，我就邀请她陪我去看看当地的卖宗教用品的商店。泉州自古就是宗教之都，这里天主教、基督教、佛教、道教、伊斯兰教、甚至已经灭绝的摩尼教这里都有分舵，据说世界上唯一的一尊摩尼像还保存在当地的一个偏远的农村。丰富的宗教给了当地丰富的艺术。于是我们看到很多有趣的樟木神像。没想到一打听，当地人竟然连阴沉木这样东东都晓得。看来真是不能小看当地的宗教人士。

再来到开元寺的时候，已经是当地的3点了。身处市区可是一进寺庙就安静的纤尘不染。看来这就是开元寺的魅力。

走进开元寺，首先看到的是天王殿，四大天王护卫两边，其实中国人对于天王概念的推广，要感谢近代的“四大天王”。他们用自己歌声和俊美的容貌将这个名字送到了每个人的心中。再往前推，估计大家比较熟悉的就是《封神榜》中的几个叫作“四大天王”的哥们儿。大家看到的形象往往就是一个彪形大汉叫嚣道：“哥哥，不要着急，且看洒家去收了这小子。”对了《西游记》中，这四个哥们儿也够丢人的了，总被“大师兄”呼来喝去的，一开口就是：“大圣，你吃了吗？”

但是真正的理论中，四天王真的有自己的世界，叫作四天王天。佛教里能成为护法神的，没有一个是省油的灯。这四个哥们儿也不例外，他们还有一个名称，叫做四大金刚。相信这个名字大家就更熟悉了，佛教中的金刚跟大家平时说的永垂不朽总是有一曲同工之妙。其实他们在印度的体系中都有很高的位置，四大天王各有名字，各有自己的地盘。这就涉及到佛教的世界观了。

佛教说世界有个大山，叫须弥山，这是整个世界的根本，我们的空间因其而立。旁边有四个小山头，而我们这个世界要低的多，我们叫作州，明白了吧，就是小平原。这样的小平原有四个，分别叫做东南西北四大部州。我们分配到的叫南瞻部洲。四大天王每个人占了一个山头，自己就当起大王了。

这四个哥们各自还有自己的故事。东方持国天王：“持国”意为慈悲为怀，保佑众生，护持国土，故名持国天王。居须弥山黄金地（现在还有人整天叫嚣要恢复的货币）。身为白色，穿甲胄，手持琵琶，是乐神，表明人家是要用音乐来感动众生，他负责守护东胜神州。

南方增长天王：“增长”意为能令众生增长善根，护持佛法，故名增长天王。居须弥山琉璃地（就是高档玻璃）。身为青色，穿甲胄，手握宝剑，寓意武力解决问题，他负责守护南瞻部洲。

西方广目天王：“广目”意为能以净天眼随时观察世界，护持人民，故名广目天王。居须弥山白银地（这个硬通货大家都见过）。身为红色，穿甲胄，为群龙领袖，故手缠一赤龙（也有的作赤索），看到有人不信奉佛法，即用索捉来，使其皈依佛教（跟强迫差不多了)。他负责守护西牛贺洲。

北方多闻天王：又名毗沙门，“多闻”多识，以福德名闻于四方。居须弥山，人家更帅，用水晶做地(还好水晶不打滑)。身为绿色，穿甲胄，右手持宝伞(又称宝幡)，左手握神鼠——银鼠。用以制服魔众，护持人民财富。又名施财天。

当代的佛教大师，净空法师对于他们给了新的含义介绍，就是拿剑的断执着，那琵琶的要注意调节松紧，不要把自己逼得太紧，拿伞的就是要人们远离污染，保持身心洁净，至于耍蛇的是告诉大家事实变化无常，所以要观自在。反正大家都能从四大天王身上学到很多做人的道理。而这些就要个人去体悟了。而中国人教育人的方式就是这样，用形象的雕塑来寓意教化。

在西藏的密宗体系里,这四个哥们儿就更不得了了。唐代直接向持国天祈求国运昌盛，毗沙门天总揽天下财权，密宗法师没钱就求他，效果神速。可到了汉地寺庙就成了看门的啦。也许这就是告诉大家，做人首先要明白的道理吧。

走走就看到了一些小塔，当然一般人一定不知道，这些佛教中塔也是有很高位置的，可以说如果说哪里有寺，那就是说一定有塔。一座庙，可以没有前面的大殿(但是真的没有几个没有的),但是一定有塔。“救人一命胜造七级浮屠”,这里的浮屠就是塔的外语音译。因为首先塔就是表示世界的根本：须弥山。其中一般放置的是佛教的圣物，像什么佛像、佛经、在不就是高僧的遗物——舍利子等等。

记得印度当年有个男人，男人中的男人，不仅征服了女人，更征服了世界。他的名字叫做阿育王。这个伟男子后来信奉了佛教，就将当年释迦摩尼老师圆寂之后留下的八万四千颗舍利子起塔供奉于印度各处(另有传说是世界各处，中国就有五个)。怎么样，牛吧。还有更牛的，据说光是拜塔就能得到很多的“功德”，有个老太太围着塔转，每天饭后散散步就散到极乐世界了。而且塔不论大小，材质。只要里面的东西够牛，例如神咒、经文什么的，那在教义来讲，就是“功德”没边的了。

开元寺有两座高塔，一个叫作“镇国塔”，一个叫作“仁寿塔”，看着十分高大，据说都有上千年的历史了，我和贾静想进去看看来着，但是门锁了。我估计我就是叫嚣我是预备级宗教研究生，人家也不能给我开门，可就是开门我估计我也不敢进。看看这个塔摇摇欲坠的样子，据说这两个塔都是唐代的，我第一反应就是年代久远，(越是老越不安全。)同时他们外面还树立着一块碑，用以表彰这个塔在一次地震中幸存下来。我的第二反应就是，历经磨难(估计我再进去就差不多该结束历史使命了)。于是我就只是远远遥望，过了下干瘾。而大道两旁的些小塔，但是这个讲究就更多了，看着这个塔的造型，中间高，四周有四个小的柱子在四个角。这是象征着须弥山和四大部洲。这种塔叫作宝箧印塔，是从印度传来的，可以说中国有这种造型的塔的地方，就一定是十分古老的。看到这儿我总算对我进了什么寺庙有了些认识了，这座寺庙，一定不简单。

还没进大雄宝殿，我就先被石柱吸引了，原因很简单，石柱上大多是蟠龙，这个常见，但是两个石柱上的浮雕却是一个很多手的神灵，每个手里有法器，但绝对不是千手观音，有人以为这是佛教的什么神祈，但是明白人一看就知道，这个是很久远的东西，这个是印度教的神灵。印度教有很大的特色就是他们的神，头和手很多。这到底是个什么样的寺庙啊。

大雄宝殿中有五个佛，不用说，这就是五方佛。这个简单，也很常见，但是过了大雄宝殿的后面才真正的使人吃惊呢。首先我们看到的是大殿的斗拱的位置上不是简单的斗拱，而是装饰华丽的天女，贾静的第一感觉，这应该是天女。只见她们纹饰华丽、色彩斑斓，双翼舒展，下半身嵌入柱榫里，翼胁之下爪足外露，上半身向前伸出，昂首挺胸，短衣半袒，樱洛圈胫胚，双臂伸展，腕着驯镯，手棒文房四宝，瓜果点心，丝竹管弦，翩翩若仙。贾静看得痴了，“夕源，太好看了，这个飞天真的好看。”

而我则看得惊了，因为这根本不是什么飞天。对于飞天，大家的印象一般是来自于敦煌的壁画，她们是天中的美丽女子，整天穿着很简单的衣服，漫天飞来飞去。哪里有什么人讲佛法，她们就飞过去，弹琴、散花。但是飞天有一特征，就是她们没有翅膀，在中国人的想象中，这些天人早就不受地心引力的束缚了，他们可以完全凭神通飞翔，所以她们没有翅膀。有翅膀的只有一种生物，她们叫作：天使。不错，就是《圣经》里，经常和耶和华散步的哥们儿，作为上帝的战士和使者，告诉玛利亚怀孕不用害怕的哥们儿。只有她们成天扇着翅膀飞来飞去。开元寺，这座寺里不仅有印度的神祈，而且还有天使。

大雄宝殿的后面有一个大屋子，这里是传说中的戒坛，只见屋顶的下面是分成立体的台子，这个屋子里和其他的大殿不同之处在于，这个屋子里的真的像个舞台一样将各个分成台子，台子有四面，上面站满了菩萨、金刚什么的，看起来就像真的站满了人，最上面的是一个坐在莲花里的佛。从佛像的手印（就是手型，手摆的 POSS）来看，应该是毗卢遮那佛。有些陌生吧，那就换另一个名字：大日如来。怎么样，够大气的吧。这是佛教中最高的佛了，是所有佛的根本，说白了，他是“佛”的典范的典范的典范……看着旁边的下一级台阶上站满了其他的佛菩萨，看来还有什么千手观音，更有两个菩萨，看的不是很懂。最外面的是八个身材魁梧的哥们儿，一个个怒目结发，赤足袒胸，显得无比威严。剩下的就是外围的一些牌子，上面也都是神灵的名字。整个屋子看齐来真的好像是一屋子人站在那里。气氛极为神秘肃穆。

但是我知道，这不是什么简单的布局，这一个密宗的坛场。汉地的寺庙怎么会有这样的东西，但是一想到这个寺庙唐朝的背景，一时也就明白了。现在大家知道的中国有西藏的密宗，被称为藏密。但其实中国古代还有一个密宗，叫作：汉密。著名的唐朝僧人，一行，就是编《大衍历》的那个哥们儿，就是当中的佼佼者。当年他们祈福，求雨。弄得很是热闹。但是后来从汉地失传了，有一个哥们儿把最后的火种带到了日本，于是才有了今天日本的密宗，也就是东密。后来东密又由中国人带回了汉地，据说留有密坛。而现在我看到的这坛场，估计应该不是密宗的戒坛，应为藏地密宗的造型和布局于此有些区别。那看来这应该就是已经灭绝了的汉密的坛场，亦或是东密出口转内销的产物吧。开元寺真是给人惊喜的地方。

从那里出来，我的心中些许有些小震撼。于是我又和贾静看了一下本生院。本生院，顾名思义就是介绍释迦摩尼老师的一生故事的地方，一进去就看到一个佛像，这佛像与众不同之处在于，他显得十分老迈，全是皮包骨头。其实这个也是释迦摩尼像，当年释迦摩尼苦修的时候，一天就吃一麻一麦。由于是古汉语，我真的不知道是不是每天只吃一粒麦子，还是一束麦子。反正据说他修炼了很久之后差点饿死。（这也是我不敢节食减肥的原因，想想佛祖都差点了，轮到我就是一定了。）当他从树林里出来的时候，就真是是皮包骨了。这个院里就是用浮雕的形式讲述佛祖的故事。讲述释迦摩尼由出生到示现寂灭的过程。

逛了一个下午，我就真的走不动了。于是我们坐在一棵树下休息，感受着寺里的微风袭袭。由于正是四月份，我突然注意到一颗树上没有叶子，但是有很多、很大、很红、很暴力的花。由于贾静久居南部，于是我问道，这什么东东，贾静一看就报了一个名字，十分大气上档次——木棉树。我一时不禁肃然起敬，一下就想起了当面《六祖法宝坛经》里讲的木棉袈裟，和围绕袈裟所展开的种种传说。木棉花似乎没有什么味道，但是很红，很大，大约半个手掌大，很厚，摸起来很有手感，（我思考了半天，最终放弃了食用的企图）。红红的颜色是他在南国的绿影中很是显眼。

再见四月天，四月的南国晚风徐拂。在城市里的这座庙宇却使人感到了久违的寂静，内心也充满了一份旷达。整座寺庙就是一座学校。这里技艺高超的艺人们将自己对于人生的体悟，融合在各种造像之中，配合上远古的智慧，不断的给予千百年后的人以启迪。在这个地方，古人和今人的思想慢慢的彼此交融，成为了一个复杂的混沌。而就是在这份沉寂里，净显了整个世界。

15.5 复　试

第三天就是 16 号的复试了，一大早，贾静就来通知我起床，她以博大的胸怀包容了我这个羔羊的小个性。于是我们就开始匆匆地用过早饭，结果没想到我们竟然早到了。

复试分为两个阶段，上午的笔试和下午的面试。老师很是亲切的先给我们发卷子。于是我们安心地作答，可是拿到卷子的第一时间里，老夫就气不打一处来。这张卷子简单的，完全没有超过我的高中所知。早知如此，我就昨天不该看什么书。

下午的面试果然也没有超过我的分析，老师一共问了我三个问题，而我也一共摇了三次头。看着我迷迷糊糊的样子，老师就帮我将问题答了出来，就当帮我加深印象了。当我出门的时候还安慰我说，答得很不错。可是我用心想了想自己，好像说的最多的话就是，

“这有些难”，“不是很清楚”云云。就这样我的面试就结束了。

当然面试之后，负责的领导找到我们这些研究生预备役谈话，告诉我们一定会考上的，同时给我们规划了一个美丽的前景。望着领导勾勒的美好前景，以及现实中这座充满了慵懒的城市，我不禁扪心自问起来，难道自己真正的能专心的，做这份有着光辉前途的宗教学事业吗。

第二天，贾静还有在这里等她同学复试要晚一天走，而我则踏上了厦门之旅的第一步。厦门之旅的地接是我的同学：陶陶。陶陶和我是铁哥们儿，当然这样形容一个女孩不好。因为陶陶本身就不是什么很喜欢表达热情的姊妹。但是相处的多了，就会有很深的、坚固的感情。记得当年她和我的成绩不相上下，但是人家没有向报错大学低下高贵的头，愣是复读了一年来到了厦大，于是我们的第一站就是带我去看大海。厦大附近的大海是可以远望金门的，也就是说可以看到台湾，记得我去的那天，正在飘雨，整个大海海天一色。我还没去过台湾，望着远处那天地间的一片朦胧，我沉静地喊道：“小台，老夫看着你呢。”

虽然下着雨，但是陶陶还是坚持认为自己要尽到导游的责任，于是她开始给我介绍厦大。当然听了一路，我却只是注意了地面的积水，所以我愣是没听到她讲什么。而就这样发生了一件使我终生难忘的事情。

陶陶说：“再往前走我带你去看看建南大礼堂。”

我奇怪地问道：“什么是建南大礼堂。”

陶陶答道：“就是一个礼堂，很出名的，好像是五十年前盖得。”

我惊愕的说不出话来，但是她推荐的名胜我自然要看看。可是还有个问题，那就是我们走了十分钟后，她说道：“我迷路了。”

我崩溃了……

于是出现了这样一副画面，两个年轻人彼此靠近的打着雨伞，一前一后的走在雨中的厦大，厦大的副热带茂密的植被，将校园中本来就昏暗的灯光打散的更加朦胧。我不知我要去哪里，要看什么东西，只听说是很有名的礼堂。我的鞋子很湿，同时要照顾陶陶。最后我们可算在一条路上碰到了另一对男女，同样打着伞，同样漫步在雨中，只是他们是亲密的相互依偎着。我最终还是鼓起勇气走上前去。

“你好，”我尽量深沉亲切说道，“同学，请问建南大礼堂怎么走。”

那个男孩显然认为我们是旅游的学子，或是大一的新生，于是热情的指点道：“你们顺着这条路走下去，在看到足球场的时候拐一下就到了。”

我热情的道了谢，但是我最后还是没有忍住问道：“同学，请问你们大几。”

年轻人似乎一时没反应过来，但最后还是回答道：“我们研二。”

我听完之后，如释重负地感谢他们的帮助。

当他们走后，我安慰陶陶说道：“没事的，不用上火，毕竟你才大三……”

最后我们步履蹒跚的来到建南大礼堂，看见雨中这座巍峨的、有历史厚重感的大楼。

虽然我对它一无所知，虽然我不认为，我这一生还会和它有什么关系。但是我心中还是莫名地激动了半天，因为陶陶答应我，带我看完就放过我。让我回去休息。

第二天我和陶陶准备去鼓浪屿玩。鼓浪屿是钢琴之岛，似乎很多人是这样叫嚣，反正岛上是有一个钢琴博物馆。但以我有限的音乐细胞，是没有办法欣赏这样的名胜的。我之所以还能坚持的去，是因为传说岛上有一种很好吃的肉松，叫作黄金肉丝。于是我和陶陶约好这天要去那里。

记得我们上岛的那一天天气明媚，当我们做着渡轮的时候，海风吹拂着陶陶的秀发，在风中飘扬的样子，我深深地知道，就她这个形象，在学校里不迷死人是不可能的，但是我更知道的是，她迷住了别人的同时，自己更是迷迷糊糊。就在我们刚刚踏上这片土地的时候，陶陶就坚定的告诉我，她对岛上一无所知。而由于我是做了准备的，所以也还没有什么意外。毕竟老夫也是中国的导游员，我是正经培训过，有证件在手的。于是我安慰她道："放心，有哥呢。"

买了一张地图，我就开始带着陶陶逛起来，反正这种自助游以前也经常玩，只要知道景点，老夫就有自信的说我能忽悠一群人。其实也是这样，我到岛上不久就开始给别人指路了。就这样我们愣是找到了黄金肉松的专卖店，我很认真地选择了自己能够承受而不会逛一天累死的分量，而陶陶和我在哈尔滨是有同学的，友情泛滥的小女孩恨不得将所有远在哈尔滨的同学，都包裹在友谊问候的光芒之下。

我和她讨价还价半天，最后还是拿了两个包包，就这两个包包我愣是提了一天。弄得钢琴博物馆，我是打死也没兴趣玩的。最后就剩下一个问题了，要不要去鼓浪屿最高的地方观光。那就是传说中的：日光岩。

冲击日光岩我是要考虑考虑的，毕竟看起来这样高的东西会很累人的，但是最后的实践却证明,这比看起来简单多了。当我们站在日光岩上的时候,就真的是鸟瞰整个厦门了,这时旁边的阿姨给我们介绍到。从这里就可看到泉州、漳州和厦门。有这样直观的感觉，我才发现原来什么都是这样的临近。站在日光岩上，整个鼓浪屿尽收眼底，整个岛屿不是很大，但是浴场、民居层次分明，为了配合音乐之岛的美誉，整个岛都环浸在一片音乐声中(当地的大喇叭很响)。

当我们下日光岩的时候选择了另一条路径，竟然意外的发现了一座小的寺庙。寺庙不大，但很规整，有了泉州开元寺的教训，我可不敢看不起当地的宗教文化。而后来我才知道这就是著名的日光岩寺，小小的看了下题字应该就是清朝左右的建筑，高处有一尊白衣观音的塑像，衣折飘逸，神态自然，手擎净瓶，端目而视，真的有一种肃穆之感油然而生。而且这里还有个特点，就是温度很低，似乎厦门整个的烦躁都被关到了寺外，没有一滴漏到这里。就在这个寺庙我们结束了今天的旅途。

在离开厦门之前，我曾经打过两个电话，一个是像"上师"大学求问复试的事情，答复是，"上师"大学今年也是等额复试，另一个就是拒绝了华侨大学的入取通知。陶陶帮我订好了上海当地的酒店。之后我安心的踏上了上海之旅。（当然我心是没有一刻离开陶陶的，这个小姑娘让我带给同学的东西和我的行李加在一起不是一般的有分量。）

上海，不用多说，那是一个浮躁的城市。这里对于每个人都给予宽容和接纳，但是想融入其中却只能得到冷漠。我在上海没有人接待，于是很多事情就要自己亲力亲为，下了飞机，好不容易找到下榻的宾馆，刚刚洗个澡就跑到学校里了。毕竟这座城市里，每个人都行色匆匆，因为没有一个人是闲人。我们面试是在明天，但是我还是坚持要去学校踩点，毕竟只有这样才能保证意外的减少。

当我站到系里的时候吗，复试的时间通知单早就贴出来了，我看到一个男生在细细地观瞧，于是问道："你好同学，请问你是宗教学复试的学生吗？"

那个同学急忙笑着摆手道："我不是。"然后指着远处，一个看起来仙风道骨的男孩说道，"他才是宗教学的。"

于是我走上前去说道："你好，同学。"

……

在接下来的几天之中那个男孩照顾了我很多，像餐馆的选择，复试的时间地点通知，还有每天早上的叫早。同学真的发扬了彼此照顾的精神。

当我们复试正式开始的时候我才见到未来的同学，同样是各个不同。倒是面试，现在回忆起来都很简单。

我一进到屋里就是三个老师，大家开始谈谈我的兴趣爱好，当知道我是俄语系的，大家都十分鼓励我选择东正教作为自己的主攻方向。对于这一点我自然是激烈反对的了。我坚定不移的选择道教方向，尤其是术数方向作为自己的主要方向。接着大家开始聊了些基督教的东西，我小小的开示了一些教义的寓意。正当我要走出小屋的时候，才发现大家谈的过于热闹，竟然忘记了英语口试，于是又跑回去参加了口试。当我和同学们见面的时候，大家一片惊诧："到底和你谈什么了，怎么谈了半个小时……"

面试的结束，就意味着大家的分别。我定了第二天的从浦东到哈尔滨的机票，估计也是远路，同学们彼此到了别。

下午，我坐地铁来到了陆家嘴，走了一段路就到了浦东外滩，看着浦西外滩夜晚的光辉，我不禁想到，这里就将是我度过三年岁月的地方，这座城市真的美丽，东方明珠，光华璀璨。这就像是一朵坐美丽的花园，这里用琉璃铺满了大地，远处的栅栏也是弯弯曲曲的，充满了艺术感。用水晶做成了喷泉，用黄金作为了花朵，钻石成为了花朵上的露珠。但是越是美丽，这一切就越显得不是真实，越是好看，就越显出了无用，美丽的花朵却没有芬芳，波光粼粼的喷泉却没有一滴能活人的泉水。

浮光一瞥的告别了这座城市，毕竟我的时间还多，将来可以慢慢地适应。坐在飞机上，想到回哈尔滨的日子，我才发现，我已经很久没有和逸飞联系了。这到底是怎么了呢。

15.6 别　曲

刚刚还是繁花似锦，下了飞机就成了清凉世界了。逸飞也没有来接站，反正我也习惯了，于是我给他简单的发了个短信，他只说“最近很忙，以后面谈”。一个简单的八字真言就给我打发了。看来我真的受欢迎指数下降了。不把大师放在眼里，年轻人……

不过回头简单想想，似乎自打我登上南下的飞机，就没收到他的短信了。期间我是给过他几个短信，可他也都是简单地打发了。难道这小子真的有事可忙了？我不禁有些好奇起来，当然好奇归好奇，反正他会回头说的，我也就没放在心上。

回到哈尔滨不到三天，我就说到了“上师”大学的入取短信，接下来的就是等录取通知书了。也就是说，如果前两天我还在想到底去不去的问题，那么现在我就要考虑定哪天的飞机了。

同时，我在证券公司的实习经历，也马上就要到了尾声了，估计考完证券从业资格，我就应该能安心地离开了。

……

将近五月初的一天我忽然接到了逸飞的电话。

“大师，出来。”逸飞简单地说道。

“老夫可是说出来就出来的人吗，小子，你太小看人了。好，老夫今天就吃穷你。”我心里叫嚣道，但我连思考都没思考就说道：“好，哪里？”

“烤肉店。”逸飞简单地答道。

“看着烤肉的份上就原谅你的无礼，下次再这样，就绝不轻饶。”我心里再次叫嚣道，然后微笑的，亲切答道：“好。”

当再见的逸飞的时候，他看起来有些疲惫了，但精神还是很好。他已经要了些东西，正在自己喝着啤酒。看着我来到，笑着说道：“大师，最近如何啊。”但是我从他的眼中还是发现了一丝无奈。

“还好。”我边说着，边点了自己的饭量。

“你决定走了？”逸飞看着我说道，只是伴着他这次的笑容，眼中更是有些干涩了。

我没有回答只是点点头。

逸飞喝了口啤酒说道：“上海，还是泉州。”

“上海，”我说道，说实在的我也有些伤心，竟然不敢看他的眼睛。

只听到逸飞继续说：“没关系，等我以后混好了去找你啊。”然后友好的笑了笑，只是笑声在这样的场合有些尴尬。紧接着听他说道：“其实我也要走了。”

我不禁吃惊的抬抬头，看着他，不觉得问出了：“你要走？”

逸飞也是点点头，喝了口酒喊道："服务员，再来一瓶。"接着说道"你知道，你上回给我的电话是谁的电话吗？"

我被他一问竟愣住了。

我愣愣地说道："哥哥，我给过你电话吗？"

逸飞说道："给过啊，就是你清明回家的那次，你不是给过我一个电话嘛。"

他这一说，我才想起那个叫嚣着，要问十万美金的账户应该怎样处理的哥们儿。只是这个我早就遗留在记忆的垃圾箱里了，怎么逸飞现在又问了起来。

只听逸飞再次说道："那个是远瀛投资大东亚副总裁的电话，他叫冷涛。刚开始你回来之前，他只是没事给我个电话。咨询下国内外汇的问题，有的时候就是东北外汇公司的情况。当时我也没在意。后来你走了，他们就真的从深圳过来了。进行了一个星期的考察，当时就叫上我一起看的，他们准备在这里弄一个分公司，但是他希望我能先去深圳，帮帮他，同时也熟悉下深圳方面的事情。"说完，他喝了口酒。继续道："我已经决定答应他了。"

听到这个消息真是使我很震惊，虽然我知道，他将近下半年就会有机会东山再起，但是没想到这个机会来到如此快速、如此激烈、如此的出人意外。而更使人意外的是，我竟然无意中就促成发生了这样的事情。也许无意为之，才更是天意吧。我不禁感叹道，看来天道真的不是凡人能够揣摩的啊。而且我也知道逸飞的个性，他能说他同意了，就表示他早已经对这个公司做了很明确的调研了，这个冷涛的真实性和企业的实力，也许真的是使他考虑离开哈尔滨的原因了。我稳住了心神问道："你准备几号起程。"

"5月6号，我和他约得最晚日期。"逸飞答道。

"去多久？"我真的不知道自己问这个问题为什么。

"不知道……"逸飞说道，然后叫道，"服务员，怎么我们的烤串儿还没到！"

我开始和逸飞吃了起来，看来什么都是定数，什么都不用考虑了，只能喝好今天的这一杯了。我看着他，和他共饮而尽。

接下来的几天，他有空还是会找我聊聊天，但是更多的是要准备离开的事宜了。就这样，逸飞简单地打点好了他在哈尔滨的一切。在去机场的车里，我们有一搭没一搭的说着些无聊的琐事。伤心地话都不知道如何说出口，我对他的未来没有疑问，他对我的判断没有问题，他最后叮嘱我记住，要在市场里活下来就一定要谨慎再谨慎，我则和他拥抱作别。看着他最后进了安检。这是我见到他的最后背影了。

离别却总是离别，没有更多的话语。就这样逸飞走了……

5月末，我通过了全部的证券从业考试。再留在哈市显然没有意义，没有了逸飞的哈尔滨，在我心中貌似更加的陌生和迷离了。于是简单的收拾了下，我也离开了哈尔滨这座在近几个月带给我很多故事的城市。

第十六章　尾　声

16.1 近　况

回到家里，父母还是很忙。于是我每天照常，上上网，看看股票，有时做做短线。也都简单的有所获利。只是外汇却越来越少做了，只是简单的半个月下一笔单子。有时获利，有时也亏损很多。

逸飞南下已经很久了，但是音信却越来越少。以前还会回复短信，现在竟连短信都不回了。也许我的离去也带给了他很多伤感。就这样，一切似乎都慢慢地归于平静，平静的生活，平静的休息。

六月的一天突然接到了李总的电话。我回到家已经一段时间，竟然还没有换号。

“李哥”，不知道为什么，很久没接到他的电话，我竟然有一丝亲切感。

“大师，忙什么呢。”李总很热情地问道。

“没什么,李总,最近公司如何啊。”毕竟我很清楚,他来找我不可能是什么其他的事情。

“不太好啊。”李总若有伤心地说道。

“现在还有谁在公司呢。”我问道。

“大头已经走了，现在公司就我了。”当然我知道，他说的绝对不是他连老师都没了。看来这个公司真的在今年六月结束了我们几个的最终合作。只听李总接着说道，“大师，你最近忙什么呢。”很显然，这是想请我出山了。

我很知趣的答道：“没什么，我现在忙着准备上学呢，我马上要去上海读研了。”

“哦，那祝贺你啊。呵呵”李总强作欢笑地说道。

“没有，也多亏大家一直的照顾……”

当挂上李总的电话，我不禁陷入了思考。看来李总真的将大头他们最后解决了。但是经过这件事情，大头他们又会如何呢。

我似乎又回到了那个时代，那个每日喝酒，每日畅想到底要怎么避免人民币升值所带来的收益缩水。一群大哥小弟，每日呼呼哈哈，大家抡起了斧子准备掏死汇海。害怕自己买了车还没拿到驾照的日子。李总和大头还在商量怎么继续扩大在经营，怎么走集团化路线，怎么冲向国际……

只是如今再看这些，已经远如一个美丽的幻梦。一切都会过去，一切都会慢慢失色。但毕竟年轻的故事与教训，才是我这次实习真的看到、学到的。

接下来的几个月中，我没事就在家做做股票外汇啥的。没想到还有所获利。在卖出酒钢宏兴之后，我又做了些其他的品种。忽然一天，海王生物的一则通告引起了我的注意。当时非典正闹得厉害，医药类尤其是生物制药的公司都涨的疯了。而突然一天海王生物却发布通知，表明公司现在没有，为来也不会参加到生物防治药品的研发制造。我心中冷笑道，这不是此地无银吗，谁不希望自己的股价高一些，哪有人怕自己公司的股票太高的。现在哪个公司不是浑水摸鱼的。

可转念又一想，如果中国真的出现了一些好的公司呢，如果这些公司真的像大学那样的圣地一样，还守护着人类随后的“道德”。为了避免投资者在他身上浪费时间，本着信托责任公布事实呢。大师没有这样的道德，并不意味着上市公司的人没有。

抱着这样将信将疑的态度，我慢慢的开始操作其他的股票。后来这支个股也很平稳。可过了不到一个月，公司就发布通知，公司已经和海外公司联系要做疫苗了。不禁是研究，而是大气上档次的生产。与此同时，公司股票也开始巨幅震荡。这不是欺负人嘛，我再也不信这样的垃圾公司了。那一年，公司的股票从 5 块到了 22 块。

大盘的争夺在 7、8 月份进入了白热化，每天都能看到中国 A 股像瀑布一样清流直下。有的时候，一天百十来点，竟然只算是正常调整。而我因为很有兴趣的参加权证的操作，结果整整一年的获利遗失殆尽。整个融资的市场，也正变得越来越嗜血了。我虽然很想把这些原因都推到中国股市还很年轻，年轻人难免会犯错误这些事情上。但怎么说呢，就像逸飞讲的，市场里唯一的错误就是自己，任何事情没有办法推卸责任。侯老师不也是一直再说吗，“这个市场是财富重新分配的平台，在这里，无知是要付出代价的。”

于是，就在这摇摇晃晃之中、就在 A 股的瀑布中、就在机构不断的预测中，我迎来了九月的金秋。就这样，在上完了小学、中学、大学之后，我迈入了所谓的高等知识分子的行列。

16.2 象牙塔碎

开学的日子是九月的一天，上海的气候还是可以忍受的。毕竟已经秋天，感觉气温竟然很是得体。由于我是从九月的哈尔滨起程来的上海，两个小时的温差变化还是很大的，使人有些不太适应。

开学的日子平静而平稳。我提前订好了宾馆从容的开始了学校生活。说实话，虽说这里是“上师”的大学，可是在对外的名声也不是很响亮。可我还是没有准备好，自己面对的竟然是这样一个地方。

最有印象的当然首先就是开学典礼了。事实上那一天领导精彩的演讲,至今仍在心头。

领导叫嚣道:“年轻人,就是精力充沛,而过多的精力,如果不发泄出来的话是要出问题的”。显然这句话,可以理解为校领导好心的撮合年轻学者们找到一切可以发泄精力的窗口。

而下一句就更加惊人了,“其实我们这个世界充满了能量,像太阳能和核能,闪电能量也是很大的,你们不要笑,真的,具有的科学家推测,一次闪电的能量够上海市用上一个月的。”当然这句话,大家也偏向的理解为校领导是公开在研究生和博士生的开学典礼上普及科普知识。

反正听完这个演讲,我才发现,从这一刻起我就算真的上了贼船了。这不禁使我想起当年在“黑大”的入学典礼上,“黑大”的校长几句话说完,大家就群情激昂。因为我们听到的开学典礼,使得我们差点儿以为我们已经进了清华北大这样的国际一流学校。而在这个全是“上师”的学校里,显然我们是一群拥有着无限精力等着泻火的动物。然后等待闪电给我们更好的生活,而这就打开了新生活的窗口。

就在我刚刚到学校,没有把学校逛明白的时候,系里就要求我们选导师。这个选导师的事情,我是早就选好了。毕竟这所学校里,能够带道教研究生的老师只有一位。但系里却提出来,今年道教的老师不能带研究生了,只能带博士生了。原因不是老师有事情出国,也不是老师要做国家重大的科研项目,而是老师年纪大了,要退休了。可就是这个用手指都能想明白的事情,学校里的那群“教授”们,竟然在学生来了才蓦然发现。

不过也可以理解,毕竟院里的老师都是文科的老教授嘛,十位数以上的加减法可能有些难,很多教授连自己一个月开多少工资都算不清楚,如果再拿这些东西麻烦他们,就真是强人所难了。于是我被迫改了方向,而且不是我一个,而是我们三个都要改,本来今年我们专业一共就来了四个学生(看吧,不是一般的冷门专业,而是超冷门),三个都报了佛教方向,一个(就是我)报了道教方向,而现在两个能带佛教和道教的老师都面临着老龄化的问题,一个年轻的老师倒是可以带领佛教的研究生,给予专业上的引导。但是系里强制规定不可以带两个以上,原因很简单,总不能就你有学生,其他老师没有学生吧。

于是这唯一的宝贵名额给了一个“人大”考到这里的女孩。原因很简单,人家是重点大学的,根正苗红。出身决定一切,在这个系里得到了很好的体现。反正剩下的孩子们都要改,选择有三个,天主教、基督教(新教)、伊斯兰教。分别对应着三位老师。老师们都是很慈悲的,但我真的对这几个选择没有兴趣,于是我找到系领导反映情况,系领导的答复是:“爱读读,不读退学也可以。”

面对这样的答案,我运用中国五千年的智慧进行了一下简单分析,如果我保持本我,坚决不低头,跑到教育部及相关部门反映情况。首先人家估计不会理我,因为毕竟人家没有强制我退学,是给我选择的,我自愿退学就没有学校责任了。毕竟人家为了挽留我给了我选择了。其次，如果退学，我将失去作为应届生就业的一切合理条件。然后从此走上重新考研的道路。最后，报道以来包括复试的一切花费都成了无效投资，永远的失去了其价值意义。

而如果我低头了，我就可以上迈进高等知识分子的群里，然后可以休养生息，让家里再养我三年。然后出来继续失业。

是现在就失业还是等待将来失业，相信面对这样的选择，相信任何一个理性的人都会做出一个选择。这样看来，学哲学的老师真是厉害，一下就将我们最后的道路断绝了。而且是如此彻底的。毕竟只有有学生的老师才是老师，而学生就是客户，只有抓住客户的痛，客户才会为你马首是瞻。老师就是老师，当真厉害。

于是我简单地算了一卦，只要看哪个老师和我合，就可以选择了，于是我大气上档次的选择了天主教，尽管我当时已近具备了很好的民间预测知识基础，但是我还要从零开始研究自己不是很熟悉的东西，这就是我研究生岁月的开始。

世界不是用来感叹的，而是用来经历的。课程马上开始了，我们有一些选修课，例如我就有一门叫做希腊哲学的课程。结果上课之后，老师介绍是这样说的“咱们的课程是希腊哲学，我今年选的教材是丹图写的，他的研究领域是解析哲学，这本书是原版的，国内没有翻译，你们一人负责一章，咱们把它这个学期学完。”

我听到这个话，还是很迷惑的。难道说真的这个叫丹图的哥们儿这么牛，以至于他写的东西超过了中国迄今为止翻译的一切关于希腊哲学的著作。后来请教了师兄，才知道这里面的玄奥。只有没有翻译的才可以发表啊。老师也是人，他自己翻译一本书不得累死啊。同学们翻译，他还可以借课程的名义，同时不用花钱，这种一举数得的事情只有老师才会做，也只有有学生的老师才能做。同学是什么，没有工资的翻译员，打字员，外带老师的个人助理。

听完这些剖析之后我才知道，这个世界当真可怕。以前光辉灿烂的知识界，现在已经是，“人为刀俎，我为鱼肉了”。只不过人家是锋利的菜刀，我们是收拾好的鱼肉，连刺（廉耻）都收拾干净的鱼肉。

现在再来想中国的上市公司所做的一切，也就可以理解了。也许真的是大师，自欺欺人吧。记得原来在启迪民智的时代，革命先师就说大学是象牙塔，完全和现实的世界相互脱离。不过如今看来，各位学者们正在弥补这之间的巨大差距。虽然还没完全做到，但是相信在不久的将来，随着市场化的彻底洗礼，一定会有完全市场化的那么一天。

宗教，是人们对于美丽世界的憧憬。千百年来，人们将这个俗世所缺乏的一切都归于那个世界所有。无数的理论家希望通过人类的智慧去认识那个地方，无数的先哲们，穷经皓首期盼自己的努力可以使人们体会到那个世界。而作为，据传说，每天都在传承着先哲智慧的哲学院，都只能面对俗事而摇头兴叹，那还能期望什么其他的地方呢。

也许当真有那么一个世界吧。那里流传着一种早已被人们忘却的，一种所谓叫作“诚

信、道德”的东西吧。在那个世界，人们能知道自己的责任。那个世界里的学校，还是一个所谓纯洁的地方。那个世界还有人知道“学高为师，德高为范”的道理吧。那个世界也许会有所谓的信托责任，使得每个公司的老总真正的知道，自己不过是为股东服务的众仆之仆吧，那个世界……

16.3 迷 途

学校是个神奇的地方，这里可以把最不想学习的孩子推进来，也可以把想要求真的孩子的热情彻底磨光。就在上了两个礼拜的课程之后，我有做好了安心度假的准备。在悠闲的生活中，安心品味着市场的每次感动。

这期间我的外汇账户竟然爆仓了，很是神奇。我后来在平台上打出交易单来仔细的研究。结果发现爆仓的那天，是九月的一天。而当时我正坐在来上海的飞机上。而我来到学校之后一个月的时间，里根本就没上过网。因为我们学校寝室没有网线，网线是一个月之后才安上的，多亏这所学校办事的低效率，使我排除了自己梦游做单的可能。那我爆仓的原因就只能有一个了，因为真相只有一个。

金融这一行的水很深，很深，它深到任何进到其中的人，都不能说已经毕业。我还是一个学徒，一个年轻的小学徒而已，而我们要学的还有很多、很多。

当我百无聊赖的时候，我会从寝室的窗子向外看去。身在十楼的我，可以看到上海的一瞥，从学校向外延伸，先是学校的大楼们，彼此掩映在绿色的植被之中，远处高高的建筑物分外醒目，诉说着这里是中国的金融中心，是中国最大的城市。在这个城市中，土地是稀缺的资源，而最不缺的就是人。于是对人的漠视，对个体的冷漠，超出了一切。也许这就是所谓的“大仁不仁”吧，这个词是前两天，听一个教授讲课，帮我回忆起来的。大家自我安慰的给这种感觉起了个名字，叫作包容力。而越是冷漠的地方，就越是包容力强的地方。上海就是这样一个包容力一流的国际都市。

看着这一切，看着楼下的人，真的很难说谁比谁更加幸福，因为大家真的只能是这个城市最小的分子，任何一个最小的分子都是可有可无的，毕竟这样的分子太多、太多了。远处的金融中心，恍如梦中……

十月的一天，突然注意收到一封邮件，这是逸飞的邮件：

大师，最近很是想念你，想起过往的一切，我真的错的太多太多了。现在我在深圳，没事也会散散步，但是总是想起过去你经常说的东西，在经历了最近的一些人和事之后，才真的理解了，以前所经常听你说过的那些话。那些以前都以为是无所谓的东西，现在才明白，是自己当时听不懂。大师，你最近如何，失去你联系方式已经很久了，我一直保留着过去的号码，但是你已经换号了。这是我现在的号码。时常想着要是有你在身边就好了，能搭上你的船跟你学学，只是我曾经根本不知道跟你学什么。大师，我很想你。

逸飞

看到逸飞的信件我不禁有些迷茫了，我迷迷糊糊地拨通了逸飞的电话，向阳台走去，电话那头不一会儿就传来了逸飞的声音。

“喂，你好，”逸飞问道。

“是我！”我说道，话语有些凝噎。

电话那头一时沉默，然后兴奋地说道：“大师啊，”

“嗯，是我。”我再次说道。

“大师你在哪里呢，现在。”逸飞兴奋地问道。

我看看楼下穿梭的人群，目光向远处高楼望去，看着灰色的天空，嘴里喃喃的说道：“逸飞，我不知道我在哪里，我现在真的不知道我在哪里，我到底是在哪儿啊”。

（全书完）